Anonymous

Erhebungen über die Lage des Kleingewerbes

Anonymous

Erhebungen über die Lage des Kleingewerbes

ISBN/EAN: 9783743430433

Hergestellt in Europa, USA, Kanada, Australien, Japan

Cover: Foto ©Suzi / pixelio.de

Manufactured and distributed by brebook publishing software (www.brebook.com)

Anonymous

Erhebungen über die Lage des Kleingewerbes

Erhebungen

über die

Lage des Kleingewerbes

im

Amtsbezirk Mannheim

1885

veranstaltet

durch das Großherzogliche Ministerium des Innern.

—⋅⋙⋅⟨⋅⋗⋅—

Karlsruhe.
Madfol'sche Druckerei.
1887.

Erhebungen über die Lage des Kleingewerbes.

Zusammenstellung

der bei der Erhebung über die Lage des Kleingewerbes festzustellenden Punkte.

I. Durch Einvernahme von Personen zu beantwortende Fragen.

A. Fragen an die Meister (Arbeitgeber).

a. Ueber die eigenen Verhältnisse des Befragten.

1. Persönliche Verhältnisse: Name, Alter, verheirathet oder ledig, Anzahl und Alter der Kinder nach Geschlecht getrennt, und Angabe, ob dieselben sich zu Hause befinden und in dem väterlichen Geschäfte mithelfen. *Persönliche Verhältnisse.*

2. Wo wurde das Gewerbe (sowohl Haupt=, als etwaiges Nebengewerbe) erlernt? wie lange wurde die Lehre gemacht? wie viele Jahre und an welchen Orten wurde als Geselle gearbeitet? welche Schulen (allgemeine, sowie besondere gewerbliche Bildungsan= stalten) wurden vor der gewerblichen Niederlassung besucht? *Gewerblicher Bildungsgang.*

3. Höhe des Erwerbsteuerkapitals: *Steuer= veranlagung und Betriebskapital.*

a. für das in dem Gewerbe angelegte Betriebskapital,

b. für den persönlichen Verdienst. Wie hoch beläuft sich Anlage= und Betriebs= kapital des Hauptgewerbes, und zwar:

a. das stehende (bei vorhandenen eigenen Gebäulichkeiten ist nur der Werth der zum Gewerbebetriebe, nicht aber auch der als Wohnung benützten Räume anzurechnen)?

b. das umlaufende?

4. Bezeichnung des Gewerbebetriebs mit Angabe etwaigen gleichzeitigen Betriebs eines Nebengewerbes (mit Inbegriff der Landwirthschaft) oder sonstiger Verdienstquelle. In welchem Verhältnisse steht der Umfang des Hauptbetriebs zu dem des Nebenbetriebs oder sonstiger Verdienstquelle? *Allgemeine Bezeichnung des Gewerbebetriebs.*

5. Seit wann wird das Gewerbe selbständig betrieben, befindet sich dasselbe seit dessen Gründung an dem jetzigen Orte oder fand eine Verlegung desselben dahin statt, von woher und aus welchen Ursachen? *Angaben über Zeit sowie Ort der Gründung und seit= herigen Betrieb des Gewerbes.*

6. Befindet sich die Betriebsstätte in eigenem Hause oder in gemiethetem Raume? Wie hoch beläuft sich der Miethwerth oder der Miethzins derselben, übt darauf die Geschäfts= lage einen Einfluß und welchen? *Unterbringung der Betriebsstätte.*

7. Wird das Gewerbe vorzugsweise von der Hand oder mit Hilfe von Arbeits= maschinen und mit welchen betrieben? Sind die letzteren die auch im Großbetrieb ver= wendeten oder worin unterscheiden sie sich von diesen letzteren? *Technik des Gewerbebetriebs.*

8. Werden die Arbeitsmaschinen von einem Motor betrieben und von welchem? (zugleich mit Angabe der Pferdekräfte). Wie werden die Arbeitsmaschinen unterhalten? *Verhältnisse des etwaigen Hilfs= personals.*

9. Wird das Gewerbe mit Arbeitsgehilfen betrieben?

a. Zahl der Lehrlinge, Dauer der Lehrzeit, Erhebung von Lehrgeld oder Zahlung von Lohn an dieselben, Verköstigung beim Lehrherrn; wer besorgt die Ausbildung des Lehrlings und in welcher Weise erfolgt dieselbe?

b. Zahl der Gesellen in der Werkstätte oder außer dem Hause. Erhalten die in der Werkstätte Beschäftigten auch Kost und Wohnung bei dem Meister oder nur eines oder das andere? Besteht ein Unterschied in dem Verhältnisse zwischen Meistern und Arbeitern, je nachdem letztere im Hause des ersteren verköstigt werden oder nicht? Werden die Gesellen nach der Zeit oder dem Stück gelohnt, wie hoch stellt sich der Lohn für die Woche in dem einen oder anderen Falle und welche Uebung besteht bezüglich dessen Auszahlung? Findet eine Zurückbehaltung des Lohnes statt oder eher eine Vorausbezahlung, welche Erfahrungen wurden in dem einen oder anderen Falle gemacht?

10. Beginn und Ende der täglichen Arbeitszeit mit Angabe der Pausen. Arbeitet der Meister während dieser Zeit in der Werkstätte mit?

11. Angaben über Art und Umfang des Gewerbebetriebs:

a. Werden alle im Gewerbe vorkommenden Arbeiten hergestellt oder wird eine Spezialität betrieben und welche? ist eine Arbeitstheilung eingeführt und welche?

b. Werden vorzugsweise nur Ausbesserungsarbeiten vorgenommen oder vorzugsweise neue Gegenstände hergestellt?

c. Liefert der Meister oder der Besteller die Arbeitsstoffe? in welchem Zustande werden im ersteren Falle die Stoffe bezogen, unbearbeitet oder in vorgearbeitetem Zustande, als Halbfabrikate? (z. B. Rohleder, Schuhschäfte, zugeschnittenes Holz beim Zimmergewerbe, rohe Messerklingen für Messerschmiede, Rohwerke für Taschenuhrmacher, Löffel- und Gabelformen für Silberarbeiter 2c. 2c.).

d. Wird der Rohstoff im Kleinen nach Bedarf vom Zwischenhändler bezogen oder wie sonst? Wie stellen sich in dem einen oder dem anderen Falle die Preise und Zahlungsbedingungen?

e. Wird nur auf Bestellung oder auch auf Vorrath gearbeitet?

f. Beschränkt sich der Kreis der Besteller oder Kunden auf den Ort und nächsten Umkreis, oder wird auch nach auswärts gearbeitet? Wodurch wurde die auswärtige Kundschaft erworben, auf welchem Wege wird dieselbe auszudehnen gesucht? (Aufsuchen von Bestellungen durch Geschäftsreisen, Betheiligung an Ausstellungen, Besuch von Messen und Märkten, Hausiren oder Abgabe an Hausirer 2c. 2c.).

g. Wenn auf Vorrath, d. i. auf Verkauf gearbeitet wird, wie wird die Waare abgesetzt? Geschieht dies mittelst eines eigenen Ladengeschäfts oder eines im Vereine mit Dritten betriebenen Verkaufsmagazins oder wie sonst? Unterbleibt die Herstellung von Erzeugnissen für den Verkauf etwa nur wegen der Schwierigkeit des Absatzes derselben, was geschah zur Ueberwindung dieser Schwierigkeit durch eines der unter lit. f. angegebenen Mittel, oder mittelst genossenschaftlichen oder sonstigen Vertriebs? Wenn ein eigenes Ladengeschäft geführt wird, werden darin nur selbstgefertigte oder auch von auswärts fertig bezogene Waaren und nur solche des eigenen Gewerbes oder auch in anderen Gewerbszweigen hergestellte feilgehalten? in welchem Verhältnisse steht dem Umfange und Werthe nach das Waarenlager an eigenen und bezogenen Erzeugnissen, und zwar des eigenen und anderer Gewerbe?

h. Welche Bedingungen gelten für die Bezahlung des Preises der zum Wiederverkaufe bezogenen Waaren?

i. Welche Zahlungsbedingungen gelten für die Besteller von Arbeit oder die Laden=
kunden (Baarzahlung, bedungene oder übliche Zahlungszieler)?

k. Wie steht es mit dem Eingange der Ausstände, wird pünktlich bezahlt, ist ge=
richtliche Betreibung erforderlich, gehen Ausstände verloren, in welchem Verhältnisse ist
dies der Fall?

l. Fehlt es zeitweilig für Sie an Aufträgen oder Arbeit, seit wann ist dies der
Fall und worin liegen die Ursachen hierfür? wirken hierauf und in welchem Grade nach=
weisbar der Verkehr auf Jahrmärkten und Messen, der Geschäftsbetrieb der Hausirer und
Handelsreisenden, der Waarenlager und Waarenversteigerungen?

m. Wird das Gewerbe das ganze Jahr über in gleichem Umfange betrieben oder
treten regelmäßige Schwankungen in dem Geschäftsumfange oder Unterbrechungen ein und
welche? Findet während derselben eine Verminderung der Arbeiterzahl statt, oder in welcher
Weise werden die Arbeiter in der Zwischenzeit beschäftigt? Womit beschäftigen Sie sich
selbst bei völliger Unterbrechung des Geschäfts.

12. Ist zur Beschaffung des Betriebskapitals, des stehenden oder umlaufenden, Kredit in Anspruch genommen, bejahendenfalls, in welchem Umfange und unter welchen
Bedingungen? Welche Erfahrungen wurden bei der Ermittlung der Gelegenheit zur Be=
friedigung des Kreditbedarfs gemacht? Arbeitsverhältnisse.

13. Wird über das Geschäft Buch geführt und in welcher Weise geschieht dies? Gewerbliche Buch=führung.

14. Wird noch ein Nebengewerbe betrieben, so sind bezüglich desselben je nach Nebengewerbe.
dessen Natur und Umfang die gleichen Punkte, jedoch getrennt von denen über das Haupt=
gewerbe, zu erörtern und darüber getrennte Aufzeichnungen zu machen.

15. Wie stellen sich die ökonomischen Verhältnisse im vorigen Jahre? (vergleiche Betriebsergebnisse.
Anlage).

16. Wenn der Geschäftsabschluß ein befriedigender ist, so frägt sich, ob solches
Ergebniß regelmäßig oder nur ausnahmsweise erzielt zu werden pflegt, was auf die
etwaige Schwankung der Abschlüsse vorzugsweise einwirkt? Welchen allgemeinen oder be=
sonderen Umständen ist die günstige Geschäftslage vorzugsweise zuzuschreiben? der Art
der Einrichtung des Geschäftsbetriebs z. B. Beschränkung auf eigene Arbeitskraft und
etwa derer der Familienglieder, Einstellung von Gehilfen, Verwendung von Arbeits=
maschinen, eines Motors? der Verfügung über billiges Betriebskapital? vortheilhafter
Beschaffung des Arbeitsmaterials? vortheilhaften Preisen für Arbeit und Arbeitserzeugniß?
der Ausdehnung des Kundenkreises? auch nach auswärts? der Sparsamkeit im Haus=
halt? 2c.

17. Ist der Geschäftsabschluß ein unbefriedigender, so sind die denselben herbei=
führenden Umstände anzugeben, soweit sie nicht als solche die Lage des Gewerbes im
Allgemeinen nachtheilig beeinflussen und daher unter dem folgenden Abschnitt zur Sprache
kommen.

b. Ueber die allgemeine Geschäftslage des Gewerbes des Einzuver=
nehmenden.

1. Wie ist im Allgemeinen der Gewerbebetrieb eingerichtet? wird in der Regel das
Gewerbe von den einzelnen Gewerbegenossen seinem ganzen Umfange nach betrieben oder
beschränkt sich der Betrieb, wenigstens einer größeren Zahl von Meistern, auf die An=
fertigung einer bestimmten Art von Gegenständen oder nur auf Ausbesserungsarbeiten? Allgemeine Lage
des Gewerbezweigs
des Einzuver=
nehmen.
Uebliche Art des
Gewerbebetriebs.

Welche Erfahrungen werden bezüglich des Geschäftsergebnisses in dem einen oder anderen Falle gemacht.

2. Werden die Arbeitserzeugnisse fertig von Anbeginn an hergestellt oder bezieht man Halbfabrikate, welche sodann bearbeitet oder veredelt werden, oder beschränkt sich der Gewerbebetrieb eigentlich nur auf den Handel mit fertig bezogenen Erzeugnissen?

3. Wird meist nur auf Bestellung für den Ort oder nächsten Bezirk oder auch auf weitere Entfernung gearbeitet? Sind die Besteller solche, welche die Erzeugnisse für ihren eigenen Gebrauch, d. h. nicht zum Wiederverkauf, oder um mit denselben Handel zu treiben, beziehen?

4. Wird in der Regel mit dem Gewerbe der Betrieb eines Ladengeschäfts verbunden, beschränkt sich derselbe in der Regel auf den Handel mit eigenen Erzeugnissen oder umfaßt er auch fertig bezogene Waaren des eigenen Gewerbes oder sonstiger Gewerbszweige, weshalb ist es vortheilhafter, die fertige Waare zu beziehen, als sie herzustellen, oder weshalb wird der Handel auf Erzeugnisse sonstiger Gewerbezweige ausgedehnt?

Berufliche Vorbildung für das Gewerbe.

5. Wird das Gewerbe zumeist nur von solchen, welche dasselbe ordnungsmäßig erlernt haben, oder auch, sei es als Haupt- oder Nebengewerbe von solchen betrieben, welche dasselbe nicht ordnungsmäßig erlernten? Welche Erfolge haben die letzteren aufzuweisen, günstige oder weniger günstige als die ersteren, worin liegt der Grund der Verschiedenheit?

Verbindung von Gewerbe mit Landwirthschaft.

6. Ist die Verbindung des landwirthschaftlichen Betriebs mit dem des Gewerbes verbreitet, welche Erfahrungen werden damit gemacht, leidet der eine oder der andere Betrieb bei dieser Verbindung, wurde von Gewerbetreibenden schon der landwirthschaftliche Betrieb aufgegeben, um nur das Handwerk zu betreiben, oder umgekehrt, und welche Erfahrungen wurden bei diesem Wechsel gemacht?

Werkstättebetrieb.

7. Wird in der Werkstätte nur von der Hand gearbeitet, sind neuere Werkzeuge eingeführt, worin liegt der Grund der Unterlassung beim Vorhandensein von derartigen Werkzeugen? wird mit Hilfsmaschinen und mit welchen gearbeitet, sind dies solche, welche auch in der Großindustrie eingeführt sind, oder worin unterscheiden sie sich von diesen? weshalb unterbleibt der Gebrauch neueren Werkzeugs, die Verwendung von Hilfsmaschinen oder der in der Großindustrie eingeführten Maschinen? oder welche Erfahrungen wurden gemacht, wo deren Gebrauch und Verwendung eingeführt ist? Werden Betriebskräfte verwendet und welche? welche Hindernisse stehen der Einführung oder stärkeren Verbreitung solcher entgegen?

Lehrlinge.

8. Lehrlingswesen.

a. Wie wird in der Werkstätte für die praktische Ausbildung und sonst für deren geistige und sittliche Fortbildung gesorgt?

b. Reicht der gegenwärtige Werkstättebetrieb zur sachgemäßen, allseitigen Ausbildung des Lehrlings hin oder ist es ein Bedürfniß, die Lehre ganz oder theilweise in einer Schulwerkstätte durchmachen zu lassen?

c. Entspricht die Fürsorge für gewerblichen Unterricht den Anforderungen der Gegenwart?

d. Ist das Verhältniß zwischen Meister und Lehrling in der Regel durch schriftlichen Vertrag, und zwar nach gleichmäßigen Bestimmungen für das ganze Gewerbe geregelt, oder weshalb nicht?

e. Kommt ein gesetzwidriges Verlassen der Lehre durch die Lehrlinge öfter vor, welche Schritte geschehen zur Bekämpfung dieses Mißstandes, wird insbesondere von der Befugniß Gebrauch gemacht, die polizeiliche Zurückführung der Lehrlinge zu verlangen?

f. Welche Erfahrungen wurden mit der Veranstaltung von Preisverleihung für Lehrlingsarbeiten gemacht, wurden damit Lehrlingsprüfungen verbunden?

g. Verbleiben die Lehrlinge nach der Lehre im Handwerk oder gehen sie zur Groß-industrie über, worin ist die Ursache hiervon gelegen?

9. Gesellenwesen.

Gesellen.

a. Wird der Bedarf an tüchtigen Gesellen befriedigt oder leidet das Gewerbe an solchem Mangel? liegt die unbefriedigende Vereigenschaftung in der ungenügenden Hand-fertigkeit im Allgemeinen oder in der einseitigen Ausbildung auf eine Spezialität oder in ungenügenden Kenntnissen? Ist jener Mangel nur beim Kleingewerbe wahrnehmbar? rührt derselbe etwa davon her, daß die tüchtigeren Arbeiter die Beschäftigung in der Groß-industrie vorziehen, und weshalb geschieht letzteres?

b. Gibt das Verhalten der Gesellen Grund zu Klagen, z. B. durch unbefugten Austritt? Was geschieht, um dem letzteren entgegenzuwirken?

c. Sind die Anforderungen bezüglich der Löhne mit oder ohne Inbegriff der Ver-köstigung im eigenen Hause in den letzten 5 Jahren gestiegen und in welchem Maße?

d. Welche Uebung besteht hinsichtlich der Lohnzahlung? Wird ein Theil des Lohnes jeweils zurückbehalten, oder erhalten die Gesellen Lohn voraus, und welche Erfahrungen werden in letzterem Falle gemacht? Wenn dieselben ungünstig sind, weßhalb wird von dem Vorschußgeben nicht abgegangen?

e. Was geschieht von Seiten der Meister zur Hebung des Gesellenwesens durch Anleitung zur Steigerung der Arbeitstüchtigkeit, Förderung der geistigen Fortbildung und des sittlichen Verhaltens, nützliche Verwendung der Freizeit, gute Unterkunft beim Zureisen und Förderung der Arbeitsvermittlung (Herbergen, Arbeitsnachweisestellen rc.)?

f. Welche Erfahrungen werden gemacht bezüglich derjenigen Gesellen, welche mit oder ohne Verköstigung durch den Meister in dessen Werkstätte beschäftigt werden, im Ver-gleiche mit den ausschließlich auf eigener Bude arbeitenden Gesellen?

g. Kommen viele Streitigkeiten mit Gesellen vor? wie werden dieselben geschlichtet? ist es als wünschenswerth zu betrachten, daß Gewerbegerichte im Sinne des § 120a. Absatz 3 der Gewerbeordnung gebildet werden?

10. Sind die vorhandenen Anstalten zur Befriedigung des Gewerbekredits sowohl hinsichtlich der Bedingungen für Gewährung des letzteren, als auch hinsichtlich der Menge der für das Kreditbedürfniß verfügbaren Mittel ausreichend? Worin sind etwaige Besse-rungen wünschenswerth oder nothwendig? Was ist bisher zur Abstellung etwaiger Miß-stände geschehen und woran ist die bezüglichen Bestrebungen gescheitert?

Kreditwesen.

11. Wie erfolgt in der Regel der Bezug des Arbeitsmaterials, im Kleinen oder Großen, gegen Baarzahlung oder auf Kredit und unter welchen Zahlungs-bedingungen? Wenn das Material nicht von Handel- oder Gewerbtreibenden am Nieder-lassungsort bezogen wird, welches sind die Gründe dafür, wie wurde der auswärtige Ver-kehr angebahnt, durch Reisende rc.? Wird das Material in verabredeter Qualität geliefert, kommen schädigende Täuschungen dabei vor und wie sucht man sich gegen letztere zu schützen und zu sichern? Sind die Preise der Arbeitsmaterialien gestiegen? trat auch eine ent-sprechende Steigerung der Preise für die Arbeit oder die Arbeitserzeugnisse ein? Wurde schon versucht, durch Bezug von Arbeitsmaterial im Großen billigere Preise hiefür zu

Arbeitsmaterial

erzielen? wenn der Bedarf des Einzelnen hierzu nicht ausreicht, wurde schon versucht, im Wege der Vereinigung oder durch Genossenschaftsbildung oder durch Gründung einer Innung die Vortheile des Bezugs im Großen sich zu verschaffen? Weßhalb ist ein bezüglicher Versuch unterblieben oder welche Hindernisse haben den Erfolg desselben vereitelt?

Gelegenheit zur Beschäftigung und zum Absatze der Gewerbeerzeugnisse.

12. Ist eine genügende Gelegenheit zur vollen Ausnützung der Arbeitskraft und der Werkstätteeinrichtungen vorhanden oder fehlt es hieran? Ist in dem einen oder anderen Falle der Zustand allmählig oder in Folge rasch wirkender Umstände eingetreten, ist er als ein dauernder oder als ein nur vorübergehender zu betrachten?

a. Welche Umstände tragen zur genügenden Beschäftigung oder zur Ausdehnung des Gewerbebetriebs bei? Hat nicht die Großindustrie oder der Handel dem Kleingewerbe Anregung zu Eröffnung neuer oder Erneuerung bereits bestehender Gewerbebetriebe, die erstere nicht auch Anregung zu Fortschritten in der Betriebsweise gegeben? Wurde nicht durch Lieferung fabrikmäßig hergestellter Halbfabrikate die Leistungsfähigkeit des Kleingewerbes erhöht? Haben Kleinhandwerker regelmäßige Aufträge für die Großindustrie oder für Händler mit den betreffenden Gewerbeerzeugnissen, welche Erfolge werden dabei erzielt, namentlich gegenüber von denjenigen, welche eine solche Verbindung nicht eingehen? In welcher Weise macht sich das Bestreben nach Hebung des Kunstgewerbes bemerkbar, ist dadurch der Absatz gefördert oder Anlaß zu besser lohnender Arbeit gegeben worden?

b. Worin liegen die Ursachen des Rückgangs der Gelegenheit zu ausreichender Beschäftigung? Was ist im Allgemeinen oder von Einzelnen geschehen, um nachtheilige Einflüsse zu bekämpfen, insbesondere um den Geschäftskreis auch durch auswärtigen Absatz auszudehnen, die Eröffnung neuer Verkehrsmittel auszunützen, dem wechselnden Geschmacke der Bedürfnisse des Publikums Rechnung zu tragen? Wenn dies Einzelnen erschwert ist, was geschah, um durch Vereinigung fremde Wettbewerbung zu überwinden?

Lohn für die Arbeit und Erlös aus Gewerbeerzeugnissen.

13. Sind die Preise für die Arbeit oder Arbeitserzeugnisse lohnend? Sind dieselben gestiegen oder zurückgegangen, seit wann, in welchem Maße und aus welcher Ursache? Unterliegen die Preise überhaupt größeren Schwankungen? Wurde schon versucht, durch Vereinigungen dem Herabdrücken oder aus sonstiger Ursache eintretenden Preisrückgange entgegenzuwirken, mit welchem Erfolge geschah dies?

14. Welche Uebung oder Einrichtung besteht hinsichtlich der Bezahlungsweise für gelieferte Arbeit oder Arbeitserzeugnisse? wenn dieselbe unvortheilhaft ist, was ist bisher zur Erzielung einer Besserung geschehen?

Lebensunterhalt.

15. Ist und seit wann ist der Aufwand für den Lebensunterhalt im Allgemeinen gestiegen, in Folge der Preise der Lebensmittel, der Steigerung der Lebensansprüche und Lebensgewohnheiten?

Vereinigungen zur gemeinsamen Förderung von anderen als ausschließlichen Erwerbszwecken.

16. Sind, abgesehen von den vorstehend genannten Vereinigungen zum Bezug von Rohstoffen ꝛc., bisher schon Versuche gemacht worden, die dem Gewerbe oder einer Gruppe von verwandten Gewerben Angehörenden zum Zwecke gemeinsamer Förderung allgemeiner gewerblicher Interessen zu Vereinigungen (Fachverbänden, Innungen, Gewerbeverein) zu bestimmen, mit welchem Erfolge ist dies geschehen, welches sind die Gründe für das Nichtgelingen der Versuche?

Etwa bisher nicht erwähnte, das Gewerbe nachtheilig beeinflussende Verhältnisse.

17. Wird etwa durch andere als die vorstehend erwähnten Umstände und Verhältnisse die Lage des Kleingewerbes nachtheilig beeinflußt? durch welche?

Benützung staatlicher Einrichtungen zur Förderung der Gewerbe.

18. Findet eine Benützung der bestehenden Staatsanstalten zur Hebung des Gewerbes (abgesehen von den Gewerbeschulen) statt oder weßhalb nicht? (Landesgewerbehalle

[Hauptanstalt und Filiale], Sammlung und Bibliothek, Prüfungsanstalt für Materialien, chemisch-technische Prüfungs- und Versuchsanstalten, Zeichenbureau der Kunstgewerbeschule, badische Gewerbezeitung).

c. Vorschläge zur Verbesserung des Kleingewerbes.

Mittel zur Hebung der Lage des Klein-gewerbes.

1. Bezüglich der Gesetzgebung des Reiches oder des Landes.
2. Bezüglich staatlicher Anordnungen und Einrichtungen.
3. Bezüglich der eigenen gemeinsamen Thätigkeit der Handwerker.

B. Fragen an sonstige, die Gewerbe nicht betreibende Auskunftspersonen.

1. Persönliche Verhältnisse, Name, Alter, Beruf, jetziger oder früherer Wohnort, Angabe, von wem oder weshalb der Vorschlag zur Einvernahme erfolgte.
2. Sachliche Fragen. Als solche sind, soweit nicht bezüglich der Stellung einzelner Fragen Anstände obwalten, die vorstehenden unter A b. und c. aufgeführten, und zwar je nach den zur Berufung des Einzuvernehmenden bestimmenden Gründen bezüglich eines einzelnen Gewerbes oder des Kleingewerbes im Allgemeinen zu stellen.

C. Fragen an Gesellen.

1. Name, Alter, Heimath, ledig oder verheirathet, Zahl und Alter der Kinder, Mitgliedschaft bei Vereinen.
2. Gewerbe.
3. Wann und bei wem haben Sie die Lehrzeit zurückgelegt? Haben Sie eine Lehrlingsprüfung abgelegt? Haben Sie eine gewerbliche Schule besucht und welche?
4. Wo und wie lange jeweils bei dem gleichen Meister haben Sie seit Entlassung aus der Lehre gearbeitet?
5. Haben Sie schon in einer Fabrik gearbeitet, weshalb sind Sie zur Beschäftigung im Kleinbetriebe übergegangen? Kommt umgekehrt der Uebergang aus der kleingewerblichen Werkstätte zur Fabrikarbeit häufig vor und aus welchen Gründen?
6. Bei wem stehen Sie jetzt in Arbeit und seit wann ist dies der Fall?
7. Wie viele Hilfsarbeiter (Lehrlinge und Gesellen) beschäftigt Ihr Arbeitgeber?
8. In welcher Stellung befinden Sie sich bei Ihrem derzeitigen Arbeitgeber (Geselle, Vorarbeiter, Werkmeister)?
9. Worin besteht hauptsächlich der Geschäftsbetrieb Ihres Meisters? Sind Sie in einer Spezialität beschäftigt oder haben Sie jede im Geschäfte vorkommende Arbeit zu verrichten?
10. Erhalten Sie Kost und Wohnung beim Arbeitgeber oder stellen Sie sich beides selbst? Worin besteht Ihre Verköstigung?
11. Arbeiten Sie in der Werkstätte des Arbeitgebers oder in eigener Wohnung?
12. Wird Ihnen das Werkzeug vom Arbeitgeber gestellt oder haben Sie solches, wenigstens theilweise, selbst zu stellen?
13. Ist das Ihnen zum Gebrauch gestellte Werkzeug das altherkömmliche oder ist es von neuerer besserer Konstruktion?
14. Sind Arbeitsmaschinen in der Werkstätte aufgestellt und welche?
15. Steht eine mechanische Triebkraft zur Verfügung und welche?
16. Wie lange ist die tägliche Arbeitszeit? Wird Sonntags gearbeitet, ist dies durch den Betrieb geboten?
17. Arbeiten Sie auf Lohn oder Stück? Wie hoch stellt sich der Lohn auf die Woche?

Welche Bestimmung gilt in Ihrem Gewerbe bezüglich der Lohnzahlung? Ist eine Lohn=
zurückhaltung üblich? Wird Vorschuß auf künftig verfallenden Lohn gewährt? Kommen
Lohnabzüge vor und wofür? Werden solche zu Gunsten der Arbeiter verwendet?

18. In welcher Weise betheiligt sich der Meister an der Arbeit? In welcher Weise
erfolgt die Ausbildung der Lehrlinge?

19. Wie wird auf den Fleiß und das sittliche Verhalten, auf die weitere Aus=
bildung und ein gutes Fortkommen der Gesellen hinzuwirken gesucht? Begegnet derartiges
Bemühen des Meisters bei den Gesellen willigem Entgegenkommen?

20. Kommen in Ihrem Gewerbe Zwistigkeiten zwischen Meister und Gehilfen häufig
vor, worin liegt die Ursache derselben, wie werden dieselben zum Austrage gebracht?

21. In welcher Lage befindet sich Ihr Gewerbe im Allgemeinen und insbesondere
am Orte Ihrer gegenwärtigen Beschäftigung? könnte dasselbe nach Ihrer Ansicht besser
betrieben werden, in welcher Beziehung und in welcher Weise?

22. Bestehen am Orte Einrichtungen zur Förderung der Ausbildung und des
sonstigen Wohls Ihrer Gewerbsgenossen? in wie weit und mit welchem Erfolge wird
von letzteren davon Gebrauch gemacht? warum geschieht es etwa nicht oder nur in
geringem Maße?

23. Was sollte nach Ihrer Ansicht zur Hebung Ihres Gewerbes geschehen, welche
Vortheile erwarten Sie von Ihren Vorschlägen?

Anlage zu I. a. 15. Behufs Beurtheilung der finanziellen Geschäftsergebnisse im Jahr 1884 sind
folgende Angaben zu machen:

Vorbemerkung.

Höhe des Erwerbsteuerkapitals.

„   „   Betriebskapitals.

„   „   Anlagekapitals.

Familienzahl.

Anzahl der Lehrlinge und Gesellen.

I. Ausgaben.

A. Hauptgewerbe.

1. Aufwand für Unterbringung von Werkstätte, Laden, Waarenlager; wenn in
eigenem Gebäude: Werthanschlag für Benützung dieser Räume mit Einschluß des Unter=
haltungsaufwands, wenn in gemiethetem Raume: Miethe für jene Räume, d. i. derjenige
Theil des Miethzinses, welcher nach Abzug des für die Wohnung anzusetzenden Mieth=
zinsantheils sich ergibt.

2. a. Unterhaltung und Ergänzung von Handwerkszeug und Maschinen (einschließlich
    von Motoren),

b. Abschreibung am Werthe von Handwerkszeug und Maschinen.

3. Heizung und Beleuchtung der Geschäftsräume nebst Heizung von Motoren.

4. Persönlicher Arbeitsaufwand:

a. Werthanschlag der Arbeit des Meisters (. . . für . . . Tage).

b. für Hilfsarbeiter:

aa. Löhne an Lehrlinge und Gesellen,

bb. Aufwand für etwaige Verköstigung derselben durch den Meister.

5. Aufwand für Beschaffung der Arbeitsstoffe.

6. Aufwand für zum Handel angekaufte Waaren.

7. Verluste an Ausständen.

8. Zinsen des Anlage- und Betriebskapitals.

B. Nebengewerbe.

Die gleichen Angaben, wie bei A., soweit der Nebenerwerb nicht in einer festen Geldvergütung besteht oder nur sehr unbedeutend ist, in welchem Falle die Angabe der baaren Auslagen in runder Summe genügt.

C. Sonstige Ausgaben.

1. Ausgaben für den Haushalt der Familie (Kost, Bekleidung, Unterricht, Heizung und Beleuchtung, Arzt ꝛc. mit Einschluß des Werths der selbstgezogenen Nahrungsmittel).

2. Für die Wohnung:

wenn in eigenem Gebäude, das allein bewohnt wird: Anschlag der für den Gewerbebetrieb nicht in Anspruch genommenen Haustheile; wenn das Haus noch anderweit vermiethet ist: Anschlag der nicht für den Gewerbebetrieb (A. 1) und nicht an Dritte vermietheten Räume; wenn in der Miethe: Betrag der Miethe nach Abzug des unter A. 1 verrechneten Betrags.

3. Verzinsung des Hauswerths, soweit derselbe nicht schon unter A. 1 und C. 2 zur Verrechnung kam, sowie Aufwand auf Unterhaltung der betreffenden Gebäudetheile und Abschreibung am Werthe des eigenen Hauses.

4. Feuerversicherung für Gebäude,

     „   „ Fahrnisse.

5. Lebensversicherung.

6. Staatssteuer für Hauptgewerbe.

   „   „ Nebengewerbe.

7. Gemeindeumlagen für Hauptgewerbe.

   „   „ Nebengewerbe.

II. Einnahmen.

A. Hauptgewerbe.

Bruttoeinnahme: a. aus dem Gewerbebetriebe,

             b. aus dem Ladengeschäfte.

B. Nebengewerbe.

Bruttoeinnahme: a. aus dem Gewerbebetriebe,

             b. aus dem Ladengeschäfte.

NB. Wenn Landwirthschaft als Nebengewerbe betrieben wird, so ist der Erlös aus den verkauften Erzeugnissen anzugeben.

C. Sonstige Einnahmen.

1. Aus Miethe.

2. Aus Forderungszinsen.

3. Aus Bürgergenuß.

4. Sonst.

——— ———

Großh. Badisches Bezirksamt Mannheim.

Bericht.

Die Veranstaltung von Erhebungen
über die Lage des Kleingewerbes betr.

Großherzoglichem Ministerium des Innern beehren wir uns, über das Ergebniß
der mit dortseitigem hohem Erlaß vom 23. Januar d. J. Nr. 1650 bezw. vom 8. April
d. J. Nr. 8266 angeordneten Erhebungen unter Beischluß des bezüglichen Aktenmaterials
geziemend Bericht zu erstatten, wie folgt:

I.

Lage des Gewerbes.

1. Uebliche Art des Gewerbebetriebs.

Was den Gewerbebetrieb im Allgemeinen betrifft, so verlegt sich weitaus
die Mehrzahl der hiesigen Meister nicht auf Spezialitäten, sondern treibt das Gewerbe
in seinem vollen Umfange.

Bei einer Reihe von Gewerbetreibenden, nämlich bei den Bäckern, Friseuren,
Wagnern, Zinngießern, Messerschmieden, Uhrenmachern, Tapezierern, Gypsern, Tünchern,
Zimmerleuten, Schneidern, Blechnern und Weißwaarenverfertigern, sind — am hiesigen
Orte wenigstens — Spezialitäten überhaupt nicht bekannt; bei den übrigen können sie im
Großen und Ganzen nur als vereinzelte Erscheinungen bezeichnet werden. So wird zu-
weilen als Spezialität betrieben:

in der Metzgerei: die Schweinemetzgerei und Wurstlerei; in der Küferei:
das Faßgeschäft und das Kellergeschäft; in der Hafnerei: die Töpferei und das Ofengeschäft; in der Buchbinderei: die Kartonnagearbeit; in der Schreinerei: die Bau-
und die Möbelschreinerei; in der Schlosserei: die Kassenschrankfabrikation (die übrigens
meist unter die Großindustrie zu registriren ist). Von den Korbmachern beschränken
sich 2 auf sog. graue Arbeit, d. h. ordinäre Waare aus ungeschälten Weiden; 1 Dreher
verlegt sich ausschließlich auf das Knopfdrehen; 3 Sattler fertigen nur Reiseartikel
und 1 nur Pferdegeschirre; 3 Maurer sind ausschließlich Backofenmacher; 1 Glaser
treibt nur die Blankglaserei (Ausschluß der Herstellung von Fensterrahmen) und von den
Schustern verlegen sich einige wenige nur auf die Herstellung von Schäften. Bei den

1

Schneidern ist hier — wie allerwärts — das Herrenkleidergeschäft vom Damenkleider= geschäft getrennt und wird letzteres mit einer einzigen Ausnahme nur von Frauens= personen betrieben. Die Messerschmiede und besonders die Uhrmacher müssen sich heutzutage nothgedrungen auf Reparaturarbeiten beschränken, weil ihnen die Herstellung neuer Gegenstände durch die Großindustrie völlig aus den Händen gewunden ist. Auch gibt es bei den Schustern und Schneidern viel kleine Meister, die lediglich Flick= arbeit besorgen.

2. Halbfabrikate.

Die Bäcker, Metzger, Friseure, Hafner, Buchbinder, Korbmacher, Tüncher, Mau= rer, Schreiner, Glaser und Schneider stellen ihre Erzeugnisse aus den Rohstoffen her, wogegen die übrigen Gewerbe auch Halbfabrikate beziehen und zwar: die Wagner: Felgen und Speichen; die Küfer: Dauben und Bandeisen; die Zinngießer roh gegossene Deckel; die Dreher: Stuhlfüße und sonstige Möbelbestand= theile in roh gearbeitetem Zustande; die Tapezierer: Möbelgestelle; die Sattler: Stoffergestelle, einzelne Geschirrtheile, Metallgarnituren; die Zimmerleute: Bauholz in vorgearbeitetem Zustande; die Schlosser: Schloßtheile (auch Schlüssel in Rohguß), Bügel, Eisengriffe, Schellenwinkel; die Schmiede: sämmtliche Holztheile für die Chaisen, Achsen, Federn, Schrauben ꝛc., wogegen Hufeisen nicht mehr als Halbfabrikat bezogen zu werden pflegen; die Blechner: Kannendeckel, Ofenrohrrosetten und sonstige gepreßte Gegenstände; die Schuster: Schäfte — theils nach Schablone von den Fabriken, theils nach Maaß von den hiesigen Schäftemachern; die Weißwaarenverfertiger: Hem= denbrüste. Die Uhrmacher beziehen nur Halbfabrikate (Räder, Zeiger, Federn, Ziffer= blätter ꝛc.) und — falls sie ein Ladengeschäft haben — fertige Uhren zum Wiederverkauf; auch bei den Messerschmieden, welche Messerklingen für Tafelmesser als Halbfabrikat beziehen, bildet der Handel mit fertig bezogener Waare so ziemlich das Hauptgeschäft.

3. Absatzgebiet.

Von vereinzelten Ausnahmen abgesehen, arbeiten die hiesigen Gewerbetreibenden ausschließlich für die Stadt und allenfalls noch für die nächstgelegenen Land= orte; einen nennenswerthen ständigen Absatz nach auswärts haben nur einige Küfer und Schneider.

4. Ladengeschäfte.

Bei einer Anzahl von Gewerben ist die Führung von Ladengeschäften natur= gemäß ausgeschlossen; dazu gehören die Gypser, Tüncher, Maurer, Zimmerleute, Wagner, Glaser und Schmiede. Auch die Schlosser, Dreher und Küfer haben keine Ladengeschäfte, sondern — soweit sie überhaupt auf Vorrath arbeiten — höchstens kleine Waarenlager im Hause. Vereinzelt kommen Ladengeschäfte vor bei den Schustern, Schreinern (Möbel= branche), Sattlern und Tapezierern; häufiger bei den Schneidern, Blechnern, Uhr= machern, Korbmachern, Buchbindern; regelmäßig bei den Metzgern, Bäckern, Friseuren, Hafnern, Zinngießern, Messerschmieden und Verfertigern von Weißwaaren.

In den Läden der Uhrmacher und Messerschmiede sind fast ausschließlich fremde, fertigbezogene Uhren und bezw. Messerwaaren zu haben. Die Bäcker, Metzger und Schuster beschränkten sich auf das Feilhalten eigener Erzeugnisse; die Hafner verkaufen nebenher noch Steingut und Steinzeug, die Zinngießer Geschirr und Glas, die Friseure Kämme, Bürsten, Parfümerieen und dergl., die Schneider Kleiderstoffe (selten auch fertige Kleider), die übrigen Gewerbetreibenden neben eigenen Erzeugnissen auch von answärts bezogene Artikel ihres Gewerbezweiges.

5. Berufliche Vorbildung.

Im Allgemeinen können die hiesigen Gewerbetreibenden als gelernte Meister bezeichnet werden, insofern nämlich, als sie der Regel nach von Anbeginn in ihrem speziellen Gewerbe thätig waren. Damit ist freilich noch nicht gesagt, daß sie auch die erforderlichen Kenntnisse und Fähigkeiten besitzen, um ihr Gewerbe meistermäßig auszu- üben — in dieser Hinsicht scheint es vielmehr ziemlich übel bestellt zu sein, denn fast in allen Gewerbezweigen wird über die „Pfuscher" geklagt, welche das Ansehen des Hand- werks schädigen und die Preise verderben. Bestimmtere Angaben lassen sich hierüber nicht machen, weil seit Einführung der Gewerbefreiheit von den Meistern keinerlei Nach- weise über ihr gewerbliches Vorleben und ihre Leistungsfähigkeit verlangt werden und deßhalb kein diesbezügliches Material zu Gebote steht.

Die Buchbinder, Uhrmacher, Dreher, Schuster, Schneider und Weißwaaren- verfertiger klagen darüber, daß ihnen von Handelsleuten bedeutende Konkurrenz gemacht werde. Soweit sich diese Klage auf den Handel selbst bezieht, gehört sie eigent- lich gar nicht hieher, denn der Wiederverkauf fertig angekaufter Gewerbserzeugnisse ist überhaupt kein Gewerbebetrieb, sondern lediglich ein Handelsgeschäft; es wird aber geltend gemacht, daß diese Händler vielfach auch mit Herstellung neuer Erzeugnisse sowohl, als mit Reparaturen sich befassen, zu welchen Zwecken sie gewerbeverständige Gehilfen zu halten pflegen, und hierin ist allerdings die Ausübung eines Gewerbes durch Nichtgewerbsleute zu erblicken.

Wenn des Weitern angeführt wurde, daß 2 von den 3 hiesigen Möbel- geschäften in der Hand von Kaufleuten seien, so ist dem gegenüber zu bemerken, daß diese Geschäfte ihrem Umfang nach kaum mehr zu den kleingewerblichen Betrieben zu zählen sind, und daß mit demselben Rechte eigentlich alle Großindustriellen — soweit ihr Fabrikbetrieb das Gebiet der einzelnen Gewerbe berührt — hier namhaft gemacht werden könnten.

Aehnlich verhält es sich mit dem Geschäftsbetrieb der Bauunternehmer, welche Gesellen jeden Bauhandwerks unter Leitung eines Werkmeisters in eigener Werkstätte oder am Bau beschäftigen und dadurch die Handwerksmeister umgehen; auch hier handelt es sich mehr um eine naturgemäße Praxis der Großindustrie, als um eine kleingewerbliche Thätigkeit. Im Uebrigen zeigt sich gerade bei den Baugewerben die eigenthümliche, des Humors nicht entbehrende Erscheinung, daß sie sich der Reihe nach Uebergriffe in die durch das Herkommen vorgezeichneten Grenzen der einzelnen Gewerbsgebiete vorwerfen; so klagen die Schreiner, daß die Zimmerleute Thüren und Gesimse machen, die Schlosser, daß die Glaser die Fenster anschlagen, die Glaser, daß die Zimmerleute auch Fenster- rahmen machen u. s. f.

Schließlich mag hier noch erwähnt werden, daß die Wirthe vielfach nebenbei die Metzgerei gewerbsmäßig betreiben, indem sie Schweine schlachten und die hausgemachten Würste auch über die Straße abgeben.

4

6. Landwirthschaft.

Die Verbindung von Gewerbe und Landwirthschaft ist hierorts — wie wohl in den meisten Städten — weder üblich noch rathsam. Abgesehen davon, daß ein rationeller Betrieb der Landwirthschaft durch theoretische Kenntnisse und praktische Erfahrungen bedingt ist, deren Aneignung dem städtischen Handwerksmann mindestens sehr schwer fallen dürfte, sind auch die Baulichkeiten für diesen Zweck so wenig eingerichtet, und wird durch die räumliche Ausdehnung der Stadt die Kommunikation mit der Feld= gemarkung derart erschwert, daß unverhältnißmäßige Kosten und Zeitverluste entstehen müßten.

7. Maschinen und Werkzeuge.

Die Fortschritte, welche die Neuzeit auf dem Gebiete der Maschinentechnik gemacht hat, sind auch an dem Kleingewerbe keineswegs spurlos vorübergegangen. Die schädlichen Folgen derselben für das Kleingewerbe sollen weiter unten besprochen werden. Hier handelt es sich nur darum, zu konstatiren, ob und in wieweit sich das Handwerk diese Fortschritte nutzbar gemacht hat.

In erster Reihe ist hier die Nähmaschine zu nennen, welche in ihren verschie= denen Formen bei den Schneidern, Weißwaarenverfertigern, Schustern, Tapezierern und Sattlern allgemein Eingang gefunden hat.

Sodann sind bei denjenigen Gewerben, welche sich mit der Verarbeitung von Metallen befassen, eine Anzahl kleinerer Maschinen eingeführt; so die Bohr= und Loch= maschine (bei den Schlossern und Schmieden), die Rohr=, Wulst= und Sicken= maschine (bei den Blechnern), die Stanzmaschine und die Zinnwalze (bei den Zinngießern), die Bieg= und Stauchmaschine (bei den Schmieden), die Wälz= maschine und Räderschneidmaschine (bei den Uhrmachern).

Drehbänke finden sich in den Werkstätten der Dreher, Uhrmacher, Zinngießer.

Die Zimmerleute und Schreiner arbeiten mit Band= oder Circularsägen und mit Hobelmaschinen, jedoch nur in solchen Geschäften, die ihrem Umfange nach sich der Großindustrie sehr nähern.

In den Metzgereien sind Wurstfüllmaschinen, mitunter auch Wieg=, Hack= und Mengmaschinen, in den ganz großen Bäckereien Teigknetmaschinen, in den Hafnerwerkstätten Thonwalzen und bei den Buchbindern Schneidemaschinen für Papier und Pappendeckel, hie und da auch Vergoldepressen, Heftmaschinen und Stockpressen im Gebrauche.

Die Friseure, Wagner, Küfer, Messerschmiede, Korbmacher, Gypser, Tüncher, Glaser und Maurer haben nur Handbetrieb, wenn man bei letzteren nicht etwa Krahnen, Winden, Flaschenzüge als Maschinen rechnen will.

Andere Motoren, als die menschliche Kraft, sind im Allgemeinen höchst selten in Anwendung; sie kosten eben viel Geld und erfordern größere Räumlichkeiten, als sie dem Kleingewerbsmann in der Regel zu Gebote stehen. Auch können sie verhältnißmäßig wenig ausgenützt werden, da die Handarbeit doch immer — wie dies schon im Begriff des Handwerks liegt — die Hauptsache bleiben muß.

Was die Werkzeuge betrifft, so konnte ein diesbezüglicher Mißstand durch die Erhe= bungen nicht konstatirt werden; es scheint vielmehr, daß, soweit auf diesem Gebiete Neuerungen überhaupt eingetreten sind, dieselben überall entsprechende Beachtung und Verwerthung fanden.

8. Lehrlingswesen.

Das Lehrlingswesen muß als ein wunder Fleck im heutigen Gewerbsleben bezeichnet werden.

Vor Allem ist lebhaft zu beklagen, daß die alte Sitte, den Lehrling in Kost und Wohnung zu nehmen und gleich einem Glied der Familie zu halten, bei den Meistern immer mehr abhanden kommt. Es ist einleuchtend, daß es der Obedienz des Lehrlings gegenüber dem Meister nur förderlich sein kann, wenn letzterer die Autorität des Lehrherrn und des Familienvaters in sich vereinigt, und daß andererseits der Meister regelmäßig nur unter dieser Voraussetzung gewillt und in der Lage sein wird, dem Verhalten des Lehrlings außerhalb der Werkstätte seine Aufmerksamkeit zu schenken und einen erzieherischen Einfluß auf denselben auszuüben. Auch läßt sich wohl annehmen, daß das gesetzwidrige Verlassen der Lehre, worüber vielfache Klagen laut geworden sind, seltener wäre, wenn dasselbe für den Lehrling nicht blos die Flucht aus der Werkstätte, sondern zugleich das Ausscheiden aus einem Familienkreise bedeuten würde.

Sodann scheint in den meisten Gewerben die Uebung schriftlicher Vertragsschließung, welche zur Weckung und Hebung des Bewußtseins gegenseitiger Verpflichtung und Verantwortlichkeit sehr förderlich ist und auch die Vorbedingung der Gewährung polizeilicher Hilfe gemäß §. 130 G.-O. bildet, immer mehr abhanden zu kommen. Nur bei den Bäckern, Friseuren, Uhrmachern, Korbmachern, Tapezierern, Glasern, Schlossern und Schustern soll fragliche Uebung noch herrschen; es ist aber auch hier die bejahende Auskunft nicht mit der Bestimmtheit und Einhelligkeit gegeben worden, daß sie als unumstößlich richtig gelten könnte.

Bezüglich der Lehrzeit konnte eine bestimmte Uebung in den einzelnen Gewerben ebenfalls nicht ermittelt werden; sie schwankt im Allgemeinen zwischen 2 und 3 Jahren.

Zum Besuch der Gewerbeschule — welcher in hiesiger Stadt nicht obligatorisch ist — scheinen die Lehrlinge keineswegs von allen Meistern angehalten zu werden. Es wäre sehr zu wünschen, daß — abgesehen etwa von den Bäckern und Friseuren — an Stelle des willkürlichen Ermessens der Meister ein gesetzlicher Zwang zum Schulbesuch treten würde. Aus den Kreisen der Buchbinder und Sattler sind übrigens Klagen laut geworden, daß das spezielle Fachzeichnen an der hiesigen Gewerbeschule zu wenig Berücksichtigung finde. Inwieweit diese Klagen begründet sind, vermag die Kommission nicht zu beurtheilen.

Was die Frage der Errichtung von Schulwerkstätten betrifft, so wurde nur von Seiten der Uhrmacher und Buchbinder eine solche für nothwendig erklärt; die Vertreter aller anderer Gewerbe waren der Ansicht, daß die praktische Ausbildung in der Werkstätte des Meisters vollkommen ausreichend sei, vorausgesetzt natürlich, daß sie in der richtigen Weise geschieht.

Ein besonderer Mißstand herrscht bei den eigentlichen Baugewerben (Gypsern, Tünchern, Maurern, Zimmerleuten); wirkliche Lehrlinge gibt es dort nämlich kaum noch, vielmehr pflegen die jungen Leute einfach als Taglöhner einzutreten und werden zu Handlangerdiensten verwendet, während man es so ziemlich ihrer eigenen Sorge überläßt, sich im Handwerk auszubilden. Ueber kurz oder lang, je nachdem es ihnen gefällt, verdingen sie sich dann als Gesellen, um später durch selbständige Niederlassung als Meister die Zahl der „Pfuscher" zu vermehren. Für diesen Unfug sind in erster Reihe, wenn nicht ausschließlich, die Eltern verantwortlich zu machen; statt daß sie für ihre Söhne tüchtige Meister suchen und mit diesen entsprechende Vereinbarung treffen, schicken sie die jungen Leute zu Bauunternehmern oder in andere größere Geschäfte als Taglöhner, nur um gleich Nutzen von ihnen zu haben, obwohl sie wissen müssen, daß auf diese Art ordentliche Handwerker nicht herangebildet werden können.

Um schließlich noch der Preisverleihungen Erwähnung zu thun, so wurde ziemlich allseitig anerkannt, daß die bisher vom Gewerbeverein und der Großh. Staatsregierung veranstalteten Prämiirungen von Lehrlingsarbeiten im Prinzipe sehr zu billigen seien und auch schon hübsche praktische Erfolge gehabt hätten. Doch wurde dabei verschiedentlich betont, daß manche Preisarbeit so vollkommen sei, daß die Vermuthung einer thätigen Mithilfe dritter Personen sehr nahe liege und daß man deßhalb auf die Schaffung entsprechender Garantien Bedacht nehmen sollte.

9. Gesellenwesen.

Ein Mangel an tüchtigen Gesellen macht sich in allen Gewerben fühlbar, zum Theil wird diese unerfreuliche Erscheinung damit erklärt, daß die Großindustrie viele gute Kräfte absorbire und daß manche an sich brauchbare Leute nur oder doch vorzugsweise in Spezialitäten ausgebildet seien; weitaus die Mehrzahl der einvernommenen Meister stimmt aber dahin überein, daß die ungenügenden Leistungen der Gesellen auf die oben besprochenen Mängel im Lehrlingswesen zurückzuführen seien. Dazu kommt noch, daß die Gesellen ganz entschieden anspruchsvoller geworden sind, als sie früher waren und die nöthige Lust und Liebe zu ihrem Handwerk vielfach vermissen lassen. Die von sozialistischer Seite ins Leben gerufenen Fachvereine und Krankenkassen, deren hier z. B. 12 existiren, tragen hieran nicht wenig Schuld, indem dort den Leuten mit utopistischen Lehren die Köpfe verdreht und Unzufriedenheit, sowie Mißtrauen gegen die Arbeitgeber künstlich in ihnen großgezogen werden. Ein schlimmes Zeichen für das berufliche Pflichtgefühl der Gesellen sind auch die zahlreichen Klagen über deren unbefugten Austritt aus dem Arbeitsverhältnisse. Geschehen ist dagegen noch Nichts, und wenn die Meister zur Erklärung ihres negativen Verhaltens geltend machen, daß es rathsamer sei, einen unzufriedenen Gesellen laufen zu lassen, anstatt ihn durch Drohung mit gerichtlicher Entschädigungsklage oder durch sonstige Mittel gegen seinen Willen zurückzuhalten, so läßt sich gegen die Richtigkeit dieser Erwägung wohl nicht viel einwenden.

Die Lohnverhältnisse sind im Allgemeinen nicht ungünstig zu nennen; bei verschiedenen Gewerben, so bei den Uhrmachern, Tünchern, Maurern und Schlossern sind die Löhne während der letzten Jahre erheblich gestiegen, bei den anderen mindestens gleich geblieben. Wo auf Stück gearbeitet wird — was bei den Schustern, Schneidern und Weißwaarenverfertigern in der Regel, bei den Küfern, Zinngießern, Korbmachern, Drehern, Sattlern, Schreinern und Glasern nicht selten der Fall ist — stellt sich der Verdienst der Gesellen im Allgemeinen etwas höher, doch treten gerade hier je nach Fleiß und Leistungsfähigkeit der Einzelnen große Schwankungen zu Tage. Erwähnenswerth ist, daß häufig ein und derselbe Arbeiter, je nachdem gerade neue Arbeit oder Reparatur zu liefern ist, bald auf Stück, bald auf Zeit beschäftigt wird.

Auf eigener Bude arbeitende Gesellen kommen nur bei den Bekleidungsgewerben (den Schustern, Schneidern und Weißwaarenverfertigern) vor, sind dort aber sehr zahlreich. Dabei ist die Grenzlinie zwischen Kleinmeister und Budenarbeiter vielfach verwischt, indem gar Manche, die ständig für größere Geschäfte arbeiten, sich als Meister bezeichnen, theils zur Befriedigung ihrer Eitelkeit, theils auch in der Absicht und Meinung, auf diese Art eher noch Nebenkundschaft zu erhalten. So sollen nahezu zwei Drittheile der hiesigen Schneidermeister eigentlich nur Budenarbeiter im Dienste größerer Firmen sein. Die Ansichten der Meister darüber, ob die Budenarbeiter den Andern vorzuziehen seien, gehen auseinander; daß erstere im Allgemeinen mehr leisten, wird weniger dem Institut als solchem, als vielmehr dem Umstand zuzuschreiben sein, daß es meist ältere verheirathete Leute sind, die zu Hause schaffen. Bei den Gesellen scheint sich die Budenarbeit keiner besonderen Beliebtheit zu erfreuen; wenigstens hat ein Einvernommener, der als Vorstand des Schneiderfachvereins zweifellos nicht nur seine persönliche Ansicht damit kundgibt, lebhaft für deren Beseitigung plaidirt und ist ihm darin beizupflichten, daß das Arbeiten in den meist engen, dichtbesetzten Wohnungen der Gesundheit keineswegs zuträglich sein kann.

Besonderer Fürsorge Seitens der Meister scheinen die Gesellen sich nicht zu erfreuen; abgesehen von den wenigen Gewerben, innerhalb welcher Innungen existiren, ist zur Hebung des Gesellenwesens Nichts geschehen; nur bei den Drehern zahlt jeder Meister einen Jahresbeitrag von 2 Mark in die Kasse einer Gesellengenossenschaft, die sich zur Aufgabe gestellt hat, die deutsche Drechslerzeitung zu halten, gesellige Unterhaltung zu pflegen und durchreisende Kollegen zu unterstützen.

Daß der Geselle beim Meister Kost und Logis hat, kann keineswegs als Regel, sondern eher als eine Ausnahme bezeichnet werden.

Die Bildung eines Gewerbegerichts im Sinne des §. 120 a. G.-O. wird von allen Seiten als wünschenswerth erklärt.

10. Kreditwesen.

Besondere Mißstände im Kreditwesen bestehen hierorts nicht. Allerdings verlangen die hiesigen Kreditanstalten — wie alle derartige Institute — gewisse Cautelen, die von dem kreditbedürftigen Kleinmeister nicht immer erfüllt werden können; aber das liegt einmal in der Natur der Sache; ein Kreditinstitut, das ohne jede Sicherheitsleistung lediglich auf Treu und Glauben leiht, kann vernünftiger Weise nicht verlangt werden.

11. Bezug der Arbeitsstoffe.

Die Quantitäten, in welchen die Arbeitsstoffe bezogen zu werden pflegen, sind je nach Art und Umfang der einzelnen Gewerbebetriebe sehr verschieden, so daß sich in dieser Hinsicht kaum irgend welche Regeln aufstellen lassen. Im Allgemeinen kaufen nur die größeren Geschäfte auf Vorrath, während sich bei den kleineren der Bezug mehr nach dem momentanen Bedarf richtet, und kommt es beispielsweise bei den Flickschustern oft genug vor, daß sie das Leder für ein einziges Paar Sohlen oder Fleck beim Händler für sich herausschneiden lassen. Aehnlich verhält es sich mit der Zahlungsweise; auch diese hängt sehr von den gegebenen Verhältnissen ab. Doch wird man im Großen und Ganzen sagen können, daß der handelsübliche Kredit von

3 Monaten die Regel bildet und nur bei den ganz kleinen Gewerbebetrieben mit zweifelhafter Kreditfähigkeit Baarzahlung vorherrschend ist.

Der Zwischenhandel wird vielfach in Anspruch genommen; nur bei Weiden, Steinen, Gyps und Thon erfolgt der Bezug meist direkt vom Produzenten. Mit dem Holz wird es verschieden gehalten, bald wird es im Wald ersteigert, bald beim Händler gekauft. Das geschnittene Holz soll beim Händler um nahezu 30% theurer zu stehen kommen, als bei den Sägmühlen, doch lassen sich Letztere nur auf große Lieferungen ein.

Vereinigungen zum gemeinsamen Bezug von Rohstoffen existiren nicht; bei den Bäckern und Schustern sind, wie berichtet wird, diesbezügliche Versuche gescheitert. Da der Zwischenhandel im Allgemeinen die Waare vertheuert — wenn auch nicht überall in dem Maaße, wie oben hinsichtlich der Schnitthölzer erwähnt wurde — so könnte die Gründung von Rohstoff=Vereinen dem Einzelnen manchen Vortheil bringen.

12. Gelegenheit zur Beschäftigung bezw. zum Absatz der Erzeugnisse.

Mit Ausnahme der Bäcker, Metzger, Friseure, Gypser, Tüncher und Maurer leiden alle Gewerbe mehr oder weniger unter dem Einfluß der durch die maschinellen Erfindungen der Neuzeit in's Leben gerufenen Großindustrie.

Dazu kommt weiter, daß seit Einführung der Gewerbefreiheit die Zahl der ortsansäßigen Meister sich vermehrt hat und zwar nicht durchgängig im Verhältniß zum Anwachsen der städtischen Bevölkerung, wie nachstehende Uebersicht zeigt:

Gewerbe	Zahl der Meister 1861	1884	Vermehrung
Bäcker	44	59	34 %
Metzger	49	76	55 „
Friseure	7	17	143 „
Wagner	6	11	84 „
Küfer	13	16	24 „
Hafner	5	5	0 „
Zinngießer	2	4	100 „
Buchbinder	12	21	75 „
Messerschmiede	2	4	100 „
Korbmacher	3	15	400 „
Dreher	7	7	0 „
Tapezierer	19	47	137 „
Sattler	7	14	100 „
Gypser	3	5	67 „
Tüncher	25	57	128 „
Maurer	18	61	239 „
Zimmerleute	12	28	133 „
Schreiner	58	98	69 „
Glaser	11	20	82 „
Schlosser	24	57	138 „
Schmiede	8	20	150 „

Gewerbe	Zahl der Meister		Vermehrung
	1861	1884	
Blechner	21	38	81 %
Schneider .	57	110	93 „
Schuster . . .	108	269	156 „
Weißwaarenverfertiger . .	?	?	?

Da die Einwohnerzahl Mannheims in der gleichen Zeit von 27,160 auf 53,865 gewachsen, also um rund 100 % gestiegen ist, so sind die Gewerbe der Friseure, Tapezierer, Tüncher, Maurer, Zimmerleute, Schlosser, Schmiede und Schuster gegen früher erheblich übersetzt. Rechnet man hiezu noch die durch Messen und Hausierhandel begünstigte auswärtige Konkurrenz, so erscheint es nicht mehr als natürlich, daß fast von allen Seiten über Mangel an ausgiebiger Arbeitsgelegenheit geklagt wird. Am Besten ist es damit noch bei den Drehern und Tapezierern bestellt. Die kunstgewerblichen Bestrebungen unserer Zeit und der damit zusammenhängende Luxus in der Einrichtung der Wohnungen führen diesen Gewerben immer mehr Verdienst zu. Auch die Bäcker und Metzger dürften keinen besonderen Grund zur Klage haben, wenn schon die auswärtige Konkurrenz hauptsächlich bei letzteren recht unangenehm empfunden wird. Die Korbmacher, Sattler, Gypser, Tüncher, Schreiner und Schneider sind im Großen und Ganzen noch zufrieden; freilich machen sich auch bei ihnen die oben erwähnten Verhältnisse fühlbar und drücken manchen kleinen Meister darnieder. Die Küfer klagen speziell über die Konkurrenz der Strafanstalten, die Hafner über die Verdrängung der Töpferwaare durch das emaillirte Blechgeschirr, die Zinngießer über diejenige des Zinngeschirrs durch Steingutwaare, beide außerdem über die schädliche Einwirkung der Messen und des Hausierhandels auf ihr Gewerbe. Auch die Buchbinder, Schlosser und Blechner sind unzufrieden, ebenso wie die Wagner und Schmiede, welche insbesondere anführen, daß die Fabriken jetzt vielfach ihre eigenen Wagnereien und Schmieden besitzen. Die Baugewerbe leiden unter dem übermächtigen Einflusse der Bauunternehmungen, welche sich zahlreich aufgethan haben und die Verrichtungen der einzelnen Gewerbe an sich ziehen, wie schon unter Ziffer 5 des Nähern dargelegt worden ist. Am Schlimmsten sind die Uhrmacher und Messerschmiede daran, die der Großindustrie gegenüber nur noch als Reparaturarbeiter bestehen können, und die Schuster, deren Fache besonders im Hinblick auf die große Anzahl von Schuhwaarenhandlungen (17) unbedingt als übersetzt zu bezeichnen ist.

Im Uebrigen mag hier noch konstatirt werden, daß die allgemeine ökonomische Lage der Stadt- und Bezirksbewohner zu besonderen Bemerkungen oder Schlußfolgerungen keinen Anlaß bietet; sie ist weder schlecht noch auch hervorragend gut, sondern durchaus normal zu nennen. Ebenso wenig sind sonstige Umstände oder Verhältnisse bekannt, welche die Lage der einzelnen Gewerbe als eine Konsequenz lokaler Zustände erscheinen ließen.

13. Preise für Arbeit und Erzeugnisse.

Auch hinsichtlich der Preise für Arbeit und Arbeitserzeugnisse macht sich die vielseitige Konkurrenz nachtheilig geltend und wird über den niedern Stand derselben ziemlich allgemein Klage geführt. Doch scheinen diese Klagen nicht durchweg begründet zu sein, indem bei manchen Gewerben, so bei den Bäckern, Metzgern, Zinngießern, Messerschmieden, Tapezierern, Möbelschreinern, Schmieden, Schneidern und Schustern — wie auch von einzelnen Vertretern dieser Gewerbe zugegeben wird — ein Mißverhältniß zwischen Leistung und Preis kaum existiren dürfte. Als sehr wenig lohnend dagegen werden die Preise bezeichnet bei den Küfern, Hafnern und Korbmachern. Eine wahre Kalamität herrscht aber in dieser Hinsicht bei den Baugewerben. Feste, d. h. allgemein übliche Preise gibt es dort überhaupt nicht, vielmehr hängt Alles von den Angeboten im einzelnen Fall ab, und da zeigt sich dann fast ausnahmslos die unerfreuliche Erscheinung, daß die Handwerksleute nicht rechnen und sich gegenseitig in geradezu unsinniger Weise herunterbieten.

14. Zahlung Seitens der Kundschaft.

Im Allgemeinen halten die hiesigen Gewerbetreibenden an der Uebung fest, den Kunden halbjährlich oder auch erst nach Umlauf des Jahres Rechnung zu schicken; in kleinen Geschäften, wo so zu sagen von der Hand in den Mund gelebt wird, geschieht die Anforderung gleich nach Lieferung der Arbeit.

Der Eingang dieser Ausstände ist keineswegs immer befriedigend zu nennen und wäre es für manchen Gewerbsmann eine große Erleichterung, wenn seine Kundschaft sich in dieser Hinsicht zu größerer Pünktlichkeit bequemen würde. Doch kommt dabei natürlich auch die Zahlungsfähigkeit auf Seite der Kunden in Betracht, die begreiflicher Weise nicht immer vorhanden ist.

15. Aufwand für den Lebensunterhalt.

Daß der Aufwand für den Lebensunterhalt seit Beginn der siebenziger Jahre gestiegen ist, kann nicht bezweifelt werden. Dabei wird wohl die Vertheuerung der Lebensmittel und die Steigerung der Miethpreise nicht ausschließlich in Betracht kommen, sondern auch der Umstand, daß die Ansprüche an das Leben in weiten Kreisen der Bevölkerung erheblich zugenommen haben.

16. Gewerbliche Vereinigungen.

Es existiren hier nur vier Innungen, je eine für das Metzger- und Bäcker-handwerk und zwei für das Friseurgewerbe. Fruchtlose Versuche zur Gründung einer Innung wurden gemacht bei den Buchbindern, Uhrmachern, Korbmachern, Zimmerleuten, Schlossern und Schneidern. Es fehlt eben allenthalben an Verständniß und Opferwillig-keit für die gemeinsamen Interessen.

17. Benützung von staatlichen Einrichtungen.

Die zur Hebung des Gewerbes bestehenden Staatsanstalten werden sehr wenig benützt. Ein Tünchermeister klagte darüber, daß er von dem Zeichenbureau der Kunstgewerbeschule einen Entwurf bezogen habe, der ihn auf 200 Mark zu stehen gekommen und nicht einmal Original gewesen sei.

18. Ladenburg und Neckarau.

Es erübrigt noch, über die gewerblichen Zustände in Ladenburg und Neckarau einige Worte zu sagen. Beides sind größere Landgemeinden von normalem Wohlstande.

Was vorstehend über die Mannheimer Gewerbebetriebe gesagt ist, gilt im Großen und
Ganzen auch für die Ladenburger und Neckarauer Verhältnisse; doch ist hervorzuheben,
daß in diesen letztern Gemeinden fast jeder Gewerbetreibende nebenbei eine kleine Land=
wirthschaft hat und daß diese Verbindung anscheinend vortheilhaft ist; auch kann als
Regel aufgestellt werden, daß die einzelnen Gewerbebetriebe in den Landgemeinden von
bescheidenem Umfange sind und demgemäß auch die Ansprüche der Gewerbetreibenden
hinsichtlich der Rentabilität der Geschäfte sich in sehr mäßigen Grenzen halten; so haben
von den 13 Meistern, die aus Neckarau und Ladenburg einvernommen wurden, nur
2 Unzufriedenheit mit den Geschäftsergebnissen geäußert.

II.
Beurtheilung der Lage des Gewerbes.

Die Lage des Kleingewerbes, wie sie vorstehend auf Grund der veranstalteten
Erhebungen zu schildern versucht wurde, ist im Allgemeinen gewiß nicht als eine erfreu=
liche zu bezeichnen.

Sie ist aber auch keineswegs so schlimm, wie sie vielfach und insbesondere auch
in der bekannten Petition des Mannheimer Handwerkerbundes dargestellt wird. Die
persönlichen Einvernahmen von Handwerksmeistern haben eine Reihe von Bildern solider
und rentabler Geschäftsbetriebe entrollt und nahezu zwei Drittheile der Einvernommenen
sind laut eigener Erklärung mit ihrer Lage zufrieden. Ebenso sind außerhalb des Kreises
der Einvernommenen die Beispiele dafür, daß der Handwerksmann auch in heutiger Zeit
noch sein gutes Auskommen finden kann, nicht gerade selten. Also nochmals: es soll und
kann nicht geläugnet werden, daß das Handwerk zurückgegangen ist, von einem
hoffnungslosen Darniederliegen desselben kann aber nicht die Rede sein.

Und forschen wir nun nach den Ursachen dieses Rückganges, so sind hier
in aller erster Reihe die riesigen Fortschritte der Neuzeit auf dem Gebiete der maschi=
nellen Erfindungen zu nennen: sie haben dem Handwerk die schlimmsten Wunden
geschlagen und schlagen solche noch fortwährend, da die fortschreitende Zeit immer neue
Fortschritte bringen wird und bringen muß. Und diese Wunden sind unheilbar, denn
dem Streben und Ringen des Menschengeistes Fesseln anlegen und die Ausnützung seiner
Errungenschaft durch Machtgebot verhindern zu wollen, wäre Wahnwitz und ein Ver=
brechen an der Menschheit.

Das Handwerk muß sich hienach unweigerlich in die Thatsache finden, daß ihm in
der Großindustrie ein gefährlicher, ja unüberwindlicher Gegner erwachsen ist. Sein
Arbeitsfeld ist ihm aber durch diesen Rivalen wohl eingeengt, aber keineswegs ganz
entzogen worden; es gibt noch Arbeitsgebiete genug, auf welchen die individualisirende
Schöpfungskraft des Meisters durch die schablonenmäßige Thätigkeit der Maschine nicht
ersetzt ist und nicht ersetzt werden kann. Allerdings muß das Handwerk, wenn es diese
Gebiete sich sichern will, auch wirklich Gutes leisten und ist deßhalb die tüchtige
Ausbildung des Meisters in seinem Berufe eine Lebensfrage für seine wirthschaftliche
Existenz.

Es kann leider nicht konstatirt werden, daß unser Handwerkerstand von dieser
Ueberzeugung durchdrungen ist und demgemäß handelt; er hat die Gewerbefreiheit weniger

2*

als Sporn zum allseitigen Wettkampf von Fleiß und Talent, wie als Freibrief zur Pfuscherei angesehen und der unläugbare Verfall des Lehrlingswesens, wie nicht minder die durchschnittlich ungenügende Qualifikation der Gesellen sind traurige Symptome dafür, daß das Bewußtsein von der Nothwendigkeit des Lernens bei den Kleingewerbetreibenden immer mehr abhanden kommt. Nach der unzulänglichen Lehre noch ein paar Gesellen= jährlein und — der Meister ist fertig, der sich auf gut Glück etablirt, ohne sich vorher ernst und gewissenhaft zu prüfen, ob er seiner Aufgabe auch gewachsen ist. Wenn es ihm dann hinderlich geht, so werden die schlechten Zeiten, die unpraktischen Gesetze und Gott weiß was Alles noch verantwortlich gemacht, während die Schuld in allererster Reihe an dem Meister selbst, an seiner Oberflächlichkeit und Ignoranz liegt. So ist es nicht bei Allen, aber bei Vielen, und diese verderben noch dazu manch' tüchtigem Meister das Geschäft, indem sie trotz schlechter Leistungen durch Reklamen und Schleuderpreise einen großen Theil des minder urtheilsfähigen Publikums wenigstens eine Zeit lang anzulocken wissen.

Dazu kommt noch der unverhältnißmäßige Aufwand für den Lebens= unterhalt. Es kann ja nicht in Abrede gestellt werden, daß Lebensmittel und Mieth= zinse im Allgemeinen und speziell in hiesiger Stadt heutzutage theurer sind, als früher — aber um so mehr wäre es für den nicht bemittelten Familienvater ein Gebot der Pflicht sowohl als der Klugheit, die unnöthigen Ausgaben zu vermeiden. Leider kann nicht gesagt werden, daß der Handwerkerstand in seiner Mehrzahl dies Gebot beherzigt und der Einfachheit und Sparsamkeit sich befleißigt, vielmehr ist in breiten Schichten des Standes eine Steigerung der Lebensansprüche eingetreten, die mit den Traditionen früherer Jahrzehnte erheblich kontrastirt. Strikte Beweise hiefür lassen sich der Natur der Sache nach nicht oder doch nur unter Hereinziehung des nicht hieher gehörigen persönlichen Gebietes erbringen; ebenso ist es nicht möglich, den Begriff des luxuriösen Lebens all= gemein giltig zu definiren, da dies mehr eine Frage des einzelnen Falles ist, und bei Manchem Etwas als sträfliche Verschwendung erscheinen kann, was für einen andern, besser Situirten nur einen erlaubten Lebensgenuß bedeutet —; es soll sich eben jeder nach seiner Decke strecken, und daß dies die Handwerker heutzutage vielfach nicht mehr thun, ist die auf mancherlei persönlichen Beobachtungen und Wahrnehmungen basirende Ueber= zeugung sämmtlicher Mitglieder der Enquete=Kommission.

Noch eines großen Mißstandes im gewerblichen Leben ist hier Erwähnung zu thun: Die Leute können nicht rechnen. Von den einvernommenen Meistern waren kaum einige Wenige im Stande, die verlangte Darstellung ihrer ökonomischen Verhältnisse vollständig zu geben; weitans die Mehrzahl betrachtet eine Buchführung als überflüssig und konnte deßhalb einzelne Posten des Schema's gar nicht, andere nur überschlagsweise ausfüllen, wobei es ihnen insbesondere bei der Summe ihrer Geschäftseinnahmen oft auf ein paar tausend Mark weniger oder mehr nicht ankam. Es mag dahin gestellt bleiben, ob bei dem Einen oder Andern auch der trotz aller Belehrung immer wieder auftauchende Argwohn, als könnten die Angaben zu steuerlichen Zwecken verwerthet werden, mitgespielt hat — jedenfalls ist den fraglichen Darstellungen nicht der geringste positive Werth beizumessen, weil sie fast ausnahmslos ganz und gar unzuverlässig sind. Die Kommission hat sich die erdenklichste Mühe gegeben, eine richtige und vollständige Ausfüllung der Formulare herbeizuführen, mußte aber davon abstehen, weil sie willkürliche Angaben selbstverständlich nicht haben wollte und andere nicht haben konnte.

III.

Wie kann geholfen werden?

1. Alte Zunftverfassung.

Was nun die Vorschläge zur Erzielung einer Besserung der kleingewerblichen Verhältnisse anbelangt, so steht hier obenan die Wiedereinführung der alten Zunftverfassung, von welcher gewisse Kreise alles Heil erwarten, und für die sich auch aus der Zahl der Einvernommenen einige Stimmen erhoben haben.

Wenn man von ihr erwartet, daß sie durch die Beschränkung der Zahl der selbstständigen Meister dem einzelnen ein größeres Arbeitsfeld sichern und dadurch die Rentabilität der Geschäfte erhöhen werde, so ist dieser Folgerung eine gewisse Berechtigung nicht abzusprechen; ist es doch nicht mehr als natürlich, daß von einem Gesammtverdienst dem Einzelnen um so mehr zufällt, je weniger Partner sich darein zu theilen haben. Ist aber damit dem Gewerbestande als solchem gedient? Nein! Denn einerseits würde ein Vortheil nur für die erwachsen, welche im Besitze sind, während eine große Zahl ebenso tüchtiger oder noch tüchtigerer Leute, die doch auch zum Gewerbestande gehören, gewissermaßen als gewerbliche Paria's verurtheilt wären, auf Jahre hinaus, vielleicht für ihr ganzes Leben, auf die Gründung eines eigenen Geschäftes Verzicht zu leisten —, andererseits läge die Gefahr gar nahe, daß durch die mit Wiederaufrichtung der Zünfte verbundene Beseitigung der freien Wettbewerbung eine Stagnation des gewerblichen Lebens und Strebens verursacht würde, die gerade gegenüber den steten Fortschritten der Großindustrie sehr verhängnißvoll werden könnte.

Und wie stünde es mit den Interessen der Allgemeinheit, d. h. aller nicht zur Klasse der Gewerbetreibenden zählenden Staatsbürger? Würden diese durch die Zunftverfassung gefördert oder geschädigt? Sicherlich das Letztere! denn die Zunftgenossen hätten es in der Hand, die Preise auch bei geringer Leistung nach Belieben in die Höhe zu schrauben, während jetzt die freie Konkurrenz derartige Gelüste in gemessenen Schranken hält. Kann und darf aber vom Staate verlangt werden, daß er die Gesammtheit seiner Bürger zu Gunsten eines kleinen Bruchtheils schädigt?

Ist hiernach die Wiedererrichtung der Zünfte im Prinzipe verwerflich, so ist sie auch bei den heutigen Verhältnissen praktisch gar nicht durchführbar. Eine Abgrenzung des Kleingewerbes von der Großindustrie ist nämlich ein Ding der Unmöglichkeit, da die Betriebe beider Art vielfach in einander übergehen. Die Großindustriellen wird man aber doch nicht mit hereinziehen und verlangen wollen, daß sie ein Meisterstück ablegen und zünftig werden: wie sollte denn beispielsweise der Maschinenfabrikant, welcher Schlosser, Schmiede und Schreiner, oder der Bauunternehmer, welcher Maurer, Zimmerleute, Schlosser, Schreiner, Glaser beschäftigt, behandelt werden? Zu welcher Zunft will man sie zutheilen; oder sollen sie etwa in all' den genannten Fächern ein Meisterstück ablegen? Ebenso ist — ganz abgesehen von der Großindustrie — die Abgrenzung der Gewerbebetriebe unter sich undurchführbar: die einzelnen Gewerbezweige haben sich unter dem Einfluß der Gewerbefreiheit derart entwickelt, daß sie vielfach in einander übergreifen, und gar manche neue Betriebe sind entstanden, die sich unter einen abgeschlossenen Zunftbegriff gar nicht bringen lassen.

2. Zwangsinnungen.

Von manchen Seiten wird nun geglaubt, man könne die Zunftverfassung dadurch erträglich machen, daß man das engherzige Exklusivitätsprinzip der alten Zünfte fallen läßt und ein Ausschließungsrecht nur dann zugesteht, wenn der Bewerber den Nachweis der nöthigen Befähigung durch Ablegung des Meisterstücks nicht zu erbringen vermag. Dem ist aber entgegenzuhalten, daß dadurch die vorstehend dargelegten Schwierigkeiten der praktischen Durchführung in keiner Weise beseitigt oder auch nur ver= mindert werden. Zudem liegt im Hinblick auf die Erfahrungen aus früherer Zeit die Befürchtung nur allzunahe, daß Mißgunst und Brodneid ihr Spiel treiben und durch sie manch' tüchtigem Manne das Meisterstück zum unüberwindlichen Hinderniß wird.

3. Befähigungsnachweis.

Eine Reihe von Einvernommenen hat sich darauf beschränkt, einen Befähigungs= nachweis als Vorbedingung für den selbständigen Gewerbebetrieb zu verlangen, ohne dabei auf eine Zunft oder Innung abzuheben. So plausibel dieser Vorschlag auf den ersten Anblick Manchem erscheinen mag, so wenig kann er einer nähern Prüfung Stand halten. Auch ihm stellen sich hinsichtlich der praktischen Durchführbarkeit genau die gleichen Bedenken entgegen, wie sie oben gegen die Zünfte geltend gemacht wurden, und da der Beizug von Handwerksmeistern zur Entscheidung über die Qualifikation des Bewerbers nicht zu umgehen sein wird, so muß auch hier die Möglichkeit chikanöser Machinationen als vorhanden erachtet werden.

4. Gewerbekammern.

Vermag die Kommission den vorstehend besprochenen Vorschlägen aus den bei= gefügten Gründen nicht zuzustimmen, so glaubt sie dagegen die ebenfalls in Anregung gebrachte Errichtung von Gewerbekammern befürworten zu sollen. Sie geht dabei von der Erwägung aus, daß der Gewerbestand einer gesetzlichen Vertretung, ähnlich der für den Handelsstand bereits bestehenden, bedarf, um so mehr, als nach den bisherigen Erfahrungen die Bildung freiwilliger Innungen mit einer auch nur einigermaßen genü= genden Betheiligung auf allen oder auch nur den hauptsächlichen Gebieten des Gewerbes in absehbarer Zeit nicht zu erwarten ist.

Die Gewerbekammern sind dabei als eine Art obligatorischer Gewerbe= vereine gedacht; sie sollen je einen bestimmten Bezirk — etwa Amtsbezirk — mit der Wirkung umfassen, daß alle innerhalb desselben ansässigen Gewerbetreibenden jeder Art dazu gehören und nach Maßgabe ihres Steuerkapitals verpflichtet sind, an dem zur Durchführung der Zwecke der Kammer nöthigen Aufwand zu partizipiren. Auch die Großindustriellen, deren Produktion das Gebiet der Kleingewerbe berührt, wären zum Beitritt verpflichtet. Durch direkte Wahl Seitens sämmtlicher Angehörigen der Kammer würde ein Ausschuß bestellt, in welchem alle Gewerbe und alle zum Kammerbezirke gehörigen Orte vertreten sein müßten, und dieser Ausschuß hätte sodann aus seiner Mitte den geschäftsleitenden Vorstand (Präsidenten, einige Beisitzer, Schriftführer, Kassier) zu ernennen.

Aufgabe der Gewerbekammer wäre: Förderung der gewerblichen Fachbil= dung in Werkstatt und Schule, Hebung des Gewerbefleißes, Reform des

Lehrlingswesens, Erörterung gewerblicher Fragen und überhaupt Vertre=
tung und Förderung der Interessen des Gewerbestandes. Behufs Durch=
führung dieser Aufgaben könnte sie Gewerbeschulen, eventuell auch Schulwerk=
stätten errichten, Preisverleihungen für Lehrlinge und Gesellen veranstalten, Vor=
träge in's Leben rufen, Lesezimmer einrichten. Vor Allem aber müßte sie durch
Mahnung, Belehrung und Rathschlag auf die Besserung der bestehenden Ver=
hältnisse hinzuwirken suchen.

Die Kommission glaubt, daß auf diese Weise — wenn auch nur allmählig —
eine Beseitigung der Mißstände im Lehrlings= und Gesellenwesen erzielt und der dem
Ansehen und Gedeihen des Gewerbes so schädlichen Pfuscherei ein Damm gesetzt werden
könnte, ohne daß die Gewerbekammern mit Strafbefugnissen — deren Umfang im
Hinblick auf das reichsgesetzlich sanktionirte Prinzip der Gewerbefreiheit ohnedem sehr
beschränkt wäre — ausgestattet werden müßten. Sollte sich in der Folge zeigen, daß
dieser Glaube trügt, so wäre es eben Sache der Gewerbekammern, als der berufenen
Vertretungen des Gewerbestandes, die für nöthig erkannten weitern legislatorischen Maß=
regeln geeigneten Orts in Antrag zu bringen.

5. Arbeitsbücher.

Sodann hält die Kommission den Vorschlag der Einführung obligatorischer
Arbeitsbücher für alle gewerblichen Arbeiter ohne Unterschied des Alters und Ge=
schlechts für sehr beachtenswerth. Eine ungerechtfertigte Belästigung der Arbeiter könnte
in einer solchen Vorschrift nicht erblickt werden, und ihr gehoffter Nutzen wäre der, daß
bei den Gesellen wenigstens allmählich beruflicher Ehrgeiz und Pflichtgefühl wieder ge=
weckt würden, wenn sie beim Arbeitsuchen den Meistern einen Nachweis über den äußern
Gang ihres gewerblichen Vorlebens liefern müßten.

6. Messen.

Ueber die Messen ist viel geklagt worden; für ihre Beseitigung haben sich aber
nur wenig Stimmen erhoben. Abgesehen davon, daß man sich an das rege Leben und
Treiben während der Meßzeiten gewöhnt hat, und es deßhalb Mancher wohl ungern
vermissen würde, sind es nicht nur die fremden Verkäufer, welche daraus Nutzen ziehen,
sondern auch ansässige Gewerbsleute, vor Allem Wirthe, Bäcker, Metzger. Außerdem
würde eine Aufhebung der Messen für hiesige Stadt zweifellos die Folge haben, daß sich
solche in dem benachbarten Ludwigshafen etabliren würden, wohin die Bewohner Mann=
heims und seines Hinterlandes in aller Bequemlichkeit gelangen können, so daß die hie=
sigen Gewerbetreibenden dann die Nachtheile der Messen in fast unverändertem Maße,
nicht aber deren Vortheile zu verspüren hätten. Immerhin dürfte es der Erwägung
werth sein, ob nicht eine Reduktion in Zahl und Dauer der Messen, sowie eine Er=
leichterung des Meßbesuchs für ortsansässige Verkäufer durch Nachlaß des Buden= und
Standgeldes thunlich erscheint.

7. Hausirhandel.

Der Hausirhandel macht sich in einzelnen Gewerben besonders fühlbar, näm=
lich bei den Hafnern, Korbmachern und Blechnern. Eine höhere Besteuerung desselben
wird wohl keinem Bedenken unterliegen, wogegen das Verlangen eines Hausirver=
bots für die Stadt von der Kommission als zu weitgehend erachtet wird.

8. Besteuerung der von auswärts eingeführten Gewerbserzeugnissen.

Von einer größeren Zahl von Einvernommenen ist weiter der Vorschlag gemacht worden, man solle die von auswärts eingebrachten Gewerbserzeugnisse mit einer Art von städtischem Zoll oder Oktroi belegen, und wurde zur Begründung geltend gemacht, der Handwerker auf dem Lande wohne nicht so theuer, zahle kleinere Umlagen, bekomme billigere Arbeitskräfte, kurz habe überhaupt weit weniger Auslagen, wie der in der Stadt wohnende Meister, und könne deßhalb diesem allzuleicht Konkurrenz machen. So plausibel dies auch klingen mag, so kann doch bei näherer Prüfung dem Vorschlag in keiner Weise beigepflichtet werden. Zunächst ist dagegen zu bemerken, daß der Handwerker auf dem Lande allerdings billiger lebt, dafür aber auch der mancherlei Vortheile und Annehmlichkeiten des städtischen Lebens nicht theilhaftig ist, ferner daß die Erschwerung der freien Konkurrenz für den ländlichen Meister dem Prinzip der Gewerbefreiheit schnurstracks zuwiderläuft und der Wiedereinführung eines Stückes Zunftzopf im Effekt ziemlich gleichkommen würde. Wenn die Niederlassung auf dem Lande wirklich so große Vortheile bringt, so steht es ja einem jeden Meister frei, sich diese Vortheile zu sichern, indem er auf das Land hinauszieht; die Wenigsten würden sich aber wohl zu einem solchen Tausch zu entschließen vermögen. Sodann aber könnte eine solche Maßregel, wie die vorgeschlagene, die bedenklichsten Konsequenzen für den Handel nach sich ziehen, denn auch er würde — soweit er sich mit von auswärts bezogenen Gewerbserzeugnissen befaßt — in die Besteuerung hineingezogen werden. Auch würden wohl Repressivmaßregeln anderer Gemeinden nicht ausbleiben, und könnten wir dann über kurz oder lang erleben, daß jede Stadt und jedes Städtchen, jedes Dorf und jeder Flecken ein kleines Schutzzollgebiet für sich bildet.

9. Weitere Vorschläge.

Bezüglich einer Reihe weiterer Vorschläge erscheint es genügend, sie hier zu registriren: so will der Eine, daß das Vorzugsrecht des Vermiethers aufgehoben wird und verspricht sich davon einen Abschlag der Miethpreise; ein Anderer wünscht strengere Bestrafung des Bankerutts, ein Dritter höhere Besteuerung der Großindustrie; ein Vierter meint, man solle die Ertheilung baupolizeilicher Erlaubniß von der Vorbedingung des Nachweises genügender Geldmittel abhängig machen und ein Ladenburger möchte seine Vaterstadt zum Gerichtssitz und Garnisonort erhoben sehen! —

10. Submissionswesen.

Wenn dann von Seiten der Vertreter der Baugewerbe noch beantragt wird, man solle die Einsetzung der Kostenüberschläge bei Submissionsausschreiben verbieten, damit die Gewerbsleute bei Uebernahme von Akkorden rechnen müßten und nicht verführt würden, in's Blaue hinein nach Prozenten abzubieten, so muß man nothgedrungen die Frage aufwerfen, ob es Sache des Staates sein kann, durch gesetzgeberische Maßregeln Mißständen entgegenzutreten, welche ausschließlich von den dadurch Betroffenen selbst verschuldet und bei Anwendung der allergewöhnlichsten Einsicht und Sorgfalt mit Leichtigkeit zu vermeiden sind.

11. Schluß.

Die Zahl der von den Einvernommenen gemachten Vorschläge — soweit solche überhaupt sich zur Besprechung in diesem Schlußberichte eignen — ist damit erschöpft: ihre Reihe war bunt und mannigfaltig, doch konnte nur Weniges bei genauer Prüfung Stand halten. Die Kommission ist nicht in der Lage, ihrerseits weitere Vorschläge hinzuzufügen; sie glaubt insbesondere, sich aller Rathschläge bezüglich der Einrichtung des Geschäftsbetriebs, der Kultivirung von Spezialitäten, der Verwendung von Maschinen und Motoren und dergl. enthalten zu sollen, weil dies zu sehr eine Frage des einzelnen Falles ist und allgemeine Regeln hierüber sich nicht wohl aufstellen lassen.

Wenn hienach die aus der Enquete resultirenden positiven Vorschläge kurz bei einander sind und Manchem etwas dürftig erscheinen mögen, so ist dies Ergebniß doch nur ein naturgemäßes. Es ist eben ein großer verhängnißvoller Irrthum, wenn man alles Heil für das Gewerbe von außen erwartet; die Besserung muß in erster Reihe von innen herauskommen; der Handwerker muß wieder eine Ehre dareinsetzen, sich in seinem Berufe gründlich durchzubilden und er muß dabei arbeiten, rechnen und sparen lernen, dann wird ihm — wenn auch die goldene Zeit des Handwerks durch die Aera des Dampfes und der Elektrizität zu Grabe getragen ist — ein lohnender Erfolg für sein ernstes, pflichtgetreues Schaffen nicht ausbleiben!

Gr. Amtmann Seubert.
Schlossermeister G. Bracher.
Tünchermeister A. Albrecht.
Tapezier G. C. Wahl.
Friseur Josef Fritz.
Schneider Joh. Konrad Bachmann.
} in Mannheim.

Maurer Anton Noll in Neckarau.

Schreinermeister Jakob Siegel in Ladenburg.

Glaser Karl Ebert.
Blechnermeister W. Weger.
Uhrmacher J. Meßner.
Schuhmacher J. Nonnenmacher.
Bäcker Fr. Schlachter.
Buchbinder F. C. Menger.
Metzger Karl Groß.
} in Mannheim.

Rektor Lips (bisheriger Vorstand der Gewerbeschule)
Schlosser Bouquet
Zimmermeister Henz
Schuhmacher Schmidt
} in Mannheim. } bei Unterzeichnung des Berichtes verreist; haben bei der Berathung mitgewirkt.

Schreiner Becker
Kaufmann Mottwurf
} trotz wiederholter Ladung zur Unterzeichnung nicht erschienen.

Ladenburg.

Erhebungen über die Lage des Kleingewerbes.

I. Maurer.

Einvernommen wurde: J. W. in Ladenburg.

a. Eigene Verhältnisse des Befragten.

1. 40 Jahre alt, verheirathet, Vater von 2 Söhnen im Alter von 1 und 13 Jahren und 2 Töchtern im Alter von 6 und 10 Jahren; sämmtliche zu Hause.

2. Ich habe vom Jahre 1859 bis zum Jahre 1865 im väterlichen Geschäfte gearbeitet; eine eigentliche Lehrzeit war dabei nicht festgesetzt. Nach Ablauf dieser 6 Jahre diente ich zuerst 2 Jahre beim Militär und ging dann auf 3 Jahre in die Fremde, während welcher Zeit ich in Neustadt a. d. Hardt als Geselle in Arbeit stand. Nach dem Feldzug 1870/71 ließ ich mich selbständig nieder. Außer der erweiterten Volksschule habe ich keinen Unterricht besucht.

3. Fällt aus.

4. Maurergewerbe mit kleiner Landwirthschaft.

5. Ich habe mich 1871 selbständig niedergelassen und zwar befand sich mein Geschäft stets in Ladenburg.

6. Eigenes Haus. Miethwerth der zum Aufbewahren der Geschäftsmaterialien nöthigen Räumlichkeiten höchstens 15 Mark.

7. Nur Handbetrieb.

8. Fällt aus.

9 a. Kein Lehrling.

b. Zwölf Gesellen, von denen aber Keiner Kost und Wohnung erhält. Der Lohn stellt sich auf Mark 2.30 bis 2.50 pro Tag und wird alle 14 Tage ausbezahlt, ohne Rückbehaltung.

10 Arbeitsdauer von Morgens 5 bis Abends 7 Uhr; regelmäßige Pausen: Morgens von 8—9, Mittags von 12—1 und Nachmittags von 4—$\frac{1}{2}$5 Uhr. Ich selbst arbeite regelmäßig mit.

11. Gewerbebetrieb.

a. Das Gewerbe wird in seinem vollen Umfange betrieben.

Arbeitstheilung nicht eingeführt.

b. Die Ausbesserungsarbeiten an schon bestehenden Gebäuden bilden das Hauptgeschäft, doch werden auch Akkorde an Neubauten übernommen.

c. Das Baumaterial wird meistens von den Bestellern geliefert. Von dem von mir gelieferten Material können nur Backsteine und Ziegel als Halbfabrikate bezeichnet werden.

d. Bruchsteine habe ich noch selten und dann in Schiffsladungen gegen baar bezogen. Backsteine, Ziegel und Kalk kaufe ich je nach Bedarf in Ladenburg selbst auf Kredit bis zum Jahresende.

e. Nur auf Bestellung.

f. Es wird nur für Ladenburg und die nächste Umgebung gearbeitet.

g. Fällt aus.

h. Fällt aus.

i. Zahlungsbedingungen werden nicht gestellt, nur bei größeren Akkorden wird bestimmte Verabredung getroffen, in der Regel dahin, daß während des Bauens Abschlags= zahlungen gemacht werden sollen, und der Rest nach Aufnahme der Hypothek auf das fertige Haus zu bezahlen ist. Im Uebrigen zahlen die Leute, wenn sie Geld haben, was auf dem Lande gewöhnlich erst im Herbst der Fall ist.

k. Ich habe im Allgemeinen keinen Grund, über meine Kunden zu klagen, obwohl auch solche darunter sind, die mit der Zahlung ein ganzes Jahr und noch länger zu= warten. Diese haben dann aber in der Regel kein Geld zur Verfügung, und ist deßhalb eine gerichtliche Betreibung zwecklos. Eigentlicher Verlust von Ausständen ist seit 15 Jahren nicht mehr vorgekommen.

l. Ich habe so ziemlich immer Aufträge und kann nicht sagen, daß in dieser Beziehung ein Rückgang des Geschäfts eingetreten wäre. Allerdings arbeite ich in der Regel nur mit 3 bis 4 Gesellen. Daß ich jetzt die dreifache Zahl habe, hat seinen Grund darin, daß ich den Bau eines neuen Schulhauses in Ladenburg in Akkord über= nommen habe.

m. Von Mitte November bis Anfangs März steht das Geschäft jeweils still, so daß ich alle Gesellen entlasse. Ich selbst reparire mein Geschirr und suche mich so nützlich wie möglich zu machen. Der Verdienst ist während dieser Zeit so ziemlich gleich Null.

12. Bei Uebernahme des vorerwähnten Schulhausakkords habe ich beim Vorschuß= verein in Ladenburg ein Kapital von 1000 Mark zu 5 % aufgenommen, um in der Lage zu sein, die Arbeitslöhne und die Ausgaben für die Materialien bis zur fällig werdenden ersten Abschlagszahlung zu bestreiten. Da ich einen Bürgen stellen konnte, war die Aufnahme des Kapitals nicht schwierig.

13. Ich führe nur ein Buch, in welches sämmtliche geleisteten Arbeiten mit Preis= ansatz und dem Namen der Besteller eingetragen werden; erfolgt Zahlung, so werden die betreffenden Einträge gestrichen. Ueber die Ausgaben, auch in der Haushaltung und Landwirthschaft, führe ich kein Buch.

14. An eigenem Grund und Boden besitze ich einen Acker von 18 Ar, der etwa zum 6. Theil mit Dickrüben, im Uebrigen mit Kartoffeln angepflanzt ist. Außerdem habe ich 72 Ar Aecker in Pacht, und zwar sind davon 36 Ar mit Tabak, 24 mit Gerste und 12 mit Kartoffeln angepflanzt. Besonderes Dienstpersonal für die Landwirthschaft habe ich nicht, dieselbe wird in der Regel von meiner Frau, ab und zu unter Beihülfe von Taglöhnern besorgt. Mein Viehstand beschränkt sich auf 2 Schweine, 2 Ziegen und etwas Geflügel.

Mit Ausnahme des Tabaks verbrauche ich alle Erträgnisse der Landwirthschaft selbst; den Tabak verkaufe ich an die Händler und erlöse dafür im Durchschnitt etwa 200 Mark pro Jahr. Kartoffel und Mehl muß ich auch noch kaufen (weil meine eigenen Erzeugnisse nicht ausreichen), was mich jährlich etwa 80—100 Mark kostet. Auch die Dickrüben reichen nicht zum Füttern meiner Geisen, und muß ich auch da etwa 30 Mark für Heu und Rüben zusetzen. Der Tabakhändler zahlt pünktlich 14 Tage nach erfolgter Lieferung.

3*

15. Siehe Anlage.

16. Ich war mit dem Geschäftsabschluß vom vorigen Jahre zufrieden, und wird über=
haupt auch sonst in der Regel ein befriedigendes Resultat erzielt. Die Konkurrenz in
Ladenburg ist sehr mäßig; es sind zur Zeit außer mir noch 2 Meister da, die im Durch=
schnitt mit 2 bis 3 Gesellen arbeiten.

b. Allgemeine Geschäftslage.

1. In Ladenburg kommen Spezialitäten, wie z. B. das Backofensetzen und Kamin=
bauen, nicht vor.

2. Außer Backsteinen und Ziegeln gibt es bei uns keine Halbfabrikate. Daß der
Bauherr dem Maurer gleichzeitig die Steinhauerarbeit verakkordirt, kommt in Ladenburg
nicht vor.

3. Die Ladenburger Maurer arbeiten weitaus das Meiste in Ladenburg selbst.

4. Fällt aus.

5. Meine Ladenburger Gewerbsgenossen (zwei) sind Beide gelernte Maurer. Wie
das anderwärts sich verhält, ist mir nicht bekannt.

6. Die beiden andern Ladenburger Maurer haben auch einen kleinen landwirthschaft=
lichen Betrieb nebenbei; es ist das gewissermaßen nothwendig, insbesondere damit auch
die Frau sich nützlich machen kann, denn vom Maurergewerbe allein kann man in einem
so kleinen Städtchen, wo so wenig gebaut wird, nicht gut leben. Der Mann selbst kann
allerdings, wenn er sein Gewerbe nebenbei treiben will, nicht viel in der Landwirth=
schaft helfen.

7. Bei uns in Ladenburg hat kein Maurer eine Hilfsmaschine; solche sind in
unserm Gewerbe nur zum Aufwinden schwerer Lasten im Gebrauch.

8. Lehrlingswesen.

a. Lehrlinge gibts bei uns in Ladenburg und wohl auch anderwärts in unserem
Gewerbe nicht mehr. Die jungen Leute werden eben als Handlanger oder Speißbuben
eingestellt und müssen selber sehen, wie sie das Handwerk erlernen. Wenn sie glauben, so
weit zu sein, so treten sie uns und lassen sich anderwärts als Gesellen einstellen.

b. Ist nicht zu beantworten.

c. Ueber den Gewerbeschulunterricht, den ich nicht kenne, habe ich kein Urtheil.

d. bis g. siehe a.

9. Gesellenwesen.

a. Soweit meine Erfahrung reicht, sind die Leistungen der Gesellen im
Allgemeinen befriedigend.

b. Auch über ihr moralisches Verhalten sind mir keine besonderen Klagen bekannt,
dagegen ist es allerdings zur Regel geworden, daß sie ohne Kündigung, wie es ihnen
beliebt und ob's dem Meister unangenehm ist oder nicht, die Arbeit verlassen.

c. Die Löhne sind meines Erinnerns seit 5 Jahren immer gleich hoch geblieben;
der Durchschnittslohn bei uns stellt sich auf 2 Mark 40 Pfennig ohne Kost und Logis.

d. Lohnzahlung geschieht in der Regel alle 14 Tage, Zurückbehaltung ist meines
Wissens nicht üblich.

e. Ist Nichts geschehen.

f. Fällt aus.

g. Von Streitigkeiten ist mir nichts bekannt. Gewerbegericht scheint mir wünschenswerth zu sein.

10. Der in Ladenburg bestehende Vorschußverein genügt für die örtlichen Bedürfnisse.

11. Bei uns in Ladenburg wird das Arbeitsmaterial in kleineren Pathieen je nach Bedarf bezogen. Bei Bruchsteinen ist Baarzahlung oder ausnahmsweise Zahlung binnen kurzer Frist, im Uebrigen Kredit auf's Jahr üblich.

Die Preise sind gegen früher etwas gefallen.

12. Die Arbeitsgelegenheit in unserm Handwerk ist in Ladenburg von jeher gering gewesen, wie das bei einem so kleinen Städtchen, in dem so wenig gebaut wird, auch ganz natürlich ist.

Von einer Verschlechterung der Lage unseres Gewerbes kann man nicht reden, denn es war in dieser Hinsicht, wie bereits gesagt, nie besser.

13. Die Preise sind nicht gerade lohnend zu nennen. Wenn der Meister den ganzen Tag arbeitet, so rechnet er in der Regel für sich und seine Gesellen je einen Taglohn von 2 Mark 80 Pfennig; da der Geselle durchschnittlich 2 Mark 40 Pfennig erhält, so bleibt dem Meister von jedem Gesellen 40 Pfennig als Unternehmer-Gewinn und außerdem sein Taglohn. Wenn man mit mehr als 3 Gesellen arbeitet, so ist die Rechnung eigentlich ungünstiger, weil man dann mit der Aufsicht zu thun hat und für sich keinen Taglohn in Anspruch nehmen kann.

Die Arbeitspreise sind im Uebrigen gegen früher eher gestiegen als zurückgegangen; ich kann mich wenigstens nicht erinnern, daß sie in Ladenburg höher waren.

14. In dieser Hinsicht kann ich nur auf das unter a. 11 i. Gesagte verweisen; so viel ich weiß, wird es allgemein so gehalten.

15. Seit ich das Geschäft und die Haushaltung selbständig führe, d. h. seit 1871, habe ich einen wesentlichen Unterschied in dem jährlichen Aufwand für den Lebensunterhalt nicht bemerkt.

16. Es bestehen bei uns keine Vereinigungen irgend welcher Art.

17. Der Hauptfehler ist meines Erachtens der, daß die Leute nicht genug Geld haben, um zu bauen und daß es uns Meistern deßhalb an ausgiebiger Arbeitsgelegenheit mangelt.

18. In dieser Hinsicht ist mir Nichts bekannt.

c. Vorschläge zur Verbesserung des Kleingewerbes.

1, 2 und 3. Wie ich oben schon bemerkt habe, fehlt es uns Ladenburger Maurermeistern vor Allem an Arbeitsgelegenheit, weil die Leute zu wenig Geld haben. Diesem Mißstande wäre nur dadurch abzuhelfen, daß man wieder Geld unter die Leute bringt, indem man den Verkehr in dem Städtchen zu heben sucht, was in erster Reihe durch Wiedererrichtung eines Amtsgerichts dortselbst und noch besser, durch Verlegung einer Garnison dorthin geschehen könnte; dann würde es für uns beim Kasernenbau auch etwas zu verdienen geben.

Daß die Errichtung von Fabriken ebenfalls wünschenswerth wäre, ist selbstverständlich, nur weiß ich nicht, was man in dieser Hinsicht thun könnte.

Maurer J. W. in Ladenburg.

Vorbemerkung:

Erwerbsteuerkapital	2000 M.	— Pf.
Betriebskapital .	— „	— „
Anlagekapital	— „	— „

Familienzahl: 6 Personen.

Anzahl der Lehrlinge und Gesellen: 3.

Geschäftsergebnisse im Jahr 1884.

I. Ausgaben.

A. Hauptgewerbe.

1. Aufwand für Unterbringung von Werkstätte, Laden, Waarenlager:
   a. wenn im eigenen Hause:
   Werthanschlag für Benützung dieser Räume einschließlich des Unterhaltungsaufwands . . . . 20 M. — Pf.
   b. wenn in Miethe:
   Miethzins für diese Räume, d. h. derjenige Theil des Mieth-zinses, welcher nach Abzug des für die Wohnung anzusetzenden Miethzinsantheils sich ergibt . . . . — „ — „

2 a. Unterhaltung und Ergänzung von Handwerkszeug und Maschinen (einschließlich von Motoren) . . . . 50 „ — „
   b. Abschreibung (Abnutzung) am Werthe von Handwerkszeug und Maschinen . . . . 40 „ — „

3. Heizung und Beleuchtung der Geschäftsräume nebst Heizung von Motoren, Brennöfen ꝛc. . . . . — „ — „

4. Persönlicher Arbeitsaufwand:
   a. Werthanschlag der Arbeit des Meisters (4 Mark für 200 Tage) 800 „ — „
   b. für Hilfsarbeiter:
   aa. Löhne an Lehrlinge und Gesellen . . . . 1500 „ — „
   bb. Aufwand für etwaige Verköstigung derselben durch den Meister . . . . — „ — „

5. Aufwand für Beschaffung der Arbeitsstoffe . — „ — „

6. Aufwand für zum Handel angekaufte Waaren . — „ — „

7. Verlust an Ausständen . . . . . — „ — „

8. Zinsen des Anlage- und Betriebskapitals . — „ — „

B. Sonstige Ausgaben.

1. Ausgaben für den Haushalt der Familie (6 Familienmitglieder und keine Dienstboten) und zwar: .
   a. Kost . . . . . 730 „ — „

Uebertrag .	3140 M.	— Pf.

	Uebertrag	3140	M.	—	Pf.
b. Bekleidung .	.	50	„	—	„
c. Unterricht	.	12	„	—	„
d. Heizung und Beleuchtung für Küche und Zimmer ꝛc. .		80	„	—	„
e. Arzt und Apotheke	.	10	„	—	„

f. Werth etwaiger selbstgezogener, in die Haushaltung verwendeter
Nahrungsmittel . . . . 150 „ — „

2. Für die Wohnung:
a. wenn im eigenen Hause, das allein bewohnt wird:
Miethwerthanschlag für die zum Gewerbebetrieb nicht benützten
Haustheile . . . . 150 „ — „
b. wenn im eigenen Hause, das zum Theil vermiethet ist:
Miethwerthanschlag für die weder zum Gewerbebetrieb (A 1)
noch auch an Dritte vermiethete Räume . . — „ — „
c. wenn in der Miethe wohnend:
Betrag des Miethzinses nach Abzug des schon unter A. 1
verrechneten Betrags . . . . — „ — „

3 a. Verzinsung des Hauswerths, und zwar zu 4%, wobei jedoch
die unter A. 1 a. und C. 2 a. und b. schon verrechneten Beträge
in Abrechnung zu bringen sind . . . — „ — „
b. Unterhaltungsaufwand für das Gebäude . . . . . 25 „ — „
c. Abschreibung am Hauswerth (in Folge von Abnützung) . — „ — „

4. Feuerversicherung für:
Gebäude . . . 3 „ 33 „
Fahrnisse . . . — „ — „
5. Unfallversicherung 2 „ — „
6. Staatssteuer . . 5 „ 20 „
7. Gemeindeumlagen . 9 „ 20 „

3636 M. 73 Pf.

II. Einnahmen.
A. Gewerbe.

Bruttoeinnahme:
a. aus dem Gewerbebetriebe 850 M. — Pf.
b. aus dem Ladengeschäfte . — „ — „

B. Sonstige Einnahmen.

1. aus Miethe per Jahr . . . . . . 50 „ — „
2. aus ausstehenden Kapitalien, verzinslichen Staatspapieren — „ — „
3. aus Bürgergenuß — „ — „
4. sonst . — „ — „

Summe der Einnahmen . 900 M. — Pf.
„ „ Ausgaben . 3636 „ 73 „
Somit Mehrausgabe . 2736 M. 73 Pf.

II. Zimmermann.

Einvernommen wurde: Zimmermann P. B. von Ladenburg.

a. Eigene Verhältnisse des Befragten.

1. 39 Jahre alt, verheirathet, Vater von 2 Kindern im Alter von 6 und 7 Jahren.

2. Ich habe das Gewerbe im väterlichen Geschäft zu Ladenburg erlernt; als ich in's Geschäft eintrat, wurde ich von der damals noch bestehenden Zunft aufgedingt; nach Ablauf meiner 3jährigen Lehrzeit (1863) existirte die Zunft nicht mehr. Als Geselle habe ich 6 Jahre gearbeitet, davon 1½ Jahre in München und Augsburg, die übrige Zeit zu Hause. Außer der 5klassigen höheren Bürgerschule in Ladenburg habe ich noch während eines Wintersemesters die Baugewerkschule in München besucht.

3. Siehe Anlage.

4. Ich betreibe ein Zimmergeschäft und eine Sägemühle, habe auch etwas Land-wirthschaft als Nebengewerbe und bekleide außerdem die Stelle eines Stadtbaumeisters für Ladenburg und eines Feuerschauers. Von meinem Jahreseinkommen entfallen ³⁄₆ auf die Sägemühle, ²⁄₆ auf das Zimmergewerbe und der Rest auf die beiden Aemter.

5. Das Geschäft wurde 1870 durch Kauf erworben und befand sich von jeher in Ladenburg.

6. Eigenes Haus. Miethwerth der Zimmerwerkstätte 100 Mark.

7. Vorzugsweise Handbetrieb. Jedoch dient die Sägemühle zugleich als Hilfs-werkstätte für das Zimmergeschäft, indem dort Fugenleisten und sonst kleinere Gegenstände mit der Zirkularsäge zubereitet werden. Zum Zuschneiden von Bauhölzern kann ich die Sägemühle nicht benützen, weil sie nicht dazu eingerichtet ist.

8. Die Sägemühle wird durch Wasserkraft bewegt.

9 a. Kein Lehrling.

b. Zwei Zimmergesellen, beide ohne Kost und Logis. Dieselben erhalten einen Taglohn von je 2 Mark 50 Pfennig und werden alle 14 Tage postnumerando ohne Rückbehaltung ausbezahlt.

10. Die Arbeit dauert von Morgens 6 bis Abends 7 Uhr. Regelmäßige Pausen: Vormittags von ½9—9 Uhr, Mittags von 12—1 und Nachmittags von 4—½5 Uhr. Ich selbst arbeite, soweit ich nicht anderwärts in Anspruch genommen bin, mit.

11. Gewerbebetrieb.

a. Ich treibe das Zimmergewerbe in seinem vollen Umfange.

b. Es kommt Beides ungefähr gleichmäßig vor.

c. Die Hölzer werden bald von mir, bald von den Bestellern geliefert. Soweit ich die Lieferung besorge, beziehe ich das Bauholz für Neubauten in vorgearbeitetem Zu-stande von auswärtigen Sägemühlen.

d. Das Rundholz beziehe ich bei Ladenburger Holzhändlern in kleinen Parthieen, gewöhnlich gegen Kredit auf 3 Monate.

e. Es wird nur auf Bestellung und

f. in der Regel nur für den Ort und die nächste Umgebung gearbeitet.

g.
h. } Fällt aus.

i. Besondere Bedingungen gelten nicht; ich pflege alle halb Jahr Rechnung zu schicken.

k. Es wird im Allgemeinen unpünktlich bezahlt und mußte ich schon öfters gerichtlich klagen. Der Verlust an Ausständen berechnet sich auf ungefähr 1% des Jahreseinkommens.

l. Während der Zeit, in welcher unser Gewerbe überhaupt geht, fehlt es mir nicht an Aufträgen. Ich arbeite allerdings jetzt nur mit 2 Gesellen, während ich vor 5 Jahren die doppelte Zahl beschäftigte. Die Ursache dieses Rückganges liegt meines Erachtens darin, daß die Bauersleute weniger bauen, weil sie in Folge der schlechten Ernten kein Geld haben.

m. Von Ende Oktober bis Anfang März stelle ich das Zimmergewerbe jeweils ein und entlasse die Zimmergesellen. Während der bessern Jahre, als ich noch mit 4 Gesellen arbeitete, konnte ich den Winter über wenigstens 2 Gesellen in der Werkstätte beschäftigen.

Ich selbst habe als Feuerschauer, Stadtbaumeister und Besitzer einer Sägemühle das ganze Jahr über zu thun.

12. Kredit wurde nicht in Anspruch genommen.

13. Es wird ein Hauptbuch, ein Tagebuch und ein Kassenbuch geführt und zwar für alle Erwerbszweige gemeinsam.

14. Meine Landwirthschaft ist klein bei einander. Ich besitze 100 Ar Acker, welche zur Hälfte mit Gerste, zu einem Viertheil mit Kartoffeln und zu einem Viertheil mit Dickrüben angepflanzt sind; ferner bin ich noch im Besitze einer Wiese von 24 Ar. Gepachtet habe ich einen Acker von 36 Ar, der mit Gerste bebaut ist. Einen besonderen Gehilfen für die Landwirthschaft habe ich nicht. Meine Frau und unser Dienstmädchen besorgen dieselbe; wenn es mehr zu thun gibt, werden je nach Bedürfniß Taglöhner eingestellt.

Mein Viehstand beschränkt sich auf 2 Ziegen, 2 Schweine und Geflügel. Der Ertrag an Kartoffeln deckt in der Regel mein Bedürfniß, ebenso der Futterertrag. Von der Gerste kann ich, nach Deckung des Mehlbedarfs für meine Haushaltung, noch etwa die Hälfte im Werthe von durchschnittlich 170 Mark verkaufen.

Zum Betrieb der Sägemühle, welcher mit Rücksicht auf die Höhe des dadurch erzielten Einkommens eigentlich mein Hauptgewerbe ist, habe ich ständig einen Säger im Dienst; die Zimmergesellen müssen aber auch ab und zu aushelfen. Auf der Sägemühle ruht eine Hypothekenschuld von 18 000 Mark; der gegenwärtige Werth des Gebäudes ist auf 32 000 Mark zu veranschlagen.

15. Siehe Anlage.

16. Seit mehreren Jahren erziele ich einen Ueberschuß von etwa 1200 Mark, wovon ²/₆ auf das Zimmermannsgewerbe entfallen. Ich habe hiernach keinen Anlaß, mit meinem Geschäftsergebnisse unzufrieden zu sein, bin aber überzeugt, daß ich mit dem Zimmergeschäfte allein nicht bestehen könnte, da es auf dem Lande zu wenig zu thun gibt und man bei Akkordübernahmen für die Stadt durch die Konkurrenz gezwungen wäre, um nicht mehr lohnende Preise zu arbeiten.

b. Allgemeine Geschäftslage.

1. Das Geschäft wird von sämmtlichen Gewerbsgenossen in Ladenburg seinem vollen Umfange nach betrieben und verlegt sich Keiner auf eine Spezialität, dagegen betreiben alle Landwirthschaft als Nebengewerbe. Es sind z. B. mit mir 6 Zimmermeister in Ladenburg ansässig.

4

2. Das Bauholz für Neubauten, die übrigens selten vorkommen, wird in vorgear=
beitetem Zustand von den Sägemühlen bezogen.

3. Die Bestellungen erstrecken sich auf den Ort und den nächsten Bezirk.

4. Fällt aus.

5. Die Ladenburger Zimmermeister haben alle ihr Gewerbe ordnungsmäßig erlernt.

6. Dieselben treiben, wie oben schon bemerkt, Alle eine kleine Landwirthschaft dabei.

7. Maschinen sind bei uns in Ladenburg nicht in Gebrauch. Die Werkzeuge sind
die altherkömmlichen. Der neuerdings eingeführte amerikanische Bohrer ist meines Wissens
nur bei mir in Anwendung.

8. Lehrlingswesen.

a. Zimmermannslehrlinge gibt es in Ladenburg seit mehreren Jahren nicht mehr.

b. Eine Schulwerkstätte ist meines Erachtens unnöthig.

c. Wir haben in Ladenburg eine Gewerbeschule; der Unterricht, namentlich im
Zeichnen, scheint mir aber nicht praktisch zu sein. Bauzeichnungen werden zwar nach Vor=
lage gemacht, es ist aber Niemand da, der sie den Schülern näher erläutert.

d. bis g. Fällt aus, siehe zu a.

9. Gesellenwesen.

a. An tüchtigen Gesellen ist Mangel; die Leute können nicht selbständig arbeiten,
weil sie nicht genug technisch gebildet sind; ob tüchtigere Arbeiter in der Großindustrie
beschäftigt sind, ist mir nicht bekannt.

b. Das Betragen der Gesellen dürfte auch besser sein. Sie laufen nicht selten
ohne Kündigung fort, ohne daß dagegen etwas zu machen wäre. Das Verklagen ist
meist nutzlos, weil sie nichts haben.

c. Die Löhne sind sich während der letzten 5 Jahre so ziemlich gleich geblieben.

d. Die Lohnzahlung geschieht alle 14 Tage. Auf besonderes Ansuchen werden
unter Umständen Abschlagszahlungen gewährt. Rückbehaltung ist nicht üblich.

e. Ist Nichts geschehen.

f. Fällt aus.

g. Streitigkeiten, die zu besonderem Austrag gebracht werden müßten, sind mir
nicht bekannt. Die Einrichtung eines Gewerbegerichts halte ich für überflüssig.

10. Wir haben in Ladenburg einen Vorschußverein, durch den das örtliche
Kreditbedürfniß gedeckt wird.

11. Das Holz wird von den meisten Zimmermeistern in Ladenburg in kleinern Parthieen
je nach Bedarf auf Kredit von längerer Dauer bezogen und zwar bei den Holzhändlern in
Ladenburg. Die Holzpreise sind, abgesehen von geringen Schwankungen, seit Jahren die gleichen.

12. Für den kleinen Ort und die geringe Bauthätigkeit in demselben sind zuviel
Zimmerleute in Ladenburg ansäßig, so daß der Einzelne wenig zu thun hat. Vor
10 bis 12 Jahren waren nur 2 Zimmergeschäfte dort, jetzt sind es dreimal so viel,
ohne daß es mehr zu thun gibt wie damals.

13. Diese starke Konkurrenz bringt es auch mit sich, daß die Arbeitspreise seit etwa
10 Jahren stetig zurückgegangen sind und jetzt um 30 % niederer stehen wie damals,
so daß sie kaum mehr lohnend genannt werden können; immerhin sind sie noch etwas
höher, als in der Stadt Mannheim. Von festen Preisen läßt sich übrigens nicht reden,
vielmehr hängt Alles von den Anerbietungen im einzelnen Fall ab.

14. Wie ich es halte, machen es wohl auch die Andern. Ich kann deßhalb auf das unter a. 11 i. Gesagte verweisen.

15. In den Jahren 1870 bis 1875 wurde der Aufwand für den Lebensunterhalt gegen früher sehr theuer, dann ist er wieder gefallen und befindet sich seitdem auf gleichem Stande. Die Preise der Lebensmittel sind an dieser gegen die Zeit vor den 70er Jahren immerhin noch vorhandenen Steigerung dieses Aufwandes gleichermaßen schuld, wie die Steigerung der Lebensansprüche.

16. Irgendwelche Vereinigungen gewerblicher Art existiren bei uns nicht. Ich wollte im Jahre 1878 einen Gewerbeverein in's Leben rufen, fand aber damit so wenig Anklang, daß ich den Versuch wieder fallen ließ.

17. Hierher weiß ich Nichts weiter anzuführen.

18. Eine Benützung der hier genannten Anstalten findet nicht statt.

c. Vorschläge zur Verbesserung des Kleingewerbes.

1. Das Lehrlings= und Gesellenwesen gehört gesetzlich besser geregelt. Wer sich als Geselle verdingen will, sollte den Nachweis führen müssen, daß er 3 Jahre Lehrling war und ein Gesellenstück gemacht hat; ebenso sollte der Geselle, der sich als Meister niederlassen will, vor einer staatlich einzusetzenden Kommission durch Ablegung eines Meisterstückes den Beweis liefern, daß er die nöthigen praktischen und theoretischen Kenntnisse für den selbständigen Gewerbebetrieb besitzt. Diese Einrichtung könnte ohne Innung, von welcher ich kein Freund bin, bestehen und würde jedenfalls den Erfolg haben, daß nur tüchtig gelernte Leute im Handwerk sind und daß zugleich die Konkurrenz der Pfuscher, welche das Ansehen des Gewerbes schädigen und durch Herabdrücken der Preise das Geschäft verderben, ausgeschlossen wäre.

2. In größern Orten sollte für einen tüchtigen Unterricht, insbesondere im Fach= zeichnen gesorgt, und dieser Unterricht dann für die Lehrlinge obligatorisch gemacht werden.

3. Von der eigenen Thätigkeit der Gewerbetreibenden verspreche ich mir keinen Erfolg.

Zimmermann P. B. in Ladenburg. **Anlage.**

Vorbemerkung.

Erwerbsteuerkapital	13 300 M.	— Pf.
Betriebskapital .	6 000 „	— „
Anlagekapital	— „	— „

Familienzahl: 4.
Anzahl der Lehrlinge und Gesellen: 2.

Geschäftsergebnisse im Jahr 1884.

I. Ausgaben.

	A Haupt=Gewerbe. M.	B Neben=Gewerbe. M.
1. Aufwand für Unterbringung von Werkstätte, Laden, Waarenlager:		
a. wenn im eigenen Hause:		
Werthanschlag für Benützung dieser Räume einschließlich des Unterhaltungsaufwands	1000	100
Uebertrag	1000	100

4*

	A Haupt= Gewerbe. M.	B Neben= Gewerbe. M.
Uebertrag	1000	100

b. wenn in Miethe:

    Miethzins für diese Räume, d. h. derjenige Theil des Mieth=
    zinses, welcher nach Abzug des für die Wohnung anzu=
    setzenden Miethzinsantheils sich ergibt . . . . . .   —   —

2 a. Unterhaltung und Ergänzung von Handwerkszeug und Maschinen
    (einschließlich von Motoren)   180   40

  b. Abschreibung (Abnutzung) am Werthe von Handwerkszeug und
    Maschinen   40   10

3. Heizung und Beleuchtung der Geschäftsräume nebst Heizung von
    Motoren, Brennöfen ꝛc.   60   —

4. Persönlicher Arbeitsaufwand:

  a. Werthanschlag der Arbeit des Meisters (4 Mark für 225 Tage)   900   300

  b. für Hilfsarbeiter:

    aa. Löhne an Lehrlinge und Gesellen   700   700

    bb. Aufwand für etwaige Verköstigung derselben durch den
      Meister   300   —

5. Aufwand für Beschaffung der Arbeitsstoffe   .   -   1000

6. Aufwand für zum Handel angekaufte Waaren   3000   —

7. Verlust an Ausständen   17   9

8. Zinsen des Anlage= und Betriebskapitals .   .   300   50

	6497	2209
	2209	
Summa	8706	

C. Sonstige Ausgaben.

1. Ausgaben für den Haushalt der Familie (4 Familienmitglieder
    und keine Dienstboten) und zwar:

  a. Kost . .   .   1200   —

  b. Bekleidung   250   . -

  c. Unterricht   8

  d. Heizung und Beleuchtung für Küche und Zimmer ꝛc. .   120   —

  e. Arzt und Apotheke   15   —.

  f. Werth etwaiger selbstgezogener, in die Haushaltung verwen=
    deter Nahrungsmittel . .   .   400   ..

2. Für die Wohnung:

  a. wenn im eigenen Hause, das allein bewohnt wird:

    Miethwerthanschlag für die zum Gewerbebetrieb nicht benützten
    Haustheile   .   .   —   —

| | Uebertrag | 10 699 | — |

	A Haupt= Gewerbe. M.	B Neben= Gewerbe. M.
Uebertrag .	10 699	—
b. wenn im eigenen Hause, das zum Theil vermiethet ist: Miethwerthanschlag für die weder zum Gewerbebetrieb (A 1) noch auch an Dritte vermietheten Räume .	860	—
c. wenn in der Miethe wohnend: Betrag des Miethzinses nach Abzug des schon unter A. 1 verrechneten Betrags	—	—
3 a. Verzinsung des Hauswerths und zwar zu 4 %, wobei jedoch die unter A. 1 a. und C. 2 a. und b. schon verrechneten Beträge in Abrechnung zu bringen sind	1 092	—
b. Unterhaltungsaufwand für das Gebäude	—	—
c. Abschreibung am Hauswerth (in Folge von Abnützung)	20	—
4. Feuerversicherung für: Gebäude . . .	14	—
Fahrnisse . . .	76	—
5. Lebensversicherung .	783	—
6. Staatssteuer . .	20	14
7. Gemeindeumlagen .	40	17
Summa .	13 604	31

II. Einnahmen.
A. Hauptgewerbe.

Bruttoeinnahme:

a. aus dem Gewerbebetriebe — 1 700 M. — Pf.

b. aus dem Ladengeschäfte . . . . — „ — „

B. Nebengewerbe.

Bruttoeinnahme:

a. aus dem Gewerbebetriebe — 900 „ — „

b. aus dem Ladengeschäfte.

NB. Wenn Landwirthschaft als Nebengewerbe betrieben wird, so
ist der Erlös aus den verkauften Erzeugnissen anzugeben . . — 300 „ — „

C. Sonstige Einnahmen.

1. aus Miethe . . . . — 700 „ — „

2. aus ausstehenden Kapitalien, verzinslichen Staatspapieren . — „ — „

3. aus Bürgergenuß . — „ — „

4. sonst . — „ — „

3 600 M. — Pf.

Ausgaben . — 13 635 „ — „

Einnahmen — 3 600 „ — „

Somit Mehrausgabe . . . . 10 035 M. — Pf.

Bemerkung: Vergl. hiezu die Angabe unter a. 16.

III. Schreiner.

Einvernommen wurden:

a. Meister: b. Geselle:
A. K. in Ladenburg.   F. L. in Ladenburg.

A. Meister.

Schreiner A. K. in Ladenburg.

a. Eigene Verhältnisse des Befragten.

1. 51 Jahre alt, verheirathet, Vater von drei Söhnen von 10, 12 und 13 Jahren.

2. Das Gewerbe habe ich in dreijähriger Lehrzeit von 1847/50 in Ladenburg erlernt und wurde von der damals bestehenden Zunft aufgedingt und losgesprochen. Gesellenzeit 14 Jahre. Arbeitsorte: Mannheim, Augsburg, Bamberg, Würzburg, Schweinfurt, Apolda, Heidelberg, Karlsruhe (7 Jahre). Außer der Volksschule in Ladenburg habe ich als Geselle vier Jahre lang den Sonntagsunterricht in der Gewerbeschule zu Karlsruhe besucht.

3. Fällt aus.

4. Schreinerei mit Landwirthschaft; Verhältniß der letztern zum Hauptgewerbe wie 1 zu 3.

5. Ich habe das Geschäft 1864 in Ladenburg gegründet; eine Verlegung fand nicht statt.

6. Eigenes Haus. Miethwerth für Werkstätte und Möbellager 180 Mark. Außerdem habe ich für 4 Mark jährlich einen Holzplatz gemiethet.

7. Keine Maschinen.

8. Fällt aus.

9 a. Ein Lehrling. In schriftlichem Vertrag dreijährige Lehrzeit und 100 Mark Lehrgeld vereinbart; Kost und Logis erhält der Lehrling bei mir ohne weitere Vergütung. Die Ausbildung des Lehrlings besorge ich selbst durch persönliche Unterweisung in der Werkstätte; außerdem besucht derselbe die gewerbliche Fortbildungsschule.

b. Zwei Gesellen mit Kost und Logis im Hause. Dieselben erhalten Zeitlohn in der Höhe von je 4 Mark pro Woche. Die Auszahlung erfolgt alle 14 Tage postnumerando ohne Rückbehaltung.

10. Arbeitsdauer von Morgens 6 bis Abends 7 Uhr. Regelmäßige Pausen: Vormittags $\frac{1}{2}$9—9 Uhr, Mittags von 12—1 Uhr und Nachmittags von 4—$\frac{1}{2}$5 Uhr. Ich selbst arbeite mit.

11. Gewerbebetrieb.

a. Mein Hauptgeschäft bildet die Möbelschreinerei, doch arbeite ich hie und da auch an Bauten.

b. Ausbesserungen kommen auch vor, sind aber nebensächlich.

c. Das Arbeitsmaterial (Holz) liefere ich selbst und beziehe dasselbe als Schnittwaare (Bretter) von den Holzhandlungen in Ladenburg, meist gegen Baar, in Quantitäten von 50—100 Stück.

d. Siehe c.

e. Ich arbeite auf Bestellung und auf Vorrath und zwar

f. nur für den Ort und den nächsten Umkreis.

g. Einen eigentlichen Laden habe ich nicht, aber ein kleines Möbellager. Von Zeit zu Zeit lasse ich dies in öffentliche Blätter einrücken, und weiß man jetzt in Ladenburg allgemein, daß bei mir fertige Möbel zu haben sind.

h. Fällt aus.

i. Besondere Bedingungen werden den Kunden nicht gestellt. Sie zahlen eben, wenn sie Geld haben; Rechnung wird nur am Neujahr geschickt.

k. Ich habe keine Veranlassung, in dieser Hinsicht Klage zu führen. Man ist eben schon an längere Fristen gewöhnt. Gerichtliche Betreibung war noch nicht nöthig. Verlust von Ausständen tritt nur ausnahmsweise ein.

l. An Arbeit fehlt es nicht. Da der Absatz an vorräthigen Möbeln ein ziemlich konstanter ist, so kann ich, wenn mir Bestellungen fehlen, auf Vorrath arbeiten.

m. Das Möbelgeschäft geht gegen Spätjahr am Besten. Im Uebrigen sind die Schwankungen unbedeutend.

12. Kredit für das Geschäft wurde nicht in Anspruch genommen.

13. Ich führe ein einziges Buch mit „Soll" und „Haben", in welchem alle erledigten Aufträge und stattgehabten Verkäufe eingetragen werden. Ueber die Ausgaben, auch in der Haushaltung, wird nicht Buch geführt. Jeweils am Jahresschluß wird Inventar aufgestellt und Bilanz gemacht.

14. Ich besitze drei Morgen eigenes Feld, welches zu $^1/_3$ mit Spelz, zu $^1/_3$ mit Gerste und zu je $^1/_6$ mit Dickrüben und Kartoffeln bebaut ist; gepachtet habe ich 5 Morgen, wovon 4 Morgen mit Gerste und 1 Morgen mit Kartoffeln bestanden sind. Das Erträgniß an Kartoffeln deckt gerade mein Bedürfniß in der Haushaltung; von den Dickrüben brauche ich die Hälfte für meinen Viehstand (Geißen und Schweine), die andere Hälfte, im Durchschnittswerth von 30 Mark, verkaufe ich.

Das ganze Erträgniß an Spelz, und etwa ein Drittel der Gerstenernte brauche ich zum Brodbacken für den eigenen Haushalt; die übrigen zwei Drittel der Gerste, mit durchschnittlich 35 Zentner im Werthe von je 8 Mark, bringe ich ebenfalls zum Verkaufe. Ständiges Hilfspersonal für die Landwirthschaft habe ich nicht; ich nehme jeweils, wenn auf dem Felde etwas zu thun ist, Taglöhner und gebe dafür ungefähr 120 Mark pro Jahr aus. Der Pachtzins für die 5 Morgen gepachteten Feldes stellt sich auf 280 Mark.

15. Siehe Anlage.

16. Ich war mit meinem Geschäftsergebnisse nie unzufrieden; Schwankungen gibt's dabei natürlich, sie sind aber nicht von großer Bedeutung. Besondere Umstände, welche meinem Geschäfte speziell zu Statten kämen, wüßte ich nicht anzuführen.

b. Allgemeine Geschäftslage.

1. Wir haben in Ladenburg gegen 10 Schreiner, die Alles arbeiten, was die Kunden verlangen. Auf Vorrath arbeitet außer mir nur noch einer.

2. Sämmtliche Schreiner beziehen das Holz als Halbfabrikat, d. h. als Schnittwaare.

3. Nach auswärts, d. h. auf weitere Entfernung, wird nicht gearbeitet, ebensowenig für Wiederverkäufer.

4. Ein Ladengeschäft existirt in Ladenburg nicht, wohl aber 2 kleine Möbellager, die aber nur eigene Erzeugnisse der betreffenden Schreiner enthalten.

5. Die Ladenburger Schreiner haben alle ordnungsmäßig gelernt; die meisten sogar zünftig.

6. Sämmtliche Schreiner bei uns treiben nebenher Landwirthschaft, was sich mit dem Geschäftsgang gut verträgt, da man die Feldarbeiten durch Taglöhner versehen lassen kann.

7. Maschinen sind bei uns in Ladenburg nicht eingeführt, dieselben sind theuer und für kleine Betriebe, wie die unserigen, gar nicht nothwendig.

8. Lehrlingswesen.

a. Die Lehrlinge werden durch den Meister selbst unterwiesen. Sie sind im Hause des Meisters aufgenommen und zählen zur Familie.

b. Eine Schulwerkstätte halte ich nicht blos für unnöthig, sondern auch für unpraktisch.

c. Die Anstellung eines Gewerbeschullehrers wäre sehr wünschenswerth. Zur Zeit wird der gewerbliche Unterricht durch einen Volksschullehrer gegeben.

d. Schriftlicher Lehrvertrag ist die Regel. Die Stiftungsbehörden, welche auf ihre Kosten junge Leute in die Lehre thun, haben gedruckte Formulare.

e. Von gesetzwidrigem Verlassen der Lehre ist so gut wie nichts bekannt.

f. Preisverleihungen sind nicht eingeführt.

g. Nichts bekannt.

9. Gesellenwesen.

a. Die Gesellen verstehen selten ihr Geschäft, man muß die meisten erst wieder einlernen. Man merkt ihnen an, daß sie keine gründliche Lehre durchgemacht haben und im Allgemeinen mehr an ein flüchtiges, als ein exaktes Arbeiten gewöhnt sind.

b. Ueber das Verhalten der Leute hört man nicht klagen.

c. Die Löhne sind bei uns während der letzten 5 Jahre eher gesunken als gestiegen. Der Durchschnittslohn bei freier Kost und Wohnung ist z. Zt. 4 Mark.

d. Vierzehntägige Auszahlung üblich, ohne Rückbehaltung und ohne Vorauszahlung.

e. Nichts geschehen.

f. Fällt aus.

g. Von Streitigkeiten zwischen Gesellen und Meistern hört man bei uns nichts. Gewerbegericht ist bei uns nicht nöthig.

10. Der bestehende Vorschußverein genügt den örtlichen Bedürfnissen.

11. Die Bretter werden von den Holzhändlern in Ladenburg bezogen und zwar wohl in der Regel auf Kredit auf unbestimmte Zeit. Die Quantität richtet sich ganz nach dem Bedarf des Einzelnen. Die Preise sind seit Jahren so ziemlich die gleichen.

12. Der Geschäftsgang im Allgemeinen, d. i. die Arbeitsgelegenheit, ist in Ladenburg heut zu Tage so gut und so schlecht, wie von jeher. Für große Geschäfte ist dort kein Platz; die kleinen Meister finden bei Arbeitsamkeit und Sparsamkeit ihr genügendes Auskommen.

13. Auch in den Arbeitspreisen ist eine wesentliche Veränderung nicht eingetreten.

14. Es wird damit wohl allgemein so gehalten wie bei mir und kann ich deßhalb auf das unter a. 11 i. Gesagte verweisen.

15. Seit ich das Geschäft habe, habe ich eine wesentliche Steigerung des Aufwandes für den Lebensunterhalt nicht bemerkt.

16. Irgendwelche Vereinigungen existiren bei uns nicht.

17. Hier wüßte ich nichts Besonderes anzuführen. Wenn der Bauer Geld hat, so geht es auch uns im Geschäfte gut, weil dann unser Absatz ein guter ist. Die Verbesserung der Lage der landwirthschaftlichen Bevölkerung wirkt also von selbst auch günstig auf unsere Lage.

18. Die fraglichen Staatsanstalten werden von uns nicht benützt und können nach Lage der Verhältnisse auch nicht benützt werden.

c. Vorschläge zur Verbesserung des Kleingewerbes.

1, 2 und 3. Besondere Vorschläge zur Verbesserung der Lage des Gewerbes wüßte ich nicht zu machen. Ich glaube übrigens, daß Mancher, besonders in der Stadt, sich selber helfen könnte, wenn er fleißiger arbeiten und anspruchsloser leben würde.

Schreiner C. K. in Ladenburg.   **Anlage.**
Vorbemerkung.

Erwerbsteuerkapital .	.	6400 M. — Pf.
Betriebskapital .		1400 „ — „
Anlagekapital		— „ — „

Familienzahl: 6 Personen.
Anzahl der Lehrlinge und Gesellen: 3.

Geschäftsergebnisse im Jahr 1884.

I. Ausgaben.

A. Gewerbe.

1. Aufwand für Unterbringung von Werkstätte, Laden, Waarenlager:
   a. wenn im eigenen Hause:
   Werthanschlag für Benützung dieser Räume einschließlich des Unterhaltungsaufwands . . . . 210 M. — Pf.
   b. wenn in Miethe:
   Miethzins für diese Räume, d. h. derjenige Theil des Miethzinses, welcher nach Abzug des für die Wohnung anzusetzenden Miethzinsantheils sich ergibt . . . . . . 4 „ — „

2 a. Unterhaltung und Ergänzung von Handwerkszeug und Maschinen (einschließlich von Motoren) . . . . 25 „ — „
   b. Abschreibung (Abnutzung) am Werthe von Handwerkszeug und Maschinen . . . . — „ — „

3. Heizung und Beleuchtung der Geschäftsräume nebst Heizung von Motoren, Brennöfen ꝛc. . . . . — „ — „

4. Persönlicher Arbeitsaufwand:
   a. Werthanschlag der Arbeit des Meisters (3 Mark für 300 Tage) 900 „ — „
   b. für Hilfsarbeiter:
   aa. Löhne an Lehrlinge und Gesellen . . . . 230 „ — „
   bb. Aufwand für etwaige Verköstigung derselben durch den Meister 438 „ — „

Uebertrag . 1807 M. — Pf.

5

		Uebertrag	1807 M.	— Pf.
5. Aufwand für Beschaffung der Arbeitsstoffe	.	.	1300 „	— „
6. Aufwand für zum H a n d e l angekaufte Waaren	.	.	— „	— „
7. Verlust an Ausständen	. . .	.	— „	— „
8. Zinsen des Anlage= und Betriebskapitals	.	. . .	56 „	— „
		Summa .	3163 M.	— Pf.

B. Sonstige Ausgaben.

1. Ausgaben für den Haushalt der Familie, 6 Familienmitglieder und keine Dienstboten und zwar:

a. Kost	1460 M.	— Pf.
b. Bekleidung	200 „	— „
c. Unterricht	150 „	— „
d. Heizung und Beleuchtung für Küche und Zimmer ꝛc.	20 „	— „
e. Arzt und Apotheke	— „	— „
f. Werth etwaiger selbstgezogener, in die Haushaltung verwendeter Nahrungsmittel . .	160 „	— „

2. Für die Wohnung:
    a. wenn im e i g e n e n Hause, das a l l e i n bewohnt wird:
    Miethwerthanschlag für die zum Gewerbebetrieb nicht benützten Haustheile . . . . — „ — „
    b. wenn im e i g e n e n Hause, das zum Theil vermiethet ist:
    Miethwerthanschlag für die weder zum Gewerbebetrieb (A. 1) noch auch an Dritte vermietheten Räume . . . . . . 150 „ — „
    c. wenn in der Miethe wohnend:
    Betrag des Miethzinses nach Abzug des schon unter A. 1 verrechneten Betrages . . . . — „ — „

3 a. Verzinsung des Hauswerths und zwar zu 4 %, wobei jedoch die unter A. 1 a. und C. 2 a. und b. schon verrechneten Beträge in Abrechnung zu bringen sind . . . . — „ — „
    b. Unterhaltungsaufwand für das Gebäude . . . . . 30 „ — „
    c. Abschreibung am Hauswerth (in Folge von Abnützung) . — „ — „

4. Feuerversicherung für:
    Gebäude . . . . 6 „ 39 „
    Fahrnisse . . . . — „ — „

5. Lebensversicherung . . 	— „ — „
6. Staatssteuer . . 16 „ 64 „
7. Gemeindeumlagen . . . . 58 „ 10 „

Summa .	5414 M.	13 Pf.

II. Einnahmen.
A. Gewerbe.

Bruttoeinnahme:

a. aus dem Gewerbebetriebe .	3500 M.	— Pf.
b. aus dem Ladengeschäfte .	— „	— „
Uebertrag .	3500 M.	— Pf.

B. Sonstige Einnahmen.

	Uebertrag	3500 Mk.	— Pf.
1. aus Miethe		38 „	— „
2. aus ausstehenden Kapitalien, verzinslichen Staatspapieren .		55 „	— „
3. aus Bürgergenuß		— „	— „
4. sonst		— „	— „
	Summa .	4293 Mk.	— Pf.
Ausgaben		5414 Mk.	— Pf.
Einnahmen		4293 „	— „
	Somit Mehrausgabe .	1121 Mk.	— Pf.

Dabei vergl. Angabe unter a. 16.

B. Gesellen.

1. F. L., 28 Jahre alt, von Adersbach, Amt Sinsheim, ledig. Mitglied der Ortskrankenkasse Ladenburg, im Uebrigen keinem Vereine angehörig.

2. Schreinergeselle.

3. Ich habe von 1873/75 in 2½jähriger Lehrzeit bei Schreinermeister Konrad Schopf in Sinsheim das Handwerk erlernt. Eine Lehrlingsprüfung habe ich nicht abgelegt, auch keine gewerbliche Schule besucht.

4. In Sinsheim 1½ Jahr bei zwei Meistern, in Karlsruhe ¼ Jahr bei einem Meister, in Weißenburg 1 Jahr ebenso, in Wiesbaden ¾ Jahr ebenso, in Ladenburg 1¼ Jahr bei Schreinermeister Siegel, in Michelfeld 2 Jahre bei einem Meister, in Durlach ¼ Jahr bei einem Meister, zuletzt in Ladenburg.

5. Im Jahre 1880 habe ich ¼ Jahr lang in Karlsruhe in der Möbelfabrik von Stövesand gearbeitet, bin aber dort wieder ausgetreten, weil Arbeitsmangel sich einstellte.

6. Seit Juni 1884 bei Schreinermeister Arnold in Ladenburg.

7. Mein Meister hat einen Lehrling und außer mir keinen Gesellen.

8. Als Geselle.

9. Mein Meister ist Möbel= und Bauschreiner und arbeite ich in beiden Branchen.

10. Kost und Wohnung habe ich beim Meister und zwar esse ich am Familientisch. Die Kost besteht in Kaffee und Weck des Morgens, Käs und Brod um 9 Uhr, Mittags Suppe, Fleisch und Gemüs, zur Vesper Kaffee und Brod und Abends Fleisch und Salat. Wein oder Bier wird nicht verabreicht.

11. Ich arbeite beim Meister.

12. Dieser stellt auch das Werkzeug.

13. Dasselbe ist in gutem Stande und sind mir bessere Konstruktionen nicht bekannt.

14. Keine Maschinen.

15. Fällt aus.

16. Die Arbeit dauert von Morgens 5 bis Abends 7 Uhr. Regelmäßige Pausen: Vormittags ¼, Mittags eine ganze und Nachmittags ½ Stunde. Sonntags wird nicht gearbeitet.

17. Ich arbeite in der Regel auf Zeitlohn und erhalte 4 Mark wöchentlich; ausnahmsweise wird auch auf Stück gearbeitet und stelle ich mich dabei niemals besser,

wohl aber mitunter schlechter als im Zeitlohn. Zahltag ist jeweils am Sonntag. Zurück=
behalten oder abgezogen wird nichts. Das Krankengeld zahlt der Meister.

18. Der Meister schafft den ganzen Tag mit. Er besorgt auch speziell die Aus=
bildung des Lehrlings.

19. Der Meister hält darauf, daß wir regelmäßig in die Kirche gehen, läßt sich's
auch angelegen sein, uns im Geschäfte auszubilden.

20. Von Zwistigkeiten zwischen Meistern und Gesellen ist in Ladenburg nichts
bekannt; es gibt auch nur 4 Schreinergesellen dort.

21. In dieser Hinsicht wüßte ich nichts anzugeben.

22. Es besteht in Ladenburg eine Gewerbeschule; die Lehrlinge müssen, die Gesellen
können am Unterricht Theil nehmen; .von den gegenwärtig in Ladenburg befindlichen
Gesellen thut dies aber keiner; ich für meine Person bin zu alt dafür.

23. Die Gefängnißarbeit sollte eingestellt werden; die Strafe wäre viel empfindlicher,
wenn die Leute nichts zu thun hätten, und die Konkurrenz dieser gezwungenen Arbeiter
wird von dem gesammten Gewerbe drückend empfunden.

Der Maschinenbetrieb thut dem Handwerksmann auch großen Eintrag; die
Maschinen kann man nicht abschaffen, aber man sollte sie gehörig besteuern.

IV. Schlosser.

Einvernommen wurde: Schlosser F. B. in Ladenburg.

a. Eigene Verhältnisse des Befragten.

1. 46 Jahre alt, verheirathet, kinderlos.

2. Das Gewerbe habe ich vom Jahre 1853/56, also in 3jähriger Lehrzeit im
elterlichen Geschäfte erlernt und wurde von der damals bestehenden Zunft aufgedingt und
losgesprochen. Nach vollendeter Lehrzeit war ich immer im elterlichen Geschäft und zwar
9 Jahre als Geselle und 5 Jahre als Geschäftsführer. Außer der Volksschule wurde
noch während der Lehrzeit die Gewerbeschule in Ladenburg besucht.

3. Fällt aus.

4. Schlosserei mit kleiner Landwirthschaft, letztere etwa ein Zehntel des Gesammt=
einkommens betragend.

5. Seit 1864. Eine Verlegung fand nicht statt.

6. Eigenes Haus. Miethwerth für Werkstätte und kleines Ladenlokal 150 Mark.

7. Vorzugsweise Handbetrieb. Es ist nur eine Bohrmaschine in Gebrauch. In der
Großindustrie werden noch Drehbänke, Stanz= und Lochmaschinen verwendet.

8. Kein Motor.

9 a. Zwei Lehrlinge. In schriftlichem Vertrag sind je 3 Jahre Lehrzeit und je
140 Mark Lehrgeld vereinbart, wofür ich den beiden Kost und Logis gebe. Die praktische
Ausbildung der jungen Leute besorge ich selbst, auch schicke ich sie in die Gewerbeschule.

b. Keine Gesellen.

10. Dauer der Arbeit von Morgens 6 bis Abends 7 Uhr. Regelmäßige Pausen:
Morgens und Nachmittags je $1/2$, Mittags eine ganze Stunde.

11. Gewerbebetrieb.

a. Das Gewerbe wird in seinem vollen Umfange betrieben.

b. Das Hauptgeschäft bilden die Reparaturen.

c. Die Arbeitsstoffe liefere ich selbst. Schlüssel werden halbfertig (gepreßt) bezogen, so daß sie nur ausgefeilt zu werden brauchen.

d. Das nöthige Metall beziehe ich in kleinen Quantitäten je nach Bedarf vom Eisenhändler in Ladenburg auf Kredit für unbestimmte Zeit.

e. Ich arbeite meist auf Bestellung, aber auch auf Vorrath.

f. Meine Kundschaft beschränkt sich auf Ladenburg und Neckarhausen.

g. Ich führe ein kleines Ladengeschäft, in welchem außer meinen eigenen Erzeugnissen von auswärts bezogene Bügeleisen und Vorlegschlösser feil gehalten werden. Der Vorrath an fremden Waaren ist aber unbedeutend.

h. Der Kauf erfolgt in der Regel auf 3monatlichen Kredit.

i. Besondere Bedingungen werden nicht gestellt; bei kleineren Käufen und Bestellungen wird in der Regel baar bezahlt und soweit dies nicht der Fall, binnen Monatsfrist Rechnung geschickt; von den ständigen größeren Kunden erhält ein Theil halbjährlich, ein anderer Theil erst nach Ablauf des Jahres Rechnung.

k. Bei dem größern Theil der Kundschaft muß man sehr lange auf Zahlung warten, selbst bei Stiftungen und sonstigen Fonds, die doch zahlen könnten; gerichtliche Hilfe habe ich noch nicht in Anspruch genommen; die säumigen Schuldner haben in der Regel doch nichts. Es gehen mir auch viele Ausstände verloren und zwar schätze ich den Verlust auf ca. 50 Mark pro Jahr.

l. Mit Reparaturen habe ich immer zu thun, aber an schöner Arbeit fehlt es mir, weil die Bauthätigkeit in Ladenburg eine sehr geringe ist. In den 70erJahren war es besser, weil da mehr gebaut wurde.

m. Im Frühjahr und Sommer geht das Geschäft gewöhnlich flauer.

12. Kredit wurde nicht in Anspruch genommen.

13. Ich führe nur ein Kundenbuch, in welchem Einträge über die gelieferten Arbeiten gemacht und nach erfolgter Zahlung gestrichen werden. Ueber meine Schuldigkeiten an den Eisenhändler habe ich ein besonderes Büchlein. Die Haushaltungsausgaben werden nicht aufgeschrieben.

14. Zu Eigenthum besitze ich 30 Ar Ackerfeld, je zur Hälfte mit Gerste und Kartoffeln angepflanzt, sowie einen 9 Ar großen Gemüsegarten; gepachtet habe ich nichts, auch bin ich nicht im Genusse von Allmend. Die Erträgnisse dieser Landwirthschaft verwende ich in die Haushaltung, und ist der Werth auf durchschnittlich 150 Mark zu veranschlagen. Besondere Hilfspersonen für die Landwirthschaft habe ich nicht, sie wird so nebenher besorgt und ab und zu einmal ein Taglöhner genommen.

15. Siehe Anlage.

16 und 17. Mit dem Geschäftsergebniß kann ich nicht zufrieden sein, denn ich habe trotz angestrengter Arbeit nur so viel verdient, als ich für meine Haushaltung nothwendig brauchte. Dies wenig erfreuliche Ergebniß ist seit mehreren Jahren die Regel; vor 1880 war es besser und habe ich damals noch etwas zurücklegen können. Es war zu jener Zeit mehr Bauthätigkeit und deßhalb auch mehr Verdienst für mein Gewerbe.

b. Allgemeine Geschäftslage.

1. Von den vier Ladenburger Schlossern treibt keiner eine Spezialität.

2. Die Arbeitserzeugnisse werden in der Regel aus dem Rohmetall hergestellt. Als Halbfabrikat werden bei uns gestanzte Fensterbeschläge und gepreßte Schlüssel bezogen.

3. Die Ladenburger Schlosser arbeiten nur für Ladenburg und die nächste Umgebung. An Wiederverkäufer wird nichts abgegeben.

4. Außer mir hat kein Schlosser in Ladenburg ein Ladengeschäft; es ist das in der Schlosserei nicht üblich.

5. Die Ladenburger Schlosser haben alle ordnungsmäßig, 3 davon noch zünftig gelernt.

6. Eine kleine Landwirthschaft hat Jeder dabei. Es verträgt sich das schon mit einander, da im Geschäft schon so viel Zeit erübrigt werden kann, um dann und wann auf dem Feld zu arbeiten, und da außerdem die Landwirthschaft großentheils von den Frauen besorgt werden kann.

7. Außer der Bohrmaschine sind in keiner Werkstätte Hilfsmaschinen im Gebrauch. Das Bedürfniß nach solchen hat sich bei dem geringen Umfang der Ladenburger Geschäfte noch nicht geltend gemacht; neuere Werkzeuge sind mir nicht bekannt. Mit Motoren arbeitet bei uns Keiner.

8. Lehrlingswesen.

a. Der Lehrling wird vom Meister ausgebildet und muß laut Ortsstatut in die Gewerbeschule. Gewöhnlich ist er auch in der Familie des Meisters aufgenommen.

b. Eine Schulwerkstätte halte ich für durchaus überflüssig. Ich habe jetzt bald ein Dutzend Lehrlinge ausgebildet, die ganz tüchtige Gesellen geworden sind.

c. Der Zeichenunterricht an der Ladenburger Gewerbeschule dürfte besser sein.

d. Schriftlicher Vertrag mit der Bedingung dreijähriger Lehrzeit ist die Regel; gemeinsame Formulare existiren nicht.

e. Das Fortlaufen der Lehrlinge ist in Ladenburg als selten zu bezeichnen.

f. Preisverleihungen gibt's bei uns nicht.

g. Meines Wissens verbleiben die Leute in der Regel im Handwerk.

9. Gesellenwesen.

a. Tüchtige Gesellen sind rar; es gibt darunter viele, die offenbar nicht richtig ausgelernt haben; auch mag es sein, daß mancher eine Zeit lang Fabrikarbeit nahm und dadurch die Fertigkeit für das Kleingewerbe einbüßte.

b. Im Allgemeinen ist das Verhalten der Gesellen nicht tadelnswerth, doch treten sie öfters ohne Kündigung aus, wogegen sich aber nichts machen läßt, da das Verklagen beim Bürgermeister nicht viel fruchtet.

c. Die Löhne sind noch so ziemlich die gleichen, wie vor 5 Jahren.

d. Die Zahlung geschieht alle 8 oder alle 14 Tage postnumerando ohne Rückbehaltung.

e. Ist nichts geschehen.

f. Fällt aus.

g. Streitigkeiten sind selten; zu deren Entscheidung ist der Bürgermeister zuständig. Ein Gewerbegericht halte ich nicht für praktisch.

10. Es existirt eine Kreditkasse in Ladenburg, die aber nur ihren Mitgliedern kreditirt. Ich glaube, daß dieselbe den örtlichen Bedürfnissen genügt.

11. Ich kann hier nur auf das unter a. 11 d. Gesagte verweisen, da es meines Wissens alle Ladenburger Schlosser so halten. Die Preise für das Material sind seit mehreren Jahren nicht gestiegen.

12. Die Ladenburger Schlosser haben seit etwa 5—6 Jahren weniger zu thun, wie früher. Die Großindustrie, deren Produkte durch den Handel überall Eingang gefunden haben, nimmt uns viel Beschäftigung weg, und die Bauthätigkeit ist sehr gering.

13. Die Arbeitspreise sind meines Erachtens nicht lohnend; wenn ich z. B. den ganzen Tag arbeite, so verdiene ich höchstens 3 Mark. In den 70er Jahren waren die Bezahlungen weit besser. Die Konkurrenz hat die Preise herabgedrückt.

14. Die anderen Meister halten es auch so wie ich (siehe a. 11 c.).

15. Seit Anfang der 70er Jahre sind die Preise der Lebensmittel gestiegen und damit auch der Aufwand für den Lebensunterhalt; größere Ansprüche macht man seitdem — wenigstens bei uns auf dem Lande — nicht.

16. Eine Vereinigung existirt nicht; wir sind eine zu geringe Zahl von Gewerbs=genossen.

17. Der Hausirhandel mit Eisenwaaren, speziell mit Beschlägen, und insbesondere die Thätigkeit der Geschäftsreisenden auf diesem Gebiete schaden uns sehr viel.

18. Die Staatsanstalten werden von uns nicht benützt.

c. Vorschläge zur Verbesserung des Kleingewerbes.

1. Die bestehende Gewerbefreiheit gefällt mir nicht, weil sie uns zu viel schadet. Es sollte Keiner als Geselle sich verdingen dürfen, der nicht ein Gesellenstück gemacht hat, und Keiner zum selbständigen Gewerbebetrieb zugelassen werden, der nicht zuvor ein Meisterstück ablegt. Von den Großindustriellen kann man freilich die Ablegung eines Meisterstücks nicht verlangen. Die Grenze zwischen Großindustrie und Kleingewerbe könnte man dahin ziehen, daß Jeder, der mit mindestens 6 Maschinen arbeitet, Großindu=strieller ist. Die Prüfungen sollten durch eine staatlich einzusetzende Kommission abge=nommen werden.

2. Die Großindustrie sollte gehörig besteuert werden, damit sie ihre Produkte nicht mehr so billig abgeben und in Folge dessen dem Kleingewerbe nicht mehr so schädliche Konkurrenz machen kann.

3. Daß die Handwerker durch eigene Thätigkeit eine Besserung erzielen könnten, glaube ich nicht.

Anlage.

Schlosser F. B. in Ladenburg.

Vorbemerkung.

Erwerbsteuerkapital	.	.	.	3700 M. — Pf.
Betriebskapital	.	.	.	700 „ — „
Anlagekapital	. . . .			— „ — „

Familienzahl: 5 Personen.
Anzahl der Lehrlinge: 2.

Geschäftsergebnisse im Jahre 1884.

I. Ausgaben.

A. Gewerbe.

1. Aufwand für Unterbringung von Werkstätte, Laden, Waarenlager:
   a. wenn im eigenen Hause:
   Werthanschlag für Benützung dieser Räume einschließlich des
   Unterhaltungsaufwands . .　　　　. . .　　　150 M. — Pf.
   b. wenn in Miethe:
   Miethzins für diese Räume, d. h. derjenige Theil des Mieth=
   zinses, welcher nach Abzug des für die Wohnung anzu=
   setzenden Miethzinsantheils sich ergibt . . . .　　— „　　„
2 a. Unterhaltung und Ergänzung von Handwerkszeug und Maschinen
   (einschließlich Motoren) . . . .　　　50 „　— „
   b. Abschreibung (Abnutzung) am Werthe von Handwerkszeug und
   Maschinen . . . .　　　40 „　— „
3. Heizung und Beleuchtung der Geschäftsräume nebst Heizung von
   Motoren, Brennöfen ꝛc. . . . . . .　　　. . .　　　100 „　— „
4. Persönlicher Arbeitsaufwand:
   a. Werthanschlag der Arbeit des Meisters (4 Mark für 300 Tage)　1200 „　— „
   b. für Hilfsarbeiter:
   aa. Löhne an Lehrlinge und Gesellen . . . .　　— „　— „
   bb. Aufwand für etwaige Verköstigung derselben durch den
   Meister . . . .　　. . .　　　300 „　— „
5. Aufwand für Beschaffung der Arbeitsstoffe　.　　　400 „　— „
6. Aufwand für zum Handel angekaufte Waaren .　　　100 „　— „
7. Verlust an Ausständen . . . .　　　　　　　50 „　— „
8. Zinsen des Anlage= und Betriebskapitals .　　.　. .　　　— „　— „

　　　　　　　　　　　　　　　Summa　2390 M. — Pf.

C. Sonstige Ausgaben.

1. Ausgaben für den Haushalt der Familie (5 Familienglieder und
   2 Dienstboten) und zwar:
   a. Kost　. . .　　　　　　　　　　　　　　1100 M. — Pf.
   b. Bekleidung　　　　　　　　　　　　　　　　100 „　— „
   c. Unterricht . . . .　　　　　　　　　8 „　— „
   d. Heizung und Beleuchtung für Küche und Zimmer ꝛc.　　　80 „　— „
   e. Arzt und Apotheke . . . .　　　10 „　— „
   f. Werth etwaiger selbstgezogener, in die Haushaltung verwen=
   deter Nahrungsmittel . . .　　　　. . .　　　200 „　— „
2. Für die Wohnung:
   a. wenn im eigenen Hause, das allein bewohnt wird:
   Miethwerthanschlag für die zum Gewerbebetrieb nicht benützten
   Haustheile . . .　　　　　. . . . .　　　200 „　— „

　　　　　　　　　　　　　　Uebertrag　.　4088 M. — Pf.

          Uebertrag   4088 M. — Pf.

b. wenn im eigenen Hause, das zum Theil vermiethet ist:
    Miethwerthanschlag für die weder zum Gewerbebetrieb A. 1
    noch auch an Dritte vermietheten Räume   — „ — „

c. wenn in der Miethe wohnend:
    Betrag des Miethzinses nach Abzug des schon unter A. 1
    verrechneten Betrages . . . .   — „ — „

3 a. Verzinsung des Hauswerths und zwar zu 4 %, wobei jedoch
    die unter A. 1 a. und C. 2 a. und b. schon verrechneten Beträge
    in Abrechnung zu bringen sind . . . . . .   — „ — „

    b. Unterhaltungsaufwand für das Gebäude . . . . .   40 „ — „

    c. Abschreibung am Hauswerth (in Folge von Abnützung) .   40 „ — „

4. Feuerversicherung für:
    Gebäude . . .   2 „ 88 „

    Fahrnisse . . .   7 „ — „

5. Lebensversicherung   — „ — „

6. Staatssteuer . .   9 „ 62 „

7. Gemeinde-Umlagen .   15 „ 54 „

          Summa .   4203 M. 04 Pf.

II. Einnahmen.
A. Gewerbe.

Bruttoeinnahme:

    a. aus dem Gewerbebetriebe   1500 M. — Pf.

    b. aus dem Ladengeschäfte .   50 „ — „

B. Sonstige Einnahmen, keine.

          Summa .   1550 M. — Pf.

Ausgaben .   4203 M. — Pf.

Einnahmen   . 1550 „ — „

Somit Mehrausgabe   . 2653 M. — Pf.

V. Schmied.

Einvernommen wurde: Schmied J. S. in Ladenburg.

a. Eigene Verhältnisse des Befragten.

    1. 40 Jahre alt, verheirathet, Vater von 7 Kindern (3 Knaben und 4 Mädchen),
wovon das älteste 11 und das jüngste 1 Jahr alt ist; sämmtliche zu Hause.

    2. Ich habe das Gewerbe im väterlichen Geschäfte in den Jahren 1860 bis 1862
erlernt und wurde von der damals bestehenden Zunft aufgedingt und losgesprochen.
Gesellenzeit 11 Jahre. Nach vollendeter Lehrzeit arbeitete ich zuerst $^5/_4$ Jahre hier, von

da an stets zu Hause im väterlichen Geschäft. Außer der erweiterten Volksschule in Ladenburg habe ich keinen Unterricht besucht.

3. Fällt aus.

4. Schmiedegeschäft mit kleiner Landwirthschaft, aus welch' letzterer ungefähr ein Drittheil meines Einkommens fließt.

5. Seit 1873. Eine Verlegung fand nicht statt.

6. Eigenes Haus. Miethwerth der Werkstätte 100 Mark.

7. Vorzugsweise Handbetrieb, doch ist eine Biegmaschine und eine Bohrmaschine in Gebrauch.

8. Kein Motor.

9 a. Kein Lehrling.

b. Zwei Gesellen, beide mit Kost und Logis im Hause und mit 5 Mark Wochen= lohn. Zahlung jeweils Sonntags für die vergangene Woche ohne Rückbehaltung.

10. Dauer der Arbeit von Morgens 5 bis Abends 7 Uhr. Regelmäßige Pausen nur während der Essenszeiten. Ich selbst arbeite mit.

11. Gewerbebetrieb.

a. Es wird Alles, was im Gewerbe vorkommt, gearbeitet, ohne Arbeitstheilung.

b. Die Ausbesserungsarbeiten bilden das Hauptgeschäft.

c. Bei Ausbesserungen liefere ich immer die Stoffe; bei Bestellung neuer Wagen liefert auf dem Lande gewöhnlich der Besteller auch das Material.

Die Holztheile werden fertig vom Wagner bezogen; außerdem sind als Halb= fabrikate zu nennen: Achsen, Schrauben, Hufnägel.

d. Das Metall beziehe ich von Eisenhandlungen in Ladenburg oder auch in Mannheim je nach Bedarf, gewöhnlich auf Kredit für's Jahr.

e. Nur auf Bestellung und

f. nur für Ladenburg und Umgebung. An Wiederverkäufer setze ich nicht ab.

g. Fällt aus.

h. Fällt aus.

i. Den Kunden wird am Jahresschluß Rechnung gemacht, soweit sie es nicht früher verlangen.

k. Der Eingang der Ausstände läßt oft lange auf sich warten. Verklagt habe ich erst einmal einen Kunden. Verluste kommen alljährlich vor und zwar durchschnittlich in der Höhe von 80 Mark.

l. Es fehlt mir gerade nicht an Aufträgen, obwohl dieselben in den Jahren 1873 bis 1880 zahlreicher waren.

m. Im Winter geht das Geschäft jeweils weniger gut, weil der Bauer da weniger mit dem Fuhrwerk zu thun hat; ich bin aber nie genöthigt, mein Arbeitspersonal zu reduziren.

12. Ich nehme jeweils zu Anfang des Jahres 6—800 Mark beim Vorschußverein in Ladenburg auf, um ein Betriebskapital zu haben, weil man bei uns unter'm Jahr von den Kunden kein Geld bekommt. Die Rückerstattung geschieht dann an Neujahr. Der Zinsfuß beträgt 5½ %.

13. Ich führe nur ein Kundenbuch, in welchem meine Ausstände verzeichnet sind. Die Ausgaben notire ich nicht.

14. Ich besitze etwa 6 Morgen Ackerfeld, wovon 3 Morgen mit Gerste, ½ Morgen mit Spelz, ½ Morgen mit Korn, 1½ Morgen mit Kartoffeln und ½ Morgen mit Dickrüben bepflanzt ist; außerdem habe ich noch 1¾ Morgen in Pacht, wovon 1 Morgen mit Dickrüben, der Rest mit Klee bestanden ist. Der Pachtzins beträgt jährlich 180 Mark.

Das Erträgniß an Frucht reicht zur Deckung meines Mehlbedarfs für die Haus= haltung, und kann ich außerdem noch für 180—200 Mark jährlich davon verkaufen. Die Kartoffeln decken in der Regel meinen Hausbedarf, und die Dickrüben und der Klee dienen als Futter für meine zwei Kühe, so daß ich für diese kaum noch etwas zu kaufen brauche.

Ständige Hilfe für die Landwirthschaft habe ich nicht; meine Frau nimmt sich derselben an, und auch ich finde ab und zu Zeit, danach zu sehen, zuweilen nehme ich Taglöhner, und ist der bezügliche Aufwand auf 60 Mark pro Jahr zu veranschlagen.

15. Siehe Anlage.

16. Der Geschäftsabschluß war befriedigend, d. h., wenn ich nicht nur das baar ein= gegangene Geld, sondern auch die Ausstände als Einnahme rechne. In früheren Jahren war das Ergebniß noch zufriedenstellender. Die wachsende Konkurrenz (früher waren wir nur 3, jetzt sind wir 4 Schmiede in Ladenburg) hat meinem Geschäfte immerhin geschadet.

b. Allgemeine Geschäftslage.

1. Die 4 Ladenburger Schmiede schaffen Alles, was im Handwerk vorkommt. Auf eine Spezialität verlegt sich keiner, auch beschränkt sich keiner auf Ausbesserungsarbeiten.

2. Als Halbfabrikat habe ich oben schon genannt: Achsen, Schrauben, Hufnägel; auch beziehen wir die Holztheile von den Wagnern.

3. Nur für den Ort und die nähere Umgebung und nicht an Wiederverkäufer.

4. Ladengeschäft gibt's bei uns Schmieden nicht.

5. Meine Gewerbsgenossen in Ladenburg haben Alle ordnungsmäßig gelernt.

6. Wie dies auf dem Lande üblich, hat auch jeder Schmied eine kleine Landwirth= schaft nebenbei; es läßt sich dies ganz gut miteinander verbinden und hat den Vortheil, daß die selbstgezogenen Nahrungsmittel billiger kommen als die gekauften.

7. In jeder Werkstätte befindet sich eine Biegmaschine und eine Bohrmaschine. Was man in der Großindustrie für Maschinen hat, ist mir nicht näher bekannt. Die Werk= zeuge sind noch so ziemlich die alten. Motore sind bei uns in Ladenburg nicht eingeführt und erscheinen auch unnöthig, weil sich die vorgenannten Maschinen leicht mit der Hand betreiben lassen.

8. Lehrlingswesen.

a. In dieser Hinsicht kann ich nicht viel sagen, weil bei uns Lehrlinge nur ver= einzelt vorkommen. Die Dauer der Lehrzeit ist bei dem einen Lehrling, der jetzt draußen ist, auf 2 Jahre vereinbart, und ist der Lehrling in die Familie des Meisters aufgenommen.

b. Ich halte die praktische Ausbildung beim Meister für genügend und besser, als die in einer Schulwerkstätte.

c. Der gewerbliche Unterricht, welcher z. Zt. in Ladenburg ertheilt wird, läßt nichts zu wünschen übrig.

d. Schriftlicher Vertrag ist die Regel.

e. Wenn der Lehrling aus der Lehre fortläuft, so sind daran meist die Eltern schuld; bei uns in Ladenburg kann man aber von einem solchen Mißstand nicht reden.

f. Preisverleihnungen und Lehrlingsprüfungen finden bei uns nicht statt.

g. Ist mir nicht bekannt.

9. Gesellenwesen.

a. Tüchtige Gesellen sind selten; die Leute haben meist keine genügende Hand=
fertigkeit und können nicht recht selbständig arbeiten. Ich schreibe diesen Mangel dem
Umstande zu, daß die bessern Kräfte sich in die Städte ziehen.

b. Ueber das Verhalten der Gesellen hört man bei uns keine Klage, auch nicht
über unbefugtes Austreten.

c. Die Löhne sind seit 5 Jahren die gleichen.

d. Die Zahlung geschieht bei uns bald alle 8, bald alle 14 Tage. Voraus=
zahlung und Rückbehaltung ist nicht üblich.

e. Ist Nichts geschehen.

f. Fällt aus.

g. Streitigkeiten sind sehr selten; ein Gewerbegericht scheint mir eine wünschens=
werthe Einrichtung zu sein.

10. Der Ladenburger Vorschußverein leiht nur an Mitglieder Geld aus; die
Handwerksleute sind aber meist Mitglieder.

11. Das Arbeitsmaterial wird je nach Bedarf von den Eisenhandlungen in Laden=
burg und hier bezogen, in der Regel auf Kredit für unbestimmte Zeit. Die Preise
desselben sind in den letzten Jahren nicht gestiegen. Eine Vereinigung zu gemeinsamem
Bezug von Arbeitsmaterial erscheint zwecklos, weil der Zwischenhandel die Waare nur
unerheblich vertheuert.

12. Ich glaube, daß die Ladenburger Schmiede heuzutage nicht mehr so viel Gelegen=
heit zum Verdienst haben, wie in früheren Jahren. Die vor 2 Jahren erfolgte Nieder=
lassung eines 4. Meisters hat sich in dem kleinen Orte doch recht fühlbar gemacht. Auch
hat die Großindustrie uns großen Schaden gebracht, indem sie die Fabrikation von
Ackergeräthen, wie Schaufel, Karst, Mistgabel und dergl. an sich gerissen hat, wodurch
dem Kleingewerbsmeister unmöglich gemacht ist, solche Gegenstände noch mit Aussicht auf
lohnenden Absatz herzustellen.

13. Die Preise sind seit mehreren Jahren so ziemlich die gleichen und können im
Allgemeinen als entsprechend bezeichnet werden; in den 70er Jahren sind sie allerdings höher
gestanden und zwar um 14 %. Die zunehmende Konkurrenz hat sie allmählich heruntergedrückt.

14. Wie ich, machen's die Andern auch (siehe a. 11 i.).

15. Für uns auf dem Lande ist der Aufwand für den Lebensunterhalt seit vielen
Jahren der gleiche.

16. Es existiren bei uns keine Vereinigungen.

17. Ich weiß nichts weiter anzuführen.

18. Diese Staatsanstalten werden von uns nicht benützt und bieten uns auch keinen
besonderen Vortheil.

c. Vorschläge zur Verbesserung des Kleingewerbes.

1. Um die leistungsfähigen Leute vom Gewerbe auszuschließen und letzteres dadurch
einerseits in seinem Ansehen zu heben und andererseits durch die Ausschließung der
Konkurrenz der Pfuscher wieder lohnender zu machen, sollte von jedem Gesellen der

Nachweis über gut bestandene Lehrlingszeit (Gesellenstück) verlangt, und derjenige, welcher sich als Gewerbsmeister niederlassen will, zur vorherigen Ablegung einer Meisterprüfung angehalten werden. Mit der Abnahme dieser Prüfungen wäre eine vom Staat oder der Gemeinde einzusetzende Kommission zu betrauen. Es sollte also für das gesammte Schmied= gewerbe die gleiche Vorschrift bestehen, wie sie neuerdings für das Hufbeschlagsgewerbe — allerdings mit Beschränkung auf die Meister — erlassen wurde.

Zu 2 und 3 weiß ich Nichts vorzuschlagen.

Schmied J. S. in Ladenburg.   **Anlage.**

Vorbemerkung.

Erwerbsteuerkapital .	. 6600 M. — Pf.	
Betriebskapital .	1600 „ — „	
Anlagekapital	— „ — „	

Familienzahl: 11 Personen.

Anzahl der Lehrlinge und Gesellen: 1.

Geschäftsergebnisse im Jahr 1884.

I. Ausgaben.

	A Haupt=	B Neben=
	Gewerbe.	
	M.	M.
1. Aufwand für Unterbringung von Werkstätte, Laden, Waarenlager:		
a. wenn im eigenen Hause:		
Werthanschlag für Benützung dieser Räume einschließlich des Unterhaltungsaufwands	100	—
b. wenn in Miethe:		
Miethzins für diese Räume, d. h. derjenige Theil des Mieth= zinses, welcher nach Abzug des für die Wohnung anzu= setzenden Miethzinsantheils sich ergibt	—	
2 a. Unterhaltung und Ergänzung von Handwerkszeug und Maschinen (einschließlich Motoren)	50	—
b. Abschreibung (Abnutzung) am Werthe von Handwerkszeug und Maschinen	—	
3. Heizung und Beleuchtung der Geschäftsräume nebst Heizung von Motoren, Brennöfen ꝛc.	200	—
4. Persönlicher Arbeitsaufwand:		
a. Werthanschlag der Arbeit des Meisters (4 Mark für 300 Tage)	1200	
b. für Hilfsarbeiter:		
aa. Löhne an Lehrlinge und Gesellen	450	—
bb. Aufwand für etwaige Verköstigung derselben durch den Meister	200	—
5. Aufwand für Beschaffung der Arbeitsstoffe .	500	—
6. Aufwand für zum Handel angekaufte Waaren	—	—
7. Verlust an Ausständen	100	—
8. Zinsen des Anlage= und Betriebskapitals . .	—	—
Summa .	2800	—

	A Haupt- Gewerbe.		B Neben-	

C. Sonstige Ausgaben.

	M.	Pf.	M.	Pf.
Uebertrag .	2800	—	—	—
1. Ausgaben für den Haushalt der Familie (11 Familienglieder und 1 Dienstbote) und zwar:				
a. Kost . .	1100	—	—	—
b. Bekleidung .	300	—	—	—
c. Unterricht	10	—	—	—
d. Heizung und Beleuchtung für Küche und Zimmer 2c.	60	—	—	—
e. Arzt und Apotheke	30	—	—	—
f. Werth etwaiger selbstgezogener, in die Haushaltung verwendeter Nahrungsmittel .	550	—	—	—
2. Für die Wohnung:				
a. wenn im eigenen Hause, das allein bewohnt wird: Miethwerthanschlag für die zum Gewerbebetrieb nicht benützten Haustheile . . .	250	—	—	—
b. wenn im eigenen Hause, das zum Theil vermiethet ist: Miethwerthanschlag für die weder zum Gewerbebetrieb A. 1, noch auch an Dritte vermietheten Räume	—	—	—	—
c. wenn in der Miethe wohnend: Betrag des Miethzinses nach Abzug des schon unter A. 1 verrechneten Betrages .	—	—	—	—
3 a. Verzinsung des Hauswerths und zwar zu 4%, wobei jedoch die unter A 1a und C 2a und b schon verrechneten Beträge in Abrechnung zu bringen sind	—	—	—	—
b. Unterhaltungsaufwand für das Gebäude . .	50	—	—	—
c. Abschreibung am Hauswerth (in Folge von Abnützung)	—	—	—	—
4. Feuerversicherung für:				
Gebäude . .	6	66	—	—
Fahrnisse . . .	37	—	—	—
5. Lebensversicherung	—	—	—	—
6. Staatssteuer . .	17	16	28	50
7. Gemeinde-Umlagen . .	30	36	50	41
Summa .	5241	18	78	91

VI. Schneider.

Einvernommen wurde: Schneider K. F. in Ladenburg.

a. Eigene Verhältnisse des Befragten.

1. 63 Jahre alt, verheirathet, Vater von 2 Söhnen im Alter von 21 und 30 Jahren, wovon der jüngere im Geschäfte mitarbeitet, und 3 Töchtern im Alter von 16 bis 28 Jahren. Der ältere Sohn ist auswärts; die anderen Kinder sind zu Hause.

2. Das Gewerbe habe ich von 1837/41 in Ladenburg erlernt. Ich wurde erst nach 4 Jahren losgesprochen, weil ich kein Lehrgeld zahlen konnte. Die normale Lehrzeit betrug damals 3 Jahre. Gesellenzeit 11 Jahre. Arbeitsorte: Ladenburg, Heidelberg, Locle, Dijon, Paris, Straßburg. Außer der Volksschule habe ich keinen Unterricht genossen.

3. Fällt aus.

4. Schneidergeschäft ohne Landwirthschaft oder sonstiges Nebengewerbe.

5. Das Geschäft habe ich im Jahre 1852 gegründet; eine Verlegung desselben fand nicht statt.

6. In Miethe. Miethwerth der Werkstätte 50 Mark.

7. Es ist eine Nähmaschine im Gebrauch.

8. Fällt aus.

9. Ich habe weder Lehrlinge, noch Gesellen.

10. Die Arbeitszeit für mich und meinen Sohn ist nicht bestimmt; wir richten uns in dieser Beziehung ganz nach der vorhandenen Arbeit.

11. Gewerbebetrieb.

a. Ich befasse mich nur mit der Herstellung von Mannskleidern.

b. Ausbesserungsarbeiten (Flicken und Wenden) sind ziemlich häufig. Den Hauptverdienst bringt aber doch die Fertigung neuer Kleider.

c. Das Tuch wird immer vom Besteller geliefert.

d. Fällt aus.

e. Nur auf Bestellung und

f. nur für den Ort und nächsten Umkreis.

g. Fällt aus.

h. Fällt aus.

i. Bedingungen werden den Kunden nicht gestellt. Sofern nicht früher bezahlt wird, schicke ich in der Regel vierteljährlich Rechnung.

k. Im Allgemeinen bin ich mit dem Eingang der Ausstände zufrieden. Die Verluste sind unbedeutend.

l. Die Aufträge dürften schon zahlreicher sein, obwohl ich über eigentlichen Mangel an Arbeit nicht klagen kann. In den 50er und 60er Jahren ging das Geschäft besser und habe ich damals ständig einen oder zwei Gesellen gehabt. Seitdem sind 4 fremde Schneidermeister zugezogen, die natürlich Konkurrenz machen, so daß sich die Abnahme der Aufträge unschwer erklären läßt.

m. Jeweils im Januar und Februar und sodann wieder im Juli und August ist für uns Schneider eine stille Zeit; in dieser Zeit verlegen wir uns hauptsächlich auf die Herrichtung der eigenen Garderobe.

12. Kredit wurde nicht in Anspruch genommen.

13. Ich führe nur ein Kundenbuch, in welchem die Ausstände notirt werden.

14. Fällt aus.

15. Siehe Anlage.

16. Ich bin mit dem Geschäftsabschluß zufrieden; die Einnahmen sind zwar nicht groß, sie reichen aber bei der nöthigen Sparsamkeit zum Leben; ich hatte doch nicht nöthig, Schulden zu machen. Ich habe überhaupt von jeher so mein knappes Auskommen auf dem Geschäfte gefunden und bin nicht blos schuldenfrei geblieben, sondern habe mir auch noch ein paar hundert Mark bei der Sparkasse angelegt.

b. Allgemeine Geschäftslage.

1. Die 13 Schneider, welche z. Zt. in Ladenburg sind, machen alle Mannskleider und sind zugleich Flickschneider.

2. Halbfabrikate werden nicht bezogen.

3. Die meisten Ladenburger Schneider arbeiten nur für den Ort, einige haben ständige Kundschaft in den umliegenden Landgemeinden und zum Theil auch in der hiesigen Stadt. Soviel ich weiß, arbeitet nur Einer für ein Konfektionsgeschäft.

4. Ladengeschäft besitzt keiner.

5. Die Ladenburger Schneidermeister sind Alle gelernte Schneider, doch haben wir auch 2 Konfektionsgeschäfte, welche in den Händen von Kaufleuten sind und wo man fertige Kleider beziehen kann; ob diese Geschäfte auch nach Maaß liefern, ist mir nicht bekannt.

6. Etwa die Hälfte der Ladenburger Schneider betreibt nebenher Landwirthschaft; ich glaube für meine Person, daß dies nur möglich ist, wenn das Schneidergeschäft mit tüchtigen Gesellen betrieben wird. Wo der Meister selbst im Geschäfte mitarbeiten muß, verträgt sich Beides nicht gut zusammen, weil die harte Feldarbeit die Hand zum Schneidern verdirbt.

7. Mit Ausnahme einiger weniger Geschäfte ist die Nähmaschine überall eingeführt.

8. Lehrlingswesen.

a. Die Unterweisung der Lehrlinge geschieht durch den Meister oder auch durch die Gesellen; die Lehrlinge müssen die Gewerbeschule besuchen.

b. Auch in 3 Jahren kann der Lehrling nicht ganz auslernen; ich hielte es für wünschenswerth, daß er dann noch eine Zeit lang eine Schulwerkstätte besucht.

c. Der Unterricht, wie er z. Zt. an der Gewerbeschule gegeben wird, ist meines Erachtens ausreichend.

d. Schriftlicher Vertrag ist die Regel.

e. Das Fortlaufen kommt ab und zu vor; geschehen ist dagegen noch nichts.

f. Preisverleihungen existiren bei uns nicht.

g. Ist mir nicht bekannt.

9. Gesellenwesen.

a. Ich selbst halte schon seit Jahren keinen Gesellen mehr und kann deßhalb aus eigener Erfahrung nicht sprechen. Soweit ich von Hörensagen weiß, gibt es auch heutzutage noch tüchtige Gesellen und geringe, wie von jeher.

b. Auch hier kann ich keine Angaben machen. Wir haben in Ladenburg übrigens nur 4 Schneidergesellen.

c. Die Löhne werden wohl seit 5 Jahren ziemlich gleich geblieben sein.

d. Die Gesellen werden bei uns auf dem Lande in der Regel mit Kost und Logis im Hause engagirt und erhalten ihren Lohn wöchentlich ausbezahlt. Von Zurück= behaltungen ist mir Nichts bekannt.

e. Ist Nichts geschehen.

f. In Ladenburg sind keine Gesellen, die auf eigener Bude arbeiten.

g. Streitigkeiten kommen wenig vor und werden eventl. vor dem Bürgermeister ausgetragen. Ein Gewerbegericht halte ich nicht für nöthig.

10. Wir haben in Ladenburg einen Vorschußverein, dem Jeder beitreten kann; ich halte dafür, daß derselbe den örtlichen Bedürfnissen genügt.

11. Fällt aus.

12. Wie ich aus eigener Erfahrung bereits konstatirt habe und auch aus den Mit= theilungen Anderer weiß, war die Arbeitsgelegenheit für uns Schneider in Ladenburg vor 20—30 Jahren entschieden besser wie jetzt. Ich habe vorhin schon erwähnt, daß sich seitdem die Zahl der Meister vermehrt hat und daß auch 2 Kleiderhandlungen errichtet wurden, so daß sich die Abnahme der Aufträge für den einzelnen Meister von selbst erklärt.

13. Die Arbeitspreise sind seit Jahren ziemlich die gleichen und können im All= gemeinen nicht als zu nieder bezeichnet werden.

14. Eine Uebung oder Einrichtung in dieser Hinsicht ist mir nicht bekannt. Die meisten Gewerbsgenossen werden es halten wie ich (a. 11. i.).

15. Das Leben ist seit Ende der 60er Jahre theurer geworden, weil die Lebens= mittel im Preise gestiegen sind. Allerdings wird man auch sagen müssen, daß heutzutage mehr Ansprüche gemacht werden, wie früher.

16. Irgend welche Vereinigungen existiren bei uns nicht und wurden auch noch nicht in Anregung gebracht.

17. Weiter weiß ich Nichts anzuführen.

18. Hat hier keinen Bezug.

c. Vorschläge zur Verbesserung des Kleingewerbes.

1. Nach meiner Ansicht sollte auch der Handel mit Kleidern nur Dem erlaubt sein, der im Stande ist, die Kleider selbst fertig zu stellen, d. h. dem gelernten Schneidermeister.

Es würde dann nicht jedem Besitzer eines größern Kapitals möglich sein, durch die Gründung eines sogenannten Konfektionsgeschäftes dem kleinen Meister die Kundschaft zu entziehen und den Verdienst zu schmälern.

Sonst weiß ich Nichts vorzuschlagen.

———————

Anlage.

Schneider K. F. in Ladenburg.

Vorbemerkung.

Erwerbsteuerkapital .	3000 M.	—	Pf.
Betriebskapital	—	„	— „
Anlagekapital	—	„	— „

Familienzahl: 6 Personen.

Anzahl der Lehrlinge und Gesellen: —

7

Geschäftsergebnisse im Jahr 1884.

A. Gewerbe.

I. Ausgaben.

1. Aufwand für Unterbringung von Werkstätte, Laden, Waarenlager:

    a. wenn im eigenen Hause:

        Werthanschlag für Benützung dieser Räume einschließlich des Unterhaltungsaufwands . . . .   — M. — Pf.

    b. wenn in Miethe:

        Miethzins für diese Räume, b. h. derjenige Theil des Miethzinses, welcher nach Abzug des für die Wohnung anzusetzenden Miethzinsantheils sich ergibt . . . . . .   50 „ — „

2 a. Unterhaltung und Ergänzung von Handwerkszeug und Maschinen (einschließlich von Motoren) . . . .   5 „ — „

    b. Abschreibung (Abnutzung) am Werthe von Handwerkszeug und Maschinen . . . .   5 „ — „

3. Heizung und Beleuchtung der Geschäftsräume nebst Heizung von Motoren, Brennöfen ꝛc. . . . .   20 „ — „

4. Persönlicher Arbeitsaufwand:

    a. Werthanschlag der Arbeit des Meisters (5 Mark für 300 Tage)   1500 „ — „

    b. für Hilfsarbeiter:

        aa. Löhne an Lehrlinge und Gesellen . . . .   — „ — „

        bb. Aufwand für etwaige Verköstigung derselben durch den Meister . . . .   — „ — „

5. Aufwand für Beschaffung der Arbeitsstoffe . .   — „ — „

6. Aufwand für zum Handel angekaufte Waaren . .   — „ — „

7. Verlust an Ausständen . . . .   — „ — „

8. Zinsen des Anlage- und Betriebskapitals . . . .   — „ — „

                              Summa . 1580 M. — Pf.

B. Sonstige Ausgaben.

1. Ausgaben für den Haushalt der Familie (6 Familienmitglieder und keine Dienstboten) und zwar:

    a. Kost . . . .   800 M. — Pf.

    b. Bekleidung . . . .   150 „ — „

    c. Unterricht . . . .   — „ — „

    d. Heizung und Beleuchtung für Küche und Zimmer ꝛc.   25 „ — „

    e. Arzt und Apotheke . . . .   — „ — „

    f. Werth etwaiger selbstgezogener, in die Haushaltung verwendeter Nahrungsmittel . . . .   — „ — „

2. Für die Wohnung:

    a. wenn im eigenen Hause, das allein bewohnt wird:

        Miethwerthanschlag für die zum Gewerbebetrieb nicht benützten Haustheile . . . .   — „ — „

                           Uebertrag . 2555 M. — Pf.

	Uebertrag .	2555	M.	—	Pf.

b. wenn im eigenen Hause, das zum Theil vermiethet ist:
Miethwerthanschlag für die weder zum Gewerbebetrieb (A. 1)
noch auch an Dritte vermietheten Räume .   . . . — „ — „

c. wenn in der Miethe wohnend:
Betrag des Miethzinses nach Abzug des schon unter A. 1
verrechneten Betrags . . . . 90 „ — „

3 a. Verzinsung des Hauptwerths und zwar zu 4%, wobei jedoch die
unter A. 1 a. und C. 2 a. und b. schon verrechneten Beträge
in Abrechnung zu bringen sind . . . . — „ — „

b. Unterhaltungsaufwand für das Gebäude . . . . . — „ — „

c. Abschreibung am Hauswerth (in Folge von Abnützung) . — „ — „

4. Feuerversicherung für:
Gebäude .   . . . — „ — „

Fahrnisse . . . 2 „ — „

5. Lebensversicherung — „ — „

6. Staatssteuer . . 7 „ 80 „

7. Gemeindeumlagen   .   . 13 „ 80 „

Summa . 2668 M. 60 Pf.

II. Einnahmen.

A. Gewerbe.

Bruttoeinnahme:
aus dem Gewerbebetriebe .   1200 M. — Pf.

B. Sonstige Einnahmen.

1. aus Miethe . . . . — M. — Pf.

2. aus ausstehenden Kapitalien, verzinslichen Staatspapieren . — „ — „

3. aus Bürgergenuß . . . . 52 „ — „

4. sonst   .   . — „ — „

Summa . 1252 M. — Pf.

Ausgaben .   . 2669 M. — Pf.

Einnahmen . . . . 1252 „ — „

Somit Mehrausgabe . 1417 M. — Pf.

NB. Die Angaben sind wegen Mangels an Aufzeichnungen nur überschlagsweise gemacht.

VII. Schuhmacher.

Einvernommen wurde: Schuhmacher J. K. in Ladenburg.

a. Eigene Verhältnisse des Befragten.

1. 38 Jahre alt, verheirathet, Vater eines Knaben von 6 und eines Mädchens
von 9 Jahren.

2. Das Gewerbe wurde vom Jahre 1861 bis zum Jahre 1863 in Mannheim erlernt. Gesellenzeit 11 Jahre. Arbeitsorte: Ingolstadt, Augsburg, Ried, Winterthur, Steckborn, Yverdon. Eine gewerbliche Schule habe ich nicht besucht, sondern nur die Volksschule.

3. Fällt aus.

4. Schuhmacherei mit kleiner Landwirthschaft.

5. Seit 1874; ständig in Ladenburg.

6. Eigenes Haus. Die gewöhnlichen Wohnräume werden auch als Werkstätte benützt.

7. Ich habe eine Nähmaschine, welche ich aber nur zeitweise benützen kann, weil ich nur das Oberleder für grobe Frauenschuhe darauf nähe.

8. Kein Motor.

9 a. Ein Lehrling. In schriftlichem Vertrag mit der Gemeinde ist 2½jährige Lehrzeit bedungen. Ich habe den Lehrling nicht in Kost und Logis und beziehe auch kein Lehrgeld.

b. Keine Gesellen.

10. Arbeitsdauer gewöhnlich von 6 Uhr Morgens bis 7 Uhr Abends mit Pause für's Mittagessen. Doch treten hierin, je nachdem Bestellungen vorliegen, Aenderungen ein.

11. Gewerbebetrieb.

a. Ich arbeite Alles, was im Gewerbe vorkommt.

b. Es werden mehr Flickarbeiten gemacht, als neue Gegenstände hergestellt.

c. Bei Bestellung von Frauenschuhen und Pantoffeln werden die Arbeitsstoffe (Plüsch und Tuch) in der Regel, bei den übrigen Bestellungen das Leder zuweilen vom Besteller geliefert. Bei der Mehrzahl der Arbeiten liefere ich aber selbst den Stoff. Bei den feineren Arbeiten kann ich das Nähen auf der Maschine nicht selbst besorgen und beziehe deßhalb von der Lederhandlung fertige Schäfte, die in allen Nummern zu haben sind.

d. Das Sohlleder habe ich bis vor Kurzem in einzelnen Häuten bezogen, jetzt nehme ich jeweils ganze Bürden von den Lederhandlungen in Ladenburg und Mannheim. Eine merkliche Ersparniß kommt dabei übrigens nicht heraus. Das Oberleder, an welchem ich weniger Bedarf habe, beziehe ich in einzelnen Häuten von der gleichen Quelle. Beides wird auf Kredit entnommen, ohne daß eine bestimmte Frist zur Zahlung festgesetzt wäre.

e. Nur auf Bestellung und

f. nur für Ladenburg und nähere Umgebung und nicht an Wiederverkäufer.

g. }
h. } Fällt aus.

i. Meiner Kundschaft stelle ich keine Zahlungsbedingungen, schicke auch selten Rechnung.

k. Meine Kunden, die aus Arbeitern und Bauersleuten bestehen, pflegen Ab=schlagszahlungen zu machen. Nach Käserthal, wo ich viele Kunden habe, gehe ich jeden Sonntag, um Arbeit abzuliefern und gleichzeitig solche Abschlagszahlungen zu erheben. Meistens bekomme ich dann von dem einzelnen Schuldner 1 Mark, oft auch nur 50 Pfennig und manchmal gar nichts. In Ladenburg erhalte ich ebenfalls Abschlags=

zahlungen, ich überlasse es dort aber den Leuten, mich aufzusuchen. Im Allgemeinen gehen die Ausstände auf diese Art sehr langsam ein; eine bestimmte Regel läßt sich hierüber nicht aufstellen, weil dies fast bei jedem Kunden wieder verschieden ist.

Gerichtlich habe ich noch nicht betrieben, doch mußte ich da und dort schon Verluste erleiden und taxire dieselben im Durchschnitt auf 20 Mark pro Jahr.

l. An Aufträgen fehlt es mir nicht. Früher hatte ich nicht mehr, sondern weniger zu thun, weil ich mich auf Ladenburg beschränkte.

m. Im Hochsommer und in den ersten Monaten des Jahres geht das Geschäft jeweils stiller wie sonst.

12. Kredit habe ich nicht in Anspruch genommen.

13. Alle Arbeiten, die nicht sofort bezahlt werden, werden aufgeschrieben und wird bei den betreffenden Einträgen jeweils die Abschlagszahlung vermerkt. Sonst führe ich keinerlei Bücher.

14. Ich besitze 35 Ar Ackerfeld zu eigen, welches ich zur Hälfte mit Gerste und zur Hälfte mit Kartoffeln angepflanzt habe. Das Erträgniß (im Durchschnitt 6 Zentner Gerste im Werth von 48 Mark und 15 Ztr. Kartoffeln im Werth von 25 Mark) brauche ich zum größten Theile in die Haushaltung; von der Gerste kann ich noch 2—3 Zentner verkaufen.

Außer einem Schwein habe ich keinen Viehstand. Pachtgüter und Allmendfeld habe ich nicht. Besondere Hülfskräfte für die Landwirthschaft brauche ich nicht; meine Frau besorgt die Hauptsache, und die nöthigen Fuhren lasse ich durch Bauern besorgen, wofür ich etwa 30 Mark im Jahr zu zahlen habe.

15. Siehe Anlage.

16. Ich habe ein bescheidenes Geschäft, welches mir aber mein Auskommen sichert, so daß ich keinen Grund zur Unzufriedenheit habe. Vor 8 Jahren schien es, als ob es mit meinen finanziellen Verhältnissen rückwärts ginge; ich habe dann aber ständige Kundschaft in Käserthal aufgesucht und auch gefunden und seitdem erziele ich gleichmäßig zufriedenstellende Resultate. Dabei muß ich freilich noch bemerken, daß ich sehr sparsam lebe und unter der Woche kein Wirthshaus besuche.

b. Allgemeine Geschäftslage.

1. Es gibt in Ladenburg gegenwärtig etwa 30 Schuhmacher, wovon vier für die dortige Schuhfabrik arbeiten, während die Andern das Gewerbe ohne irgend welche Spezialität betreiben.

2. Bei Herstellung feinerer Waare werden die Schäfte als Halbfabrikat bezogen.

3. Die meisten meiner Gewerbsgenossen arbeiten für Ladenburg und die nächste Umgebung, Einer auch für die Stadt Mannheim.

4. Vier der Ladenburger Schuhmacher haben ein Ladengeschäft, in welchem sie auch Fabrikwaare feil halten.

5. In Ladenburg besteht seit einigen Jahren eine Schuhfabrik, deren Besitzer keine gelernten Schuhmacher sind. Dieselbe arbeitet mit Maschinen, nimmt aber auch Bestellungen auf Maaß an, die sie durch Gesellen ausführen läßt.

6. Die meisten Ladenburger Schuhmacher haben nebenbei auch eine kleine Landwirthschaft; es läßt sich dies gut mit dem Betrieb des Gewerbes vereinigen,

weil die Feldarbeit wenig Zeit erfordert und größtentheils durch die Frauen besorgt werden kann.

7. Es sind nur Nähmaschinen zum Schäftenähen eingeführt, aber keineswegs in allen Werkstätten; sie sind auch für den Schuhmacher auf dem Lande entbehrlich, weil er doch meist Flickarbeit hat, und bei Neuherstellungen die Schäfte fertig beziehen kann.

8. Lehrlingswesen.

a. Es sind nur wenige Lehrlinge in Ladenburg. Diejenigen, deren Eltern aus= wärts wohnen, sind in der Familie der Meister aufgenommen. Die meisten Schuh= macher in Ladenburg haben keine Gesellen, so daß ihnen die Aufgabe der Ausbildung des Lehrlings selbst zufällt.

b. Wenn die Lehrzeit nicht zu kurz ist, so reicht der Werkstättebetrieb zur Aus= bildung des Lehrlings hin.

c. Die Schuhmacherlehrlinge gehen einmal wöchentlich in die Gewerbeschule. Meines Erachtens sollten sie auch den sonntäglichen Zeichenunterricht besuchen.

d. Schriftlicher Vertrag ist die Regel. Die Lehrzeit währt 2½ oder 3 Jahre.

e. Ueber Fortlaufen der Lehrlinge wird bei uns nicht geklagt.

f. Preisverleihungen finden nicht statt.

g. Ist mir nicht bekannt.

9. Gesellenwesen.

a. Ueber Mangel an tüchtigen Gesellen habe ich schon klagen hören. Ich glaube, daß dieser Mangel vielfach auf den Umstand zurückzuführen ist, daß die jungen Leute gerade zu der Zeit, wo sie am bildungsfähigsten sind, durch den Militärdienst aus dem Handwerk herausgerissen werden.

b. Kündigung ist bei uns auf beiden Seiten gewissermaßen stillschweigend abgeschafft.

c. Kann ich nicht beantworten, weil ich nie einen Gesellen hatte.

d. Hier kann ich nur anführen, daß in Ladenburg die Gesellen nicht auf Stück= arbeit, sondern nach der Zeit gelohnt werden.

e. Ist nichts geschehen.

f. Siehe e.

g. Ein Gewerbegericht halte ich für unnöthig; bei uns kommen Streitigkeiten kaum vor.

10. Berechtigte Klagen in dieser Hinsicht sind mir nicht zur Kenntniß gekommen.

11. Die kleinen Meister — und das ist weitaus die Mehrzahl — kauft die Arbeits= stoffe in kleinen Quantitäten je nach dem augenblicklichen Bedarf in den Lederhandlungen in Ladenburg, auf Kredit oder auf Baarzahlung, je nachdem die Verhältnisse sind. Eine wesentliche Aenderung der Lederpreise wüßte ich nicht zu konstatiren.

12. Im Großen und Ganzen ist das Schuhmachergewerbe in Ladenburg seit Anfang des vorigen Jahrzehuts zurückgegangen. Die Freizügigkeit und die Gewerbefrei= heit hat uns etwa 10 fremde Meister gebracht, und die Zahl der Gewerbegenossen im Ganzen nahezu verdreifacht. Die Großindustrie hat ebenfalls das Ihrige gethan, dem Kleinmeister seinen Verdienst zu schmälern, indem sie eine Masse von Schuhwaaren auf den Markt bringt, die ihrer Billigkeit wegen besonders auf dem Lande vielfach Absatz findet.

13. Die Preise sind seit einigen Jahren zurückgegangen, weil der Handwerksmeister sie möglichst nieder halten muß, wenn er· gegenüber der Großindustrie überhaupt noch

aufkommen will. Früher konnte man für ein Paar Rohrstiefel 14 Mark rechnen, jetzt nur noch 12 Mark, während die Großindustrie ihr Fabrikat schon um 9 Mark abgibt.

14. Die übrigen Schuhmacher in Ladenburg machen es in dieser Hinsicht wie ich.

15. Seit ich einen eigenen Haushalt habe, brauche ich immer so ziemlich das Gleiche. Ich kann auch sagen, daß meine Gewerbsgenossen in Ladenburg im Allgemeinen heutzutage noch gerade so einfach leben, wie früher.

16. Eine gewerbliche Vereinigung existirt bei uns nicht und wurde auch noch nicht in Anregung gebracht.

17. Ich weiß weiter nichts anzuführen.

18. Hat hier keinen Bezug.

c. Vorschläge zur Verbesserung des Kleingewerbes.

1. Die Gewerbefreiheit sollte eingeschränkt werden. Es sollte Keiner selbständig das Gewerbe treiben dürfen, der nicht mindestens 25 Jahre alt ist, 2 bis 3 Jahre als Geselle in der Fremde war und durch Fertigung eines Meisterstückes seine Befähigung für's Handwerk nachgewiesen hat. Mit der Abnahme des Meisterstückes wären zwei anerkannt tüchtige Meister von der Staatsbehörde zu beauftragen. Diese Vorschrift sollte auch für die fabrikmäßige Herstellung von Schuhwaaren in Anwendung kommen, denn, wer sich mit der Anfertigung solcher befaßt, treibt das Schuhmachergewerbe, ob er seinem Geschäft einen kleinen oder einen großen Umfang gibt.

Zu 2 und 3 weiß ich nichts anzugeben.

Schuhmacher J. K. in Ladenburg.

Anlage.

Vorbemerkung.

Erwerbsteuerkapital . . .	2000 M. — Pf.
Betriebskapital	— „ — „
Anlagekapital	— „ — „

Familienzahl: 4 Personen.
Anzahl der Lehrlinge und Gesellen: 1.

Geschäftsergebnisse im Jahre 1884.

I. Ausgaben.

A. Gewerbe.

1. Aufwand für Unterbringung von Werkstätte, Laden, Waarenlager:

a. wenn im eigenen Hause:
Werthanschlag für Benützung dieser Räume einschließlich des Unterhaltungsaufwands . . . . — M. — Pf.

b. wenn in Miethe:
Miethzins für diese Räume, d. h. derjenige Theil des Miethzinses, welcher nach Abzug des für die Wohnung anzusetzenden Miethzinsantheils sich ergibt . . . . . — „ — „

Uebertrag . — M. — Pf.

	Uebertrag .	—	M. —	Pf.
2 a. Unterhaltung und Ergänzung von Handwerkszeug und Maschinen (einschließlich von Motoren)		10	„ —	„
b. Abschreibung (Abnutzung) am Werthe von Handwerkszeug und Maschinen		5	„ —	„
3. Heizung und Beleuchtung der Geschäftsräume nebst Heizung von Motoren, Brennöfen ꝛc. . .		10	„ —	„
4. Persönlicher Arbeitsaufwand :				
a. Werthanschlag der Arbeit des Meisters (3 Mark für 300 Tage)		900	„ —	„
b. für Hilfsarbeiter :				
aa. Löhne an Lehrlinge und Gesellen		30	„ —	„
bb. Aufwand für etwaige Verköstigung derselben durch den Meister		—	„ —	„
5. Aufwand für Beschaffung der Arbeitsstoffe .		650	„ —	„
6. Aufwand für zum Handel angekaufte Waaren .		—	„ —	„
7. Verlust an Ausständen		20	„ —	„
8. Zinsen des Anlage= und Betriebskapitals .	.	—	„ —	„
	Summa .	1635	M. —	Pf.

B. Sonstige Ausgaben.

1. Ausgaben für den Haushalt der Familie, 4 Familienmitglieder und keine Dienstboten und zwar :				
a. Kost		520	M. —	Pf.
b. Bekleidung .		100	„ —	„
c. Unterricht		8	„ —	„
d. Heizung und Beleuchtung für Küche und Zimmer ꝛc.		12	„ —	„
e. Arzt und Apotheke		—	„ —	„
f Werth etwaiger selbstgezogener, in die Haushaltung ver= wendeter Nahrungsmittel		56	„ —	„
2. Für die Wohnung :				
a. wenn im eigenen Hause, das allein bewohnt wird : Miethwerthanschlag für die zum Gewerbebetrieb nicht benützten Haustheile		—	„ —	„
b. wenn im eigenen Hause, das zum Theil vermiethet ist : Miethwerthanschlag für die weder zum Gewerbebetrieb (A. 1) noch auch an Dritte vermietheten Räume		70	„ —	„
c. wenn in der Miethe wohnend : Betrag des Miethzinses nach Abzug des schon unter A. 1 verrechneten Betrages		—	„ —	„
3 a. Verzinsung des Hauswerths und zwar zu 4 %, wobei jedoch die unter A. 1 a. und C. 2 a. und b. schon verrechneten Beträge in Abrechnung zu bringen sind		34	„ —	„
	Uebertrag .	2435	M. —	Pf.

	Uebertrag	2435 M.	— Pf.
b. Unterhaltungsaufwand für das Gebäude		— „	— „
c. Abschreibung am Hauswerth (in Folge von Abnützung) .		20 „	— „
4. Feuerversicherung für:			
Gebäude		4 „	— „
Fahrnisse .		3 „	— „
5. Lebensversicherung		— „	— „
6. Staatssteuer .		12 „	— „
7. Gemeindeumlagen		22 „	— „
	Summa	2496 M.	— Pf.

II. Einnahmen.

A. Hauptgewerbe.

Bruttoeinnahme:

a. aus dem Gewerbebetriebe	1600 „	— „
b. aus dem Ladengeschäfte .	— „	— „

B. Nebengewerbe.

Bruttoeinnahme:

a. aus dem Gewerbebetriebe	73 „	— „
b. aus dem Ladengeschäfte	— „	— „

C. Sonstige Einnahmen.

1. aus Miethe	56 „	— „
2. aus ausstehenden Kapitalien, verzinslichen Staatspapieren .	42 „	— „
3. aus Bürgergenuß . .	— „	— „
4. sonst . .	— „	— „
Summa	1771 M.	— Pf.
Ausgaben .	2496 M.	— Pf.
Einnahmen . .	1771 „	— „
Somit Mehrausgaben .	1725 M.	— Pf.

NB. Die obigen Angaben beruhen lediglich auf einem Ueberschlage, da genaue Ziffern anzugeben wegen Mangels an Buchführung absolut nicht möglich ist.

Neckarau.

I. Maurer.

Einvernommen wurde: J. N. in Neckarau.

a. Eigene Verhältnisse des Befragten.

1. 59 Jahre alt, verheirathet, Vater eines Sohnes von 24 und zweier Töchter von 27 und 30 Jahren. Der Sohn hat seit Neujahr mein Geschäft übernommen. Die Töchter sind verheirathet.

2. Das Gewerbe habe ich seiner Zeit im väterlichen Geschäfte erlernt; eine bestimmte Lehrzeit kann ich nicht angeben. Ich blieb dann auch beim Vater, bis ich das Geschäft selbständig übernahm. Die Wanderjahre wurden mir von der Zunft erlassen, weil ich die Mannheimer Gewerbeschule 5 oder 6 Jahre lang besucht hatte.

3. Siehe Anlage.

4. Maurergewerbe mit Landwirthschaft, letztere in geringem Umfange.

5. Das Geschäft wurde 1861 vom Vater übernommen und befindet sich ununterbrochen in Neckarau. Seit Neujahr läuft dasselbe auf Rechnung des Sohnes, ich bin aber mit den Verhältnissen so bekannt, daß ich vollständige Auskunft geben kann.

6. Eigenes Haus. Miethwerth für Schuppen und Lagerraum für die Materialien 300 Mark.

7. Vorzugsweise Handbetrieb; zur Aufwindung schwerer Lasten ist eine Hebmaschine im Gebrauch.

8. Kein Motor.

9. Hilfspersonal. a. Kein Lehrling.

b. Ungefähr 40 Gesellen, wovon etwa 10 Kost und Wohnung im Haus haben. Ein Unterschied besteht nicht. Die mit Kost und Logis eingestellten Gesellen erhalten einen Taglohn von 1 Mark 90 Pf. bis 2 Mark 20 Pf., die Uebrigen von 2 Mark 90 Pf. bis 3 Mark 20 Pf. Zahltag ist alle 14 Tage, auf Verlangen wird auch Abschlagszahlung gegeben. Zurückbehaltung ist nicht eingeführt.

10. Beginn der Arbeit: Morgens ½6, Ende Abends 7 Uhr. Regelmäßige Pausen: Vormittags ½9—9 Uhr, Mittags von 12—1 und Nachmittags von 4—½5 Uhr. Mein Sohn arbeitet jeweils mit.

11. Gewerbebetrieb.

a. Das Gewerbe wird in seinem vollen Umfange betrieben, Arbeitstheilung gibt es nicht.

b. Es werden Arbeiten an Neubauten, sowie Ausbesserungsarbeiten an schon stehenden Gebäuden übernommen.

c. Die Steine werden bald von mir, bald von den Bestellern geliefert. Als Halbfabrikate sind die vom Steinhauer fertig gestellten Hausteine und allenfalls auch die Backsteine zu erwähnen.

d. Die Bruchsteine beziehe ich in Schiffsladungen (je 1500—1800 Kubikfuß) aus dem Neckarthal gegen baar; Backsteine und Ziegel auch in größeren Parthieen aus den Brennereien der Umgebung, in der Regel auf mehrmonatlichen Kredit.

e. Es wird nur auf Bestellung gearbeitet.

f. Die Arbeitsleistung erstreckt sich nur auf die Gemarkung Neckarau.

g. und h. Fallen aus.

i. Bei größeren Akkorden wird wegen der Zahlung jeweils besondere Abrede getroffen, und zwar in der Regel dahin, daß während des Bauens Abschlagszahlungen gemacht werden sollen und der Rest nach Vollendung der Arbeiten zur Auszahlung gelangen soll. Kleinere Arbeiten werden in der Regel gleich bezahlt.

k. Der Eingang der Ausstände ist nicht gerade pünktlich zu nennen, die Leute haben eben, wie es auf dem Lande geht, nicht immer baar Geld und muß dann die Ernte abgewartet werden. Zur gerichtlichen Klage kann ich mich auch bei säumigen Kunden nicht leicht entschließen. Der Verlust an Ausständen ist eine Ausnahme zu nennen.

l. An Aufträgen hat es in meinem Geschäft noch nie gefehlt, so daß ich durchschnittlich mit 10 Gesellen arbeiten konnte; in diesem Jahre war eine bedeutende Vermehrung der Arbeiterzahl erforderlich, weil der Neubau der im März abgebrannten Gummifabrik viel Beschäftigung brachte.

m. In den eigentlichen Wintermonaten steht unser Geschäft natürlich fast still, ich habe aber doch immer noch 2 bis 3 Gesellen behalten, weil es besonders in Fabriken mitunter dringende Arbeiten gibt. Zudem konnte ich die Leute zum Dreschen und sonst in der Landwirthschaft verwenden.

12. Kredit zur Beschaffung des Betriebskapitals wurde nicht in Anspruch genommen.

13. Es wird ein besonderes Einnahme- und Ausgabebuch geführt, ferner ein Ausgabebuch für die Gesellen. Auch die Ausgaben für die Haushaltung werden in das Geschäftsausgabebuch eingetragen, natürlich nicht spezifizirt.

14. Mein eigener Grundbesitz besteht in 51 Ar Aeckern und 24 Ar Wiesen; dazu habe ich noch ca. 100 Ar Aecker gepachtet; auch ist mir ein Allmendfeld von 40 Ar zugewiesen. Das hiernach mir zur Verfügung stehende Ackerland habe ich zu einem Drittel mit Frucht (Spelz, Gerste und etwas Hafer), zu einem weiteren Drittel mit Dickrüben und zum letzten Drittel mit Kartoffeln angebaut. Für die Landwirthschaft halte ich einen Knecht und eine Magd. Ersterer wird auch als Fuhrmann für das Geschäft und Letztere im Haus verwendet; Beide haben Kost und Logis im Haus; der Knecht erhält 220 Mark, die Magd 150 Mark jährlichen Lohn. Mein Viehstand besteht aus einem Pferd und einer Kuh. Ersteres dient hauptsächlich als Zugthier für das Geschäft. Die sämmtlichen Erträgnisse meiner Landwirthschaft brauche ich vollständig für meinen eigenen Haushalt. Die Kartoffeln haben in der Regel auch ausgereicht, dagegen mußte ich alljährlich noch Frucht oder Mehl (wir backen das Brod selbst) im Werth von 3—400 Mark und Futter (Heu und Klee) im Betrag von etwa 100 Mark dazu kaufen.

Auch Milch und Butter mußte ich noch kaufen, ebenso Eier, und wird der bezügliche Aufwand sich nahezu auf 200 Mark stellen.

15. Siehe Anlage.

16. Der Geschäftsabschluß war auch im vorigen Jahre, wie in der Regel, ein befriedigender und habe ich keine Ursache, über schlechten Geschäftsgang zu klagen. Ich darf mir aber ein wesentliches Verdienst um diesen guten Stand des Geschäftes zu= schreiben, weil ich mir keine Mühe hab' verdrießen lassen und von Morgens bis Abends thätig war, was man nicht von jedem Geschäftsmann in Neckarau sagen kann. Auch meine Frau hat tüchtig mitgeholfen und meine Töchter waren daran gewöhnt, kräftig mitzuhelfen, so daß ich, so lange meine Töchter zu Hause waren, keinen weiblichen Dienst= boten brauchte.

b. Allgemeine Geschäftslage.

1. Das Gewerbe wird von allen in Neckarau ansässigen Maurern (es sind deren z. Zt. 6) seinem vollen Umfange nach betrieben. Es ist mir bekannt, daß anderwärts Maurer sich nur mit Herstellung von Backöfen oder auch von Fabrikkaminen befassen.

2. Die Steinhauerarbeiten werden in Neckarau von jeher fertig zum Versetzen bezogen. Im Uebrigen können höchstens noch die Backsteine als Halbfabrikat bezeichnet werden.

3. Die Uebernahme auswärtiger Arbeiten durch Neckarauer Maurer kommt wohl nur ganz ausnahmsweise vor.

4. Fällt aus.

5. Soviel mir bekannt, haben die z. Z. in Neckarau ansässigen Maurer alle das Gewerbe gelernt; es ist mir auch von andern Orten nicht bekannt, daß Andere, als ge= lernte Maurer, das Gewerbe betreiben.

6. Ich bin so ziemlich der einzige Maurer in Neckarau, der einen eigentlichen landwirthschaftlichen Betrieb mit dem Gewerbe verbindet. Von den Andern mag wohl Der oder Jener ein kleines Aeckerchen oder ein Paar Geisen haben, weiter aber auch nichts. Es ist schon ein Vortheil, wenn man seinen Bedarf für die Haushaltung zum großen Theil selbst erzielen kann, aber es gibt doch Zeiten, wo das eine Geschäft dem andern sehr hinderlich ist und wenn ich nicht eine so kräftige Unterstützung an meiner Frau und meinen Kindern gehabt hätte, so hätte ich es wohl kaum durchführen können.

7. Mit Ausnahme von Hebevorrichtungen sind keine Hilfsmaschinen im Gebrauch. Das Werkzeug ist das alte.

8. Lehrlingswesen.

a. Eigentliche Lehrlinge gibt's gar nicht mehr. Die jungen Leute verdingen sich gleich gegen Taglohn und wenn sie zur Noth gelernt haben, wie man Speis an= macht und die Steine auf einander setzt, so gehen sie fort und geben sich als Ge= sellen aus.

b. Fällt aus.

c. In der Gewerbschule, wenigstens in der Mannheimer, kann der Maurer für sein Handwerk genug lernen. Zu wünschen wäre nur, daß der Unterricht obligatorisch gemacht würde.

d. bis g. siehe unter a.

9. Gesellenwesen.

a. Tüchtige Gesellen sind selten, weil die jungen Leute eben keine Lehrzeit mehr durchmachen und deßhalb die genügende Handfertigkeit sich nicht zu eigen machen können.

b. Das moralische Verhalten, speziell der jüngeren Gesellen, ist auch zu beanstanden: sie verthun, besonders an Sonntagen, viel in den Wirthshäusern, kommen dann betrunken heim und machen Spektakel im Haus. Von Kündigung ist heutzutage gar keine Rede mehr; wenn es ihnen nicht mehr gefällt, verlangen sie ihren Lohn und gehen fort.

c. Der Lohn ist in den letzten 5 Jahren um 20—30 Pf. gestiegen; er beträgt jetzt im Durchschnitt 3 Mark 20 Pf. ohne Kost und Logis und 2 Mark 20 Pf. mit Kost und Logis.

d. Soviel ich weiß, zahlen auch die andern Meister in Neckarau alle 14 Tage aus; Zurückbehaltung kommt meines Wissens nicht vor.

e. Ist nichts geschehen.

f. Fällt aus.

g. Von Streitigkeiten ist mir nichts bekannt. Ein Gewerbegericht wäre wünschenswerth.

10. In Neckarau besteht ein Kreditverein, der den Bedürfnissen genügt.

11. Bruchsteine, Backsteine und Ziegel werden nach Bedarf, der je nach der Größe der übernommenen Arbeit sehr verschieden ist, bezogen; unter einer Fuhre wird aber der Transportkosten wegen nie genommen. Bei Bruchsteinen war von jeher Baarzahlung eingeführt, bei den übrigen Materialien ist Kredit von unterschiedlicher Dauer üblich. Das gelieferte Material ist nicht immer tadellos; besondere Schutzmaßregeln gegen schädigende Täuschungen sind mir nicht bekannt. Große Preisschwankungen kommen nicht vor, schon seit 5—6 Jahren sind die Preise gleich, früher waren sie höher.

12. Ich glaube, daß sämmtliche Maurer in Neckarau genügende Beschäftigung haben, bezw. auch während der letzten Jahre gehabt haben. Die Gemeinde Neckarau nimmt jedes Jahr um ein paar Hundert Seelen zu und herrscht demgemäß eine fortgesetzte, ziemlich lebhafte Bauthätigkeit. Die Großindustrie, welche mehrere Etablissements in Neckarau errichtet hat, hat zu diesem Wachsthum der Gemeinde wesentlich beigetragen.

13. Feste Preise gibt es bei unserem Gewerbe nur auf dem Papier, nämlich in den Kostenüberschlägen. Daß man aber zu diesen Preisen die Arbeit übertragen bekommt, ist eine seltene Ausnahme. Meistens bieten sich die Meister der Art herunter, daß von einer lohnenden Arbeit kaum mehr die Rede sein kann.

14. Es wird in dieser Hinsicht meist so gehalten, wie ich unter **a** 11 i. angegeben habe.

15. Anfangs der 70er Jahre ist das Leben theurer geworden, weil die Lebensmittel im Preise gestiegen sind. Jetzt ist aber hierin wieder eine Aenderung eingetreten und glaube ich, daß der Lebensunterhalt, wenn man nicht besondere Ansprüche macht, wieder gerade so billig ist, wie vor 1870.

16. Irgend welche Vereinigungen existiren nicht.

17. Ich weiß nichts Weiteres anzuführen.

18. In dieser Hinsicht ist mir nichts bekannt.

c. **Vorschläge zur Verbesserung des Kleingewerbes.**

1. Ich war früher ein eifriger Gegner der Zunftverfassung und habe ihre Schatten=
seiten aus eigener Erfahrung kennen gelernt; sie hatte doch auch ihr Gutes gehabt, in=
sofern als unter ihrer Herrschaft nicht jeder Pfuscher, der oft nicht einmal seinen Namen
schreiben konnte, als Gewerbsmeister sich niederlassen durfte. Wenn ich nun auch der
Wiedereinführung der Zünfte das Wort nicht reden will, so glaube ich doch, daß von
Staatswegen eine Kommission von Sachverständigen eingesetzt werden sollte, vor welcher
ein Jeder, der das Gewerbe selbständig betreiben will, eine Prüfung abzulegen hätte.
Wer diese nicht besteht, müßte vom selbständigen Gewerbebetrieb ausgeschlossen bleiben.

Wenn diese Einrichtung getroffen würde, so würden sich die Mißstände im
Lehrlings= und Gesellenwesen von selbst bessern, weil die jungen Leute im Hinblick auf
die bevorstehende Prüfung sich angelegen sein ließen, etwas Tüchtiges zu lernen und sich
im Geschäfte durchzubilden.

Zu 2 und 3 wüßte ich nichts anzugeben.

Maurer J. N. von Neckarau.

Anlage.

Vorbemerkung.

Erwerbsteuerkapital	5000 M.
Betriebskapital	- „
Anlagekapital	-- „

Familienzahl: 3.

Anzahl der Lehrlinge und Gesellen: ca. 40 im Sommer, 2—3 im Winter.

Geschäftsergebnisse des Jahres 1884.

I. Ausgaben.

	A Haupt=Gewerbe. M.	B Neben=Gewerbe. M.
1. Aufwand für Unterbringung von Werkstätte, Laden, Waarenlager:		
a. wenn im eigenen Hause:		
Werthanschlag für Benützung dieser Räume einschließlich des Unterhaltungsaufwands . . .	40	100
b. wenn in Miethe:		
Miethzins für diese Räume, d. h. derjenige Theil des Mieth= zinses, welcher nach Abzug des für die Wohnung anzu= setzenden Miethzinsantheils sich ergibt		---
2 a. Unterhaltung und Ergänzung von Handwerkszeug und Ma= schinen (einschließlich Motoren)	100	100
b. Abschreibung (Abnutzung) am Werthe von Handwerkszeug und Maschinen	50	50
3. Heizung und Beleuchtung der Geschäftsräume nebst Heizung von Motoren, Brennöfen 2c.	—	—
Uebertrag	190	250

	A Haupt= Gewerbe.	B Neben- Gewerbe.
Uebertrag	190	250

4. Persönlicher Arbeitsaufwand:
  a. Werthanschlag der Arbeit des Meisters (3 M. für 200 Tage) — 600
  b. Für Hilfsarbeiter:
    aa. Löhne an Lehrlinge und Gesellen . . . . . . — 6 000
    bb. Aufwand für etwaige Verköstigung derselben durch den
      Meister . . . . — 2 500   —
5. Aufwand für Beschaffung der Arbeitsstoffe . . — 4 000
6. Aufwand für zum Handel angekaufte Waaren
7. Verlust an Ausständen . . . . .
8. Zinsen des Anlage= und Betriebskapitals .

	13 290	
	250	
	13 540	

C. Sonstige Ausgaben.

1. Ausgaben für den Haushalt der Familie (3 Familienglieder und
  keine Dienstboten), und zwar:
  a. Kost . . — 1 400 M. - Pf.
  b. Bekleidung . . — 600 „ „
  c. Unterricht . . . . — „ — „
  d. Heizung und Beleuchtung für Küche und Zimmer ꝛc. . — 300 „ — „
  e. Arzt und Apotheke . . . . — 200 „ — „
  f. Werth etwaiger selbstgezogener, in der Haushaltung verwendeter
    Nahrungsmittel . . — 1 500 „ „
2. Für die Wohnung:
  a. wenn im eigenen Hause, das allein bewohnt wird:
    Miethwerthanschlag für die zum Gewerbebetrieb nicht be=
    nützten Haustheile — „
  b. wenn im eigenen Hause, das zum Theil vermiethet ist:
    Miethwerthanschlag für die weder zum Gewerbebetrieb
    (A. 1), noch auch an Dritte vermietheten Räume . — 200 „ — „
  c. wenn in der Miethe wohnend:
    Betrag des Miethzinses nach Abzug des schon unter A. 1
    verrechneten Betrages . . . . — „
3 a. Verzinsung des Hauswerths, und zwar zu 4%, wobei jedoch
  die unter A. 1 a. und C. 2 a. und b. schon verrechneten Beträge
  in Abrechnung zu bringen sind . . — 160 „ — „
  b. Unterhaltungsaufwand für das Gebäude . . . . — 200 „ — „
  c. Abschreibung am Hauswerth (in Folge von Abnützung). — 100 „ — „

Uebertrag	18 200 M. — Pf.	

		Uebertrag	18 200	M.	—	Pf.
4. Feuerversicherung für:						
Gebäude .			9	„	—	„
Fahrnisse . . .			6	„	—	„
5. Lebensversicherung .			—	„	—	„
6. Staatssteuer . .			50	„	—	„
7. Gemeindeumlagen .	.		48	„	—	„
	Summa		18 313	M.	—	Pf.

II. Einnahmen.
A. Hauptgewerbe.

Bruttoeinnahme:

a. aus dem Gewerbebetriebe .   .   15 000   „   —   „

B. Nebengewerbe.

Bruttoeinnahme:

a. aus dem Gewerbebetriebe .   2 500   „   „

C. Sonstige Einnahmen.

1. aus Miethe   120   „   —   „

2. aus ausstehenden Kapitalien, verzinslichen Staatspapieren   —   „   —   „

3. aus Bürgergenuß .   .   .   —   „   —   „

4. sonst   .   .   200   „   —   „

		17 820	M.	—	Pf.
Ausgaben	.	18 313	„	—	„
Einnahmen . .	.	17 820	„	—	„
Somit Mehrausgabe .		493	M.	—	Pf.

II. Zimmermann.

Einvernommen wurde: F. J. in Neckarau.

a. Eigene Verhältnisse des Befragten.

39 Jahre alt, verheirathet, Vater von 4 Kindern, nämlich eines Sohnes von 7 und dreier Töchter von 1 bis zu 10 Jahren.

2. Ich habe das Gewerbe in dreijähriger Lehrzeit in Schwetzingen erlernt und dann mit Abzug der Militärzeit 9 Jahre als Geselle in Mannheim, Baden und Kehl gearbeitet. Außer der Volksschule in Schwetzingen besuchte ich noch während dreier Jahre die dortige Gewerbeschule.

4. Zimmergeschäft und etwas Landwirthschaft als Nebengewerbe; letztere ist ganz unbedeutend.

5. Das Zimmergeschäft habe ich im Jahre 1875 zusammen mit einem andern

Zimmermann gegründet; seit 1. Oktober v. J. betreibe ich es allein. Eine Verlegung fand nicht statt.

6. Ein eigenes Haus besitze ich nicht. Für den Zimmerplatz zahle ich 40 M. jährliche Miethe; den Werkstättenbau auf demselben habe ich mit einem Aufwand von 400 M. selbst errichtet.

7. Nur Handbetrieb.

8. Fällt aus.

9 a. Kein Lehrling.

b. Sechs Gesellen, alle ohne Kost und Logis. Der Taglohn beträgt 2 Mark 80 Pf. und wird am Ende der Woche ohne Rückbehaltung ausbezahlt.

10. Beginn der Arbeitszeit Morgens 5 Uhr, Ende Abends 7 Uhr. Regelmäßige Pausen: Morgens ½9—9 Uhr, Mittags 12—1 und Abends von 4—½5 Uhr. Ich selbst arbeite stets mit.

11. Gewerbebetrieb.

a. Es werden alle im Gewerbe vorkommenden Arbeiten hergestellt, einschließlich des Brunnenmachens. Arbeitstheilung ist nicht eingeführt.

b. Es kommt Beides vor.

c. Meistens stelle ich das Holz für meine Arbeit, doch kommt es auch vor, daß der Besteller dasselbe liefert; so habe ich jetzt einen größern Akkord für die abgebrannte Gummifabrik, wobei der Fabrikbesitzer das Holz stellt, während ich nur das Abbinden und Aufschlagen besorge. Soweit ich das Material liefere, beziehe ich es nicht in vorgearbeitetem Zustand, sondern als Rundholz.

d. Das Rundholz wird in größeren Partien vom Floß weg gekauft, gewöhnlich auf unbestimmten Kredit.

e. Nur auf Bestellung und

f. in der Regel nur für Neckarau, jedoch wurde auch schon für Mannheim gearbeitet.

g und h. Fallen aus.

i. Bei Neubauten bedinge ich in der Regel, daß, sobald der Bau unter Dach ist, eine Abschlagszahlung bis zur Hälfte der Akkordsumme gemacht und der Rest nach erfolgter Abrechnung über den Bau bezahlt wird. Bei Reparaturen wird nach Fertigstellung der Arbeit Rechnung geschickt.

k. Der Eingang der Ausstände ist nicht pünktlich zu nennen. Besonders bei Neubauten dauert's oft nach Vollendung des Baues noch Monate lang, bis Zahlung erfolgt; gerichtlich habe ich noch nicht betrieben, weil ich mir die Kundschaft nicht verderben will; Verluste von Ausständen kommen auch vor; im Durchschnitt kann ich jedenfalls auf jährlichen Verlust in Höhe von 70 Mark rechnen.

l. Aufträge habe ich immer.

m. Wie lange und wie weit das Geschäft während des Winters still steht, hängt von der jeweiligen Witterung ab. Im Allgemeinen dauert diese stille Zeit 3—4 Monate und behalte ich während derselben in der Regel nur 2 Gesellen. Die Herstellung der Werkzeuge und die laufenden Reparaturen bringen immer so viel Geschäft, daß ich nicht müßig sein muß.

12. Kredit wurde nicht in Anspruch genommen.

13. Ich führe zwei Geschäftsbücher, nämlich ein Kundenbuch für die Geschäftsausstände und ein Tagebuch, in welchem alle Arbeiten verzeichnet werden; auch habe ich
für die Abrechnung mit den Gesellen ein besonderes Buch. Die Ausgaben für die Haushaltung schreibe ich nicht auf.

14. Eigenen Grundbesitz habe ich nicht; dagegen habe ich Ackerfeld in einer Aus-
dehnung von 35 Ar gepachtet und bebaue dasselbe zur Hälfte mit Kartoffeln und zur
Hälfte mit Gerste. Die Erträgnisse verwende ich in der Haushaltung, muß aber sowohl
Kartoffeln als Mehl noch dazu kaufen. Viehstand habe ich nicht. Besorgt wird die
Landwirthschaft durch meine Frau; ich selbst kann mich Nichts darum kümmern.

15 bis 17. Da ich das Geschäft erst seit Oktober v. J. auf eigene Rechnung
betreibe, habe ich einen Geschäftsabschluß noch nicht gemacht, sondern mir vorgenommen,
dies auf 1. Oktober d. J. zu verschieben. Im Allgemeinen kann ich aber jetzt schon
sagen, daß das Geschäft gut geht; es kommt dabei allerdings in Betracht, daß mir durch
den Neubau der abgebrannten Gummifabrik ein größerer Akkord (80 kbm zu 7½ Mark)
zugefallen ist.

b. Allgemeine Geschäftslage.

1. Außer mir gibt es noch 3 Zimmermeister in Neckarau, die alle das Gewerbe
in seinem vollen Umfange betreiben.

2. Die Neckarauer Meister beziehen in der Regel keine vorgearbeiteten Hölzer,
sondern stellen die Arbeitserzeugnisse aus dem Rundholz her.

3. Auf Bestellung, in der Regel nur für den Ort und nächsten Umkreis.

4. Fällt aus.

5. Unsere Zimmermeister haben alle das Gewerbe ordnungsmäßig erlernt. Bauunternehmer gibts bei uns nicht.

6. In Neckarau hat jeder Zimmermeister auch eine kleine Landwirthschaft dabei,
die aber meist von der Frau besorgt wird.

7. In Neckarau kennt man nur Handbetrieb; anderwärts habe ich schon Circular-
und Bandsäge mit Dampfmotor im Gebrauch gesehen, aber nur in ganz großen Geschäften.
Von neueren Werkzeugen ist mir nichts bekannt.

8. Lehrlingswesen.

a. Lehrlinge sind bei uns in Neckarau selten. Wenn ein Meister einen solchen
hat, so wird er wohl selbst dessen praktische Ausbildung besorgen.

b. Schulwerkstätte ist überflüssig.

c. In Neckarau besteht keine Gewerbeschule. Mein Sohn hat seiner Zeit die
hiesige Gewerbeschule besucht und darin, wie ich mich selbst überzeugt habe, viel für sein
Fach gelernt.

d. Kann nicht angegeben werden.

e. Daß die Lehrlinge öfters aus der Lehre fortlaufen, ist mir selbst aus eigener
Erfahrung bekannt. Geschehen ist dagegen noch Nichts, doch habe ich mir vorgenommen,
keinen Lehrling mehr zu nehmen, wenn nicht der Vater oder Vormund durch schriftlichen
Vertrag sich verpflichtet, für den Fall des Fortlaufens des Lehrlings eine Entschädigung
zu zahlen.

f. Kann nicht angegeben werden.

g. Daß die jungen Leute das Handwerk verlassen und zur Beschäftigung in der Großindustrie übergehen, glaube ich nicht.

9. Gesellenwesen.

a. An tüchtigen Gesellen ist in unserem Gewerbe großer Mangel. Die Leute haben in der Regel weder genügende Handfertigkeit noch auch genügendes Verständniß für's Fachzeichnen. Ob's damit in der Großindustrie besser steht, weiß ich nicht.

b. Das Betragen der Gesellen ist nicht besonders zu beanstanden; die Meister führen eben selbst ein strenges Regiment. Kündigung ist nicht mehr in Uebung; wer gehen will, wird ohne Weiteres entlassen.

c. Vor 5 Jahren wurden durchschnittlich 2 Mark 40 Pf., heute 2 Mark 80 Pf. als Taglohn bezahlt.

d. Die Auszahlung erfolgt alle 14 Tage postnumerando, ohne Zurückbehaltung.

e. Ist nichts geschehen.

f. Fällt aus.

g. Von Streitigkeiten zwischen Gesellen und Meistern ist weiter nicht viel bekannt; wer nicht gut thut, wird eben entlassen. Ein Gewerbegericht halte ich nicht für nöthig.

10. Wir haben in Neckarau einen Vorschußverein, der den örtlichen Bedürfnissen genügt.

11. Das Rundholz beziehen die Neckarauer Meister von den Flößen und zwar an verschiedenen Orten, z. B. Speier, Altlußheim, Ilvesheim u. s. w. Große Vorräthe werden schon deßhalb nicht gekauft, weil das Holz, wenn es lang im Trockenen liegt, „reißt". Die Käufe geschehen gewöhnlich auf mehrmonatlichen Kredit. Die Preise unterliegen nur geringen Schwankungen.

12. Seitdem 4 Zimmermeister in Neckarau sind, sind sie nicht mehr alle voll beschäftigt. Bis zum Jahre 1880 waren nur zwei da, welche genug zu thun hatten.

13. Auch die Preise waren, so lange sich die Zahl der Meister auf zwei beschränkte, besser und standen insbesondere in der Zeit des vorigen Jahrzehntes bedeutend höher. Die Zunahme der Konkurrenz hat auch hier schädlich gewirkt und die Preise derart herabgedrückt, daß sie kaum mehr lohnend sind. Feste Preise gibt's nicht, vielmehr hängt der Preis in dem einzelnen Falle von dem An- bezw. Abgebot ab.

14. In dieser Hinsicht kann ich auf das unter a. 11 i. Gesagte verweisen, da es in dieser Beziehung von allen Meistern gleich gehalten wird.

15. Einen wesentlichen Unterschied im Aufwande für den Lebensunterhalt von sonst und jetzt wüßte ich nicht zu konstatiren.

16. Gewerbliche Vereinigungen existiren bei uns nicht.

17. Außer dem schon erwähnten schädlichen Einfluß der Zunahme der Konkurrenz weiß ich nichts anzugeben.

18. In dieser Hinsicht ist mir nichts bekannt.

c. Vorschläge zur Verbesserung des Kleingewerbes.

1, 2 und 3. Ich bin mit meiner Lage zufrieden und weiß keine Vorschläge zur Verbesserung unseres Gewerbes zu machen.

III. Schreiner.

Einvernommen wurde: J. W. in Neckarau.

a. Eigene Verhältnisse des Befragten.

1. 44 Jahre alt, Wittwer, Vater eines Sohnes von 16 Jahren und von fünf Töchtern im Alter von 3—15 Jahren. Der Sohn ist seit zwei Jahren als Lehrling im Geschäfte.

2. Das Gewerbe habe ich in 3jähriger Lehrzeit in den Jahren 1856 bis 1859 in Neckarau erlernt und wurde von der damals noch bestehenden Zunft losgesprochen. Gesellenzeit 4 Jahre, während welcher Zeit ich in Mannheim, Ravensburg, Augsburg, Würzburg, Regensburg und Heilbronn arbeitete.

Außer der Volksschule habe ich noch während der Lehrzeit den sonntäglichen Unterricht im Fachzeichnen an der hiesigen Gewerbeschule besucht.

4. Schreinerei und Landwirthschaft, letztere trägt mir ungefähr ein Drittel bis ein Viertel meines Gesammteinkommens ein.

5. Seit 1863. Eine Verlegung fand nicht statt.

6. Eigenes Haus. Miethwerth für Werkstätte und Lagerplatz 100 Mark.

7. Nur Handbetrieb.

8. Fällt aus.

9 a. Kein Lehrling.

b. Zwei Gesellen, beide mit Kost und Logis im Haus. Zeitlohn und zwar wöchentlich je 7 Mark. Zahlung jeweils am Ende der Woche ohne jede Rückbehaltung.

10. Von Morgens 5 bis Abends 7 Uhr. Pausen: Mittags 1 Stunde, Vor- und Nachmittags je ¼ Stunde. Ich selbst arbeite mit.

11. Gewerbebetrieb.

a. Ich arbeite alles, was im Gewerbe vorkommt. Keine Arbeitstheilung.

b. Ausbesserungen kommen auch vor, doch bildet die Herstellung neuer Gegenstände das Hauptgeschäft.

c. Die Arbeitsstoffe liefere ich. Das Holz wird in geschnittenem Zustande bezogen und zwar erfolgt der Bezug

d. in größeren Quantitäten (Eisenbahnwaggons) von den Sägmühlen, auf 3 Monate Ziel.

e. Nur auf Bestellung und

f. nur für den Ort.

g und h. Fallen aus.

i. Den Kunden stelle ich keine Bedingung; wer nicht baar bezahlt, erhält nach einem halben Jahre Rechnung.

k. Ueber unpünktlichen Eingang der Ausstände kann ich im Allgemeinen nicht klagen, doch mußte ich auch schon zur gerichtlichen Betreibung schreiten. Den durchschnittlichen Verlust an Ausständen berechne ich auf 50 Mark pro Jahr.

l. An Aufträgen fehlt es mir nie.

m. Im Winter geht das Geschäft regelmäßig flauer, so daß ich in der Regel zu dieser Zeit nur mit einem, oft auch ohne einen Gesellen arbeite.

12. Zur Beschaffung des umlaufenden Betriebskapitals nehme ich ab und zu bei Bekannten Geld auf, das ich aber dann jeweils im gleichen Jahre wieder zurückerstatte. Zur Zeit habe ich etwa 2000 Mark Schulden, zu 5 % verzinslich. Meine Geschäfts= ausstände werden ungefähr die gleiche Summe repräsentiren.

13. Ich führe ein Kassenbuch, ein Kundenbuch (Strazze) und ein Hauptbuch über alle Einnahmen und Ausgaben. Bezüglich der Einnahmen und Ausgaben der Haus= haltung und der Landwirthschaft mache ich keine Aufzeichnungen.

14. Ich besitze 7 Morgen eigenes Ackerfeld und habe noch 4 Morgen dazu ge= pachtet. Drei Morgen sind mit Gerste, je 2 mit Spelz und Dickrüben, je 7 Viertel mit Kartoffeln und Klee und der Rest mit Korn bepflanzt. Das gesammte Erträgniß des Ackerbaues, das ich durchschnittlich auf 1000 Mark veranschlage, brauche ich für meine Haushaltung.

Mein Viehstand besteht aus 2 Kühen, 4 Schweinen und Geflügel; ich muß für denselben jährlich noch Heu im Werthe von 100 Mark ankaufen. An Pachtzins zahle ich jährlich 240 Mark. Besondere Hilfskräfte für die Landwirthschaft habe ich nicht; meine Schwester, die seit dem Tod meiner Frau bei mir ist, und die Kinder besorgen das Meiste, und ab und zu werden Taglöhner eingestellt, wofür ich jährlich etwa 80 Mark veransgabe. Dazu kommt noch die Ausgabe für Fuhrlohn und Pflügen, welches ich ebenfalls durch fremde Leute besorgen lasse, mit etwa 180 Mark.

Die Kartoffeln reichen für unseren Bedarf, ebenso in der Regel das Mehl.

15. Konnte nicht beigebracht werden.

16. und 17. Mit dem Geschäftsergebniß bin ich nicht zufrieden, weil mir gar nichts übrig geblieben ist, schon seit 10 bis 12 Jahren schließe ich jedesmal in der gleich unerfreulichen Weise ab. Ich weiß keine Gründe anzugeben, aus denen sich erklären ließe, daß gerade mein Geschäft so unrentabel ist. Die Ursachen sind vielmehr nach meinem Dafürhalten allgemeiner Natur und deßhalb weiter unten zur Sprache zu bringen.

b. Allgemeine Geschäftslage.

1. Wir sind jetzt 5 Schreiner in Neckarau, von denen jeder schafft, was ihm gerade kommt; doch arbeitet keiner auf Vorrath, weil dazu mehr Mittel gehören, als wir sie besitzen.

2. Halbfabrikate werden nicht bezogen, wenn man nicht etwa die Bretter dazu rechnen will.

3. Nur für den Ort und nicht an Wiederverkäufer.

4. Ladengeschäfte gibt es nicht.

5. Die Neckarauer Schreiner sind alle gelernte Meister; doch kommt es in neuerer Zeit vielfach vor, daß Maurer und Zimmerleute Bauschreinerarbeiten im Accord auf ihre Rechnung übernehmen und sie dann entweder durch Gesellen herstellen lassen, oder aber um viel billigeren Preis dem Schreiner in Unterakkord geben.

6. Landwirthschaft hat in Neckarau jeder Schreiner; es läßt sich das wohl ver= einigen, weil die meisten landwirthschaftlichen Arbeiten durch die Frauen besorgt wer= den können.

7. Maschinen gibt's bei uns in Neckarau nicht. Neue Werkzeuge sind mir nicht bekannt.

Die Einführung von Maschinen unterbleibt, weil bei der geringen Ausdehnung der Neckarauer Geschäfte der Handbetrieb völlig ausreicht.

8. Lehrlingswesen.

a. Die Lehrlinge sind alle in der Familie des Meisters aufgenommen. Die praktische Ausbildung geschieht durch den Meister selbst und sorgt dieser in der Regel auch dafür, daß der Lehrling in die hiesige Gewerbeschule geht.

b. Der Werkstättebetrieb reicht zur Ausbildung des Lehrlings vollständig hin.

c. Die hiesige Gewerbeschule genügt allen billigen Anforderungen.

d. Schriftlicher Vertrag ist in neuerer Zeit die Regel geworden; gleichmäßige Bestimmungen bestehen nicht.

e. Das Fortlaufen der Lehrlinge ist nicht selten; geschehen ist dagegen noch Nichts; ich wüßte auch nicht, was man in dieser Hinsicht thun sollte.

f. Von Preisverleihungen ist mir Nichts bekannt.

g. Soviel ich weiß, kommt der Uebergang zur Fabrikarbeit häufig vor. Die Arbeit ist dort einfacher, die Leute brauchen sich dort nicht mehr mit Lernen anzustrengen und werden verhältnißmäßig gut bezahlt.

9. Gesellenwesen.

a. Tüchtige Gesellen sind bei uns auf dem Lande selten. Die Leute gehen lieber in die Stadt, wo sie auch bessere Löhne haben.

b. Daß die Gesellen ohne Kündigung austreten, ist nur zu häufig der Fall; machen kann man dagegen Nichts.

c. Vor 5 Jahren zahlte ich bei freier Station 5 Mark Wochenlohn, jetzt muß ich 7 Mark bezahlen.

d. Die Zahlung geschieht in der Regel am Ende der Woche ohne Rückbehaltung.

e. Ist Nichts geschehen.

f. Kommt nicht vor.

g. Streitigkeiten zwischen Meistern und Gesellen kommen mitunter vor und werden dann vor den Bürgermeister gebracht. Ein Gewerbegericht wäre sicherlich praktisch.

10. In Neckarau besteht ein Kreditverein, welchem jeder Gewerbetreibende beitreten kann. Wer Kredit will, muß einen Bürgen stellen und 6 % Zins zahlen.

11. Ich bin der einzige Schreiner in Neckarau, der seine Bretter direkt von der Sägmühle bezieht; die Andern kaufen sie in kleineren Parthieen bei hiesigen Holzhändlern, meist auch auf Kredit. Der Preisunterschied gegenüber dem direkten Bezug mag etwa 10 % ausmachen. Die Holzpreise sind übrigens seit Jahren nicht gestiegen.

12. Die Neckarauer Schreiner haben im Ganzen wenig zu thun; es sind für eine Landgemeinde von beinahe 5000 Seelen nicht gerade zu viele Schreiner dort, aber die Arbeitsgelegenheit an sich hat in Folge verschiedener Umstände nachgelassen. Wenn ein Neckarauer Einwohner heirathet, so kauft er in der Regel die Aussteuer in der Stadt, wo er große Auswahl hat; sodann kommen gar manches Mal auswärtige Meister nach Neckarau, um dort an Bauten zu arbeiten und endlich pfuschen uns die Maurer und Zimmerleute, wie ich oben schon erwähnt habe, in's Handwerk.

13. Die Preise sind niedrig. In den 60er Jahren waren sie um 20 bis 30 % höher; die Konkurrenz hat sie heruntergedrückt. Speziell im Baugeschäft liegt der Hauptmißstand darin, daß die Schreinermeister die Arbeiten entweder gar nicht, oder doch nicht

mehr direkt vom Bauherrn, sondern erst aus zweiter Hand unter entsprechendem Preis=
abzug übertragen bekommen.

14. Ich glaube, daß die übrigen Meister in der Regel die Rechnung schicken,
sobald die Arbeit geliefert ist.

15. Ich kann nicht behaupten, daß der Lebensunterhalt wesentlich theurer wäre
wie früher. Die Lebensansprüche auf dem Lande sind heut zu Tag auch nicht größer
als früher.

16. Eine Innung oder sonstige Vereinigung besteht nicht.

17. Ich weiß weiter nichts anzuführen.

18. Eine Benützung dieser Staatsanstalten findet nicht statt.

c. Vorschläge zur Verbesserung des Kleingewerbes.

Ich kann nur soviel sagen, daß die Gewerbefreiheit uns Schreinern arg ge=
schadet hat, und daß sie, wenn dem Gewerbe geholfen werden soll, abgeschafft oder doch
wesentlich beschränkt werden muß. Es sollte mindestens von Jedem, der sich als selbst=
ständiger Meister niederlassen will, die Ablegung eines Meisterstückes verlangt werden.

Nähere Vorschläge weiß ich nicht zu machen.

IV. Glaser.

Einvernommen wurde: B. S. in Neckarau.

a. Eigene Verhältnisse des Befragten.

1. 46 Jahre alt, verheirathet, Vater von zwei Söhnen im Alter von 10 und 12
Jahren. Beide zu Hause.

2. Das Gewerbe habe ich in Schwetzingen in 2jähriger Lehrzeit erlernt, und
wurde im Jahre 1858 von der damals bestehenden Zunft losgesprochen. Gesellenzeit 7
Jahre (einschl. 2 Jahre Militärzeit), wovon ich 5 Jahre in Mannheim, 1 Jahr in Frei=
burg und 1 Jahr in Schaffhausen zugebracht habe. Außer der Volksschule in Neckarau
wurde während der Lehrzeit die Gewerbeschule in Schwetzingen besucht.

3. Siehe Anlage.

4. Glaserei mit Landwirthschaft.

5. Das Geschäft habe ich im Jahre 1865 gegründet; eine Verlegung fand
nicht statt.

6. Eigenes Haus. Miethwerth der Werkstätte und des Holzplatzes 100 Mark.

7. Nur Handbetrieb.

8. Fällt aus.

9 a. Keine Lehrlinge.

b. Keine Gesellen

10. Von Morgens 6 bis Abens 8 Uhr. Pausen während der Essenszeiten.

11. Gewerbebetrieb.

a. Ich betreibe das Gewerbe in seinem vollen Umfange.

b. Ausbesserungsarbeiten sind ziemlich häufig.

c. Die Arbeitsstoffe liefere ich selbst. Halbfabrikate beziehe ich nicht.

d. Der Rohstoff (Dielen und Glas) wird von Zwischenhändlern bezogen und zwar auf 3 Monate Vorgfrist.

e. Nur auf Bestellung und

f. nur für Neckarau.

g. und h. Fallen aus.

i. Besondere Bedingungen stelle ich nicht; in der Regel schicke ich sofort nach Vollendung der Arbeit Rechnung.

k. In den meisten Fällen erfolgt die Zahlung binnen kurzer Frist; einzelne Posten bleiben natürlich länger stehen; im Allgemeinen aber kann ich über unpünktlichen Eingang der Ausstände nicht klagen. Der Verlust an Ausständen ist unbedeutend.

l. Ueber Mangel an Aufträgen kann ich nicht klagen.

m. Während der Wintermonate geht das Geschäft jeweils flauer.

12. Kredit habe ich nicht in Anspruch genommen.

13. Ich führe nur ein Kundenbuch. Die Ausgaben notire ich nicht.

14. Meine Landwirthschaft ist nicht bedeutend; ich besitze 30 Ar eigenes Acker= feld und habe dazu noch 28 Ar gepachtet. Von diesen 58 Ar sind 30 Ar mit Gerste, 20 Ar mit Kartoffeln und 8 Ar mit Dickrüben bepflanzt. Das Ertägniß verwende ich in der Haushaltug bezw. die Dickrüben für meinen Viehstand, welcher z. Z. aus einer Kuh, einigen Schweinen und Geflügel besteht. Mehl zum Brodbacken muß ich noch kaufen und zwar 2—3 Doppelzentner im Jahr, ebenso Futter (Heu und Klee) für durchschnittlich 50 Mark. Die Kartoffeln reichen mir aus. Der Pachtzins beträgt jährlich 70 Mark; dazu kommen noch Ausgaben für Fuhrlöhne im Betrag von etwa 80 Mark. Besondere Hilfskräfte für die Landwirthschaft habe ich nicht; meine Frau besorgt das Meiste.

15. Siehe Anlage.

16. Das Ergebniß ist das gleiche wie von je her. Es reicht zum Leben, aber erspart wird nichts. Besondere Umstände, welche speziell auf mein Geschäft günstig oder ungünstig einwirken, wüßte ich nicht anzuführen.

b. Allgemeine Geschäftslage.

1. Ich bin der einzige Glaser in Neckarau und kann deßhalb die unter 1—8, 11, 14, 16 gestellten Fragen nicht beantworten, weil ich keinen Einblick in Geschäftsverhält= nisse von Gewerbegenossen habe.

8. Lehrlingswesen. Zu 8 b. und c. äußere ich meine Ansicht dahin, daß der Lehr= ling im praktischen Werkstättebetrieb hinreichend Gelegenheit zu allseitiger Ausbildung hat und daß der Besuch einer Gewerbeschule für den Glaserlehrling von großem Nutzen ist.

9. Gesellenwesen.

a. Ich nehme nur von Zeit zu Zeit und auf kürzere Dauer einen Gesellen an und habe deßhalb keine großen Erfahrungen in dieser Hinsicht; ich kann nur sagen, daß ich schon tüchtige und auch geringe Arbeiter kennen gelernt habe.

b. Die Gesellen, die ich hatte, hielten alle strenge daran fest, daß sie nur von

6 bis 12 und von 1 bis 6 Uhr mit je ¼ stündiger Pause Vor- und Nachmittags zu arbeiten brauchten, und ließen sich auf eine früher beginnende Arbeit nicht ein; im Uebrigen kann ich über ihr Verhalten keine Klage führen.

    c. Vor 5 Jahren zahlte ich 5 Mark bei freier Station, jetzt muß ich in der Regel 6 Mark bezahlen.

    d. Zahltag war bei mir am Ende der Woche ohne Rückbehaltung.

    10. Der bei uns bestehende Vorschußverein genügt den örtlichen Bedürfnissen.

    12. Seit ich das Geschäft betreibe, habe ich keine wesentliche Aenderung hinsichtlich der sich bietenden Arbeitsgelegenheit bemerkt; ich hatte immer leidlich zu thun, so daß ich ab und zu auch einen Gehilfen einstellen konnte.

    13. Seit Anfang dieses Jahrzehnt's sind die Preise zurückgegangen und zwar etwa um 20%. Die Ursache liegt darin, daß jetzt fast bei jeder Bauausführung Meister aus der Umgebung, hauptsächlich aus Schwetzingen, als Konkurrenten auftreten und durch ihre billigen Angebote mich nöthigen, ebenfalls die Preise niedrig zu stellen.

    15. Seit ich einen eigenen Hausstand habe, war der Aufwand für den Lebensunterhalt so ziemlich immer gleich.

    17. Außer der oben schon erwähnten Konkurrenz der auswärtigen Meister kommt hier noch der Umstand in Betracht, daß bei uns in Neckarau verschiedene Fabrikarbeiter, meist gelernte Schreiner, in ihrer freien Zeit sich mit dem Einrahmen von Bildern und Einsetzen von Scheiben befassen; sogar ein Rasirer macht mir auf diese Weise Konkurrenz.

    18. Werden nicht benützt.

    c. Vorschläge zur Verbesserung des Kleingewerbes.

    1. Die Gewerbefreiheit sollte aufgehoben werden. Früher, solange das Gewerbe noch zünftig war und nicht Jeder treiben konnte, was er wollte, gingen die Geschäfte besser; ich meinerseits wäre dafür, daß man die früheren Zunftverhältnisse so viel wie möglich wieder aufleben läßt; man hätte dann doch nicht die vielen Konkurrenten.

    Zu 2 und 3 weiß ich keine Vorschläge zu machen.

Glaser B. S. in Neckarau.   Anlage.

Vorbemerkung.

Erwerbsteuerkapital	1500 M. — Pf.
Betriebskapital	— „ — „
Anlagekapital	— „ — „

Familienzahl: 6 Personen.

Anzahl der Lehrlinge und Gesellen: 1.

Geschäftsergebnisse im Jahr 1884.

I. Ausgaben.

A. Gewerbe.

1. Aufwand für Unterbringung von Werkstätte, Laden, Waarenlager
    a. wenn im eigenen Hause:
        Werthanschlag für Benützung dieser Räume einschließlich des
        Unterhaltungsaufwands . . . . 100 M. — Pf.

2 a. Unterhaltung und Ergänzung von Handwerkszeug und Maschinen
    (einschließlich Motoren) . . . . <u>25 „ — „</u>

Uebertrag .   125 M. — Pf.

| | Uebertrag . | 125 M. | — Pf. |

b. Abſchreibung (Abnutzung) am Werthe von Handwerkszeug und
Maſchinen . . . . 10 „ — „

3. Heizung und Beleuchtung der Geſchäftsräume nebſt Heizung von
Motoren, Brennöfen ꝛc. . . . . 20 „ — „

4. Perſönlicher Arbeitsaufwand

  a. Werthanſchlag der Arbeit des Meiſters (3 Mark für 300 Tage) 900 „ — „
  b. für Hilfsarbeiter:
  aa. Löhne an Lehrlinge und Geſellen . . . . 150 „ — „
  bb. Aufwand für etwaige Verköſtigung derſelben durch den
    Meiſter . . . . — „ — „

5. Aufwand für Beſchaffung der Arbeitsſtoffe . . 600 „ — „
6. Aufwand für zum Handel angekaufte Waaren . — „ — „
7. Verluſt an Ausſtänden . . . . . 20 „ — „
8. Zinſen des Anlage= und Betriebskapitals . . . . . — „ — „

C. Sonſtige Ausgaben.

1. Ausgaben für den Haushalt der Familie (4 Familienglieder und
keine Dienſtboten) und zwar:

  a. Koſt . . . . — „ — „
  b. Bekleidung . . . . . . 80 „ — „
  c. Unterricht . . . . 6 „ — „
  d. Heizung und Beleuchtung für Küche und Zimmer ꝛc. 60 „ — „
  e. Arzt und Apotheke . . . . 20 „ — „
  f. Werth etwaiger ſelbſtgezogener, in die Haushaltung verwen=
    deter Nahrungsmittel . . . . . 350 „ — „

2. Für die Wohnung:

  a. wenn im eigenen Hauſe, das allein bewohnt wird:
    Miethwerthanſchlag für die zum Gewerbebetrieb nicht benützten
    Hausthelle . . . . 150 „ — „

3 a. Verzinſung des Hauswerths und zwar zu 4 %, wobei jedoch die
  unter A. 1 a. und C. 2 a. und b. ſchon verrechneten Beträge
  in Abrechnung zu bringen ſind . . . — „ — „
  b. Unterhaltungsaufwand für das Gebäude . . . . . 40 „ — „
  c. Abſchreibung am Hauswerth (in Folge von Abnützung) 100 „ — „

4. Feuerverſicherung für:

  Gebäude . . . 5 „ — „
  Fahrniſſe . . . 5 „ — „

5. Lebensverſicherung . . . — „ — „
6. Staatsſteuer . . — „ — „
7. Gemeinde=Umlagen . . . . 17 „ — „

| | Summa . | 2658 M. | — Pf. |

II. Einnahmen.
Gewerbe.

Bruttoeinnahme:

a. aus dem Gewerbebetriebe . 1400 M. — Pf.

Summa . 1400 M. — Pf.

Ausgaben . . 2658 M. — Pf.

Einnahmen . 1400 „ — „

Somit Mehrausgaben . . . . 1258 M. — Pf.

V. Schneider.

Einvernommen wurde: Schneider J. M. in Neckarau.

a. Eigene Verhältnisse des Befragten.

1. 60 Jahre alt, Wittwer, Vater von zwei Söhnen im Alter von 21 und 24 Jahren und zwei Töchtern im Alter von 30 und 34 Jahren. Die Töchter sind zu Hause, die Söhne in Amerika.

2. Das Gewerbe habe ich von 1840/42 in Großsachsen erlernt und wurde von der damals bestehenden Zunft losgesprochen. Gesellenzeit 8 Jahre. Ich habe in dieser Zeit in Edingen, Eppelheim und 6 Jahre lang in Mannheim gearbeitet. Außer der Volksschule habe ich keinen Unterricht genossen.

3. Siehe Anlage.

4. Schneiderei mit kleiner Landwirthschaft.

5. Seit 1850; eine Verlegung fand nicht statt.

6. Eigenes Haus. Miethwerth der Werkstätte 40 Mark.

7. Eine Nähmaschine.

8. Kein Motor.

9. Kein Lehrling und keine Gesellen.

10. Meine Arbeitszeit richte ich je nach Bedürfniß ein.

11. Gewerbebetrieb.

a. Ich mache nur Mannskleider.

b. Es kommen auch viele Ausbesserungen vor.

c. Die Stoffe werden von den Kunden geliefert.

d. Fällt aus.

e. Nur auf Bestellung und

f. nur für den Ort.

g. und h. fallen aus.

i. und k. Besondere Bedingungen werden nicht gestellt; es ist dies auch nicht nöthig, weil alle Kunden baar zahlen.

l. Ich habe immer genug zu thun.

m. Das Geschäft geht das ganze Jahr über gleichmäßig.

12. Kredit wurde nicht in Anspruch genommen.

13. Es wird bei mir gar nichts aufgeschrieben.

14. Ich habe weder eigenes Feld, noch auch Pachtgut, sondern bebaue lediglich 45 Ar Allmendäcker, von welchen die eine Hälfte mit Kartoffeln, die andere mit Gerste bestanden ist. Der Ertrag reicht zur Deckung des Bedürfnisses der Haushaltung hin und kann ich sogar noch alljährlich Kartoffeln und Gerste im Werthbetrage von je 50 Mark verkaufen. Mein Viehstand besteht nur in zwei Geißen und zwei Schweinen. Die nöthigen Feld=

10*

arbeiten lasse ich im Taglohn machen und stellt sich der bezügliche Aufwand auf etwa 60 Mark das Jahr. Den Gesammtwerth der Erträgnisse meiner Landwirtschaft taxire ich auf 300 Mark, nämlich 100 Mark für Kartoffeln und 200 Mark für Gerste.

15. Siehe Anlage.

16. Ich bin mit dem Geschäftsergebniß zufrieden, da ich nicht blos die Kosten der Haushaltung herausgeschlagen habe, sondern auch noch 150 Mark bei der Sparkasse anlegen konnte. Dies Resultat steht nicht vereinzelt da, sondern ist jedes Jahr das gleiche.

Ich ziehe allerdings aus Nebenbeschäftigungen ungefähr 200 bis 300 Mark jähr= lich (ich bin nämlich Vereinsdiener und besorge den Einzug der Ausstände für einen Arzt und zwei Apotheker); allein wenn ich diese Nebeneinkünfte nicht hätte, so könnte ich doch leben. Ich würde mich dann eben mit um so größerem Eifer auf die Schneiderei ver= legen und könnte dann mit Leichtigkeit mehr Bestellungen erhalten.

b. Allgemeine Geschäftslage.

1. Wir sind jetzt unsere vier Schneider in Neckarau, die alle Mannskleider machen und sich auch mit Flickarbeiten abgeben.

2. Fällt aus.

3. Dieselben arbeiten alle für den Ort und direkt für die Kundschaft.

4. Einer meiner Gewerbsgenossen führt auch ein Ladengeschäft, in welchem er Kleiderstoffe und auch Spezereiwaaren feil hält.

5. Wir haben lauter gelernte Schneider in Neckarau.

6. Außer dem Gewerbe treibt Jeder ein wenig Landwirthaft. Es verträgt sich das meines Erachtens gut miteinander, doch muß man von schweren Arbeiten, z. B. dem Kartoffelausmachen, wegbleiben, damit man sich die Hand zum Schneidern nicht verdirbt.

7. Eine Nähmaschine ist in jeder Werkstätte.

8. Lehrlingswesen.

a. Der Lehrling sitzt in der Werkstätte neben dem Meister und wird von diesem unterwiesen. Zur Förderung seiner geistigen Fortbildung wird er in die Gewerbeschule nach Mannheim geschickt.

b. Eine Schulwerkstätte halte ich für unnöthig.

c. Einen Gewerbeschulunterricht halte ich für sehr nothwendig und glaube, daß der an hiesiger Schule ertheilte allen billigen Anforderungen genügt.

d. Schriftlicher Vertrag ist die Regel.

e. Ueber Fortlaufen der Lehrlinge habe ich noch nicht klagen hören.

f. Preisverleihungen gibt's bei uns nicht.

g. Es ist mir nichts davon bekannt.

9. Gesellenwesen.

a. Von einem Mangul an tüchtigen Gesellen ist mir Nichts bekannt.

b. Auch mit dem moralischen Verhalten der Leute ist man bei uns zufrieden.

c. Vor 5 Jahren bekam der Geselle bei freier Station 3 bis 4 Mark wöchentlich, jetzt bekommt er 5 bis 6 Mark.

d. Die Lohnzahlung geschieht in der Regel alle 14 Tage. Vorauszahlung und Rückbehaltung ist nicht üblich.

e. Ist Nichts geschehen.

f. Gesellen, die auf eigener Bude arbeiten, gibt's bei uns nicht.

g. Von Streitigkeiten ist mir nichts bekannt. Ein Gewerbegericht halte ich für unnöthig.

10. Der bei uns bestehende Vorschußverein genügt den örtlichen Bedürfnissen.

11. Fällt aus.

12. Es ist bei uns für den Schneider immer noch genügende Gelegenheit zur Arbeit vorhanden, und kann ein Rückgang in dieser Hinsicht nicht festgestellt werden. Allerdings ist sich auch die Zahl der ansäßigen Meister seit mehr als 30 Jahren gleich geblieben. Früher hat man freilich mit mehr Gesellen gearbeitet, daß dies jetzt weniger der Fall ist, erklärt sich aber nicht aus einer Verminderung der Arbeitsgelegenheit, sondern aus der Einführung der Nähmaschine, die mir z. B. wohl zwei Gesellen erspart.

13. Die Preise sind seit Jahren die gleichen und können als lohnend bezeichnet werden.

14. Bei uns in Neckarau hat sich das Publikum so ziemlich daran gewöhnt, den Schneider baar zu bezahlen. Schon in den 50er Jahren hatten die Meister untereinander verabredet, die Kleider vor erfolgter Zahlung nicht auszuliefern, und jetzt ist das Publikum, wie gesagt, daran gewöhnt, obwohl von dieser Verabredung die Wenigsten noch etwas wissen.

15. Fleisch, Butter und Milch sind seit den 60er Jahren im Preis gestiegen und ist dem entsprechend der Lebensunterhalt auch theuerer geworden. Allerdings lebt man jetzt auch besser. In den 50er Jahren kam höchstens alle Sonntag Fleisch auf den Tisch; eine Metzgerei gab's damals gar nicht in Neckarau, jetzt essen auch die ärmern Leute 2 bis 3 Mal in der Woche Fleisch, und die Zahl der Metzger am Orte beträgt jetzt 4.

16. Vereinigungen gibt's bei uns nicht.

17. Der neuerdings sehr in Schwung gekommene Handel mit fertigen Kleidern in sog. Konfektionsgeschäften ist dem Kleingewerbe sehr nachtheilig.

18. Hat hier keinen Bezug.

c. Vorschläge zur Verbesserung des Kleingewerbes.

1. Ich bin der Meinung, daß man nicht Jedem gestatten sollte, das Gewerbe eines Schneiders oder Kleiderhändlers auszuüben, sondern daß die Erlaubniß hiezu an die Bedingung des Nachweises darüber, daß der Betreffende das Schneiderhandwerk ordnungsmäßig gelernt hat, geknüpft werden sollte. Dieser Nachweis müßte durch Ablegung einer Meisterprüfung vor einer staatlich einzusetzenden Kommission erbracht werden, denn auf Lehrzeugnisse ist nicht viel zu geben, weil eben heutzutage unter den Schneidermeistern Mancher ist, der selbst das Schneiderhandwerk nicht richtig erlernt hat.

Zu 2 und 3 weiß ich nichts anzugeben.

Anlage.

Schneider J. M. in Neckarau.
Vorbemerkung.

Erwerbsteuerkapital	1500 M.
Betriebskapital .	— "
Anlagekapital	— "

Familienzahl: 3 Personen.
Anzahl der Lehrlinge und Gesellen: —

Geschäftsergebnisse im Jahr 1884.

I. Ausgaben.

	A Haupt-Gewerbe. M.	B Neben-Gewerbe. M.
1. Aufwand für Unterbringung von Werkstätte, Laden, Waarenlager		
a. wenn im eigenen Hause:		
Werthanschlag für Benützung dieser Räume einschließlich des Unterhaltungsaufwands	40	—
b. wenn in Miethe:		
Miethzins für diese Räume, d. h. derjenige Theil des Mieth= zinses, welcher nach Abzug des für die Wohnung anzu= setzenden Miethzinsantheils sich ergibt	—	6
2 a. Unterhaltung und Ergänzung von Handwerkszeug und Maschinen (einschließlich Motoren)	15	—
b. Abschreibung (Abnutzung) am Werthe von Handwerkszeug und Maschinen	10	—
3. Heizung und Beleuchtung der Geschäftsräume nebst Heizung von Motoren, Brennöfen ꝛc.	40	—
4. Persönlicher Arbeitsaufwand:		
a. Werthanschlag der Arbeit des Meisters (Mark für Tage)	—	—
b. für Hilfsarbeiter:		
aa. Löhne an Lehrlinge und Gesellen	—	60
bb. Aufwand für etwaige Verköstigung derselben durch den Meister	—	—
5. Aufwand für Beschaffung der Arbeitsstoffe . .	200	—
6. Aufwand für zum Handel angekaufte Waaren	—	—
7. Verlust an Ausständen	—	—
8. Zinsen des Anlage= und Betriebskapitals .	—	—
	305	66
	66	
Summa	371	

C. Sonstige Ausgaben.

1. Ausgaben für den Haushalt der Familie (3 Familienglieder und keine Kinder) und zwar:	
a. Kost	600 M. — Pf.
b. Bekleidung	150 „ — „
c. Unterricht	— „ — „
d. Heizung und Beleuchtung für Küche und Zimmer ꝛc. .	60 „ — „
e. Arzt und Apotheke	— „ — „
f. Werth etwaiger selbstgezogener, in die Haushaltung verwen= deter Nahrungsmittel	200 „ — „
2. Für die Wohnung:	
a. wenn im eigenen Hause, das allein bewohnt wird:	
Uebertrag	1010 M. — Pf.

Uebertrag . .	1010 M.	—	Pf.

Miethwerthanschlag für die zum Gewerbebetrieb nicht benützten Haustheile . . . . 120 „ — „

3a. Verzinsung des Hauswerths und zwar zu 4 %, wobei jedoch die unter A. 1a. und C. 2a. und b. schon verrechneten Beträge in Abrechnung zu bringen sind . — „ — „

b. Unterhaltungsaufwand für das Gebäude . . . . . — „ — „

c. Abschreibung am Hauswerth (in Folge von Abnützung) 20 „ — „

4. Feuerversicherung für:

Gebäude . . . . 5 „ — „

Fahrnisse . . . 3 „ — „

5. Lebensversicherung . — „ — „

6. Staatssteuer . . . 8 „ — „

7. Gemeinde-Umlagen . 8 „ — „

Summa 1545 M. — Pf.

II. Einnahmen.
A. Hauptgewerbe.

Bruttoeinnahme:

a. aus dem Gewerbebetriebe . . . . 1200 M. — Pf.

B. Nebengewerbe.

Bruttoeinnahme:

a. aus dem Gewerbebetriebe . . . . 300 „ — „

C. Sonstige Einnahmen.

1. aus Miethe . . . . — „ — „

2. aus ausstehenden Kapitalien, verzinslichen Staatspapieren — „ — „

3. aus Bürgergenuß . . . . — „ — „

4. sonst (als Vereinsdiener) . . . . 80 „ — „

und als Einzieher der Ausstände von Doktoren und Apothekern 200 „ — „

Summa . 1780 M. — Pf.

Gesammteinnahme . 1780 M. — Pf.

Gesammtausgabe . 1545 „ — „

Ueberschuß . 235 M. — Pf.

VI. Schuhmacher.

Einvernommen wurde: Schuhmacher A. B. in Neckarau.

a. Eigene Verhältnisse des Befragten.

1. 49 Jahre alt, verheirathet, Vater eines Sohnes, welcher im Geschäfte mithilft.

2. Ich habe das Gewerbe von 1849/52 im väterlichen Geschäfte erlernt und wurde nach Vollendung der 3jährigen Lehrzeit von der damals bestehenden Zunft losgesprochen. Gesellenzeit 11 Jahre (einschl. 3 Jahre Militärzeit). Arbeitsorte: Beistam, Mannheim, Koblenz, Neuwied, Müllheim a. Rh., Staden, Breitenbach. Außer der Volksschule habe ich keinen Unterricht besucht.

3. Siehe Anlage.

4. Schuhmacherei mit Landwirthschaft, welch' beide Betriebe ungefähr den gleichen Umfang haben.

5. Seit 1863; ständig in Neckarau.

6. Eigenes Haus. Eine besondere Werkstätte ist nicht eingerichtet.

7. Vorzugsweise Handbetrieb; es ist nur eine Nähmaschine zum Schäftenähen im Gebrauch. Die im Großbetrieb verwendeten Maschinen sind mir nicht bekannt.

8. Kein Motor.

9 a. Kein Lehrling.

b. Ein Geselle, der bei mir im Hause arbeitet und auch Kost und Logis erhält. Wöchentlich erhält er 4 Mark Lohn. Stücklohn ist nicht eingeführt. Zahltag ist am Ende der Woche, ohne Rückbehaltung.

10. Dauer der Arbeit von Morgens 5 (im Winter bei Tagesanbruch) bis Abends 7 Uhr (im Winter länger). Pausen werden nur zum Einnehmen der Mahlzeiten gemacht. Ich selbst arbeite in der Werkstätte stets mit, wenn ich nicht in der Landwirthschaft zu thun habe, was nicht häufig der Fall ist.

11. Gewerbebetrieb.

a. Ich arbeite Alles, was im Gewerbe vorkommt.

b. Die Flickarbeiten bilden das Hauptgeschäft.

c. Die Arbeitsstoffe werden — von einzelnen Ausnahmen abgesehen — von mir geliefert. Die Schäfte für Zugstiefel beziehe ich fertig.

d. Das Sohlleder beziehe ich in Mengen von 1 bis 2 Bürten von hiesigen Lederhändlern auf unbestimmten Kredit, das Oberleder, an welchem ich weniger Bedarf habe, in einzelnen Fällen von hier oder von Darmstadt, zu den gleichen Bedingungen.

e. Nur auf Bestellung und

f. nur für Neckarau.

g. und h. fallen aus.

i. Bedingungen stelle ich den Kunden nicht, wenn nicht früher bezahlt wird, schicke ich vierteljährlich Rechnung, oder ich gehe auch selbst zu den Schuldnern.

k. Meine Kundschaft besteht aus Bauersleuten und Fabrikarbeitern; Erstere zahlen pünktlich, bei Letztern hat man manchmal seine liebe Noth, bis die Rechnung bezahlt ist, und muß man um jede Abschlagszahlung froh sein. Das Verklagen bei Gericht nützt nichts, weil die Leute nichts haben. Verluste an Ausständen sind sehr beträchtlich und im Durchschnitt auf 100 Mark für's Jahr zu veranschlagen.

l. An Arbeit fehlt es mir nicht und bin ich in dieser Beziehung jetzt sogar besser dran, wie früher. Der ausgedehnte Handel mit fabrikmäßig hergestellten Schuhwaaren, die Anfangs in jedem Krämerladen zu haben sind, bringt es aber mit sich, daß Aufträge für Neuherstellungen immer seltener werden.

m. Im Hochsommer, wo die Leute auf dem Lande viel baarfuß laufen, geht das Geschäft in der Regel stiller.

12. Kredit wurde nicht in Anspruch genommen.

13. Ich führe ein Kundenbuch, worin die Schuldigkeit eines jeden Einzelnen verzeichnet ist, ferner ein Ausgabebuch für's Geschäft, nicht auch für die Haushaltung.

14. Eigenen Grundbesitz habe ich nicht. Gepachtet habe ich ungefähr 100 Ar

Ackerfeld, wovon 60 Ar mit Kartoffeln, der Rest mit Gerste bepflanzt ist. An Allmend habe ich ein Stück von 9 Ar, auf welchem ebenfalls Gerste steht. Der jährliche Ertrag (im Durchschnitt 35 Zentner Kartoffeln zu 2 Mark und 5 bis 6 Zentner Gerste zu 8 Mark) wird vollständig in der Haushaltung verwendet. Mein Viehstand beschränkt sich auf zwei Geisen und zwei Schweine. Das Futter für Erstere ziehe ich beinahe Alles aus meinem Garten.

An Pachtzins zahle ich jährlich 96 Mark, für Taglohn und Fuhren kann ich etwa 60 Mark rechnen. Besondere Hilfskräfte brauche ich nicht für die Landwirthschaft.

15. Siehe Anlage.

16. Der Geschäftsabschluß ist nicht gerade unbefriedigend. Ich habe doch wenig= stens mein Auskommen gefunden, wenn ich auch keine Ueberschüsse erzielt habe. Seitdem wir Schuhmacher, wie ich schon oben dargelegt habe, im Wesentlichen auf die Flickarbeit angewiesen sind, können wir nicht mehr viel verdienen und müssen froh sein, wenn wir keine Schulden machen müssen. Ein Hauptfehler ist übrigens der, daß die Kunden so unpünktlich zahlen, und daß manche davon, namentlich aus den Kreisen der Fabrikbevölke= rung, ohne Zahlung verschwinden.

b. Allgemeine Geschäftslage.

1. Es werden z. B. 20 bis 25 Schuhmacher in Neckarau sein, von denen keiner eine Spezialität betreibt.

2. Die meisten Schuhmacher beziehen, wenn sie neue Waare zu fertigen haben, die Schäfte schon zugerichtet von Lederhändlern oder Schäftefabrikanten.

3. Meist nur auf Bestellung für den Ort und nicht an Wiederverkäufer.

4. Bei uns hat kein Schuhmacher ein Ladengeschäft.

5. Bei uns geben sich nur gelernte Schuhmacher mit Herstellungen auf Maaß und mit Ausbesserungen ab. Der Verkauf fertiger Schuhwaaren wird meist von den Krämern betrieben.

6. Die Meisten haben, wie dies auf dem Land so üblich, auch etwas Landwirth= schaft dabei, es verträgt sich das schon miteinander, weil die Landwirthschaft nur wenig persönliche Arbeit verlangt und das Meiste durch Frau und Kinder oder auch durch Tag= löhner besorgt werden kann.

7. Die meisten Schuhmacher in Neckarau besitzen eine Nähmaschine, die aber nur bei der Herstellung von gewöhnlichen Frauenschuhen gebraucht werden kann.

8. Lehrlingswesen.

a. Der Lehrling ist gewöhnlich beim Meister in der Familie und besorgt der Meister die praktische Ausbildung desselben.

b. Eine Schulwerkstätte halte ich für ganz überflüssig.

c. Einen gewerblichen Unterricht halte ich für den Schusterlehrling nicht für nöthig.

d. Ich glaube, daß meist schriftlicher Vertrag gemacht wird; übliche Dauer der Lehrzeit 3 Jahre.

e. Das Fortlaufen der Lehrlinge ist nichts Seltenes. Geschehen ist dagegen meines Wissens noch nichts.

f. Preisverleihungen haben wir nicht.

g. Es gehen sehr viele Lehrlinge, wenn sie ausgelernt haben, zu andern Berufs= zweigen, auch zur Fabrikarbeit über. Der Grund scheint mir darin zu liegen, daß die

11

Leute im Handwerk zu wenig verdienen.

9. Gesellenwesen. **a.** und **b.** Einen Mangel an tüchtigen Gesellen habe ich noch nicht empfunden. Auch hinsichtlich des moralischen Verhaltens der Gesellen wüßte ich keine besonderen Klagen vorzubringen.

c. Die Löhne sind seit 5 Jahren so ziemlich gleich geblieben; der durchschnittliche Lohn= satz beträgt bei freier Station 4 bis 6 Mark, je nach der Leistungsfähigkeit des Arbeiters.

d. Bei uns auf dem Lande wird in der Regel nach der Zeit gelohnt und wöchentlich ausbezahlt, ohne Rückbehaltung.

e. Ist nichts geschehen.

f. Bei uns in Neckarau gibt es keine Budenarbeiter.

g. Von Streitigkeiten zwischen Gesellen und Meistern ist nicht viel bekannt. Ein Gewerbegericht halte ich nicht für nothwendig.

10. Besondere Mängel in dieser Hinsicht sind mir nicht bekannt.

11. Die Mehrzahl der Neckarauer Schuhmacher bezieht das Sohlleder nicht bürten=, sondern hautweise; mancher läßt sich auch nur den jeweiligen Bedarf an einzelnen Sohlen und Flecken bei dem Lederhändler herausschneiden. Oberleder wird wenig gebraucht, weil es nur bei Neuherstellungen nothwendig ist. Ueber die Zahlungsweise bin ich nicht näher unterrichtet. Die Lederpreise sind seit 4 Jahren im Wesentlichen gleich; früher waren sie niederer, man hat damals aber auch die Waare etwas billiger geliefert.

Versuche zu gemeinsamem Bezug von Arbeitsmaterial wurden noch nie gemacht.

12. Im Allgemeinen haben die Neckarauer Schuhmacher weniger zu thun wie früher. Die Leute kaufen meist fertige Waare, so daß der Schuhmacher auf die Flick= arbeit angewiesen ist und dafür sind 25 Schuhmacher auf 5000 Seelen zu viel, besonders wenn man bedenkt, daß viele auch in der Stadt arbeiten lassen.

13. Die Preise sind nicht sehr lohnend und gehen immer noch mehr herunter. Man muß auf das Sohlen von Fabrikwaare fast die doppelte Zeit verwenden, weil überall neue Rahmen eingesetzt werden müssen. Dadurch kommt es, daß man den ganzen Tag schaffen muß, um einen mäßigen Taglohn zu erhalten. Das Sinken der Preise erklärt sich aus der Konkurrenz der vielen Schuhmacher. Seit wann und in welchem Maaße die Preise zurückgingen, kann ich nicht genau angeben.

14. Die Bauersleute zahlen meist baar oder doch binnen kurzer Frist. Bei der Fabrikbevölkerung muß man aber oft lange warten, ohne daß man Mittel und Wege hätte, eine frühere Zahlung zu erzwingen.

15. Seit ich eine eigene Haushaltung habe, brauche ich so ziemlich immer das Gleiche.

16. Gewerbliche Vereinigungen bestehen bei uns nicht.

17. Hier habe ich nichts weiter anzugeben.

18. Hat hier keinen Bezug.

c. Vorschläge zur Verbesserung des Kleingewerbes.

1 bis 3. Ich weiß keinerlei Verbesserungsvorschläge zu machen. Die Großindustrie mit ihrer Unmasse von billigen Erzeugnissen macht uns eine erdrückende Konkurrenz, und da man den Verkauf der Fabrikwaaren nicht wohl verbieten kann, so ist dem Handwerk auch nicht zu helfen. Flickarbeit gibt's zwar noch genug, aber es sind dafür zu viel Konkurrenten da, die sich auch hierin die Preise verderben.

Schuhmacher A. B. in Neckarau.   Anlage.
Vorbemerkung.

Erwerbsteuerkapital   . .   2000 M. — Pf.

Betriebskapital .   .   — „ — „

Anlagekapital . . . .   — „ — „

Familienzahl: 3.

Anzahl der Lehrlinge und Gesellen: 1.

Geschäftsergebnisse im Jahr 1884.
I. Ausgaben.

	A Haupt- Gewerbe. M.	B Neben- Gewerbe. M.
1. Aufwand für Unterbringung von Werkstätte, Laden, Waarenlager:		
a. wenn im eigenen Hause: Werthanschlag für Benützung dieser Räume einschließlich des Unterhaltungsaufwands	—	—
2 a. Unterhaltung und Ergänzung von Handwerkszeug und Maschinen (einschließlich von Motoren)	10	—
b. Abschreibung (Abnützung) am Werthe von Handwerkszeug und Maschinen	10	—
3. Heizung und Beleuchtung der Geschäftsräume nebst Heizung von Motoren, Brennöfen ꝛc.	30	—
4. Persönlicher Arbeitsaufwand:		
a. Werthanschlag der Arbeit des Meisters	—	—
b. für Hilfsarbeiter:		
aa. Löhne an Lehrlinge und Gesellen	208	60
bb. Aufwand für etwaige Verköstigung derselben durch den Meister	365	—
5. Aufwand für Beschaffung der Arbeitsstoffe .	2500	—
7. Verlust an Ausständen	100	—
8. Zinsen des Anlage- und Betriebskapitals . .	—	—
	3223	60
	60	
Summa	3283	

C. Sonstige Ausgaben.

1. Ausgaben für den Haushalt der Familie (3 Familienmitglieder und keine Dienstboten) und zwar:

a. Kost . . . .   .   1000 M. — Pf.

b. Bekleidung   150 „ — „

c. Unterricht . . . .   — „ — „

d. Heizung und Beleuchtung für Küche und Zimmer ꝛc. .   60 „ — „

e. Arzt und Apotheke . . . .   20 „ — „

f. Werth etwaiger selbstgezogener, in die Haushaltung verwendeter Nahrungsmittel .   .   120 „ — „

2. Für die Wohnung:

a. wenn im eigenen Hause, das allein bewohnt wird:

Uebertrag .   4633 M. — Pf.

11*

Uebertrag .		4633 M.	— Pf.
Miethwerthanschlag für die zum Gewerbebetrieb nicht benützten Haustheile		200 „	— „
3 a. Verzinsung des Hauswerths		— „	— „
b. Unterhaltungsaufwand für das Gebäude		22 „	— „
c. Abschreibung am Hauswerth (in Folge von Abnützung)		— „	— „
4. Feuerversicherung für:			
Gebäude . . .		8 „	— „
Fahrnisse . . .		3 „	— „
5. Lebensversicherung .		— „	— „
6. Staatssteuer . . .		14 „	— „
7. Gemeindeumlagen .	. . . .	14 „	— „
Summa .		4894 M.	— Pf.

II. Einnahmen.
A. Hauptgewerbe.

Bruttoeinnahme:

a. aus dem Gewerbebetriebe	5000 M.	— Pf.

B. Nebengewerbe.

Bruttoeinnahme:

a. aus dem Gewerbebetriebe .	120 „	— „
	5120 M.	— Pf.

C. Sonstige Einnahmen: keine.

Ausgaben . .	4894 „	— „
Einnahmen	5120 „	— „
Somit Mehreinnahme .	236 M.	— Pf.

Mannheim.

I. Bäcker.

Einvernommen wurden:

a. Meister:	b. Geselle.
J. H. G. in Mannheim.	P. F. in Mannheim.

A. Meister.

Bäcker J. H. G. in Mannheim.

a. Eigene Verhältnisse des Befragten.

1. 37 Jahre alt, verheirathet, zwei Töchter im Alter von 11 und 5 Jahren, beide zu Hause.

2. Hier in Lehre 2 Jahre lang, war nicht in der Fremde, sondern immer im väterlichen Geschäfte. Besuchte 3 Jahre lang die Volksschule und sodann die höhere Bürgerschule bis zur 4. Klasse.

3. Siehe Anlage.

4. Bäckerei.

5. Betreibt das Geschäft seit 1866; vorher wurde dasselbe vom Vater und nach

dessen Tod von der Mutter betrieben. Das Geschäft befindet sich seit über hundert Jahren im gleichen Hause.

6. Im eigenen Hause. Geschäftslage gut (am Kapuzinerplatz). Miethwerth der Betriebsstätte (Backküche, Laden, Mehlspeicher und Holzkeller) etwa 1000 Mark.

7. Ausschließlich Handbetrieb.

8. Fällt weg.

9. Keine Lehrlinge.

Zahl der Gesellen: drei, sämmtliche im Hause, wo sie auch Kost und Wohnung erhalten. Höhe des Lohnes: 5 ½ bis 8 Mark wöchentlich, Zahlungstermin nicht fest bestimmt, aber nie Vorauszahlung.

10. Beginn der Arbeitszeit Abends 9 Uhr, Ende zwischen 11 und 1 Uhr Mittags. Pausen unregelmäßig und nie von längerer Dauer. Meister arbeitet mit.

11. Gewerbebetrieb.

a. Keine Spezialitäten und keine Arbeitstheilung.

b. und c. fallen weg.

d. Mehl wird theils von Zwischenhändlern, theils direkt von den Müllern bezogen; ein erheblicher Preisunterschied im einen und im andern Falle besteht nicht. Die Zahlungsbedingungen sind in beiden Fällen die gleichen, nämlich 3 Monate Frist. Die Menge der einzelnen Einkäufe schwankt zwischen 100 und 300 Sack (der Sack = 2 Zentner).

e. Es wird auf Bestellung und auf Vorrath gearbeitet.

f. Absatz auf die Stadt beschränkt.

g. Eigenes Ladengeschäft, in welchem nur Selbstverfertigtes verkauft wird.

h. Fällt weg.

i. Absatz theils gegen baar, theils auf Rechnung. Zahlungsziele nicht bedungen. Die Ausstände gehen in sehr verschiedenen Terminen ein, oft erst nach Wochen, manchmal auch erst nach Monaten.

k. Gerichtliche Beitreibung war noch nicht erforderlich, doch gingen schon Ausstände verloren, aber nur in kleinem Bruchtheil.

l. An Arbeit fehlt es nie.

m. Schwankungen treten ein, und zwar im Sommer, wo viele und gute Kunden verreist sind (Ferien, Badereisen, Manöver 2c.) und sodann während der hohen Feiertage, wo manche Kunden für sich selbst backen. Eine Verminderung der Arbeiterzahl findet jedoch nicht statt.

12. Kredit wurde noch nicht in Anspruch genommen.

13. Es wird über Einnahmen und Ausgaben einfach Buch geführt.

14. Fällt weg.

15. Siehe Anlage.

16. Der letztjährige Geschäftsabschluß ist gleich den früheren im Allgemeinen ein befriedigender. Besondere Umstände, welchen dies besonders zuzuschreiben ist, können nicht angeführt werden.

17. Fällt weg.

b. Allgemeine Geschäftslage.

1. Das Bäckergewerbe wird von allen Gewerbegenossen gleichartig betrieben.

2. Die Arbeitserzeugnisse werden von Anbeginn an fertig hergestellt.

3. Für den Ort und die nächste Umgebung. Die Besteller sind zum größten Theil Selbstkonsumenten, doch gibt es auch Bäcker, welche vorzugsweise an Wiederver=käufer abgeben.

4. In der Regel Ladengeschäft dabei, in welchem von nicht selbst gefertigten Er=zeugnissen nur Konditoreiwaaren feilgeboten zu werden pflegen, doch ist auch dies nur bei wenigen Geschäften der Fall.

5. Wird mit ganz vereinzelten Ausnahmen nur von gelernten Bäckern betrieben. Die Erfolge sind nicht bekannt.

6. Hier nicht. Verhältnisse auf dem Land sind nicht bekannt.

7. Es wird in der Regel nur von der Hand gearbeitet. Von neueren Werkzeugen wäre ein Teigtheiler zu erwähnen, der schon in vielen Geschäften Eingang gefunden hat. In einzelnen Geschäften wird auch eine, gewöhnlich mit Gaskraft getriebene, Teigknet=maschine verwendet, doch ist die Beschaffung einer solchen ziemlich kostspielig und ihr praktischer Werth für Kleingeschäfte wenigstens noch zweifelhaft.

8. Lehrlingswesen.

a. Die praktische Ausbildung des Lehrlings wird meistens den Gesellen überlassen; abgesehen von dem gesetzlich vorgeschriebenen Besuch der Fortbildungsschule geschieht für die geistige und sittliche Fortbildung der Lehrlinge wohl nichts.

b. Der Werkstättebetrieb erscheint hinreichend.

c. Für das Bäckergewerbe ohne Belang.

d. Die Lehrverträge werden nach einem vom Verband gewerbtreibender Bäcker=meister in Berlin festgesetzten Formular schriftlich geschlossen.

e. Kommt öfters vor, hat sich jedoch in neuerer Zeit etwas gebessert, nachdem die dem vorgenannten Verband angehörigen Bäckermeister (gegen 17000) sich verpflichtet haben, keinen Lehrling anzunehmen, der aus einer andern Lehre entlaufen ist. Polizeiliche Rück=führung wird nicht verlangt.

f. Preisverleihungen finden hier nicht statt.

g. Bleiben im Handwerk.

9. Gesellenwesen.

a. Mangel an tüchtigen Gesellen ist fühlbar. Grund: ungenügende Ausbildung.

b. Früher waren Klagen über das Verhalten der Gesellen nur zu begründet, jetzt ist es in dieser Beziehung besser, wohl in Folge davon, daß die Innungsmeister keine Gesellen mehr nehmen dürfen, welche bei einem Gewerbsgenossen vertragsbrüchig ausgetreten sind.

c. Sind gestiegen um etwa 20 %.

d. Zahlung erfolgt gewöhnlich alle 8 oder 14 Tage. Vorschuß ist nicht üblich, dagegen theilweise Rückbehaltung des Lohnes, was sich als Schutzmaßregel gegen ver=tragswidrigen Austritt gut bewährt hat.

e. Die hiesige Bäckerinnung hat eine Herberge eingerichtet, in welcher Fachblätter aufliegen und Zureisende Unterkunft sowie Arbeitsvermittelung finden.

f. Fällt weg.

g. Streitigkeiten sind nicht selten; sie werden durch den Innungsvorstand geschlichtet, doch wäre die Bildung eines Gewerbegerichts wünschenswerth.

10. Besondere Wünsche sind hier nicht vorzutragen.

11. Arbeitsmaterial. Mehl wird in der Regel auf Kredit (3 Monate), Milch, Butter, Eier, Salz ꝛc. und Brennmaterial gegen baar bezogen und zwar in der Regel am Niederlassungsort. Schädigende Täuschungen sind selten, besondere Schutzmaßregeln sind nicht üblich. Die Preise während der letzten Jahre sind ziemlich die gleichen. Es wurde vor 2 Jahren von einigen hiesigen Meistern der Versuch gemacht, von der Stettiner Dampf-Aktiengesellschaft auf gemeinschaftliche Kosten Mehl im Großen kommen zu lassen; die Gesellschaft wollte nicht darauf eingehen, weil die Besteller nur Roggen= und nicht auch Weizenmehl wollten.

12. Für das Bäckergewerbe ist hinreichend Gelegenheit zur Ausnützung der ge= gebenen Arbeitskraft und der Werkstätteeinrichtung vorhanden.

13. Die Preise sind im Allgemeinen lohnend, seit Jahren im Wesentlichen gleich.

14. Zum Theil Baarzahlung, hauptsächlich im Ladengeschäft, zum Theil auf Borg ohne Festsetzung bestimmter Zahlungstermine.

15. Ist gestiegen, wozu wohl alle 3 in der Frage bezeichneten Ursachen zusammen= gewirkt haben.

16. Es besteht hier eine Bäckerinnung, welche günstige Erfolge aufzuweisen hat, sodann ein Gewerbeverein, welchem ebenfalls einige Bäcker angehören.

17. Der Verdienst der Bäcker wird durch den Zwischenhandel beeinträchtigt, indem manche Gewerbsgenossen das Brod in größeren Mengen um ermäßigten Preis an Krämer und sonstige Zwischenhändler abgeben; auch werden viel Backwaaren von aus= wärts eingeführt.

18. Nein.

c. Vorschläge zur Verbesserung des Kleingewerbes.

1. Es sollte denjenigen Gewerbsgenossen, welche nicht ordnungsmäßig die Bäckerei gelernt haben, die Annahme von Lehrlingen untersagt werden.

2. Es wäre wünschenswerth, daß staatlicher Seits auf die Ermäßigung oder noch besser Aufhebung des Mehloktrois hingewirkt würde.

3. Sind keine Vorschläge zu machen.

Bäcker H. G. in Mannheim.   Anlage.

Vorbemerkung:

Erwerbsteuerkapital . .	11 400 M. — Pf.
Betriebskapital . .	5 400 „ — „
Anlagekapital	700 „ — „

Familienzahl: 4 Personen.

Anzahl der Lehrlinge und Gesellen: 3.

Geschäftsergebnisse im Jahr 1884.

I. Ausgaben.

A. Hauptgewerbe.

1. Aufwand für Unterbringung von Werkstätte, Laden, Waarenlager:

a. wenn im eigenen Hause:

Werthanschlag für Benützung dieser Räume einschließlich des
Unterhaltungsaufwands . . . . 1 200 M. — Pf

Uebertrag   1 200 M. — Pf.

	Uebertrag .	1 200 M.	— Pf.
2 a. Unterhaltung und Ergänzung von Handwerkszeug und Maschinen (einschließlich von Motoren)		50 „	— „
b. Abschreibung (Abnutzung) am Werthe von Handwerkszeug und Maschinen		50 „	— „
3. Heizung und Beleuchtung der Geschäftsräume nebst Heizung von Motoren, Brennöfen ꝛc.		225 „	— „
4. Persönlicher Arbeitsaufwand:			
a. Werthanschlag der Arbeit des Meisters		2 000 „	— „
b. für Hilfsarbeiter:			
aa. Löhne an Lehrlinge und Gesellen		1 300 „	— „
bb. Aufwand für etwaige Verköstigung derselben durch den Meister		1 800 „	— „
5. Aufwand für Beschaffung der Arbeitsstoffe . .	.	42 239 „	— „
6. Aufwand für zum Handel angekaufte Waaren		— „	— „
7. Verlust an Ausständen		300 „	— „
8. Zinsen des Anlage= und Betriebskapitals		244 „	— „

B. Sonstige Ausgaben.

1. Ausgaben für den Haushalt der Familie (4 Familienmitglieder und 2 Dienstboten) und zwar:			
a. Kost . .		3 000 „	— „
b. Bekleidung .	.	500 „	— „
c. Unterricht		250 „	— „
d. Heizung und Beleuchtung für Küche und Zimmer ꝛc. . .		200 „	— „
e. Arzt und Apotheke .	. .	150 „	— „
2. Für die Wohnung:			
a. wenn im eigenen Hause, das allein bewohnt wird: Miethwerthanschlag für die zum Gewerbebetrieb nicht benützten Haustheile		600 „	— „
3 a. Verzinsung des Hauswerths, und zwar zu 4%, wobei jedoch die unter **A. 1 a.** und **C. 2 a.** und **b.** schon verrechneten Beträge in Abrechnung zu bringen sind		— „	— „
b. Unterhaltungsaufwand für das Gebäude		200 „	— „
c. Abschreibung am Hauswerth (in Folge von Abnützung)		— „	— „
4. Feuerversicherung für:			
Gebäude . . .		19 „	— „
Fahrnisse . . .		15 „	— „
5. Lebensversicherung .		552 „	— „
6. Staatssteuer . .		108 „	08 „
7. Gemeindeumlagen	.	124 „	92 „
		55 127 M.	— Pf.

II. Einnahmen.

A. Hauptgewerbe.

Bruttoeinnahme:

a. aus dem Gewerbebetriebe . . . . 57 953 M. 85 Pf.

B. Sonstige Einnahmen.

1. aus Miethe . . . . — „ — „
2. aus ausstehenden Kapitalien, verzinslichen Staatspapieren . 2 303 „ — „

Summe der Einnahmen . 60 256 M. 85 Pf.

„ „ Ausgaben . 55 127 „ — „

Somit Mehreinnahme . 5 129 M. — Pf.

B. Gesellen.

P. F. bei Bäcker H. in Mannheim.

1. 28 Jahre alt, von Fürth im hessischen Odenwald, ledig, Mitglied des katholischen Gesellenvereins.

2. Bäcker.

3. Lehrzeit im Jahre 1870 und 1871 bei Franz Jacob in Fürth. Prüfung wurde nicht abgelegt, auch eine gewerbliche Schule nicht besucht.

4. War nach Beendigung der Lehre zuerst in Darmstadt ein Jahr lang bei verschiedenen Meistern, dann in Mainz ein halbes Jahr, Mannheim ebensolang bei Bäcker Kaufmann, in Heidelberg, wieder in Mainz, dann in Wiesbaden, Fürth, Köln (2½ Jahr bei 2 Meistern) Westhofen u. s. w. Bei keinem Meister länger als 1¼ Jahre, seit Dezember v. J. hier.

5. Nein.

6. Seit Anfang Dezember 1884 bei Bäcker H.

7. Keine außer mir.

8. Als Geselle oder vielmehr als Geschäftsführer, da der Meister kein gelernter Bäcker, sondern Kupferschmied ist.

9. Gesammtbetrieb der Bäckerei.

10. Kost und Wohnung, Morgens Kaffee und Brod, 10 Uhr Bier und Wurst oder Käse. Mittags- und Abendessen am Tisch des Meisters, und zwar Mittags Suppe, Fleisch und Gemüse, Abends Wurst und Salat, sowie Kaffee.

11. Beim Meister.

12. Werkzeug wird gestellt.

13. Das Werkzeug ist das gewöhnliche.

14. Nein.

15. Nein.

16. Beginn der Arbeitszeit 11 Uhr Abends, Ende gegen 11 Uhr Mittags. Sonntags wird wie in allen Bäckereien gearbeitet.

17. Arbeitslohn 7 Mark wöchentlich. Zahlung alle 8 Tage ohne Zurückbehaltung und ohne Vorschuß. Lohnabzug nur für die Krankenkasse.

18. Meister betheiligt sich nicht an der Arbeit.

19. Meister hält auf Kirchenbesuch.

20. Zwistigkeiten wohl nicht selten, meist durch die Schuld der Gesellen, welche nicht fleißig arbeiten oder zu viel trinken. Ueber den Austrag solcher Streitigkeiten ist mir nichts bekannt.

21. Gewerbe im Allgemeinen gut, auch hier. Das Geschäft des Meisters ist

räumlich sehr beschränkt und würde durch Vergrößerung des Backhauses erheblich gewinnen.

22. Es besteht am Ort eine Krankenkasse der Bäckergesellen, welcher sämmtliche Gesellen angehören.

23. Vorschläge irgend welcher Art können nicht gemacht werden.

II. Metzger.

Einvernommen wurden:

a. Meister:

1. G. Sch. in Mannheim.
2. N. J.   „   „
3. J. V. H. in   „
4. H. H. in   „
5. A. K. von Rohracker, O.-Amt Kannstatt.

b. Geselle:

P. M. K. in Mannheim.

A. Meister.

1.

Metzger G. Sch. in Mannheim.

a. Eigene Verhältnisse des Befragten.

1. 49 Jahre alt, verheirathet, kinderlos.

2. In Frankenthal. Lehrzeit 2 Jahre, Gesellenzeit 11 Jahre, zunächst in Frankenthal noch 2 Jahre und dann seit 1854 hier.

Außer der Volksschule in Frankenthal wurde keine Schule besucht.

3. Siehe Anlage.

4. Metzgerei ohne Nebengewerbe.

5. Seit 1863 ständig in Mannheim.

6. In eigenem Hause (abgesehen von der Großschlächterei, die im städtischen Schlachthaus stattfinden muß). Miethwerth der Betriebsstätte (Laden mit Nebenraum) 1500 Mark. (Mittlere Geschäftslage.)

7. Ausschließlich Handbetrieb.

8. Fällt aus.

9 a. Keine Lehrlinge.

b. Zwei Gesellen, beide im Haus, wo sie auch Kost und Wohnung erhalten.

Lohn nach der Zeit und zwar wöchentlich 5 und 9 Mark. Auszahlung jeweils am Ende der Woche, ohne Zurückbehaltung und ohne Vorauszahlung.

10. Beginn Sommers zwischen 4 und 5 Uhr, im Winter zwischen 6 und 7 Uhr Morgens. Ende sehr unterschiedlich, manchmal schon um 5 Uhr Abends, zuweilen auch erst gegen Mitternacht. Pausen nur während des Essens (Frühstück, Zehnuhrbrod, Mittagstisch, Vesper und Nachtessen). Der Meister arbeitet mit.

11. a. Ochsen- Kalb- und Hammelmetzgerei.

b. und c. fallen aus.

d. Das Schlachtvieh wird meist vom Handelsmann, ausnahmsweise auch direkt vom Viehzüchter gekauft. Kein wesentlicher Preisunterschied. Zahlung in beiden Fällen baar.

e. Auf Bestellung und auf Vorrath für kürzere Zeit.

f. Der Kundenkreis für Fleisch ist auf Mannheim beschränkt, jedoch wird im Sommer auch an Gasthöfe in Heidelberg geliefert; für Fett (Speisefett nach besonderem

Verfahren zubereitet) mehrere auswärtige Abnehmer.

g. Eigenes Ladengeschäft, wo ausschließlich selbstgefertigte Waare feilgehalten wird.

h. Fällt aus.

i. Besondere Bedingungen nicht festgestellt, theils Baarzahlung, bei den ständigen Kunden aber ist in der Regel monatliche Zahlung üblich.

k. Gerichtliche Betreibung und Verlust von Ausständen sind selten.

l. Kein eigentlicher Arbeitsmangel, jedoch geht das Geschäft an den drei Wochen= markttagen merklich flauer, weil viele Leute ihren Fleischbedarf auf dem Markt holen; auch wird von den auswärtigen Metzgern, welche den Markt besuchen, in der Stadt hausirt.

m. Der Geschäftsbetrieb steht nie still, jedoch nimmt er in der Zeit von Oktober bis Februar regelmäßig ab, und zwar in Folge davon, daß zu dieser Zeit Wildpret und Geflügel auf den Markt kommt. Die Gesellenzahl wird nicht vermindert.

12. Kredit wurde nicht in Anspruch genommen.

13. Es wird einfach Buch geführt über Einnahmen und Ausgaben.

14. Ohne Nebengewerbe.

15. Siehe Anlage.

16. und 17. Der Geschäftsabschluß kann nicht als befriedigend bezeichnet werden, die Gründe hiefür sind allgemeiner Natur und werden unter b. 13 besprochen werden.

b. Allgemeine Geschäftslage.

1. Unter dem Zunftzwang zerfiel das Gewerbe in 4 Spezialitäten, nämlich Ochsen= metzgerei, Rindsmetzgerei, Schweinemetzgerei und Kalb= und Hammelmetzgerei. Bei Ein= führung der Gewerbefreiheit rentirten sich die auf eine der obigen Spezialitäten beschränk= ten Geschäfte nicht mehr, weil die Konkurrenz zu groß wurde; nur die besonders gut situirten Geschäfte behielten die Spezialität bei. Heutzutage betreiben die meisten Metzger das Gewerbe in seinem gesammten Umfange; nur die Schweinemetzgerei, verbunden mit Wurstlerei, wird vorherrschend noch als Spezialität betrieben.

2. Fällt aus.

3. Bestellungen aus weiteren Entfernungen sind Ausnahmen, auch wird in der Regel nur an die Konsumenten selbst verkauft.

4. Ladengeschäft ist wohl ausnahmslos damit verbunden, Verkauf fremder Waare aber nicht üblich.

5. Die meisten Gewerbegenossen sind gelernte Metzger. Als Nebengewerbe betreiben es vielfach die Wirthe, indem sie für ihren Haus= und Wirthschaftsbedarf, mitunter auch für den Verkauf über die Straße Schweine schlachten und verwursteln.

6. Kann nicht angegeben werden.

7. Der Betrieb der Metzgerei findet nur von Hand statt, in der Wurstlerei kommen Hülfsmaschinen (Schneid= und Wurstfüllmaschine) vor, jedoch nur in wenigen Geschäften, weil ein allgemeines Bedürfniß hiezu nicht vorhanden ist. Die Werkzeuge sind überall die gleichen.

8. Lehrlingswesen.

a. Die Ausbildung geschieht theils durch den Meister, theils durch die Gesellen; im Uebrigen sind die Lehrlinge wie Familienglieder gehalten.

b. Eine Schulwerkstätte ist kein Bedürfniß.

c. Für das Metzgergewerbe, ja.

12*

d. Schriftliche Verträge sind nicht häufig, da die Eltern bezw. Fürsorger der Lehrlinge sich ungern dazu verstehen.

e. Kommt öfters vor, ohne daß dagegen besondere Schritte geschehen, insbesondere ist polizeiliche Zuführung noch nie verlangt worden, weil man von der Ansicht ausgeht, daß man einen Lehrling, dem das Geschäft nicht behagt, am besten laufen läßt.

f. Preisverleihungen für Metzgerlehrlinge sind nicht üblich. Prüfungen werden auf Anmelden des Meisters durch die Innung veranlaßt und bei günstigem Ausfall Lehrlingsbriefe und Arbeitsbuch ausgestellt; ohne Letzteres wird in Norddeutschland kein Geselle angenommen.

g. Bleiben im Handwerk.

9. Gesellenwesen.

a. Gesellen gibt's genug, aber wenig tüchtige, weil die jungen Leute keine ordentliche Lehrzeit mehr durchmachen.

b. Klagen über das Verhalten der Gesellen, insbesondere unbefugten Austritt, sind selten.

c. Löhne sind während der letzten 5 Jahre nicht wesentlich, jedoch (besonders für die älteren Arbeiter) immerhin etwas gestiegen.

d. Wöchentliche Zahlung ist üblich, Vorauszahlung nicht, dagegen in manchen Geschäften theilweise Rückbehaltung.

e. Seitens der Innung ist eine Herberge mit Arbeitsnachweis eingerichtet, in welcher zureisende Gesellen Aufnahme finden. Der Aufwand der Innung hiefür beträgt 50 Pfennig für den Mann.

f. Fällt weg.

g. Streitigkeiten zwischen Gesellen und Meistern sind nicht häufig und werden in der Regel durch den Innungsvorstand geschlichtet. Ein Bedürfniß nach besonderem Gewerbegericht ist demnach nicht vorhanden.

10. Kreditanstalten sind vollkommen ausreichend.

11. Der Vieheinkauf Seitens der Metzger erfolgt meist auf den Viehmärkten, besonders auf dem allwöchentlich hier stattfindenden Fettviehmarkt. Die Menge der Einkäufe ist verschieden, je nach der Größe des wöchentlichen Bedarfs. Bezüglich der Zahlungsbedingungen besteht eine feste Uebung nicht, in den meisten Fällen wird wegen Mangels an baarem Geld auf Kredit gekauft werden. Die Viehpreise sind in den letzten Jahren gefallen und die Fleischpreise ebenfalls dementsprechend zurückgegangen.

12. Gelegenheit zur Ausnützung der Arbeitskraft und der Werkstätte-Einrichtungen sind genügend vorhanden.

13. Die Fleischpreise sind etwas zurückgegangen und zwar seit Ende der 70er Jahre jedenfalls in Folge der Aenderungen in den Viehpreisen. Diese bedingen auch während des Jahres größere Schwankungen, indem bei anhaltender Trockenheit der Markt mit geringem Vieh reichlich befahren wird und dadurch der Preis des Schmalfleischs fällt, während der für Fettvieh steigt.

14. Es ist Baarzahlung und monatliche Zahlung üblich.

15. Aufwand ist gestiegen seit Anfang der 70er Jahre.

16. Es besteht hier seit 1878 eine Metzgerinnung, welcher 54 von den 76 Meistern der Stadt angehören. Die Einrichtung der Innung hat sich gut bewährt.

17. Als besonderer Mißstand wäre hier zu erwähnen, daß die Benützung des städtischen Schlachthauses an Sonntagen auf die Zeit von 4 bis 9 Uhr Morgens beschränkt ist; es kommt in Folge dessen im Hochsommer vor, daß das Fleisch, welches erst am Montag geholt werden darf, „lebendig" wird, oder daß es bei Gewittern „verstickt".

18. Fällt aus.

c. Vorschläge zur Verbesserung des Kleingewerbes.

1. Es kann nicht verkannt werden, daß die jetzt bestehende Gewerbefreiheit auch ihre Schattenseiten hat; es wäre sicherlich für das Gewerbe sehr förderlich, wenn eine obligatorische Gesellenprüfung eingeführt würde.

2 und 3. Sind keine besonderen Vorschläge zu machen.

Metzger G. Sch. in Mannheim.   **Anlage.**

Vorbemerkung.

Erwerbsteuerkapital	7500 M.	— Pf.
Betriebskapital .	3500 „	— „
Anlagekapital	1000 „	— „

Familienzahl: 2 Personen.
Anzahl der Lehrlinge und Gesellen: 2

Geschäftsergebnisse im Jahr 1884.

A. Gewerbe.

I. Ausgaben.

1. Aufwand für Unterbringung von Werkstätte, Laden, Waarenlager:		
a. wenn im eigenen Hause:		
Werthanschlag für Benützung dieser Räume einschließlich des Unterhaltungsaufwands	1500 M.	— Pf.
2 a. Unterhaltung und Ergänzung von Handwerkszeug und Maschinen (einschließlich von Motoren)	100 „	— „
b. Abschreibung (Abnutzung) am Werthe von Handwerkszeug und Maschinen	30 „	— „
3. Heizung und Beleuchtung der Geschäftsräume nebst Heizung von Motoren, Brennöfen ꝛc.	150 „	— „
4. Persönlicher Arbeitsaufwand:		
a. Werthanschlag der Arbeit des Meisters	— „	— „
b. für Hilfsarbeiter:		
aa. Löhne an Lehrlinge und Gesellen	780 „	— „
bb. Aufwand für etwaige Verköstigung derselben durch den Meister	930 „	— „
5. Aufwand für Beschaffung der Arbeitsstoffe . . . 69 240 „		— „
6. Aufwand für zum Handel angekaufte Waaren . . .	— „	— „
7. Verlust an Ausständen	— „	— „
8. Zinsen des Anlage- und Betriebskapitals	180 „	— „
Summa .	72 910 M.	— Pf.

C. Sonstige Ausgaben.

1. Ausgaben für den Haushalt der Familie (2 Familienmitglieder

Uebertrag . . 72 910 M. — Pf.

Uebertrag .	72 910 M. — Pf.

und 1 Dienstbote) und zwar:

a. Kost	1 315 „ — „
b. Bekleidung . . .	450 „ — „
c. Unterricht	— „ — „
d. Heizung und Beleuchtung für Küche und Zimmer ꝛc.	444 „ — „
e. Arzt und Apotheke	— „ — „

2. Für die Wohnung:

b. wenn im eigenen Hause, das zum Theil vermiethet ist:
   Miethwerthanschlag für die weder zum Gewerbebetrieb (A. 1)

noch auch an Dritte vermietheten Räume	1 000 „ — „

3 a. Verzinsung des Hauswerths und zwar zu 4%, wobei jedoch die
   unter A. 1 a. und C. 2 a. und b. schon verrechneten Beträge

in Abrechnung zu bringen sind	300 „ — „
b. Unterhaltungsaufwand für das Gebäude	300 „ — „
c. Abschreibung am Hauswerth (in Folge von Abnützung) .	100 „ — „

4. Feuerversicherung für:

Gebäude . .	36 „ — „
Fahrnisse . . .	4 „ — „
5. Lebensversicherung	— „ — „
6. Staatssteuer . .	80 „ — „
7. Gemeindeumlagen	100 „ — „
8. Fleischschaugebühren	60 „ — „
Summa .	77 099 M. — Pf.

II. Einnahmen.
A. Gewerbe.

Bruttoeinnahme:

aus dem Gewerbebetriebe	75 920 M. — Pf.

B. Sonstige Einnahmen.

1. aus Miethe	1 550 „ — „
2. aus ausstehenden Kapitalien, verzinslichen Staatspapieren . .	660 „ — „
Summa .	78 130 M. — Pf.
Einnahmen .	78 130 „ — „
Ausgaben	77 099 „ — „
Somit Mehreinnahme .	1031 M. — Pf.

2.

Metzger A. J. in Mannheim.
a. Eigene Verhältnisse des Befragten.

Ich habe mein Geschäft erst in neuester Zeit einer Umänderung unterzogen, deren Erfolg ich noch abwarten muß. Ich bin deßhalb z. Z. weder in der Lage, noch auch gewillt, über die Einrichtung und Ergebnisse meines Gewerbebetriebes Aufschluß zu geben.

Dagegen bin ich gerne bereit, meine Ansichten über die Gründe der gedrückten Lage des Kleingewerbes und bezw. meine diesbezüglichen Verbesserungsvorschläge darzulegen. Ich beantworte deßhalb die Fragen zu b. und c. wie folgt:

1. Großmetzgerei (Ochsen ꝛc.) und Kleinmetzgerei (Schweine, Kälber ꝛc.) sind bald getrennt, bald vereinigt. Mit der Schweinemetzgerei ist stets Wurstlerei verbunden.

2. Fällt aus.

3. Meist für den Ort und die nächste Umgebung. Die Besteller sind meist die Konsumenten selbst, mitunter, besonders bei Wurstwaaren, auch Zwischenhändler.

4. Ladengeschäft ist in der Regel damit verbunden und der Handel auf eigene Erzeugnisse beschränkt.

5. Die Metzgermeister sind meist im Beruf vorgebildet, wenn auch großen Theils mangelhaft.

6. Verbindung mit der Landwirthschaft ist selten, wohl nur auf dem Lande üblich.

7. In der Werkstätte findet regelmäßig nur Handbetrieb statt, neue Werkzeuge sind theuer und deßhalb nur in wenigen Geschäften eingeführt. Von Hilfsmaschinen ist eigentlich nur die Wurstfüllmaschine üblich, welche mit der Hand betrieben wird. Zum Treiben von Wieg=, Hack= und Mengmaschinen sind in einzelnen Geschäften Gasmotoren eingeführt, deren Betrieb aber ziemlich theuer ist, sofern die Maschine nicht ausgenützt werden kann.

8. Lehrlingswesen.

a. Die Ausbildung des Lehrlings wurde durch den Meister geleitet.

b. Eine Schulwerkstätte ist nicht wünschenswerth.

c. Der gewerbliche Unterricht genügt, wenn er sich auf Schreiben, Rechnen und Buchführen erstreckt.

d. Meist kommt schriftlicher Vertrag mit verschiedenartigen Bestimmungen vor.

e. Kann nicht beantwortet werden.

f. Preisverleihungen finden nicht statt.

g. Verbleiben im Handwerk.

9. Gesellenwesen.

a. Gesellen sind insbesondere unter den reisenden Handwerksburschen in großer Zahl vorhanden, aber wenig tüchtige. Die meisten besitzen nicht genügende Handfertigkeit. Es kommt vor, daß Leute, insbesondere aus dem Würtembergischen und der Pfalz, welche einige Wochen lang bei einem Wirth in Dienst standen und diesem ab und zu beim Schweinemetzgen halfen, sich als gelernte Metzger ausgeben.

b. Das Verhalten der Gesellen ist im Großen und Ganzen nicht unbefriedigend, und kommt unbefugter Austritt selten vor.

c. Löhne sind seit 5 Jahren fast um's Doppelte gestiegen.

d. Lohnzahlung wird wöchentlich ausgemacht, doch lassen die Gesellen den Lohn in der Regel längere Zeit stehen, Zurückbehaltung, in manchen Geschäften wenigstens, ist üblich; Vorauszahlungen finden nicht Statt.

e. Die Innung unterhält eine Herberge mit Arbeitsnachweisbureau.

f. Fällt aus.

g. Streitigkeiten sind nicht häufig, dieselben werden statutengemäß durch die Innung geschlichtet, ein Gewerbegericht wäre wünschenswerth.

10. Kreditanstalten sind hier genug vorhanden.

11. Beim Viehkauf ist Baarzahlung üblich. Es wird meist auf dem Markt einge=

kauft. Viehpreise sind seit den letzten Jahren nicht gestiegen; mitunter ist auch schon im Wege freier Vereinigung der Viehbedarf (Hämmel und Schweine) im Großen von aus= wärts bezogen worden, ohne daß hiedurch nennenswerthe Vortheile erzielt wurden.

12. Gelegenheit zur Ausnützung der Arbeitskraft und der Werkstätte=Einrichtungen ist genügend vorhanden.

13. Fleischpreise sind seit etwa 5 Jahren um ungefähr 6, bei Dürrfleisch und Schweinefleisch überhaupt um 10—15 Prozent zurückgegangen, woran das durch aus= gedehntere Viehzucht, insbesondere Schweinemast, erhöhte Angebot die Schuld trägt; auch sind die Preise für Rindsfett sehr erheblich (15—18 Prozent) gesunken, weil bei der Seifen= und Lichterfabrikation vielfach Oele statt Fett verwendet werden.

14. Baarzahlung ist üblich, doch werden auch bei ständiger Kundschaft Monats= bücher geführt.

15. Aufwand für den Lebensunterhalt ist seit 1871 gestiegen, doch scheinen sich so= wohl die Lebensmittelpreise, als auch die Lebensansprüche in den letzten Jahren wieder zu ermäßigen.

16. Es besteht hier eine Innung, welcher etwa ⁴/₅ der hiesigen Metzgermeister angehören. Diese Innung gehört zu dem badischen Fleischerverband, welcher wieder ein Theil des deutschen Fleischerverbandes ist.

17. Einen Hauptschaden für das hiesige Metzgergewerbe veranlaßt der Umstand, daß Fleisch von auswärts ohne weitere Abgabe hierher verbracht und in den Fleischbän= ken auf dem Marktplatz feilgeboten wird. Da dieses Fleisch fast ausschließlich minder= werthiges ist, so können die Verkäufer die Preise niederer halten, als die hiesigen Metzger und haben deßhalb großen Zulauf, obwohl das Publikum für sein Geld meist schlechtes Zeug bekommt und der Vortheil auf Seiten des Publikums deßhalb ein sehr zweifelhafter ist.

18. Fällt aus.

c. Vorschäge zur Verbesserung des Kleingewerbes.

1. 2. und 3. Um die oben geschilderte Konkurrenz von außen einigermaßen zu bekämpfen, sollte jede Einfuhr von auswärts geschlachtetem Fleisch verboten werden. Die auswärtigen Konkurrenten wären dann genöthigt, die Schlachtungen hier zu besorgen und gleich den hiesigen Metzgern die nicht unbedeutenden Schlachthausgebühren zu entrichten; auch wäre hiedurch eine bessere sanitätspolizeiliche Kontrole geschaffen, denn die Fleischbeschauer auf dem Lande sind erfahrungsgemäß wenig zuverlässig und die vor= geschriebene wiederholte Fleischbeschau am Verkaufsorte hat wenig Werth, wenn nicht gleichzeitig Lunge, Herz und sonstiges Eingeweide vorgezeigt wird.

Hinsichtlich der Gewerbeordnung halte ich für sehr wünschenswerth, daß eine Minimal=Lehrzeit von zwei Jahren festgesetzt wird, ferner, daß als Geselle nur der ein= gestellt werden darf, der sich über die Ablegung einer Gesellenprüfung (Lehrstück) ausweist.

Des Weiteren bin ich der Ansicht, es sollte gemäß §. 100e. Gew.=Ordn. für diejenigen Bezirke, in welchen ordnungsmäßige Innungen bestehen, denjenigen Meistern, die nicht Mitglieder der Innung sind, das Halten von Lehrlingen untersagt werden.

Endlich wäre eine gesetzliche Vorschrift, wonach jeder Gewerbegehilfe (Lehrling oder Geselle ohne Rücksicht auf sein Alter) mit einem Arbeitsbuch versehen sein sollte, sehr wünschenswerth.

3.
Metzger J. B. H. in Mannheim.
a. Eigene Verhältnisse des Befragten.

1. 45 Jahre alt, Wittwer, 4 Söhne im Alter von 13 bis 21 Jahren, wovon der älteste gelernter Metzger ist und im Geschäfte mithilft.

2. Das Gewerbe wurde im väterlichen Geschäfte zu Mannheim in 2 Jahren erlernt und in demselben auch bis zur selbstständigen Uebernahme des Geschäftes gearbeitet. Der Schulbesuch erstreckte sich auf die Volksschule und 5 Klassen der höheren Bürgerschule; außerdem wurden zur Erweiterung der Sprachkenntnisse Privatstunden genommen.

3. Siehe Anlage.

4. Metzgerei, mit Landwirthschaft als Nebengewerbe. Näheres hierüber weiter unten.

5. Seit 1862. Das Geschäft befindet sich seit 1723 am hiesigen Orte und war ständig in den Händen der Familie.

6. Im eigenen Hause. Miethwerth für Laden, Kleinviehschlächterei, Schlachtviehstall und Eiskeller 2000 Mark, mittlere Geschäftslage.

7. Nur Handbetrieb.

8. Fällt aus.

9 a. Keine Lehrlinge.

b. Drei Gesellen, alle mit Kost und Wohnung im Hause. Der Lohn ist nach der Zeit bestimmt, wöchentlich 6 bis 12 Mark, Auszahlung findet jeweils am Ende der Woche, ohne Vorauszahlung oder Rückbehaltung statt.

10. Beginn Morgens 5 Uhr, Ende 7 Uhr, worin jedoch namentlich im Hoch= sommer mit Rücksicht auf die Witterung manche Aenderungen eintreten, regelmäßige Pausen gibt's während der Mittagszeit von 12 bis ½1 Uhr, und ferner Frühstücks= und Vesper= pausen. Der Gang des Geschäftes bringt es übrigens, besonders in der heißen Zeit, mit sich, daß nicht selten Unterbrechungen der Arbeit von kürzerer oder längerer Dauer stattfinden müssen.

Meister arbeitet im Geschäft mit, soweit ihn nicht andere dringliche Geschäfte abhalten.

11. Gewerbebetrieb.

a. Das Gewerbe wird seinem ganzen Umfange nach betrieben, mit Ausnahme der Schweinemetzgerei und Wurstlerei.

b. und c. fallen aus.

d. Das Schlachtvieh wird meist direkt von den Viehzüchtern auf dem Lande, mitunter auch auf dem Markte gekauft, nur die Hämmel werden theilweise auch aus der eigenen Landwirtschaft entnommen.

e. Fällt aus.

f. Kundschaft ist auf den Ort beschränkt.

g. Ein Ladengeschäft ist mit der Metzgerei verbunden, in welchem die ständigen Abnehmer, sowie sonstige Kunden ihren Bedarf holen; fremde Waare wird darin nicht geführt.

h. Fällt aus.

i. Bedingungen sind nicht festgestellt; ständige Kunden zahlen in der Regel monatlich;

im Uebrigen ist im Kleinverkauf Baarzahlung üblich, doch kommt bei ständigen Kunden, und zwar selbst bei solchen der gut situirten Klasse, auch Hinausschiebung der Zahlung bis zu einem halben Jahre und mehr vor.

k. Bei Nichteinhaltung der üblichen Zahlungsfristen wird gerichtliche und außer= gerichtliche Mahnung selten in Anwendung gebracht, damit die Kundschaft nicht verloren geht, in Folge dessen kommt es freilich mitunter vor, daß die Rückstände sich anhäufen und dann in Verlust gerathen. Insbesondere sind die kleinen Wirthe in dieser Hinsicht oft schlimme Kunden.

l. Arbeitsgelegenheit ist genügend.

m. Während der Zeit von Herbst bis zum Februar, wo die Jagd auf ist, geht das Geschäft, besonders in Kalbfleisch sehr merklich flauer, doch tritt eine Verminderung der Hilfsarbeiter nicht ein, schon deßhalb nicht, weil die Versorgung der Kundschaft, d. h. das Tragen des Fleisches in die Häuser viel Zeit in Anspruch nimmt. Zudem ist die Kund= schaft daran gewöhnt, daß der Metzgerbursche jeweils Abends, mitunter auch erst am frühen Morgen in's Haus kommt, und die Tagesbestellung entgegen nimmt.

12. Kredit mußte nicht in Anspruch genommen werden.

13. Es wird in einfacher Weise Buch geführt, nämlich ein Hauptbuch, ein Kassen= buch, ein Waarenscontobuch und ein Kundenbuch.

14. Der landwirthschaftliche Besitz besteht in circa 24 Morgen Aecker und Wiesen, wovon 4 Morgen in Pacht gegeben sind. Zur Mithilfe ist ein ständiger Gehilfe eingestellt, welcher neben freier Kost und Wohnung einen Wochenlohn von 8 Mark erhält. Im Sommer werden je nach Bedarf Taglöhner eingestellt. Der Feldbau beschränkt sich auf Futter und Frucht, sowie Kartoffeln. Außer diesem Feldbau wird noch Schafzucht betrieben und ist zu diesem Zweck von der Stadt Mannheim, der Rheinbau=Inspektion und der Domänenverwaltung ein Waidgebiet von nahezu 200 Morgen (wovon 160 Morgen Exer= zierplatz) mit einem jährlichen Anfwand von rund 2000 Mark gepachtet. Die Stückzahl der Schafe beträgt durchschnittlich 300. Im Hause werden zwei Kühe gehalten, deren Milchertrag in die Haushaltung verwendet wird.

Das Futtererträgniß, bestehend in Klee, Gras und Rüben, wird vollständig für die eigene Wirthschaft, für die Hämmel und Kühe verwendet; es muß aber durchschnittlich noch für 500 bis 600 Mark Futter dazu gekauft werden. Die Ertägnisse des Frucht= baues, welcher etwa ein Drittel des landwirthschaftlichen Betriebs darstellt, werden verkauft, das Stroh jedoch selbst verwendet. Das Ertägniß stellt sich etwa auf 10 Zentner den Morgen, im Ganzen also auf ungefähr 60 Zentner, und zwar Weizen, Korn und Gerste.

Abfälle von der Metzgerei kommen für die Landwirthschaft nicht in Betracht. Die Kartoffel=Ertägnisse von 2 bis 3 Morgen werden ganz im Haushalte verbraucht.

15. Siehe Anlage.

16. Abschluß ist nicht befriedigend.

17. Die Gründe sind allgemeiner Natur.

c. Vorschläge zur Verbesserung des Kleingewerbes.

1. Es sollten die Innungen für obligatorisch erklärt werden und zwar in dem Sinne, daß ein organisirter Innungsverband, der sich auf sämmtliche Orte des Reiches erstreckt, eingerichtet wird, daß jeder, der das Metzgergewerbe treiben will, in diesen Ver= band eintreten muß, daß aber die Innungen nur dann zur Aufnahme verpflichtet bezw.

befugt sind, wenn der Bewerber nachweist, daß er das Gewerbe ordnungmäßig gelernt und das Lehrstück abgelegt hat. Die Errichtung von Gewerbekammern, ähnlich wie die Handelskammern, aber getrennt von diesen und mit Ausschluß der Großindustrie, wäre sehr wünschenswerth.

2. Die Einfuhr und das Feilbieten von ausgeschlachtetem Fleisch durch Auswärtige sollte untersagt werden. Der im Jahre 1867 gefaßte Beschluß über gesonderte Rechnungsführung bezüglich des Schlachthauses sollte in Vollzug gesetzt werden, was bis jetzt noch nicht geschehen ist. Es wird sich dann wohl ergeben, daß das Schlachthaus nach Abzug der Betriebskosten und Amortisationsquoten noch einen Ueberschuß abwirft, und daß somit die sehr drückenden Schlachthausgebühren ermäßigt werden könnten.

Endlich wäre es wünschenswerth, daß die Fleischschaugebühren auf die Stadtkasse übernommen und nicht den Metzgern auferlegt würden.

Nachträglich:

Ich bin noch von früher her, wo ich einen großen Exportschafhandel betrieb, im Firmenregister eingetragen. Ich habe mich bisher nicht löschen lassen, weil ich möglicherweise über kurz oder lang den fraglichen Handel wieder aufnehmen werde.

Metzger J. B. H. in Mannheim.   Anlage.

Vorbemerkung.

Erwerbsteuerkapital .	18 600 M. — Pf.
Betriebskapital .	11 600 „ — „
Anlagekapital	1000 „ — „

Familienzahl: 5 Personen.

Anzahl der Lehrlinge und Gesellen: 3.

Geschäftsergebnisse im Jahre 1884.

I. Ausgaben.

A. Gewerbe.

1. Aufwand für Unterbringung von Werkstätte, Laden, Waarenlager:
   a. wenn im eigenen Hause:
   Werthanschlag für Benützung dieser Räume einschließlich des Unterhaltungsaufwands . . . . 2 400 M. — Pf.

2 a. Unterhaltung und Ergänzung von Handwerkszeug und Maschinen (einschließlich von Motoren) . . . . 850 „ — „

   b. Abschreibung (Abnutzung) am Werthe von Handwerkszeug und Maschinen . . . . — „ — „

3. Heizung und Beleuchtung der Geschäftsräume nebst Heizung von Motoren, Brennöfen ꝛc. . . . . 150 „ — „

4. Persönlicher Arbeitsaufwand:
   a. Werthanschlag der Arbeit des Meisters (8 Mark für 365 Tage) 2 920 „ — „
   b. für Hilfsarbeiter:
   aa. Löhne an Lehrlinge und Gesellen . . . . 1 560 „ — „
   bb. Aufwand für etwaige Verköstigung derselben durch den Meister . . . . 2 190 „ — „

5. Aufwand für Beschaffung der Arbeitsstoffe . . . . — „ — „

Uebertrag . 10 070 M. — Pf.

	Uebertrag .	10 070 M.	— Pf.
6. Aufwand für zum Handel angekaufte Waaren	. .	87 052 „	— „
7. Verlust an Ausständen		350 „	— „
8. Zinsen des Anlage= und Betriebskapitals .	. . . .	1 000 „	— „
	Summa	98 472 M.	— Pf.

B. Sonstige Ausgaben.

1. Ausgaben für den Haushalt der Familie, 5 Familienmitglieder und keine Dienstboten und zwar:

a. Kost . . .		4 964 M.	— Pf.
b. Bekleidung		1 600 „	— „
c. Unterricht		700 „	— „
d. Heizung und Beleuchtung für Küche und Zimmer rc. .		350 „	— „
e. Arzt und Apotheke.		500 „	— „
f. Werth etwaiger selbstgezogener, in die Haushaltung verwen= deter Nahrungsmittel		500 „	— „

2. Für die Wohnung:

     b. wenn im eigenen Hause, das zum Theil vermiethet ist: Miethwerthanschlag für die weder zum Gewerbebetrieb (A. 1) noch auch an Dritte vermietheten Räume . . . . . .   1 200 „ — „

3 a. Verzinsung des Hauswerths und zwar zu 4 %, wobei jedoch die unter A. 1 a. und C. 2 a. und b. schon verrechneten Beträge in Abrechnung zu bringen sind . . . .   — „ — „

     b. Unterhaltungsaufwand für das Gebäude . . . . .   350 „ — „

     c. Abschreibung am Hauswerth (in Folge von Abnützung) .   — „ — „

4. Feuerversicherung für:

Gebäude . . .		50 „	83 „
Fahrnisse . . .		41 „	95 „

5. Lebensversicherung .   — „ — „

6. Staatssteuer für:

Hauptgewerbe . .		165 „	96 „
Nebengewerbe . . .		26 „	— „

7. Gemeindeumlagen für:

Hauptgewerbe . .		178 „	8 „
Nebengewerbe .	. . .	28 „	— „
	Summa .	109 126 M.	82 Pf.

II. Einnahmen.

A. Gewerbe.

Bruttoeinnahme:

     a. aus dem Gewerbebetriebe . . . .   96 982 M. — Pf.

B. Nebengewerbe.

Bruttoeinnahme.

     a. aus dem Gewerbebetriebe .   . . . .   1 720 „ — „

	Uebertrag	98 702 M.	— Pf.

Uebertrag   98 702 M. — Pf.

C. Sonstige Einnahmen.

1. aus Miethe	680 „ — „
2. aus ausstehenden Kapitalien, verzinslichen Staatspapieren .	1 000 „ — „

Summa . 100 382 M. — Pf.

Ausgaben . 109 126 „ — „

Einnahmen . . . . 100 382 „ — „

Somit Mehrausgabe   8 744 M. — Pf.

4.

Metzger H. H. in Mannheim.

a. Eigene Verhältnisse des Befragten.

1. 45 Jahre alt, verheirathet, ein Sohn und eine Tochter, im Alter von 20 bezw. 12 Jahren, ersterer ist gelernter Metzger und hilft im Geschäft, dient aber seit Oktober als Einjährig-Freiwilliger bei den hiesigen Dragonern.

2. Das Gewerbe wurde hier im väterlichen Geschäfte erlernt und zwar innerhalb etwa 2 Jahren; ebenso wurde nur im väterlichen Geschäfte als Geselle gearbeitet. Schulbesuch: Volksschule und die ersten vier Klassen der höheren Bürgerschule.

3. Siehe Anlage.

4. Schweinemetzgerei und Wurstlerei ohne Nebengewerbe.

5. Selbstständiger Betrieb seit 1863. Das Geschäft wurde nie verlegt und befindet sich seit nahezu hundert Jahren in den Händen der Familie.

6. Eigenes Haus. Miethwerth der Geschäftslokalitäten (Metzig, Wurstküche, Laden, Kellerräume) 2000 Mark. Geschäftslage (C. 3) gut.

7. Handbetrieb, doch kommen auch einige kleinere Maschinen, nämlich eine Wurstfüllmaschine, Fleischzerkleinerungsmaschine (Fleischwolf) und Schneidmaschine für Grieben, in Anwendung.

8. Kein Motor.

9. Hilfspersonal. a. Zwei Lehrlinge. Mit dem einen besteht schriftlicher Vertrag, wonach er mindestens 2 Jahre in der Lehre bleiben muß, Kost und Logis erhält und kein Lehrgeld zu zahlen hat. Mit dem andern, welcher schon in Heidelberg ⁵/₄ Jahre Lehrzeit durchgemacht hat, ist kein schriftlicher Vertrag geschlossen; es wurde nur mündlich vereinbart, daß er noch ein Jahr lernen solle, Kost, nicht aber auch Wohnung, erhalte und ein Lehrgeld nicht zu bezahlen habe. Die Lehrlinge werden theils durch den Meister selbst, theils durch den ältesten Gesellen im Geschäft unterwiesen.

b. Vier Gesellen, wovon einer, der verheirathet ist, nur Kost, die andern Kost und Wohnung im Haus haben. Der Lohn beträgt wöchentlich 16, 9, 8 und 6 Mark; Zahlung erfolgt jeweils Sonntags, jedoch wird jeweils ein Wochenlohn zurückbehalten, um die Leute besser an der Hand zu haben; Vorausbezahlung wird nicht gewährt.

10. Beginn der Arbeitszeit 5 Uhr Morgens, Ende 7 Uhr Abends mit 3 Essenspausen für Frühstück, Mittagstisch und Abendbrod. Der Meister arbeitet mit.

11. Gewerbebetrieb.

a. Wie bereits bemerkt, wird nur Schweinemetzgerei und Wurstlerei betrieben ohne Arbeitstheilung.

b. Fällt aus.

c. Der Arbeitsstoff (Schweine und ab und zu für die Wurstlerei ein Farren) wird stets vom Meister geliefert und von Viehhändlern bezogen.

d. Es wird jeweils der Bedarf auf 3 bis 4 Tage hinaus gedeckt. Zahlung erfolgt baar.

e. Auf Bestellung und auf Vorrath, wie dies im Metzgergewerbe allgemein der Fall ist.

f. Der Kundenkreis ist auf die Stadt und nächste Umgebung beschränkt, doch kommen ab und zu auch Bestellungen nach auswärts vor.

g. Eigenes Ladengeschäft, in welchem auch feinere Wurstsorten von Braunschweig und Gotha feil geboten werden. Im Verhältniß zu den selbstverfertigten Waaren sind aber diese fremden Wurstwaaren von geringer Bedeutung, und mögen kaum 2 % des Umsatzes auf letztere entfallen.

h. Monatliche Zahlung.

i. In der Regel wird von den Kunden baar bezahlt; nur für einige ständige Kunden werden Kreditbücher geführt, insbesondere für Wirthe.

k. Die Kreditkunden zahlen in der Regel monatlich; manchmal wird auch die Zahlung ungebührlich verzögert, dann aber von solchen, bei welchen gerichtliche Betreibung keinen Zweck hat, weil sie nichts haben; im Uebrigen gehen Ausstände nur bei Ganten verloren. Ein Prozentsatz läßt sich aber für diese vereinzelt eintretenden Verluste nicht angeben.

l. Ueber den Gang des Geschäftes ist nicht zu klagen.

m. Eigentliche Schwankungen treten nicht ein, obwohl der Geschäftsgang bald mehr, bald weniger belebt ist.

12. Kredit wird nicht in Anspruch genommen.

13. Die Buchführung beschränkt sich auf die Aufzeichnung der Ausgaben an die Schweinehändler, ferner auf Führung eines Kontobuchs für die Kreditkunden; im Uebrigen wird das täglich eingehende Geld ohne nähere Zählung der Ladenkasse entnommen und theils zur Bestreitung der Haushaltungskosten (welche ebenfalls nicht besonders gebucht werden), theils wieder für das Geschäft verwendet.

14. Fällt aus.

15. Siehe Anlage.

16. Der Geschäftsabschluß ist befriedigend, wie dies regelmäßig der Fall war. Der Hauptvorzug meines Geschäfts gegenüber manchen andern liegt in der zahlreichen Kundschaft, welche wieder auf den guten Ruf des Geschäftes und wohl auch darauf zurückzuführen ist, daß sich hier verhältnißmäßig wenig feinere Wurstlereien befinden.

c. Vorschläge zur Verbesserung des Kleingewerbes.

1. 2. und 3. Irgend welche Vorschläge wüßte ich nicht zu machen; wie vorhin schon bemerkt, bin ich mit dem Gang meines Geschäftes zufrieden und weiß keinen besonderen Mißstand zu bezeichnen. Wenn andere Geschäfte nicht rentiren oder gar mit Verlust arbeiten, so wird das in erster Reihe dem Mangel an Kundschaft zuzuschreiben sein, welcher die verschiedenartigsten Ursachen haben kann.

Das Innungswesen ist meiner Ansicht nach für unser Gewerbe ganz zweckmäßig organisirt und bedarf keiner Aenderung.

Metzger H. H. in Mannheim.   Anlage.
Vorbemerkung.

Erwerbsteuerkapital .   . . .   24 000 M. — Pf.
Betriebskapital .   .   12 000 „ — „
Anlagekapital . . . .   2 500 „ — „
          Familienzahl: 4 Personen.
          Anzahl der Lehrlinge und Gesellen: 5.
Geschäftsergebnisse im Jahr 1884.
I. Ausgaben.
A. Gewerbe.

1. Aufwand für Unterbringung von Werkstätte, Laden, Waarenlager:
   a. wenn im eigenen Hause:
      Werthanschlag für Benützung dieser Räume einschließlich des
      Unterhaltungsaufwands . . . .   2 000 M. — Pf.
2 a. Unterhaltung und Ergänzung von Handwerkszeug und Maschinen
     (einschließlich von Motoren) . . . .   500 „ — „
   b. Abschreibung (Abnutzung) am Werthe von Handwerkszeug und
      Maschinen . . . .   250 „ — „
3. Heizung und Beleuchtung der Geschäftsräume nebst Heizung von
   Motoren, Brennöfen ꝛc. . . . .   .   1 000 „ — „
4. Persönlicher Arbeitsaufwand:
   a. Werthanschlag der Arbeit des Meisters (10 Mark für 300 Tage) 3 000 „ — „
   b. für Hilfsarbeiter:
      aa. Löhne an Lehrlinge und Gesellen . . . .   2 704 „   „
      bb. Aufwand für etwaige Verköstigung derselben durch den
          Meister . . . .   3 723 „ — „
5. Aufwand für Beschaffung der Arbeitsstoffe . .   .150 000 „ — „
6. Aufwand für zum Handel angekaufte Waaren   —   „   „
7. Verlust an Ausständen . . . . . .   200 „   „
8. Zinsen des Anlage= und Betriebskapitals.   . . . . .   580 „ — „
                              Summa 163 957 M. — Pf.

C. Sonstige Ausgaben.

1. Ausgaben für den Haushalt der Familie (4 Familienglieder und
   5 Dienstboten) und zwar:
   a. Kost . . . .   2 277 M. — Pf.
   b. Bekleidung   .   2 500 „ — „
   c. Unterricht . . . .   500 „ — „
   d. Heizung und Beleuchtung für Küche und Zimmer ꝛc. .   700 „ — „
   e. Arzt und Apotheke .   .   400 „ — „
2. Für die Wohnung:
   b. wenn im eigenen Hause, das zum Theil vermiethet ist:
      Miethwerthanschlag für die weder zum Gewerbebetrieb A. 1
      noch auch an Dritte vermietheten Räume . .   1 800 „ — „
                              Uebertrag 172 134 M. — Pf.

Uebertrag　172 134 M. — Pf.

3 a. Verzinsung des Hauswerths . . . .　　　　　　— „ — „

　　b. Unterhaltungsaufwand für das Gebäude . . . . .　500 „ — „

　　c. Abschreibung am Hauswerth (in Folge von Abnützung).　— „ — „

4. Feuerversicherung für:

　　Gebäude . . .　　　　　　　　　　　　　　　72 „ 85 „

6. Staatssteuer . . .　　　　　　　　　　　　280 „ 80 „

7. Gemeinde=Umlagen .　　　　　. . . .　　　　349 „ 28 „

Summa　173 336 M. 93 Pf.

II. Einnahmen.

A. Sonstige Einnahmen.

1. aus Miethe . . . .　　　　1100 M. — Pf.

2. aus ausstehenden Kapitalien, verzinslichen Staatspapieren . . .　1350 „ — „

Summa (unvollständig) .　2450 M. — Pf.,

weil keine Bücher geführt werden.

5.

Metzger A. K. von Rohracker, Oberamt Cannstadt.

a. Eigene Verhältnisse des Befragten.

1. 35 Jahre alt, verheirathet, kinderlos.

2. Das Gewerbe wurde in 2jähriger Lehrzeit in Hädelfingen, Oberamt Cann=stadt, erlernt. Gesellenzeit 10 Jahre, zuerst 3 Jahre in Stuttgart bei 2 Meistern, dann 1 Jahr in Wangen beim gleichen Meister, dann 3 Jahre in Pest bei 2 Meistern, zuletzt hier 1 Jahr bei Benzinger und 2 Jahre bei Bacl. Volksschule.

3. Siehe Anlage.

4. Metzgerei mit Wurstlerei. Kein Nebengewerbe.

5. Seit 1874 selbstständig, in welchem Jahre das Geschäft hier gegründet wurde.

6. Eigenes Haus. Miethwerth der Geschäftsräume (Metzig, Wurstküche, Laden und Keller) 1200 Mark. Geschäftslage gut.

7. Vorzugsweise Handbetrieb, doch werden auch 3 kleine Maschinen (Wurstfüll=maschine, Griebenschneidmaschine und Fleischwolf) verwendet.

8. Kein Motor.

9 a. Zwei Lehrlinge; in schriftlichem Vertrag ist 2jährige Lehrzeit, sowie Kost und Wohnung im Hause und 100 bezw. 170 Mark Lehrgeld bedungen. Die Unterweisung der Lehrlinge geschieht durch den Meister persönlich.

　　b. Ein Geselle mit Kost und Wohnung im Hause. Lohn nach Zeit, wöchentlich 8 Mark, Auszahlung Sonntags ohne Zurückbehaltung oder Vorausbezahlung. An Trink=geldern stellt sich der Geselle auf etwa 2 Mark wöchentlich.

10. Beginn der Arbeit im Sommer um 5, im Winter um 6 Uhr, Ende ver=schieden, im Sommer oft schon Nachmittags, wogegen aber auch manchmal bis in die Nacht gearbeitet werden muß. Regelmäßige Pausen keine, es wird den Leuten nur die Zeit gewährt, die sie zum Frühstück, Mittagessen und zur Vesper brauchen. Meister arbeitet mit.

11. Gewerbebetrieb.

　　a. Rindsmetzgerei, in kleinerem Maßstab auch Kalbsmetzgerei, Schweinemetzgerei und Wurstlerei. Keine Arbeitstheilung.

b. Fällt aus.

c. Pivatschlachtung kommt nicht vor.

d. Das Vieh wird theils unmittelbar vom Land, theils auf dem hiesigen Viehmarkt bezogen, und zwar gewöhnlich der Wochenbedarf, bestehend aus 3 Stück Rind, 4 bis 6 Stück Schweine und 3 Stück Kälber. Beim Landwirth kommt das Stück oft um 30 bis 40 Mark billiger, wie beim Händler auf dem Markt; doch muß bei ersteren in der Regel baar bezahlt werden, was aus Mangel an Baarmitteln nicht immer möglich ist. Die Händler, ausschließlich Juden, kreditiren auf unbestimmte Zeit, der Käufer muß dann aber stets wieder bei ihnen kaufen, widrigenfalls er sofort den Gerichtsvollzieher auf den Hals bekommt.

e. Auf Bestellung und Vorrath.

f. Kundschaft auf die Stadt und nähere Umgebung beschränkt.

g. Ladengeschäft, in welchem nur eigene Erzeugnisse feil geboten werden.

h. Fällt aus.

i. Die Kunden zahlen etwa zu $^1/_3$ baar, zu $^2/_3$ lassen sie aufschreiben. Uebliches Zahlungsziel im letzterem Falle ist jeweils Schluß des Monats.

k. Dies übliche Zahlungsziel wird aber nicht pünktlich eingehalten, selbst von Leuten, die bei gutem Willen zahlen könnten. So kommt es nicht gerade selten vor, daß ein ganzes Jahr lang und länger auf Borg geholt wird. Gerichtliche Betreibung wird nur im äußersten Falle angewendet, damit die Kunden nicht vertrieben werden. Gänzlicher Verlust von Ausständen kommt auch vor; so wurde im vorigen Jahre an einem Wirthe der Betrag von 800 Mark eingebüßt. Es kann mit Sicherheit ein jährlicher Verlust in Höhe von 200 Mark (etwa $^1/_3$ %) der Gesammteinnahme) angenommen werden.

l. In den Wintermonaten geht das Geschäft oft recht flau und zwar aus dem Grunde, weil in dieser Zeit die Wirthe wursteln und das Publikum seinen Bedarf vielfach von diesen bezieht.

m. Auch an den 3 Wochenmarkttagen ist der Absatz im Laden ein auffallend kleiner, weil in den 12 städtischen Fleischbänken eine Masse Fleisch von auswärts um billigen Preis, aber allerdings auch in schlechterer Beschaffenheit feil geboten wird.

12. Behufs Abzahlung von Viehkaufsschulden wurde vor zwei Jahren ein Kapital von 3000 Mark bei der Volksbank aufgenommen, welches zu 5 % verzinst wird. Da sich die Viehhändler Hamburger verbürgt hatten, hatte die Aufnahme keine Schwierigkeit.

13. Es werden 3 Bücher geführt, ein Ladenbuch, in welchem alle Kreditverkäufe eingeschrieben werden, ein Kontobuch für die ständige Kundschaft und ein Ausgabebuch für die Viehkäufe. Die Ausgaben für die Haushaltung werden einfach aus der Kasse genommen, ohne daß Aufzeichnungen darüber geschehen.

14. Fällt aus.

15. Siehe Anlage.

16. und 17. Der Geschäftsabschluß war ein sehr ungünstiger, indem sich meine Schuld an die Viehhändler Hamburger von 11000 auf 19000 Mark vermehrte. Die Hauptschuld an diesem schlimmen Ergebnisse liegt darin, daß ich in die Hände dieser Juden gefallen bin, ich bin dadurch genöthigt, mindestens $^2/_3$ meines Bedarfs an Rindern von ihnen zu beziehen, und kann sicher annehmen, daß ich das Vieh auf diese Art um

3000 bis 4000 Mark theuerer bezahlen mußte, als wenn ich es von den Bauersleuten gekauft hätte. Vor 3 Jahren noch, als ich mit den genannten Leuten noch keine Geschäfte machte, ging es mir weit besser.

b. Allgemeine Geschäftslage.

1. In der Regel ist die Großmetzgerei (Ochsen-, Rinder-, Kälbermetzgerei) von der Schweinemetzgerei getrennt und mit letzterer die Wurstlerei verbunden.

2. Fällt aus.

3. Meist nur für die Stadt und die nächste Umgebung. Abgabe an die Konsumenten selbst, mit Ausnahme der Wirthschaften.

4. Die Haltung eines Ladengeschäfts bildet die Regel; ein gleichzeitiger Verkauf fremder Fleischwaaren findet nur in einzelnen Fällen statt.

5. Die meisten Berufsmetzger haben ordnungsmäßig das Gewerbe erlernt; als Nebengewerbe wird es vielfach von den Wirthen und zwar mit nur zu günstigem Erfolge betrieben, da sie den Metzgern viel Kundschaft wegnehmen.

6. Eine Verbindung mit dem landwirthschaftlichen Betrieb besteht fast nur in den Landorten, wo die Landwirthschaft meist das Hauptgewerbe ist, da wenigstens in kleinen Ortschaften nicht jeden Tag Fleisch gekauft wird.

7. Bei der Großmetzgerei findet nur Handbetrieb statt, bei der Wurstlerei werden einzelne Hilfsmaschinen (Wurstfüll-, Griebenschneid- und Fleischmahlmaschine, mitunter auch Hackmaschine) angewendet. Gasmotoren sind nur vereinzelt eingeführt, weil sie bei den meisten Geschäften nicht ausgenützt werden können, und zudem Arbeiter dabei nicht gespart werden.

8. Lehrlingswesen.

a. In kleineren Geschäften wird der Lehrling durch den Meister ausgebildet, während in den größeren dies vielfach den Gesellen überlassen wird. Im Uebrigen ist der Lehrling wohl allenthalben in der Familie des Meisters aufgenommen, ißt mit ihm am Tische und wird überhaupt wie ein Familienglied gehalten.

b. Schulwerkstätten sind nicht wünschenswerth.

c. Genügt.

d. Schriftlicher Vertrag ist noch nicht zur Regel erhoben, auch sind keine gleichmäßigen Bestimmungen eingeführt, obwohl dies durchführbar wäre.

e. Gesetzwidriges Verlassen der Lehre ist nur allzu häufig, ohne daß hiergegen etwas geschehen wäre. Die Innung könnte hier nicht viel helfen, selbst wenn sie ihren Mitgliedern zur Verpflichtung machen würde, solche Lehrlinge, die bei einem andern Meister vertragsbrüchig geworden sind, nicht anzunehmen, denn es sind immer noch genug nicht zur Innung gehörige Metzger hier, bei welchen die jungen Leute Unterkommen finden. Eine polizeiliche Zurückführung pflegt nicht verlangt zu werden, weil Niemand ein Interesse daran hat, einen widerspenstigen Menschen, der nicht gehorchen will, zu behalten.

f. und g. fallen hier aus.

9. Gesellenwesen.

a. Gesellen gibt's an sich genug, aber die Meisten verstehen ihr Handwerk nicht recht; es mangelt ihnen insbesondere an der nöthigen Handfertigkeit.

b. Im Allgemeinen gibt das Verhalten der Gesellen keinen Grund zu Klagen; auch kommt in neuerer Zeit unbefugter Austritt selten vor, insbesondere seit Errichtung der Innung.

c. Die Löhne sind in den letzten 5 Jahren gleich geblieben.

d. Wöchentliche Zahlung ist üblich; Vorauszahlung kommt nirgends, Rückbehal=
tung bis zur Höhe eines Wochenlohns da und dort vor.

e. Die Innung hat eine Herberge eingerichtet, d. h. es ist mit einem hiesigen
Wirthe ein Vertrag geschlossen worden, wonach dieser den durchreisenden Metzgern gegen
Marken, welche denselben Seitens der Innung verabfolgt werden, Obdach und Essen gibt;
diese Marken gelten 50 Pf. Dem Reisenden, der diesen Betrag in der Herberge nicht
ganz verbraucht, wird der Ueberschuß in Baar ausgefolgt. Arbeitsgelegenheit ist ebenfalls
auf der Herberge zu erfahren. Die Innung hat auch sämmtliche Gesellen bei der Schlesi=
schen Unfallversicherungs=Gesellschaft versichert und zahlte jeder Innungsmeister in diesem
Jahre 12 Mark für jeden seiner Gesellen.

f. Fällt aus.

g. Streitigkeiten sind nicht häufig, doch wäre wünschenswerth, wenn zum Austrag
solcher ein Gewerbegericht eingesetzt würde.

10. Kreditanstalten sind wohl genug hier, sie verlangen aber so weitgehende
Sicherung, daß es für einen Anfänger im Geschäft schwer ist, Kredit zu bekommen. Ab=
hilfe ist wohl nicht leicht zu schaffen, da den Kreditinstituten nicht zugemuthet werden
kann, ihre eigenen Interessen hintan zu setzen.

11. Das Vieh wird meist von Händlern auf dem Markt bezogen und theils baar,
theils auf Kredit gekauft; ersteres ist vortheilhafter, aber viele Metzger müssen eben noth=
gedrungen borgen, da es sich meist um Summen von wenigstens 600 Mark handelt und
nicht jeder in der Lage ist, diese immer sofort auszubezahlen. Auch wird unmittelbar vom
Bauern bezogen und stellen sich dann die Preise billiger; allein das Herumreisen auf dem
Lande nimmt viel Zeit weg. Die Preise für Großvieh sind seit 10 Jahren beinahe die
gleichen, ebenso die Fleischpreise; jedoch ist der Metzger insofern übler daran, als die
Fettpreise sehr gesunken sind. Die Preise für Schweine und Schweinefleisch sind seit etwa
5 Jahren gleichmäßig herunter gegangen. Die Kälber sind jetzt theurer als vor 5 Jahren;
das Kalbfleisch ist zwar auch im Preise gestiegen, aber im Verhältniß doch zurückgeblieben.

12. Die Arbeitsgelegenheit ist seit Jahren in stetem Rückgang begriffen; verzehrt
wird zwar in hiesiger Stadt noch gleich viel wie früher, aber erstens hat sich die Zahl
der Geschäfte vermehrt und zweitens wird eine Menge Fleisch von auswärts eingeführt.
Es sind auf dem hiesigen Markte nicht weniger als 12 Fleischbänke eingerichtet, in welchen
jeder Auswärtige gegen eine Abgabe von nur 50 Pf. für den Tag 3 Mal in der
Woche feil halten kann, soviel er nur will. .

13. Soweit möglich schon unter 11 beantwortet.

14. In der Regel wird von den Kunden baar oder auf Monatsrechnung bezahlt.

15. Der Aufwand für den Lebensunterhalt ist schon seit nahezu 10 Jahren
gleich geblieben.

16. Es besteht ein allgemeiner deutscher Fleischerverband und als Theil desselben
ein badischer Fleischerverband; dieser letztere Verband gliedert sich, wie alle Landesverbände,
in einzelne Innungen, und zwar bestehen solche z. B. in Mannheim, Bruchsal, Karls=
ruhe, Bretten, Offenburg, Lahr, Freiburg, Konstanz, Donaueschingen und Pforzheim.
Die Statuten sind für alle Innungen des deutschen Fleischerverbandes die gleichen. Jeder

14*

Innungsmeister, der einen Lehrling annimmt, hat ihn beim Vorstande anzumelden. Die Entlassung aus der Lehre erfolgt erst, nachdem der Innungsvorstand die Prüfung abgenommen und den Lehrbrief ausgestellt hat. Eine Meisterprüfung wird nicht abgenommen. Arbeitsbücher sind von der Innung eingeführt, jedoch ist im badischen Verbande den Meistern erlaubt, auch Gesellen ohne ein solches Arbeitsbuch einzustellen. In Norddeutschland hat sich der Verband schon längere Zeit eingelebt und werden dort die statutarischen Bestimmungen strenge durchgeführt; bei uns ist dies nicht der Fall, sondern es muß in den meisten Fällen von der Erzwingung der statutengemäßen Verpflichtung durch Strafen abgesehen werden, weil die Leute sonst einfach wieder austreten. Zur Zeit ist also die hiesige Innung noch ein recht loses Gefüge von wenig praktischer Bedeutung; immerhin ist schon einige Besserung wahrzunehmen, insbesondere auf dem Gebiete des Lehrlings- und Gesellenwesens, indem die jungen Leute durch die Aussicht auf den Lehrbrief und das Arbeitsbuch (tüchtigen Gesellen kann von hier aus ein solches ausgestellt werden) zu erhöhtem Fleiß angespornt werden.

17. Ist nichts weiter zu erwähnen.

18. Findet auf das Fleischergewerbe keine Anwendung.

    c. Vorschläge zur Verbesserung des Kleingewerbes.

1. Es sollte meiner Meinung nach jeder Meister gesetzlich gezwungen sein, dem Innungsverbande beizutreten; es müßte dann folgerichtig demjenigen, der aus gesetzlichen Gründen von der Innung ausgeschlossen wird, der selbstständige Betrieb des Gewerbes untersagt werden. Es sollte eine 3jährige Lehrzeit vorgeschrieben sein, und keiner als Geselle beschäftigt werden dürfen, der nicht eine Lehrlingsprüfung bestanden hat.

2. Die Fleischbänke auf dem Wochenmarkte sollten aufgehoben und die Einführung von geschlachtetem Fleisch durch ein entsprechendes Oktroi beschränkt werden; es sind hier Metzger genug, um das Bedürfniß des Publikums zu decken. Ueberhaupt sollte die Einfuhr einzelner Fleischtheile schon aus dem Grunde verboten werden, weil ohne gleichzeitige Besichtigung des Eingeweides des Thieres eine gründliche Fleischbeschau nicht möglich ist. Den Wirthen sollte der Verkauf von Fleisch und Wurstwaaren, ebenso von Fett über die Straße verboten werden; auch sollten sie gehalten sein, entweder in ihrer Behausung Schlächtereien genau nach Maßgabe der für uns geltenden Vorschriften einzurichten, oder aber im öffentlichen Schlachthause zu schlachten.

Metzger A. K. in Mannheim.   **Anlage.**
Vorbemerkung.

Erwerbsteuerkapital . .	5000 M. — Pf.
Betriebskapital . .	2000 „ — „
Anlagekapital	500 „ — „

Familienzahl: 2 Personen.
Anzahl der Lehrlinge und Gesellen: 3.

Geschäftsergebnisse im Jahre 1884.
I. Ausgaben.
A. Gewerbe.

1. Aufwand für Unterbringung von Werkstätte, Laden, Waarenlager:
    a. wenn im eigenen Hause:

Werthanschlag für Benützung dieser Räume einschließlich des
Unterhaltungsaufwands . . . . 1200 M. — Pf.
2 a. Unterhaltung und Ergänzung von Handwerkszeug und Maschinen
(einschließlich Motoren) . . . . 400 „ — „
  b. Abschreibung (Abnutzung) am Werthe von Handwerkszeug und
Maschinen . . . . 200 „ — „
3. Heizung und Beleuchtung der Geschäftsräume nebst Heizung von
Motoren, Brennöfen ꝛc. . . . . 300 „ — „
4. Persönlicher Arbeitsaufwand:
  a. Werthanschlag der Arbeit des Meisters (7 Mark für 365 Tage) 2555 „ — „
  b. für Hilfsarbeiter:
  aa. Löhne an Lehrlinge und Gesellen . . . . 416 „ — „
  bb. Aufwand für etwaige Verköstigung derselben durch den
Meister . . . . 1642 „ 50 „
5. Aufwand für Beschaffung der Arbeitsstoffe . 71760 „ — „
7. Verlust an Ausständen . . . . . 215 „ — „
8. Zinsen des Anlage= und Betriebskapitals . . . 300 „ — „
                                      Summa . 78988 M. 50 Pf.
                B. Sonstige Ausgaben.
1. Ausgaben für den Haushalt der Familie, (2 Familienglieder
und 2 Dienstboten) und zwar:
  a. Kost . . . 2482 M. — Pf.
  b. Bekleidung 1000 „ — „
  c. Unterricht . . . . — „ — „
  d. Heizung und Beleuchtung für Küche und Zimmer ꝛc. 250 „ — „
2. Für die Wohnung:
  b. wenn im eigenen Hause, das zum Theil vermiethet ist:
  Miethwerthanschlag für die weder zum Gewerbebetrieb (A. 1)
  noch auch an Dritte vermietheten Räume . . 500 „ — „
3 b. Unterhaltungsaufwand für das Gebäude . 400 „ — „
4. Feuerversicherung für:
  Gebäude . 45 „ 48 „
  Fahrnisse . . . 24 „ — „
5. Lebensversicherung 76 „ 96 „
6. Staatssteuer . . 33 „ 80 „
7. Gemeinde=Umlagen . . . . . 38 „ 48 „
                                      Summa . 83839 M. 22 Pf.
            II. Einnahmen.
                A. Gewerbe.
Bruttoeinnahme:
aus dem Gewerbebetriebe . . . . 77280 M. — Pf.
                B. Sonstige Einnahmen.
Aus Miethe . . . . 1800 „ — „
                                      Summa . 79080 M. — Pf.

Ausgaben .   . 83839 M. — Pf.
Einnahmen   . . .   . 79080 „ — „
Somit Mehrausgabe   . . . .   . 4759 M. — Pf.

B. Geselle.

P. M. K. bei Ph. B. in Mannheim.

1. 44 Jahre alt, von Käferthal, verheirathet, Vater eines Mädchens von 15 Jahren, bei der Ortskrankenkasse der Metzger.

2. Metzger.

3. Von April 1861 bis dahin 1863 bei Georg Frick in Heidelberg. Prüfung wurde nicht abgelegt. Keine Gewerbeschule besucht.

4. ¼ Jahr in Stade (Hannover), in Hamburg (bei zwei Meistern ¾ bezw. ⁵⁄₄ Jahre) 2 Jahre, ¼ Jahr in Heidelberg, ½ Jahr in Mannheim, jeweils beim gleichen Meister, dann 2 Jahre selbstständig (zuerst in Käferthal und dann in Mannheim), dann etwa ein Jahr lang Wirth, dann Gehilfe eines Wirthes, dann Versicherungsagent und seit August 1876 wieder Metzgergeselle, ständig beim selben Meister.

5. Fällt weg.

6. Seit August 1876 bei Metzger B.

7. Im Ganzen 5 Gesellen und 1 Lehrling.

8. Als erster Geselle.

9. Schweinemetzgerei und Wurstlerei. Ich arbeite, was im Geschäft vorkommt, habe aber besonders die Maschinen zu besorgen.

10. Kost und Wohnung erhalte ich vom Meister; meine Familie wohnt in Käferthal und besuche ich dieselbe ein bis zwei Mal wöchentlich. Die Kost ist gut bürgerlich und besteht in Folgendem: früh Morgens Kaffee und Brod, 10 Uhr Fleisch und Brod, Mittags Suppe, Fleisch und Gemüse, Vesperzeit Wurst und Brod, Abends Fleisch und Gemüse. Dienstags und Freitags, an welchen Tagen warm gewurstet wird, erhält jeder Geselle noch 3 halbe Liter Bier; an hohen Feiertagen wird auch ein Glas Wein verabreicht.

11. In der Werkstätte.

12. Die nöthigen Messer sammt Stahl hat der Geselle zu stellen.

13. Das Werkzeug ist das alt herkömmliche; neuere Konstruktionen sind mir nicht bekannt.

14. Es sind 5 Maschinen im Gebrauch: eine Wiegmaschine, zwei Mahlmaschinen, eine Wurstfüllmaschine und eine Griebenschneidmaschine.

15. Die 3 erstgenannten Maschinen werden durch einen Gasmotor von 2 Pferdekräften, die anderen durch Handbetrieb getrieben.

16. Die Arbeit dauert gewöhnlich von Morgens 6 bis Abends 7 Uhr, ohne regelmäßige Pausen, ausgenommen die für die Mahlzeiten nöthigen. Sonntags wird gearbeitet, aber in der Regel nur Vormittags; es ist dies durch den Betrieb geboten, weil die meisten Wurstsorten am Tage selbst gemacht sein müssen, wenn sie nicht der Gefahr des Verderbens ausgesetzt sein sollen.

17. Der Wochenlohn beträgt 10 Mark und wird in Theilbeträgen ausbezahlt, wie ich es eben brauche, Zurückbehaltung ist noch nicht vorgekommen, ebensowenig Vorschuß, doch würde der Meister letzteren auf Verlangen sicherlich gewähren. Lohnabzüge finden nicht statt, ausgenommen die Auslagen des Meisters für die Krankenkasse. Zum Lohn kommt

noch ein vom Meister gewährter Wohnungsgeldzuschuß von 72 Mark jährlich; auch fallen von den Trinkgeldern, welche nach einem alten Gebrauche die Schweinehändler für jedes an den Meister abgesetzte Schwein geben und zwar in der Höhe von 20 Pf., für jeden Gesellen 1 Mark bis 1 Mark 50 Pf. wöchentlich ab.

18. Der Meister, welcher mit seinem Ladengeschäft und auch mit einer Eisfabrik, an der er betheiligt ist, zu thun hat, geht in der Werkstätte nur ab und zu und überläßt im Wesentlichen die Leitung des praktischen Geschäftes mir, als dem ersten Gesellen. Der Lehrling ist ein naher Verwandter des Meisters und wird in Folge dessen nicht stramm zur Arbeit angehalten; die gewerbliche Unterweisung erhält er hauptsächlich von mir, doch läßt sich mitunter auch der Meister angelegen sein, ihm das und jenes zu zeigen.

19. Es ist eine strenge Hausordnung eingeführt; der Meister hält sehr darauf, daß die Gesellen fleißig sind, sich anständig betragen und, wenn sie Ausgang haben, zeitig und nüchtern nach Hause kommen; verfehlt sich ein Geselle hiergegen, so macht ihm der Meister ernstlichen Vorhalt, und ist es, seit ich im Geschäfte bin, nie vorgekommen, daß ein solcher Vorhalt erfolglos geblieben und die Entlassung des Gesellen nöthig geworden wäre.

20. In unserem Geschäfte sind ernste Zwistigkeiten nie vorgekommen; wie es anderwärts ist, weiß ich nicht.

21. Soweit ich es beurtheilen kann, ist das Geschäft in den letzten Jahren in sofern zurückgegangen, als der Verbrauch abgenommen hat. Der Grund hiefür wird wohl in der Zunahme der Konkurrenz liegen. Mängel in der Geschäftseinrichtung und der Betriebsart wüßte ich nicht anzugeben; vielmehr war es in beiden Beziehungen überall, wo ich früher gewesen bin, gerade so gehalten worden, wie hierorts.

22. Außer der Ortskrankenkasse ist mir keine Vereinigung meiner Gewerbsgenossen bekannt. Die Innung hat mit dem Wirthe zum eisernen Kreuz ein Abkommen getroffen, wonach dieser die zureisenden Metzgergesellen theilweise auf Kosten der Innung beherbergt. In dieser Herberge pflegen auch die hier arbeitenden Gesellen zu verkehren. Sonst wüßte ich nichts zu erwähnen.

23. Ich wüßte keinen Vorschlag zu machen und bin mit meiner Lage zufrieden.

III. Friseure.
Einvernommen wurden:

a. Meister:
1. A. K. aus Göttingen.
2. J. K. aus Bechingen in der Pfalz.

b. Geselle:
G. N. von Heßlor (Westfalen).

1.

Friseur A. K. aus Göttingen.
a. Eigene Verhältnisse des Befragten.

1. 55 Jahre alt, verheirathet, Vater einer Tochter von 15 und zweier Söhne im Alter von 7 und 5 Jahren.

2. Das Gewerbe wurde in Paderborn erlernt; Dauer der Lehrzeit 4 Jahre; Gesellenzeit 12 Jahre einschl. 5/4 Jahre Militärdienst. Beschäftigungsorte: Frankfurt, Hannover, Göttingen, zuletzt und zwar 6 Jahre lang Mannheim. Es wurde nur die Volksschule besucht.

3. Siehe Anlage.

4. Friseur und Perrückenmacher.

5. Seit 1860, in welchem Jahre das Geschäft in hiesiger Stadt gegründet wurde. Vor der Niederlassung wurde bei der damals dahier bestehenden Friseurzunft ein Meister=stück abgelegt.

6. In Miethe. Miethwerth der Betriebsstätte ohne Wohnung etwa 1500 Mark; mittlere Geschäftslage (C. 1.).

7. Nur Handbetrieb.

8. Fällt weg.

9 a. Kein Lehrling.

b. Ein Gehilfe, der im Hause arbeitet, aber Kost und Wohnung auswärts hat. Monatslohn von 90 Mark. Zahlung von 10 zu 10 Tagen, ohne Zurückbehaltung und Vorausbezahlung.

10. Beginn Morgens $\frac{1}{2}$ 8, Ende Abends 8 Uhr. Regelmäßige Pausen nur Mittags etwa $\frac{1}{2}$ Stunde, gewöhnlich von 1 bis $\frac{1}{2}$ 2 Uhr. Meister arbeitet mit.

11. Gewerbebetrieb.

a. Es wird rasirt, frisirt, die Haare geschnitten, Perrücken gemacht, kurz es wird gearbeitet, was im Friseurgeschäfte vorzukommen pflegt. Keine Arbeitstheilung.

b. Es werden auch ziemlich viel Ausbesserungen von Perrücken und Zöpfen vor=genommen.

c. Im Perrückengeschäft kommt es ausnahmsweise vor, daß der Besteller den Ar=beitsstoff, d. h. die Haare liefert; im Uebrigen wird derselbe von mir gestellt.

d. Die nöthigen Haare werden in präparirtem, d. h. gereinigtem und ausgekochtem Zustande vom Zwischenhändler bezogen und zwar nach dem Gewichte je nach dem Be=darf, in der Regel mit 3monatlicher Zahlungsfrist.

e. Es wird nur auf Bestellung gearbeitet.

f. Der Kundenkreis ist auf die Stadt beschränkt.

g. Es wird ein Ladengeschäft geführt, in welchem aber ausschließlich bezogene Waaren (Parfümerien, Seifen, Kämme, Bürsten ꝛc., auch Chocolade) feilgehalten werden

h. Auch bei diesen Einkäufen ist Kreditirung auf 3 Monate Frist üblich.

i. Die Kunden zahlen baar, oder entnehmen auf Kredit, in welch' letzterem Falle die Rechnung vierteljährlich geschickt wird.

k. Es wird im Allgemeinen pünktlich bezahlt. Gerichtliche Betreibung kam seit Bestehen des Geschäftes nur zwei Mal vor. Verluste an Ausständen sind verhältniß=mäßig gering und etwa auf 1 % zu veranschlagen.

l. Seit etwa 8 Jahren sind die Bestellungen sehr merklich zurückgegangen, was darauf zurück zu führen ist, daß in jener Zeit die Mode bei der Frauenwelt hinsichtlich der Haartracht sich im Sinne einer weit größeren Einfachheit geändert hat. Die Messen und der Hausierhandel, sowie insbesondere die Geschäftsreisenden, üben einen nachtheiligen Einfluß zwar nicht auf das Gewerbe selbst, jedoch auf den Gang des damit verbundenen Ladengeschäftes aus.

m. Regelmäßige Schwankungen sind insofern bemerkbar, als im Frühling und Herbst beim Wechsel der Jahreszeit das Geschäft jeweils stärker anzieht, wogegen es im Hochsommer, wo von den besseren Kunden viele auf Reisen sind, entschieden flauer geht.

12. Nein.

13. Die Einnahmen und Ausgaben werden sämmtlich gebucht, auch wird ein Kundenbuch geführt. Die für die Haushaltung verwendeten Beträge werden ebenfalls als Ausgabe in dem Geschäftsbuche vermerkt.

14. Fällt weg.

15. Siehe Anlage.

16. Der Geschäftsabschluß hat keine namhaften Ueberschüsse ergeben, war aber wie gewöhnlich im Allgemeinen befriedigend. Früher wurden 2 Gehilfen gehalten, jetzt nur einer, und ist es der dadurch erzielten Ersparniß wesentlich zu danken, daß trotz des Rückgangs der Arbeitsgelegenheit das Geschäftsergebniß zufriedenstellend geblieben ist.

c. Vorschläge zur Verbesserung des Kleingewerbes.

1. Ein Hauptfehler unseres und wohl auch vieler anderer Gewerbe ist der über-trieben hohe Miethpreis für die Geschäftsräume; es hängt dies damit zusammen, daß der Hausbesitzer durch sein gesetzliches Vorzugsrecht auf die Habe des Miethers vor Ver-lusten gesichert ist und in Folge dessen ohne nähere Prüfung der Zahlungsfähigkeit seiner Miether eben einfach den Höchstbietenden in Miethe nimmt. Da es immer genug leicht-sinnige Geschäftsleute gibt, die wahre Schwindelpreise bieten, so wird dadurch der Mieth-aufwand für den gewissenhaften Geschäftsmann ganz unverhältnißmäßig in die Höhe getrieben. Würde das Vorzugsrecht wenigstens für den Fall des Konkurses aufgehoben, so wären die Hausbesitzer vorsichtiger und würden ein billiges Angebot eines zuverlässigen Geschäfts-mannes den schwindelhaften Versprechungen solcher Industrieritter vorziehen. Um eine bessere Zucht unter den Lehrlingen zu erzielen, wäre es sehr wünschenswerth, wenn auf das unberechtigte Fortlaufen aus der Lehre gesetzlich eine Freiheitsstrafe gelegt würde. Die jungen Leute würden dann wohl eher gewillt sein, die vertragsmäßige Lehrzeit ein-zuhalten. Auf die polizeiliche Zurückführung allein halte ich nicht viel, weil sich die jungen Leute erfahrungsgemäß darüber wenig Kummer machen und bei der nächsten Ge-legenheit wieder fortlaufen. Dabei sollte von Amtswegen dafür gesorgt werden, daß die erkannten Strafen in dem Arbeitsbuch, welches nach bestehender Vorschrift jeder minder-jährige Gewerbsgehilfe besitzen muß, vermerkt werden.

———

Friseur A. K. in Mannheim. **Anlage.**
Vorbemerkung.

Erwerbsteuerkapital . . . . 12600 M. — Pf.
Betriebskapital . . . 7200 „ — „
Anlagekapital . . . . — „ — „
Familienzahl: 5 Personen.
Anzahl der Lehrlinge und Gesellen: 1.

Geschäftsergebnisse im Jahr 1884.
I. Ausgaben.
A. Gewerbe.

1. Aufwand für Unterbringung von Werkstätte, Laden, Waarenlager:
b. wenn in Miethe:
Miethzins für diese Räume, d. h. derjenige Theil des Mieth-zinses, welcher nach Abzug des für die Wohnung anzu-

setzenden Miethzinsantheils sich ergibt   1500 M. — Pf.

4. Persönlicher Arbeitsaufwand:

   b. für Hilfsarbeiter:

     aa. Löhne an Lehrlinge und Gesellen   1080 „ — „

8. Zinsen des Anlage= und Betriebskapitals .   . .   288 „ — „

                              Summa . 2868 M. — Pf.

C. Sonstige Ausgaben.

1. Ausgaben für den Haushalt der Familie (5 Familienglieder und keine Dienstboten) und zwar:

   c. Unterricht .   . . . . 140 M. — Pf.

                              Summa . 3008 M. — Pf.

2.

Friseur J. K. aus Bechingen in der Pfalz.

a. Eigene Verhältnisse des Befragten.

1. 32 Jahre alt, verheirathet, Vater von 2 Kindern, im Alter von 7 und 2 Jahren.

2. Ich habe zu Bechingen in 3jähriger Lehrzeit das Barbiergewerbe erlernt und 6 Jahre als Geselle gearbeitet, davon 2½ Jahre in Durlach bei einem Chirurgen, ¾ Jahre in Pforzheim bei einem Friseur, in Karlsruhe 1¼ Jahr bei einem Chirurgen und Barbier, die übrige Zeit in Mannheim. Ich habe die Volksschule besucht.

3. Siehe Anlage.

4. Barbier und Friseur.

5. Das Geschäft wurde 1878 hier gegründet.

6. In Miethe. Miethwerth der Geschäftsräumlichkeiten 800 Mark. Lage gut (E. 5).

7. Handbetrieb.

8. Fällt aus.

9a. Ein Lehrling; in schriftlichem Vertrag ist 3jährige Lehrzeit ohne Lehrgeld, aber auch ohne Kost und Wohnung bedungen. Die Ausbildung wird durch mich geleitet.

   b. Zwei Gesellen, beide mit Kost und Wohnung im Haus. Lohn monatlich 18 und 20 Mark. Die Zahlung geschieht monatlich, ohne Zurückbehaltung und Vorausbezahlung.

10. Beginn der Arbeit gegen 7 Uhr Morgens, Ende gewöhnlich 8 Uhr Abends. Meister ist stets im Geschäfte. Pausen treten nur ein, soweit sie für die Mahlzeiten erforderlich sind.

11. Gewerbebetrieb.

   a. Es wird alles im Gewerbe Vorkommende gearbeitet, mit Ausnahme des Perrückenmachens.

   b. Ausbesserungen kommen nur bei Zöpfen vor.

   c. Zu den Zöpfen wird das Haar mitunter von den Bestellern geliefert.

   d. Soweit dies nicht der Fall, wird das Haar in kleineren Gewichtsmengen und in präparirtem Zustande von Händlern bezogen, gewöhnlich mit vierteljährlicher Borgfrist.

   e. Fast nur auf Bestellung.

   f. Kunden sind auf den Ort beschränkt.

   g. Kleines Ladengeschäft, in welchem hauptsächlich zum Wiederverkauf bezogene Parfümerien, Seifen, Bürsten, Kämme ꝛc. feil gehalten werden.

h. Auch hier ist 3monatliche Borgfrist üblich.

i. Zahlungsbedingungen sind nicht festgestellt; im Ladengeschäft geht viel baar ein.

k. Ausstände werden vierteljährlich in Anrechnung gebracht und im Allgemeinen pünktlich bezahlt. Verluste treten selten ein.

l. Ueber Mangel an Arbeitsgelegenheit kann gerade nicht geklagt werden.

m. Im Winter geht in der Regel das Geschäft flauer, so daß meistens nur ein Geselle gehalten wird.

12. Kredit war nicht nöthig.

13. Es wird ein Buch geführt, in welches die Tages-Einnahmen und -Ausgaben eingetragen werden. Die Ausgaben für die Haushaltung werden gesondert aufgeschrieben.

14. Fällt aus.

15. Siehe Anlage.

16. und 17. Der Geschäftsabschluß war weniger befriedigend gegenüber den Vorjahren, hauptsächlich deßhalb, weil ich mehrere Monate lang krank war und abgesehen von der Verhinderung im Geschäfte für Arzt und Apotheker viel ausgeben mußte.

b. Allgemeine Geschäftslage.

1. Im eigentlichen Friseurgeschäft wird Alles, was das Gewerbe mit sich bringt, gearbeitet (Frisiren, Rasiren, Haararbeiten, Haarschneiden), doch nennen sich heut zu Tage auch solche Gewerbsleute Friseure, welche nur gelernte Barbiere sind und deßhalb sich nur auf das Rasiren, Haarschneiden und allenfalls noch das Frisiren verstehen. Letztere geben sich zum großen Theil mit den Haararbeiten (Perrückenmachen) nicht ab.

2. Im eigentlichen Friseurgeschäft werden nur die Haare selbst in präparirtem Zustande bezogen, während die Barbier-Friseure Perrücken und Zöpfe nahezu ganz fertig beziehen.

3. Die Kundschaft ist auf Stadt und nächste Umgebung beschränkt.

4. Eine Verbindung mit einem Ladengeschäft ist ganz allgemein; in demselben werden in der Regel nicht selbstverfertigte Parfümerien, Seifen, auch Bürsten, Kämme und dergl. feil geboten.

5. Wird auf Ziffer 1 verwiesen.

6. Fällt weg.

7. Nur Handbetrieb. Die Werkzeuge sind seit vielen Jahren die gleichen.

8. Lehrlingswesen.

a. Die praktische Ausbildung geschieht in der Regel durch den Meister; für geistige und sittliche Fortbildung wird keine besondere Sorge getroffen.

b. Kommt für das Friseurgewerbe nicht in Betracht.

c. Ebenfalls.

d. Schriftlicher Vertrag bildet die Regel; innerhalb der Innungen besteht ein einheitliches Muster.

e. Trotz aller im Lehrvertrag festgesetzten Strafen laufen die jungen Leute häufig aus der Lehre fort und verdingen sich als Gehilfen, obwohl sie noch nichts Rechtes gelernt haben. Bei unbemittelten Eltern hat die Vertragsstrafe überhaupt keinen Werth, weil sie nichts bezahlen können. Um diesem Mißstande zu steuern, haben die beiden hier bestehenden Friseur-Innungen statutenmäßig bestimmt, daß nur solche Gewerbsgehilfen in

Beschäftigung genommen werden dürfen, die sich über eine zurückgelegte dreijährige Lehr=
zeit answeisen. Ganz ist damit freilich nicht geholfen, weil hier und an andern Orten
Meister genug sind, die keiner Innung angehören und sich deßhalb um diese Bestimmung
nichts zu kümmern haben. Fälle von polizeilicher Zurückführung von Lehrlingen sind
nicht bekannt.

f. Preisverleihungen finden nicht statt. Innerhalb der Innungen wird dem Lehr=
ling am Schluß der Lehrzeit die Prüfung abgenommen und ein Lehrbrief ausgestellt.

g. Fällt aus.

9. Gesellenwesen.

a. An tüchtigen Gesellen ist Mangel; die jungen Leute bleiben zu kurz in der
Lehre, als daß sie sich eine genügende Handfertigkeit aneignen könnten.

b. Die Klagen über unartiges und unsolides Verhalten der Gesellen sind nicht
gerade selten; die Gehilfenvereine, deren auch hier einer besteht, tragen auch nicht dazu
bei, die Leute zufriedener und sparsamer zu machen. Unbefugter Austritt kommt nur bei
einzelnen vor.

c. Die Löhne sind in den letzten 5 Jahren um 20 bis 25 % gestiegen.

d. Monatliche Zahlung ist üblich, ohne Rückbehaltung und Vorausbezahlung.

e. Die Barbier=Friseur=Innung hat einen Herbergswirth bestellt, der für 40 Pf.
für den Mann die durchreisenden Gehilfen beherbergt, doch haben nur solche Leute An=
spruch, die bei einem Mitglied des deutschen Innungsverbandes gearbeitet haben. Die
Perrückenmacher=Innung gewährt unter der gleichen Voraussetzung 1 Mark Unterstützung.
Erstere Innung hat auch eine Arbeitsnachweisstelle eingerichtet.

f. Fällt weg.

g. Streitigkeiten mit Gesellen sind nicht gerade häufig, doch erscheint die Bildung
eines Gewerbegerichtes als wünschenswerth.

10. Kreditanstalten genügen.

11. Das Haar wird meist im Kleinen (pfundweise) bezogen und zwar, wie im Handel
üblich, auf 3 Monate Kredit. Gute Waare ist im Preise gestiegen und auch eine ent=
sprechende Preissteigerung bei den Haarerzeugnissen eingetreten.

12. Unser Geschäft bringt es mit sich, daß nicht immer anhaltend gearbeitet werden
kann. Die Kunden kommen eben zu verschiedenen Zeiten und ist es deßhalb nicht aus=
geschlossen, daß manchmal stundenlange Unterbrechungen eintreten; die Mode spielt dabei
auch eine große Rolle, je nach dem sie eine einfachere oder künstlichere Haartracht mit
sich bringt.

13. Die Preise für die Haararbeiten sind im Allgemeinen nicht mehr lohnend,
weil sie durch die Konkurrenz heruntergedrückt werden.

14. Hinsichtlich der Zahlung, welche theils baar, theils auf Kredit geschieht, sind
besondere Mißstände nicht zu erwähnen.

15. Der Lebensunterhalt ist heut zu Tage so theuer, wie seit vielen Jahren nicht
mehr, hauptsächlich verursacht durch die Steigerung der Lebensmittelpreise.

16. Es besteht hier eine Perrückenmacher= und Friseur=Innung, in welcher nur
gelernte Friseure sind und eine Barbier=, Friseur= und Heilgehilfen=Innung für nicht
gelernte Friseure. Beide sind Unterverbände je eines über das ganze Reich sich erstreckenden,
von Berlin aus geleiteten Innungs=Verbandes. Die letztere Innung hat eine Winter=

schule eingerichtet, welche alle bei Innungsmeistern beschäftigte Lehrlinge zwei Mal wöchentlich besuchen müssen und woselbst sie praktische Unterweisung im Gewerbe erhalten. Mit Ausnahme einiger weniger Meister gehören alle der einen oder andern dieser Innungen an.

17. Ist nichts weiter zu erwähnen.

18. Hat hier keinen Bezug.

    c. **Vorschläge zur Verbesserung des Kleingewerbes.**

1. Einer Zwangs-Innung möchte ich nicht das Wort reden, sondern halte die hierorts schon bestehenden freiwilligen Innungen für genügend; jedoch sollte — wie dies jetzt schon beim Hufbeschlag- und Hebammengewerbe der Fall ist — die gewerbepolizeiliche Zulassung zum selbstständigen Gewerbebetriebe an die Bedingung des Nachweises genügender Befähigung geknüpft werden, und zwar sollte dieser Nachweis am Besten durch Beibringung eines Seitens einer Innung ausgestellten Prüfungszeugnisses erbracht werden müssen. Es würde durch eine solche Maßregel eine große Zahl von Pfuschern von der Konkurrenz ausgeschlossen sein, und außerdem die Ausbildung der jungen Leute durch Ansporung ihres Eifers gefördert werden.

Friseur F. K. in Mannheim.   **Anlage.**

Vorbemerkung.

Erwerbsteuerkapital . .	1700 M.
Betriebskapital	— „
Anlagekapital . . . . . :	— „

    Familienzahl: 4.

    Anzahl der Lehrlinge und Gesellen: 3.

Geschäftsergebnisse des Jahres 1884.

I. Ausgaben.

A. Gewerbe.

1. Aufwand für Unterbringung von Werkstätte, Laden, Waarenlager:

    b. wenn in Miethe:

        Miethzins für diese Räume, d. h. derjenige Theil des Miethzinses, welcher nach Abzug des für die Wohnung anzusetzenden Miethzinsantheils sich ergibt . . . .   800 M. — Pf.

2 a. Unterhaltung und Ergänzung von Handwerkszeug und Maschinen (einschließlich Motoren) . . . . 20 „ — „

3. Heizung und Beleuchtung der Geschäftsräume nebst Heizung von Motoren, Brennöfen ꝛc. . . . .   110 „ — „

4. Persönlicher Arbeitsaufwand:

    b. Für Hilfsarbeiter:

        aa. Löhne an Lehrlinge und Gesellen . . . . 480 „ — „

        bb. Aufwand für etwaige Verköstigung derselben durch den Meister . . . . 720 „ — „

5. Aufwand für Beschaffung der Arbeitsstoffe . . . . 100 „ — „

6. Aufwand für zum Handel angekaufte Waaren . . . . 250 „ — „

Summa . 2 480 M. — Pf.

Uebertrag   2 480 M. — Pf.

C. Sonstige Ausgaben.

1. Ausgaben für den Haushalt der Familie (4 Familienglieder und keine Dienstboten), und zwar:

a. Kost . . .   1 000 M. — Pf.
b. Bekleidung . . . .   200 „   — „
d. Heizung und Beleuchtung für Küche und Zimmer ꝛc. .   50 „   — „
e. Arzt und Apotheke . . .   .   170 „   — „

2. Für die Wohnung:

c. wenn in der Miethe wohnend:
   Betrag des Miethzinses nach Abzug des schon unter A. 1
   verrechneten Betrages .   . .   450 „   — „
6. Staatssteuer . .   10 „ 40 „
7. Gemeindeumlagen .   . . . .   11 „ 80 „

                        Summa   4 372 M. 20 Pf.

II. Einnahmen.

A. Gewerbe.

Bruttoeinnahme:

a. aus dem Gewerbebetriebe   . 3 600 „   — „
b. aus dem Ladengeschäfte .   . . . . 350 „   — „

                        Summa . 3 950 M. — Pf.

Ausgaben .   4 372 M. 20 Pf.
Einnahmen . . .   . 3 950 „   — „
Somit Mehrausgaben .   . . . . . 422 M. 20 Pf.

B. Geselle.

1. G. R., 21 Jahre alt, von Heßlor (Westfalen), ledig, Vorstand der Mannheimer Perrückenmacher= und Friseurgehilfenschaft hier.

2. Friseur und Perrückenmacher.

3. Die Lehre wurde in 3jähriger Lehrzeit bei Hoffriseur Hubert Baales in Düsseldorf durchgemacht (1878/80). Keine Lehrlingsprüfung. Keine gewerbliche Schule.

4. 5 Monate in Iserlohn, 3 ³/₄ Jahre in Essen, jeweils in der gleichen Stelle, seitdem hier.

5. Nein.

6. Seit 16. Mai 1884 bei Friseur Sch. hier.

7. Ein Lehrling und ein Gehilfe (Volontär) sind noch im Geschäfte.

8. Als Gehilfe.

9. In allen Fächern des Friseur= und Perrückenfaches. Keine Spezialität.

10. Kost und Wohnung stelle ich selbst.

11. Beim Arbeitgeber.

12. Scheere, Messer und Kämme, sowie Nadeln habe ich selbst zu stellen.

13. Neuere Werkzeugarten sind nicht bekannt.

14. Trifft nicht zu.

15. Fällt aus.

16. Von Morgens 7 bis Abends 8 Uhr, mit einstündiger Mittagspause. Sonn=

tags wird bis 3 Uhr Nachmittags gearbeitet. Sonntagsarbeit bis 12 Uhr Mittags ist durch die Bedürfnisse des Publikums geboten.

17. Auf Zeitlohn. Monatlich 80 Mark. Im Gewerbe überhaupt ist Zahlung von 4 zu 4 Wochen üblich. Zurückbehaltung ist nicht üblich. Vorschuß findet nur auf besonderes Ansuchen, Lohnabzug nur für die Ortskrankenkasse statt.

18. Der Meister ist stets im Geschäfte und besorgt die gleichen Verrichtungen wie die Gehilfen. Der Lehrling wird durch den Meister und durch die Gehilfen unterwiesen.

19. In dieser Hinsicht geschieht nichts Besonderes.

20. Von Zwistigkeiten zwischen Meistern und Gehilfen ist mir nicht viel bekannt; wo solche vorkommen und nicht gütlich beigelegt werden können, erfolgt Austritt der Gehilfen.

21. Im Allgemeinen befindet sich unser Geschäft nicht nur hier, sondern auch anderwärts in gedrückter Lage; die Konkurrenz von Leuten, die nur das Barbieren gelernt haben und sich als Friseure ausgeben, wirkt sehr schädigend, indem die Meister durch deren Vorgehen genöthigt werden, ihre Preise so nieder zu halten, daß sie kaum mehr als lohnend bezeichnet werden können. Im Uebrigen könnte ich nicht sagen, daß die hiesigen Meister das Geschäft weniger sachgemäß betreiben wie anderwärts, beziehungsweise daß es überhaupt zweckmäßiger betrieben werden könnte.

22. Zur Zeit bestehen keine derartige Einrichtungen, mit Ausnahme zweier Unterstützungskassen für durchreisende Gewerbsgenossen, deren eine von den Meistern, die andere von den Gehilfen unterhalten wird.

23. Es sollte jeder Gehilfe, der sich als Friseurgehilfe verdingt, den Nachweis führen müssen, daß er eine dreijährige Lehrzeit durchgemacht und eine Lehrlingsprüfung bestanden hat; ebenso sollte als Vorbedingung der Erlaubniß zum selbstständigen Betrieb eines Friseurgeschäftes der Nachweis einer bestandenen Meisterprüfung verlangt werden. Mit der Abnahme dieser Prüfungen wären die Innungen zu betrauen, und müßte zu diesem Behufe ein Innungsverband eingerichtet werden, der sich auf das ganze deutsche Reich erstreckt und welchem jeder Meister beitreten muß. Es würde auf diese Art die unter Ziffer 21 erwähnte Konkurrenz beseitigt, die Meister wären außerdem sicher, daß sie nur gewerbeverständige Gehilfen bekommen, so daß dann wohl auch die pekuniäre Stellung der Gehilfen sich bessern würde.

IV. Wagner.

Einvernommen wurde: Wagner L. S. in Mannheim.

a. Eigene Verhältnisse des Befragten.

1. 46 Jahre alt, verheirathet, Vater von 2 Söhnen und 3 Töchtern im Alter von 4 bis 21 Jahren, 4 davon sind zu Hause, keines im Geschäft.

2. Das Gewerbe wurde in Waibstadt erlernt, die Lehrzeit dauerte 2 1/2 Jahre, 4 Jahre lang habe ich als Geselle gearbeitet und zwar in Rastatt und in einigen Orten der Schweiz. Der Schulbesuch war auf die Volksschule beschränkt.

3. Siehe Anlage.

4. Wagnerei ohne Nebenbetrieb.

5. Seit 1863; zuerst im Heimathsort Waibstadt, wo nebenher auch Landwirthschaft betrieben wurde, 1873 habe ich mein Geschäft hierher verlegt, weil dasselbe auf dem

Lande flau ging.

6. In eigenem Hause; der Miethwerth der Werkstätte mit einigen Nebenräumlichkeiten beträgt 400 Mark. Die Geschäftslage für dies Gewerbe ist gut, weil in der Gegend (I.) viel Fuhrleute wohnen. Ein Holzlagerplatz ist gemiethet um jährlich 64 Mark.

7. Ausschließlich Handbetrieb.

8. Fällt weg.

9. Lehrlinge habe ich keine, dagegen 2 Gesellen, welche beide Kost und Wohnung, sowie Beschäftigung bei mir im Haus haben. Der Lohn ist nach der Zeit bestimmt und beträgt je nach Leistung 4 bis 8 Mark wöchentlich. Die Zahlung findet alle 14 Tage nachträglich, ohne Zurückbehaltung und ohne Vorausbezahlung statt.

10. Beginn der Arbeitszeit: im Winter um 6, im Sommer um $1/2$ 6 Uhr, Ende 7 Uhr Abends. Pausen um 10 Uhr und 4 Uhr je eine halbe, Mittags eine ganze Stunde. Meister arbeitet mit.

11. Gewerbebetrieb.

a. Es werden alle im Gewerbe vorkommende Arbeiten besorgt, nur werden keine Chaisen hergestellt. Arbeitstheilung findet nicht statt.

b. Beides gleichmäßig, wie es eben kommt.

c. Der Arbeitsstoff (Holz) wird stets vom Meister geliefert; bezogen wird derselbe in der Regel unbearbeitet, nur Felgen und Speichen in schon bearbeitetem Zustande, d. h. roh geformt, so daß dieselben nur noch anzupassen und abzuhobeln sind.

d. Das Holz wird in Mengen von 10 cbm (1 Eisenbahnwagenladung) bei den Holzversteigerungen, meist in der Gegend von Waibstadt, unmittelbar vom Producenten bezogen; die Zahlung erfolgt bedingungsgemäß baar vor der Abfuhr des Holzes.

e. Die Arbeit geschieht meist auf Bestellung und nur bei Mangel solcher auf Vorrath.

f. Kundschaft habe ich nur in der Stadt selbst.

g. Ein Ladengeschäft wird nicht geführt. Die ausnahmsweise auf Vorrath gearbeiteten Waaren werden gelegentlich abgesetzt, was oft sehr schwer hält; dies ist auch mit der Grund, warum die Herstellung auf Vorrath thunlichst beschränkt wird.

h. Fällt aus.

i. Baarzahlung seitens der Kunden ist selten; das Meiste wird auf Rechnung bezogen und wird den Kunden vierteljährlich solche zugestellt.

k. Zahlung geschieht ziemlich pünktlich, gerichtliche Betreibung ist sehr selten, von den Ausständen gehen höchstens 1 bis 2 % verloren.

l. Seit etwa 5 Jahren fehlt es zeitweilig an Aufträgen; die Ursache liegt wohl in der wachsenden Konkurrenz im Orte selbst und sodann darin, daß die Wagner auf dem Lande in neuerer Zeit viel in die Stadt arbeiten. Auch ist hier zu erwähnen, daß die größeren hiesigen Geschäfte, z. B. Abfuhranstalt, Güterbestätterei u. s. w. ihre eigenen Wagnereien einrichten.

m. Das Geschäft geht im Frühjahr und Spätjahr jeweils etwas flauer, weil in dieser Zeit der Bauer sein Fuhrwerk wenig braucht; zuweilen wenn sich dieser Rückgang besonders fühlbar macht, wird einer der Gesellen entlassen.

12. Auf dem Haus, welches einen Werth von 65,000 Mark haben mag, stehen noch 36,000 Mark rückständigen Kaufschillings, zu $4^3/_4$ Prozent verzinslich. Sonstiger

Kredit wurde nicht in Anspruch genommen.

13. Es wird ein einfaches Geschäftsbuch geführt, in welchem auch die Ausstände verzeichnet sind.

14. Fällt aus.

15. Siehe Anlage.

16. und 17. Der Geschäftsabschluß ist soweit befriedigend und im Allgemeinen gleich mit dem der früheren Jahre; doch kann von nennenswerthen Ueberschüssen keine Rede sein, da trotz aller Sparsamkeit die Einkünfte kaum weiter reichen, als zum Lebens= unterhalt. Die Gründe hiefür sind allgemeiner Natur und kommen später zur Erörterung.

b. Allgemeine Geschäftslage.

1. Das Gewerbe wird in der Regel dem ganzen Umfange nach betrieben.

2. Mit Ausnahme von Felgen und Speichen wird wohl von allen Gewerbsge= nossen die Waare aus dem Rohstoff hergestellt.

3. Meist nur für den hiesigen Ort und nicht zum Wiederverkauf.

4. Ladengeschäfte nirgends.

5. Es gibt manche sog. Wagnermeister, die von dem Geschäfte wenig genug ver= stehen. Diese sind es auch in der Regel, welche zu Schleuderpreisen arbeiten und dadurch solide Meister schädigen, während sie selbst nach kürzerer oder längerer Zeit dabei zu Grunde gehen müssen.

6. Auf dem Lande ist die Verbindung der Landwirthschaft mit dem Gewerbe ge= radezu nothwendig, weil das Geschäft allein den Mann nicht ernährt. Zum Vortheil aber ist diese Vereinigung für die Landwirthschaft nicht, da der Gewerbsmann oft zu einer Zeit, wo er draußen auf dem Felde sein sollte, an die Werkstatt gebunden ist. Ich habe diese Erfahrung an mir selbst gemacht und deßhalb auch mein Geschäft in die Stadt verlegt.

7. In der Werkstätte findet ausschließlich Handbetrieb statt. Die Werkzeuge sind seit vielen Jahren wesentlich die gleichen, Hilfsmaschinen irgend welcher Art sind meines Wissens nirgends eingeführt.

8. Lehrlingswesen.

a. Kann nicht angegeben werden.

b. Bei einem tüchtigen Meister ist für einen Lehrling Gelegenheit genug zur Ausbildung.

c. d. e. f. g. Kann nicht beantwortet werden.

9. Gesellenwesen.

a. Tüchtige Gesellen sind schwer zu erhalten, da die jungen Leute keine ordentliche Lehre durchmachen und in Folge dessen zu wenig Fertigkeit im Handwerk haben.

b. Ueber das Verhalten der Gesellen verlauten keine besonderen Klagen, jedoch kommt unbefugter Austritt nicht selten vor, ohne daß dagegen etwas geschehen wäre.

c. Die Löhne sind so ziemlich gleich geblieben.

d. Wöchentliche Zahlung bildet die Regel ohne Rückbehaltung oder Vorausbezahlung.

e. Geschieht nichts.

f. Fällt aus, weil alle Gesellen in der Werkstätte arbeiten.

g. Streitigkeiten mit Gesellen sind nicht selten und daher Gewerbegerichte wün= schenswerth.

10. Die Kreditanstalten sind ausreichend.

11. In der Regel wird das Material (Holz) unmittelbar vom Produzenten, d. h. bei den Holzversteigerungen gegen Baar in Mengen von 9 bis 10 cbm. bezogen; kleinere Meister kaufen auch bei den Holzhändlern. Die Holzpreise sind ziemlich gleichbleibend. Eine Vereinigung Mehrerer zu gemeinsamem Bezug ist mir nicht bekannt.

12. Die Arbeitskraft kann voll ausgenützt werden, so lange überhaupt Beschäftigung da ist, ebenso die Werkstätteeinrichtung. Besondere Gründe hiefür können nicht angegeben werden.

13. Die Preise fallen seit einigen Jahren und zwar wohl hauptsächlich deßhalb, weil, wie oben schon erwähnt, manche Geschäftsleute zu Schlenderpreisen arbeiten und dadurch auch die Andern nöthigen, ihre Preise herabzusetzen.

14. Vierteljährliche Zahlung ist üblich.

15. Der Aufwand für den Lebensunterhalt ist während der letzten Jahre wohl auf gleicher Höhe geblieben.

16. Ein Versuch zur Gründung einer gemeinsamen Innung für Schmiede und Wagner wurde vor 2 Jahren gemacht, es kam aber zu Nichts, weil die große Mehrzahl der Meister den Berathungen fern blieb.

17. Der Hauptmißstand liegt darin, daß unter den Gewerbsmeistern heutzutage auch manche sind, die ihr Geschäft nicht richtig verstehen, und wohl auch manche, die nicht ihre ganze Arbeitskraft dem Geschäfte widmen. Auch ist die Zahl der hiesigen Wagner für den Bedarf entschieden zu groß.

18. Fällt für die Wagnerei weg.

c. Vorschläge zur Verbesserung des Kleingewerbes.

1. Es wäre entschieden von Vortheil für das Gewerbe, wenn eine 3jährige Lehrzeit, ferner eine Gesellen- und eine Meisterprüfung vorgeschrieben würde. Auch sollte der Beitritt zu einer Innung vorgeschrieben sein.

2. Es sind keine Vorschläge zu machen.

3. Es sollte, wenn eine Zwangsinnung nicht erreichbar ist, doch wenigstens eine Innung nach den jetzt bestehenden Vorschriften errichtet werden.

Wagner L. S. in Mannheim.   **Anlage.**
Vorbemerkung.

Erwerbsteuerkapital	4000 M.	— Pf.
Betriebskapital	1000 „	— „
Anlagekapital	300 „	— „

Familienzahl: 6 Personen.
Anzahl der Lehrlinge und Gesellen: 2.

Geschäftsergebnisse im Jahr 1884.
I. Ausgaben.
A. Gewerbe.

a. Werthanschlag und Unterhaltungsaufwand für die zum Gewerbebetrieb benützten Räumlichkeiten im eigenen Hause .	450 M.	— Pf.
2a. Unterhaltung und Ergänzung von Handwerkszeug	40 „	— „
Uebertrag .	490 M.	— Pf.

Uebertrag	490	M.	—	Pf.
b. Abschreibung am Werthe von Handwerkszeug und Maschinen	20	„	—	„
3. Heizung und Beleuchtung der Geschäftsräume . .	25	„	—	„
4 b. für Hilfsarbeiter:				
aa. Löhne an Lehrlinge und Gesellen	600	„	—	„
bb. Aufwand für etwaige Verköstigung derselben durch den Meister	600	„	—	„
5. Aufwand für Beschaffung der Arbeitsstoffe	1200	„	—	„
7. Verlust an Ausständen	50	„	—	„
8. Zinsen des Anlage= und Betriebskapitals . . .	52	„	—	„
Summa .	3037	M.	—	Pf.

C. Sonstige Ausgaben.

1. Ausgaben für den Haushalt der Familie (6 Familienglieder und keine Dienstboten) und zwar:

a. Kost	900	M.	—	Pf.
b. Bekleidung .	300	„	—	„
c. Unterricht	40	„	—	„
d. Heizung und Beleuchtung für Küche und Zimmer xc.	100	„	—	„
e. Arzt und Apotheke	80	„	—	„
Miethwerthanschlag für die weder zum Gewerbebetrieb A. 1, noch auch an Dritte vermietheten Räume .	450	„	—	„
3 a Verzinsung des Hauswerths und zwar zu 4%, wobei jedoch die unter A 1a. und C 2a. und b. schon verrechneten Beträge in Abrechnung zu bringen sind .	1700	„	—	„
b. Unterhaltungsaufwand für das Gebäude	400	„	—	„
c. Abschreibung am Hauswerth (in Folge von Abnützung)	100	„	—	„
4. Feuerversicherung für:				
Gebäude . .	48	„	—	„
Fahrnisse . .	10	„	—	„
5. Lebensversicherung	300	„	—	„
6. Staatssteuer für: Hauptgewerbe	88	„	37	„
7. Gemeinde=Umlagen für: Hauptgewerbe .	118	„	36	„
Summa .	8271	M.	73	Pf.

II. Einnahmen.
A. Gewerbe.

Bruttoeinnahme:

a. aus dem Gewerbebetriebe	3600	M.	—	Pf.

C. Sonstige Einnahmen.

1. aus Miethe	3800	„	—	„
2. aus ausstehenden Kapitalien, verzinslichen Staatspapieren .	500	„	—	„
Summa .	7900	M.	—	Pf.
Ausgaben	8272	„	—	„
Einnahmen	7900	„	—	„
Somit Mehrausgaben .	372	M.	—	Pf.

16 *

V. Küfer.

Einvernommen wurden: P. S. in Mannheim und J. N. von Pframmern bei München.

1.

Küfer P. S. in Mannheim.

a. Eigene Verhältnisse des Befragten.

1. 45 Jahre alt, verheirathet, Vater von 2 Töchtern und 5 Söhnen, im Alter von 5 bis 18 Jahren, davon sind 4 zu Hause, ein Sohn als Küferlehrling in Karlsruhe. Der Aelteste hat ausgelernt und befindet sich seit 8 Tagen im väterlichen Geschäft.

2. Ich war 4 Jahre Lehrling, 2 Jahre im väterlichen Geschäft zu Frankenthal und 2 Jahre in Dürkheim; ich arbeitete 8 Jahre als Geselle in Dürkheim, Bamberg und Mannheim. Ich besuchte ausschließlich die Volksschule.

3. Siehe Anlage.

4. Holz= und Kellerküferei (d. h. Faßmachen und Weinbehandlung). Seit etwa 10 Jahren betreibe ich Weinhandel als Nebengewerbe. Haupt= und Nebengewerbe haben so ziemlich den gleichen Umfang.

5. Das Gewerbe wird seit 1866 selbstständig betrieben und befindet sich seit der Gründung hier.

6. Im eigenen Hause. Miethwerth der Betriebsstätte (Werkstatt und Keller) 200 Mark. Geschäftslage ist schlecht.

7. Es findet ausschließlich Handbetrieb statt.

8. Fällt aus.

9 a. Ich habe drei Lehrlinge, bei zweien ist die Lehrzeit auf 2 Jahre, beim Dritten auf 2½ Jahre festgesetzt. Zwei der Lehrlinge erhalten nur Frühstück und Mittagstisch, weil sie Abends nach Hause (Mannheim und Ludwigshafen) gehen, der Dritte ist in Kost und Wohnung bei mir. Lohnzahlung ist nicht bedungen, dagegen bei zweien ein Lehrgeld in der Höhe von 125 Mark und 200 Mark (letzteres bezieht sich auf den beim Meister wohnenden Lehrling). Die Ausbildung des Lehrlings besorgt der Meister durch persönliche Unterweisung.

b. Es wird ein Geselle beschäftigt und zwar im Haus, wo er auch Kost erhält; die Wohnung hat er auswärts. Die Auslohnung geschieht nach der Zeit und zwar wöchentlich. Der letzte Geselle erhielt 3 Mark neben freier Kost und Wohnung; mit dem jetzigen, der erst eine Woche im Geschäft ist, ist ein Lohn noch nicht verabredet, da erst die 14tägige Probezeit umlaufen sein muß. Zurückbehaltung und Vorausbezahlung des Lohnes findet nicht statt.

10. Beginn 6 Uhr Morgens, Ende 7 Uhr Abends. Pausen, Vormittags und Nachmittags je ¼ Stunde, Mittags nur während der zum Essen nothwendigen Zeit. Der Meister arbeitet mit.

11. Gewerbebetrieb.

a. Es wird alles im Gewerbe Vorkommende geschafft ohne Arbeitstheilung.

b. In neuerer Zeit sind Ausbesserungsarbeiten seltener, weil Bierbrauer= und Weinhändler ihre·eigenen Flickburschen halten.

c. Die Arbeitsstoffe (Dauben und Reife) werden nur in vereinzelten Fällen vom Besteller geliefert. Dauben werden als Halbfabrikat bezogen, das für die Reife nöthige Eisen als Bandeisen. Mitunter wird aber auch Holz vom Wald bezogen und die Dauben werden selbst gefertigt.

d. Rohstoff (Scheitholz und Stammholz) wird im Wald ersteigert.

e. Es wird meist auf Vorrath gearbeitet.

f. In neuerer Zeit ist die Kundschaft so ziemlich auf die Stadt und die nächste Umgebung beschränkt; in früheren Jahren wurde in die Pfalz, nach Frankfurt und selbst nach Frankreich und Paris geliefert. Die wachsende Konkurrenz trägt wohl die Schuld daran, daß dies aufgehört hat. Früher wurden auch Ausstellungen beschickt und Ankündigungen in auswärtigen Blättern erlassen; jetzt trägt sich dies nicht mehr aus.

g. Ein Ladengeschäft wird nicht geführt; die fertigen Fässer werden im Keller gelagert und dort von den Kunden besichtigt und ausgewählt. Der Absatz ist im Ganzen nicht sehr lebhaft, weil die hiesigen Interessenten, speziell die großen Geschäfte, meist von auswärts beziehen.

h. Fällt aus.

i. Baarzahlung wird nicht bedungen, auch kein bestimmtes Zahlungsziel.

k. Ausstände gehen zum Theil pünktlich ein, zum Theil auch nach langem Warten; es gehen auch Ausstände verloren, doch läßt sich hierwegen eine Verhältnißberechnung nicht aufstellen, da die Fälle zu vereinzelt sind. In den letzten beiden Jahren war der Verlust besonders groß und belief sich nahezu auf 2000 Mark. Gerichtliche Betreibung ist während der letzten Jahre nicht vorgekommen.

l. Aufträge sind im Küfereigeschäfte selten, weil in neuerer Zeit der Einkauf fertiger Fässer üblich geworden.

m. Das Gewerbe geht jeweils im Herbst stärker, weil da das Kellergeschäft besonders zu thun macht. Bei gutem Herbst mußten sogar für einige Wochen ein oder zwei Gesellen mehr eingestellt werden.

12. Vor drei Jahren wurde die Werkstätte neu aufgeführt, und mußte aus diesem Grunde Kredit in der Höhe von 15,000 Mark in Anspruch genommen werden. Das Kapital wird theils zu 5, theils zu 4½ Prozent verzinst. Der Kredit wurde bei Verwandten in Anspruch genommen, nachdem auf wiederholte Anfragen bei Dritten wegen Mangels einer Unterpfands-Sicherheit ein ablehnender Bescheid erfolgt war.

13. Es wird Buch geführt, aber nicht kaufmännisch.

14. Im Nebengewerbe (Weinhandel) werden Lehrlinge und Gesellen auch beschäftigt, soweit es sich um die Weinbehandlung (sog. Abbauen) handelt, da dies ja zum Küferhandgewerke gehört. Die Weine werden selbst gekeltert, die Trauben von den Nebenbesitzern meistens in der Pfalz bezogen, wobei Baarzahlung allgemein Bedingung ist. Geschäftsreisen für den Weinhandel werden nicht gemacht, es wird auch nach auswärts, z. B. nach Sachsen (Heimath der Ehefrau) geliefert. Besondere Zahlungsbedingungen werden nicht aufgestellt; die Ausstände gehen in der Regel vierteljährlich ein. Besondere Rechnung wird nicht geführt.

15. Siehe Anlage.

16. und 17. Der Geschäftsabschluß ist schon seit Jahren nicht befriedigend, und liegt die Hauptschuld wohl an der stets wachsenden Konkurrenz.

b. Allgemeine Geschäftslage.

1. In der Regel wird Faß= und Kellergeschäft zusammenbetrieben, doch kommt es auch vor, daß ein Meister nur Kellergeschäft oder nur Faßgeschäft betreibt. (Erfah-

rungen hierüber sind mir nicht bekannt.

2. Dauben werden wohl meist als Halbfabrikat bezogen, das Eisen als Bandeisen.

3. So viel bekannt, haben mehrere hiesige Küfer auswärtige Kundschaft. Die Abnehmer sind fast ausschließlich Bierbrauer und Weinhändler.

4. Ladengeschäft ist nicht üblich.

5. Die hiesigen Küfer haben alle im Handwerk gelernt.

6. Verbindung mit der Landwirthschaft ist hier nicht üblich.

7. Es findet nur Handarbeit Statt; neuere Werkzeuge sind nicht eingeführt, weil solche nicht bekannt sind. Betriebskräfte werden nicht erforderlich.

8. Lehrlingswesen.

a. In der Regel wird wohl schlecht genug für die Ausbildung des Lehrlings gesorgt, und kümmert sich oft der Meister so gut wie nichts darum.

b. Eine Schulwerkstätte ist kein Bedürfniß.

c. Genügt.

d. Schriftlicher Lehrvertrag ist nicht mehr üblich, sollte aber wieder eingeführt werden.

e. Fortlaufen der Lehrlinge ist nicht eben selten. Dieselben werden mitunter auch von andern Meistern hiezu verleitet, besondere Schritte hiegegen sind noch nicht geschehen.

f. Prüfungen gibt es hier nicht, wohl aber Preisverleihungen, die anscheinend gut wirken.

g. Die Lehrlinge bleiben im Handwerk.

9. Gesellenwesen.

a. Gute Arbeiter sind selten, sonst ist aber an Gesellen gerade kein Mangel; die Leute verstehen ihr Geschäft nicht, weil sie keine ordentliche Lehre durchmachen.

b. Ueber das Verhalten der Gesellen läßt sich im Allgemeinen nicht klagen, doch verlassen sie öfters nach dem Zahltag ohne Kündigung die Stelle, angeblich weil ihnen der Lohn zu gering ist. Theilweise Rückbehaltung des Lohnes wäre vielleicht von Nutzen, es ließe sich dies aber keiner gefallen.

c. Die Löhne sind seit 5 Jahren nicht gestiegen.

d. Es findet wöchentliche Zahlung ohne Rückbehaltung statt; Vorausbezahlung kommt nur ausnahmsweise auf besonderes Ansuchen vor.

e. Geschieht Nichts.

f. Fällt weg.

g. Streitigkeiten sind selten. Gewerbegericht ist nicht nothwendig.

10. Kreditgelegenheit ist ausreichend vorhanden.

11. Der Bezug des Holzes geschieht gewöhnlich für einige Monate gegen Baar oder auf Kredit, bei Steigerungen im Wald stets baar. Daubenbezug bei den Holzhänd= lern findet meist gegen Wechsel auf 3 Monate statt. Die Preise sind seit 2 bis 3 Jahren gestiegen, ohne gleichzeitige Steigerung des Preises der Arbeitserzeugnisse.

12. Die Arbeitskraft und die Einrichtungen könnten schon ausgenützt werden, wenn immer Arbeitsgelegenheit da wäre, doch ist es in dieser Beziehung ziemlich übel bestellt, weil die Großindustrie sich zum Theil des Gewerbes bemächtigt hat und zwar durch Er= richtung von Faßfabriken, in welchen die Fässer vom rohen Holze an bis zum verkaufs= fertigen Zustande durch Maschinen hergestellt werden. Daß durch solche Konkurrenz die kleine Industrie stark geschädigt wird, liegt auf der Hand und sind Mittel zur Bekäm= pfung dieses nachtheiligen Einflusses nicht gegeben.

13. Die Preise, wenig lohnend, sind im Verlauf mehrerer Jahre gut um ein Drittheil nach Ansicht N.'s nur etwa ein Fünftel zurückgegangen, in Folge der Konkurrenz und auch der schlechten Weinjahre.

14. Eine eigentliche Uebung ist nicht vorhanden; die Weinhändler zahlen in der Regel eine Lieferung erst, wenn sie eine weitere nehmen, was in der Regel alle Viertel= jahr der Fall ist. — Die Brauer zahlen mit Wechseln auf 3 Monate.

15. Der Aufwand für den Lebensunterhalt ist seit Jahren so ziemlich der gleiche.

16. Es sind gegenwärtig Unterhandlungen zur Bildung einer Innung im Gange.

17. Zu der oben schon erwähnten Konkurrenz der Großindustrie kommt auch die= jenige der Strafanstalten, welche billig und — wie ich als Fachmann bestätigen kann — gut liefern.

18. Die Staatsanstalten für das Gewerbe werden nicht benützt und haben für das Küfergewerbe wohl auch keinen besonderen Werth.

c. Vorschläge zur Verbesserung des Kleingewerbes.

1 bis 3. Das Beste wäre eine Einschränkung der Großindustrie, auch sollte auf Fässer, die von auswärts hierher kommen, ein Oktroi gelegt werden, damit wenigstens die von uns zu zahlende städtische Umlage einigermaßen ausgeglichen würde.

Küfer P. Sch. in Mannheim.	Anlage.
Erwerbstenerkapital . .	8700 M.
Betriebskapital .	5500 „
Anlagekapital	500 „

Familienzahl: 9.
Anzahl der Lehrlinge und Gesellen 4.

Geschäftsergebnisse des Jahres 1884.

I. Ausgaben

	A Haupt= Gewerbe	B Neben= Gewerbe
	M.	M.
1. Aufwand und Unterhaltung der zum Gewerbebetrieb im eigenen Hause benützten Räume	330	—
2 a. Unterhaltung und Ergänzung von Handwerkszeug und Maschinen	300	—
b. Abschreibung am Werthe von Handwerkszeug und Maschinen	30	—
4. Persönlicher Arbeitsaufwand:		
a. Werthanschlag der Arbeit des Meisters (3 M. für 300 Tage)	900	—
b. für Hilfsarbeiter:		
aa. Löhne an Lehrlinge und Gesellen	156	—
bb. Aufwand für etwaige Verköstigung derselben durch den Meister	300	—
5. Aufwand für Beschaffung der Arbeitsstoffe .	1900	—
6. Aufwand für zum Handel angekaufte Waaren	—	3500
7. Verlust an Ausständen	200	300
8. Zinsen des Anlage= und Betriebskapitals .	400	—
	4516	3800
	3800	
Uebertrag	8316	

| | Uebertrag | 8316 M. — Pf. |

C. Sonstige Ausgaben.

1. Ausgaben für den Haushalt der Familie (9 Familienmitglieder und
   1 Dienstbote) . . . . 4 200 „ — „
2. Miethwerthanschlag für die weder zum Gewerbebetrieb A., 1 noch
   auch an Dritte vermietheten Räume . . . . . . 400 „ — „
3 a. Verzinsung des Hauswerths und zwar zu 4%, wobei jedoch
   die unter A. 1 a. und C. 2 a. und b. schon verrechneten Beträge
   in Abrechnung zu bringen sind . . . . 2070 „ — „
   b. Unterhaltungsaufwand für das Gebäude . . . . . 400 „ — „
   c. Abschreibung am Hauswerth (in Folge von Abnützung) 280 „ — „
4. Feuerversicherung für Gebäude . . . 52 „ — „
6. Staatssteuer für:
   Hauptgewerbe 37 „ 70 „
   Nebengewerbe . 36 „ 60 „
7. Gemeindeumlagen 42 „ 92 „
8. Gebäudesteuer 97 „ 03 „
   Gebäudeumlage . 138 „ 08 „

| | 16 070 M. 35 Pf. |

II. Einnahmen.
A. Hauptgewerbe.

Bruttoeinnahme:
   a. aus dem Gewerbebetriebe . . . . 3 000 „ — „

B. Nebengewerbe.

Bruttoeinnahme:
   a. aus dem Gewerbebetriebe . . . . 3 500 „ — „

C. Sonstige Einnahmen.

1. aus Hausmiethe . . . 2 700 „ — „
4. Feldmiethe . . 90 „ — „

| | 9290 M. — Pf. |

Ausgaben 16 070 „ — „
Einnahmen . . . 9 290 „ — „
Somit Mehrausgabe . . . . . . 6 780 M. — Pf.

- - - - - - - - - -

2.
Küfer J. N. von Pframmern bei München.

1. 45 Jahre, verheirathet, Vater einer Tochter von 9 Jahren und 2 Söhnen
von 8 und 6 Jahren, welche alle zu Hause sind.

2. Ich bestand eine 3jährige Lehrzeit in Pframmern. Nach abgelegter Prüfung
ging ich auf die Wanderschaft und arbeitete 15 Jahre lang als Geselle und zwar: in
München bei verschiedenen Meistern, 1 Jahr in Edingen, 2 Jahre in Mainz und 7 Jahre
hier, an den letztgenannten 3 Orten jeweils nur bei einem Meister. Ich besuchte die Volksschule.

3. Siehe Anlage.

4. Küferei ohne Nebengewerbe.

5. Seit Oktober 1870. Wurde in diesem Jahre gegründet und befindet sich un=
unterbrochen hier.

6. Eigenes Haus; der Miethwerth der Geschäftsräumlichkeiten (Werkstätte und
Schuppen) beträgt etwa 500 Mark. Die Geschäftslage (T. 6) ist schlecht.

7. Es findet Handbetrieb Statt.

8. Fällt aus.

9. a. Ich habe einen Lehrling; es besteht schriftlicher Lehrvertrag mit der Be=
dingung 2½ jähriger Lehrzeit ohne Kost und Wohnung (die Eltern wohnen hier), das
Lehrgeld beträgt 200 Mark. Die Ausbildung des Lehrlings erfolgt durch meine persön=
liche Unterweisung.

b. Ich habe 6 Gesellen, wovon 3 mit, 3 ohne Kost und Wohnung im Haus. Erstere
bekommen natürlich weniger Lohn, als die Letztern, sonst besteht kein Unterschied. Die Ge=
sellen werden theils nach der Zeit, theils nach dem Stück gelohnt. Es ist nämlich bei der
Faßmacherei üblich, kleinere Fässer, die ein Geselle allein fertig stellen kann, auf Stück
arbeiten zu lassen, während bei größeren Fässern mehrere zusammen helfen müssen, die dann
nach der Zeit gelohnt werden; es kommt auf diese Weise vor, daß der gleiche Geselle in einer
und derselben Woche einige Tage auf Stück und die übrige Zeit auf Zeitlohn arbeitet. Der
Stücklohn stellt sich je nach der Größe des Fasses auf 2 Mark 20 Pf. bis 2 Mark 60 Pf.
Ein fleißiger Geselle kann zwei kleine oder ein großes Faß im Tag fertig bringen, so
daß er auf diese Weise etwa 2 Mark Taglohn hat; davon werden jedoch 65 Pf. für die
Kost in Abzug gebracht. Der Wochenlohn beträgt bei den mit Kost und Wohnung ein=
gestellten Gesellen 8, 10 und 12 Mark, bei den andern 16 und 18 Mark (die Kost
und Wohnung wird auf 4 Mark 50 Pf. veranschlagt.) Stücklohn und Zeitlohn werden
wöchentlich bezahlt ohne Zurückbehaltung oder Vorausbezahlung.

10. Beginn früh 5 Uhr, Ende Abends 7 Uhr; regelmäßige Pausen Morgens von
8—½9, Mittags von 12 bis 1 und Nachmittags von 4—½5 Uhr. Der Meister arbeitet mit.

11. Gewerbebetrieb.

a. Faßmacherei ohne Kellergeschäft. Arbeitstheilung kommt nur bei Herstellung
großer Fässer vor, wo dann der eine Dauben längt, der andere sie fügt, 3 weitere sie zu=
sammensetzen.

b. Es werden meist neue Fässer gemacht.

c. Die Arbeitsstoffe (Holz und Eisen) werden vom Meister geliefert. Für große
Fässer werden die Dauben roh zugehauen aus Ungarn, das Reifeisen in Bandform von
den Eisenwerken bezogen.

d. Im Uebrigen wird das Holz im Wald ersteigert in verschiedenen Mengen,
jedoch nie unter 5 bis 6 Festmeter. Zahlung erfolgt baar.

e. Die großen Fässer werden nur auf Bestellung, die kleinen auch auf Vorrath
gearbeitet.

f. Meine Kunden habe ich hauptsächlich im Ort, doch wird auch an Brauer in
der Pfalz regelmäßig geliefert. Besondere Bemühungen um Erwerbung und Ausdehnung
dieser auswärtigen Kundschaft wurden nicht gemacht; dagegen wurde 1880 die hiesige Aus=
stellung beschickt und zwar mit Fässern, die nach selbsterfundenem System zum Schutz gegen
Austreibung des Bodens durch die üblichen Luftpressionen mit Querriegeln am Boden
versehen waren. Auf derartige Fässer liefen dann die Bestellungen von auswärts ein.

g. Ein Ladengeschäft wird nicht geführt; die auf Vorrath gearbeiteten kleinen Fässer werden so lange im Haus aufbewahrt, bis der Absatz erfolgt.

h. Fällt aus.

i. Die Hälfte der Kundschaft zahlt baar mit 2% Rabatt, die andere Hälfte mit Wechseln auf 3 Monate Ziel.

k. Die Zahlung erfolgt im Allgemeinen pünktlich; gerichtliche Betreibung ist seit Jahren nicht mehr erforderlich und Verlust von Ausständen selten.

l. Arbeitsgelegenheit ist immer vorhanden.

m. In den ersten Sommermonaten tritt in der Regel eine stille Zeit im Geschäfte ein und wird dann eben, soweit Bestellungen nicht da sind, auf Vorrath gearbeitet; die Arbeiterzahl wird nicht ermäßigt. Am besten geht das Geschäft von Herbst bis gegen Fastnacht.

12. Das Geschäft ist schuldenfrei.

13. Es wird ein Taschenbuch, ein Hauptbuch und ein Kontobuch geführt, in ersteres werden auch sämmtliche Ausgaben für die Haushaltung in Bausch und Bogen eingetragen, während die genauere Aufführung dieser Ausgaben in dem von der Frau geführten Haushaltungsbuche enthalten ist.

14. Fällt weg.

15. Siehe Anlagen.

16. Der letzte Geschäftsabschluß war ein recht befriedigender, was nicht immer der Fall ist; ich schreibe dies erfreuliche Ergebniß hauptsächlich dem Umstande zu, daß ich einen großen Vorrath ungarischer Dauben hatte, welche im vergangenen Jahre erheblich im Preis gestiegen sind, wodurch auch der Preis der großen Fässer in die Höhe getrieben wurde. Da ich eben in Folge meines Vorraths das Material zu dem früheren billigen Preise zur Verfügung hatte, so erzielte ich einen ziemlichen Ueberschuß.

b. Allgemeine Geschäftslage.

Ueber die allgemeine Geschäftslage macht der Erschienene die gleichen Angaben, wie der früher vernommene Küfermeister P. S. Zu Frage 8 bemerkt er, daß die Klagen über ungenügende Ausbildung der Lehrlinge wohl nur für das Kellergeschäft zutreffen, weil sie dort vielfach zu Geschäften verwendet werden, bei denen sie so gut wie nichts lernen (Weinabfüllen, Faßführen, Flaschen schwenken.)

Zu 13. Die Preise sind allerdings während der letzten Jahre zurückgegangen, aber doch nur bei den kleinen Fässern und nicht um mehr als etwa $1/5$.

Zu 17. Was Herr S. über die Wettbewerbung der Großindustrie und der Strafanstalten sagt, ist ganz richtig; ich muß aber dem noch hinzufügen, daß das Kleingewerbe theilweise durch eigenes Verschulden seine Fähigkeit zur Wettbewerbung verloren hat, indem in den Geschäften, wo Faßmacherei und Kellergeschäft verbunden sind, die Ausbildung der jungen Leute gerade für unser Geschäft sehr vernachlässigt wird.

c. Vorschläge zur Verbesserung des Kleingewerbes.

1, 2 und 3. Ich habe als Lehrling und Geselle noch unter dem Zunftzwang gearbeitet und kann versichern, daß die Arbeiter damals durchschnittlich bedeutend besser waren. Dagegen hatte der Zunftzwang aber auch die Schattenseite, daß mancher tüchtige Geselle trotz aller Anstrengung nicht selbständig werden konnte, weil kleinlicher Neid und Böswilligkeit ihm die Ablegung des Meisterstücks unmöglich machten, während oft genug ganz

unfähige Leute, wenn sie nur mit einem der Zunftgenossen verwandt waren, ohne ernst=
liche Prüfung in den Zunftverband aufgenommen wurden. Bin ich schon durch diese
Erfahrungen mißtrauisch gegen die Zunfteinrichtung (in früherem Sinne) geworden, so
möchte ich derselben jetzt um so weniger das Wort reden, als der Wettbewerbung der
Großindustrie hiedurch doch kein Riegel vorgeschoben werden könnte. Dagegen halte ich die
Bildung einer Innung nach Maßgabe der Gewerbeordnung behufs Förderung gemeinsamer
Interessen für erstrebenswerth.

Küfer J. N. in Mannheim.   Anlage.

Vorbemerkung.

Erwerbsteuerkapital	.	7700 M. — Pf.
Betriebskapital .		4000 „ — „
Anlagekapital		500 „ — „

Familienzahl: 5 Personen.

Anzahl der Lehrlinge und Gesellen: 6

Geschäftsergebnisse im Jahr 1884.

I. Ausgaben.

A. Gewerbe.

1. Aufwand für die Geschäftsräumlichkeiten im eigenen Hause .		500 M. — Pf.
2 a. Unterhaltung und Ergänzung von Handwerkszeug und Maschinen		200 „ — „
b. Abschreibung (Abnutzung) am Werthe von Handwerkszeug und Maschinen		100 „ — „
3. Heizung und Beleuchtung der Geschäftsräume		50 „ — „
4. Arbeitsaufwand für Hilfsarbeiter:		
aa. Löhne an Lehrlinge und Gesellen, Aufwand für etwaige Verköstigung derselben durch den Meister .		4680 „ — „
5. Aufwand für Beschaffung der Arbeitsstoffe .		. 12000 „ — „
7. Verlust an Ausständen		160 „ — „
8. Zinsen des Anlage= und Betriebskapitals .		. . 180 „ — „
Summa .		6870 M. — Pf.

C. Sonstige Ausgaben.

1. Ausgaben für den Haushalt der Familie (5 Familienglieder und 1 Dienstbote) und zwar:		
a. Kost . .		3360 „ „
b. Bekleidung		650 „ — „
c. Unterricht		400 „ — „
d. Heizung und Beleuchtung für Küche und Zimmer ꝛc.		240 „ — „
e. Arzt und Apotheke		20 „ — „
2. Für die Wohnung im eigenen Hause, das allein bewohnt wird		500 „ „
3 a. Verzinsung des Hauswerths, und zwar zu 4%, wobei jedoch die unter A. 1 a. und C. 2 a. und b. schon verrechneten Beträge in Abrechnung zu bringen sind .		440 „ — „
b. Unterhaltungsaufwand für das Gebäude . . .		200 „ — „
Uebertrag .		12680 M. — Pf.

Uebertrag . 12680 M. — Pf.

c. Abschreibung am Hauswerth (in Folge von Abnützung) . . 100 „ — „

4. Feuerversicherung für:

    Gebäude . . . 22 „ — „

    Fahrnisse . . 27 „ — „

6. Staatssteuer . . 82 „ — „

7. Gemeindeumlagen . . . . 103 „ — „

Summa . 13014 M. — Pf.

II. Einnahmen.

A. Gewerbe.

Bruttoeinnahme:

a. aus dem Gewerbebetriebe . . . . 24700 M. — Pf.

C. Sonstige Einnahmen.

2. aus ausstehenden Kapitalien, verzinslichen Staatspapieren . 50 M. — Pf.

4. sonst . . . . 160 „ — „

Summa . 24910 M. — Pf.

Einnahmen . . . . 24910 „ — „

Ausgaben . . . . 13014 „ — „

Somit Mehreinnahme . 11896 M. — Pf.

VI. Hafner.

Einvernommen wurden: L. G. in Mannheim, F. H. von Miltenberg (Baiern) und Ph. M. in Mannheim.

1.

Hafner L. G. in Mannheim.

a. Eigene Verhältnisse des Befragten.

1. 50 Jahre alt, verheirathet, Vater von 3 Knaben und 2 Mädchen, im Alter von 3 bis 15 Jahren; alle sind zu Hause, keines im Geschäft.

2. Die Lehre wurde in Kusel gemacht und dauerte 3 Jahre. Eine Prüfung wurde nicht abgelegt, weil damals in der Pfalz schon Gewerbefreiheit bestand. Als Geselle wurde gearbeitet in Mannheim, Kaiserslautern, Zweibrücken, Frankenthal, Mainz, Saarbrücken, Metz, Winterthur, Zürich und wieder in Mannheim, im Ganzen etwa 12 Jahre lang. Außer der Volksschule wurde der Freihandzeichnen= und Modellirunterricht an der hiesigen Gewerbeschule besucht und zwar ein Jahr lang (1854/55 oder 1855/56).

3. Siehe Anlage.

4. Hafnerei ohne Nebengewerbe.

5. Das Geschäft wird seit 1867, in welchem Jahre es erst gegründet wurde, selbständig betrieben und befand sich von jeher am jetzigen Orte.

6. Im eigenen Hause. Der Miethwerth der Betriebsstätte (Werkstätte mit Brennofen, Keller= und Speicherraum zur Aufbewahrung von Materialien und fertigen Waaren, ferner ein kleiner Laden) beträgt etwa 700 Mark, wobei zu bemerken ist, daß die Geschäftslage (Q. 4.) eine ungünstige ist.

7. Vorzugsweise findet Handbetrieb Statt, nur eine Maschine sehr einfacher Natur, die Thonwalze kommt zur Anwendung. Die gleiche Maschine, nur natürlich in weit

größerem Maßstabe, wird auch im Großbetrieb verwendet. Ferner werden im Großbetriebe die Drehscheiben maschinenmäßig bewegt, während im Kleinbetrieb der Fuß die nöthige Bewegung gibt.

8. Die Thonwalze wird mit der Hand gedreht.

9 a. Lehrlinge habe ich keine;

b. ich habe einen Gesellen in der Werkstätte mit Kost und Wohnung im Hause. Der Lohn ist auf wöchentlich 4 Mark festgestellt und wird alle 14 Tage ausbezahlt, ohne Zurückbehaltung und ohne Vorausbezahlung, wobei jedoch nicht ausgeschlossen ist, daß in dringenden Fällen auf besonderes Ansuchen Vorschuß auf Lohn gegeben wird.

10. Beginn der Arbeitszeit Morgens 6 und Ende Abends 7 Uhr mit regelmäßigen Pausen zum Frühstück ($\frac{1}{2}$ 9 bis 9), Mittagessen (12 bis 1) und Vesper (4 bis $\frac{1}{2}$ 5 Uhr). Der Meister arbeitet mit.

11. Gewerbebetrieb.

a. Der Betrieb erstreckt sich auf die Herstellung aller Hafnerarbeiten mit Ausnahme von Oefen.

b. Fällt weg.

c. Die Arbeitsstoffe werden stets vom Meister geliefert. Sie bestehen aus Thon, Farben und Glacuren, sowie Holz als Brennmaterial.

d. Der Thon wird von Bauersleuten in der Pfalz bezogen und zwar gegen Baar, Farben und Glacuren von einem Eisenhändler in Ludwigshafen auf Rechnung mit 3monatlicher Zahlungsfrist.

e. Es wird in der Regel nur auf Vorrath gearbeitet.

f. Die Kundschaft ist auf hier beschränkt.

g. Eigenes Ladengeschäft. Außerdem wird 3 Mal wöchentlich der hiesige Markt als Verkaufsplatz benützt, ebenso die hiesigen Messen, bei welch' letztern aber wenig erzielt wird, weil das Standgeld ziemlich hoch (18 Mark die Messe) und der Absatz der großen Betheiligung Seitens fremder Händler wegen gering ist. Im Ladengeschäft wird außer den eigenen Erzeugnissen noch sog. Steinzeug und Steingut feil gehalten. Das Verhältniß der fremden Waare zur eigenen ist wie 1 zu 4.

h. Die Waare wird, wie im kaufmännischen Verkehr üblich, auf 3 Monate Ziel bezogen.

i. Der Verkauf geschieht nur gegen Baar, ausnahmsweise, besonders bei Gärtnern, die viel beziehen, auf unbestimmten Kredit.

k. Die Ausstände, soweit überhaupt solche vorkommen, gehen im Allgemeinen vollständig ein; doch kommt es auch vor, daß einige in Verlust gerathen. Ein Verhältniß, in welchem dieser Verlust eintritt, kann nicht wohl angegeben werden, da es sich nur um Ausnahmefälle handelt. Gerichtliche Betreibung fand seit Jahren nicht mehr statt.

l. An Arbeit fehlt es nie, da der Vorrath gleichmäßig abgeht.

m. Das Gewerbe unterliegt keinen Schwankungen während des Jahres.

12. Kredit wurde nicht in Anspruch genommen.

13. Buch wird nicht geführt, nur bezüglich der Kunden, welchen geborgt wird, ist ein solches angelegt, in welchem auch die geschehene Zahlung entsprechend eingetragen wird. Im Uebrigen wird das eingehende Geld eben in die Kasse gelegt und bei Zahlungen, insbesondere auch für die Haushaltung, der nöthige Betrag herausgenommen,

ohne daß hierüber irgend welche Aufzeichnungen gemacht werden.

14. Fällt aus.

15. Siehe Anlage.

16. und 17. Der Abschluß war nicht befriedigend, die Gründe hiefür sind allge=
meiner Natur.

c. Vorschläge zur Verbesserung des Kleingewerbes.

Es sollte für das Hafnergewerbe im ganzen deutschen Reich ein gemeinsamer
Innungsverband geschaffen werden, und sollte Jeder, der das Gewerbe treiben will, ge=
halten sein, einer solchen Verbands=Innung beizutreten. Die Aufnahme dürfte aber nur
dann geschehen, wenn der Betreffende vor der zuständigen Innungsbehörde nachweist, daß
er das Gewerbe ordnungsmäßig erlernt hat. Es würde durch diese Einrichtung bewirkt,
daß eine große Zahl von Mitbewerbern um Arbeit in Wegfall käme, und sollte dieselbe
sich nicht nur auf den selbständigen Betrieb des Kleingewerbes, sondern auch auf den der
Großindustrie erstrecken. Ferner sollte, ebenfalls um eine sehr lästige Mitbewerbung zu
unterdrücken, der Hausirhandel mit Töpferwaaren ganz verboten oder doch auf solche Orte
beschränkt werden, wo keine Töpfer ansäßig sind.

2. Die hiesigen Messen sind für unser Gewerbe von großem Uebel, weil sie uns
eine Menge auswärtiger Geschäftsleute bringen, die ihre Waaren aus den großen nord=
deutschen Fabriken beziehen und deßhalb sehr billig geben können. Dieser Mißstand läßt
sich nur dadurch heben, daß die Geschirrmessen ganz in Wegfall kommen.

3. Die Gründung einer örtlichen Innung wäre geboten, um eine thunlichste För=
derung der gemeinsamen Geschäftsvortheile zu erzielen.

Hafner L. G. in Mannheim.   **Anlage.**
Vorbemerkung.

Erwerbsteuerkapital	.	1500 M. — Pf.
Anlagekapital		100 „ — „

Familienzahl: 7 Personen.
Anzahl der Lehrlinge und Gesellen: 1.

Geschäftsergebnisse im Jahr 1884.
I. Ausgaben.
A. Gewerbe.

a. Werthanschlag für Benützung der Betriebsstätte (einschließlich des Unterhaltungsaufwands) im eigenen Hause	860 M.	— Pf.
2 a. Unterhaltung und Ergänzung von Handwerkszeug und Maschinen	30 „	84 „
b. Abschreibung (Abnutzung) am Werthe von Handwerkszeug und Maschinen	40 „	— „
3. Heizung und Beleuchtung der Geschäftsräume nebst Heizung von Brennöfen 2c.	345 „	10 „
4. Arbeitsaufwand:		
a. Werthanschlag der Arbeit des Meisters (6 Mark für 307 Tage)	1842 „	— „
b. für Hilfsarbeiter:		
aa. Löhne an Lehrlinge und Gesellen . .	334 „	— „
Uebertrag .	3451 M.	94 Pf.

	Uebertrag	3451	M.	94	Pf.
bb. Aufwand für Verköstigung derselben durch den Meister		563	„	—	„
5. Aufwand für Beschaffung der Arbeitsstoffe .		310	„	50	„
6. Aufwand für zum Handel angekaufte Waaren .		312	„	35	„
7. Verlust an Ausständen		80	„	—	„
8. Zinsen des Anlage= und Betriebskapitals		150	„	—	„
	Summa .	4867	M.	79	Pf.

C. Sonstige Ausgaben.

1. Ausgaben für den Haushalt der Familie (7 Familienglieder und
1 Dienstbote) und zwar:

a. Kost .	1642	M.	50	Pf.
b. Bekleidung	230	„	—	„
c. Unterricht	160	„	—	„
d. Heizung und Beleuchtung für Küche und Zimmer ꝛc.	67	„	50	„
e. Arzt und Apotheke	50	„	—	„

2 a. Miethwerthanschlag für die weder zum Gewerbebetrieb A. 1
noch auch an Dritte vermietheten Räume im eigenen Hause . 250 „ — „

3 a. Verzinsung des Hauswerths und zwar zu 4 %, wobei jedoch
die unter A. 1 a. und C. 2 a. und b. schon verrechneten Be=
träge in Abrechnung zu bringen sind . 90 „ — „

4. Feuerversicherung für Fahrnisse . .	15	„	95	„
5. Lebensversicherung	78	„	—	„
6. Staatssteuer für den Gewerbebetrieb .	27	„	33	„
7. Gemeinde=Umlagen für denselben .	35	„	93	„
	Summa . 7515	M.	—	Pf.

II. Einnahmen.
A. Gewerbe.

Bruttoeinnahme:

a. aus dem Gewerbebetriebe	2688	M.	—	Pf.
b. aus dem Ladengeschäfte	560	„	—	„

C. Sonstige Einnahmen.

1. aus Miethe	996	„	—	„
	Summa . 5244	M.	—	Pf.
Ausgaben . .	7515	M.	—	Pf.
Einnahmen	5244	„	—	„
Somit Mehrausgaben . .	2271	M.	—	Pf.

2.

Hafner J. H. von Miltenberg (Baiern) in Mannheim.
a. Eigene Verhältnisse des Befragten.

1. 39 Jahre alt, verheirathet, Vater einer Tochter und eines Sohnes, im Alter
von 10 und 9 Jahren.

2. Das Gewerbe wurde in Buchen erlernt. Die Dauer der Lehrzeit war 3 Jahre,
die nächsten 8 Jahre wurden als Gesellenjahre zugebracht und zwar: in Aschaffenburg,
Bamberg, Schweinfurt und zuletzt in Mannheim.

3. Siehe Anlage.

4. Hafnerei ohne Nebengewerbe.

5. Seit 1874 selbständig. Das Geschäft wurde in diesem Jahre erst gegründet und befindet sich seitdem ununterbrochen hier.

6. Ich habe kein eigenes Haus. Für das Geschäft sind gemiethet: Werkstätte mit Brennofen, Lagerraum und Keller. Der Miethpreis mit Wohnung beträgt 900 Mark und abzüglich des Werthes der letztern 600 Mark; die Geschäftslage (J. 2) ist nicht gut.

7. und 8. Vorzugsweise findet Handbetrieb Statt; als Arbeitsmaschinen sind nur eine Thonwalze und eine Glazurmühle zu nennen.

9. Gesellenwesen.

a. Lehrling habe ich keinen.

b. Ich beschäftige drei Gesellen, wovon einer weder Kost noch Wohnung, die zwei andern nur Wohnung im Hause haben; früher wurde versucht, den Gesellen auch Kost und Wohnung im Hause zu geben, es zeigte sich jedoch dabei, daß dies für den Meister weit kostspieliger ist. Auch die beiden im Hause wohnenden Gesellen sind ohne Kost und Wohnung eingestellt und eigentlich nur Miethsleute, indem sie miteinander ein möblirtes Zimmer gemiethet haben, wofür einem jeden wöchentlich 1 Mark 70 Pf. vom Lohn abgezogen wird. Der Lohn ist als Taglohn bestimmt, und zwar erhalten die Gesellen z. Zeit solchen in der Höhe von 2 Mark 30 Pf., 2 Mark und 1 Mark 50 Pf. Die Auszahlung erfolgt jeweils Samstags, ohne Rückbehaltung und ohne Vorauszahlung.

10. Die Arbeit dauert von Morgens 6 bis Abends 7 Uhr, regelmäßige Pausen sind Vormittags und Nachmittags je ½ Stunde und Mittags von 12 bis 1 Uhr, während welcher Zeit die Gesellen das Haus verlassen. Der Meister arbeitet mit.

11. Gewerbebetrieb.

a. Es werden die gewöhnlichen Thongeschirre und irdene Oefen hergestellt.

b. Die einzige Arbeit, die als eine Art Ausbesserung bezeichnet werden kann, ist das Umsetzen der Oefen.

c. Die Arbeitsstoffe werden vom Meister geliefert.

d. Der Thon wird unmittelbar von Grubenbesitzern in Mengen von je einer Eisenbahnwagenladung (etwa ein Drittheil des jährlichen Bedarfs) bezogen. Bestimmte Zahlungsbedingungen sind dabei nicht vereinbart. Die Zahlung erfolgt in der Regel alle 3 Monate. Die Glazur wird tonnenweise von Ludwigshafener Händlern gekauft und ist auch hier die gleiche Uebung wegen der Zahlung.

e. Es wird auch auf Vorrath gearbeitet.

f. Die Kundschaft ist auf den Ort beschränkt, doch wird bei dem regelmäßigen Besuch der hiesigen Wochenmärkte auch an Leute aus der Umgegend abgesetzt.

g. Ein eigentlicher Laden ist nicht vorhanden, wohl aber ein kleines Magazin, in welchem die fertigen Waaren aufbewahrt werden. Das Geschirr wird übrigens fast nur auf dem Wochenmarkt abgesetzt und beschränkt sich die Hauskundschaft auf solche, die Oefen kaufen wollen. Früher wurden auch die hiesigen Messen beschickt, allein seit 2 Jahren ist das nicht mehr der Fall, weil die Mitbewerbung dort so groß ist, daß kaum das Standgeld dabei herausgeschlagen wird.

h. Fällt aus.

i. Meist findet Baarzahlung statt, nur ausnahmsweise wird auf Rechnung abgegeben.

k. Ueber den Eingang der Ausstände ist im Allgemeinen nicht zu klagen. Schlechte Erfahrungen in dieser Hinsicht wurden früher mit Hausirern gemacht, weßhalb in neuerer Zeit an Hausirer nichts mehr abgegeben wird. Gerichtliche Betreibung war noch nicht erforderlich und Verlust von Ausständen kann als eine Seltenheit bezeichnet werden.

l. Da ausschließlich auf Vorrath gearbeitet wird und der Absatz selbstverständlich nicht immer gleich flott geht, so kommt es vor, daß sich die Waare übermäßig anhäuft und deßhalb mit der Arbeit zurückgehalten werden muß, eine Erscheinung, die nicht erst aus neuerer Zeit stammt. Die Einführung des emaillirten Blechgeschirres trägt jedenfalls die Hauptschuld daran, daß der Absatz in Töpferwaaren nicht mehr so gut ist wie vor etwa zehn Jahren.

m. Aus den oben angeführten Gründen muß manchmal während des Jahres eine Verminderung der Arbeiterzahl eintreten. Regelmäßige Schwankungen von kürzerer Dauer treten insofern ein, als jeweils während der beiden hiesigen Messen das Geschäft recht flau geht.

12. Kredit wird nicht in Anspruch genommen.

13. Es wird ein einziges Buch geführt, in welches sämmtliche Geschäftsausgaben, von den Einnahmen dagegen nur die größern Posten und endlich die Guthaben an die Kreditkunden eingetragen werden.

14. Fällt aus.

15. Siehe Anlage.

16. und 17. Der Geschäftsabschluß kann nicht als befriedigend bezeichnet werden, da trotz aller Einschränkung ein Ueberschuß nicht erzielt worden ist. In früheren Jahren wurde zwar auch nie ein glänzendes Geschäft gemacht, aber doch ab und zu Etwas erübrigt. Der Grund dieses Rückganges ist wohl allgemeiner Natur und liegt in der vermehrten Wettbewerbung, insbesondere im Ofengeschäfte.

c. Vorschläge zur Verbesserung des Kleingewerbes.

1, 2 und 3. Der Hauptgrund für die schlimme Lage unseres Geschäftes liegt darin, daß im Allgemeinen keine genügende Absatzgelegenheit da ist. Diese unerfreuliche Erscheinung ist auf verschiedene Ursachen zurückzuführen, zunächst nämlich auf die schädigende Wettbewerbung der Großindustrie, besonders der Ofenfabrikation, sodann auf den Umstand, daß das emaillirte Blechgeschirr vielfach als Ersatz für Töpferwaaren eingeführt ist und endlich auf örtliche Verhältnisse, nämlich die durch die Messen und den hier sehr verbreiteten Hausirhandel gehobene Konkurrenz. Bezüglich der beiden erstern Mißstände wüßte ich Vorschläge nicht zu machen, da sie mit dem steten Fortschritt auf dem Gebiete des gewerblichen Lebens zusammenhängen und durch gesetzliche Maßregeln nicht zu beseitigen sind. Dagegen hielte ich es für nicht mehr als billig, wenn den fremden Geschirrhändlern, welche die hiesige Messe besuchen wollen, ein entsprechend hohes Standgeld auferlegt und den hier ansäßigen Töpfern dafür thunlichste Ermäßigung desselben gewährt würde; z. Zt. zahlen wir ebenso viel, wie die Fremden. Gegen den Hausirhandel wäre wohl ein nicht zu nieder zu bemessendes Oktroi wirksam.

Hafner F. H. in Mannheim.   Anlage.

Vorbemerkung.

Erwerbsteuerkapital . . . .   1800 M. — Pf.

Familienzahl: 4 Personen.

Anzahl der Lehrlinge und Gesellen: 3.

Geschäftsergebnisse im Jahr 1884.
I. Ausgaben.
A. Gewerbe.

b. Miethzins für die Geschäftsräumlichkeiten (nach Abzug des
für die Wohnung anzusetzenden Miethzinsantheils) . . . . 600 M. — Pf.

2 a. Unterhaltung und Ergänzung von Handwerkszeug und Maschinen　40 „ — „

3. Heizung und Beleuchtung der Geschäftsräume nebst Heizung von
Brennöfen ꝛc. . . . . 40 „ — „

4 aa. Löhne an Lehrlinge und Gesellen . . 1800 „ — „

5. Aufwand für Beschaffung der Arbeitsstoffe 300 „ — „

7. Verlust an Ausständen . . . . 300 „ — „

Summa 3080 M. — Pf.

C. Sonstige Ausgaben.

1. Ausgaben für den Haushalt der Familie (4 Familienglieder und
keine Dienstboten) und zwar:

　　a. Kost . . . . . 1300 M. — Pf.

　　b. Bekleidung . . . 350 „ — „

　　c. Unterricht . . . . 15 „ — „

　　d. Heizung und Beleuchtung für Küche und Zimmer ꝛc. 70 „ — „

　　e. Arzt und Apotheke . . . . 130 „ — „

2. Für die Wohnungsmiethe (nach Abzug des schon unter A. 1
verrechneten Betrages) . . . . . . 300 „ — „

4. Feuerversicherung für Fahrnisse . . 8 „ 70 „

6. Staatssteuer . . . . . 13 „ — „

7. Gemeinde-Umlagen . . . . 14 „ 80 „

Summa . 5281 M. 50 Pf.

II. Einnahmen.
Gewerbe.

Bruttoeinnahmen

a. aus dem Gewerbebetriebe . . . . 5000 M. — Pf.

C. Sonstige Einnahmen: keine.

Ausgaben . . 5281 „ — „

Einnahmen . . . . 5000 „ — „

Somit Mehrausgabe . 281 M. — Pf.

3.

Hafner Ph. M. in Mannheim.
a. Eigene Verhältnisse des Befragten.

1. 39 Jahre alt, Wittwer, Vater 1 Sohnes und 3 Mädchen im Alter von 1½
bis 15 Jahren, sämmtliche im Hause.

2. Ich war früher Schuhmacher, arbeite erst seit 1871 in der Hafnerei, die ersten
2 Jahre unter Leitung des Vaters, seitdem stets im eigenen Geschäfte. Der Schulbesuch
blieb auf die Volksschule beschränkt.

3. Siehe Anlage.

4. Hafnerei.

5. Seit 1871. Das Geschäft besteht schon seit vielen Jahren am hiesigen Orte.

6. Das Geschäft befindet sich in meinem eigenen Hause; den Miethwerth der Ge= schäftsräumlichkeiten (Werkstätte mit Brennofen, Laden, Lagerraum im Keller) ist auf 1000 Mark zu veranschlagen. Die Geschäftslage (H. 3) ist gut.

7. Es findet nur Handbetrieb Statt.

8. Fällt aus.

9 a. Lehrlinge halte ich nicht.

b. Ich beschäftige drei Gesellen, alle mit Kost und Wohnung im Hause. Der Wochenlohn beträgt bei dem einen 9 Mark, bei den beiden anderen je 6 Mark. Der älteste Geselle ist schon 55 Jahre im Geschäft. Die Zahlung erfolgt jeweils Sonntags ohne Vorauszahlung und Zurückbehaltung.

10. Beginn der Arbeit Morgens 6 Uhr, Ende Abends 7 Uhr. Pausen werden nur während der Mahlzeiten, Morgens 9 Uhr, Mittags 12 Uhr und Nachmittags 4 Uhr gemacht. Der Meister arbeitet mit.

11. Gewerbebetrieb.

a. Es werden nur gewöhnliche Töpferwaaren hergestellt; Arbeitstheilung kommt nicht vor.

b. Fällt weg.

c. Der Thon wird vom Meister geliefert und von einem Bauersmann in der Pfalz bezogen.

d. Die Zahlung erfolgt baar. Der Bezug erfolgt alle paar Wochen in Mengen von 20 Zentnern.

e. Es wird in der Regel nur auf Vorrath gearbeitet.

f. Die Kundschaft ist auf den Ort beschränkt, soweit nicht auf dem Wochen= markt, der regelmäßig befahren wird, Auswärtige kaufen.

g. Ich führe ein eigenes Ladengeschäft, in welchem auch Glas= und Porzellan= waaren, sowie Steinzeug feilgeboten werden. In der Regel ist der Werth dieser fremden Erzeugnisse annähernd gleich mit dem der eigenen.

h. Die fremde Waare wird auf drei Monate Ziel gekauft.

i. Meist wird baar bezahlt, auf dem Markt immer. Auf Kredit wird in der Regel nur von Geschäftsleuten (Bauunternehmer, Wirthe und dergl.), die größeren Be= darf haben, gekauft. Bedingungen wegen der Zahlung werden dabei nicht festgesetzt.

k. Die Ausstände werden dann vierteljährlich oder auch erst halbjährlich bezahlt; gerichtliche Betreibung fand noch nicht statt und ist der Verlust von Ausständen eine Seltenheit.

l. An Arbeit fehlt es nicht, da stets auf Vorrath gearbeitet wird.

m. Der Absatz ist während der Messen, sowie im Frühjahr regelmäßig flauer wie sonst; letztere Erscheinung weiß ich mir nicht zu erklären, doch ist es eine alte Regel in unserem Gewerbe, daß das Geschäft in der „Kirschenzeit" abnehme. In guten Obst= jahren tritt eine erhebliche Steigerung des Geschirrbedarfs ein.

12. Kredit wurde nicht in Anspruch genommen.

13. Es werden drei Bücher geführt, nämlich: das Ladenbuch, in welches die am Tage vorkommenden Kreditverkäufe eingetragen werden, das Memorial, welches als eine Reinschrift des Ladenbuchs zu bezeichnen ist, und das Hauptbuch, in welches alle Ein=

16*

nahmen und Ausgaben eingetragen werden. Ich selbst führe nur das Ladenbuch, die
andern Bücher besorgt ein junger Mann, der jeweils zu Beginn des Monats zu diesem
Behufe kommt.

14. Fällt aus.

15. Siehe Anlage.

16. und 17. Der Geschäftsabschluß ist im Allgemeinen befriedigend gewesen, ob=
wohl nicht viel erübrigt wurde. Wenn ich nur die eigene Waare verkaufen würde, könnte
ich wohl kaum bestehen. Der Verkauf des Glases, Porzellans ꝛc. wirft alljährlich einen
Reingewinn von einigen Hundert Mark ab. Es ist besonders in dieser Hinsicht ein
großer Vortheil, daß das Geschäft in einer verkehrsreichen Lage sich befindet, ganz nahe
beim Marktplatz. Der Abschluß ist übrigens seit Jahren ein gleich günstiger, wenn man
das so nennen will.

b. Allgemeine Geschäftslage.
Gemeinsam beantwortet.

1. Das Hafnereigewerbe umfaßt sowohl die Herstellung von Geschirren (Töpferei),
als auch von Oefen. Die beiden Betriebszweige sind bald vereinigt, bald getrennt, und
läßt sich eine Regel in dieser Hinsicht nicht aufstellen.

2. Die Arbeitserzeugnisse werden im Geschäfte selbst hergestellt und gibt es keine
Halbfabrikate.

3. Der Absatz beschränkt sich meist auf den Ort und geschieht meist an den Kon=
sumenten selbst.

4. Ladengeschäft ist die Regel, da ja fast überall auf Vorrath gearbeitet wird.
In diesen Ladengeschäften wird auch meist fertig bezogenes Steingut und Steinzeug feil
gehalten. Die Herstellung dieser Spezialitäten ist nur den besonders dazu eingerichteten
Fabriken möglich.

5. Die hiesigen Hafnermeister haben mit einer einzigen Ausnahme das Geschäft
ordnungsmäßig erlernt.

6. In hiesiger Stadt kommt eine Verbindung von Landwirthschaft und Hafnerei=
gewerbe nicht vor.

7. Handbetrieb ist die Regel: neuere Werkzeuge sind nicht bekannt. Von Hilfs=
maschinen ist nur die Thonwalze zu erwähnen, die in den meisten hiesigen Geschäften ein=
geführt ist. Motoren werden nicht verwendet.

8. Lehrlingswesen.

a. Die Unterweisung des Lehrlings geschieht durch den Meister. In hiesiger
Stadt ist es als ein großer Nachtheil für die Lehrlinge zu bezeichnen, daß dieselben
vielfach Kost und Wohnung nicht beim Meister haben, sie sind sich dadurch zu viel selbst
überlassen und entbehren einer geeigneten Aufsicht außerhalb der Geschäftszeit.

b. Lehrwerkstätten sind nicht erforderlich.

c. Zeichnen und Modelliren sind für den Hafner äußerst nützliche Lehrgegenstände
und ist z. Zt. in hiesiger Gewerbeschule ausreichend Gelegenheit geboten, sich darin zu
vervollkommnen.

d. Es wird darin verschieden gehalten, jedenfalls ist kein gleichmäßiges Muster
im Gebrauche; insbesondere für die hiesige Stadt hat sich das Bedürfniß nach einem
solchen noch nicht geltend gemacht, in so lange nur sehr wenig junge Leute als Lehr=

linge im Hafnergewerbe eintreten.

e. Aus dem vorbezeichneten Grunde kann diese Frage nicht beantwortet werden; es ist nur ein Fall bekannt, wo ein Hafnerlehrling ohne genügende Rechtfertigung vom Meister weglief; eine polizeiliche Zurückführung wurde nicht verlangt.

f. Den einzigen I. Preis, der bisher auf das Hafnergewerbe entfiel, erhielt ein Ofensetzerlehrling, zwei andere Lehrlinge desselben Geschäfts (Seydel & Sohn) erhielten III. Preise. Lehrlingsprüfungen fanden nicht statt.

g. Nicht bekannt.

9. Gesellenwesen.

a. An Gesellen, besonders in dem Ofengeschäft, fehlt es nicht, doch sind sie sehr selten tüchtig durchgebildet und lassen in der Regel die nöthige Handfertigkeit vermissen. Die Leute kommen eben häufig vom Lande, wo sie außer dem Gewerbe noch den Feldbau betreiben mußten, so daß für ersteres nicht genug Zeit übrig blieb.

b. Ueber das Verhalten der Leute im Allgemeinen ist nicht zu klagen, ebensowenig über unbefugten Austritt.

c. Die Lohnansprüche blieben während der letzten 5 Jahre im Wesentlichen die gleichen.

d. Lohnzahlung erfolgt der Regel nach alle Woche oder alle 14 Tage; Rückbehaltung und Vorschuß ist nicht üblich.

e. Ist nichts geschehen.

f. Fällt weg.

g. Streitigkeiten sind nicht häufig, aber immerhin wäre ein Gewerbegericht als wünschenswerth zu bezeichnen.

10. Kreditanstalten sind genügend vorhanden.

11. Thon und Holz, in Mengen von je einer Wagenladung, wird in der Regel gegen baar bezogen und zwar ersterer meist aus der Pfalz, da das badische Material (Neckargemünd, Hilsbach rc.) zu theuer ist. Die Preise sind seit Jahren so ziemlich gleich. Eine Vereinigung zu gemeinsamem Bezug ist noch nie angeregt worden.

12. Es ist trotz der vermehrten Konkurrenz noch genügende Gelegenheit zur Beschäftigung und zum Absatz der Erzeugnisse vorhanden. Die Großindustrie hat übrigens dem Gewerbe noch keinen Vortheil, sondern durch ihre Wettbewerbung nur Nachtheil gebracht. Hier wird an Hausirer nichts abgesetzt; die Hausirwaaren kommen hauptsächlich aus dem Hessischen. Die Kunsttöpferei hat hier noch keinen Eingang gefunden, sie würde auch gegenüber der gerade auf diesem Gebiete besonders hervortretenden Mitbewerbung der Großindustrie kaum lebensfähig sein.

13. Die Preise sind, offenbar in Folge des ausgedehnten Hausirhandels, in den letzten Jahren merklich und zwar um 15 — 20 % gefallen, unterliegen jedoch im Uebrigen keinen Schwankungen. Eine Vereinigung, um diesem Preisrückgange entgegen zu wirken, wurde nicht versucht und hätte auch keinen Erfolg.

14. Bei den meisten Käufen, insbesondere allen Marktkäufen, ist Baarzahlung üblich.

15. Seit 1870 mindestens ist der Aufwand für den Lebensunterhalt im Allgemeinen gleich hoch.

16. Es wurden noch keine Versuche wegen Gründung einer Innung oder sonstigen gewerblichen Vereinigung gemacht, da noch von keiner Seite ein diesbezüglicher Wunsch

geäußert wurde.

17. Außer der Mitbewerbung der Großindustrie und des Hausirhandels drückt die Einführung des emaillirten Blechgeschirrs in den Haushaltungen auf den Absatz der Töpferwaaren und damit auch auf die Preise derselben. Für das Ladengeschäft sind auch die Geschirrmessen von entschiedenem Nachtheil, um so mehr als dort zum Theil um wahre Schleuderpreise (es kosten z. B. von sog. Bunzlauer Geschirr 6 Stück 40 Pf., während dieselben bei uns mehr als das Doppelte kosten würden) verkauft wird.

18. Die badische Gewerbezählung wird vom Gewerbeverein gehalten, bei welchem aber nur ein Hafnermeister Mitglied ist; im Uebrigen ist hier nichts zu erwähnen.

        c. Vorschläge zur Verbesserung des Kleingewerbes.

1. 2. und 3. Wir wissen keine Vorschläge zu machen; wenn man ordentlich arbeitet und nicht so viel für sich braucht, so kann man sich schon durchbringen. Unangenehm ist freilich die Mitbewerbung der Hausirer; aber das Hausiren deßhalb zu verbieten, möchten wir doch nicht befürworten. Eine Innung haben wir hier nicht, und halten wir eine solche auch nicht für nöthig.

Hafner Ph. M. in Mannheim.   **Anlage.**

Vorbemerkung.

Erwerbsteuerkapital	.	7400 M. — Pf.
Betriebskapital .		4400 „ — „
Anlagekapital		1200 „ — „

Familienzahl: 5.

Anzahl der Lehrlinge und Gesellen: 3.

Geschäftsergebnisse im Jahr 1884.

I. Ausgaben.

	A Haupt=Gewerbe. M.	B Neben=Gewerbe. M.
1. Werthanschlag für Unterbringung von Werkstätte, Laden, Waarenlager	800	800
2 a. Unterhaltung und Ergänzung von Handwerkszeug und Maschinen	50	50
3. Heizung und Beleuchtung der Geschäftsräume nebst Heizung von Brennöfen &c.	300	30
4. Persönlicher Arbeitsaufwand:		
a. Werthanschlag der Arbeit des Meisters (5 M. für 365 Tage)	1825	—
b. für Hilfsarbeiter:		
aa. Löhne an Lehrlinge und Gesellen	1040	—
bb. Aufwand für etwaige Verköstigung derselben durch den Meister	730	—
5. Aufwand für Beschaffung der Arbeitsstoffe .	300	—
6. Aufwand für zum Handel angekaufte Waaren	—	2000
7. Verlust an Ausständen	—	50
8. Zinsen des Anlage- und Betriebskapitals	100	—
Summa .	5145	2930
	2930	
Im Ganzen	8075	

C. Sonstige Ausgaben.

1. Ausgaben für den Haushalt der Familie (7 Familienglieder

	Uebertrag	8075	M.	—	Pf.
und keine Dienstboten) und zwar:					
a. Kost . . .		1095	„	—	„
b. Bekleidung		200	„	—	„
c. Unterricht		20	„	—	„
d. Heizung und Beleuchtung für Küche und Zimmer 2c. .		50	„	—	„
e. Arzt und Apotheke		30	„	....	„
2. Miethwerthanschlag der Wohnung im eigenen Hause		200	„	—	„
3 b. Unterhaltungsaufwand für das Gebäude .		200	„	—	„
4. Feuerversicherung für:					
Gebäude . . .		33	„	—	„
Fahrnisse . .		8	„	—	„
6. Staatssteuer . .		34	„	84	„
7. Gemeindeumlagen	. .	108	„	—	„
	Summa	10053	M.	84	Pf.

II. Einnahmen.
A. Hauptgewerbe.

Bruttoeinnahme:				
a. aus dem Gewerbebetriebe .	2500	M.	—	Pf.
b. „ „ Ladengeschäfte	6570	„	—	„

C. Sonstige Einnahmen.

1. Aus Miethe	1788	„	—	„
2. „ ausstehenden Kapitalien, verzinslichen Staatspapieren .	40	„	—	„
	Summa .	10898	M.	—	Pf.
Einnahmen		10898	M.	—	Pf.
Ausgaben .	. . . .	10054	„	—	„
	Somit Mehreinnahme	844	M.	—	Pf.

VII. Zinngießer.

Einvernommen wurde: G. P. von Mannheim.

a. Eigene Verhältnisse des Befragten.

1. 33 Jahre alt, verheirathet, Vater von 3 Kindern, von denen das älteste 7 Jahre alt ist.

2. Erlernt wurde das Gewerbe bei einem Bruder; die Lehrzeit dauerte 3 Jahre; als Geselle wurde gearbeitet: in Stuttgart etwa $1/2$ Jahr, in München ebensolange, in Kulmbach $3/4$ Jahre, jeweils beim gleichen Meister, dann noch 3 Jahre als Gehilfe in dem seit dem Tod des Vaters (1860) von der Mutter und dem Bruder geführten väterlichen Geschäfte. Ich besuchte die Volksschule und hierauf 3 Jahre die Gewerbeschule am hiesigen Ort.

3. Siehe Anlage.

4. Zinngießerei.

5. Das Geschäft besteht schon seit nahezu 100 Jahren in hiesiger Stadt. Nach dem Tode des Vaters wurde es mehrere Jahre lang auf Rechnung der Mutter geführt; seit 1873 ist es im gemeinsamen Besitze der Brüder G. und F. P.

6. Das Geschäft befindet sich im Hause der Mutter der Inhaber. Miethe wird

nicht bezahlt; der Miethwerth der Geschäftsräumlichkeiten (Laden und Werkstätte) beträgt etwa 800 Mark. Die Geschäftslage (Q. 2) läßt sich als mittlere bezeichnen.

7. Es findet vorzugsweise Handbetrieb Statt; als Hilfsmaschinen kommen in Anwendung: eine Stanzmaschine, eine Zinnwalze und einige Drehbänke. Im Großbetrieb sind viel weitläufigere Maschinen eingeführt, über deren Bauart nichts Näheres angegeben werden kann.

8. Ein Motor wird nicht verwendet.

9 a. Lehrlinge habe ich nicht.

b. Ich beschäftige einen Gesellen in der Werkstatt mit Kost und Wohnung im Haus, d. h. bei F. P., der im elterlichen Hause wohnt, während der Theilhaber G. P. anderwärts in Miethe ist. Der Geselle erhält einen Wochenlohn von 6 Mark, der ihm alle 14 Tage vollständig ausbezahlt wird; Vorauszahlung ist nicht eingeführt.

10. Die Arbeitszeit dauert im Sommer von Morgens 6 bis Abends 7 Uhr, im Winter von Tagesanbruch an bis Abends 7 Uhr. Regelmäßige Pausen sind nicht eingeführt, die Arbeit wird nur ausgesetzt, soweit dies zur Einnahme der Mahlzeiten erforderlich ist.

11. Gewerbebetrieb.

a. Es werden hauptsächlich Deckel auf Bierkrüge gemacht, daneben aber auch Zinnmaße und Zinngeschirre, Bettflaschen. Arbeitstheilung ist nicht eingeführt.

b. Es werden auch viele Ausbesserungen besorgt, das Hauptgeschäft besteht aber doch in der Herstellung neuer Gegenstände.

c. Der Meister liefert den Arbeitsstoff (Zinn) selbst; Halbfabrikate werden nicht bezogen.

d. Das Zinn wird in Mengen von 2 bis 3 Zentnern von den hiesigen Eisenhändlern bezogen mit Zahlungsfrist von 3 Monaten.

e. Es wird meistens auf Bestellung gearbeitet.

f. Für die Krugdeckel ist eine ständige und gute auswärtige Kundschaft da, nämlich 2 Fabriken, die alljährlich mindestens 1000 Stück Krüge hierherschicken, die wir mit Deckeln versehen. Die übrigen Gegenstände, wie Bettflaschen, Geschirre u. s. w. werden am Orte selbst abgesetzt. Die auswärtige Kundschaft besteht schon seit 30 Jahren. Messen, Märkte u. dergl. werden nicht besucht, auch wird nicht an Hausirer abgegeben.

g. Es wird im Geschäftshaus ein Laden geführt, in welchem der Bruder F. P. von auswärts bezogene Porzellan- und Glaswaaren neben den eigenen Erzeugnissen feilhält. Ich selbst besitze ein eigenes Ladengeschäft in F. 5, wo ich auch wohne; dasselbe wird von meiner Frau besorgt. Es werden auch hier von auswärts (Mettlach und Schramberg, Baiern und Böhmen) bezogene Porzellan- und Glaswaaren feilgehalten, ebenso Zinnlöffel aus einer Barmener Fabrik (die Herstellung solcher in der Werkstatt lohnt sich nicht mehr), daneben aber auch einzelne selbstverfertigte Gegenstände, wie Geschirre, Krüge, Teller 2c.

h. Das übliche Zahlungsziel beträgt 3 Monate.

i. Im Geschäft wird in der Regel nur gegen Baar abgegeben, doch entnehmen einzelne Kunden (z. B. das städtische Spital) auf Rechnung, die dann in der Regel vierteljährlich beglichen wird.

k. Es kommt auch mitunter vor, daß Schuldner trotz wiederholter Mahnung nicht

zahlen. Gerichtliche Betreibung wird möglichst vermieden, schon wegen der hohen Ge=
richtskosten. Den Verlust an Ausständen berechne ich im Durchschnitt auf 1 bis 2 %.

l. Das Geschäft hat schon seit mehreren Jahren merklich abgenommen. Der Grund
hiefür ist ebensowohl in der Verdrängung des Zinngeschirres durch die Steingutwaaren,
als auch in dem massenhaften Angebot fremder Waare durch Hausirer und Meßleute zu
suchen; auch wandern immer noch viele italienische Zinngießer ein.

m. Von regelmäßigen Schwankungen kann man insofern reden, als nicht blos
während, sondern auch einige Zeit vor und nach den hiesigen Messen der Absatz im Laden
und die Bestellung aus hiesigem Kundenkreise sehr merklich abnehmen.

12. Vor einigen Jahren mußte ein Kredit von 3000 Mark mit 5 % Verzinsung
in Anspruch genommen werden; die Geldaufnahme hatte keine Schwierigkeit, weil unter=
pfändliche Sicherheit durch das Haus gewährt wurde.

13. Es wird Strazze, Kassenbuch und Kontobuch für die Kunden geführt; im
Kassenbuch werden auch alle Ausgaben für die Haushaltung aufgezeichnet, ebenso die
Tageseinnahme der Ladenkasse.

14. Fällt aus.

15. Siehe Anlage.

16. und 17. Der Geschäftsabschluß ist nicht befriedigend. Zur Erklärung läßt
sich eigentlich nichts weiter sagen, als daß man im Geschäft nicht genug zu thun hat.
Die Gründe dieser unerfreulichen Erscheinung sind schon unter 11 l. erörtert.

b. Allgemeine Geschäftslage.

1. In der Regel betreibt wohl jeder Gewerbegenosse das Geschäft seinem ganzen
Umfange nach, wenn er auch, wie dies auch in unserm Geschäfte der Fall, vorzugsweise
nur bestimmte Gegenstände führt; es gibt übrigens auch Meister, welche nur Ausbesserungs=
arbeiten vornehmen, weil sie zur Neufertigung von Gegenständen nicht die genügende
Fertigkeit besitzen.

2. Im Deckelgeschäft kommt es mitunter vor, daß die Deckel in roh gegossenem
Zustande von andern Zinngießern bezogen werden, so daß nur noch die feinere Ausarbei=
tung nöthig ist; dies lohnt sich aber nicht, da das Halbfabrikat im Verhältniß zu
theuer ist.

3. Die Kundschaft ist meist auf den Ort beschränkt und sind die Kunden der
Regel nach solche, die die Waare selbst brauchen.

4. Ein Ladengeschäft ist wohl überall mit dem Gewerbe verbunden, in welchem
auch Geschirr und Glas von auswärts feil gehalten zu werden pflegt.

5. Die Gewerbsgenossen sind zumeist gelernte Zinngießer.

6. Nein.

7. Es kommt nur Handarbeit unter gleichzeitiger Benützung der unter a 7 er=
wähnten Hilfsmaschinen vor; Motoren sind nicht in Verwendung.

8. Lehrlingswesen.

Darüber kann keine Auskunft ertheilt werden.

9. Gesellenwesen.

a. Es gibt schon tüchtige Gesellen, dieselben suchen aber lieber solche Orte auf,
wo das Geschäft noch in Blüthe steht, so z. B. München und überhaupt baierische Städte,
weil dort massenhafter Bedarf von Krugdeckeln in allen möglichen Ausführungen ist.

b. Es besteht kein Grund zur Klage.

c. Die Löhne sind in den letzten 5 Jahren gleich geblieben.

d. In Geschäften, wo Spezialitäten hergestellt werden, wird vielfach Stücklohn bezahlt; im Uebrigen ist wöchentliche Zahlung die Regel.

e. Es geschieht nichts, da nur ein Geselle hier ist.

f. Fällt aus.

g. Von Streitigkeiten ist mir Nichts bekannt.

10. Wer die nöthige Sicherheit stellen kann, bekommt hier Kredit in jeder Höhe.

11. Das Material wird wohl von allen hiesigen Zinngießern bei den zahlreichen Metallgeschäften in der Stadt bezogen, in der Regel auf 3 Monate Ziel, wie dies im Handelsverkehr überhaupt üblich ist. Die Zinnpreise sind sehr schwankend, was bei Festsetzung der Arbeitspreise berücksichtigt wird.

12. Wie oben schon bemerkt, ist eine genügende Gelegenheit zur vollen Ausnützung der Arbeitskraft in der Zinngießerei hierorts nicht mehr vorhanden. Ob dieser Zustand sich bessern wird, läßt sich nicht sagen; dagegen kann derselbe mit Sicherheit auf die schädliche Wettbewerbung der Großindustrie, der auswärtigen Meßbesucher und der vielen Hausirhändler zurückgeführt werden; dazu kommt noch, daß, wie vorhin schon erwähnt, besonders in dem Geschirrgeschäfte der Bedarf des Publikums entschieden abgenommen hat. Die Großindustrie kann übrigens unter Umständen auch Nutzen bringen, wenn es nämlich dem Handwerksmeister gelingt, sich die Kundschaft einer Steinzeugfabrik zu verschaffen, welche ihre Krüge bei ihm mit Deckeln versehen läßt. In der Regel nämlich erstreckt sich die Fabrikarbeit nicht auch auf die Deckel. Bis jetzt ist in kunstgewerblicher Hinsicht noch wenig geschehen; es wäre aber wohl denkbar, daß durch wirklich künstlerische Leistungen der Absatz gefördert wird.

13. Der Preis der Arbeit und Arbeitserzeugnisse ist schwankend je nach dem Stand des Zinnpreises. An sich sind die Preise als lohnend zu bezeichnen, nur sollte, wie oben bemerkt, mehr Absatz vorhanden sein.

14. Baarzahlung ist wohl die Regel.

15. Kann nicht angegeben werden.

16. Eine Innung oder sonstige Vereinigung besteht nicht und wurde bei der geringen Zahl der hiesigen Gewerbsgenossen auch noch nicht versucht.

17. Ist Nichts weiter zu erwähnen.

18. Die Landesgewerbehalle wurde weder besucht noch beschickt, ebensowenig das Zeichenbüreau der Kunstgewerbeschule. Die badische Gewerbezeitung erhalte ich als Mitglied des Gewerbevereins.

c. Vorschläge zur Verbesserung des Kleingewerbes.

1. Meines Erachtens kann dem nothleidenden Zinngießergewerbe nur dadurch geholfen werden, daß es mehr und mehr zum Kunstgewerbe ausgebildet wird. Um dies aber zu erreichen, müßte dem Gewerbe vor allem das nöthige Ansehen wieder verschafft werden, was nur dadurch geschehen könnte, daß die Zulassung zum selbstständigen Gewerbebetrieb gesetzlich an die Bedingung des Nachweises der erforderlichen Kenntnisse und Befähigung geknüpft würde; ob dieser Nachweis vor einer staatlichen oder einer Innungs-Behörde geliefert werden müßte, wäre gleichgiltig. Hierwegen weitere Vorschläge zu machen, bin ich nicht in der Lage.

2. Die hiesigen Messen sollten auf die Dauer von je 8 Tagen beschränkt werden, damit die durch sie herbeigeführte schädigende Mitbewerbung vermindert wird. Die Hausierer sollten zu gleichem Zwecke höher besteuert werden.

Zinngießer G. P. in Mannheim.
Anlage.
Vorbemerkung.

Erwerbsteuerkapital .	.	2000 M. — Pf.
Betriebskapital		1000 „ — „
Anlagekapital		800 „ — „

Familienzahl: 5 Personen.

Anzahl der Lehrlinge und Gesellen: 1

Geschäftsergebnisse im Jahr 1884.
I. Ausgaben.

	A Haupt- Gewerbe. M.	B Neben- Gewerbe. M.
1 a. Hälftiger Miethwerthanschlag für Unterbringung von Werkstätte, Laden und Waarenlager im gemeinsamen eigenen Hause . .	400	—
b. Miethzins für den Laden des G. P.	—	300
2 a. Unterhaltung und Ergänzung von Handwerkzeug und Maschinen	200	—
b. Abschreibung (Abnutzung) am Werthe von Handwerkzeug und Maschinen	40	
3. Heizung und Beleuchtung der Geschäftsräume . .	50	
4. Persönlicher Arbeitsaufwand:		
a. Werthanschlag der Arbeit des Meisters (6 Mark für 350 Tage)	2100	—
b. für Hilfsarbeiter:		
aa. Löhne an Gesellen	208	—
bb. Aufwand für etwaige Verköstigung derselben durch den Meister	438	—
5. Aufwand für Beschaffung der Arbeitsstoffe . .	2 000	—
6. Aufwand für zum Handel angekaufte Waaren	300	2400
7. Verlust an Ausständen	100	—
8. Zinsen des Anlage- und Betriebskapitals . .	115	—
Summa .	5 951	2700
	2 700	
Im Ganzen	8 651	

C. Sonstige Ausgaben.

1. Ausgaben für den Haushalt der Familie (5 Familienmitglieder und 1 Dienstbote) und zwar:		
a. Kost	.	1 060 M. — Pf.
b. Bekleidung		200 „ — „
c. Unterricht		36 „ — „
d. Heizung und Beleuchtung für Küche und Zimmer ꝛc.		80 „ — „
e. Arzt und Apotheke		30 „ — „
2. Für Wohnungsmiethe nach Abzug des schon unter A. 1 verrechneten Betrages	.	500 „ — „
Uebertrag		10 557 M. — Pf.

Uebertrag	10 557	M. —	Pf.

4. Feuerversicherung für:
   Fahrnisse . | 6 „ — „
5. Lebensversicherung | 184 „ — „
6. Staatssteuer . | 8 „ 88 „
7. Gemeindeumlagen | 13 „ — „

Summa . 10 768 M. 88 Pf.

II. Einnahmen.
A. Hauptgewerbe.

Bruttoeinnahme:
   a. aus dem Gewerbebetriebe | 6 200 M. — Pf.
   b. aus dem Ladengeschäfte . . . . | 2 800 „ — „

B. Nebengewerbe.

Bruttoeinnahme:
   b. aus dem Ladengeschäfte . . . . | 900 M. — Pf.

B. Sonstige Einnahmen.

1. aus Miethe . . . . . . | 350 M. — Pf.

Summa . 10 250 M. — Pf.

Ausgaben .   .   .   10 769 „ — „
Einnahmen   .   . . . 10 250 „ — „

Somit Mehrausgabe . 519 M. — Pf.

VIII. Buchbinder.

Einvernommen wurden:

a. Meister:	b. Geselle.
1. G. K. in Mannheim.	1. Ph. T. von Mannheim.
2. J. J. R. in Mannheim.	2. F. W. aus Rosenberg in Westpreußen.

A. Meister.
1.

Buchbinder G. K. in Mannheim.

a. Eigene Verhältnisse des Befragten.

1. 43 Jahre alt, verheirathet, Vater von 5 Söhnen im Alter von 3 bis 17 Jahren, der älteste ist als Lehrling im Geschäft, auch die andern sind alle zu Hause.

2. Das Gewerbe wurde hier erlernt, die Lehrzeit betrug 3 Jahre. Als Geselle arbeitete ich 6 Jahre in Stuttgart, Frankfurt a. M., Wien und Mannheim. Ich besuchte die Volksschule und während der Lehrzeit 2 Jahre die Gewerbeschule.

3. Siehe Anlage.

4. Buchbinderei.

5. Das Geschäft wurde 1868 gegründet und befindet sich seitdem hier, ruhte aber 1870/71 wegen Einberufung des Geschäftsherrn zum Militär.

6. Ich besitze ein eigenes Haus. Der Miethwerth für Werkstätte, Laden und Lagerraum beträgt 1000 Mark. Die Geschäftslage ist gut (G. 3).

7. Als Hilfsmaschinen sind im Gebrauch: Schneidmaschinen für Papier und Pappendeckel, Heftmaschine, Vergoldpresse, Stockpressen und Papierprägepresse. Im Groß=

betrieb find, jo viel bekannt, die gleichen Maschinen, bezw. Syſteme in Anwendung. Der Handbetrieb ist in Folge der Einführung dieſer Maſchinen ſehr vermindert.

8. Keinen Motor.

9 a. Für meine zwei Lehrlinge ist nach mündlicher Verabredung 3jährige Lehrzeit ausgemacht, ohne Lehrgeld, aber auch ohne Koſt und Wohnung. Die Ausbildung ge= ſchieht meiſt durch mich ſelbſt.

b. Ich beſchäftige vier Geſellen, die ſämmtlich in der Werkſtätte arbeiten: Koſt und Wohnung haben ſie alle auswärts. Der Wochenlohn beträgt bei zweien 20, bei den anderen 18 Mark. Die Zahlung erfolgt wöchentlich ohne Rückbehaltung oder Voraus= zahlung.

10. Die Arbeitszeit dauert von Morgens 7 bis Abends 7 Uhr, während welcher Zeit ich ſtändig im Geſchäft bin. Eine ſtändige Pauſe wird nur Mittags von 12 bis 1 Uhr gemacht.

11. Gewerbebetrieb.

a. Das Geſchäft umfaßt nur die eigentliche Buchbinderei; die Herſtellung von Kartonnagen und Etuis iſt nicht ausgeſchloſſen. Als Spezialität wird die Fertigung von Geſchäftsbüchern betrieben. Arbeitstheilung findet nicht ſtatt.

b. Ausbeſſerungen, d. h. Einbinden und Umbinden alter Bücher, kommen vielfach vor, es wird dabei aber ſehr wenig verdient.

c. In neuerer Zeit iſt es nicht ſelten, daß die Kunden, welche ein Buch einbinden laſſen wollen, die von der Verlagshandlung gelieferte Decke dazu mitbringen, im Uebrigen aber werden die Arbeitsſtoffe, d. i. Pappendeckel, Papier, Leder, Callico ꝛc., vom Meiſter geliefert. Halbfabrikat beziehe ich nur inſofern, als ich das Papier für die Geſchäfts= bücher in ſchon liniirtem Zuſtande kaufe.

d. Der Rohſtoff wird in größeren Mengen (jeweils der Bedarf für ½ Jahr und mehr) vom Fabrikanten bezogen. Die Zahlung geſchieht in der Regel durch Wechſel auf 2 oder 3 Monate. Der Bezug in großen Mengen iſt bedeutend billiger; würde der Bezug beiſpielsweiſe alle 14 Tage in entſprechend kleinern Mengen geſchehen, ſo würde ſich der Aufwand um mindeſtens 10% erhöhen.

e. Es wird auf Beſtellung und auf Vorrath gearbeitet.

f. Der Kundenkreis iſt auf den Platz beſchränkt.

g. Es wird ein Ladengeſchäft betrieben, in welchem auch zum Wiederverkauf bezogene Erzeugniſſe des Papierfachs, z. B. Papier in allen Sorten, Zeichen= und Schreibmaterialien, Schachteln ꝛc., ferner auch Schulbücher für die Volksſchule, Geſang= und Gebetbücher feilgehalten werden. Von den Ladenvorräthen kommt höchſtens ein Fünftel dem Umfang und Werth nach auf die eigenen Erzeugniſſe.

h. Auch hier erfolgt die Zahlung in der Regel auf Wechſel mit 3 Monaten Ziel.

i. Im Ladengeſchäft wird meiſt baar bezahlt, im Uebrigen wird halbjährlich Rechnung aufgeſtellt.

k. Bei vielen Kunden dauert es nach Einſendung der Rechnung noch ein weiteres halbes Jahr, bis Zahlung erfolgt. Zu gerichtlicher Betreibung kommt es ſelten; dieſelbe wäre auch meiſt zwecklos, weil die Kunden, welche nach wiederholter ernſtlicher Auf= forderung immer noch nicht zahlen, gewöhnlich nichts mehr haben. Uebrigens wäre es wohl in manchen Fällen möglich geweſen, durch rechtzeitige gerichtliche Betreibung einen späteren Verlust abzuwenden. Der durchschnittliche Verlust an Ausständen berechnet sich auf etwa 400 Mark, gleich 1% der Gesammtforderungen.

l. Ueber Mangel an Aufträgen kann ich nie klagen.

m. Im Sommer geht das Geschäft jeweils flauer, so daß ich in dieser Zeit in der Regel einen Gehilfen entlasse.

12. Kredit wurde nicht in Anspruch genommen.

13. Es werden vier Bücher geführt: Kassenbuch, Journal, Fakturenbuch und Haupt= buch. Die Haushaltungskosten werden allmonatlich im Kassenbuch in Ausgabe gestellt.

14. Fällt aus.

15. Siehe Anlage.

16. Der Geschäftsabschluß war befriedigend, wie dies der Fall zu sein pflegt. Der günstigen Geschäftslage ist dies wohl zum großen Theil zu danken; auch habe ich vor manchen Gewerbegenossen den Vortheil, über eigene Mittel zu verfügen und in Folge dessen mein Ladengeschäft stets auf's Beste mit gangbaren Waaren versorgen zu können.

c. Vorschläge zur Verbesserung des Kleingewerbes.

1. Ich hielte es für recht und billig, daß der Handel mit Erzeugnissen des Papierfaches und Schreibmaterialien jeder Art nur Denjenigen gestattet würde, welche nebenher das Buchbindergewerbe betreiben.

Zu 2 und 3 habe ich keine Vorschläge zu machen.

Buchbinder G. K. in Mannheim.   **Anlage.**
Vorbemerkung:

Erwerbsteuerkapital	14 800 M.	— Pf.
Betriebskapital .	9 800 „	— „
Anlagekapital	900 „	— „

Familienzahl: 8 Personen.
Anzahl der Lehrlinge und Gesellen: 6 bis 8 Personen.

Geschäftsergebnisse im Jahr 1884.
I. Ausgaben.

	A Haupt= Gewerbe. M.	B Neben= Gewerbe. M.
1. Werthanschlag für Unterbringung von Werkstätte, Laden, Waaren= lager im eigenen Hause	250	750
2 a. Unterhaltung und Ergänzung von Handwerkzeug und Maschinen	100	—
b. Abschreibung (Abnutzung) am Werthe von Handwerkzeug und Maschinen	100	—
3. Heizung und Beleuchtung der Geschäftsräume .	150	100
4. Persönlicher Arbeitsaufwand:		
a. Werthanschlag der Arbeit des Meisters (25 Mark für 8 Tage)	500	800
b. für Hilfsarbeiter:		
aa. Löhne an Lehrlinge und Gesellen	4 195	240
bb. Aufwand für etwaige Verköstigung derselben durch den Meister	—	300
Uebertrag .	5 295	2190

	A	B
	Haupt=	Neben=
	Gewerbe.	
	M.	M.
Uebertrag	5 295	2 190
5. Aufwand für Beschaffung der Arbeitsstoffe . . .	10 000	—
6. Aufwand für zum Handel angekaufte Waaren	—	20 000
7. Verlust an Ausständen	400	—
8. Zinsen des Anlage= und Betriebskapitals	428	—
Summa .	16 123	22 190
	22 190	
Im Ganzen	38 313	

C. Sonstige Ausgaben.

1. Ausgaben für den Haushalt der Familie (8 Familienglieder und 2 Dienstboten) und zwar:

a. Kost	2 700 M.	—	Pf.
b. Bekleidung	600 „	—	„
c. Unterricht	175 „	—	„
d. Heizung und Beleuchtung für Küche und Zimmer ꝛc. . .	150 „	—	„
e. Arzt und Apotheke.	630 „	—	„
2 b. Miethwerthanschlag für die weder zum Gewerbebetrieb A. 1 noch auch an Dritte vermietheten Räume im eigenen Hause .	800 „	—	„
3 a. Verzinsung des Hauswerths, und zwar zu 4%, wobei jedoch die unter A. 1 a. und C. 2 a. und b. schon verrechneten Beträge in Abrechnung zu bringen sind	200 „	—	„
b. Unterhaltungsaufwand für das Gebäude	250 „	—	„
4. Feuerversicherung für:			
Gebäude	48 „	59	„
Fahrnisse	19 „	62	„
5. Lebensversicherung .	500 „	—	„
6. Staatssteuer . .	122 „	04	„
7. Gemeindeumlagen .	143 „	43	„
Summa .	44 651 M.	68	Pf.

II. Einnahmen.
A. Hauptgewerbe.

Bruttoeinnahme:

a. aus dem Gewerbebetriebe	15 000 M.	—	Pf.
b. „ „ Ladengeschäfte	25 000 „	—	„

C. Sonstige Einnahmen.

1. aus Miethe	500 „	—	„
2. aus ausstehenden Kapitalien, verzinslichen Staatspapieren . .	320 „	—	„
Summa	40 820 M.	—	Pf.
Ausgaben .	44 652 „	—	„
Einnahmen .	40 820 „	—	„
Somit Mehrausgabe .	3 832 M.	—	Pf.

2.
Buchbinder J. J. R. in Mannheim.
a. Eigene Verhältnisse des Befragten.

1. 45 Jahre alt, verheirathet, Vater von 4 Kindern im Alter von 4 bis 17 Jahren, davon sind 3 zu Hause, keines hilft im Geschäft.

2. Das Gewerbe wurde in dreijähriger Lehrzeit noch unter der Zunftverfassung hier gelernt. Meine Gesellenzeit dauerte 7 Jahre, davon brachte ich 6 Jahre in der Fremde, und zwar in Stuttgart, Berlin, Dresden, Basel u. s. w. und ein Jahr in Mannheim zu. Ich besuchte die höhere Bürgerschule bis zur 5. Klasse und 2 Jahreskurse der hiesigen Gewerbeschule.

3. Siehe Anlage.

4. Buchbinderei.

5. Das Geschäft wurde 1864 hier gegründet und befindet sich seither hier.

6. Ich wohne in Miethe. Der Miethzins für die Werkstätte beträgt 200 Mark.

7. und 8. An Hilfsmaschinen sind in Gebrauch: eine Papier= und eine Pappen= deckel=Schneidmaschine; ein Motor wird nicht verwendet.

9 a. Ein Lehrling; nach mündlicher Verabredung ist dreijährige Lehrzeit bedungen, ohne Lehrgeld, aber auch ohne Kost und Wohnung.

b. Gesellen habe ich nicht.

10. Die Arbeitszeit dauert von Morgens 7 bis Abends 7 Uhr. Ständige Pausen machen wir: Mittags 1 Stunde, Vor= und Nachmittags je ½ Stunde.

11. Gewerbebetrieb.

a. Der Betrieb erstreckt sich hauptsächlich auf Büchereinband.

b. Ausbesserungsarbeiten kommen auch vor.

c. In der Regel liefere ich selbst den Arbeitsstoff, bestehend aus Pappendeckel, Papier, Callico und Leder.

d. Der Bezug erfolgt in kleineren Mengen (Bedarf für jeweils ungefähr 14 Tage) von hiesigen Zwischenhändlern. Die Zahlung erfolgt baar.

e. Ich arbeite nur auf Bestellung.

f. Mein Kundenkreis ist auf den Platz beschränkt.

g. und h. fallen weg.

i. Die Kunden zahlen größtentheils baar.

k. Soweit überhaupt gestundet wird, erfolgt die Zahlung nach Rechnungssendung pünktlich. Ein Verlust von Ausständen ist sehr selten.

l. An Aufträgen fehlt es nicht.

m. Im Sommer geht das Geschäft im Allgemeinen schwächer.

12. Kredit wurde nicht in Anspruch genommen.

13. Es wird ein Tagebuch und ein Hauptbuch mit „Soll" und „Haben" geführt. Ueber die Haushaltung wird nicht besonders Buch geführt.

14. Fällt aus.

15. Siehe Anlage.

16. und 17. Der Geschäftsabschluß ist seit Jahren der gleiche; ich bringe mich mit meiner Familie mit Mühe und Noth, ohne Schulden machen zu müssen, durch; von Ersparnissen ist keine Rede. Der Hauptfehler liegt darin, daß die Arbeitspreise so un=

verhältnißmäßig nieder sind. Zu arbeiten habe ich genug; ich muß sogar oft Morgens um 5 Uhr schon anfangen und bis 10 Uhr des Nachts weitermachen.

b. Allgemeine Geschäftslage.

1. Die Kartonnagearbeit ist als besonderer Zweig ausgeschieden; im Uebrigen wird das Gewerbe in der Regel seinem ganzen Umfange nach betrieben.

2. Halbfabrikate werden nicht bezogen.

3. Der Kundenkreis ist auf den Platz beschränkt. An Wiederverkäufer wird so gut wie nichts abgesetzt.

4. Von den hiesigen Buchbindern hat kaum die Hälfte ein Ladengeschäft. In den bestehenden Ladengeschäften werden jeweils auch fremde Erzeugnisse nicht nur des Gewerbes selbst, sondern des ganzen Papierfachs feilgehalten. Die Buchbinderei ohne Ladengeschäft geht z. Zt. sehr schlecht.

5. Die Buchdrucker, Lithographen und theilweise auch Papierhändler nehmen vielfach einen oder mehrere gewerbsverständige Gehilfen und treiben dann nebenher auch Buchbinderei. Ueber die Erfolge dieser Nebenbeschäftigung kann nichts angegeben werden.

6. Verbindung dieses Gewerbs mit Landwirthschaft kommt hier nicht vor.

7. Der Handbetrieb ist in neuerer Zeit sehr beschränkt. Ohne Schneidmaschine für Papier und Pappendeckel kann heutzutage kein Buchbinder bestehen. Größere Geschäfte haben daneben noch Vergoldpressen, Heftmaschinen und Stockpressen. Mit Motor arbeitet kein hiesiger Buchbinder.

8. Lehrlingswesen.

a. In der Werkstätte besorgt der Meister die praktische Ausbildung des Lehrlings. Zu dem — hier nicht vorgeschriebenen — Besuch der Gewerbeschule werden die jungen Leute nur selten angehalten.

b. Eine Schulwerkstätte zur gründlichen Erlernung des Vergoldens wäre wünschenswerth.

c. Der jetzige gewerbliche Unterricht legt zu wenig Gewicht auf das Fachzeichnen für Buchbinder; dies ist wohl auch vielfach der Grund, warum die Meister ihre Lehrlinge nicht zur Schule schicken.

d. In der Regel besteht nur mündlicher Vertrag.

e. Es sind keine Klagen bekannt.

f. An den alljährlich vom hiesigen Gewerbeverein veranstalteten Preisverleihungen betheiligen sich jeweils auch Lehrlinge vom Buchbinderfach; es ist aber allgemeine Ansicht bei den Meistern, daß die Preisrichter zu wenig Sachkenner sind und häufig unter dem Namen „Lehrlingsarbeit" die Arbeit eines Meisters oder Gehilfen prämiiren.

g. Hierüber ist nichts bekannt.

9. Gesellenwesen.

a. Tüchtige Gesellen sind recht selten; man merkt den Leuten großentheils an, daß sie noch zu kurz und deßhalb zu unerfahren im Geschäft sind: auch sind die aus großen Städten kommenden, d. h. die jüngeren, ausschließlich an Maschinenbetrieb gewöhnt und in der Handarbeit ganz ungeschickt. Daß die Großindustrie manche gute Kräfte anzieht, darüber ist gar kein Zweifel.

b. Ueber das moralische Verhalten der Gesellen kann nicht geklagt werden.

c. Die Löhne sind seit 5 Jahren so ziemlich die gleichen; gegenwärtig betragen dieselben: ohne Kost und Wohnung 15—20 Mark, mit Kost ohne Wohnung 8—9 Mark die Woche.

d. Es ist Zeitlohn üblich mit wöchentlicher Zahlung; Rückbehaltung und Voraus= bezahlung findet nicht statt.

e. Es geschieht nichts.

f. Trifft nicht zu.

g. Von Streitigkeiten ist nichts bekannt. Die Einführung von Gewerbegerichten wäre immerhin wünschenswerth.

10. Die bestehenden Kreditanstalten genügen vollständig den Bedürfnissen.

11. Der Bezug des Arbeitsmaterials erfolgt in sehr verschiedener Weise, bald in großen, bald in kleinen Mengen, bald unmittelbar vom Fabrikanten, bald auch vom Zwischenhändler hier oder anderwärts, bald auf baar, bald auf Kredit. Am vortheilhaf= testen ist es jedenfalls, in großen Mengen unmittelbar von den Fabriken zu beziehen, in welchem Fall Zahlung durch Wechsel auf 3 Monate üblich ist. Die Preise schwanken wohl ab und zu, sind aber im Allgemeinen als billig zu bezeichnen.

12. Seitdem die Großindustrie sich auch unseres Faches bemächtigt hat und die Buchhändler vielfach die neuen Werke mit fabrikmäßig hergestellten Einbänden versehen hinaussenden, ist der Kleinbetrieb der eigentlichen Buchbinderei sehr zurückgegangen. Auch das Kartonnagegeschäft ist nicht lohnend, weil die Großindustrie die Preise herunter= gedrückt hat.

13. Die Preise für das Einbinden der Bücher und die Kartonnage sind nicht lohnend. Wenn ein Arbeiter von Morgens bis Abends fleißig schafft, kann er höchstens 3—4 Mark verdienen; einträglicher ist das Etuisgeschäft; es setzt dies aber eine besondere Geschicklichkeit voraus.

14. Kleinere Arbeit wird in der Regel nur gegen baar geliefert; im Uebrigen geben wir Kredit auf unbestimmte Zeit und haben halbjährliche Zusendung der Rechnung eingeführt.

15. Seit Anfang der 70er Jahre ist das Leben theurer geworden.

16. Ein Versuch zur Gründung einer Innung ist wegen Mangels an Betheili= gung der Fachgenossen gescheitert.

17. Die Aktiengesellschaft Concordia in Bühl, welche sich mit dem Vertrieb von Schulrequisiten befaßt, macht uns badischen Buchbindern eine recht unangenehme Mit= bewerbung. Ein Mißstand ist auch, daß sich in den Schulen vielfach die Schuldiener als Zwischenhändler, mitunter in größerem Maßstabe, aufthun.

18. Eine Benützung der hier aufgeführten Staatsanstalten findet nicht statt.

c. Vorschläge zur Verbesserung des Kleingewerbes.

1. 2. und 3. Wenn es möglich wäre, die Arbeitspreise in die Höhe zu bringen, so würde mein Geschäft wieder lohnend; ich wüßte aber nicht, wie dieses zu machen wäre.

————

Buchbinder J. J. N. in Mannheim.   . Anlage.
Vorbemerkung.

Erwerbsteuerkapital .	2400 M. — Pf.
Betriebskapital	800 „ — „

Familienzahl: 6 Personen.

Anzahl der Lehrlinge und Gesellen: 1.

Geschäftsergebnisse im Jahre 1884.

I. Ausgaben.

A. Gewerbe.

1. Miethzins für Unterbringung der Werkstätte	200	M.	Pf.
2 a. Unterhaltung und Ergänzung von Handwerkszeug und Maschinen	100	„ —	„
b. Abschreibung (Abnutzung) am Werthe von Handwerkszeug und Maschinen	100	„ —	„
3. Heizung und Beleuchtung der Geschäftsräume	60	„ —	„
4. Persönlicher Arbeitsaufwand:			
a. Werthanschlag der Arbeit des Meisters (5 Mark für 360 Tage)	1800	„ —	„
b. für Hilfsarbeiter:			
aa. Löhne an Lehrlinge und Gesellen .	250	„ —	„
5. Aufwand für Beschaffung der Arbeitsstoffe	1000	„ —	„
7. Verlust an Ausständen	50	„ —	„
8. Zinsen des Anlage- und Betriebskapitals	32	„ —	„
Summa .	3592	M. —	Pf.

C. Sonstige Ausgaben.

1. Ausgaben für den Haushalt der Familie (6 Familienglieder und 2 Dienstboten) und zwar:			
a. Kost . . .	800	M. —	Pf.
b. Bekleidung	200	„ —	„
c. Unterricht	30	„ —	„
d. Heizung und Beleuchtung für Küche und Zimmer rc.	60	„ —	„
e. Arzt und Apotheke	60	„ —	„
2. Miethzins für die Wohnung nach Abzug des schon unter A. 1 verrechneten Betrags . .	400	„ —	„
4. Feuerversicherung für:			
Fahrnisse . . .	20	„ —	„
5. Lebensversicherung	27	„ —	„
6. Staatssteuer . .	13	„ —	„
7. Gemeinde-Umlagen .	14	„ 80	„
Summa .	5216	M. 80	Pf.

II. Einnahmen.

A. Gewerbe.

Bruttoeinnahme:			
aus dem Gewerbebetriebe	3000	M. —	Pf.
Summa .	3000	M. —	Pf.
Ausgaben .	5217	„ —	„
Einnahmen	3000	„ —	„
Somit Mehrausgabe .	2217	M. —	Pf.

B. Gesellen.
1.

Ph. T. von Mannheim.

1. 47 Jahre alt, verheirathet, Vater von 2 Kindern im Alter von 11 und 9 Jahren; ich bin Mitglied der Bruderschaften (Krankenunterstützungskassen) zum Prinz Max, zum silbernen Kopf und zum Eichbaum, sowie der eingeschriebenen Hilfskasse für Buchbinder mit dem Sitz in Leipzig.

2. Buchbinder.

3. Die Lehrzeit wurde in den Jahren 1856/59 bei Buchbindermeister Schwab in Schwetzingen zurückgelegt; eine Prüfung wurde nicht bestanden. Während der Lehrzeit wurde die Gewerbeschule in Schwetzingen besucht.

4. Als Geselle wurde gearbeitet in Bensheim 1 Jahr, Berlin 1 Jahr, Mainz 1 Jahr, jeweils beim gleichen Meister, Mannheim 1 Jahr bei K. und 2 Jahre bei H. Von 1865 bis 1870 hatte ich hier ein eigenes Geschäft, es wollte aber — hauptsächlich wohl wegen des ungünstigen Einflusses der beiden Kriege auf die Geschäfte überhaupt — nicht vorwärts gehen, und habe ich mich deßhalb wieder als Geselle verdingt, und zwar bei Herrn K., in dessen Geschäft ich jetzt seit 1870 ununterbrochen arbeite.

5. Fällt aus.

6. Seit 1870 bei K. hier.

7. Mein Meister beschäftigt zwei Lehrlinge und außer mir noch 3 Gesellen.

8. Als Geselle.

9. Der Meister betreibt die Buchbinderei in ganzem Umfange. Eine Spezialität ist mir nicht zugewiesen.

10. Kost und Wohnung stelle ich selbst.

11. In der Werkstätte des Meisters.

12. Das kleine Werkzeug, als: Scheere, Falzbein, Messer und Nadeln, muß ich selbst stellen.

13. Die Hilfsmaschinen sind nach neuem System. Die Werkzeuge sind die alt herkömmlichen. Neuere Erfindungen auf diesem Gebiete sind mir nicht bekannt.

14. Wir haben eine Schneidmaschine für Papier, desgleichen für Pappendeckel (sogen. Pappendeckelscheere), eine Vergoldpresse, 2 Stockpressen und eine Drahtheftmaschine.

15. Die Maschinen werden ausschließlich von Hand getrieben.

16. Die Arbeitszeit beträgt 11 Stunden, Morgens von 7—12, Mittags von 1—7 Uhr. Im Winter wird auch an Sonntagen von 8—12 Uhr Vormittags, gegen Weihnachten zu selbst bis gegen 4 Uhr Nachmittags gearbeitet, wenn auf andere Weise die Ausführung der Bestellungen nicht möglich ist.

17. Mein Lohn beträgt wöchentlich 20 Mark. Die Zahlung geschieht jeden Samstag, wie dies in den meisten Geschäften üblich ist. Rückbehaltung und Voraus-bezahlung sind nicht eingeführt. Lohnabzug findet nicht statt.

18. Der Meister ist vielfach durch das Ladengeschäft in Anspruch genommen, geht aber doch den ganzen Tag über in der Werkstätte ab und zu. Die Lehrlinge werden theils durch den Meister, theils durch uns Gesellen unterwiesen.

19. Hierüber weiß ich nichts Besonderes anzugeben.

20. Soweit mir bekannt, sind solche Zwistigkeiten selten; mir ist kein Fall erinnerlich.

21. Ich wüßte nicht, wie das Geschäft besser betrieben werden sollte, als dies bei meinem Meister geschieht; in die anderen Geschäfte habe ich keinen Einblick.

22. Es besteht hier ein Arbeiter-Fortbildungsverein und ein katholischer Gesellenverein, ebenso ein evangelischer Jünglingsverein für Arbeiter aller Gewerbe, welchen aber meines Wissens nur einzelne meiner Gewerbsgenossen angehören. Einen Fachverein gibt es hier nicht.

23. Auf diese Frage weiß ich nichts zu antworten.

2.

F. W. aus Rosenberg in Westpreußen.

1. 26 Jahre alt, ledig, Mitglied der eingeschriebenen Hilfskasse der Buchbinder mit dem Sitz in Leipzig, sowie des Vereins zur Beschaffung ärztlicher Hilfe dahier.

2. Buchbinder.

3. Ich habe von 1873/1877 bei meinem Vater, der Buchbindermeister in Rosenberg war, die Lehre durchgemacht. Eine Prüfung habe ich nicht abgelegt und keinen gewerblichen Unterricht besucht.

4. Nach meiner Entlassung aus der Lehre habe ich an folgenden Orten gearbeitet: in Bromberg ½ Jahr, Kulm 3 Monate, Schkeuditz-Leipzig 1 Jahr 11 Monate, Frankfurt a. M. ½ Jahr, Worms 11 Monate, seitdem hier. An all' diesen Orten war ich jeweils nur bei ein und demselben Arbeitgeber.

5. In Schkeuditz-Leipzig war ich in einer Etuisfabrik beschäftigt. Da ich aber mich mit der Absicht trage, späterhin selbstständig ein Buchbindergeschäft zu gründen, und der Großbetrieb zu sehr Spezialitätenarbeit betreibt, so bin ich wieder zum Kleingewerbe zurückgekehrt. Soweit mir bekannt, ist der Uebergang von Buchbindergesellen zur Fabrikarbeit nicht selten und wird der Grund wohl meist darin liegen, daß der Fabrikant höhere Löhne gibt, als der Kleinmeister. Ich bemerke dabei, daß in den Fabriken Stücklohn üblich ist, und daß ein fleißiger, geschickter Arbeiter bis zu 40 Mark die Woche auf diese Weise verdienen kann.

6. Seit September 1883 bei Herrn Buchbindermeister L. D. hier.

7. Es sind zwei Lehrlinge und außer mir noch ein Geselle im Geschäft.

8. Als Geselle.

9. Mein Meister betreibt das Buchbindergeschäft in seinem ganzen Umfange. Eine Spezialität ist mir nicht zugewiesen.

10. Kost und Wohnung stelle ich mir selbst.

11. In der Werkstätte des Meisters.

12. Der Meister stellt das Werkzeug, doch habe ich, wie das bei uns Buchbindern üblich, eigenes Messer, Falzbein und Scheere.

13. Das Werkzeug ist das alt herkömmliche, und sind mir neuere Konstruktionen nicht bekannt.

14. An Hilfsmaschinen sind vorhanden: eine Papierschneidemaschine, Pappscheere (Schneidemaschine für Pappendeckel) und Vergoldepresse.

15. Die Maschinen werden ausschließlich von Hand betrieben.

16. Die Arbeitszeit dauert täglich 11 Stunden, nämlich von 6 Uhr Morgens bis 6 Uhr Abends mit einer Stunde Mittagspause. Sonntags wird nur in ganz dringenden Fällen, insbesondere in der Zeit vor Weihnachten, gearbeitet und auch da nur Vormittags.

17. Mein Wochenlohn beträgt 15 Mark, wovon ich 9 Mark für Kost und Wohnung brauche. Die Lohnzahlung erfolgt, wie üblich, wöchentlich, ohne Zurück=behaltung und Abzug; Vorschuß wird nur auf besonderes, begründetes Ansuchen gewährt.

18. Der Meister ist, soweit er nicht im Ladengeschäft zu thun hat, von früh bis spät in der Werkstätte und läßt sich die persönliche Unterweisung der Lehrlinge an=gelegen sein.

19. Der Meister hält darauf, daß in der Werkstätte fleißig gearbeitet wird, im Uebrigen kümmert er sich nicht weiter um das Verhalten der Gesellen.

20. Es ist mir während meines hiesigen Aufenthaltes kein derartiger Fall be=kannt geworden.

21. Das Gewerbe befindet sich im Allgemeinen und insbesondere am hiesigen Orte in einer wenig günstigen Lage; es ist dies dem Einfluß der Großindustrie zuzu=schreiben, welche in Berlin, Leipzig, Stuttgart und an andern Hauptorten des Verlags=buchhandels sich aufgethan hat und von Letzterem reichlich mit Aufträgen versehen wird; auch das Kartonnage= und Etuisgeschäft wird an vielen Orten fabrikmäßig betrieben. So wie die Verhältnisse einmal liegen, läßt sich nicht viel machen; die Beschaffung weiterer Maschinen für die hiesigen Kleingeschäfte wäre gewiß nicht rathsam, da sie die Wettbewerbung mit den großstädtischen Betrieben doch nicht aufnehmen können.

22. Derartige Einrichtungen haben wir hier nicht.

23. Es würde dem Gewerbe gewiß nur zu gut kommen, wenn man von Jedem, der sich selbstständig als Buchbinder niederlassen will, den Nachweis verlangte, daß er eine mindestens 3jährige Lehrzeit mit Erfolg zurückgelegt hat. Dieser Nachweis müßte durch eine vor einer staatlich eingesetzten Kommission von Sachverständigen abzulegende Prüfung geführt werden. Auf diese Weise würde die Zahl der Geschäfte vermindert und dadurch den einzelnen Geschäften mehr Verdienst zugeführt. Ein sehr fühlbarer Miß=stand ist ferner der, daß die Schuldiener vielfach sich als Zwischenhändler für Schul=requisiten aufthun und dadurch den Buchbindern, in deren Fach solche Artikel gehören, unliebsame Wettbewerbung machen; dies sollte verboten werden. Eine Einschränkung der Gefängnißarbeit wäre ebenfalls zu wünschen.

IX. Messerschmiede.

Einvernommen wurde F. M. H. in Mannheim.

a. Eigene Verhältnisse des Befragten.

1. 56 Jahre alt, verheirathet, Vater eines Sohnes von 20 Jahren (Posamentier) und von 5 Töchtern im Alter von 10 bis 23 Jahren; der Sohn und die älteste Tochter sind auswärts.

2. Das Gewerbe wurde in 3jähriger Lehrzeit hier (noch unter der Zunftverfassung) erlernt; meine Gesellenzeit dauerte 14 Jahre, wovon ich 2 1/2 Jahre in Wien, 1/2 Jahr auf Wanderschaft in Deutschland und Oesterreich, die übrige Zeit hier in Mannheim zubrachte. Von 1861—1865 war ich Geschäftsführer der Mutter. Es wurde die erwei=terte Volksschule und außerdem von 1844 bis 1847 die Gewerbeschule besucht.

3. Siehe Anlage.

4. Messerschmied.

5. Seit 1865, in welchem Jahre das Geschäft von der Mutter übernommen

wurde. Dasselbe befand sich von jeher am hiesigen Platze.

6. In Miethe; der Miethwerth für Laden und Werkstätte, welche in mittlerer Lage sich befinden, beträgt 465 M.

7. Es findet nur Handbetrieb Statt.

8. Fällt aus.

9 a. und b. Ich halte weder Lehrling, noch Gesellen.

10. Beginn und Dauer der Arbeitszeit richten sich nach der Arbeit. Der Laden ist geöffnet von Morgens 6 Uhr bis zum Einbruch der Dunkelheit.

11. Gewerbebetrieb.

a. Das Gewerbe wird, soweit sich dazu Gelegenheit bietet, seinem ganzen Umfange nach betrieben.

b. Vorzugsweise habe ich Ausbesserungsarbeiten zu besorgen.

c. Die Messer und Scheeren werden großen Theils fertig bezogen; für die Aus=besserungsarbeiten werden Messerklingen in vollständig ausgearbeitetem Zustande eingekauft.

d. Der Bezug geschieht unmittelbar von der Fabrik. (Näheres unter h.)

e. Ich arbeite nur auf Bestellung.

f. Der Kundenkreis ist auf den Ort beschränkt.

g. Es wird ein Ladengeschäft geführt, in welchem aber jetzt fast ausschließlich zum Wiederverkauf angekaufte Messer, Scheeren, Propfenzieher und dergl. feil gehalten werden, da die eigene Herstellung neuer Gegenstände seit 1866 eingestellt ist.

h. Ich habe theils 3=, theils 6monatliche Zahlungsfrist eingeführt.

i. Die Ausbesserungsarbeiten werden baar bezahlt, ebenso meist auch die im Laden gekauften Waaren.

k. Soweit gestundet wird, wird auf Anforderung pünktlich bezahlt. Verlust von Ausständen ist sehr selten.

l. Für Neuherstellungen laufen schon lange keine Aufträge mehr ein, weil die Großindustrie überwiegt; aber auch im Ausbesserungsgeschäft fehlt es vielfach an Arbeit und tragen hieran die Messen, sowie die unliebsame Mitbewerbung der hausirenden Scheerenschleifer sicherlich die Hauptschuld.

m. Das Ladengeschäft geht jeweils gegen Weihnachten besser, im Uebrigen treten regelmäßige Schwankungen nicht ein.

12. Trifft nicht zu.

13. Es wird nur ein Buch über die Einnahmen im Ladengeschäft geführt. Ueber die Ausgaben wird weder im Geschäft noch in der Haushaltung Vermerk gemacht.

14. Fällt aus.

15. Siehe Anlage.

16. Der Geschäftsabschluß ist soweit befriedigend, wenn auch keine namhaften Ersparnisse erzielt wurden. Die zahlreiche Familie, sowie eine mehrjährige Krankheit meiner Frau bedingen bei aller Sparsamkeit verhältnißmäßig große Ausgaben und kann man da am Ende einen Ueberschuß kaum erlangen. Den Hauptvortheil bringt das Laden=geschäft. Das Gewerbe allein könnte uns nicht ernähren.

b. Allgemeine Geschäftslage.

1. Das Gewerbe wird in der Regel seinem ganzen Umfange nach betrieben, doch bringt es der Einfluß der Großindustrie mit sich, daß die meisten Geschäfte thatsächlich

auf Ausbesserungen beschränkt sind.

2. Nur ganz geringe Messer werden noch vollständig in der Werkstätte hergestellt; bei Tafelmessern bezieht man die Klingen von der Fabrik und die Taschenmesser werden so ziemlich überall fertig bezogen.

3. Meine Kunden sind meist nur im Ort und beziehen in der Regel nur für den eigenen Gebrauch.

4. Ein Ladengeschäft ist wohl überall damit verbunden, in welchem von den Fabriken bezogene fertige Messerwaaren feil gehalten werden. Die Großindustrie arbeitet billiger, so daß eine Wettbewerbung gegen dieselbe unmöglich ist.

5. Soweit bekannt, haben die Gewerbegenossen alle ordnungsmäßig gelernt.

6. In den Landorten kommt es wohl ab und zu vor, daß ein Landwirth sich sich nebenher als Messerschmied beschäftigt oder umgekehrt. Besondere Erfahrungen in dieser Hinsicht können nicht angegeben werden.

7. Es kommt nur Handbetrieb vor.

8. Lehrlingswesen.

Zu a. Es ist in den hiesigen Messerschmiedgeschäften seit Jahren kein Lehrling mehr, so daß ich von Erfahrungen auf diesem Gebiete nicht reden kann.

Zu b. äußere ich meine Ansicht dahin, daß der gegenwärtige Werkstättebetrieb zur allseitigen Ausbildung des Lehrlings allerdings nicht mehr hinreichend ist, weil — wie oben schon bemerkt — der Betrieb sich nothgedrungen auf Ausbesserungen beschränkt. Aus diesem letztern Grunde erscheint aber auch eine Schulwerkstätte zum mindesten nicht als nöthig, weil die dort gewonnenen Fertigkeiten doch nicht ausgenützt werden können.

9. Gesellenwesen.

a. Die Gesellen sind in der Regel nur auf eine Spezialität ausgebildet und zwar trifft dies gerade bei den tüchtigen Leuten zu; vom Lande kann man wohl Gesellen bekommen, die angeblich das ganze Geschäft verstehen, sie sind dann aber in der Regel nicht viel werth.

b. c. d. Können nicht angegeben werden.

e. Ist nichts geschehen.

f. Kann nicht angegeben werden.

g. Die Einführung eines Gewerbegerichts wird für wünschenswerth gehalten.

10. Kreditanstalten sind vollkommen ausreichend.

11. Von Arbeitsmaterial kommt heut zu Tage nur noch der Stahl in Betracht, der im Kleinen und zwar gewöhnlich gegen Baar bezogen zu werden pflegt.

12. Zur vollen Ausnützung der Arbeitskraft fehlt es in unserm Gewerbe wohl allen Meistern an genügender Gelegenheit. Diese unerfreuliche Erscheinung macht sich schon seit mehr als 20 Jahren bemerkbar und ist darauf zurückzuführen, daß die Großindustrie den Markt überschwemmt und ihre Erzeugnisse so billig bieten kann, daß eine Mitbewerbung unmöglich ist. Das eigentliche Gewerbe beschränkt sich deßhalb — wie oben schon bemerkt — auf Ausbesserung und Schleiferei, in welch' letzterer Beziehung wieder die Mitbewerbung der hausirenden Scheerenschleifer nachtheilig ist.

13. Ueber die Preise der Arbeit, d. i. für die Ausbesserungen ist nicht zu klagen. Die Preise für die fertigen Waaren sind durch die massenhafte fabrikmäßige Herstellung derselben so zurückgegangen, daß sie für den Kleingewerbebetrieb nicht mehr lohnend sind.

14. Im eigentlichen Geschäft ist Baarzahlung üblich), im Ladengeschäft wird es verschieden gehalten.

15. Der Aufwand für den Lebensunterhalt ist seit Anfang der 70er Jahren gleich hoch.

16. Versuche zur Vereinigung wurden noch nicht gemacht; das Gewerbe ist zu unbedeutend.

17. Kann nichts weiter erwähnt werden.

18. Hat für das Messerschmiedgewerbe keine Bedeutung.

c. Vorschläge zur Verbesserung des Kleingewerbes.

1. 2. und 3. Die Messe sollte aufgehoben werden, weil uns durch die von auswärts kommenden Verkäufer das Ladengeschäft verdorben wird, und dazu noch die meist mit den Messen kommenden Scheerenschleifer uns viele Kunden der Werkstätte entziehen. Wie dem Hauptübel, nämlich der Uebermacht der Großindustrie, gesteuert werden könnte, weiß ich nicht, dagegen wird sich nichts machen lassen.

Messerschmied F. M. H. in Mannheim.   Anlage.

Vorbemerkung.

Erwerbsteuerkapital .	4 300 M. — Pf.
Betriebskapital	1 800 „ — „

Familienzahl: 6 Personen.

Anzahl der Lehrlinge und Gesellen: —.

Geschäftsergebnisse im Jahre 1884.

I. Ausgaben.

A. Gewerbe.

1. Miethzins für Unterbringung von Werkstätte, Laden und Waarenlager .	465 M. — Pf.
2 a. Unterhaltung und Ergänzung von Handwerkszeug und Maschinen	50 „ — „
b. Abschreibung (Abnutzung) am Werthe von Handwerkszeug und Maschinen	20 „ — „
3. Heizung und Beleuchtung der Geschäftsräume	30 „ — „
5. Aufwand für Beschaffung der Arbeitsstoffe . .	20 „ — „
6. Aufwand für zum Handel angekaufte Waaren	1 500 „ — „
8. Zinsen des Anlage- und Betriebskapitals .	72 „ — „
Summa	2 157 M. — Pf.

B. Sonstige Ausgaben.

1. Ausgaben für den Haushalt der Familie, 6 Familienmitglieder und keine Dienstboten und zwar:	
a. Kost . . .	1 095 M. — Pf.
b. Bekleidung	250 „ — „
d. Heizung und Beleuchtung für Küche und Zimmer 2c. .	110 „ — „
e. Arzt und Apotheke	96 „ — „
2. Miethzins für die Wohnung nach Abzug des schon unter A. 1 verrechneten Betrages	400 „ — „
Uebertrag	4 108 M. — Pf.

		Uebertrag	4 108 M.	— Pf.
5. Lebensversicherung .	. .		76 „	— „
6. Staatssteuer . . .			22 „	— „
7. Gemeinde-Umlagen	. .		25 „	— „
		Summa	4 231 M.	— Pf.

II. Einnahmen.
A. Gewerbe.

Bruttoeinnahme:

a. aus dem Gewerbebetriebe .	.	200 M.	— Pf.
b. aus dem Ladengeschäfte		3 675 „	— „

B. Sonstige Einnahmen.

1. aus Miethe .	. . . . .	300 M.	— Pf.
	Summa .	4 175 M.	— Pf.
Ausgaben	. .	4231 M.	— Pf.
Einnahmen	. . . .	4 175 „	— „
	Somit Mehrausgabe	56 M.	— Pf.

X. Uhrmacher.

Einvernommen wurden: K. W. in Mannheim und G. G. von Laufen am Neckar.

1.
Uhrmacher K. W. in Mannheim.
a. Eigene Verhältnisse des Befragten.

1. 43 Jahre alt, verheirathet, Vater von 4 Kindern im Alter von 6—13 Jahren.

2. Ich machte eine sechsjährige Lehrzeit im väterlichen Geschäfte durch, arbeitete hierauf 2 Jahre als Geselle in La Chaux-de-Fonds und sodann noch 7 Jahre als Gehilfe beim Vater. Ich besuchte zuerst die Volksschule bis zum 9. Jahre, dann 4 Jahre die Bürgerschule und während der Lehrzeit 3 Jahre die Gewerbeschule, außerdem wurde in La Chaux-de-Fonds praktischer Gewerbeunterricht genommen.

4. Ich betreibe die Uhrmacherei ohne Nebengewerbe.

5. Seit 1871, in welchem Jahre das Geschäft vom Vater übernommen wurde. Eine Verlegung fand nicht statt.

6. Ich besitze ein eigenes Haus. Der Miethwerth der Geschäftsräumlichkeiten beträgt 600 Mark. Die Geschäftslage ist eine mittlere.

7. Neben Handbetrieb werden auch Hilfsmaschinen, nämlich Drehbank mit festem Stichel, Wälzmaschine zur Ausarbeitung der Räder und eine Räderschneidmaschine verwendet. Die gleichen Maschinen werden auch im Großbetrieb verwendet.

8. Einen Motor habe ich nicht im Gebrauch.

9 a. Ich habe einen Lehrling, welcher aber erst auf Probe angenommen ist und mit welchem deßhalb noch kein Vertrag besteht. Kost und Wohnung hat derselbe bei seinen Eltern. Die Ausbildung wird durch den Meister persönlich besorgt.

b. Ich beschäftige in der Werkstätte einen Gesellen, der auswärts Kost und Wohnung hat. Sein Wochenlohn beträgt 18 Mark ohne Vorauszahlung, jedoch mit Rückbehaltung eines Wochenlohnes.

10. Die Arbeitsstunden dauern im Winter von Morgens 8 bis Abends 8 Uhr,

im Sommer von Morgens 7 bis Abends 7 Uhr mit regelmäßiger Pause von 12—1 Uhr. Der Meister arbeitet mit.

11. Gewerbebetrieb.

a. Der Betrieb umfaßt, soweit hiezu Gelegenheit, alle im Gewerbe vorkommenden Arbeiten.

b. Es kommen nur noch Ausbesserungsarbeiten vor, weil die Anfertigung neuer Uhren gegenüber der Wettbewerbung der Großindustrie sich nicht mehr lohnt.

c. Die Arbeitsstoffe, als welche Räder, Federn, Zeiger, Zifferblätter, Steinlöcher, Schrauben c. zu nennen sind, werden alle in vorgearbeitetem Zustande als Halbfabrikate bezogen, und zwar meist unmittelbar von den betreffenden Fabriken, gewöhnlich auf 3 Monate Ziel.

d. Fällt aus.

e. Es wird nur auf Bestellung gearbeitet.

f. Der Kundenkreis ist meistens auf die Stadt selbst beschränkt, es kommen aber auch Kunden von Heidelberg, Weinheim u. s. w., ohne daß für den Erwerb oder die Ausdehnung dieser auswärtigen Kundschaft etwas geschehen wäre.

g. Im eigenen Ladengeschäfte wird der kleine Rest der von früher her noch vorhandenen selbstgefertigten Uhren feil gehalten, weitaus der größte Theil des Waarenlagers besteht aus fremden Wand=, Stand= und Taschenuhren. Letztere werden aus der Schweiz, die anderen aus verschiedenen Gegenden Deutschlands bezogen.

h. Die meisten Fabrikanten geben auf 3 oder auch 6 Monate Ziel ab, einige gewähren bei Baarzahlung 2—5 % Rabatt, was dann, wenn möglich, benützt wird.

i. Besondere Bedingungen werden nicht festgesetzt, doch wird nur an bekannte Leute auf Kredit abgegeben und diesen dann nach Ablauf von 4 Monaten Rechnung zugeschickt.

k. Im Ganzen genommen wird pünktlich bezahlt, doch gibt es auch säumige Kunden. Gerichtlich wurde noch nicht betrieben; der durchschnittliche Verlust an Ausständen mag 2 % jährlich ausmachen.

l. An Arbeit fehlt es in meinem Geschäfte nie. Die Aufträge sind zwar nicht immer so zahlreich, daß sie den ganzen Tag über Beschäftigung bringen; allein bei einem Uhrenlager hat man immer Gelegenheit, sich zu beschäftigen. Die Großindustrie und der durch sie erweckte Handel bringen unserm Geschäfte manchen Schaden, besonders deßhalb, weil sie uns zur Beschränkung unseres Betriebs auf Ausbesserungen zwingen.

m. In den Sommermonaten tritt jeweils eine stille Zeit ein, welche hauptsächlich dazu benützt wird, die auf Lager befindlichen Uhren der Durchsicht und bezhw. Vervollkommnung zu unterwerfen.

12. Bei Uebernahme des Geschäftes wurde ein Kredit von 4000 fl. in Anspruch genommen, welcher jetzt bis auf etwa 3000 Mark getilgt ist, die Verzinsung erfolgte zu 4 %. Die Aufnahme des Geldes, welche bei Verwandten erfolgte, bot keine Schwierigkeiten.

13. Es werden drei Bücher geführt: Kassenbuch, Hauptbuch und Waarenbuch; die Haushaltungsausgaben werden jeweils am Ende jeden Monats als Ausgabe im Hauptbuch eingeschrieben.

14. Fällt aus.

21*

16. Der Geschäftsabschluß ist, wie dies leider seit Jahren der Fall ist, nicht befriedigend.

17. Die Gründe des unbefriedigenden Abschlusses sind allgemeiner Natur und deßhalb später zu besprechen.

c. Vorschläge zur Verbesserung des Kleingewerbes.

1. Gegen die dem Kleingewerbe durch die Großindustrie erwachsene Konkurrenz weiß ich keine Vorschläge zu machen; dagegen glaube ich, es könnte und sollte das Kleingewerbe wenigstens in soweit geschützt werden, daß nur Derjenige, der das Gewerbe ordnungsmäßig erlernt hat, mit der Ausbesserung von Uhren sich befassen darf, die Groß= industrie steht uns in dieser Hinsicht nicht im Wege, da sie mit Ausbesserungsarbeiten sich nicht befaßt, wohl aber die Uhrenhändler, welche durch gewerbverständige Gehilfen auch Ausbesserungen vornehmen lassen und uns dadurch die Kundschaft wegschnappen. Diese lästige Mitbewerbung könnte auf die bezeichnete Weise beseitigt werden. Bezüglich der Frage, was ein „gelernter Meister" ist, d. h. welche Nachweise über Ausbildung in seinem Berufe verlangt werden müssen, bemerke ich noch, daß die Zurücklegung einer mindestens 3jährigen Lehrzeit unerläßlich ist, und daß die Ablegung einer Prüfung nach bestandener Lehrzeit vor einer staatlich einzusetzenden Kommission von Fachleuten verlangt werden sollte.

Zu 2. und 3. weiß ich keine Vorschläge zu machen.

2.
Uhrmacher G. G. von Laufen a. N.
a. Eigene Verhältnisse des Befragten.

1. 42 Jahre alt, verheirathet, kinderlos.

2. Das Gewerbe wurde in 3 ½ jähriger Lehrzeit zu Vietigheim erlernt. Die Gesellenzeit betrug 10 Jahre. Meine Arbeitsorte waren: Basel, Paris, Stuttgart und verschiedene kleinere Orte Süddeutschlands und der Schweiz. Ich besuchte die Volksschule und während der Lehrzeit die Gewerbeschule in Vietigheim.

3. Siehe Anlage.

4. Uhrmacherei.

5. Das Geschäft wurde 1871 in Ludwigshafen a. Rh. gegründet, 1874 in der Hoffnung auf bessere Kundschaft hierher, 1875 wegen theurer Wohnungspreise nach Besig= heim und 1878 wegen schlechten Geschäftsgangs wieder hierher verlegt.

6. Ich wohne in Miethe. Der Miethwerth des zum Gewerbebetrieb benützten einen Zimmers beträgt 120 Mark. Die Geschäftslage ist kaum mittelgut (H. 5) zu nennen.

7. An Hilfsmaschinen werden verwendet: Drehstuhl, Wälzmaschine und Räder= schneidmaschine; die gleichen werden auch im Großbetrieb verwendet.

8. Einen Motor habe ich nicht.

9 a. Ich habe einen Lehrling, aber vorerst nur auf Probe, es bestehen deß= halb noch keine nähern Festsetzungen.

b. Ich beschäftige keinen Gesellen.

10. Die Arbeitszeit beginnt ½ 8 Uhr Morgens, und endet Abends 7 Uhr. Eine Pause wird nur von 12 bis ½ 2 Uhr Mittags gemacht.

11. Gewerbebetrieb.

a. und b. Es werden fast ausschließlich Ausbesserungen vorgenommen.

c. Die Arbeitsstoffe, bestehend in Halbfabrikaten, als Räder, Zeiger, Federn und dergl. liefert der Meister.

d. Fällt aus.

e. Es wird nur auf Bestellung gearbeitet.

f. Mein Kundenkreis beschränkt sich auf die Stadt.

g. und h. fallen aus.

i. Die Ausbesserungen werden meist baar bezahlt.

k. Soweit überhaupt geborgt wird, geschieht die Zahlung nicht immer pünktlich. Der Verlust an Ausständen beziffert sich im Jahr auf durchschnittlich 50 Mark.

l. An Aufträgen fehlt es mir im Allgemeinen nicht.

m. Im Winter geht das Geschäft im Allgemeinen besser, weil die Kälte nachtheilig auf den Gang der Uhren einwirkt.

12. Kredit wurde nicht in Anspruch genommen.

13. Es wird jede Einnahme und Ausgabe im Geschäft in einem und demselben Buche pünktlich aufgeschrieben.

14. Fällt aus.

15. Siehe Anlage.

16. und 17. Der Geschäftsabschluß ist schon seit mehreren Jahren unbefriedigend, indem trotz angestrengter Arbeit und sparsamen Haushalts nichts erübrigt wird. Der Grund hierfür ist einzig darin zu suchen, daß die Arbeitspreise durchaus nicht mehr lohnend sind.

b. Allgemeine Geschäftslage.

1. Der Gewerbebetrieb beschränkt sich in Folge des herrschenden Einflusses der Großindustrie auf dem Uhrenmarkt heut zu Tage auf die Besorgung von Ausbesserungen.

2. Es werden nur Halbfabrikate, z. B. Räder, Federn, Zifferblätter, Zeiger und dergl. bezogen.

3. In der Regel wird nur für den Ort und die nächste Umgebung gearbeitet.

4. Von etwa 18 hiesigen Uhrmachern mögen 5 oder 6 ein Ladengeschäft betreiben, in welchem von auswärts fertig bezogene Uhren feil gehalten werden.

5. Es kommt in neuerer Zeit vor, daß Leute, die niemals im Uhrmachergewerbe gearbeitet haben, umfangreiche Uhrenlager errichten, indem sie theils von den Fabriken, theils auch von den Leihhäusern ihre Waaren ankaufen, und daß sie dann nach allen Richtungen Hausirer aussenden, auch durch Einstellung eines oder mehrerer gewerbeverständiger Gehilfen beim Publikum sich den Anschein geben, als ob sie wirkliche Uhrmacher seien. Daß hierdurch das Geschäft des gelernten Uhrmachers, der meist nur über geringe Kapitalien zu verfügen und zur Anpreisung und zu auswärtigem Anwerben von Kundschaft weder Zeit noch Geld hat, nachtheilig beeinflußt wird, liegt auf der Hand.

6. Diese Frage ist zu verneinen.

7. Von Hilfsmaschinen sind üblich und nicht wohl zu entbehren: eine Wälzmaschine, eine Drehbank mit festem Stichel und eine Räderschneidmaschine. In der Konstruktion unterscheiden sich diese Maschinen nicht von den in der Großindustrie verwendeten. Motoren werden nicht verwendet. Veraltete Werkzeuge sind wohl in keiner Werkstätte

mehr im Gebrauch.

8. Lehrlingswesen.

a. Wenn der Lehrling bei einem gelernten Meister ist, so sorgt dieser in der Regel dafür, daß er das Geschäft seinem ganzen Umfange nach praktisch erlernt. Selbst dann, wenn der Meister durch Verhältnisse gezwungen, sich auf Ausbesserungen beschränkt, sorgt er doch dafür, daß der Lehrling auch in der Fertigstellung von Uhren geübt wird. Nun kommt es aber häufig genug vor, daß die jungen Leute bei Uhrmachern in die Lehre gehen, die eigentlich nur Uhrenhändler sind und vom Gewerbe selbst so gut wie Nichts verstehen, dort hat natürlich der Lehrling keine Gelegenheit, sich zu einem tüchtigen Ge= hilfen auszubilden. Daß die Lehrlinge bei dem Meister auch Kost und Wohnung erhalten, ist heut zu Tage nicht mehr üblich; wenigstens gehen die Lehrlinge aus der Stadt und der nächsten Umgebung zum Essen und Schlafen nach Haus. Es gibt eine gedruckte Anleitung zur Erlernung des Uhrmachergewerbes, welche in manchen Geschäften dem Lehrling zum Lesen gegeben wird.

b. Eine Schulwerkstätte erscheint als ein Bedürfniß, weil bei der gegenwärtigen Lage des Geschäfts, welche die Herstellung neuer Arbeitserzeugnisse nahezu ausschließt, dem Lehrling in der Werkstätte des Meisters nicht genügend Gelegenheit zur praktischen Aus= bildung geboten ist.

c. Der derzeitige gewerbliche Unterricht entspricht insofern nicht den zu stellenden Anforderungen, als der Zeichenunterricht zu wenig zur Förderung des Geschmackes in kunstgewerblichem Sinne eingerichtet ist.

d. Schriftlicher Lehrvertrag ist üblich: Formulare mit gleichmäßigen Bestimmungen sind vom deutschen Uhrmacherverband entworfen.

e. Klagen in dieser Richtung sind nicht bekannt.

f. Der Gewerbeverein veranstaltet ein Mal jährlich Preisverleihungen, und haben sich bei der letzten auch zwei Uhrmacherlehrlinge mit gutem Erfolge betheiligt. Theoretische Prüfungen wurden damit nicht verbunden.

g. Der Uebergang vom Handwerk zur Großindustrie ist nicht selten, und liegt die Ursache wohl darin, daß die jungen Leute dort mehr verdienen.

9. Gesellenwesen.

a. Mangel an tüchtigen Gesellen ist entschieden vorhanden. Die Leute haben ungenügende Kenntnisse, weil sie keine ordentliche Lehre durchgemacht haben; auch sind viele an sich tüchtige Arbeiter nur in Spezialitäten (z. B. Echappements, Triebein= drehen 2c.) ausgebildet.

b. Ueber das sittliche Verhalten der Gesellen läßt sich keine Klage führen.

c. Die Löhne sind in den letzten 5 Jahren gestiegen, etwa um 15 %. Die Löhne schwanken z. Zt. zwischen 16 und 22 Mark.

d. Es ist Zeitlohn üblich, und wöchentliche Zahlung; Zurückbehaltung ist jeden= falls nicht allgemein üblich, Vorauszahlung gar nicht.

e. Es geschieht nichts.

f. Trifft nicht zu.

g. Von Streitigkeiten zwischen Gesellen und Meistern ist nicht viel bekannt; immer= hin erscheint die Errichtung eines Gewerbegerichts wünschenswerth.

10. Die hier vorhandenen Kreditanstalten sind genügend.

11. Das Arbeitsmaterial beschränkt sich auf die unter 2. erwähnten Halbfabrikate und wird in kleineren Abtheilungen, gewöhnlich auf 3 oder auch 6 Monate Ziel bezogen. Die Preise des Materials sind eher zurückgegangen als gestiegen.

12. Seitdem sich die Großindustrie der Uhrenfabrikation bemächtigt hat, ist der Kleinbetrieb im Wesentlichen auf Ausbesserungen angewiesen; daraus ergibt sich, daß der gelernte Meister seine Arbeitskraft nicht mehr voll ausnützen kann, und daß mancherlei Werkstätteeinrichtungen, welche ausschließlich zur Herstellung ganzer Uhren dienen, kaum noch benützt werden können. Auch hat die Abschaffung der Spindeluhren mancherlei Einrichtungen nutzlos gemacht.

13. Die Arbeitspreise sind der schon unter Z. 5 näher dargelegten Mitbewerbung halber zurückgegangen und kaum mehr lohnend zu nennen. Der Meister, welcher ohne Gehilfe etwa 10 Stunden im Tag unausgesetzt arbeitet (die Arbeitsgelegenheit ist hiebei vorausgesetzt), verdient nach Abzug der Kosten für die Arbeitsmaterialien im Durchschnitt 5 Mark.

14. In der Regel wird baar bezahlt.

15. Der Aufwand für den Lebensunterhalt ist schon seit Anfang des vorigen Jahrzehnts sehr hoch und zwar in Folge der hohen Lebensmittelpreise.

16. Eine Innung besteht hier nicht; die früher bestandene ist im vorigen Jahre aus Mangel an Betheiligung eingegangen.

17. Hier ist nichts mehr zu erwähnen.

18. Staatsanstalten werden nicht benützt; besondere Gründe für die Unterlassung sind nicht anzugeben.

c. Vorschläge zur Verbesserung des Kleingewerbes.

1. Es sollte Keiner berechtigt sein, sich als Uhrmacher selbstständig niederzulassen, der nicht den Nachweis liefert, daß er eine dreijährige Lehrzeit mit gutem Erfolg bestanden und mindstens 8 Jahre lang als Geselle gearbeitet hat. Ferner sollte jeder Meister gesetzlich verpflichtet sein, einem für das ganze deutsche Reich zu bildenden Innungsverbande beizutreten. Diese Innungen könnten dann auch unter staatlicher Aufsicht mit der Abnahme der Lehrlingsprüfungen und der Ausstellung eines Lehrbriefes betraut werden. An den hervorragenden Plätzen sollten auch durch die Innungen zu leitende Arbeitsnachweisstellen errichtet werden. All diese Einrichtungen würden dazu beitragen, das Standesbewußtsein zu fördern, den Eifer für das Handwerk zu beleben und eine große Zahl Mitbewerber, die aber nichts weiter als Pfuscher sind, zu beseitigen. Ferner hielte ich für gut, wenn der Meister, dessen Lehrling nach Beendigung der vereinbarten Lehrzeit nichts gelernt hat, dafür zivilrechtlich haftbar gemacht werden würde, indem er das empfangene Lehrgeld rückzuerstatten hätte. Es würde dadurch dem leichtsinnigen Annehmen von Lehrlingen, lediglich in gewinnsüchtiger Absicht, vorgebeugt werden.

2. Es sollten vom Staate statistische Erhebungen darüber veranstaltet werden, wie viel Uhrmacher und Uhrhändler bei dem vorhandenen Bedarf des Publikums an Uhren ihr Auskommen finden können, und sollte nach dem Ergebniß dieser Erhebungen eine Höchstzahl der zum Gewerbebetrieb als Uhrmacher und zum Uhrenhandel zuzulassenden Persönlichkeiten festgesetzt werden.

Uhrmacher G. G. in Mannheim.   **Anlage.**
Vorbemerkung.

Erwerbsteuerkapital . . . .   1500 M.

Familienzahl: 2 Personen.
Anzahl der Lehrlinge und Gesellen: 1.
Geschäftsergebnisse des Jahres 1884.
I. Ausgaben.
A. Gewerbe.

1. Miethzins für Unterbringung der Werkstätte . . . . . .   200 M. — Pf.
2 a. Unterhaltung und Ergänzung von Handwerkzeug und Maschinen   50 „ — „
    b. Abschreibung (Abnutzung) am Werthe von Handwerkzeug und
      Maschinen . . . .   100 „ — „
3. Heizung und Beleuchtung der Geschäftsräume   40 „ — „
4. Persönlicher Arbeitsaufwand:
    a. Werthanschlag der Arbeit des Meisters (5 Mark für 300 Tage) 1500 „ — „
    b. für Hilfsarbeiter:
      aa. Löhne an Lehrlinge und Gesellen .   166 „ — „
5. Aufwand für Beschaffung der Arbeitsstoffe . .   250 „ — „
6. Aufwand für zum Handel angekaufte Waaren   240 „ — „
7. Verlust an Ausständen . . . . . .   55 „ — „
8. Zinsen des Anlage- und Betriebskapitals .   .   90 „ — „
Summe .   2691 M. — Pf.

C. Sonstige Ausgaben.

1. Ausgaben für den Haushalt der Familie (2 Familienglieder und
keine Dienstboten) und zwar:
    a. Kost . . . .   . 1460 M. — Pf.
    b. Bekleidung . . . .   200 „ — „
    d. Heizung und Beleuchtung für Küche und Zimmer 2c. .   40 „ — „
    e. Arzt und Apotheke . . . . .   25 „ — „
2. Miethzins für die Wohnung nach Abzug des schon unter A. 1
verrechneten Betrags .   .   60 „ — „
Summe .   4476 M. — Pf.

II. Einnahmen.

Bruttoeinnahme aus dem Gewerbebetriebe   2190 M. — Pf.
Somit Mehrausgabe .   2286 M. — Pf.

XI. Korbmacher.

Einvernommen wurden: F. K. in Mannheim und J. R. von Kimbach im hessischen Odenwald.

1.
Korbmacher F. K. in Mannheim.
a. Eigene Verhältnisse des Befragten.

    1. 50 Jahre alt, verheirathet, Vater von 3 Mädchen und 5 Söhnen im Alter
von 6—22 Jahren, die älteste Tochter ist in Paris, die andern Kinder sind zu Hause.
Der älteste Sohn ist gelernter Korbmacher und hilft seit März d. J. im Geschäft;

außerdem wird noch ein 13 Jahre alter epileptischer Sohn zu einfachen Geschäftsverrich=
tungen verwendet.

2. Das Gewerbe wurde hier beim Vater erlernt. Eine bestimmte Lehrzeit kann
nicht angegeben werden, jedoch wird in der Regel 3 Jahre lang gelernt. Nach Ablauf
dieser 3 Jahre, sowie weiterer 3 Jahre für den Militärdienst wurde noch 7 Jahre als
Gehilfe, ebenfalls im väterlichen Geschäfte, gearbeitet. Der Schulbesuch beschränkte sich
auf die einfache Volksschule, doch wurde beim Militär in Gottesaue ein guter Unterricht
in Lesen, Schreiben, Rechnen und besonders auch im Zeichnen (sog. Artillerieschule) ertheilt.

3. Siehe Anlage.

4. Korbflechterei.

5. Das Geschäft, welches schon seit mehr als hundert Jahren in den Händen der
Familie ist, wurde 1862 von mir übernommen; eine Verlegung fand nicht statt.

6. Ich besitze ein eigenes Haus. Der Miethwerth der Geschäftsräume (Laden,
Werkstätte, Schuppen und Speicherraum) beträgt etwa 400 Mark. Die Geschäftslage ist
als mittelgut (J. 1) zu bezeichnen.

7. Es findet nur Handbetrieb statt.

8. Fällt aus.

9 a. und b. Ich beschäftige weder Lehrlinge noch Gesellen.

10. Ich beginne mit der Arbeit 6 Uhr Morgens, und schließe 7 Uhr Abends;
regelmäßige Pausen werden gemacht: Vor= und Nachmittags je $1/4$ Stunde, Mittags
1 Stunde.

11. Gewerbebetrieb.

a. Das Gewerbe wird seinem vollen Umfange nach betrieben, doch werden feinere
Arbeiten wenig mehr verlangt.

b. Es wird ungefähr eben so viel Zeit auf Ausbesserungen als auf Neuarbeiten
verwendet.

c. Der Arbeitsstoff wird nie vom Besteller geliefert; er besteht aus Weiden
und Rohr.

d. Ich habe von der Stadt vor 4 Jahren ein Gelände von 2 Morgen gepachtet,
welches ich mit Weiden bepflanzt habe und welches mir jetzt schon die Hälfte meines
Bedarfs an Weiden deckt. Der jährliche Pachtpreis beträgt nur 15 Mark, allein die
Anpflanzungskosten betragen 500 Mark und der jährliche Arbeitsaufwand ist auch auf
40 Mark zu veranschlagen. Der Jahresaufwand stellt sich also auf etwa 75 Mark,
während der Werth der bezogenen Weiden jetzt schon, d. h. im Jahre 1884, etwa 150
Mark betrug. Die andere Hälfte meines Weidenbedarfs (etwa 15—20 Zentner) beziehe
ich in 2 Abtheilungen von einem Bauersmann in Obrigheim. Der Zentner stellt sich
dort auf etwa 15 Mark, wobei jedoch zu bemerken ist, daß die Weiden geschält geliefert
werden. Die Zahlung erfolgt in der Regel 14 Tage nach stattgehabter Lieferung.

e. Es wird auf Bestellung und auf Vorrath gearbeitet.

f. Meine Kundschaft ist auf den Ort beschränkt, an Hausirer wird Waare nicht
abgegeben, ebenso wenig wird selbst hausirt, dagegen werden die hiesigen Wochenmärkte
und Messen besucht.

g. Es wird ein Ladengeschäft geführt, in welchem von auswärts bezogene feinere
Korbwaaren und auch ganz gewöhnliche Körbe, deren eigene Herstellung sich nicht lohnt,

ferner auch Bürstenwaaren feilgehalten werden. Die fremden Korbwaaren, die eigenen Erzeugnisse und endlich die Bürstenwaaren werden ungefähr je ein Dritttheil des Waarenlagers ausmachen.

h. Die gewöhnlichen Körbe, welche von Bauersleuten auf dem Land bezogen werden, werden baar bezahlt; im Uebrigen ist Zahlung durch Wechsel auf 3 Monate Ziel üblich.

i. Die Kundschaft zahlt meist baar. Bei zweifelhaften Kunden ist Baarzahlung Vorbedingung der Abgabe.

k. Soweit überhaupt geborgt wird, kann über unpünktliche Zahlung nicht geklagt werden; auch tritt Verlust von Ausständen nur ausnahmsweise ein.

l. An Arbeit fehlt es nie; sind keine Bestellungen vorhanden, so wird eben auf Vorrath gearbeitet. Die Messen bringen mir übrigens mehr Nachtheil als Vortheil, weil sie viel auswärtige Händler hereinziehen und die Abgaben (Platz= und Budengeld), sowie der Zeitaufwand für das Aus= und Einpacken so hoch zu stehen kommen, daß wenig Gewinn hiebei herausschaut.

m. Regelmäßige Schwankungen treten insofern ein, als jeweils vor und nach den Messen, und zwar ungefähr je 14 Tage lang der Absatz bedeutend geringer ist, weil die Leute auf die Messe warten, bezw. sich auf solcher versorgt haben.

12. Kredit wurde nicht in Anspruch genommen.

13. Es werden 2 Bücher geführt; eines für das Ladengeschäft, in welchem die Einnahmen und Ausgaben hinsichtlich der zum Wiederverkauf angekauften Waaren ein= getragen werden, und ein Einnahme= und Ausgabebuch für die eigenen Erzeugnisse (Ausbesserungen und Verkauf selbst gefertigter Waaren, sowie Bezug des Rohmaterials rc.); für die Haushaltung, ebenso auch für die Einnahmen aus Hausmiethe wird besonders Buch geführt.

14. Fällt aus.

15. Siehe Anlage.

16. und 17. Der Geschäftsabschluß ist wie seit Jahren derart, daß nach Be= streitung der Unterhaltskosten für die Familie und nach Zahlung der Zinsen für die auf dem Hause ruhende Unterpfandsschuld von 24000 Mark nichts übrig geblieben ist. Dies Er= gebniß kann wohl nicht als befriedigend bezeichnet werden, doch muß ich allerdings dabei in Betracht ziehen, daß ich eine zahlreiche Familie habe und in derselben vielfach durch Krankheit heimgesucht worden bin, was eine beträchtliche Steigerung der Ausgaben zur Folge hat. Insofern kann ich dem Geschäfte allein nicht die Schuld geben, glaube viel= mehr, daß es im Großen und Ganzen als einträglich bezeichnet werden kann; dabei ist nicht außer Betracht zu lassen, daß mein Geschäft am hiesigen Platze guten Ruf genießt.

b. Allgemeine Geschäftslage.

1. Von den hiesigen Korbmachern beschränkt sich ungefähr die Hälfte nur auf Aus= besserungsarbeiten; von den übrigen Meistern (8 an der Zahl) machen zwei nur graue Arbeit, d. h. gewöhnliche Körbe aus ungeschälten Weiden, während die übrigen meines Wissens das Geschäft seinem ganzen Umfange nach betreiben.

2. Halbfabrikate werden nicht bezogen, sondern die Erzeugnisse aus den rohen Weiden und Rohren hergestellt.

3. Die Kundschaft ist meist nur eine örtliche. An Wiederverkäufer wird wenig

abgeſetzt.

4. Ungefähr die Hälfte der hieſigen Korbmacher hat ein Ladengeſchäft, in welchem überall auch von auswärts bezogene Korbwaaren und, ſo viel mir bekannt, meiſtens auch Bürſtenwaaren feilgehalten werden. Die fremden Korbwaaren ſind hauptſächlich feine Handkörbchen, welche in einigen Gegenden (z. B. Koburg, Lichtenfels, Bamberg) als Spezialität in großen Maſſen hergeſtellt werden und die ein gewöhnlicher Korbmacher in dieſer Vollkommenheit gar nicht herſtellen kann. Außerdem werden vom Lande gewöhnliche Körbe zum Wiederverkauf bezogen, welche auf dieſe Weiſe weit billiger zu ſtehen kommen, als wenn man ſie ſelbſt machen würde. Der Grund dieſer Billigkeit liegt darin, daß die Weiden auf dem Lande weit niederer im Preiſe ſtehen, und daß die Flechter Leute ſind, die das Handwerk nur nebenher betreiben und ihre Arbeitskraft ſehr billig anſchlagen; meiſtens ſind es Maurer, die im Sommer auf ihrem Handwerk arbeiten und dann im Winter ihre gezwungene Muße in der gedachten Weiſe ausnützen.

5. Im Uebrigen wird das Gewerbe nur von gelernten Korbmachern betrieben.

6. Auf dem Lande kommt, wie oben ſchon bemerkt, der Betrieb der Korbmacherei als Nebengewerbe nicht ſelten vor; er erſtreckt ſich dann aber meiſt nur auf die Herſtellung gewöhnlicher Waaren.

7. Es findet nur Handbetrieb Statt. Neuere Werkzeuge ſind nicht eingeführt.

8. Lehrlingsweſen.

a. Der Lehrling wird durch den Meiſter und bei deſſen Verhinderung durch die Geſellen im Geſchäfte unterwieſen. Weiter kann keine Auskunft gegeben werden.

b. Die Errichtung einer Schulwerkſtätte halte ich nicht für nothwendig.

c. Der Unterricht in der Gewerbeſchule entſpricht den Anforderungen unſeres Gewerbes vollſtändig.

d. Schriftlicher Vertrag iſt üblich, jedoch nicht nach gleichmäßigen Beſtimmungen.

e. Es iſt darüber nichts bekannt.

f. Die alljährlich vom Gewerbeverein veranſtalteten Preisverleihungen, mit welchen übrigens theoretiſche Prüfungen nicht verbunden ſind, ſind von vortheilhafter Wirkung auf den Eifer und Fleiß der Lehrlinge, deren mehrere aus unſerem Gewerbe ſchon Preiſe bekommen haben.

g. Dieſe Frage iſt zu verneinen.

9. Geſellenweſen.

a. Tüchtige Geſellen ſind ſelten; ſie ſind meiſt in der Handfertigkeit ungenügend, mitunter auch nur in einer Spezialität (feine Arbeit, Geſtellarbeit, geſchlagene Arbeit und graue Arbeit) ausgebildet. Der Mangel rührt wohl hauptſächlich daher, daß jeder Geſelle, der was Ordentliches leiſtet, ſich baldmöglich ſelbſtſtändig macht und daß die großen Städte, wo feine Waare hergeſtellt und höherer Lohn bezahlt wird, viele Leute anziehen.

b. Die Geſellen treten im Allgemeinen recht anſpruchsvoll auf, beſonders wenn ſie aus größeren Städten kommen, und hat es mir vielfach den Eindruck gemacht, daß ſie den Kopf voll ſozialiſtiſcher Ideen haben. Ueber unbefugten Austritt iſt nicht zu klagen.

c. Die Löhne ſind in den letzten 5 Jahren nicht weſentlich geſtiegen; der Durchſchnittslohn bei freier Koſt, Wohnung und Wäſche ſtellt ſich z. Z. auf 6 Mark.

d. Die Uebung hinsichtlich der Lohnzahlung ist verschieden, bald wird Stücklohn, bald Zeitlohn gegeben. Die Auszahlung bei Zeitlohn findet wöchentlich, bei Stücklohn in der Regel alle 14 Tage statt. Rückbehaltung und Vorausbezahlung sind nicht üblich.

e. Es geschieht nichts.

f. Eine Beschäftigung der Gesellen auf eigener Bude kommt nicht vor.

g. Von Streitigkeiten zwischen Gesellen und Meistern ist mir nichts bekannt. Die Errichtung eines Gewerbegerichts erscheint mir immerhin als wünschenswerth.

10. Ueber Mangel an Kreditgelegenheit ist hier nicht zu klagen.

11. Die Weiden werden in der Regel von Bauersleuten auf dem Lande in Mengen von 1 bis zu 20 Zentnern bezogen und kurz nach der Lieferung bezahlt. Die Rohre werden bei Handelsfirmen eingekauft, in der Regel wohl gegen baar oder nur auf kurzen Kredit. Der Preis für beide Materialien schwankt wohl ab und zu, aber nicht wesentlich.

12. Im Allgemeinen haben die hiesigen Korbmacher genügend zu thun, und die sehr einfache Werkstätte-Einrichtung kann voll ausgenützt werden. Die hiesige Großindustrie hat reichlichen Bedarf an Korbwaaren gewöhnlicher Art, bezieht dieselben aber meist vom Lande, wo sie wegen des geringen Preises der Weiden billiger zu erhalten sind.

13. Die Preise sind zurückgegangen, und zwar in Folge wachsender Mitbewerbung; dieser Rückgang ist seit 3 Jahren bemerkbar, und zwar sehr erheblich. Während früher der Arbeiter, wenn er den ganzen Tag über Ausbesserungen besorgte, 5 Mark verdienen konnte, verdient er jetzt nur noch etwa 3 Mark, so daß der Rückgang auf 40 % zu veranschlagen ist. Ein Korb, der vor 3 Jahren noch für 3 Mark verkauft wurde, wird jetzt nur noch mit 2 M. 50 Pf. bezahlt, also um 16 % niedriger. Es wurde schon eine Vereinigung der hiesigen Korbmacher wegen gemeinsamer Festsetzung eines Minimalpreises versucht, aber ohne Erfolg, weil ein Gewerbsgenosse sich nicht darauf einlassen wollte.

14. Die Zahlung erfolgt in der Regel gegen baar oder nach kurzer Frist.

15. Der Aufwand für den Lebensunterhalt war wohl am höchsten Anfangs der 70er Jahre, dann ging er etwas herunter und befindet sich seit etwa 3 Jahren auf dem gleichen Stand.

16. Eine Innung oder dergleichen besteht nicht, ein Versuch zur Gründung einer solchen wurde schon gemacht, fand aber keinen Anklang.

17. Wenn unser Geschäft jetzt nicht mehr so gut geht, wie vor ungefähr 20 Jahren, so trägt hieran die durch die Gewerbefreiheit herbeigeführte Mitbewerbung die Schuld. Die Großindustrie schadet uns weniger, weil sie sich vorzugsweise auf Spezialitäten wirft; aber die Strafanstaltsarbeit thut uns wesentlichen Eintrag in unserm Absatz und ebenso auch der Hausirhandel. Daß die Messen für unsere örtlichen Geschäfte von nachtheiligem Einfluß sind, habe ich oben schon erwähnt.

18. Die fraglichen Staatsanstalten haben für unser Gewerbe keinen besondern Werth.

c. Vorschläge zur Verbesserung des Kleingewerbes.

1. Nach meiner Ansicht sollte von Jedem, der sich als selbständiger Korbmacher niederlassen will, der Nachweis verlangt werden, daß er eine 3jährige Lehrzeit mit Erfolg zurückgelegt und mindestens 2 Jahre als Geselle in der Fremde gearbeitet hat. Es

würde durch eine solche Vorschrift die Wettbewerbung erheblich gemindert werden, denn gerade die Pfuscher sind die gefährlichsten Mitbewerber, weil sie die Waare oft um unsinnig niedern Preis abgeben, wobei allerdings die Waare auch meist darnach ist. Weiter sollte nur der gelernte Korbmachermeister die Berechtigung zum Feilhalten von Korbwaaren haben. Gegenwärtig werden in jedem Spielwaarenladen, auch in Putz= machergeschäften u. s. w. Korbwaaren feilgehalten. Wenn uns Korbmachermeistern dieses Recht ausschließlich zugestanden würde, so wären wir hierdurch für die Nachtheile, welche uns die Großindustrie zufügt, reichlich entschädigt. Der Hausirhandel mit Korbwaaren ist in denjenigen Orten, wo Korbmacher ansässig sind, durchaus überflüssig und sollte verboten werden. Die Messen sollten auf die Dauer von je 9 Tagen (2 Sonntage und die dazwischen liegende Woche) beschränkt werden. Für gänzliche Aufhebung bin ich nicht, weil sie doch viele Leute und damit viel Geld in die Stadt bringen. Die Weih= nachtsmesse sollte jedoch auf die einheimischen Geschäftsleute beschränkt werden, weil gerade in dieser Zeit das Geschäft am besten läuft und die fremde Mitbewerbung doppelt schädlich ist.

Korbmacher F. J. K. in Mannheim. **Anlage.**

Vorbemerkung.

Erwerbsteuerkapital .	2800 M. — Pf.
Betriebskapital .	1000 „ — „
Anlagekapital	300 „ — „

Familienzahl: 6 Personen.

Geschäftsergebnisse im Jahr 1884.

I. Ausgaben.

A. Gewerbe.

1 a. Miethwerthanschlag für Unterbringung der (Geschäftsräumlich= keiten (Werkstätte, Laden ꝛc.) im eigenen Hause . .	600 „ — „
4. Persönlicher Arbeitsaufwand:	
a. Werthanschlag der Arbeit des Meisters (5 M. für 300 Tage)	1500 M. — Pf.
5. Aufwand für Beschaffung der Arbeitsstoffe . . .	600 „ - - „
6. Aufwand für zum Handel angekaufte Waaren	2000 „ — „
7. Verlust an Ausständen .	100 „ — „
8. Zinsen des Anlage= und Betriebskapitals . .	52 „ — „
Summa	4852 M. — Pf.

B. Sonstige Ausgaben.

1. Ausgaben für den Haushalt der Familie (8 Familienglieder und keine Dienstboten) und zwar:	
a. Kost .	1 800 „ — „
b. Bekleidung	800 „ - „
c. Unterricht	20 „ — „
d. Heizung und Beleuchtung für Küche und Zimmer ꝛc. .	120 „ — „
e. Arzt und Apotheke	100 „ — „
2. Miethwerthanschlag der Wohnung im eigenen Hause, das zum Theil vermiethet ist	800 „ — „
Uebertrag .	8 492 M. — Pf.

Uebertrag .	8 492	M. — Pf.

3 a. Verzinsung des Hauswerths und zwar zu 4 %, wobei jedoch
　　die unter A. 1 a. und C. 2 a. und b. schon verrechneten Beträge

in Abrechnung zu bringen sind	1 640	„ — „
b. Unterhaltungsaufwand für das Gebäude	200	„ — „
c. Abschreibung am Hauswerth (in Folge von Abnützung)	50	„ — „

4. Feuerversicherung für :

Gebäude .	42	„ — „
Fahrnisse . .	10	„ — „
6. Staatssteuer . .	64	„ — „
7. Gemeindeumlagen	84	„ — „
Summa .	10 582	M. — Pf.

II. Einnahmen.
A. Hauptgewerbe.

Bruttoeinnahme :

a. aus dem Gewerbebetriebe	1 000	M. — Pf.
b. aus dem Ladengeschäfte	800	„ — „

B. Sonstige Einnahmen.

1. aus Miethe . 　　　　　　　　.	2 200	„ — „
Summa	4 000	M. — Pf.
Ausgaben	10 582	„ — „
Einnahmen 　　.	4 000	„ — „
Somit Mehrausgabe .	6 582	M. — Pf.

2.

Korbmacher J. N. von Kimbach im hessischen Odenwald.

a. Eigene Verhältnisse des Befragten.

1. 50 Jahre alt, verheirathet, kinderlos. Die Frau hilft im Geschäft.

2. Ich war früher Fabrikarbeiter und habe erst vor 1½ Jahren, als ich die Wittwe des Korbmachers Riehl heirathete, von dieser das Korbmachen erlernt. Außer der Volksschule habe ich keinen Unterricht genossen.

3. Siehe Anlage.

4. und 5. Ich betreibe die Korbmacherei seit 1½ Jahr.

6. Ich habe hier eine Wohnung von 2 Zimmern, für welche ich monatlich 8 Mark zahle. Wir sind aber in der bessern Jahreszeit vielfach auswärts, da wir das Gewerbe des Korbflickens im Umherziehen betreiben. Der Wandergewerbeschein ist auf den Namen meiner Frau gestellt und bin ich als Gehilfe zugelassen.

7. Es findet nur Handbetrieb statt.

8. und 9. fallen aus.

10. Kann nicht beantwortet werden, weil sich die Arbeitszeit nach den Bestellungen richtet.

11. Gewerbebetrieb.

a—c. Wir befassen uns nur mit dem Ausbessern von Hängkörben, Waschkörben, Kinderwägelchen und Blumentischen und stellen die nöthigen Weiden hiezu selbst. Der

Bezug der Weiden erfolgt in Abtheilungen im Werthe von 4—5 Mark von einem Korb=
macher bei Heidelberg. Der Preis stellt sich auf 32—36 Pf. das Pfund und ist Baar=
zahlung eingeführt.

f. Wie bereits erwähnt, betreiben wir das Geschäft die meiste Zeit des Jahres
über im Umherziehen, und zwar erstreckt sich unser Reiseweg landaufwärts bis Karlsruhe.
Messen und Märkte besuchen wir nicht.

g. und h. fallen aus.

i. Wir liefern unsere Arbeit stets gegen Baarzahlung.

k. Fällt aus.

l. Seit ich das Geschäft betreibe, geht es immer gleichmäßig und kann ich über
Mangel an Aufträgen nicht klagen.

m. Im Winter nehmen wir jeweils den Standort hier und hausiren nur in der
Umgegend; eine Verminderung des Geschäftes tritt aber in der Regel nicht ein.

12. Schulden haben wir nicht.

13. Aufgeschrieben wird bei uns nichts.

14. Fällt aus.

15. Siehe Anlage.

16. Ich habe auch im letzten Jahre so viel verdient, daß wir damit leben konnten,
und ich bin damit zufrieden; von Ueberschüssen kann bei einem so kleinen Gewerbebetriebe,
wie der unsrige ist, keine Rede sein.

b. Allgemeine Geschäftslage.

Ueber die allgemeine Lage des Korbmachergewerbes kann ich keine Auskunft geben,
weil ich dasselbe erst seit 1½ Jahren und nur in bescheidenstem Umfange betreibe, somit
einen Einblick in die bezüglichen Verhältnisse nicht habe und nicht haben kann. Nur
bezüglich der Arbeitspreise kann ich auf Grund der von meiner Ehefrau erhaltenen Mit=
theilungen erklären, daß dieselben gegen früher sehr zurückgegangen sind. In den 60er
Jahren konnte der wandernde Korbflicker für die gleiche Arbeit, mit welcher er jetzt kaum
2 M. 50 Pf. bis 3 M. verdient, 3—5 fl. verdienen. Der Grund dieses Preisrück=
ganges liegt zweifellos darin, daß die Leute jetzt wenig mehr flicken lassen, weil das
Land mit fabrikmäßig hergestellten, sehr billigen Korbwaaren überschwemmt wird.

c. Vorschläge zur Verbesserung des Kleingewerbes.

Irgend welche Vorschläge zur Verbesserung des Kleingewerbes weiß ich nicht
zu machen.

Korbmacher J. R. in Mannheim.   **Anlage.**
Vorbemerkung.

Erwerbsteuerkapital	2700 M.	— Pf.
Betriebskapital	1200 „	— „

Familienzahl: 2 Personen.

Geschäftsergebnisse im Jahr 1884.
I. Ausgaben.

5. Aufwand für Beschaffung der Arbeitsstoffe	25 M.	— Pf.
8. Zinsen des Anlage= und Betriebskapitals .	48 „	— „
Summa	73 M.	— Pf.

C. Sonstige Ausgaben.

1. Ausgaben für den Haushalt der Familie (2 Familienglieder und
   keine Dienstboten) und zwar:

a. Kost	730 M.	—	Pf.
b. Bekleidung	50 „	—	„
d. Heizung und Beleuchtung für Küche und Zimmer ꝛc. .	35 „	—	„
e. Miethzins für die Wohnung .	96 „	—	„

6. Staatssteuer für:

Hauptgewerbe .	2 „	60	„
Wandergewerbschein	3 „	10	„
7. Gemeindeumlagen	2 „	96	„

Summa . 1017 M. 66 Pf.

II. Einnahmen.

Bruttoeinnahme aus dem Gewerbebetriebe . . . .   940 M. — Pf.

Somit Mehrausgabe . 77 M. 66 Pf.

XII. Dreher.

Einvernommen wurden J. B. von Neckarhausen und W. E. von Mannheim.

1.

Dreher J. B. von Neckarhausen.

a. Eigene Verhältnisse des Befragten.

1. 36 Jahre alt, verheirathet, kinderlos.

2. Das Gewerbe wurde in 3jähriger Lehrzeit in Edingen erlernt. Meine Gesellenzeit dauerte 11 Jahre, die ersten 3 Jahre verbrachte ich in Handschuchsheim, Schries-
heim, Urach, Kriegshaber, Nürnberg, Krotzenburg, Mainz, Neuwied und Bielefeld, die
letzten 8 Jahre in Mannheim. Außer der Neckarhauser Volksschule wurde noch die
2. Klasse der Ladenburger Bürgerschule besucht.

3. Siehe Anlage.

4. Dreherei ohne Nebengewerbe. Meine Ehefrau betreibt übrigens für sich ein
Kleidermachgeschäft.

5. Das Geschäft wurde im Oktober 1876 von mir gegründet und befindet sich
ununterbrochen hier.

6. Ich wohne in Miethe. Der Miethwerth für Werkstätte und Lagerräume beträgt 300 Mark. Die Lage ist gut bis mittelgut (H. 3).

7. Es sind vier Drehbänke und ein Fraisapparat (zum Kaneliren) im Gebrauch,
im Uebrigen wird mit den herkömmlichen Werkzeugen (darunter auch Hobelbank und
Schleifstein) gearbeitet. Im Großbetrieb sind die gleichen Maschinen in Anwendung.

8. Zum Treiben der Drehbänke ist eine einpferdige Dampfmaschine in Gebrauch.
Die Unterhaltung derselben ist sehr einfach, gerade wie bei einem gewöhnlichen Ofen;
ein besonderer Wärter ist nicht bestellt. Der Kohlenverbrauch berechnet sich auf 3 bis 4
Kilogramm in der Stunde.

9 a. Ich habe einen Lehrling, mit welchem schriftlicher Lehrvertrag besteht, derselbe erhält kein Lehrgeld, aber auch keine Kost und Wohnung und muß 3 Jahre lernen.
Die Ausbildung geschieht hauptsächlich durch mich.

b. Ich beschäftige zwei Gesellen, beide in der Werkstätte, aber ohne Kost und Woh=
nung im Hause. Der Lohn ist nach der Stunde festgesetzt; der eine erhält 27 Pf., der
andere 23 Pf. Zahlung ist jeweils Samstags, ohne Rückbehaltung und ohne Voraus=
zahlung. Bei größeren Arbeiten schaffen die gleichen Gesellen auf Stücklohn, in welchem
Falle sie bis zu 1 Mark mehr den Tag verdienen können. Uebrigens kommt dies selten
vor, durchschnittlich kaum an einem Tag in der Woche.

10. Die Arbeit dauert von Morgens 6 bis Abends 7 Uhr. Regelmäßige Pausen
sind Vormittags und Nachmittags je 20 Minuten und Mittags 1 Stunde. Ich selbst
bin meist auch in der Werkstätte.

11. Gewerbebetrieb.

a. In meinem Geschäft wird fast ausschließlich die Holzdreherei für das Möbel=
geschäft betrieben; andere Arbeiten, z. B. in Eisen und Horn, werden nur ausnahmsweise
auf besondere Bestellung ausgeführt. Arbeitstheilung ist nicht eingeführt.

b. Ausbesserungsarbeiten kommen auch vor, z. B. bei Schirmen und Stöcken; sie
nehmen aber in der Regel nur einige Stunden der wöchentlichen Arbeitszeit in Anspruch.

c. Die Möbelfabrikanten und Schreiner, besonders letztere liefern häufig das Holz,
oft sogar schon in einigermaßen vorgearbeitetem Zustande.

d. Soweit ich den Rohstoff selbst liefere, beziehe ich ihn vom Händler, in der
Regel gegen sofortige Zahlung. Die Mengen sind sehr verschieden.

e. Es wird lediglich auf Bestellung gearbeitet; nur wenn gar keine solche mehr
zu erledigen ist, wird auf Vorrath gearbeitet, und zwar sind es dann ausschließlich solche
Gegenstände, die bei mir bestellt zu werden pflegen.

f. Der Kundenkreis ist auf den Ort beschränkt.

g. Die ausnahmsweise auf Vorrath gearbeitete Waare wird gelegentlich der Be=
stellung abgesetzt. Ein Ladengeschäft wird nicht geführt.

h. Fällt aus.

i. Bestimmte Zahlungsbedingungen gegenüber den Kunden sind nicht eingeführt.
An unbekannte oder unsichere Personen wird nur gegen baar abgegeben. Im Uebrigen
wird in der Regel halbjährlich Rechnung geschickt.

k. Der Eingang der Ausstände kann leider nicht als pünktlich bezeichnet werden;
gerichtliche Betreibung wurde schon versucht, aber mit schlechtem Erfolg, indem die Schuldner
nichts hatten und ich noch die Kosten zahlen mußte. Der Verlust an Ausständen wird
sich durchschnittlich auf 2 % der Jahreseinnahme berechnen.

·l. Es fehlt mitunter an Aufträgen; auf das Jahr zusammengerechnet wird diese
auftragslose Zeit etwa 6 bis 8 Wochen dauern; seit wann dies der Fall ist und worin
etwa die Ursachen liegen, kann ich nicht angeben; es war dies schon zur Zeit, als ich
Geselle war in den fremden Geschäften, in denen ich arbeitete, nicht anders; man sucht
sich eben dann mit der Herstellung der gangbarsten Waaren auf Vorrath die Zeit nutzbar
zu machen und beschränkt auch unter Umständen sein Hilfspersonal.

m. Bei uns geht's im Sommer stiller mit dem Geschäft, weil die Schreiner zu
dieser Zeit vielfach am Bau beschäftigt sind, und deßhalb wenig in dem Möbelgeschäft ge=
arbeitet wird. Ich arbeite deßhalb im Sommer oft nur mit einem Gehilfen oder gönne
mir, wenn ich deren zwei habe, selbst mehr freie Zeit.

12. Kredit wurde nicht in Anspruch genommen.

13. Jeder Arbeiter hat ein Buch, in welchem er seine Arbeiten einträgt; daraus übertrage ich dann die nicht baar bezahlten Posten in ein Tagebuch, aus welchem von Zeit zu Zeit die Rechnungen ausgezogen werden. Ueber die Ausgaben für Geschäft und Haushaltung mache ich keine Aufzeichnungen. Meine Frau führt über ihr Kleidergeschäft besonders Rechnung.

14. Fällt aus.

15. Siehe Anlage.

16. Der Geschäftsabschluß ist, wie schon seit Jahren, wenig befriedigend, indem zwar die Kosten des Haushalts herausgeschlagen, aber keine Ueberschüsse erzielt werden. Es gibt aber im Allgemeinen nicht genug zu thun. Die Arbeitspreise sind wenig lohnend, und die Kunden zahlen zu unpünktlich.

b. Allgemeine Geschäftslage.

1. Am hiesigen Orte treibt jeder Drehermeister das Gewerbe in seinem ganzen Umfange, so weit sich hiezu Gelegenheit bietet; nur ein einziger Meister ist hier, der das Knopfdrehen als Spezialität betreibt. Ueber Erfahrungen in dieser Hinsicht kann nichts angegeben werden.

2. Halbfabrikate werden in unserm Gewerbe nicht bezogen, wenn man nicht etwa hierher rechnen will, daß die Schreiner bei Bestellung von Stuhlfüßen und dergl. das Holz in halb bearbeitetem Zustand dazu zu geben pflegen.

3. Die Bestellung ist meist auf den Ort beschränkt. Im Möbelgeschäft wird meist an Wiederverkäufer, nämlich an die Schreiner geliefert.

4. Die Verbindung eines Ladengeschäfts mit dem Gewerbe ist meines Wissens hier nicht üblich.

5. Die hiesigen Drehermeister haben alle vorschriftsmäßig gelernt; dagegen kommt es vor, daß Kaufleute, welche Dreherwaaren feil halten, sich auch mit Ausbesserungen befassen, indem sie zu diesem Behufe einen gewerbeverständigen Gehülfen einstellen.

6. Kommt hier nicht vor.

7. Als Hilfsmaschine ist in der Regel in jeder Werkstätte eine Drehbank vorhanden, das Werkzeug besteht in Hobelbank, Schleifstein, Schraubstühlen, Drehmeisel u. s. w. Neuere Konstruktionen sind nicht bekannt. Eine Betriebskraft, und zwar eine Dampfmaschine, ist nur in einer hiesigen Werkstätte im Gebrauch. Dieselbe kostete im alten Zustande 425 Mark, der Kohlenverbrauch mit Bedienung stellt sich auf eine Mark den Tag, während die gleiche Arbeitsleistung durch menschliche Kraft weit höher zu stehen kommt. Daß trotz dieses günstigen Ergebnisses das Beispiel keine Nachahmung findet, mag seinen Grund hauptsächlich darin haben, daß die meisten Gewerbegenossen sich vor den Anschaffungskosten, die bei neuen Maschinen 1600—2000 Mark betragen, scheuen.

8. Lehrlingswesen.

a. Der Meister leitet wohl in allen Geschäften die praktische Ausbildung des Lehrlings. Ob etwas zur geistigen und sittlichen Fortbildung der jungen Leute geschieht, kann nicht angegeben werden.

b. Die Dreherei ist ein sehr umfangreiches Handwerk, und erfordert die Holz-, Horn-, Knochen- und Eisendreherei jede ihre besondere Uebung. Wenn nun auch bei den hiesigen Geschäften keiner dieser Zweige grundsätzlich ausgeschlossen ist, so bringt es doch das Geschäft mit sich, daß in dem einen oder dem andern Geschäftszweige nur sehr selten gearbeitet wird, und daß hiernach dem Lehrling keine genügende Gelegenheit geboten ist, sich vollständig auszubilden. Um diesem längst empfundenen Mißstande abzuhelfen, hat die Deutsche Drechsler-Innung eine Fachschule in Liegnitz errichtet, welche gut besucht sein soll. Die jungen Leute werden dort aber erst aufgenommen, wenn sie die Lehre hinter sich haben. Wer das Streben hat, sich tüchtig auszubilden, dem ist durch diese Fach= schule hiezu Gelegenheit geboten. Die Lehrzeit in der Werkstätte des Meisters ist aber den jungen Leuten durchaus nothwendig, und gibt es für sie in den üblichen drei Lehr= jahren dort genug zu lernen, so daß eine Schülerwerkstätte nicht als ein Bedürfniß be= zeichnet werden kann.

c. Ueber den gewerblichen Unterricht lassen sich keine besonderen Wünsche oder Be= schwerden vorbringen.

d. Kann nicht angegeben werden.

e. Das Fortlaufen von Lehrlingen kommt nicht gerade sehr selten vor; besondere Schritte dagegen sind nicht gethan worden; auch wurde die polizeiliche Zurückführung nicht verlangt.

f. Bei der vom Gewerbeverein alljährlich veranstalteten Preisverleihung (ohne Prüfung) betheiligen sich jeweils auch die Lehrlinge vom Dreherhandwerk. Ob die Arbeiten wirklich vom Lehrling allein hergestellt sind, ist freilich noch die Frage.

g. Kann nicht angegeben werden.

9. Gesellenwesen.

a. Tüchtige Gesellen sind nicht leicht zu bekommen. Die Leute sind vielfach nur in Spezialitäten ausgebildet, besonders diejenigen, welche in der Großindustrie beschäftigt waren.

b. Ich habe keinen besonderen Grund zur Klage.

c. Seit 5 Jahren sind die Löhne im Wesentlichen gleich.

d. Bei Kost und Wohnung im Hause wird gewöhnlich Wochenlohn, sonst bald Stücklohn, bald Wochenlohn oder auch Taglohn bezahlt. Die Zahlung erfolgt meist am Ende der Woche ohne Rückbehaltung und Vorauszahlung.

e. Seit Kurzem besteht hier eine Gesellengenossenschaft unter Leitung eines Alt= gesellen, welche den Zweck hat, gesellige Unterhaltungen zu veranstalten, die Drechsler= zeitung zu halten und durchreisende Gewerbsgenossen zu unterstützen. In die Kasse dieser Genossenschaft zahlt jeder Meister 2 M. im Jahr.

f. Trifft nicht zu.

g. Von Streitigkeiten ist nicht viel bekannt. Ein Gewerbegericht wäre wünschens= werth.

10. Die Kreditanstalten sind vollauf genügend.

11. In der Regel wird das Arbeitsmaterial vom Zwischenhändler gegen Baar oder auf kurzen Kredit bezogen. Die Mengen sind sehr verschieden, die Preise seit Jahren gleich und im Allgemeinen mäßig.

12. Die Arbeitsgelegenheit in unserem Gewerbe ist an sich nicht zurückgegangen, wohl aber vertheilt sie sich mehr, weil jetzt mehr Gewerbemeister hier sind wie früher. Unsere Hauptkunden sind die Möbelgeschäfte; auch bei Bauten gibt es manche Arbeit für uns. Der zunehmende kunstgewerbliche Geschmack, insbesondere das Zunehmen der Renaissance, führt unserem Gewerbe neue Nahrung zu und kann man wohl sagen, daß

es wieder im Aufschwung begriffen ist.

13. Die Preise für Arbeit und Arbeitserzeugnisse sind — und das ist der Haupt=
mißstand — nicht lohnend; die wachsende Mitbewerbung zwingt uns seit Jahren, die Preise
nieder zu halten, während die Löhne und überhaupt der Aufwand gestiegen sind. Wenn
jetzt ein Meister den ganzen Tag über schafft, kann er je nach der Art des Geschäftes
5 bis 8 Mark verdienen.

14. Es wird möglichst auf Baarzahlung gedrungen; im Uebrigen wird auch
Rechnung geschrieben und zwar viertel= oder halbjährlich.

15. Der Aufwand für den Lebensunterhalt ist seit der sog. Milliardenzeit
gestiegen und zwar hauptsächlich in Folge der Steigerung der Lebensansprüche. Die
Meister haben sicher als Gesellen fleißiger gearbeitet und sind weniger im Wirthshaus
gesessen als jetzt.

16. Eine Innung oder sonst ein Fachverband besteht hier nicht.

17. Kann nichts Besonderes mehr angegeben werden.

18. Staatsanstalten werden von hiesigen Gewerbsgenossen nicht benützt. Gründe
dieser Unterlassung sind eigentlich nicht anzugeben.

　　　c. Vorschläge zur Verbesserung des Kleingewerbes.

1. Meiner Ansicht nach sind die auf den Bankerott gesetzten Strafen viel zu
niedrig; der Handwerksmann verliert eine Unmasse Geld an die Schwindler, welche auf
gut Glück ohne einen Pfennig in der Tasche Häuser bauen und Geschäfte gründen. Aus=
schlagen kann man derartige Bestellungen nicht ohne Weiteres, da man eben auf den
Verdienst angewiesen ist. Auch ist es oft gar nicht möglich, sich vorzusehen, weil diese
Herren Anfangs mit Geld förmlich um sich werfen. Kracht dann die Geschichte zu=
sammen, so sperrt man die Schwindler ein paar Wochen ein und wir sind um unser
Geld geprellt.

2. Die hier ansäßigen Gewerbsleute sollten gegen die auswärtige Mitbewerbung
geschützt werden, indem auf die geradezu massenweise von auswärts eingeführten Möbel
ein Eingangszoll oder Oktroi oder wie man das sonst nennen will, gelegt würde.

3. In dieser Hinsicht weiß ich nichts vorzuschlagen.

　　　Dreher F. B. in Mannheim.　　　　　　　　　　　　**Anlage.**
　　　　　Vorbemerkung.

Erwerbsteuerkapital　.　　　　　　　　　　　.　　　4875 M.

Betriebskapital　.　.　.　.　　　　　　　　　　3500 „

　　　Familienzahl: 2.

　　　Anzahl der Lehrlinge und Gesellen: 3.

　　　Geschäftsergebnisse des Jahres 1884.

　　　　　I. Ausgaben.

　　　　　A. Gewerbe.

1. Miethzins für Unterbringung von Werkstätte und Waarenlager
　　nach Abzug des für die Wohnung anzusetzenden Miethzinsantheils　250 M. — Pf.

2 a. Unterhaltung und Ergänzung von Handwerkszeug und Maschinen
　　(einschließlich des Motors)　.　.　.　.　.　.　100 „ — „

　　　　　　　　　　　　　　　Uebertrag　.　350 M. — Pf.

	Uebertrag .	350 M. — Pf.
b. Abschreibung (Abnutzung) am Werthe von Handwerkszeug und Maschinen		100 „ — „
3. Heizung und Beleuchtung der Geschäftsräume nebst Heizung von Motoren		500 „ — „
4. Persönlicher Arbeitsaufwand:		
a. Werthanschlag der Arbeit des Meisters .		1300 „ — „
b. Für Hilfsarbeiter:		
aa. Löhne an Lehrlinge und Gesellen		1820 „ — „
7. Verlust an Ausständen		100 „ — „
8. Zinsen des Anlage- und Betriebskapitals		140 „ — „
	Summa	4310 M. — Pf.

C. Sonstige Ausgaben.

1. Ausgaben für den Haushalt der Familie (2 Familienglieder und keine Dienstboten), und zwar:		
a. Kost . .		1200 M. — Pf.
b. Bekleidung		500 „ — „
d. Heizung und Beleuchtung für Küche und Zimmer ꝛc. . . .		100 „ — „
f. Werth etwaiger selbstgezogener, in die Haushaltung verwendeter Nahrungsmittel		50 „ — „
2. Miethzins für die Wohnung nach Abzug des schon unter A. 1 verrechneten Betrages		550 „ — „
4. Feuerversicherung für:		
Fahrnisse . . .		20 „ — „
5. Lebensversicherung		25 „ — „
6. Staatssteuer für:		
Hauptgewerbe		16 „ 90 „
Nebengewerbe (der Ehefrau) .		13 „ — „
7. Gemeindeumlagen für:		
Hauptgewerbe .		19 „ 12 „
Nebengewerbe .		14 „ 84 „
	Summa .	6818 M. — Pf.

II. Einnahmen.
A. Gewerbe.

Bruttoeinnahme:		
a. aus dem Gewerbebetriebe		2500 bis 3000 M.

C. Sonstige Einnahmen.

4. sonst .	. . . .	2000 bis 3000 M.
	Summa .	4500 bis 6000 M.
Ausgaben .	.	6818 M. — Pf.
Einnahmen	. . . .	4500 bis 6000 M.

Somit jedenfalls Mehrausgaben.

2.

Dreher W. E. von Mannheim.

a. Eigene Verhältnisse des Befragten.

1. 37 Jahre alt, verheirathet, Vater von 4 Kindern im Alter von 4—10 Jahren, welche alle zu Hause sind.

2. Das Gewerbe wurde mit 3jähriger Lehrzeit hier erlernt. Meine Gesellenzeit dauerte 9 Jahre. Ich arbeitete in Zürich, Genf, Paris, Neuchatel und Mannheim. Ich besuchte die Volksschule und 2 Jahre die Gewerbschule.

4. und 5. Ich betreibe ein 1874 hier gegründetes und seitdem hier befindliches Drehereigeschäft.

6. Ich besitze ein eigenes Haus. Der Miethwerth für Werkstätte und Speicher= raum beträgt 300 Mark. Die Geschäftslage (F. 5) ist eine mittlere.

7. Es sind 7 Drehbänke und 2 Ovalmaschinen im Gebrauch. In der Konstruktion sind dieselben gleich mit den im Großbetrieb verwendeten Maschinen.

8. Einen Motor besitze ich nicht.

9 a. Ich habe einen Lehrling, welcher nach mündlicher Vereinbarung 3jährige Lehrzeit hat, kein Lehrgeld bezahlt, aber auch keine Kost und Wohnung bekommt. Die Ausbildung besorge ich mit Unterstützung der Gehülfen.

b. Ich beschäftige zwei Gesellen in der Werkstätte mit Kost und Wohnung im Hause.

c. Der Lohn wird nach der Zeit berechnet und beträgt wöchentlich 9 und 10 Mark. Die Auszahlung erfolgt jeweils Sonntags nachträglich. Von den ersten zehn Wochen= löhnen wird je 1 Mark abgezogen und werden diese 10 Mark als Sicherheit zurück behalten; seit ich dies eingeführt habe, ist noch kein Geselle ohne Kündigung ausgetreten, während dies früher ab und zu der Fall war.

10. Die Arbeitsdauer geht von Morgens 6 bis Abends 7 Uhr. Regelmäßige Pausen: Vormittags und Nachmittags je eine halbe Stunde, über Mittags eine ganze Stunde.

11. Gewerbebetrieb.

a. Es werden alle vorkommenden Arbeiten (in Holz, Horn, Knochen und Eisen) hergestellt, doch erstrecken sich die thatsächlich einlaufenden Bestellungen fast ausschließlich auf die Holzdreherei. Arbeitstheilung ist nicht eingeführt.

b. Ausbesserungen kommen auch vor; doch ist dies mehr nebensächlich.

c. Bei den Möbelarbeiten wird der Stoff (Holz) in roh vorgearbeitetem Zu= stande von den Bestellern, meist Schreinern, geliefert.

d. Im Uebrigen beziehe ich das Holz in Wagenladungen von Bauern gegen baar; Horn, Knochen und Eisen wird wenig gebraucht und je nach Bedarf in den hiesigen Fabriken, welche dergleichen Stoffe verarbeiten, eingekauft, ebenfalls gegen baar.

e. Es wird nur auf Bestellung gearbeitet.

f. Die Kundschaft ist auf den Ort beschränkt.

g. und h. fallen aus.

i. Zahlungsbedingungen werden der Kundschaft gegenüber nicht gestellt. Soweit nicht baar bezahlt wird, wird viertel= oder halbjährlich Rechnung geschickt; die Möbel= geschäfte, welche größere Bestellungen zu machen pflegen, zahlen monatlich.

k. Die Ausstände gehen im Allgemeinen pünktlich ein. Verluste sind selten und kaum zu schätzen; gerichtliche Betreibung fand noch nicht statt. Bei den bessern Kunden entschließt man sich hiezu nicht gern und bei den schlechtern hilft's nichts.

l. Im Ganzen genommen fehlt es nicht an Aufträgen, obwohl ich noch vor 3 Jahren entschieden mehr zu thun hatte; wachsende Mitbewerbung trägt hieran die Schuld.

m. In den ersten Monaten des Jahres ist das Geschäft jeweils stiller; kurz vor Weihnachten geht es stärker. In der stillen Zeit entlasse ich zuweilen einen meiner Ge-hilfen oder mache einzelne Gegenstände, die oft bestellt werden und auf deren Absatz ich deßhalb rechnen kann, im Vorrath.

12. Kredit wurde nicht in Anspruch genommen.

Es wird ein Tagebuch für die Einnahmen und Ausgaben, sowie ein Kundenbuch geführt; in ersteres werden auch die Ausgaben für die Haushaltung (natürlich nicht im Einzelnen) eingetragen.

14. Fällt aus.

16. und 17. Der Geschäftsabschluß ist seit Jahren der gleiche; es bleibt eben nichts übrig. Auf unserem Geschäft ist eben nicht mehr viel zu verdienen, weil die Möbel-fabrikanten, welche unsere Hauptkunden sind, die Preise zu genau ausrechnen, indem sie nur so viel geben, als sie einem Gehülfen Taglohn zahlen müßten.

b. Allgemeine Geschäftslage.

Ueber die allgemeine Geschäftslage macht Herr E. die gleichen Angaben wie sein Gewerbegenosse B. mit folgenden Ausnahmen:

Zu 5. Meines Wissens ist hier kein Kaufmann, der sich mit Ausbesserungen be-faßt; früher war dies wohl der Fall.

Zu 7. Der Werth eines Dampfmotors für unser Geschäft scheint mir fraglich, das Poliren und auch das feinere Arbeiten überhaupt geht sicherlich besser, wenn die Dreh-bank mit dem Fuß bewegt wird, da man auf diese Art ab und zugeben kann, was bei der Maschine nicht der Fall oder zu umständlich ist.

8. Lehrlingswesen.

a. Meines Wissens schicken alle hiesigen Drehermeister ihre Lehrlinge in die Ge-werbeschule.

d. Der schriftliche Vertrag ist wohl die Regel; gemeinsame Bestimmungen bestehen nicht.

f. Bei der letztjährigen Preisvertheilung hat mein Lehrling einen Preis bekommen für eine Arbeit, die er ganz allein hergestellt hat. Ich bin überzeugt, daß ihm das eine Aufmunterung zum Fleiß und Eifer im Geschäft gewesen ist. Es mag freilich sein, daß da und dort die Lehrlingsarbeiten nicht ausschließlich Erzeugnisse der Lehrlinge sind.

g. Der Uebertritt in Maschinenfabriken kommt vor. Die jungen Leute werden dort besser bezahlt als — wenigstens in den ersten Gesellenjahren — im Handwerk.

Zu 9. Gesellenwesen.

g. Meines Erachtens ist ein Gewerbegericht überflüssig.

Zu 15. Es ist richtig, daß seit Anfang der 70er Jahre der Lebensunterhalt theurer geworden; ich glaube, daß die Steigerung der Lebensmittelpreise daran schuld ist.

Zu 17. Die schlimmste Mitbewerbung für uns verursachen die hiesigen Möbel-handlungen, die ihren Bedarf von auswärts beziehen.

c. Vorschläge zur Verbesserung des Kleingewerbes.

1., 2. u. 3. Es sollte die Einfuhr von Möbeln in hiesige Stadt nicht ganz frei gegeben sein, sondern ein entsprechendes Oktroi oder, wie man das nennen will, darauf gelegt werden. Die Möbelhändler wären dann nicht mehr so in der Lage, durch billigen Bezug der Waaren, meist von den Landorten, uns das Geschäft zu beeinträchtigen und die Preise zu schmälern.

XIII. Tapezierer.

Einvernommen wurden: K. S., F. T. und F. S. Sch., sämmtlich von Mannheim.

1.
Tapezierer K. S. von Mannheim.
a. Eigene Verhältnisse des Befragten.

1. 40 Jahre, verheirathet, Vater von 5 Söhnen im Alter von 1—15 Jahren und 4 Töchtern im Alter von 3—17 Jahren, welche alle zu Hause sind. Die älteste Tochter und der älteste Sohn helfen im Geschäft, letzterer als Lehrling.

2. Das Gewerbe wurde in 3jähriger Lehrzeit hier erlernt. Die 10 Gesellenjahre wurden in Leipzig, Aschaffenburg, Würzburg und Mannheim zugebracht. Ich besuchte die Volksschule und 3 Jahre die Gewerbeschule hier.

3. Siehe Anlage.

4. und 5. Ich betreibe ein Tapeziergeschäft, welches 1869 hier gegründet wurde und sich seitdem hier befindet.

6. Ich wohne in Miethe. Der Miethwerth für Werkstätte (sonstige Räume werden zum Geschäft nicht gebraucht) beträgt 100 Mark. Die Geschäftslage ist gering (T. 3).

7. Es findet nur Handbetrieb statt, abgesehen von einer Nähmaschine.

9 a. und b. Ich habe weder Lehrlinge noch Gesellen.

10. Die Arbeitszeit dauert von Morgens 7 bis Abends 7 Uhr. Mittags wird von 12 bis 1 Uhr Pause gemacht.

11. Gewerbebetrieb.

a. Das Gewerbe wird nach seinem vollen Umfange betrieben.

b. Ausbesserungsarbeiten, insbesondere das Aufpolstern der Möbel, kommen häufig vor.

c. Das nöthige Arbeitsmaterial wird meist vom Besteller geliefert, d. h. ich hole die nöthigen Stoffe nach Wahl und auf Rechnung der Kunden in den hiesigen Geschäften. Bei Neufertigung von Polstermöbeln werden die Gestelle als Halbfabrikat vom Schreiner bezogen.

d. Gurten, Federn und dergl., ausnahmsweise auch Möbelstoff, beziehe ich von hiesigen Zwischenhändlern in kleinen Mengen gegen baar oder auf 3 Monate Ziel.

e. Es wird nur auf Bestellung gearbeitet.

f. Die Kundschaft ist auf Ort und Umgebung beschränkt.

g. und h. fallen aus.

i. Soweit nicht baare Zahlung erfolgt, wird halbjährlich Rechnung geschickt.

k. Die Zahlung erfolgt nicht immer pünktlich, so daß schon gerichtliche Betreibung nöthig fiel. Der Verlust an Ausständen betrug während der letzten 5 Jahre etwa 30 Mark im Jahr.

l. Es fehlt mitunter an Aufträgen, auf eine bestimmte Ursache wüßte ich diese Erscheinung aber nicht zurückzuführen. Ich habe meine ständige Kundschaft und wenn diese mir viel zu thun gibt, habe ich auch viel zu schaffen, andernfalls eben nicht.

m. Jeweils in den ersten Monaten des Jahres ist es in unserem Geschäft still, es mag dies darin liegen, daß im Winter keine Umzüge stattfinden, und daß die Leute überhaupt durch die Ball= und Karnevalszeit abgehalten werden, sich viel mit der Ein= richtung ihrer Wohnungen zu befassen.

12. Kredit war nicht nothwendig.

13. Es wird über alle gelieferten Arbeiten in der Werkstätte selbst ein Tagebuch geführt, aus welchem ich jeweils am Sonntag sämmtliche Posten, auch die baar bezahlten, in ein Hauptbuch mit „Soll" und „Haben" übertrage. Die Ausgaben für das Geschäft und die Haushaltung werden nicht gebucht.

14. Fällt aus.

14. Siehe Anlage.

16. Der Geschäftsabschluß war ein befriedigender, indem außer den bei einer so zahlreichen Familie nicht geringen Kosten für den Lebensunterhalt auch noch Ueberschuß erzielt wurde. Einen Hauptvortheil für mich bietet allerdings die billige Wohnung; ich wohne nämlich bei meiner Schwiegermutter und zahle für Wohnung und Werkstätte nur 304 Mark, während ich bei fremden Leuten das Dreifache zahlen müßte. Ich kann überhaupt, seit ich das Geschäft betreibe, über schlechten Geschäftsgang nicht klagen; sparsam muß ich freilich leben; wenn man 9 Kinder hat, kann man sich keinen Luxus erlauben.

c. Vorschläge zur Verbesserung des Kleingewerbes.

1. Die selbstständige Ausübung des Tapeziergewerbes sollte nur Dem gestattet werden, welcher vor einer staatlich einzusetzenden Kommission von Sachverständigen durch eine Prüfung den Nachweis liefert, daß er die nöthigen Kenntnisse und Fähigkeiten zur meistermäßigen Ausübung des Handwerks besitzt. Es würde dann eine nicht geringe Anzahl von Mitbewerbern, die eigentlich gar keine Tapezierer sind oder doch jedenfalls nicht genügende Kenntnisse zur Ablegung einer Meisterprüfung besitzen, unschädlich gemacht.

2. Hier weiß ich nichts in Vorschlag zu bringen.

3. Die Bildung einer Innung nach den jetzt hierüber bestehenden Vorschriften wäre wünschenswerth.

Tapezier K. S. in Mannheim. **Anlage.**

Vorbemerkung.

Erwerbsteuerkapital	2000 M. — Pf.

Familienzahl: 11 Personen.

Geschäftsergebnisse im Jahr 1884.

I. Ausgaben.

A. Gewerbe.

1 b. Miethzins für Unterbringung der Werkstätte nach Abzug des für die Wohnung anzusetzenden Miethzinsantheils	64 M.	— Pf.
2 a. Unterhaltung und Ergänzung von Handwerkzeug und Maschinen	16 „	— „
b. Abschreibung (Abnutzung) am Werthe von Handwerkzeug und Maschinen	20 „	— „
Uebertrag .	100 M.	— Pf.

24

	Uebertrag	100 M.	— Pf.
3. Heizung und Beleuchtung der Geschäftsräume .		26 „	— „
5. Aufwand für Beschaffung der Arbeitsstoffe . .	.	200 „	— „
7. Verlust an Ausständen		75 „	— „
	Summa .	401 M.	— Pf.

C. Sonstige Ausgaben.

1. Ausgaben für den Haushalt der Familie (11 Familienglieder und keine Dienstboten) und zwar:

a. Kost	.	900 „	— „
b. Bekleidung .	. . . .	600 „	— „
c. Unterricht	70 „	— „
d. Heizung und Beleuchtung für Küche und Zimmer ꝛc. .	62 „	— „
e. Arzt und Apotheke	15 „	— „

2 c. Miethzins für die Wohnung nach Abzug des schon unter A. 1 verrechneten Betrags . . . . 240 „ — „

4. Feuerversicherung für:

Fahrnisse . . . 7 „ — „

6. Staatssteuer . . 13 „ — „

7. Gemeinde=Umlagen . . . . . 16 „ — „

                                  Summa . 2224 M. — Pf.

II. Einnahmen.

A. Gewerbe.

Bruttoeinnahme aus dem Gewerbebetriebe . . . . 2500 M. — Pf.

                        Somit Mehreinnahme . 276 M. — Pf.

2.

Tapezierer F. T. von Mannheim.

a. Eigene Verhältnisse des Befragten.

1. 40 Jahre alt, verheirathet, kinderlos.

2. Das Gewerbe wurde in 4jähriger Lehrzeit von 1858/62 hier erlernt. Mit Ausnahme einer 2jährigen Militärdienstzeit wurde die ganze Zeit bis zur selbstständigen Niederlassung (7 Jahre) als Geselle bei dem Lehrmeister, Herrn W. dahier, gearbeitet. Ich besuchte die Volksschule und 3 Jahre die Gewerbschule.

4. und 5. Ich betreibe ein Tapeziergeschäft, welches 1871 hier gegründet wurde und sich seitdem hier befindet.

6. Ich habe ein eigenes Haus. Der Miethwerth für Werkstätte und Nebenraum beträgt 300 Mark. Die Geschäftslage ist gut (Q. 1).

7. und 8. Es findet vorzugsweise Handbetrieb statt; daneben ist eine Nähmaschine im Gebrauch.

9 a. Ich habe einen Lehrling. Nach mündlicher Vereinbarung hat er eine 3jährige Lehrzeit durchzumachen, ohne Lehrgeld, aber auch ohne Kost und Wohnung. Die Aus= bildung wird theils durch mich, theils durch die Gesellen besorgt.

b. Ich beschäftige drei Gesellen, alle ohne Kost und Wohnung, aber sämmtlich in der Werkstätte. Der Wochenlohn beträgt 17, 18 und 22 Mark. Die Auszahlung erfolgt wöchentlich nachträglich ohne Rückbehaltung.

10. Die Arbeitszeit beginnt Morgens 7, und endet Abends 7 Uhr. Eine regel= mäßige Pause wird nur Mittags von 12—1 Uhr gemacht. Ich selbst bin in Geschäften vielfach auswärts, komme aber des Tags über oft in die Werkstatt.

11. Gewerbebetrieb.

a. Das Gewerbe wird in vollem Umfange betrieben. Arbeitstheilung ist nicht eingeführt.

b. Ausbesserungen werden viel, aber nicht vorzugsweise gemacht.

c. In der Regel liefere ich auch die Arbeitsstoffe; doch kommt es vor, daß die Besteller die Möbelbezüge selbst liefern. Halbfabrikat wird in sofern bezogen, als bei Neuherstellung von Möbeln die Gestelle vom Schreiner gekauft werden.

d. Der Rohstoff wird im Großen, d. h. in Mengen von 3—400 Mark Werth, von auswärts, theils von Fabrikanten, theils von Großhändlern, bezogen, in der Regel gegen Tratte auf 3—6 Monate Ziel.

e. Es wird nur auf Bestellung gearbeitet.

f. Die Kundschaft ist auf den Ort beschränkt.

g. und h. fallen aus.

i. Es wird halbjährlich, bei einzelnen Kunden auch erst jährlich, Rechnung ge= schickt; Baarzahlung ist sehr selten.

k. Ueber unpünktlichen Eingang der Ausstände kann nicht geklagt werden. Verlust von Ausständen war, in den letzten Jahren wenigstens, selten.

l. An Aufträgen fehlt es mir nie.

m. Von Weihnachten bis Fastnacht ist das Geschäft stiller. In der kalten Jahres= zeit entschließen sich die Leute scheint's nur ungern zu irgend welchen Aenderungen in ihren Wohnungen.

12. Kredit wurde nicht in Anspruch genommen.

13. Es wird lediglich ein Kundenbuch (in Entwurf und Reinschrift), sowie ein Aus= gabebuch für das Geschäft geführt. Die Ausgaben für die Haushaltung werden nicht gebucht.

14. Fällt aus.

16. Der Geschäftsabschluß ist — wie dies bisher immer der Fall war — be= friedigend, indem nicht nur die Kosten des Lebensunterhalts bestritten, sondern auch einige Ersparnisse erzielt wurden. Es kommt dabei allerdings in Betracht, daß ich keine Kinder habe, wodurch manche Ausgabe, die ein Anderer hat, für mich wegfällt.

c. Vorschläge zur Verbesserung des Kleingewerbes.

1. Wenn es durchführbar ist, die Erlaubniß zum selbstständigen Gewerbebetrieb an die Vorbedingung der Ablegung einer Prüfung zu knüpfen, so wäre ich mit einer solchen Maßregel wohl einverstanden, weil dadurch mancher Mitbewerber beseitigt und das Ansehen des Gewerbes nur gehoben werden könnte; jedoch wüßte ich nicht, wie man für diesen Fall die Grenze zwischen Kleingewerbe und Großindustrie, auf welch' letztere die fragliche Bestimmung natürlich keine Anwendung finden könnte, festsetzen sollte.

Zu 2. und 3. wüßte ich nichts anzuführen.

3.

Tapezier F. S. Sch. von Mannheim.

a. Eigene Verhältnisse des Befragten.

1. 56 Jahre alt, verheirathet, Vater von 4 Töchtern im Alter von 12—22 Jahren und eines Sohnes von 17 Jahren. Letzterer ist in einem Stuttgarter Tapezier= geschäft. Die Töchter sind zu Hause und helfen, soweit möglich, im Geschäft.

2. Das Geschäft wurde von 1843 bis 1845 hier gelernt, und nach beendigter Lehrzeit vor der Zunft das Gesellenstück gemacht. Die Gesellenzeit dauerte 11 Jahre. Als Arbeitsorte nenne ich Frankfurt, Berlin, Hamburg. Ich besuchte die Volksschule und, während der Dauer der Lehrzeit, die hiesige Gewerbeschule.

4. und 5. Ich habe nach gemachtem Meisterstück im Jahr 1856 mein Tapezier= geschäft gegründet, das sich seitdem ununterbrochen hier befindet.

6. Ich besitze ein eigenes Haus. Der Miethwerth für Laden, Werkstätte und Speicherraum beträgt 600 M. Die Geschäftslage ist gut (C. 4).

7. und 8. Es findet vorzugsweise Handbetrieb statt; es sind nur zwei Näh= maschinen im Gebrauch. Auch im Großbetrieb gibt es keine anderen Maschinen für unser Geschäft; einen Motor brauche ich nicht.

9 a. Ich habe zwei Lehrlinge. Nach mündlicher Verabredung ist 3jährige Lehr= zeit festgesetzt; es wird kein Lehrgeld bezahlt und weder Kost noch Wohnung im Haus gegeben. Die Ausbildung derselben besorge ich.

b. Ich habe einen Gesellen in der Werkstätte, aber ohne Kost und Wohnung im Haus. Der Taglohn beträgt 2 M. 80 Pfg. Die Zahlung erfolgt jeweils Samstag Abend nachträglich ohne Rückbehaltung.

10. Die Arbeitszeit dauert von $\frac{1}{2}$7 Uhr Morgens bis 7 Uhr Abends. Eine regelmäßige Pause findet nur Mittags von 12—1 Uhr statt. Ich selbst arbeite, soweit ich nicht in Geschäften anderwärts bin, in der Werkstatt mit.

11. a. Es werden alle im Gewerbe vorkommenden Arbeiten gemacht. Ich be= treibe keine Spezialität und habe keine Arbeitstheilung eingeführt.

b. Ausbesserungen kommen vor, etwa im gleichen Maße wie Neuherstellungen.

c. Beim eigentlichen Tapezieren wird der Arbeitsstoff (Tapete) nie, im Polster= geschäft dagegen in der Regel von mir gestellt. Die Möbelgestelle werden fertig vom Schreiner bezogen.

d. Der Rohstoff wird im Großen und zwar unmittelbar von den Fabriken, in der Regel auf drei Monate Ziel, bezogen.

e. Das Meiste wird auf Bestellung gemacht, doch wird besonders bei flauen Ge= schäftsgang auch auf Vorrath gearbeitet.

f. Der Kundenkreis ist auf den Ort beschränkt.

g. Es wird ein eigenes Ladengeschäft geführt, in welchem aber nur selbstgefertigte Waaren feilgehalten werden.

h. Fällt aus.

i. Besondere Bedingungen werden nicht gestellt; es kommt ganz darauf an, wie die Kunden selbst gewöhnt sind. Die einen zahlen monatlich, die andern vierteljährlich, wieder andere auch am Schluß des Jahres, und je nachdem wird auch die Rechnung geschickt. Bei Aussteuern wird in der Regel baar bezahlt.

k. Die Ausstände gehen innerhalb der üblichen Fristen pünktlich ein; verklagt habe ich noch keinen Kunden. Der Verlust von Ausständen ist nur gering und kaum zu schätzen.

1. Aufträge habe ich im Ganzen immer genug und wenn sie einmal etwas spärlich sind, so arbeite ich auf Vorrath.

m. Von Neujahr bis gegen die Fastnacht geht das Geschäft jeweils flauer, jedoch nicht so, daß ich einen Gehilfen entlassen müßte; es wird eben dann auf Vorrath ge-arbeitet und die tägliche Arbeitszeit eingeschränkt.

12. Kredit wurde nicht in Anspruch genommen.

13. Es wird ein Verzeichniß aller vorgenommenen Arbeiten geführt, aus welchem ich die einzelnen Posten in ein Kundenbuch übertrage; außerdem führe ich noch ein Kassen-buch, worin ich die Geschäftseinnahmen und die Geschäftsausgaben verzeichne. Kassensturz wird alle Monate gemacht; die Ausgaben für die Haushaltung werden nirgends gebucht.

14. Fällt aus.

16. Der Geschäftsabschluß für 1884 ergab nach Abzug der Haushaltkosten noch einen kleinen Ueberschuß. Es ist dies das nämliche Ergebniß wie schon seit mehreren Jahren und kann im Allgemeinen als befriedigend bezeichnet werden. Daß trotz ange-strengter Thätigkeit und großer Sparsamkeit nicht mehr erzielt wird, ist den niederen Preisen, welche für die Arbeit bezahlt werden, zuzuschreiben, und diese sind wieder eine Folge der vermehrten Wettbewerbung, insbesondere auch Seitens der Großindustrie.

b. Allgemeine Geschäftslage.

1. Das Gewerbe wird von allen Meistern seinem ganzen Umfange nach betrieben.

2. Bei der Möbelpolsterung werden die Möbelgestelle als Halbfabrikat bezogen.

3. Der Kundenkreis ist auf Ort und Umgebung beschränkt. Die Besteller sind zum Theil Möbelhändler, welche zum Wiederverkauf beziehen.

4. Ein Ladengeschäft ist in der Regel nicht dabei; von den hiesigen Tapezierern führt kaum der fünfte Theil ein solches.

5. Das Gewerbe selbst wird nur von gelernten Tapezierern betrieben, der Möbelhandel auch von Kaufleuten und Trödlern.

6. Kommt hier nicht vor.

7. Außer den Nähmaschinen, welche wohl in jedem Geschäfte zu finden sind, ist vereinzelt auch die Roßhaarzupfmaschine im Gebrauch; dieselbe hat aber den Nachtheil, daß sie die Roßhaare durch allzustarkes Reißen verdirbt; das Werkzeug des Tapeziers ist kurz beieinander und noch das altherkömmliche; neuere Konstruktionen sind nicht bekannt. Be-triebskräfte werden nicht verwendet und sind auch nicht nöthig.

8. Lehrlingswesen.

a. Die praktische Ausbildung des Lehrlings geschieht durch den Meister und bei dessen Verhinderung durch die Gesellen. Die hiesigen Meister halten auch darauf, daß die jungen Leute die Gewerbeschule besuchen.

b. Eine Schulwerkstätte ist kein Bedürfniß.

c. Der hiesige Gewerbeschulunterricht genügt für unser Fach.

d. Schriftlicher Vertrag ist üblich, jedoch nicht nach gleichmäßigen Bestimmungen, wie überhaupt ein Zusammenhalt unter den hiesigen Meistern nicht besteht.

e. Klagen in dieser Richtung sind nicht bekannt geworden.

f. Bei den alljährlich vom Gewerbeverein veranstalteten Preisverleihungen nehmen jeweils auch Lehrlinge unseres Gewerbes theil und kann diese Einrichtung nur vortheil-haft auf den Eifer und Fleiß der jungen Leute wirken.

g. Nicht bekannt.

9. Gesellenwesen.

a. Tüchtige Gesellen sind selten; die Leute, die man gewöhnlich bekommt, verstehen zwar von allen Verrichtungen unseres Geschäftes etwas, sie sind aber nicht gründlich eingearbeitet und überhaupt geneigt, die Sache leicht zu nehmen. Fleiß und Pünktlichkeit lassen viel zu wünschen übrig.

b. Ueber das sittliche Verhalten unserer Gesellen kann man nicht klagen.

c. Die Löhne sind seit 5 Jahren ziemlich gleich geblieben. Der Durchschnittsatz beträgt gegenwärtig 2 Mark 50 Pfg. bis 3 M. den Tag (ohne Verköstigung).

d. Es ist Taglohn üblich, die Zahlung erfolgt wöchentlich, nachträglich ohne Zurückbehaltung.

e. Ist nichts geschehen.

f. Kommt nicht vor.

g. Streitigkeiten zwischen Gesellen und Meistern sind kaum bekannt; ein Gewerbegericht wäre immerhin wünschenswerth.

10. Die Kreditanstalten genügen.

11. Das Rohmaterial (Möbelstoff jeder Art, Seegras, Roßhaar, Gurten, Federn, Leinwand 2c. 2c., sowie auch Möbelgestelle) wird in sehr verschiedenen Mengen, theils von hier, theils von auswärts von den besser gestellten Geschäftsleuten, gewöhnlich auf 3 Monate Ziel bezogen. Die Preise, besonders der Springfedern, sind in den letzten Jahren zurückgegangen.

12. Es ist in unserem Gewerbe genügende Gelegenheit zur vollen Ausnützung der Arbeitskraft und der — übrigens sehr einfachen — Werkstätteeinrichtung vorhanden; man kann sogar sagen, daß unser Gewerbe gerade in neuerer Zeit im Aufblühen begriffen ist. Dazu trägt das stetige Wachsen der städtischen Bevölkerung und der zunehmende Luxus in der Einrichtung der Wohnungen das meiste bei. Die in neuerer Zeit hervorgetretenen kunstgewerblichen Bestrebungen haben auf unser Gewerbe einen sehr günstigen Einfluß gehabt, weil sie den Absatz sehr förderten.

13. Die Preise sind seit etwa 10 Jahren zurückgegangen, sind aber immerhin noch als lohnend zu bezeichnen, wenn genügende Arbeitsgelegenheit da ist. Die Ursache des Rückgangs liegt in der bedeutenden Zunahme der Mitbewerbung durch die Großindustrie (besonders in Mainz und Stuttgart) und die Vermehrung der ansäßigen Meister.

14. Baarzahlung ist wohl selten; in der Regel werden, falls die Rechnung nicht früher verlangt wird, die rückständigen „Beträge" halbjährlich in Anforderung gebracht.

15. Seit Anfang der 70er Jahre ist der Aufwand gleich hoch.

16. Einige Tapezierer sind Mitglieder des hier bestehenden Gewerbevereins. Eine Innung oder sonstige Fachverbindung besteht nicht.

17. Hier ist nichts mehr zu erwähnen.

18. Die Gewerbevereinsmitglieder erhalten die Gewerbezeitung; im Uebrigen findet eine Benützung der Staatsanstalten nicht statt. Gründe können nicht angegeben werden.

c. Vorschläge zur Verbesserung des Kleingewerbes.

1., 2. u. 3. Meines Erachtens sollte von Jedem, der das Gewerbe selbständig betreiben will, verlangt werden, daß er durch eine Prüfung vor einer staatlich einzusetzenden Kommission den Nachweis genügender Fachkenntniß führt. Eine förmliche Innung mit geſetzlich vorgeſchriebenem Beitritt halte ich für unnöthig. Die von mir vorgeſchlagene Einrichtung würde bewirken, daß die kleingewerbliche Wettbewerbung eingeſchränkt, und dadurch die Verdienſtgelegenheit für den zugelaſſenen Meiſter erweitert würde.

Die Mitbewerbung der Großinduſtrie könnte wohl einigermaßen durch eine ausgiebige Beſteuerung derſelben eingeſchränkt werden. Sie könnte dann auch nicht ſo billig verkaufen, und es würden die gedrückten Preiſe wieder gehoben werden.

XIV. Sattler.

Einvernommen wurden: A. A. von Straßbeſenbach bei Aſchaffenburg: G. R. und J. Sch. von Mannheim.

1.

Sattler A. A. von Straßbeſenbach bei Aſchaffenburg.

a. Eigene Verhältniſſe des Befragten.

1. 48 Jahre alt, verheirathet, Vater von 3 Söhnen im Alter von 16, 15 und 6 Jahren und einer Tochter von 7 Jahren, welche alle zu Hauſe ſind; keines arbeitet im Geſchäft mit.

2. Das Gewerbe wurde in der Heimath erlernt. Die Dauer der Lehrzeit war 3 Jahre. Nach Beendigung derſelben wurde vor zwei Zunftmeiſtern und einem Gewerbelehrer in Aſchaffenburg das Geſellenſtück gemacht. Die Geſellenzeit währte 12 Jahre, davon verbrachte ich 1 Jahr beim Militär, die übrige Zeit in Frankfurt, Kitzingen, Fürth, Paris und Mannheim. Außer der Volkſchule wurde noch die Handwerksfeiertagsſchule (Zeichenunterricht) in Aſchaffenburg beſucht.

3. Siehe Anlage.

4. und 5. Das Geſchäft (Sattlerei, insbeſondere Reiſeartikel-Geſchäft) wurde 1868 hier gegründet und befindet ſich ſeitdem hier.

6. Ich beſitze ein eigenes Haus. Der Miethwerth der Werkſtätten (das Ladenlokal befindet ſich in einem andern Hauſe) und Magazine beträgt 1400 Mark. Die Geſchäftslage (P. 6) iſt gering, aber auch für die Werkſtätten ohne Bedeutung. Das Ladenlokal befindet ſich in der beſten Geſchäftslage (P. 1) und koſtet 1500 Mark Miethe.

7. Es findet vorzugsweiſe Handbetrieb ſtatt, doch ſind auch Hilfsmaſchinen im Gebrauch, nämlich: eine kleine Zirkularſäge, eine ſog. Pappſcheere (wie bei den Buchbindern, nur größer) und eine Nähmaſchine. Im Großbetrieb werden noch einige andere Maſchinen verwendet, z. B. Stanzmaſchine und Preßmaſchine.

8. Es iſt ein Gasmotor von 2 Pferdekräften vorhanden. Die Unterhaltung desſelben, ſowie der Maſchinen iſt ſehr einfach und geſchieht durch die Arbeiter.

9 a. Ich habe zwei Lehrlinge; nach mündlicher Verabredung haben dieſelben eine 3jährige Lehrzeit durchzumachen, aber kein Lehrgeld zu bezahlen, ſie erhalten aber auch weder Koſt noch Wohnung. Die praktiſche Unterweiſung derſelben geſchieht hauptſächlich durch den erſten Arbeiter (Werkmeiſter), jedoch unter meiner fortwährenden Aufſicht.

b. Ich beſchäftige 15 Geſellen in der Werkſtätte, wovon keiner Koſt und Wohnung im Hauſe hat. Diejenigen Artikel, welche regelmäßig abgehen, werden auf Stück gearbeitet. Es ſind gegenwärtig 10 meiner Geſellen nach dem Stück gelohnt; je nach Fleiß und Fähigkeit verdienen die Stückarbeiter in ſehr verſchiedenem Maaße und ſchwankt das Wochenerträgniß für die einzelnen Arbeiter zwiſchen 13 und 28 Mark. Da im Geſchäfte aber auch Bestellungen vorkommen, die genau nach Angabe des Bestellers gefertigt werden müssen, und für die sich deßhalb ein Stücklohn nicht wohl festsetzen läßt, weil die darauf zu verwendende Arbeitsleistung nicht genau zum Voraus bemessen werden kann, so habe ich noch 5 Arbeiter im Wochenlohn beschäftigt und zwar erhalten dieselben 12—20 Mark. Der erste Arbeiter (Zuschneider und Werkmeister) erhält jedoch 32 Mark. Sämmtliche Gesellen erhalten ihren Lohn am Ende der Woche ausbezahlt. Zurückbehaltung und Vorauszahlung ist nicht eingeführt.

10. Die Arbeitszeit dauert von 6 Uhr Morgens bis 7 Uhr Abends. Regel= mäßige Pausen machen wir nur Mittags von 12 bis 1 Uhr. Ich selbst arbeite in der Werkstätte mit, soweit ich nicht im Laden oder auswärts zu thun habe.

11. Gewerbebetrieb.

a. Es werden ausschließlich Reiseartikel (Koffer, Taschen, Futterale 2c.) hergestellt. Arbeitstheilung ist nicht eingeführt.

b. Vorzugsweise werden neue Gegenstände hergestellt, doch kommen auch fortwährend Ausbesserungen vor.

c. Die Arbeitsstoffe werden von mir geliefert. Leder, Leinwand, Holz, kurz alles, was im Geschäfte nöthig ist, wird als Rohstoff bezogen; nur die Metallgegenstände, wie Schlösser, Schnallen, Nägel kaufe ich fertig.

d. Leder und Leinwand wird in größeren Mengen vom Fabrikanten bezogen. In der Regel wird Kredit von 3 oder 6 Monaten gewährt. Auch die Metallverzierungen kommen unmittelbar aus der Fabrik und sind auch hier die Zahlungsbedingungen die gleichen.

e. Es wird auf Bestellung und auf Vorrath gearbeitet.

f. Es wird auch ständig nach auswärts gearbeitet und zwar für Sattlergeschäfte in Rheinpreußen und Süddeutschland. Diese Kundschaft wurde durch Geschäftsreisen er= worben, welche auch jetzt noch des Jahres zwei Mal und zwar durch mich persönlich unternommen werden. Von Ausstellungen wurde die Karlsruher und die Mannheimer beschickt; eine Zunahme der Kundschaft in Folge davon war aber nicht bemerkbar.

g. Es wird ein eigenes Ladengeschäft geführt, in welchem auch von auswärts be= zogene Waaren des Ledergeschäfts und zwar Portefeuilles, Portemonnaies, Cigarrenetuis und dergl. feilgehalten werden. Zwei Drittel des Umfanges und Werthes des Waaren= lagers sind auf die eigenen Erzeugnisse zu rechnen.

h. Gewöhnlich gestatte ich 3 Monate Ziel.

i. Bedingungen werden den Kunden nicht gestellt. Wer aufschreiben läßt, erhält alle Vierteljahre Rechnung. Dies gilt jedoch nur für die Kunden am Orte. Die aus= wärtigen Wiederverkäufer erhalten bei Baarzahlung, bezw. Zahlung innerhalb 30 Tagen 5 % Rabatt; ist nach 3 Monaten eine Zahlung noch nicht erfolgt, so wird auf weitere 3 Monate Wechsel gezogen.

k. Mit dem Eingang der Ausstände bin ich im Allgemeinen zufrieden, doch kommt es bei den Ladenkunden oft vor, daß sie die Zahlung über Gebühr verzögern, und mit= unter ganz unterlassen. Da es meist kleinere Posten sind, so pflegt gerichtliche Betreibung nicht zu erfolgen. Der Verlust von Ausständen ist im Durchschnitt auf etwa 60 Mark im Jahr zu veranschlagen.

l. An Aufträgen und Arbeit fehlt es nicht.

m. Nach Weihnachten treten jeweils einige stille Monate ein, in welchen ich dann auf Vorrath arbeiten lasse, ohne das Personal zu verringern.

12. Kredit wurde nicht in Anspruch genommen.

13. Es wird kaufmännisch Buch geführt durch einen gelernten Kaufmann, der ständig im Ladengeschäft ist und monatlich 85 Mark Gehalt erhält.

14. Fällt aus.

15. Siehe Anlage.

16. Der Geschäftsabschluß war, wie schon seit einigen Jahren, ein befriedigender, es ist dies hauptsächlich dem Umstande zuzuschreiben, daß das Groß=Geschäft mit der auswärtigen Kundschaft flott geht. Der Gasmotor ist mir schon nützlich, aber einen wesentlichen Einfluß auf die Förderung des Betriebes kann ich demselben nicht zuschreiben.

c. Vorschläge zur Verbesserung des Kleingewerbes.

1. Auf die gegenwärtig bestehenden freiwilligen Innungen halte ich gar Nichts. Wenn das Innungswesen überhaupt eine Bedeutung haben soll, so muß es auf dem Grundsatz des Innungszwanges fußen. Ich bin aber für meine Person aus verschiedenen Gründen überhaupt nicht für Innungen.

2. Dagegen sollte meines Erachtens für das Großherzogthum die Errichtung von Gewerbekammern erfolgen. Ich verstehe unter diesem Ausdruck die gesetzlich gebotene Ver=einigung sämmtlicher Gewerbetreibender eines bestimmten Bezirkes. Derartige Bezirke könnten etwa 10 eingerichtet werden. Die einzelnen Gewerbekammern würden dann wieder in Unterabtheilungen (Gewerbevereine) mit entsprechend geringerer örtlicher Umgrenzung zer=fallen. Die ständige Vertretung der Kammer wäre durch sämmtliche Mitglieder derselben etwa von 6 zu 6 Jahren zu wählen. Diesen Kammern würde vor allem die Aufgabe zufallen, das Lehrlingswesen mit rechtsverbindlicher Wirkung für sämmtliche Mitglieder zu regeln, die Gewerbeschulen zu überwachen und nach Bedürfniß in ihren Einrichtungen zu verbessern, kleinere Ausstellungen zu veranstalten und überhaupt die Interessen des Kleingewerbes in jeder Richtung hin zu wahren. Was die Abgrenzung des Kleingewerbes von der Großindustrie betrifft, so sollte meines Erachtens hier nicht der Umfang, sondern die Art des Betriebes entscheidend sein, d. h. es sollten alle diejenigen Geschäftsinhaber, welche nicht ausschließlich oder doch ganz überwiegend auf maschinenmäßigem Wege Waaren herstellen, sondern auch die gewerbliche Handfertigkeit der Arbeiter ausnützen, als Gewerbetreibende den Gewerbekammern beitreten müssen.

Sattler A. A. in Mannheim. **Anlage.**
Vorbemerkung.

Erwerbsteuerkapital . . 29500 M. — Pf.
Betriebskapital . . . . 22000 „ — „
Anlagekapital . . . . 1000 „ — „

Familienzahl: 6 Personen.
Anzahl der Lehrlinge und Gesellen: 1.

Geschäftsergebnisse im Jahr 1884.
I. Ausgaben.
A. Gewerbe.

1 a. Werthanschlag für Benützung der Betriebsstätte (einschließlich des

    Unterhaltungsaufwands) im eigenen Hause . . . . . 1400 M. — Pf.

   b. Miethzins für die Geschäftsräumlichkeiten (nach Abzug des für

     die Wohnung anzusetzenden Miethzinsantheils) . . . . . 1500 „ — „

2 a. Unterhaltung und Ergänzung von Handwerkszeug und Maschinen

    (einschließlich des Motors) . . . . 200 „ — „

   b. Abschreibung (Abnutzung) am Werthe von Handwerkszeug und

    Maschinen . . . . 150 „ — „

3. Heizung und Beleuchtung der Geschäftsräume nebst Heizung des

   Motors . . . . 400 „ — „

4. Arbeitsaufwand:

   b. für Hilfsarbeiter:

     aa. Löhne an Lehrlinge und Gesellen . . 17300 „ — „

5. Aufwand für Beschaffung der Arbeitsstoffe . . . 27400 „ — „

6. Aufwand für zum Handel angekaufte Waaren . . 15000 „ — „

7. Verlust an Ausständen . . . . 100 „ — „

8. Zinsen des Anlage= und Betriebskapitals . . . . . 2080 „ — „

                  Summa . 65530 M. — Pf.

C. Sonstige Ausgaben.

1. Ausgaben für den Haushalt der Familie (6 Familienglieder und

   1 Dienstbote) und zwar:

   a. Kost . . . . 2000 M. — Pf.

   b. Bekleidung   . 1000 „ — „

   c. Unterricht . . . . 500 „ — „

   d. Heizung und Beleuchtung für Küche und Zimmer ꝛc. 100 „ — „

   e. Arzt und Apotheke . . . . 70 „ — „

2 a. Miethwerthanschlag für die zum Gewerbebetrieb nicht benützten

    Haustheile . . . . 500 „ — „

3 b. Unterhaltungsaufwand für das Gebäude . . . . . 200 „ — „

   c. Abschreibung am Hauswerth (in Folge von Abnützung) . . 500 „ — „

4. Feuerversicherung für Gebäude . . . . . 10 „ — „

   für Fahrnisse . . . . 51 „ 50 „

5. Lebensversicherung . . . . . 29 „ 40 „

6. Staatssteuer für den Gewerbebetrieb . 173 „ 73 „

7. Gemeinde=Umlagen für denselben . . . . 217 „ 63 „

                  Summa . 70882 M. 26 Pf.

II. Einnahmen.
A. Gewerbe.

Bruttoeinnahme:

   a. aus dem Gewerbebetriebe . 55000 M. — Pf.

   b. aus dem Ladengeschäfte . . . . . . 20000 „ — „

                  Summa . 75000 M. — Pf.

Davon ab Ausgaben mit . . 70882 „ — „

Somit Mehreinnahmen . . 4117 M. 74 Pf.

2.
Sattler G. R. in Mannheim.
a. Eigene Verhältnisse des Befragten.

1. 75 Jahre alt, Wittwer, Vater von 3 Söhnen im Alter von 36, 24 und 13 Jahren, sowie von 10 Töchtern im Alter von 18—45 Jahren; sechs Kinder sind noch zu Hause, davon ein Sohn (23 Jahre alt) im Geschäft.

2. Das Gewerbe wurde von 1824 bis 1827 hier beim Vater erlernt und nach bestandener Lehrzeit ein Gesellenstück gemacht. Da zu gleicher Zeit der Vater starb, so blieb ich als Geselle oder vielmehr als Geschäftsführer bei der Mutter, und zwar 9 Jahre lang. Außer der Volksschule wurde noch ein privater Zeichenunterricht besucht.

3. Siehe Anlage.

4. und 5. Das Sattlereigeschäft wurde 1836 von der Mutter übernommen und befindet sich ununterbrochen hier.

6. Ich besitze ein eigenes Haus. Der Miethwerth der Werkstätte beträgt 80 Mark. Die Geschäftslage wäre für ein Ladengeschäft schlecht. (Q. 5.)

7. und 8. Es findet nur Handbetrieb statt.

9 a. Ich habe keinen Lehrling.

b. Ich beschäftige einen Gesellen in der Werkstätte, mit Kost und Wohnung im Haus. Sein Wochenlohn beträgt 5 Mark. Die Zahlung erfolgt jeweils Sonntags ohne Rückbehaltung und Vorauszahlung.

10. Die Arbeitszeit beginnt Morgens 6 Uhr, und endet Abends 7 Uhr. Pausen werden nur soweit es zum Einnehmen der Mahlzeiten nöthig ist, gemacht.

11. Gewerbebetrieb.

a. Es werden fast ausschließlich Pferdegeschirre gemacht, nebenbei auch Treibriemen und Blasbälge. Arbeitstheilung findet nicht statt.

b. Ausbesserungsarbeiten gibt es mehr als Neuherstellungen.

c. Das Leder liefere ich selbst, wie auch die übrigen Arbeitsstoffe. Beschläg, Schnallen und sonstige Metalltheile beziehe ich fertig aus der Fabrik oder auch vom Zwischenhändler.

d. Der Rohstoff wird vom Händler bezogen, und zwar im Kleinen je nach Bedarf. Die Zahlung erfolgt mit 3 Monaten Ziel.

e. Es wird nur auf Bestellung gearbeitet.

f. Der Kreis der Besteller beschränkt sich auf den Ort und nächste Umgebung.

g. Früher wurde auf Vorrath gearbeitet und ein eigenes Ladengeschäft geführt. Mit Einführung der Gewerbefreiheit hat sich das nicht mehr gelohnt, weil sich sofort an allen Ecken und Enden Verkaufsläden mit Erzeugnissen unseres Gewerbes aufthaten, so daß ich bald darauf den Laden eingehen ließ.

h. Fällt aus.

i. Die Kunden (meist Fuhrleute) zahlen mitunter baar, im Uebrigen zu verschiedenen Zielern. Rechnung wird, wenn nicht früher verlangt, erst am Jahresschluß geschickt.

k. Die Zahlung geschieht ziemlich unpünktlich; zur gerichtlichen Betreibung habe ich mich noch nie entschließen können. Der Verlust von Ausständen kommt nicht selten vor und berechnet sich im Durchschnitt auf 100 Mark jährlich, d. i. etwa 3 Prozent der

Jahreseinnahme.

l. An Aufträgen fehlt es nicht.

m. Alljährlich in der „Kirschenzeit" geht das Geschäft flauer, weil auf den Feldern mit den Fuhrwerken weniger zu thun ist.

12. Kredit wurde nicht in Anspruch genommen.

13. Die Ausgaben werden nicht gebucht, aber die Quittungen und die einzulösenden Wechsel zusammengeheftet; außerdem wird ein Kundenbuch geführt. Die Haushaltungsausgaben werden nicht aufgeschrieben.

14. Fällt aus.

15. Siehe Anlage.

16. Das Geschäftsergebniß war von jeher der Art, daß die Kosten für den Lebensunterhalt herausgeschlagen, Ueberschüsse aber nicht erzielt wurden. Wenn man 14 Kinder zu ernähren hat, so muß man schließlich damit zufrieden sein. Jetzt sind zwar die meisten Kinder aus den Kosten heraus, es sind aber immer noch 9 Köpfe am Tisch.

c. Vorschläge zur Verbesserung des Kleingewerbes.

1. 2. und 3. Es ist kein Zweifel, daß seit Einführung der Gewerbefreiheit für uns alt ansässige Sattler der Verdienst geringer geworden ist. Es kommt dies daher, daß sich neue Geschäfte aufgethan haben und daß viel von auswärts eingeführt wird. Nach meinem Dafürhalten kann man dies den Leuten aber nicht verbieten, und wüßte ich deßhalb keine Vorschläge zur Abhilfe zu machen.

Sattler G. R. in Mannheim.   **Anlage.**
Vorbemerkung.

Erwerbsteuerkapital . . .	6300 M. — Pf.
Betriebskapital	2300 „ — „
Anlagekapital	175 „ — „

Familienzahl: 7 Personen.
Anzahl der Lehrlinge und Gesellen. 1 und 1 Hausknecht.

Geschäftsergebnisse im Jahr 1884.
I. Ausgaben.
A. Gewerbe.

1. Aufwand für die Geschäftsräumlichkeiten im eigenen Hause .	100 M. — Pf.
2 a. Unterhaltung und Ergänzung von Handwerkszeug und Maschinen	30 „ — „
b. Abschreibung (Abnutzung) am Werthe von Handwerkszeug und Maschinen	30 „ — „
3. Heizung und Beleuchtung der Geschäftsräume	90 „ — „
4. Arbeitsaufwand für Hilfsarbeiter:	
aa. Löhne an Lehrlinge und Gesellen und einen Hausknecht	780 „ — „
bb. Aufwand für Verköstigung derselben durch den Meister .	260 „ — „
5. Aufwand für Beschaffung der Arbeitsstoffe . .	2500 „ — „
7. Verlust an Ausständen	100 „ — „
8. Zinsen des Anlage= und Betriebskapitals	96 „ — „
Summa .	3986 M. — Pf.

Uebertrag 3986 M. — Pf.

C. Sonstige Ausgaben.

1. Ausgaben für den Haushalt der Familie (7 Familienglieder und
1 Dienstbote) und zwar:

    a. Kost . . .   1825 „ — „

    b. Bekleidung   .   150 „ — „

    c. Unterricht . . . .   15 „ — „

    d. Heizung und Beleuchtung für Küche und Zimmer ꝛc.   200 „ — „

    e. Arzt und Apotheke . . . . 115 „ — „

2. Für die Wohnung im eigenen Hause, das allein bewohnt wird   300 „ — „

3 **a.** Verzinsung des Hauswerths, und zwar zu 4%, wobei jedoch
die unter A. 1 a. und C. 2 a. und b. schon verrechneten Beträge
in Abrechnung zu bringen sind . . . . 15 „ — „

    b. Unterhaltungsaufwand für das Gebäude . . . . 200 „ — „

    c. Abschreibung am Hauswerth (in Folge von Abnützung) . 80 „ — „

4. Feuerversicherung für:

    Gebäude . .   20 „ — „

    Fahrnisse . . .   8 „ — „

6. Staatssteuer . . `. .   79 „ — „

7. Gemeindeumlagen   . . . . 92 „ — „

Summa . 7085 M. — Pf.

II. Einnahmen.
A. Gewerbe.

Bruttoeinnahme:

    a. aus dem Gewerbebetriebe . . . . 6600 M. — Pf.

C. Sonstige Einnahmen.

4. aus Miethe   . . . . 480 „ — „

Summa . 7080 M. — Pf.

Ausgaben .   . . . 7085 „ — „

Einnahmen   . . . . 7080 „ — „

Somit Mehrausgabe . 5 M. — Pf.

3.
Sattler J. Sch. in Mannheim.
a. Eigene Verhältnisse des Befragten.

1. 38 Jahre alt, verheirathet, Vater von 2 Töchtern im Alter von 9 und 11
Jahren, welche beide zu Hause sind.

2. Das Gewerbe wurde in 3½jähriger Lehre erlernt, wovon 1 Jahr dahier im
väterlichen Geschäfte und 2½ Jahre in Braunschweig durchgemacht wurden. Die Gesellenzeit dauerte 2½ Jahre: ½ Jahr beim Lehrmeister in Braunschweig, 1 Jahr in
Zürich und 1 Jahr in Paris. Nach vollendeter Lehrzeit wurde in Braunschweig die
zunftmäßig vorgeschriebene Gesellenprüfung abgelegt. Ich besuchte die Volksschule (in den
ersten 4 Klassen), dann die 4 Klassen der höheren Bürgerschule und 1 Jahr die Gewerbeschule.

3. Siehe Anlage.

4. und 5. Das Sattlereigeschäft wurde 1871 vom Vater übernommen und befand sich von jeher hier.

6. Ich wohne in Miethe. Der Miethzins für Laden und Werkstätte beträgt 1200 Mark. Die Geschäftslage ist gut (N. 2).

7. und 8. Es findet nur Handbetrieb statt. Eine Nähmaschine, die 563 Mark kostete, wird nicht mehr benützt, weil deren Betrieb mit der Hand zu anstrengend ist und die Aufstellung eines Motors sich nicht lohnen würde.

9 a. Ich habe einen Lehrling, welcher nach mündlicher Verabredung eine 3jährige Lehrzeit durchmachen muß, kein Lehrgeld bezahlt, aber auch weder Kost noch Wohnung erhält. Der Lehrling wird von mir persönlich unterwiesen.

b. Ich halte einen Gesellen in der Werkstätte, ohne Kost und Wohnung. Er erhält Zeitlohn, wöchentlich 14 Mark. Die Zahlung erfolgt jeweils Samstags ohne Zurückbehaltung und Vorausbezahlung.

10. Die Arbeit dauert von Morgens 6 bis Abends 7 Uhr, während welcher Zeit ich selbst in der Werkstätte thätig bin, soweit mich nicht das Ladengeschäft in Anspruch nimmt. Regelmäßige Pause machen wir nur Mittags von 12 bis 1 Uhr.

11. Gewerbebetrieb.

a. Es werden alle im Gewerbe vorkommenden Arbeiten hergestellt. Arbeitstheilung ist nicht eingeführt.

b. Es gibt ziemlich viel Ausbesserungsarbeiten. Das Hauptgeschäft besteht aber in der Herstellung neuer Gegenstände.

c. Die Arbeitsstoffe liefere ich selbst; die Verzierungen (Schnallen, Beschläge ꝛc.) beziehe ich fertig, die hölzernen Koffergestelle werden als Halbfabrikat von einem hiesigen Schreiner bezogen.

d. Der Rohstoff wird im Kleinen nach Bedarf vom Zwischenhändler, gewöhnlich gegen Kredit auf 3 Monate Ziel bezogen.

e. Ich arbeite meist auf Bestellung, aber auch auf Vorrath.

f. Der Kreis der Kunden beschränkt sich auf den Ort und die nächste Umgebung.

g. Es wird ein eigenes Ladengeschäft geführt, in welchem auch von auswärts fertig bezogene Waaren des Sattlergeschäfts (z. B. englische Sättel, Reitpeitschen, Hosenträger, Koffer u. s. w.) feil gehalten werden. Im Durchschnitt werden ebensoviel fremde als eigene Erzeugnisse auf Lager sein.

h. Ueberall gestattet man 3 Monate Ziel.

i. Den Kunden werden Bedingungen nicht gestellt; soweit nicht baar bezahlt wird, schicke ich halbjährlich, mitunter auch erst am Jahresschluß Rechnung.

k. Der Eingang der Ausstände ist unpünktlich, gerichtliche Betreibung zuweilen erforderlich und der Verlust von Ausständen nicht gerade selten, besonders bei Kunden der höheren Stände; so stellt sich die Einbuße während der letzten 5 Jahre auf nicht weniger als 5000 Mark, darunter ein Posten von 2500 Mark (bei einem ehemaligen Offizier) und ein solcher von 1000 Mark (bei einem früheren Direktor der hiesigen Trambahn).

l. Seit den letzten Jahren sind die Aufträge weniger zahlreich wie früher und wird dieser Umstand den zahlreichen Kaufläden, in welchen von auswärts bezogene Waare unseres Geschäfts feil gehalten wird, zuzuschreiben sein.

m. Schwankungen während des Jahres machen sich nicht bemerkbar.

12. Kredit wurde nicht in Anspruch genommen.

13. Es werden zwei Bücher geführt, ein Ladenbuch, in welchem sämmtliche Ver=
käufe neuer Gegenstände und zwar auf der einen Seite die gegen baar, auf der andern
Seite die auf Kredit erfolgten eingetragen werden, sodann ein „Flickbuch", in welchem
die Ausbesserungen vermerkt werden. Für die Geschäfte mit den Lieferanten habe ich be=
sondere Abrechnungsbücher oder benütze die Rechnungen als Ausgabebelege. Was in die
Haushaltung geht, wird nicht besonders aufgezeichnet.

14. Fällt aus.

15. Siehe Anlage.

16. Der Geschäftsabschluß war, wie schon seit Jahren, ein befriedigender. Ich
habe eben eine ständige, ziemlich zahlreiche Kundschaft und das Ladengeschäft geht auch
gut, was jedenfalls der günstigen Lage des Hauses zuzuschreiben ist.

b. Allgemeine Geschäftslage.

1. Es herrscht hierin ziemliche Verschiedenheit. Von den meisten kann man sagen,
daß sie das Gewerbe in seinem vollen Umfange treiben; drei Geschäfte verlegen sich be=
sonders auf Reiseartikel, ein anderes auf die gewöhnlichen Pferdegeschirre. Daß unter
den hiesigen Meistern solche wären, welche ausschließlich Ausbesserungen besorgen, ist nicht
bekannt.

2. An Halbfabrikaten werden bezogen: Koffergestelle, dann das Kummet für die
Geschirre, Kammdeckel, Schenleder. Außerdem kauft man die Metallverzierungen fertig.

3. Die meisten hiesigen Sattler haben nur Kundschaft am Ort und in der nächsten
Umgebung.

4. Die Mehrzahl hat kein Ladengeschäft, bezw. kein größeres Magazin. In den
vorhandenen Ladengeschäften werden regelmäßig auch von auswärts bezogene Erzeugnisse
des Ledergeschäfts feilgehalten. Es ist eben im Großen und Ganzen billiger, jedenfalls
aber bequemer, kleinere Gegenstände, wie Hosenträger, Portemonnaies und dergl. fertig
zu beziehen, als sie selbst herzustellen.

5. Die hiesigen Sattler haben alle das Handwerk ordnungsmäßig erlernt.

6. Fällt für hier weg.

7. In den meisten Werkstätten findet vorzugsweise Handbetrieb statt, nur die Näh=
maschine ist allgemeiner eingeführt. Die in großen Geschäften da und dort in Gebrauch
befindlichen weiteren Maschinen, z. B. Cirkularsäge und Stanze sind verhältnißmäßig
theuer und können nur wenig ausgenützt werden. Betriebskräfte sind nur in ganz ver=
einzelten Fällen in Anwendung. Das Werkzeug ist das altherkömmliche, neuere Konstruk=
tionen sind nicht bekannt.

8. Lehrlingswesen.

a. Der Lehrling wird gewöhnlich vom Meister selbst im Gewerbe unterwiesen. Daß
zu dessen geistiger und sittlicher Fortbildung etwas Besonderes geschehe, läßt sich nicht
sagen. Die Gewerbeschule wird nicht von allen Lehrlingen besucht.

b. Eine Schulwerkstätte ist kein Bedürfniß. Wer seine Lehrzeit fleißig benützt,
kann so viel lernen, daß er sich in allen Zweigen des Handwerks zurecht findet. Die
meistermäßige Ausbildung kann erst die weitere Beschäftigung geben, und erscheint es deßhalb
sehr wünschenswerth, daß die jungen Leute in die Fremde gehen.

c. Es mangelt an brauchbaren Zeichenvorlagen, besonders für das Sattlergewerbe.

d. Schriftlicher Lehrvertrag kann nicht als üblich bezeichnet werden.

e. Fortlaufen der Lehrlinge kommt wohl ziemlich häufig vor, polizeiliche Hilfe pflegt nicht verlangt zu werden.

f. Der Gewerbeverein veranstaltet alljährlich Preisverleihungen (ohne Prüfung), an welchen sich auch Lehrlinge des Sattlergewerbes betheiligen. Es wäre nur zu wünschen, daß die Betheiligung eine regere würde.

g. Ist nicht bekannt.

9. Gesellenwesen.

a. Tüchtige Gesellen, die das Gewerbe in allen seinen Zweigen gehörig verstehen, sind selten, was übrigens bei dem Umfange desselben auch nicht zu verwundern ist. Die Leute sind häufig nur in Spezialitäten ausgebildet.

b. Ueber das sittliche Verhalten der Gesellen kann nicht geklagt werden.

c. Seit 5 Jahren haben die Löhne keine wesentlichen Aenderungen erfahren.

d. Die Lohnzahlung erfolgt am Ende der Woche, ohne Rückbehaltung.

e. Es ist hier nichts geschehen.

f. Kommt nicht vor.

g. Von Streitigkeiten ist nicht viel bekannt; es hat sich deßhalb auch kein Bedürfniß nach einem Gewerbegericht geltend gemacht.

10. Die Kreditanstalten sind genügend.

11. Der Bezug erfolgt meistens in kleineren Abtheilungen vom Händler gegen Kredit auf 3 Monate. Die Lederpreise sind schon seit einiger Zeit im Steigen begriffen, die Arbeitspreise sind sich gleich geblieben. Versuche zum gemeinsamen Bezug von Arbeitsmaterial wurden nicht gemacht.

12. Es ist der Bedarf des Publikums an Sattlerwaaren (Ausbesserungen und Neuherstellungen) ein solcher, daß trotz der vermehrten Zahl der hier ansässigen Gewerbemeister ein jeder ausreichende Arbeitsgelegenheit, mindestens für seine Person hat.

13. Die Preise sind schon seit einer Reihe von Jahren gleich und bei dem kostspieligen Lebensunterhalt nicht mehr lohnend zu nennen. Ein Meister, der den ganzen Tag über arbeitet, kann im Durchschnitt kaum mehr als 5 Mark verdienen. Wird das Geschäft in größerem Maßstabe mit Gehülfen und gar mit einem Laden betrieben, so stellt sich die Berechnung natürlich vortheilhafter.

14. Baarzahlung wird nicht bedungen und wenig geleistet; das Meiste wird auf Rechnung geliefert und diese halbjährlich oder auch erst am Schluß des Jahres zugeschickt.

15. Der Aufwand für den Lebensunterhalt ist seit Anfang der 70er Jahre gestiegen, theils in Folge des Steigens der Lebensmittelpreise, theils auch in Folge der Steigerung der Lebensansprüche.

16. Es wurden noch keine derartigen Versuche gemacht.

17. Ein großer Nachtheil für unser Gewerbe ist der Umstand, daß Sattlerwaaren (besonders feinere, sog. Galanteriewaaren, sollen dabei gar nicht für unser Gewerbe in Anspruch genommen werden, wohl aber Koffer und Taschen), welche von auswärtigen Fabriken billig bezogen werden, in vielen Kaufläden feilgehalten werden, wodurch uns natürlich manche Bestellung entgeht.

18. Staatsanstalten werden nicht benützt; es könnte eigentlich auch nur die Landes-

gewerbehalle in Frage kommen, allein eine wesentliche Förderung des Absatzes wäre dadurch kaum zu erzielen, da die Entfernung zwischen Mannheim und Karlsruhe zu groß ist.

c. Vorschläge zur Verbesserung des Kleingewerbes.

1. 2. und 3. Besondere Vorschläge wüßte ich nicht zu machen, ich bin mit meinem Geschäft zufrieden.

Sattler J. Sch. in Mannheim.   Anlage.

Vorbemerkung.

Erwerbsteuerkapital .   .   .   . 20800 M. — Pf.

Betriebskapital . . . . 15100 „   — „

     Familienzahl: 4 Personen.

     Anzahl der Lehrlinge und Gesellen: 2.

Geschäftsergebnisse im Jahr 1884.

I. Ausgaben.

A. Gewerbe.

1 b. Miethzins für die Geschäftsräume, d. h. derjenige Theil des Miethzinses, welcher nach Abzug des für die Wohnung anzu-setzenden Miethzinsantheils sich ergibt . . . . 1200 „ — „

2 a. Unterhaltung und Ergänzung von Handwerkszeug und Maschinen   50 „ — „

   b. Abschreibung am Werthe von Handwerkszeug und Maschinen   50 „ — „

3. Heizung und Beleuchtung der Geschäftsräume . .   200 „ — „

4. Persönlicher Arbeitsaufwand;

   b. für Hilfsarbeiter:

     aa. Löhne an Lehrlinge und Gesellen .   800 „ — „

5. Aufwand für Beschaffung der Arbeitsstoffe .   3000 „ — „

6. Aufwand für zum Handel angekaufte Waaren .   6000 „ — „

7. Verlust an Ausständen . . . . .   500 „ — „

8. Zinsen des Anlage- und Betriebskapitals .   . . . . 604 „ — „

Summa . 12404 M. — Pf.

C. Sonstige Ausgaben.

1. Ausgaben für den Haushalt der Familie (4 Familienglieder und 1 Dienstbote) und zwar:

   a. Kost . . . . .   1200 M. — Pf.

   b. Bekleidung . . . . .   600 „ — „

   c. Unterricht . . . . .   210 „ — „

   d. Heizung und Beleuchtung für Küche und Zimmer ꝛc.   100 „ — „

   e. Arzt und Apotheke . . . .   50 „ — „

2. Für die Wohnungsmiethe (nach Abzug des schon unter A. 1 verrechneten Betrages) . . . . .   600 „ — „

4. Feuerversicherung für Fahrnisse   10 „ — „

5. Lebensversicherung . . .   160 „ — „

6. Staatssteuer . .   101 „ — „

7. Gemeinde-Umlagen   . . . . 115 „ — „

Summa . 15550 M. — Pf.

II. Einnahmen.
Gewerbe.

Bruttoeinnahme:

a. aus dem Gewerbebetriebe	. 6000 M.	— Pf.
b. „ „ Ladengeschäfte	. . . . . 10000 „	— „
Summa	. 16000 M.	— Pf.
Einnahmen	. . 16000 „	— „
Ausgaben .	. . . . 15550 „	— „
Somit Mehreinnahme	. 450 M. —	„

XV. Gypser.

Einvernommen wurde L. St. von Reichenbach, Oberamts Geislingen.

a. Eigene Verhältnisse des Befragten.

1. 42 Jahre alt, verheirathet, Vater von 2 Söhnen im Alter von 11 und 12 und von 1 Mädchen im Alter von 5 Jahren, sämmtliche Kinder sind zu Hause.

2. Das Gewerbe wurde in 3jähriger Lehrzeit in Stuttgart erlernt. Meine Gesellenzeit dauerte 9 Jahre; als Arbeitsorte nenne ich Karlsruhe und Mannheim. Ich besuchte die Volksschule in Reichenbach.

3. fällt aus.

4. und 5. Mein Geschäft, Gypserei und Stukkaturgeschäft, ohne Nebengewerbe wurde 1870 hier gegründet und befindet sich seitdem hier.

6. Ich bewohne ein eigenes Haus, welches aber auf fremdem Grund und Boden (das Gelände ist für 20 Jahre vom Staat gepachtet) erbaut ist. Der Miethwerth für Werkstätte und Vorrathskammer beträgt, da die Geschäftslage schlecht ist, etwa 250 Mark.

7. und 8. Es findet nur Handbetrieb statt.

9 a. Lehrlinge habe ich nicht.

b. Zur Zeit beschäftige ich 25 Gesellen, wovon keiner Kost und Wohnung im Hause hat. Der Taglohn schwankt zwischen 3 und 4 Mark 20 Pfg. Die Zahlung erfolgt wöchentlich nachträglich ohne Rückbehaltung.

10. Die Arbeit beginnt Morgens 6 Uhr und endet Abends 7 Uhr. Regelmäßige Pausen werden gemacht: Vor= und Nachmittags je ½, Mittags eine ganze Stunde.

11 a. Es wird das Gewerbe in seinem vollen Umfange betrieben.

b. Das Hauptgeschäft machen die Neubauten, doch gibt es auch viel Ausbesserungs= arbeiten.

c. Der Gyps wird bald vom Besteller, bald von mir geliefert. Halbfabrikate beziehe ich nicht.

d. Den Gyps beziehe ich in großen Mengen (Wagenladungen von 200 Zentnern) von den Gypsmühlen. Die Zahlung geschieht viertel= oder auch halbjährlich.

e. Ich arbeite nur auf Bestellung.

f. In der Regel arbeite ich hier oder in der nächsten Umgebung. Bei Sub= missionen bekam ich auch schon Arbeiten in Darmstadt und Heidelberg übertragen.

g. und h. fallen aus.

i. Bei den Neubauten wird gewöhnlich bedungen, daß schon während des Baues eine bestimmte Abschlagszahlung (30 bis 60 %) gemacht wird, wogegen der Rest erst nach Prüfung der Baurechnungen durch den Architekten zur Auszahlung gelangt. Bei den Ausbesserungsarbeiten wird in der Regel baar bezahlt.

k. Die vorerwähnten Abschlagszahlungen werden nicht pünktlich eingehalten; auch zieht sich die Abrechnung ein Jahr und noch länger hinaus. Gerichtliche Hilfe mußte schon öfters in Anspruch genommen werden. Die Verluste berechnen sich auf etwa 100 Mark im Jahr.

l. In der Zeit, welche für unser Geschäft überhaupt nur in Betracht kommen kann, nämlich in der wärmeren Jahreszeit, fehlt es mir nie an Aufträgen.

m. Da unser Geschäft ein ausschließliches Baugewerbe ist, so steht es in den eigentlichen Wintermonaten vollständig still, höchstens daß da und dort eine dringende Ausbesserung vorzunehmen ist. Von Ende November bis zum März beschäftige ich gar keine Arbeiter und suche mich für meine Person in der Werkstatt nützlich zu machen, indem ich dieselbe in Ordnung bringe, Vorräthe und Werkzeug einer Durchsicht unterziehe und wohl auch einige Rosetten in Vorrath fertig stelle.

12. Kredit wird nicht in Anspruch genommen.

13. Es wird ein Kassenbuch über die baaren Einnahmen und baaren Ausgaben des Geschäfts geführt, außerdem ein Hauptbuch über die Geschäftsausstände. Die Haushaltungsausgaben werden nicht gebucht, wenigstens nicht die gewöhnlichen. Größere Einkäufe für die Haushaltung werden im Kassenbuch vermerkt.

14. fällt aus.

15. Wurde nicht beigebracht.

16. Der Geschäftsabschluß war, wie ich es glücklicherweise als Regel bezeichnen kann, ein befriedigender. Die Bauthätigkeit ist eben, besonders in den letzten Jahren, eine recht rege und führt uns viel Verdienst zu.

b. Allgemeine Geschäftslage.

1. Im Allgemeinen wird das Gewerbe von jedem Gewerbegenossen seinem ganzen Umfange nach betrieben. Doch geben sich die ganz kleinen Meister mit Herstellung von Stukverzierungen nicht ab, sondern beziehen solche fertig von den größeren Geschäften.

2. Halbfabrikate werden, abgesehen von den vorerwähnten Fällen, nicht bezogen.

3. Die Bestellung beschränkt sich meist auf den Ort und die nächste Umgebung. Die Besteller sind zum Theil die Hausbesitzer bezw. Bauherren selbst, zum Theil aber auch Unternehmer, welchen erstere die Herstellung des Hauses in Gesammtakkord übergeben haben, und welche ihrerseits wieder Unterakkorde abschließen.

4. Ein Ladengeschäft führen die Gypser nicht.

5. Das Geschäft wird meist (hier sogar ausschließlich) von gelernten Meistern betrieben.

6. Kommt hier nicht vor.

7. Es findet ausschließlich Handbetrieb statt. Neuere Werkzeuge sind nicht bekannt.

8. Lehrlingswesen.

a. Der Lehrling wird gleich von Beginn an als Handlanger benutzt und erhält in der Regel sofort Taglohn. Eine gewerbsmäßige Unterweisung Seitens des Meisters findet nicht statt, vielmehr wird es dem Lehrling überlassen, sich nach und nach selbst zum Gesellen heranzubilden.

b. Eine Schulwerkstätte ist in unserem Geschäft nicht möglich.

26*

c. Die Gewerbeſchule ſollte für unſer Gewerbe einen gediegenen Zeichen- und Modellir-Unterricht bieten. Ob in dieſer Hinſicht eine Verbeſſerung des gegenwärtigen Zuſtandes an der hieſigen Gewerbeſchule möglich iſt, kann nicht näher dargelegt werden.

d. Schriftlicher Vertrag iſt nicht üblich; es wird überhaupt keine Lehrzeit verabredet, da die jungen Leute einfach als Taglöhner eintreten.

e. Fällt aus, weil von einer eigentlichen Lehre nicht die Rede ſein kann.

f. Iſt nichts bekannt.

g. Die jungen Leute bleiben in der Regel beim Handwerk.

9. Geſellenweſen.

a. Den meiſten Geſellen fehlt es an der nöthigen Handfertigkeit und Sorgfalt, eben weil ſie keine rechte Lehre durchmachen und mit den Arbeitsſtellen zu viel wechſeln.

b. Es ſind auch im Allgemeinen unzuverläſſige Leute, wenigſtens die jüngern; über unbefugten Austritt iſt weniger zu klagen.

c. Die Löhne ſind während der letzten 5 Jahre ſo ziemlich gleich geblieben, doch werden die guten Arbeiter jetzt beſſer bezahlt. Durchſchnittstagelohn 3½ Mark.

d. Die Zahlung erfolgt in der Regel am Ende der Woche ohne Rückbehaltung.

e. Iſt nichts geſchehen.

f. fällt aus.

g. Streitigkeiten ſind nicht häufig. Ein Gewerbegericht wäre immerhin wünſchenswerth.

10. Die beſtehenden Kreditanſtalten genügen.

11. Die größeren Geſchäfte beziehen in der Regel den Gyps wagenweiſe von den Gypsmühlen auf mehrmonatlichen Kredit, die kleineren Geſchäftsleute ſackweiſe aus den hieſigen Baumaterialiengeſchäften, auch gegen Kredit. Der Preis des Gypſes iſt eher gefallen als geſtiegen.

12. Die rege Bauthätigkeit, insbeſondere der letzten Jahre, bringt für unſer Geſchäft Arbeitsgelegenheit genug mit ſich.

13. Die Preiſe ſind als lohnend zu bezeichnen, wenn mit dem Bauherrn ſelbſt Vereinbarung getroffen wird. Iſt aber an Stelle des Bauherrn ein Hauptakkordant der Unternehmer, ſo ſchaut meiſt nichts bei dem Geſchäft heraus, weil dieſer natürlich den Hauptgewinn ziehen will. Allerdings könnte in ſolchen Fällen der Gewerbsmeiſter einfach die Finger davon laſſen, allein dies thut er auch nicht gern, weil es gewiſſermaßen ein geſchäftlicher Ehrgeiz iſt, recht viel zu thun zu haben, und man deßhalb die Arbeit, wenn ſie noch ſo wenig lohnend iſt, einem Andern nicht gönnt, denn Leute finden ſich immer, insbeſondere unter den jungen Meiſtern, die den Akkord unter allen Umſtänden übernehmen.

14. Die Ausbeſſerungen werden meiſt baar bezahlt, bei Neubauten wird gewöhnlich bedungen, daß während des Baues eine Abſchlagszahlung von 30 bis 60 % gemacht und der Reſt nach Prüfung der Baurechnungen bezahlt wird.

15. Seit Anfang der 70er Jahre iſt das Leben entſchieden theurer, weil die Preiſe der Lebensmittel und auch die Lebensanſprüche geſtiegen ſind.

16. Im hieſigen Gewerbeverein ſind keine Gypſer und Stukkateure, auch beſtehen keinerlei Fachverbindungen.

17. Hier habe ich nichts mehr anzugeben.

18. Staatsanſtalten wurden nicht benützt, beſondere Gründe hierfür können nicht angegeben werden. Die Kunſtgewerbeſchule ſoll übrigens mit ihren Zeichnungen ſehr theuer ſein.

c. Vorschläge zur Verbesserung des Kleingewerbes.

1. Das Lehrlingswesen, oder der Mangel eines solchen ist ein wunder Punkt in unserem Gewerbe. Es sollten wieder Innungen eingeführt werden, welchen jeder Meister beitreten müßte. Dieselben hätten über das Lehrlingswesen Bestimmungen zu treffen, den Lehrlingen nach beendigter Lehrzeit eine Prüfung abzunehmen und auch darüber zu ent= scheiden, ob neu anziehende Gewerbegenossen, die hier ein selbständiges Geschäft gründen wollen, die erforderliche Befähigung hiezu besitzen.

2. Es ist weiter ein Hauptmißstand, daß viele Leute bauen, die kein Geld haben. Es sollte die baupolizeiliche Erlaubniß nur dann ertheilt werden, wenn der Betreffende nachweist, daß er die nöthigen Mittel zur Bezahlung der Handwerksleute hat.

XVI. Tüncher.

Einvernommen wurden:

a. Meister:	b. Geselle:
1. Th. E. von Mannheim.	J. S. von Mannheim.
2. Th. O. von Oppenheim in Hessen.	

Auskunftsperson: J. B. von Mannheim.

1.

Tüncher Th. E. von Mannheim.

a. Eigene Verhältnisse des Befragten.

1. 55 Jahre alt, Wittwer, Vater von 4 Töchtern von 18—26 Jahren, welche alle zu Hause sind.

2. Das Gewerbe wurde in 3jähriger Lehrzeit hier erlernt. Die Gesellenzeit währte 13 Jahre, davon wurden 11 Jahre bei Herrn B., 2 Jahre bei Herrn L. hier zugebracht. Ich besuchte die Volksschule und als Lehrling die Gewerbeschule.

3. Siehe Anlage.

4. Tüncherei.

5. Ich habe mich im Jahre 1860 nach Ablegung eines Meisterstücks vor der damaligen Zunft selbstständig hier niedergelassen und bin seitdem ständig hier.

6. Ich besitze ein eigenes Haus in mittlerer Geschäftslage (S. 3). Der Mieth= werth der Werkstätte beträgt 120 Mark.

7. und 8. Es findet nur Handbetrieb statt.

9 a. Einen Lehrling halte ich nicht.

b. Ich beschäftige vier Gesellen, alle ohne Kost und Wohnung. Der Taglohn derselben schwankt zwischen 2 Mark 80 Pf. und 3 Mark 20 Pf. Die Zahlung erfolgt am Ende der Woche ohne Rückbehaltung.

10. Die Arbeitszeit währt von Morgens bis Abends 7 Uhr mit 2 Stunden Pause, nämlich Mittags 1 Stunde, Vor= und Nachmittags je 1/2 Stunde. Ich arbeite nicht mehr selbst mit, sondern beaufsichtige nur die Arbeiter, welche meist auf ver= schiedene Plätze vertheilt sind.

11. Gewerbebetrieb.

a. Ich beschränke meinen Gewerbebetrieb auf die gewöhnliche Tüncherei, die Malerei ist ausgeschlossen. Arbeitstheilung kommt nicht vor.

b. Das Hauptgeschäft besteht in Ausbesserungsarbeiten an schon bestehenden Gebäuden;

bei Neubauten werden in der Regel Maler, d. i. mehr kunstverständige Tüncher, verwendet.

c. Die Farben liefere ich stets selbst; die Oelfarben werden fertig bezogen, die Wasserfarben werden aus Ocker, Umbra und sonstigen Rohstoffen in der Werkstätte zubereitet.

d. Die Materialien werden in Fässern von 2—5 Zentnern von den Fabriken bezogen, wobei halbjähriger Kredit gewährt wird; nur bei Leinöl, welches ich hier bei einem Droguisten beziehe, ist Baarzahlung üblich.

e. und f. Ich führe nur dahier Arbeiten aus.

g. und h. fallen aus.

i. Zahlungsbedingungen werden den Kunden nicht auferlegt; wer nicht baar be= zahlt, erhält halbjährlich Rechnung.

k. Die Bezahlung der Ausstände erfolgt nicht pünktlich, so daß schon wiederholt gerichtliche Hilfe in Anspruch genommen werden mußte. Der Verlust von Ausständen kann auf 100—150 Mark jährlich (etwa 1 1/2 % der Gesammteinnahme) berechnet werden.

l. Während der Zeit, in welcher unser Geschäft überhaupt geht, kann über Mangel an Arbeitsgelegenheit nicht geklagt werden.

m. In den Monaten November bis März steht unser Gewerbe wegen der un= günstigen Witterung in der Regel still, nur bei Neubauten kann unter Umständen fort= gearbeitet werden. Ich entlasse dann meine Gehilfen bis auf einen, der mit Farbe= zubereitung in der Werkstätte beschäftigt wird; ich selbst mache mich hinter die Bücher und schreibe die Rechnungen heraus.

12. Kredit wird nicht in Anspruch genommen.

13. Es wird ein Hauptbuch über sämmtliche Geschäftsausstände geführt, sodann ein besonderes Ausgabebuch für die Arbeiterlöhne; die sonstigen Geschäftsausgaben werden nicht gebucht, sondern lediglich die Empfangsbescheinigungen zusammengeheftet. Auch die Haushaltungsausgaben werden nicht aufgeschrieben.

14. Fällt aus.

15. Siehe Anlage.

10. Ich bin mit dem letzten Geschäftsabschluß nicht unzufrieden, wenn ich auch gerade keine Ueberschüsse erzielte. Vor 1870 lief das Geschäft freilich besser, und habe ich damals oft mit 12—14 Gehilfen gearbeitet. Die zunehmende Mitbewerbung (damals vielleicht 20, jetzt gegen 70 Meister) hat aber die Zahl der Bestellungen verringert und vor Allem die Preise heruntergedrückt. Nicht ohne Einfluß ist auch der oben schon erwähnte Umstand, daß ich mich nur mit gewöhnlicher Tüncherarbeit abgebe, die den heutigen Anforderungen bei Neubauten nicht mehr genügt.

b. Allgemeine Geschäftslage.

1. Weitaus die größte Zahl der hiesigen Meister beschränkt sich auf die gewöhn= lichen Tüncherarbeiten, und wird kaum ein halbes Dutzend mit der mehr kunstmäßigen Malerei sich befassen. Manche sind deßhalb auch auf Ausbesserungsarbeiten beschränkt, weil sie keine Aufträge für Neubauten erhalten. Bei der heutigen Geschmacksentwickelung ist die mit der Kunstmalerei verbundene Tüncherei zweifellos lohnender, als die einfache Tüncherei.

2. Fällt aus.

3. Die Arbeit der Meister beschränkt sich ganz auf den Ort.

4. Fällt aus.

5. Seit Einführung der Gewerbefreiheit haben sich manche Meister hier nieder=
gelassen, die keine eigentliche Lehrzeit durchgemacht haben, sondern früher weiter nichts
als Taglöhner waren.

6. Kommt nicht vor.

7. Neuere Werkzeuge und Hilfsmaschinen gibt es nicht.

8. Lehrlingswesen.

a. Die Lehrzeit dauert in der Regel 3 Jahre, und werden die Lehrlinge zum
Besuch der Gewerbeschule angehalten. In den ersten Wochen werden sie in der Werk=
stätte beschäftigt, erst später kommen sie an den Bau.

b. Eine Schulwerkstätte erscheint nicht nothwendig, weil ein entsprechender praktischer
Unterricht in der hiesigen Gewerbeschule gegeben wird.

c. Es ist sehr zu wünschen, daß dieser Unterricht beibehalten und womöglich noch
vervollkommnet wird.

d. Schriftlicher Lehrvertrag kann nicht als üblich bezeichnet werden, es kommt im
Gegentheil immer mehr vor, daß die jungen Leute — wie dies z. B. beim Maurergewerbe
die Regel ist — nicht als Lehrlinge, sondern als Taglöhner eingestellt werden.

e. Da hienach von einem festen Lehrverhältniß meist gar nicht die Rede sein
kann, so ist auch von gesetzwidrigem Verlassen der Lehre kaum die Rede.

f. Die Tüncherlehrlinge betheiligen sich ziemlich fleißig und mit gutem Erfolge
an den vom Gewerbeverein veranstalteten Preisverleihungen.

g. Die jungen Leute, welche überhaupt 3 Jahre im Handwerk aushalten, bleiben
gewöhnlich auch dabei.

9. Gesellenwesen.

a. Die meisten Gesellen können nicht als tüchtig bezeichnet werden, besonders im
Zimmergeschäft (Anstreicharbeiten im Innern der Häuser unter Verwendung von Wasser=
und Leimfarben) sind sie nicht recht bewandert und arbeiten auch nicht gern darin. Das
Oelfarbengeschäft (Anstreichen der Häuser, Läden, Lambris 2c.) behagt ihnen besser,
weil es reinlicher ist. Auch fehlt es ihnen an Aufmerksamkeit und an Verständniß hin=
sichtlich der Behandlung des Materials.

b. Ueber ihr sittliches Verhalten kann man im Allgemeinen nicht klagen, doch
kommt unbefugter Austritt ohne Kündigung öfters vor; gerichtliche Klage unterbleibt,
weil das Verfahren zu umständlich ist und ein unwilliger Arbeiter nicht viel taugt.

c. Die Löhne sind in den letzten 5 Jahren um etwa 15 % gestiegen. Der Tag=
lohn beträgt jetzt für den einfachen Tüncher im Durchschnitt 3 Mark, für den Tüncher
und Maler bis zu 10 und 11 Mark, im Durchschnitt 5 Mark.

d. Die Lohnzahlung erfolgt je am Ende der Woche ohne Rückbehaltung.

f. Fällt aus.

g. Von Streitigkeiten hört man nicht viel. Ein Gewerbegericht wäre immerhin
wünschenswerth.

10. Die bestehenden Kreditanstalten sind genügend.

11. Die Oelfarbe (Bleiweiß) wird meist in Oel abgerieben, also schon zum Ge=
brauch zubereitet, bezogen, so daß der Tüncher lediglich noch die entsprechenden Trockenöle
und Mischfarben zuzusetzen hat. Der Bezug erfolgt in Fässern von 2—6 Zentnern, in

der Regel vom Fabrikanten gegen mehrmonatlichen Kredit. Die übrigen Farben werden aus den Rohstoffen zubereitet, und zwar werden letztere von den Großhändlern am Platze unter den gleichen Zahlungsbedingungen bezogen. Im Farbengeschäft herrscht nicht immer Redlichkeit, indem die Waare häufig mit Kalkspat und Schwerspat versetzt wird. Bei aufmerksamer Prüfung sind die Fälschungen aber in der Regel zu entdecken. Auch beim Lack, der in Blechflaschen bis zu 1½ Zentner Gewicht von den Fabriken bezogen wird, kommen Fälschungen durch Beisatz von Kolophonium vor, die dann erst nach dem Gebrauche bemerkt werden. Maßregeln zum Schutz gegen derartige Täuschungen sind nicht bekannt.

12. Soweit die Jahreszeit für die bauliche Thätigkeit günstig ist, haben diejenigen Geschäfte, welche sich mit Arbeiten an Neubauten befassen, stets zu thun; der kleinere Meister hingegen, der nur die gewöhnliche Tüncherei ausübt und deßhalb Bestellungen für Neubauten nicht zu erhalten pflegt, leidet mitunter auch während der besseren Jahreszeit an Mangel an Arbeitsgelegenheit; die größeren Geschäfte nehmen eben den Hauptverdienst weg.

13. Die Preise der Arbeit sind noch immer lohnend zu nennen, wenn sie auch, bezüglich der gewöhnlichen Tüncherarbeit wenigstens, in den letzten 4—5 Jahren in Folge der vermehrten Mitbewerbung um 15—20 % zurückgegangen sind; besonders bei Neubauten, wo die Arbeiten durch einen Hauptakkordanten wieder an Unterakkordanten abgegeben werden, kommt oft ein unverhältnißmäßiges Herabdrücken der Preise vor, weil Jeder sich bemüht, dem Andern die Kundschaft wegzuschnappen.

14. Eine bestimmte Uebung läßt sich nicht feststellen; nur so viel ist sicher, daß das Wenigste gleich baar bezahlt wird. Die Bauunternehmer zahlen viel mit Wechseln und mitunter, besonders bei großen Akkorden, zum Theil schon abschläglich während des Baues, im Uebrigen erst bei der Abrechnung über den Neubau.

15. Seit Anfang der 70er Jahre ist der Aufwand für den Lebensunterhalt gestiegen, weil die Lebensmittel theurer geworden sind.

16. Einige Meister sind im hiesigen Gewerbeverein. Ein Fachverband besteht hier nicht. Ein Versuch zur Gründung einer Innung wurde noch nicht gemacht, weil sich noch kein Bedürfniß hiezu zeigte.

17. Hier ist nichts weiter zu erwähnen.

18. Von Benützung dieser Anstalten ist nichts bekannt. In einem einzelnen Falle wurde ein Entwurf von der Kunstgewerbeschule bezogen, der aber auf 200 Mark zu stehen kam.

c. Vorschläge zur Verbesserung des Kleingewerbes.

1., 2. und 3. Bei Arbeitsvergebungen für öffentliche Gebäude sollte das Abbieten in Prozenten abgeschafft und jeder Uebernehmungslustige angehalten werden, ein besonderes Preisverzeichniß aufzustellen; es würde dann das unvernünftige Abbieten nicht so häufig vorkommen, weil bei Aufstellung des Preisverzeichnisses der Handwerksmann mehr Ueberlegung walten lassen muß. Sonst wüßte ich keine Vorschläge zu machen.

<hr>

Tüncher Th. E. in Mannheim.   **Anlage.**
Vorbemerkung:

Erwerbsteuerkapital   .   8500 M. — Pf.

Betriebskapital .	4000 M.	— Pf.
Anlagekapital	120 „	— „

Familienzahl: 5 Personen.

Anzahl der Lehrlinge und Gesellen: 4 bis 5 Personen.

Geschäftsergebnisse im Jahr 1884.

I. Ausgaben.

A. Gewerbe.

1. Miethwerth der Werkstätte im eigenen Hause . .	120 M.	— Pf.
2 a. Unterhaltung und Ergänzung von Handwerkszeug	40 „	— „
b. Abschreibung am Werthe von Handwerkszeug . .	80 „	— „
4. Persönlicher Arbeitsaufwand:		
b. für Hilfsarbeiter:		
aa. Löhne an Lehrlinge und Gesellen .	3462 „	— „
5. Aufwand für Beschaffung der Arbeitsstoffe	3175 „	— „
7. Verlust an Ausständen	250 „	— „
8. Zinsen des Anlage= und Betriebskapitals	164 „	— „
Summa	7291 M.	— Pf.

C. Sonstige Ausgaben.

1. Ausgaben für den Haushalt der Familie (5 Familienglieder und keine Dienstboten) und zwar:

a. Kost	1 825 M.	— Pf.
b. Bekleidung	530 „	— „
d. Heizung und Beleuchtung für Küche und Zimmer ꝛc..	80 „	— „
e. Arzt und Apotheke.	60 „	— „
2 b. Miethwerthanschlag für die weder zum Gewerbebetrieb A. 1 noch auch an Dritte vermietheten Räume im eigenen Hause .	450 „	— „
c. Verzinsung des Hauswerthes nach Abzug der schon unter A. 1 und C. 2 b. verrechneten Beträge . . .	886 „ 92 „
b. Unterhaltungsaufwand für das Gebäude	200 „	— „
c. Abschreibung am Hauswerth (in Folge von Abnützung)	50 „	— „
4. Feuerversicherung für:		
Gebäude	26 „ 50 „
Fahrnisse . .	8 „	— „
6. Staatssteuer . .	62 „ 40 „
7. Gemeindeumlagen	71 „ 04 „
Summa	11 540 M. 86 Pf.

II. Einnahmen.

A. Hauptgewerbe.

Bruttoeinnahme:

a. aus dem Gewerbebetriebe	11 081 M. 45 Pf.

C. Sonstige Einnahmen.

1. aus Miethe	1006 „ 92 „
2. aus ausstehenden Kapitalien, verzinslichen Staatspapieren . .	250 „	— „
Summa .	12 338 M. 37 Pf.

Einnahmen .	.	12 338 M. — Pf.
Ausgaben	. . . .	11 541 „ — „
	Somit Mehreinnahme	797 M. — Pf.

2.

Tüncher Th. O. von Oppenheim in Hessen.

a. Eigene Verhältnisse des Befragten.

1. 34 Jahre alt, verheirathet, kinderlos.

2. Das Gewerbe wurde in 3jähriger Lehrzeit zu Darmstadt erlernt. Die Ge=
sellenzeit währte 12 Jahre. Als Arbeitsorte nenne ich: Zürich, Mainz, Frankfurt,
Worms, Straßburg, Zug, Luzern und Mannheim. Außer der Volksschule wurde noch
4 Jahre lang die Realschule in Oppenheim besucht und außerdem während der Lehrzeit
die Gewerbeschule.

3. Siehe Anlage.

4. und 5. Mein Tünchergeschäft wurde 1879 hier gegründet und befindet sich
seitdem ununterbrochen hier.

6. Ich wohne in Miethe. Der Miethwerth der Werkstätte beträgt 145 Mark.
Die Geschäftslage kann nur als mittlere bezeichnet werden. (S 2.)

7. und 8. Es findet nur Handbetrieb statt.

9 a. Einen Lehrling habe ich nicht.

b. Ich beschäftige achtzehn Gesellen, alle ohne Kost und Wohnung. Der Lohn
ist nach der Arbeitsstunde festgesetzt und schwankt zwischen 25 und 45 Pf. Die Aus=
zahlung erfolgt am Ende der Woche ohne Zurückbehaltung.

10. Die Arbeitszeit bei den gewöhnlichen Tünchern währt von Morgens 6 bis
Abends 6 Uhr, mit einer Stunde Mittagspause; bei den Malern dauert sie von Mor=
gens 7 bis Abends 6 Uhr, ebenfalls mit einer Stunde Pause. Es ist üblich, daß die
Maler kürzere Arbeitszeit haben, weil sie im Allgemeinen gebildetere Leute sind und
demgemäß auch behandelt sein wollen.

11. Gewerbebetrieb.

a. Es werden nicht nur die gewöhnlichen Tüncherarbeiten, sondern auch die mehr
kunstgewerblichen Malereien hergestellt.

b. Das Hauptgeschäft bringen die Neubauten.

c. Die Farben stelle ich jeweils selbst und beziehe sie in rohem Zustande, nicht
als Halbfabrikate.

d. Der Bezug erfolgt von dem Fabrikanten unmittelbar und zwar in der Regel
faßweise auf Kredit von einem halben Jahr und mehr.

e. und f. Es wird nur auf Bestellung und in der Regel nur hier gearbeitet.

g. und h. fallen aus.

i. Bei den Bauarbeiten ist Abschlagszahlung von 14 zu 14 Tagen die Regel;
im Uebrigen wird viertel= oder halbjährlich Rechnung geschickt. Baarzahlung ist selten.

k. Ueber unpünktlichen Eingang der Ausstände kann ich nicht klagen, ebensowenig
über Verlust von solchen; gerichtliche Betreibung war noch nie erforderlich.

l. Mit Ausnahme der Wintermonate, wo unser Geschäft überhaupt still steht,
habe ich stets genügend Aufträge.

m. Von November bis März behalte ich in der Regel nur den besten Arbeiter; ich beschäftige mich dann mit der Herstellung von Zeichnungen, Schablonen ꝛc. und mit der Zubereitung von Farben.

12. Kredit wird nicht in Anspruch genommen.

13. Es werden geführt: ein Tagebuch (Strazze) über alle vorkommenden Arbeiten, Einnahmen und Ausgaben; aus diesem geschieht jeweils am Ende des Monats der Uebertrag der wirklichen Einnahmen und Ausgaben in's Kassenbuch, während die Guthaben an die Kunden im Hauptbuch vermerkt werden; endlich wird noch ein besonderes Buch über die zur Auszahlung kommenden Arbeitslöhne geführt. Die monatlichen Ausgaben für die Haushaltung werden im Tagebuch und Kassenbuch vermerkt.

14. Fällt aus.

15. Siehe Anlage.

16. und 17. Der Geschäftsabschluß ist, wie schon seit Jahren, sehr wenig befriedigend, indem nur ein unbedeutender Ueberschuß erzielt wurde, obwohl bei der kleinen Familie die Haushaltungsausgaben nicht groß sind. Da ich immer Arbeit genug habe, so kann diese unerfreuliche Erscheinung nur darauf zurückgeführt werden, daß die Arbeitspreise zu wenig lohnend sind. Wenn man die Arbeit unmittelbar vom Bauherrn übertragen bekommt, so läßt sich über die Preise nicht klagen; anders aber verhält es sich, wenn man es mit Bauunternehmern oder Hauptakkordanten zu thun hat. Diese geben grundsätzlich die Arbeiten nur dem in Akkord, welcher den ursprünglichen Anschlag möglichst unterbietet, weil sie selbst thunlichst dabei gewinnen wollen und die Handwerksleute sind eben so gewöhnt, daß sie lieber selbst um einen Schleuderpreis arbeiten, als einem Andern das Geschäft lassen.

b. Allgemeine Geschäftslage.

Ueber die allgemeine Geschäftslage macht Th. O. die gleichen Angaben wie Th. E. mit folgenden Aenderungen:

Zu 1. Es ist vollkommen richtig, daß die mit Kunstmalerei verbundenen Tünchergeschäfte besser gedeihen als die andern; die Kunstmalerei allein würde aber nicht lohnen, da die künstlerischen Leistungen im Verhältniß schlecht bezahlt werden; sie verhilft nur zu reichlicher Arbeitsgelegenheit, weil eben bei Neubauten die Tüncherarbeiten in Bausch und Bogen vergeben werden, und deßhalb nur solche Tüncher als Unternehmer auftreten können, die auch auf die kunstgewerbliche Seite ihres Handwerks sich verstehen.

Zu 11. Wie ich oben schon angegeben, beziehe ich das Bleiweiß in trockenem Zustande. Wie es in den andern Geschäften gehalten wird, ist mir nicht bekannt; jedenfalls aber hat meine Bezugsweise den großen Vortheil, daß die häufig vorkommende Fälschung des Bleiweißes mit Schwerspathzusatz, so lange die Waare noch trocken ist, durch Behandlung mit Essigsäure leicht erkannt werden kann, was nach Versetzung des Bleiweißes mit Oel nicht mehr möglich ist. Was im Uebrigen die Fälschungen der Farbwaaren betrifft, so spielt jetzt auch Anilin eine große Rolle.

Zu 13. Auch für die kunstgewerblichen Arbeiten sind die Preise nicht lohnend, wenn mit Hauptakkordanten gearbeitet wird. Die Privatkundschaft dagegen zahlt gute Preise.

c. Vorschläge zur Verbesserung des Kleingewerbes.

1. Um bessere Arbeitskräfte zu erzielen, wäre es nothwendig, daß gesetzlich Arbeitsbücher eingeführt würden, d. h. es müßte jeder Gewerbsgehilfe, Lehrling oder Ge-

selle, an dem Tage, an welchem er ins Handwerk tritt, ein Arbeitsbuch behändigt be=
kommen, in welches jeder Meister, bei dem der Betreffende in Arbeit stand, einen Eintrag
darüber zu machen hat, wie lange dies der Fall und wie er mit dem Lehrling bezw.
Gesellen zufrieden war. Es müßte dann selbstverständlich den Meistern unter Strafan=
drohung untersagt werden, Arbeiter, die ein solches Buch nicht vorweisen können, anzu=
nehmen. Die jungen Leute würden sich dann, da aus dem Buche so zu sagen ihr ganzes
gewerbliches Vorleben ersichtlich wäre, im eigenen Interesse gewiß angelegen sein lassen,
sich bei ihren Arbeitsherren als fleißige und anständige Menschen zu zeigen und sich vor
vertragsbrüchigem Verlassen der Arbeitsstelle zu hüten. Wenn sich dann ein Geselle als
Meister niederlassen will, so sollte ihm dies von der Obrigkeit nur gestattet werden, wenn
er durch dieses Arbeitsbuch nachweist, daß er eine mindestens 3jährige Lehrzeit mit Erfolg
bestanden und sodann noch 6 bis 8 Jahre lang als Geselle zur Zufriedenheit seiner
Meister gearbeitet hat. Dadurch würde mancher unfähige und in Bezug auf das Herab=
drücken der Preise dennoch gefährliche Mitbewerber beseitigt werden.

    2. und 3. Hier ist weiter nichts anzugeben.

Tüncher Th. O. in Mannheim.   **Anlage.**
Vorbemerkung.

Erwerbsteuerkapital	7300 M.	— Pf.
Betriebskapital	3500 „	— „

Familienzahl: 2 Personen.
Anzahl der Lehrlinge und Gesellen: 8.

Geschäftsergebnisse im Jahr 1884.
I. Ausgaben.

1. Miethwerth der Werkstätte . . .	175 M.	— Pf.
b. Miethzins für die Wohnung	274 „	— „
2 a. Unterhaltung und Ergänzung von Handwerkszeug .	100 „	— „
b. Abschreibung am Werthe von Handwerkszeug .	100 „	— „
4. Persönlicher Arbeitsaufwand:		
b. für Hilfsarbeiter:		
aa. Löhne an Lehrlinge und Gesellen .	9657 „	— „
5. Aufwand für Beschaffung der Arbeitsstoffe .	3964 „	— „
7. Verlust an Ausständen	100 „	— „
8. Zinsen des Anlage= und Betriebskapitals	206 „	— „
Summa .	14576 M.	— Pf.

C. Sonstige Ausgaben.

1. Ausgaben für den Haushalt der Familie (2 Familienglieder
und keine Dienstboten) und zwar:

a. Kost . .		
b. Bekleidung		
c. Unterricht	1500 M. — Pf.	
d. Heizung und Beleuchtung für Küche und Zimmer ꝛc. . . .		
e. Arzt und Apotheke		
Uebertrag .	16076 M.	— Pf.

	Uebertrag	16076 M.	—	Pf.

4. Feuerversicherung für:
  Fahrnisse . . .   11 „ 20 „
5. Lebensversicherung .   140 „ — „
6. Staatssteuer . .   45 „ 50 „
7. Gemeindeumlagen   . . . .   49 „ — „

                     Summa . 16321 M. 70 Pf.

II. Einnahmen.
A. Gewerbe.

Bruttoeinnahme:
  a. aus dem Gewerbebetriebe . . . .   16518 M. — Pf

C. Sonstige Einnahmen.

2. „ ausstehenden Kapitalien, verzinslichen Staatspapieren . .   32 „ — „

                     Summa . 16550 M. — Pf.
Einnahmen   .   .   . 16550 „ — „
Ausgaben .   . . . 16322 „ — „

          Somit Mehreinnahme .   228 M. - Pf.

3.

Auskunftsperson: J. B. von Mannheim.

1. Ich bin 51 Jahre alt, Rentner, war früher Tünchermeister, und bin dahier wohnhaft.

2. Auf Vorlesen der von dem Einvernommenen zu b. (allgemeine Geschäftslage) gemachten Angaben: Die hier gegebene Darstellung der allgemeinen Geschäftslage des Tünchergewerbes ist richtig. Der Krebsschaden ist hier, wie auch bei anderen Gewerben, darin zu suchen, daß die Geschäftsleute oft in ganz unüberlegter Weise sich unterbieten und hierdurch die Preise ganz unverhältnißmäßig herabdrücken; hauptsächlich ist dies bei dem Baugewerbe der Fall und wirkt dort um so bedenklicher, weil die Löhne, die der Meister den Arbeitern zahlen muß, verhältnißmäßig hoch sind. Dazu kommt noch der Unfug, daß mitunter der Architekt, welcher im Auftrag des Bauherrn die Arbeiten vergibt, von den Akkordanten Vermittlungsgebühren nimmt, wodurch das ganze Submissions=verfahren eine unsichere Grundlage erhält. Vorschläge zur Beseitigung dieser Mißstände wüßte ich eigentlich nicht zu machen, jedoch könnte wenigstens soviel bewirkt werden, daß bei Submissionen für öffentliche Gebäude mit gutem Beispiel vorangegangen und vor Allem strengste Prüfung der Leistungsfähigkeit und genaue Prüfung der wirklichen Leistung eingeführt wird, statt daß — wie dies bisher wohl meist der Fall war — lediglich auf das billigste Angebot gesehen wird. Das Lehrlingswesen liegt hier auch im Argen: Die jungen Leute sollten nicht als Taglöhner eingestellt und verwendet, sondern, wie bei andern Gewerben auch, als wirkliche Lehrlinge gehalten und ausgebildet werden. Den Ausführ=rungen des Herrn O. hinsichtlich der gesetzlich vorzuschreibenden Arbeitsbücher schließe ich mich vollständig an.

B. Geselle.
Tüncher J. Sch. von Mannheim.

1. 36 Jahre alt, verheirathet, Vater eines Sohnes von 14 Jahren. Ich bin Mitglied des Arbeiter-Fortbildungsvereins und der Krankenkasse desselben.

2. Tüncher.

3. Die Lehrzeit wurde von 1864 bis 1867 bei Tünchermeister J. K. D. hier gemacht. Eine Prüfung wurde nicht abgelegt. Während der Winter 1864/65 und 1865/66 wurde der Freihandzeichnenunterricht in der hiesigen Gewerbeschule besucht; auch wurden früher schon Privatstunden im Zeichnen genommen.

4. Als Geselle arbeitete ich in Bruchsal 2 Monate, Durlach 8 Monate, Mannheim 2 Jahre, jeweils beim gleichen Meister. Von 1869/74 betrieb ich ein eigenes Geschäft, das aber in Folge von Bauunternehmungen schlecht ging, so daß ich in Gant kam. Dann war ich ³/₄ Jahr als Bauführer in Selz, dann als Geselle in Bern einige Monate, in Mailand 4 Monate, in Zürich 3 Jahre (bei 2 Meistern), in Frankfurt 2 Jahre und seitdem hier.

5. Im Winter 1866/67 habe ich als Tüncher in der Lanz'schen Fabrik gearbeitet, und später ein Jahr lang in Zürich in einer Papierfabrik als Maschinenwärter. Ich fand eben damals keine Stellung in meinem Handwerk. Der Uebergang vom Kleingewerbe zur Fabrikarbeit ist in unserem Fach nichts Seltenes, weil den Winter über viele Arbeiter brodlos sind und anderwärts Unterkommen suchen müssen. Haben sie sich dann einmal an die Fabrikarbeit gewöhnt, so bleiben sie häufig dabei.

6. Seit einem Jahre bin ich nicht ständig bei einem Meister, sondern helfe bald da, bald dort, wo es bessere Arbeit zu machen gibt, aus.

7. 8. und 9. fallen aus.

10. Ich erhalte stets Lohn ohne Verköstigung und Wohnung.

11. Die Arbeiten sind stets am Bau.

12. Das Werkzeug zu den feineren Arbeiten stelle ich selbst.

15. Das Werkzeug ist das altherkömmliche.

14. und 15. fallen aus.

16. In der Regel arbeite ich von Morgens 6 bis Abends 7 Uhr mit 2stündiger Unterbrechung (Vormittags ½ Stunde, Mittags 1 Stunde, Nachmittags ½ Stunde). Sonntagsarbeit verrichte ich häufig und zwar freiwillig, weil ich dann mehr verdiene.

17. Ich arbeite bald auf Zeitlohn, bald auf Stücklohn. Ersterer beträgt in der Regel 20 Mark die Woche, beim Stücklohn kann ich mit Sonntagsarbeit bis zu 25 M. verdienen. Die Lohnzahlung geschieht wöchentlich ohne Zurückbehaltung und ohne Abzüge. Wo Werkzeug vom Meister gestellt wird, kommt übrigens Rückbehaltung in der Höhe des Werthes der Werkzeuge vor.

18. Die größeren Meister beschränken sich auf die Aufsicht, die kleineren schaffen in der Regel mit. Die Lehrlinge werden fast ausschließlich als Handlanger verwendet; von einer Ausbildung ist nichts zu merken.

19. Kann nicht angegeben werden.

20. Zwistigkeiten kommen schon vor und endigen in der Regel mit Entlassung der Gesellen.

21. Das Tünchergewerbe hier ist übel daran; es sind unter den sog. Tünchern viele Pfuscher, die den Andern durch unsinniges Abbieten die Preise verderben und den Besteller anschmieren.

22. Für unser Gewerbe bestehen keine solche Einrichtungen.

23. Es sollte eine Innung eingerichtet werden, der jeder Meister beitreten muß. Dieser Innung sollte das Recht eingeräumt werden, Jeden, der sich für die Zukunft als Tünchermeister hier niederlassen bezw. das Tünchergewerbe selbständig betreiben will, auf seine Befähigung hin zu prüfen und bei ungenügendem Ausfall dieser Prüfung zurückzuweisen. Diese Innung sollte dann auch die Regelung des Lehrlingswesens in die Hand nehmen und insbesondere darauf achten, daß die jungen Leute nicht mehr als Handlanger behandelt werden, sondern daß jeweils ein schriftlicher Vertrag abgeschlossen wird, in welchem die Pflicht des Meisters zur Ausbildung des Lehrlings genau festgestellt wird. Auch könnten die Innungen dahin wirken, daß niederste Arbeitspreise festgesetzt, und die gegenwärtig dem Submissionswesen anhängenden Mißstände (Abbieten, mangelnde Rücksichtsnahme auf die Leistungsfähigkeit der Bietenden, Zahlung von „Schmußgeldern" Seitens der Uebernehmer an die Vermittler der Akkorde) beseitigt werden.

XVII. Maurer.

Einvernommen wurden:

a. Meister:

1. A. K. von Mannheim.
2. F. G. von Thairnbach, Amt Wiesloch.
3. I. L. M. von Mannheim.

b. Gesellen:

1. K. J. M. von Heiligkreuzsteinach.
2. G. T. von Mannheim.

A. Meister.

1.

Maurer, A. K. von Mannheim.

a. Eigene Verhältnisse des Befragten.

1. 74 Jahre alt, verheirathet, Vater eines Sohnes von 43 Jahren und von 6 Töchtern im Alter von 38 bis 50 Jahren. Es ist nur noch eine Tochter zu Hause.

2. Das Gewerbe wurde von 1827 bis 1830, also in 3jähriger Lehrzeit hier erlernt. Ein Gesellenstück wurde nicht gemacht, obwohl das Gewerbe damals zünftig war; es war das bei uns Maurern nie üblich. Die ungefähr 30 Jahre dauernde Gesellenzeit wurde hier zugebracht, davon 20 Jahre beim gleichen Meister. Außer der Volksschule wurde kein Unterricht besucht; eine Gewerbeschule bestand noch nicht.

3. und 4. fallen aus.

5. Als die Gewerbefreiheit eingeführt wurde, habe ich ein selbständiges Geschäft gegründet. Es war dies im Jahre 1862. Vorher war es mir nicht möglich, mich als Meister niederzulassen, weil es mir an den nöthigen Schulkenntnissen zur Ablegung der Meisterprüfung fehlte. Die Prüfung war damals überhaupt sehr streng, offenbar, weil die Zunftmeister sich die Mitbewerber vom Leibe halten wollten. Ich habe dann das Geschäft (ständig hier) geführt, bis ich es vor 1½ Jahren meinem Sohne übergab.

6. bis 17. fallen aus.

b. Allgemeine Geschäftslage.

1. In der Regel wird das Gewerbe seinem ganzen Umfange nach betrieben, jedoch gibt es einige Geschäfte (meines Wissens drei), die sich besonders auf das Backofenbauen verlegen. Anderwärts kommt es auch vor, daß der Bau von großen Kaminen für Dampfkessel 2c. als Spezialität oder doch wenigstens vorzugsweise betrieben wird.

Beide Spezialitäten sind sehr einträglich, weil gut bezahlt wird und wenig Wettbewer=
bung da ist.

2. Fällt aus.

3. Auswärtige Kundschaft ist eine Ausnahme.

4. Fällt aus.

5. Von den hiesigen Maurern hat eine große Zahl, nahezu die Hälfte, das Ge=
werbe nicht ordnungsmäßig erlernt; dieselben sind nämlich statt Lehrlinge nur Speis=
buben und Handlanger gewesen.

6. Kommt nicht vor.

7. Zum Heben und Versetzen schwerer Steine sind Krahnen oder Winden in An=
wendung; im Uebrigen findet Handbetrieb statt. Die Werkzeuge sind die alt herkömm=
lichen. Betriebskräfte für die Hebemaschinen sind hier wenigstens nicht eingeführt.

8. Lehrlingswesen.

a. Ein eigentliches Lehrverhältniß kommt in unser'm Handwerk immer seltener
vor; die jungen Leute werden von ihren Eltern, um mehr zu verdienen, angehalten, gleich
als Taglöhner einzutreten, und überläßt man ihnen dann lediglich selbst, sich allmählich
im Handwerk auszubilden. Von einer Fürsorge für die geistige und sittliche Ausbildung
des Lehrlings kann unter diesen Umständen natürlich keine Rede sein.

b. Fällt aus.

c. Meines Erachtens genügt der Unterricht, wie er an hiesiger Gewerbschule er=
theilt wird, vollständig.

d. und e. Siehe a.

f. Eine Betheiligung der Maurerlehrlinge an den Preisverleihungen des Gewerbe=
vereins fand bisher nicht statt.

g. Die Leute bleiben gewöhnlich im Handwerk, üben dasselbe aber allerdings häufig
in den Fabriken aus, welche meist ihre eigenen Maurer haben.

9. Gesellenwesen.

a. Tüchtige Gesellen sind selten. Die Leute haben keine genügende Handfertig=
telt mehr und merkt man es ihnen an allen Ecken und Enden an, daß sie keine ordentliche
Lehre durchgemacht haben.

b. Unsere Maurersgesellen sind auch allgemein bekannt als unsolide, grobe Bursche,
die sich an eine regelmäßige Arbeit ungern gewöhnen. Die sonst übliche Kündigung hält
keiner ein; wenn's Einem in seiner Stelle nicht mehr gefällt, was häufig genug vorkommt,
so bleibt er eben einfach am Montag von der Arbeit weg und sucht sich eine andere Stelle.
Geschehen ist dagegen noch nichts. Der gerichtliche Weg ist auch zu umständlich; das
einzig wirksame Mittel wäre eine Vereinigung der Meister dahin, daß sie solche Gesellen,
die bei einem Andern ohne Kündigung fortgelaufen sind, nicht in Arbeit nehmen.

c. Vor 5 Jahren betrug der Lohn 2 Mark 50 bis 3 Mark im Tag, jetzt stellt
er sich auf 2 Mark 80 bis 3 Mark 50 Pf.

d. Die Lohnzahlung erfolgt in der Regel alle 8 Tage (jeweils Samstags) mit=
unter auch nur alle 14 Tage. Rückbehaltung war bisher nicht üblich, findet aber all=
mählich Eingang. Vorauszahlung kommt nicht vor.

e. Es ist nichts geschehen.

f. Kommt nicht vor.

g. Von Streitigkeiten, die beim Mangel einer Innung vor dem Bürgermeister auszutragen sind, ist wenig bekannt. Ein Gewerbegericht wäre wünschenswerth.

10. Die bestehenden Kreditanstalten sind genügend.

11. Das Arbeitsmaterial (Steine und Kalk) wird im Großen, in der Regel auf 3 Monate Ziel, bezogen, die Steine in Schiffsladungen, der Kalk in Wagenladungen. Bei den Bruchsteinen, die aus dem Neckarthal bezogen zu werden pflegen, ist übrigens Baarzahlung üblich. Die Preise sind schwankend und im Allgemeinen in den letzten Jahren gestiegen, ohne daß eine entsprechende Steigerung der Arbeitspreise eingetreten wäre.

12. Die Arbeitsgelegenheit läßt viel zu wünschen übrig, obwohl die Bauthätigkeit hier eine ziemlich lebhafte ist. Zu der zahlreichen hiesigen Wettbewerbung kommt auch die auswärtige. So ist mir erst aus jüngster Zeit ein Fall bekannt, wo ein Ludwigshafener Maurer die Arbeit an einem Neubau um 15% billiger übernahm, als mein Sohn dieselbe auf Grund genauer Berechnung übernehmen wollte.

13. Von festen Preisen läßt sich in unserm Geschäfte gar nicht reden, weil fast Alles im Submissionswege vergeben, und deßhalb der Preis im einzelnen Falle durch die Bietenden selbst gemacht wird. Da kommt es dann häufig genug vor, daß sich die Leute in unsinniger Weise herunterbieten und von einer lohnenden Arbeit oft nicht mehr die Rede sein kann.

14. Bei den Arbeiten am Neubau ist es üblich, daß während des Bauens je nach Anforderung des Maurers Abschlagszahlungen geleistet werden und der Rest dann nach gänzlicher Fertigstellung der Maurerarbeiten ausgefolgt wird. Bei Ausbesserungen ist die Behandlungsweise verschieden. Besondere Mißstände hat diese Uebung an sich nicht im Gefolge; es kommt aber leider nicht selten vor, daß die Unternehmer von Neubauten Nichts haben und die Uebung deßhalb keinen wirklichen Werth hat.

15. Seit Anfang der 70 er Jahre ist der Aufwand für den Lebensunterhalt gestiegen, nicht nur weil die Lebensmittel theurer geworden sind, sondern auch weil man mehr Ansprüche an's Leben macht.

16. Im Gewerbeverein sind einige wenige Maurer. Sonstige Vereinigungen bestehen nicht.

17. Früher, d. h. vor vielleicht 5 bis 8 Jahren, konnte der Maurer am Neubau mehr verdienen, weil ihm zugleich die Steinhauerarbeit in Akkord gegeben wurde, die er dann durch von ihm eingestellte Steinhauer herstellen ließ. Jetzt gibt der Architekt die Steinhauerarbeit unmittelbar den Steinhauern in Akkord und der Maurer hat nur das „Versetzen" zu besorgen. Es kommt auch mitunter vor, daß der Maurermeister bei Errichtung eines Neubaues ganz umgangen wird, indem der Bauherr das nöthige Steinmaterial selbst beschafft und die Aufmauerung durch Gesellen bezw. Taglöhner unter Leitung eines (oft nur „sogenannten") Architekten oder Bauführers besorgen läßt.

18. Hat für unser Gewerbe keine Anwendung. Die Prüfungsanstalt für Materialien könnte allerdings benützt werden, es geschieht dies aber nicht.

c. Vorschläge zur Verbesserung des Kleingewerbes.

1. Um in das Lehrlings- und Gesellenwesen Ordnung zu bringen und die unter b. 8 und 9 beklagten Mißstände zu beseitigen, sollte eine Innung der Meister bestehen. Auf eine freiwillige Bildung einer solchen ist nicht zu rechnen und erübrigt deßhalb nur der gesetzliche Zwang. Eine Ausschließungsberechtigung will ich aber der Innung nicht

28

zugestehen, weil ich die Schattenseiten einer solchen Einrichtung an mir genugsam erfahren habe; es sollte vielmehr ein Jeder, welcher das Maurergewerbe in hiesiger Stadt selb= ständig betreiben will, berechtigt und verpflichtet sein, dieser Innung beizutreten. Die Beschlüsse der Innung müßten natürlich verbindliche Kraft für die Innungsgenossen haben, und wäre auf deren Nichtbefolgung eine Strafe zu setzen; was dann geschehen soll, wenn auch die Strafe nichts nützt, kann ich nicht sagen. Das zu bestimmen, überlasse ich dem Staat. Diese Innung könnte dann auch, um das Herunterbieten bei den Sub= missionen zu verhindern, Minimalpreise festsetzen. In Karlsruhe besteht eine solche Ein= richtung thatsächlich schon, indem dort fast alle Meister die gleichen Einheitspreise einhalten. Soweit die oben erwähnten Mißstände eine Folge der Gewerbefreiheit sind, weiß ich keine Vorschläge dagegen zu machen. Die Gewerbefreiheit möchte ich nicht einschränken.

2.
Maurer F. G. von Thairnbach, Amt Wiesloch.
a. Eigene Verhältnisse des Befragten.

1. 43 Jahre alt, verheirathet, Vater von 3 Söhnen im Alter von 13 und 3 Jahren sowie 1¼ Jahr und 2 Töchtern von 15 und 10 Jahren.

2. Das Gewerbe wurde beim Vater in Thairnbach erlernt und zwar in drei= jähriger Lehrzeit; dann wurde 6 Jahre in der Fremde und zwar in Bruchsal, Pforzheim, München ꝛc., meist nur bei einem Meister in der gleichen Stadt, gearbeitet. Mein Schulbesuch war auf die Volkschule beschränkt, jedoch wurde Privatunterricht genommen.

4. Ich betreibe das Maurergewerbe ohne Nebenverdienstquelle.

5. Ich habe mich im Jahre 1865 in Thairnbach als selbständiger Maurermeister niedergelassen. Im Jahre 1872 habe ich das Geschäft von dort hierher verlegt, weil zu Hause nicht genug Arbeit war.

6. Ich besitze ein eigenes Haus. Der Miethwerth des Magazins beträgt höchstens 50 Mark.

7. und 8. Es findet vorzugsweise Handbetrieb statt; es ist nur eine Hülfs= maschine zum Aufwinden schwerer Lasten zeitweilig im Gebrauch.

9a. Ich habe keinen Lehrling.

b. Ich beschäftige fünf Gesellen, alle ohne Kost und Wohnung. Der Lohn richtet sich nach der Zeit, täglich 2 Mark 80 bis 3 Mark, die Zahlung erfolgt wöchent= lich ohne Rückbehaltung und Vorausbezahlung.

10. Die Dauer der Arbeit ist von Morgens 6 bis Abends 7 Uhr; regelmäßige Pausen werden gemacht: Vormittags 9 bis 9½, Mittags 12 bis 1, Nachmittags 4 bis 4½ Uhr. Ich selbst arbeite mit.

11. Gewerbebetrieb.

a. Das Gewerbe wird in seinem vollen Umfange betrieben. Eine Arbeitstheilung ist nicht eingeführt.

b. Es wird an Neubauten gearbeitet und auch an Veränderungen schon be= stehender Bauten.

c. Das Material wird bald vom Bauherrn, bald von mir gestellt; soweit ich das= selbe liefere, beziehe ich es in unbearbeitetem Zustande, wenn man nicht etwa Backsteine als Halbfabrikat rechnen will.

d. Die Hausteine werden von den Steinbruchbesitzern in kleineren Abtheilungen (Schiffs- oder Wagenladung), die Backsteine von den Ziegelhütten, ebenfalls wagenweise, der Kalk in gleichen Mengen von einem hiesigen Kalkbrenner, alles gegen Kredit auf unbestimmte Zeit bezogen.

e. und f. Ich arbeite nur auf Bestellung am Platze, wenn aber hiesige Bestellungen fehlen, baue ich in der Stadt auch auf Spekulation; bis jetzt habe ich ein Haus in dieser Weise fertig gestellt und bin eben im Bauen eines zweiten begriffen.

g. Die auf Spekulation gebauten Häuser werden vermiethet und gelegentlich auch verkauft.

h. Fällt aus.

i. Bei Uebernahme eines Bauakkords wird in der Regel ein schriftlicher Vertrag gemacht, worin abtheilungsweise Zahlung während des Baues bis zum Betrag von 40 bis 50 % der Akkordsumme bedungen wird, während der Rest erst nach Fertigstellung des Baues bezahlt werden soll.

k. Diese Zahlungsbedingungen werden Seitens der Bauunternehmer nicht immer pünktlich eingehalten, und mußte ich schon gerichtlich betreiben. Früher waren die Verluste an Ausständen bedeutender wie jetzt; sie betragen aber jetzt noch im Durchschnitt einige Hundert Mark im Jahr.

l. Seit etwa einem Jahre bin ich in Folge eines Beinbruches verhindert, thätig mitzuarbeiten und insbesondere weitere Gänge zu machen. Ich habe deßhalb seither keine Akkorde bei fremden Bauten mehr übernommen, sondern baue unmittelbar neben meiner Wohnung ein Haus für eigene Rechnung auf Spekulation.

m. Während des Winters ruht unser Geschäft jeweils; wie lange, hängt von den Witterungsverhältnissen ab. Bei ganz milden Wintern ist es mitunter möglich, die Arbeit, wenn auch in beschränktem Maaße, ohne Unterbrechung weiter zu führen. In der Regel ermäßige ich mein Arbeiterpersonal für den Winter bis auf 1 oder 2 Gesellen.

12. Um auf Spekulation bauen zu können, habe ich mehrmals Kredit in Anspruch nehmen müssen; derselbe beläuft sich jetzt im Ganzen auf 80,000 Mark und wird der größte Theil zu 4 1/2, der kleinere zu 5 % verzinst.

13. Die Buchführung ist sehr einfacher Natur: ich schreibe Einnahmen und Ausgaben durcheinander, Alles in ein Buch. Die Haushaltungsausgaben werden nicht aufgezeichnet.

14. Fällt aus.

16. Wenn ich das auf Spekulation bereits gebaute und das noch im Bau befindliche Haus gut verkaufen kann, habe ich keinen Anlaß, mit dem Geschäft ganz unzufrieden zu sein. Als ich vor 13 Jahren hierher übersiedelte, besaß ich 12,000 Gulden. Einige Jahre später kam ich in einigen größern Ganten um mein ganzes Vermögen. Heute besitze ich Liegenschaften im Anschlag von 104,000 Mark, und Schulden im ungefähren Betrag von 83,000 Mark. Das fertig gestellte Haus, welches mir 6000 Mark jährlichen Miethzins bringt, ist dabei auf 80,000 Mark veranschlagt. Ich habe somit wieder ein reines Vermögen von etwa 20,000 Mark erworben. Ich glaube, daß ich dies hauptsächlich dem Bauen auf Spekulation zu verdanken habe.

b. Allgemeine Geschäftslage.

Ueber die allgemeine Geschäftslage macht der Erschienene die gleichen Angaben

28*

wie A. K. mit folgenden Aenderungen.

Zu 1. Ob die Backofenbauer und Kaminbauer gute Geschäfte machen, ist mir nicht bekannt.

Zu 8. c. Der Unterricht, welcher an der hiesigen Gewerbeschule gegeben wird, ist mir gänzlich unbekannt; ich bin deßhalb auch nicht in der Lage, ein Urtheil über denselben abzugeben.

g. Zu der Winterszeit, wo das Maurerhandwerk still steht, gehen viele junge Leute in die Fabriken, um etwas zu verdienen, bis sie wieder auf ihrem Geschäfte arbeiten können.

Zu 9. b. Das Fortlaufen ohne Kündigung ist allerdings geradezu zur Regel geworden und kommt häufig genug auch unter der Woche vor.

d. Wöchentliche Lohnzahlung ist üblich, doch kommt es, in meinem Geschäfte wenigstens, nicht selten vor, daß die Leute schon unter der Woche Abschlagszahlungen verlangen und erhalten, weil sie keinen Pfennig im Besitz haben.

Zu 10. Als ich meinen Kredit aufnahm, habe ich mich zuerst an verschiedene hiesige Banken gewendet, konnte aber nur eine Zusage bis zu 58,000 Mark erhalten; die Münchener Boden-Kredit-Anstalt hat mir dann auf das gleiche Pfandobjekt und zu nahezu denselben Bedingungen 68,000 Mark gegeben.

12. Seit durch die Einführung der Gewerbefreiheit die Mitbewerbung sehr zugenommen hat, ist die Arbeitsgelegenheit entsprechend zurückgegangen. Wenn einer recht billig, oder vielmehr zu Schleuderpreisen arbeitet, kann er freilich immer noch genug zu thun bekommen; wer aber vernünftig rechnet und nur zu wirklich lohnenden Preisen Arbeit annimmt, dem fehlt es manchmal an Beschäftigung.

Zu 16. Meines Erachtens sind die vielen und hohen Steuern und Zölle mit eine Hauptsache des gesteigerten Lebensunterhalts.

Zu 17. Außer dem schon erwähnten Umstande, daß das Maurergewerbe vielfach von Leuten, die dasselbe gar nicht erlernt haben, geführt wird und außer der zum großen Theil dadurch hervorgerufenen bedeutenden Mitbewerbung, wüßte ich hier nichts anzuführen.

c. Vorschläge zur Verbesserung des Kleingewerbes.

1. Das Lehrlings- und Gesellenwesen sollte vor Allem geordnet werden. Die Lehrzeit sollte 3 Jahre dauern und ein Gesellenstück vorgeschrieben sein; ebenso ein Meisterstück für den Gesellen, der sich selbständig niederlassen will. Die Prüfungen wären durch die Zunft vorzunehmen, welche zu diesem Behufe wieder eingerichtet werden sollte, und zwar durch Gesetz für jeden Meister. Wer das Meisterstück nicht besteht, sollte von der Zunft und auch vom selbständigen Gewerbebetrieb ausgeschlossen sein. Nur durch eine solche Einrichtung könnte wieder Ordnung in das Gewerbe gebracht und die Mitbewerbung der Pfuscher beseitigt werden. Letztere ist gerade deßhalb so gefährlich, weil diese Leute nicht zu rechnen verstehen und deßhalb durch ihre unsinnig niedern Angebote die Preise herunterdrücken. Zu Ziff. 2 und 3 weiß ich Nichts anzugeben.

3.
Maurer J. L. M. in Mannheim.
a. Eigene Verhältnisse des Befragten.

1. 60 Jahre alt, Wittwer, Vater von 2 Söhnen im Alter von 27 und 33 und

von 2 Töchtern im Alter von 23 und 25 Jahren. Der eine Sohn hilft mir im Geschäfte; außer ihm ist noch eine Tochter zu Hause.

2. Das Gewerbe habe ich gelernt von 1840 bis 1843 bei Maurermeister R. hier. Nach beendigter Lehrzeit wurde ich von der Zunft ausgeschrieben, aber, wie dies bei uns Maurern üblich war, ohne Prüfung. Von da an bis zu meiner Niederlassung als Meister war ich ständig hier; die ersten 2 Jahre als Geselle, die übrige Zeit als Bauführer, jeweils beim gleichen Meister. Außer der Volksschule wurde während der Lehrzeit damals dem Gesetze gemäß die Gewerbeschule besucht.

3. Siehe Anlage.

4. und 5. Ich betreibe ein Maurergeschäft, welches 1866 von mir gegründet wurde und sich seitdem hier befindet.

6. Ich besitze ein eigenes Haus. Der Miethwerth für Schuppen und Lagerplatz im Hof beträgt etwa 50 M.

7. und 8. Es kommt nur Handbetrieb vor. Zum Heben schwerer Steine werden lediglich Flaschenzüge verwendet.

9 a. Einen Lehrling halte ich nicht.

b. Ich beschäftige zwei Gesellen, beide ohne Kost und Wohnung. Ich gewähre nur Zeitlohn, welcher sich im Tag auf 2 Mark 70 Pf. und 2 Mark 90 Pf. stellt. Die Zahlung erfolgt jeweils am Ende der Woche ohne Zurückbehaltung und Vorauszahlung.

10. Die Arbeit dauert von Morgens 6 bis Abens 7 Uhr; regelmäßige Pausen werden gemacht: Vormittags 9 bis 9½, Mittags 12 bis 1 und Nachmittags 4 bis 4½ Uhr. Ich selbst arbeite nur sehr selten mit, wohl aber mein Sohn.

11. Gewerbebetrieb.

a. Das Gewerbe wird in seinem vollen Umfange betrieben.

b. In den letzten Jahren, seit die Preise bei den Neubauten so herunter gedrückt werden, mache ich fast ausschließlich Ausbesserungsarbeiten.

c. Der Arbeitsstoff wird von mir geliefert; abgesehen von den Hau= und Backsteinen gibt es keine Halbfabrikate.

d. Backsteine, Kalk und Ziegel beziehe ich von einem Ziegler von Mundenheim, jeweils eine Fuhre auf Kredit von einigen Monaten. Die Bruchsteine kommen aus dem Neckarthal und werden baar bezahlt.

e. Ich arbeite nur auf Bestellung.

f. Nach auswärts wird nicht gearbeitet.

g. und h. fallen aus.

i. Den Kunden wird, soweit sie nicht baar zahlen, oder ausdrücklich früher Rechnung verlangen, jeweils auf Neujahr Rechnung geschickt.

k. Es gibt immer Kunden, die auch dann noch die Zahlung verzögern und habe ich deßhalb schon öfters meine Forderungen gerichtlich einklagen müssen. Verloren habe ich auch schon und zwar berechne ich den ungefähren Verlust auf mindestens 200 Mark im Jahr.

l. Auch während der günstigen Jahreszeit fehlt es mir zeitweilig an Aufträgen, aber erst, seitdem ich grundsätzlich keine Neubauten mehr übernehme. Ich will eben lieber ab und zu die Arbeit einstellen, als mit Verlust arbeiten.

m. Im Winter habe ich während 2 bis 3 Monaten oft fast gar nichts zu thun,
so daß ich nur einen Gesellen behalte. Einige Ausbesserungen, z. B. an Feuerungsanlagen
kommen immer vor und bei besonders milder Witterung läßt sich auch die Arbeit bis zu
einem gewissen Grad fortsetzen.   Im Uebrigen beschäftigt man sich mit Ausbesserung
des Materials (Gerüstböcke, Flaschenzüge, Speiskästen 2c.).

12. Kredit wird nicht in Anspruch genommen.

13. Es wird nur ein Hauptbuch geführt, in welchem sämmtliche gelieferte Arbeit
unter Angabe der Arbeitspreise eingetragen wird; bei Zahlung erfolgt Strich im Buch.
Als Ausgabebelege dienen lediglich die Waarenrechnungen.   Die Haushaltungsausgaben
werden nicht aufgeschrieben.

14. Fällt aus.

15. Siehe Anlage.

16. und 17. Das Geschäft geht seit 5 Jahren jedes Jahr schlechter und ist an
Ueberschüsse gar nicht mehr zu denken. Früher, d. h. im Jahre 1880, als ich auch schon
keine Neubauten mehr übernahm, habe ich 7000 Mark an Taglöhnen ausbezahlt, jetzt
betragen diese noch 2000 Mark. Das Geschäft ist jetzt zu klein, um dabei etwas zu verdienen, besonders seit die stets wachsende Mitbewerbung die Preise herunter gedrückt hat.

b. Allgemeine Geschäftslage.

Ueber die allgemeine Geschäftslage macht der Erschienene die gleichen Angaben
wie A. K. mit folgenden Abweichungen:

Zu 2. Außer den Backsteinen sind auch noch die Hausteine als Halbfabrikate zu
bezeichnen, d. h. Fenstergewände, Gurten und sonstige gegliederte Arbeit, welche vom Steinhauer bezogen werden. Allerdings kommt dies in neuerer Zeit in der Regel nur noch
bei kleineren Bauausführungen vor, weil die Architekten derartige Lieferungen unmittelbar an die Steinhauer zu vergeben pflegen.

Zu 8 c. Der Unterricht an der hiesigen Gewerbeschule insbesondere für unser Fach
ist recht gut, wie ich an meinem jüngeren Sohn erfahren habe, der schon ein halbes Jahr
nach seinem Austritt aus der hiesigen Gewerbeschule die Meisterprüfung in der Holz-
mühlener Baugewerkeschule bestanden hat. Es wäre nur zu wünschen, daß bei Unterrichts-
zwang eingeführt würde.

Zu 12. Die Arbeitsgelegenheit für uns Maurer hat, soweit ich beobachten konnte,
seit 1880 Jahr für Jahr abgenommen. Der Grund liegt meines Erachtens darin, daß
die großen Unternehmer die meisten Geschäfte machen, und auch hinsichtlich der Ausbesserungsarbeiten die Mitbewerbung, insbesondere Seitens Nichtgelernter, stets zunimmt.

Zu 13. Das Herunterbieten der Preise nicht nur bei Submissionen, sondern auch
bei andern Arbeiten, und überhaupt das gegenseitige Abjagen der Verdienstgelegenheit ist
ein wahres Uebel in unserm Handwerk.

Zu 15. Meines Erachtens ist der Lebensunterhalt erst seit etwa 4 Jahren theurer
geworden, weil alle Lebensmittel im Preise gestiegen sind.

Zu 17. Hier wüßte ich außer den oben schon beklagten schlimmen Zuständen im
Lehrlings- und Gesellenwesen und außer der großen Mitbewerbung mit ihrem gegenseitigen
Herunterbieten und Kundenabjagen nichts mehr anzugeben.

c. Vorschläge zur Verbesserung des Kleingewerbes.

1. Es sollten wieder zwangsweise Innungen eingeführt werden; auf freiwillige

halte ich gar nichts. Diese Innungen sollten das Recht haben, Jeden, der das Hand=
werk selbständig treiben will, zu prüfen und, wenn er nicht genügende Fachkenntnisse nach=
weisen kann, zurückzuweisen, womit derselbe — da jeder Meister innerhalb der Innungen
stehen muß — zugleich vom selbständigen Gewerbebetrieb ausgeschlossen würde. Die
Innungen sollten auch das Lehrlingswesen regeln und zwar in der Weise, daß die
Lehrzeit 3 Jahre dauert und ein Gesellenstück abgelegt werden muß. Wer diesen An=
forderungen nicht genügt hat, den dürfte kein Meister als Geselle einstellen. Durch der=
artige Einrichtungen würde das Gewerbe gehoben und die sehr schädliche Mitbewerbung
der Pfuscher beseitigt.

Zu 2 und 3 weiß ich keine Vorschläge zu machen.

Maurer L. M. in Mannheim.   **Anlage.**
Vorbemerkung.

Erwerbsteuerkapital .	5100 M. —	Pf.
Betriebskapital	2100 „ —	„

Familienzahl: 2 Personen.
Anzahl der Lehrlinge und Gesellen: 2

Geschäftsergebnisse im Jahr 1884.
I. Ausgaben.
A. Gewerbe.

1 a. Miethwerthanschlag für Schuppen und Lagerplatz im eigenen Hause	100 M. —	Pf.
2 a. Unterhaltung und Ergänzung von Handwerkszeug und Maschinen	200 „ —	„
4. Persönlicher Arbeitsaufwand:		
b. für Hilfsarbeiter:		
aa. Löhne an Gesellen	2074 „ —	„
5. Aufwand für Beschaffung der Arbeitsstoffe	1500 „ —	„
7. Verlust an Ausständen	453 „ —	„
8. Zinsen des Anlage= und Betriebskapitals .	200 „ —	„
Summa .	4527 M. —	Pf.

C. Sonstige Ausgaben.

1. Ausgaben für den Haushalt der Familie (3 Familienmitglieder und kein Dienstbote) und zwar:		
a. Kost	1120 M. —	Pf.
b. Bekleidung	400 „ —	„
d. Heizung und Beleuchtung für Küche und Zimmer 2c.	80 „ —	„
e. Arzt und Apotheke	40 „ —	„
3 b. Unterhaltungsaufwand für das Gebäude	300 „ —	„
4. Feuerversicherung für:		
Gebäude . .	114 „ 61	„
6. Staatssteuer . .	34 „ 06	„
7. Gemeindeumlagen .	38 „ 78	„
Summa	6654 M. 45	Pf.

II. Einnahmen.
A. Gewerbe.

Bruttoeinnahme:

a. aus dem Gewerbebetriebe . . . . 6200 M. — Pf.

B. Sonstige Einnahmen.

1. aus Miethe . . . . 1900 M. — Pf.

Summa . 8100 M. — Pf.

Einnahmen 8100 „ — „

Ausgaben . . . . 6654 „ — „

Somit Mehreinnahme . 1446 M. — Pf.

B. Gesellen.
1.

K. J. M. von Heiligkreuzsteinach.

1. 34 Jahre alt, verheirathet, Vater von 4 Kindern im Alter von 6 Monaten bis 8 Jahren. Ich bin Mitglied des „Grundsteins zur Einigkeit", einer freien Hilfskasse für Maurer und Steinhauer, mit dem Sitz in Altona.

2. Maurer und Steinhauer.

3. Ich habe von 1865 bis 1869 bei Maurermeister Sch. dahier das Gewerbe erlernt. Ich war zwar, wie das in unserm Handwerk üblich, von Anfang an als Tag=löhner eingestellt, erhielt aber im Gegensatz zu vielen andern sog. Maurerlehrlingen eingehende Unterweisung und zwar durch meinen Vater, der als Unterakkordant oder Vorarbeiter bei Sch. beschäftigt war. Eine Lehrlingsprüfung habe ich nicht abgelegt, wohl aber habe ich ein Jahr lang die hiesige Gewerbeschule besucht.

4. Von 1869 bis 1873 war ich bei Maurermeister H. hier, dann bis 1875 bei Bauunternehmer Sch. hier, hierauf 2 Jahre in Frankfurt bei der Baugesellschaft „Bau=bank", 1/2 Jahr in Mannheim bei Fl. H., 1/2 Jahr in Stuttgart bei Werkmeister W. (der nur Kesselmauerungen macht), seitdem bin ich wieder in Mannheim und zwar in den ersten 3 Jahren in der L.'schen Fabrik (aber als Maurer) und später bei Architekt B., wo ich jetzt noch bin.

5. Wie vorhin erwähnt, war ich 3 Jahre als Maurer in der L.'schen Fabrik beschäftigt. Im Uebrigen kommt es in unserm Gewerbe keineswegs selten vor, daß die Leute zur eigentlichen Fabrikarbeit übergehen. Es hängt dies damit zusammen, daß der Maurer im Winter jeweils längere Zeit mit der Arbeit aussetzen muß, was besonders für Verheirathete ein großer Uebelstand ist. Eine große Zahl der im Winter in der Fabrik Arbeitenden kehrt dann mit dem Beginn der bessern Jahreszeit wieder zum Hand=werk zurück, Andere aber bleiben auch in der Fabrik.

6. Seit 1 1/2 Jahren arbeite ich bei Herrn B. hier.

7. Ungefähr 30 Hilfsarbeiter sind bei meinem Arbeitgeber beschäftigt.

8. Ich arbeite in diesem Jahr als Steinhauer, früher war ich Maurer und zwar Vorarbeiter.

9. Mein Meister ist Bauunternehmer. Zur Zeit bin ich, wie oben schon gesagt, als Steinhauer beschäftigt.

10. Kost und Wohnung stelle ich selbst.

11. Ich arbeite stets am Bau.

12. Sowohl als Maurer wie als Steinhauer muß ich das Werkzeug selbst stellen.

13. bis 15. fallen aus.

16. Die Arbeit dauert von Morgens 6 bis Abends 7 Uhr. Regelmäßige Pausen sind Vormittags von ½9 bis 9, Mittags von 12 bis 1 und Nachmittags von 4 bis ½5 Uhr. Sonntags wird nur ausnahmsweise gearbeitet, wenn nämlich eine dringende Nothwendigkeit hiefür vorliegt, z. B. beim Unterfangen von Gebäuden, bei Ausbesserungen in Fabriken und dergl. Seit ich bei Herrn B. bin, habe ich erst ein Mal Sonntags für ihn gearbeitet; dagegen besorge ich ab und zu an Sonn= und Feiertagen für mich kleinere Ausbesserungen in Privathäusern, was mir einen sehr willkommenen Nebenverdienst abwirft.

17. Mein Lohn beträgt 3 Mark 40 Pf. im Tag. Es findet wöchentliche und 14tägige Zahlung statt und zwar nachträglich; Rückbehaltung findet nur in wenigen Geschäften statt. Lohnabzüge kommen nicht vor.

18. Der Meister geht auf dem Bauplatz ab und zu und beaufsichtigt die Arbeiter. Die Lehrlinge — soweit man in unserm Gewerbe von solchen noch reden kann — werden von den Gesellen unterwiesen.

19. In dieser Hinsicht kann nichts erwähnt werden.

20. Streitigkeiten zwischen Gesellen und Meistern kommen insbesondere bei den Akkordarbeiten vor und wurden solche schon vor dem Bürgermeister zum Austrag gebracht.

21. Bei keinem Gewerbe ist der Lohn so nieder wie bei unserm. Wenn man bedenkt, daß der Maurer bei Wind und Wetter im Freien arbeiten muß und daß er dazu einen sehr unsichern Verdienst hat, indem er bei anhaltendem Regenwetter und während der kalten Winterszeit ganz aussetzen muß und dann gar nichts erhält, so erscheint ein Durchschnittstaglohn von 2 Mark 90 Pf. sicherlich als sehr niedrig. Daß die Vergütung für unsere Arbeit keine höhere ist, hat seine Ursache darin, daß die wenigsten Leute, die sich heutzutage als Maurergesellen ausgeben, das Geschäft ordentlich gelernt haben. Ich behaupte, daß von den z. B. hier beschäftigten Maurern noch nicht ein Viertheil das Handwerk recht versteht. Durch die Mitbewerbung dieser Pfuscher, welche natürlich für ihre geringe Arbeit keinen hohen Lohn beanspruchen können, werden unsere Arbeitslöhne heruntergedrückt.

22. Es besteht hier ein Fachverein für Maurer, welcher den Zweck verfolgt, seinen Mitgliedern durch Unterricht während der Feierabendstunden Gelegenheit zur Vervollkommnung ihrer Bildung zu geben. Bis jetzt hat der Unterricht noch nicht begonnen, weil die Mittel des Vereins zur Bestellung eines Lehrers noch nicht hinreichen. Die Mitgliederzahl beträgt etwa 40, also nicht viel mehr als 4% der hiesigen Maurer, deren Zahl ich auf etwa 1000 veranschlage.

23. Es sollte von Staatswegen ein niederster Taglohn im Betrage von 3 Mark festgesetzt werden, damit dem weiteren Herabdrücken der Arbeitspreise ein Ziel gesetzt wird. Sodann halte ich für wünschenswerth, daß Alles, was zum Unterricht in der Gewerbeschule nöthig ist, z. B. Reißbretter, Zeichenmaterialien und dergl. von der Schule gestellt wird; es hätten dann die Eltern unbemittelter Schüler nicht nöthig, förmliche Bittgesuche einzureichen und sich dadurch gewissermaßen als unterstützungsbedürftig an die Gemeinde zu wenden. Das Lehrlingswesen ist nicht geregelt, jetzt treten die jungen Leute gleich

nach der Schulentlassung als Handlanger oder Speisbuben ein und wenn sie dann körper=
lich kräftig geworden sind, schaffen sie sich Handwerkszeug an und verdingen sich als Gesellen.
Es sollte eine Lehrzeit von 3 Jahren festgesetzt und der Lehrling verpflichtet sein, während
dieser Zeit eine Gewerbeschule, oder, wo eine solche nicht besteht, doch wenigstens eine Art
Fortbildungsunterricht zu besuchen. Kein Meister dürfte einen Gesellen einstellen, der nicht
einen Lehrbrief vorweisen kann.

2.
Maurergeselle G. T. von Mannheim.

1. Ich bin 43 Jahre alt, verheirathet, Vater von 2 Kindern im Alter von
1 und 8 Jahren und gehöre als Mitglied dem Arbeiter=Fortbildungsverein, sowie der
damit verbundenen Hilfskasse an.

2. Ich arbeite als Maurer und Steinhauer.

3. Die Lehrzeit habe ich von 1856 bis 1859 bei Maurermeister Sch. hier
zurückgelegt. Einer alten Uebung gemäß wurde ich am Pochnstage (1859) vor der da=
mals bestehenden Zunft, jedoch ohne Ablegung einer Prüfung, „aufgedingt" und „losge=
sprochen", d. h. als Geselle erklärt. Die hiesige Gewerbeschule habe ich 2 Jahre lang
besucht.

4. Ich war immer hier in Arbeit und zwar bei Maurermeister Sch. 10 Jahre,
bei Maurermeister K. ebensolang und bin seitdem beim Nachfolger desselben, Maurer=
meister R.

5. In einer Fabrik habe ich noch nicht gearbeitet. Während der Wintermonate
arbeiten viele Maurer in den Fabriken, weil sie in ihrem Handwerk keinen Verdienst
haben. Ich selbst beschäftige mich im Winter mit Füllen der Eiskeller für Brauer.

6. bis 8. Seit 2 Jahren arbeite ich bei Maurermeister R., welcher fünf Gesellen,
2 Handlanger und 1 Taglöhner beschäftigt, als Geselle.

9. Mein Meister treibt das Maurerhandwerk. Ich arbeite Alles, was vorkommt.

10. Kost und Wohnung stelle ich selbst.

11. Ich arbeite stets am Bau.

12. Das Werkzeug, mit welchem ich arbeite, stelle ich selbst.

13. bis 15. fallen aus.

16. Die Arbeit dauert von Morgens 6 bis Abends 7 Uhr. Pausen werden
gemacht: Morgens von $\frac{1}{2}$9—9, Mittags von 12—1, Abends von 4—$\frac{1}{2}$5 Uhr.
Sonntags wird, abgesehen von ganz dringenden Arbeiten, nicht gearbeitet.

17. Ich arbeite auf Taglohn, welcher z. Zt. 3 M. beträgt. Die Zahlung ge=
schieht wöchentlich ohne Rückbehaltung und Abzüge, wie dies auch in den meisten andern
Geschäften üblich ist.

18. Der Meister macht die Zeichnungen und führt die Aufsicht. Lehrlinge haben
wir nicht.

19. Für weitere Ausbildung rc. der Gesellen geschieht nichts Besonderes.

20. Wenn Zwistigkeiten vorkommen, was meines Wissens nicht häufig ist, so wird
der betreffende Geselle fortgeschickt. Daß ein Meister vor dem Bürgermeister verklagt
worden wäre, ist mir nicht bekannt.

21. Das Maurergewerbe könnte in sofern zweckmäßiger betrieben werden, als die Meister mehr auf gute Arbeitspreise halten und sich nicht so herunterbieten sollten, wie dies heutzutage der Fall ist.

22. Der Arbeiter-Fortbildungsverein, welchem ich angehöre, und welcher Gehülfen aller Gewerbe aufnimmt, zählt jetzt beinahe 600 Mitglieder, darunter aber nur 12 Maurer.

23. Es sollte eine 3jährige Lehrzeit vorgeschrieben, und der Lehrling während der Dauer derselben zum Besuch der Gewerbeschule angehalten werden; wo keine solche besteht, sollte ein entsprechender sonstiger Unterricht eingerichtet werden. Als Geselle dürfte dann nur Der eingestellt werden, der sich durch Zeugniß eines Meisters über Zurücklegung der vorgeschriebenen Lehrzeit ausweist. Dagegen sollte dann von dem Gesellen, der sich als Meister niederlassen will, nichts Weiteres verlangt werden. Die Einrichtung einer Innung halte ich ebenfalls für geboten und zwar in der Weise, daß jeder Meister derselben beitreten muß, in Zukunft aber nur solche, welche die vorgeschriebene Lehrzeit durchgemacht haben, beitreten können, so daß also den Andern der selbständige Gewerbebetrieb untersagt würde. Von den vorgeschlagenen Einrichtungen verspreche ich mir im Allgemeinen eine Hebung des Gewerbes durch Steigerung der Arbeitstüchtigkeit und damit auch des Ansehens der Gewerbegenossen.

XVIII. Zimmerleute.

Einvernommen wurden:

a. Meister:	b. Gesellen:
1. F. W. H. in Mannheim.	1. F. H. von Strümpfelbrunn.
2. P. St. in Mannheim.	2. P. H. von Korb, A. Adelsheim.

A. Meister.

1.

Zimmermann F. W. H. in Mannheim.

a. Eigene Verhältnisse des Befragten.

1. Ich bin 50 Jahre alt, verheirathet, Vater von 3 Kindern, nämlich eines Sohnes von 17 und zweier Töchter von 13 und 15 Jahren. Der Sohn hilft im Geschäft.

2. Das Gewerbe wurde seiner Zeit beim Vater erlernt. Nach 3 Jahren wurde ich von der damaligen Zunft aufgedungen und losgesprochen und blieb noch einige Jahre im väterlichen Geschäfte. Nachdem ich hierauf 2 Jahre in der Fremde, nämlich in Berlin und München, praktisch und theoretisch gearbeitet hatte, kehrte ich wieder nach Hause zurück und übernahm die Leitung des väterlichen Geschäfts. Der Schulbesuch erstreckte sich auf die Volksschule, 5 Klassen der höheren Bürgerschule, 2 Jahreskurse der hiesigen Gewerbeschule und einen Jahreskurs der Münchener Bauakademie.

4. und 5. Ich betreibe ein Baugeschäft; dasselbe wurde von 1865 bis 1880 in Gemeinschaft mit einem Bruder und wird seit 1880 auf meine alleinige Rechnung betrieben. Eine Verlegung fand nicht statt.

6. Die Betriebsstätte befindet sich auf eigenem Grund und Boden und besteht aus Werk- und Lagerplatz mit Dampfsägerei, Kesselhaus, Materialschuppen und Werkstätte. Den Miethwerth veranschlage ich auf 7—8000 Mark.

7. Ich habe einen Großbetrieb eingerichtet und verwende in Folge dessen eine

29*

Anzahl Maschinen, die im Kleinbetrieb nicht vorkommen, z. B. Zirkularsägen, ein Voll=
gatter, eine Hobelmaschine.

8. Als Triebkraft benütze ich einen Dampfkessel von etwa 15 Pferdekräften. Zur
Unterhaltung der Maschinen habe ich einen besonderen Wärter aus meinem Arbeits=
personal bestellt.

9 a. Unter den Zimmerleuten, die ich beschäftige, befinden sich 2 Lehrlinge, die
von mir weder Kost noch Wohnung, dagegen einen Taglohn von 80 Pf. im ersten, 1 Mark
im zweiten und 1 Mark 20 Pf. im dritten Jahre erhalten. Schriftliche Lehrverträge
schließe ich nicht ab. Um die weitere Ausbildung der jungen Leute kann ich mich nicht
kümmern, sondern muß dieselbe einem besondern Vorarbeiter überlassen, ich halte aber
darauf, daß die Lehrlinge in die Gewerbeschule gehen.

b. Zur Zeit stellt sich mein Hilfspersonal, bestehend aus Maurern, Zimmerleuten,
Schreinern, Steinhauern, Sägern ꝛc., auf etwa 100 Köpfe, und sind darunter ungefähr
20 Zimmergesellen; dieselben sind nach der Zeit gelohnt, müssen sich selbst verköstigen,
auch die Wohnung selbst stellen und erhalten einen Taglohn von 2 Mark 50 Pf. bis 3
Mark, welcher bei Vorarbeitern bis zu 4 Mark steigt. Die Zahlung erfolgt jeweils am
Ende der Woche ohne Rückhaltung.

10. Wir beginnen die Arbeit Morgens 6, und hören Abends 7 Uhr auf.
Pausen finden statt: Morgens von 1/2 9 — 9, Mittags von 12—1 Uhr und Nachmittags
von 4 — 1/2 5 Uhr.

11. Gewerbebetrieb.

Wie ich bereits oben bemerkt habe, führe ich ein großes Baugeschäft, in welchem
ich Arbeiter fast aller Baugewerbe beschäftige. Das Zimmermannsgewerbe als solches
tritt hierbei zurück, und hat die Beantwortung der unter a bis m gestellten Fragen hier,
wo es sich lediglich um das Zimmermannsgeschäft als Kleingewerbe handelt, keinen
Zweck, weil sich dieselbe nur auf das Baugeschäft und nicht auf das Zimmermanns=
gewerbe, welch' letzteres ich nur als Unterabtheilung des Baugeschäfts betreibe, be=
ziehen könnte.

12. Siehe Antwort zu 11.

13. Meine Bücher lasse ich durch einen gelernten Buchhalter führen.

14. fällt aus.

Zu 15. bis 17. muß ich auf das zu 11. Gesagte verweisen; die Vorlage einer
Schlußabrechnung meines Baugeschäftes hätte keinen Zweck, da hieraus Schlüsse auf die
Lage des Zimmergeschäfts als Kleingewerbe nicht gezogen werden können.

b. Allgemeine Geschäftslage.

Ueber die allgemeine Geschäftslage des Zimmergewerbes kann ich so ziemlich Aus=
kunft geben, weil ich durch meine frühere geschäftliche Thätigkeit und meinen langjährigen
Verkehr mit Zimmerleuten die bezüglichen Verhältnisse kennen gelernt habe.

1. Das Zimmergewerbe wird von den einzelnen Meistern in der Regel in seinem
vollen Umfange betrieben. Als Spezialität hat sich nur die Brunnenmacherei heraus=
gebildet; es mag jetzt 8—10 Vertreter dieser Spezialität hier geben.

2. Die meisten Zimmerleute beziehen heutzutage das Bauholz in vorgearbeitetem
Zustande von den Sägmühlen.

3. Die Kleingewerbsmeister arbeiten wohl alle nur für hiesige Kundschaft und auch

die größern Geschäfte arbeiten nur selten nach auswärts.

4. Fällt weg.

5. Meines Wissens haben die hiesigen Zimmermeister alle ihr Handwerk gelernt; es besteht hier aber eine größere Anzahl von Baugeschäften, deren Inhaber Architekten und Maurermeister und dergl. sind und das Zimmerhandwerk gewissermaßen als Neben= geschäft betreiben, indem sie eine entsprechende Zahl von Zimmergesellen einstellen und so die bei Bauten vorkommenden Zimmerarbeiten auf ihre Rechnung ausführen.

6. Kommt hier nicht vor.

7. In den Kleinbetrieben wird in der Regel nur von Hand gearbeitet. Die Werkzeuge sind in letzter Zeit einiger Verbesserung unterworfen worden; es sind hier insbesondere amerikanische Säge und Bohrer zu nennen, die jetzt wohl in allen Werk= stätten eingeführt sind.

8. Lehrlingswesen.

a. In Kleinbetrieben wird sich wohl der Meister um die Ausbildung des Lehr= lings kümmern.

b. Eine Schulwerkstätte scheint mir kein Bedürfniß zu sein, dagegen halte ich

c. den Besuch eines gewerblichen Unterrichts für den Zimmermannslehrling für durchaus nöthig und befürworte deßhalb den zwangsweisen Besuch der Gewerbschule.

d. Ein schriftlicher Lehrvertrag ist meines Wissens in unserm Gewerbe als eine Ausnahme zu bezeichnen, doch ist es allgemein üblich, daß mündlich eine 3jährige Lehr= zeit verabredet und den jungen Leuten sofort nach Eintritt ein Taglohn (im Durchschnitt von 1 Mark) zugesagt wird.

e. Daß die Lehrlinge dann die 3jährige Lehrzeit nicht aushalten, kommt öfters vor; geschehen ist dagegen noch nichts, ich wüßte auch nicht, wie man diesen Mißstand bekämpfen sollte.

f. Nach dieser Richtung hin stehen mir Erfahrungen nicht zu Gebote.

g. Die ausgelernten Zimmerleute bleiben beim Handwerk, und kann von einem Uebergang zur Großindustrie nur in dem Sinne die Rede sein, daß sie nicht selten bei großen Bauunternehmungen u. s. w. Arbeit nehmen.

9. Gesellenwesen.

a. Soweit mir bekannt, hat sich in unserem Gewerbe der Mangel an tüchtigen Gesellen noch nicht besonders fühlbar gemacht. Wir bekommen viele Leute aus Nord= deutschland, die Dank dem dort bestehenden Innungswesen meist eine ordentliche Lehre durchgemacht haben.

b. Gerade unter den Norddeutschen sind aber auch Leute, die mehr als nöthig im Wirthshaus sitzen und dann mitunter auch Krakehl machen. Es hängt dies damit zu= sammen, daß sie unter sich noch von Alters her zünftige Gewohnheiten haben, bei denen es ohne Trinken nicht abgeht. Sie tragen auch noch alle den großen Schlapphut als Handwerkstracht und halten bei der Wanderung durch die Ortschaften den Stock unter dem Rock. Unbefugter Austritt kommt auch vor, doch laufen die Leute nicht, wie bei den Maurern in der Regel, ohne Kündigung weg.

c. Die Löhne werden sich in den letzten 5 Jahren ziemlich gleich geblieben sein.

d. Wöchentliche Zahlung ist die Regel. Von Zurückbehaltungen und Voraus= zahlung ist mir nichts bekannt.

e. Zur Hebung des Gesellenwesens ist nichts Besonderes geschehen.

f. fällt aus.

g. Streitigkeiten sind nicht häufig. Eine andere Spruchbehörde als das Bürger=
meisteramt gibt es hier nicht. Gegen die Errichtung eines Gewerbegerichts habe ich
nichts einzuwenden.

10. Meines Erachtens ist der Zinsfuß bei den hiesigen Kreditinstituten im All=
gemeinen zu hoch.

11. Das Holz wird wohl in der Regel von den Sägebesitzern oder auch von
den hiesigen Holzhändlern gegen 3 Monate Ziel bezogen. Die Menge des jeweiligen
Bezugs hängt von der Größe des Geschäfts ab. Eine wesentliche Preissteigerung ist
nicht eingetreten.

12. So viel mir bekannt, hat eine Anzahl hiesiger Zimmergeschäfte keineswegs
genügende Arbeitsgelegenheit. Dieser Zustand besteht schon eine Reihe von Jahren
und kann nicht als vorübergehend bezeichnet werden. Der Hauptgrund dieses Rückgangs
liegt darin, daß sich mit der Zeit immer mehr Architekten und sonstige Bauunternehmer
aufgethan haben, die mit Umgehung der Zimmermeister die Zimmerarbeit für ihre Neu=
bauten auf eigene Rechnung fertigstellen lassen. Auch kommt es vor, daß die Sägmüller
und Holzhändler vom badischen und württembergischen Schwarzwald bei Vergebung
größerer Arbeiten, wenn auch nicht dem Namen nach), so doch thatsächlich als Akkor=
danten auftreten, und der Zimmermeister, auf dessen Namen der Akkord geht, lediglich
den Arbeitslohn für das Abbinden und Aufschlagen der Hölzer erhält.

13. Das Abbieten, wie es im Baugeschäfte überhaupt üblich geworden, macht
sich auch für das Zimmergewerbe unangenehm fühlbar. Es ist hier namentlich eine Firma,
die ich nicht näher bezeichnen will, welche um ganz unbegreiflich niedern Preis arbeitet
und dadurch auch für Andere den Preis herabdrückt.

14. In der Regel wird auf Kredit gearbeitet, schon deßhalb, weil mancher Bau=
herr den Handwerker erst dann bezahlen kann, wenn er auf den Neubau eine Pfandschuld
aufnimmt.

15. Ich glaube, daß der Aufwand für den Lebensunterhalt seit etwa 10 Jahren
so ziemlich gleich hoch ist; jedenfalls trägt die Steigerung der Lebensansprüche hieran
auch Schuld.

16. Im vorigen Jahre waren Unterhandlungen wegen Gründung einer Innung
im Gange, wurden aber von einer hiesigen Firma (Baugeschäft) hintertrieben.

17. Hier ist nichts weiter anzugeben.

18. Von Benützung dieser Anstalten durch Angehörige des Zimmergewerbes ist
mir nichts bekannt.

c. Vorschläge zur Verbesserung des Kleingewerbes.

1., 2. und 3. Da ich, wie schon oben bemerkt, nicht zu den Kleingewerbsmeistern
gehöre, so bin ich auch nicht in der Lage, bestimmte Vorschläge zur Abhülfe von Miß=
ständen zu machen; denn wenn ich auch gerne glaube, daß dem Kleingewerbe da und
dort vielleicht geholfen werden könnte, so bin ich mit den bezüglichen Verhältnissen doch
nicht so vertraut, daß ich meinerseits bestimmte Mittel und Wege zur Abhülfe an=
geben könnte. Erwähnen will ich nur, daß mir die Errichtung von Gewerbekammern
nach dem Muster der Handelskammern wünschenswerth erscheint, damit die Interessen des

Gewerbes entsprechende Vertretung finden können.

——————

2.
Zimmermann P. St. von Mannheim.
a. Eigene Verhältnisse des Befragten.

1. Ich bin 50 Jahre alt, verheirathet, Vater eines Sohnes von 19 Jahren und dreier Töchter im Alter von 13, 21 und 23 Jahren. Die Kinder sind alle zu Haus, der Sohn hilft im Geschäfte.

2. Ich habe das Zimmergewerbe in 3jähriger Lehrzeit bei dem inzwischen verstorbenen Zimmermeister H. hier erlernt und wurde 1850 vor der damals bestehenden Zunft aufgedingt, d. h. als Lehrling eingeschrieben. „Losgesprochen" wurde man am Ende der Lehrlingszeit; ob dies bei mir noch stattfand, weiß ich nicht mehr, jedenfalls aber erhielt ich einen Lehrbrief. Als Geselle habe ich ein Jahr lang in Berlin gearbeitet, die übrige Zeit hier. Ich besuchte hier die Volksschule, dann 5 Klassen der höheren Bürgerschule und 6 Jahre lang die Gewerbschule.

3. Siehe Anlage.

4. Ich besitze ein Zimmergeschäft. Einen Nebenverdienst beziehe ich dadurch, daß ich seit 1872 die Stelle eines Bezirksbauschätzers und Feuerschauers bekleide. Die Einnahme aus diesen Aemtern beträgt etwa 30 % meiner Gesammteinnahmen.

5. Ich habe das Geschäft 1863 gegründet, und befindet sich dasselbe seitdem hier.

6. Den zu meinem Geschäftsbetrieb nöthigen Zimmerplatz habe ich um den Betrag von jährlich 200 Mark gemiethet und darauf aus eigenen Mitteln mit einem Aufwand von 7 bis 800 Mark einen Schuppen erstellt.

7. und 8. Es findet nur Handbetrieb statt.

9. a. Lehrlinge habe ich nicht.

b. Ich beschäftige sieben Gesellen, wovon aber keiner Kost und Wohnung erhält. Der Lohn wird nach der Zeit und zwar zwischen 3 Mark und 3 Mark 50 Pf. im Tag bezahlt. Die Auszahlung geschieht am Ende der Woche ohne Rückbehaltung und Vorausbezahlung.

10. Die Arbeit dauert von Morgens 6 bis Abends 7 Uhr, regelmäßige Pausen werden gemacht: Morgens von ½9 bis 9, Mitags von 12 bis 1 und Abends von 4 bis ½ 5 Uhr. Ich selbst helfe, soweit ich nicht anderwärts in Anspruch genommen bin, mit.

11. Gewerbebetrieb.

a. Das Gewerbe wird in seinem vollen Umfange betrieben, ohne Arbeitstheilung.

b. In meinem Geschäfte kommen sowohl Neuherstellungen, als auch Ausbesserungen vor.

c. Das Holz wird jeweils von mir geliefert; für größere Arbeiten an Neubauten beziehe ich dasselbe von der Sägmühle in vorgearbeitetem Zustande.

d. Als Arbeitsmaterial wird Rundholz (Stämme) in Abtheilungen von 6 bis 8 „Gester" von den hier landenden Flößen gegen 3 Monate Ziel gekauft. Im Uebrigen wird der Bedarf an Bauholz jeweils nach Bedarf unter Beifügung genauer Verzeichnisse (Holzliste) bei den Sägemühlen bestellt, welche ebenfalls Kredit auf 3 Monate gewähren.

e. und f. Ich arbeite nur auf Bestellung und in der Regel nur für den Ort und die nächste Umgebung.

g. und h. fallen aus.

i. Bei größeren Bauten wird in der Regel bedungen, daß während des Bauens und im Verhältniß zum Fortschritt der Arbeiten Abschlagszahlungen bis zum Betrag von ⅘ der Akkordsumme gemacht werden sollen, während der Rest erst nach der Abrechnung über den Neubau zur Auszahlung gelangen soll. Bei kleineren Arbeiten wird nach Vollendung derselben Rechnung geschickt, bei ganz kleinen erst am Jahresschluß.

k. Der Eingang der Ausstände ist nicht immer pünktlich zu nennen; zu gerichtlicher Betreibung entschließe ich mich nicht gerne, weil wegen Zahlungsunfähigkeit der Schuldner selten etwas dabei herauskommt. Verlust von Ausständen ist auch nicht gerade selten; im vergangenen Jahre betrug er 230 Mark, etwa 10 % der Geschäftseinnahme.

l. Daß es mir zeitweilig an Aufträgen fehlte, kann ich nicht sagen, obwohl ich früher, d. h. vor 10 bis 15 Jahren entschieden mehr zu thun hatte und deßhalb durchschnittlich mit der doppelten Gesellenzahl arbeitete.

m. In den Wintermonaten geht unser Geschäft natürlich bedeutend flauer und muß unter Umständen, je nach den Witterungsverhältnissen, auch ganz ruhen. Ich ermäßige dann in der Regel mein Arbeitspersonal auf 2 Mann, welche sich mit Instandsetzung der Werkzeuge und mit kleineren Ausbesserungen, deren es immer welche gibt, beschäftigen; ich selbst bin während des Winters durch das Einschätzungsgeschäft in Anspruch genommen.

12. Ich habe zur Beschaffung des Betriebskapitals einen Kredit von 4 bis 5000 Mark in Anspruch genommen und zwar bei einem guten Freunde, dem ich 5 % zahle. Von den hier bestehenden Kreditinstituten hätte ich wohl schwer Geld erhalten, weil ich keine Unterpfands-Sicherheit zu stellen vermag.

13. Ich führe ein Kassenbuch, in welches jede Einnahme und jede Ausgabe eingetragen wird, ferner ein Kontobuch über sämmtliche Geschäftsvorgänge mit „Soll" und „Haben" und endlich eine Strazze (Schmierbuch). Was in die Haushaltung geht, wird als Geschäftsausgabe in's Kassenbuch eingetragen.

14. Das Amt eines Bezirksbauschätzers und Feuerschauers besorge ich allein und erhalte hiefür meine Tagesgebühren.

15. Siehe Anlage.

16. und 17. Der Geschäftsabschluß ist durchaus nicht befriedigend, und wäre es sehr fraglich, ob ich mit den Einnahmen aus dem Geschäft allein ohne den Nebenverdienst eines Feuerschauers und Bezirksbauschätzers überhaupt bestehen könnte. Dieses unerfreuliche Ergebniß steht nicht vereinzelt da, sondern wiederholt sich seit etwa 10 Jahren. Die stets zunehmende Wettbewerbung bringt es eben mit sich, daß die Arbeitsgelegenheit geringer und vor Allem der Arbeitspreis billiger wird.

b. Allgemeine Geschäftslage.

1. Sämmtliche hiesigen Meister betreiben das Gewerbe in seinem vollen Umfange. Es macht auch wohl Jeder Brunnen, wenn er Bestellung hiefür erhält; ich glaube deßhalb nicht, daß man die Brunnenmacherei als Spezialität bezeichnen kann.

2. Das Bauholz für Neubauten wird häufig in vorgearbeitetem Zustande von den Sägmüllern bezogen; auch werden vorgearbeitete Hölzer zu Gesimsen, sowie gehobelte

Schnittwaaren zu Böden als Halbfabrikat von den Säge= und Hobelwerken geliefert.

3. Der Zimmermann arbeitet, wenn er nicht gleichzeitig Bauunternehmer ist, nur auf Bestellung.

4. fällt aus.

5. Die hiesigen Zimmermeister haben, soweit mir bekannt ist, Alle das Gewerbe erlernt; dagegen sind hier eine Anzahl Bauunternehmer, welche in unserm Gewerbe nie gearbeitet haben und dasselbe gewissermaßen als Nebengewerbe ausüben, indem sie als Unterabtheilung der Baugeschäfte auch ein Zimmergeschäft betreiben, bezw. durch, im Taglohn eingestellte, Zimmergesellen betreiben lassen.

6. Kommt hier nicht vor.

7. Der Zimmermann, der nicht zugleich Bauunternehmer ist, beschränkt sich in der Regel auf den Handbetrieb; doch kommen in einzelnen großen Zimmergeschäften auch Hülfsmaschinen, nämlich: Säg= und Hobelmaschine zur Anwendung, die aber dann mit Dampf betrieben werden und deßhalb für den Kleingewerbsmann viel zu theuer sind. Solche Maschinen sind hier in 3 Geschäften, von denen 2 zugleich Baugeschäfte sind, während in dem dritten auch Bauschreinerei und Glaserei betrieben wird.

8. Lehrlingswesen.

a. Soweit mir bekannt, werden die Lehrlinge auf den Zimmerplätzen durch die älteren Gesellen unterwiesen.

b. Die Errichtung einer Schulwerkstätte für unser Gewerbe ist kaum durchführbar und erscheint auch nicht nöthig.

c. Ein Zimmermann muß unbedingt gut zeichnen können, was er in der hiesigen Gewerbeschule auch vollkommen lernen kann. Es wäre nur zu wünschen, daß der Unter=richtszwang eingeführt würde.

d. Schriftlicher Lehrvertrag ist selten; die jungen Leute werden in der Regel gleich gegen Bezahlung eingestellt, ohne daß eine weitere Verabredung getroffen würde.

e. Da in der Regel eine bestimmte Lehrzeit gar nicht ausgemacht ist, so kann von einem gesetzwidrigen Verlassen der Lehre auch kaum die Rede sein. Wenn's den jungen Leuten eben nicht mehr gefällt, oder wenn sie glauben, anderwärts mehr verdienen zu können, so laufen sie weg, wie andere bezahlte Arbeiter auch und der Meister kümmert sich nicht weiter darum.

f. Solche Preisverleihungen halte ich unter allen Umständen für gut, kann aber von Erfahrungen in dieser Hinsicht nicht reden.

g. Es kommt vielfach vor, daß gelernte Zimmerleute in Fabriken gehen, um dort ihr Handwerk auszuüben; die großen Fabrikanten halten nämlich vielfach ihre eigenen Zimmerleute.

9. Gesellenwesen.

a. Tüchtige Gesellen sind sehr selten, besonders solche, die selbständig arbeiten können. Die Leute haben keine genügende Handfertigkeit, und liegt ein Hauptfehler auch darin, daß sie wegen Mangels an gutem theoretischem Unterricht nicht recht verstehen, nach Zeichnung zu schaffen. Ich glaube übrigens, daß in den Fabriken und bei den Bauunternehmern tüchtigere Arbeiter sind; daß die Leute lieber dorthin gehen, ist leicht erklärlich, weil sie dort in der Regel ständige Beschäftigung für's ganze Jahr erhalten.

b. Das Betragen der Gesellen ist mitunter nicht lobenswerth, wie das bei den andern Gewerben wohl auch der Fall sein wird. Was den unbefugten Austritt betrifft, so mache ich bei Einstellung eines Gesellen jeweils die Bedingung, daß die Kündigung beiderseits wegfällt; wenn's Einem nicht mehr bei mir gefällt, so mag ich ihn lieber gar nicht haben, weil er dann doch nichts Rechtes mehr schafft; so viel ich weiß, wird es auch in andern Geschäften so gehalten.

c. Die Löhne sind seit 5 Jahren so ziemlich gleich geblieben.

d. Die Lohnzahlung geschieht theils wöchentlich, theils 14=tägig; von Vorausbezahlung und Rückbehaltung ist mir nichts bekannt.

e. Zur Hebung des Gesellenwesens ist nichts geschehen.

f. fällt aus.

g. Streitigkeiten zwischen Gesellen und Meistern kommen nicht selten vor und werden nöthigenfalls vor dem Bürgermeister zum Austrag gebracht. Die Errichtung von Gewerbegerichten halte ich nicht für nöthig.

10. Die Kreditanstalten sind genügend.

11. Die meisten Geschäfte halten es wohl wie ich, und kann ich hier nur auf das unter a. 11 d. Gesagte verweisen. Die Holzpreise unterliegen nur unwesentlichen Schwankungen.

12. Man kann im Allgemeinen nicht sagen, daß im Zimmergewerbe zur Zeit genügende Beschäftigung wäre. Dieser Zustand hat sich seit Einführung der Gewerbefreiheit allmählich herausgebildet, ganz in gleichem Verhältnisse, wie die Wettbewerbung allmählich gewachsen ist.

13. Die Arbeitspreise sind seit 10 bis 15 Jahren ganz erheblich zurückgegangen, und möchte ich behaupten, daß der Zimmermann heutzutage kaum mehr die Hälfte verdient von dem, was er früher verdiente. Als alleinige Ursache bezeichne ich das Herabbieten durch die Wettbewerbung. Wenn heutzutage ein Zimmermann einen Akford übernimmt, so sieht er gar nicht mehr darauf, ob er bei dem Geschäft, so wie es vorliegt, etwas verdienen kann; er bringt es eben unter allen Umständen an sich, in der Hoffnung, daß später Aenderungen des Plans eintreten und er dann seinen Gewinn herausschlagen könne. Wer vorsichtig rechnet, kann natürlich bei dieser Wettbewerbung nicht mehr mitmachen und sitzt dann ohne Arbeit da. Von ständiger Kundschaft kann man heutzutage auch nicht mehr reden, weil sie Jeder dem Andern abzujagen trachtet und das Herabbieten dann in der Regel seine Wirkung thut. Unterhandlungen wegen Bildung einer Vereinigung gegen das Herabdrücken der Preise waren im vorigen Jahr im Gange, scheiterten aber an der Uneinigkeit der Gewerbegenossen.

14. Soviel ich weiß, ist es in den meisten andern Geschäften damit gerade so bestellt, wie in dem meinigen, und kann ich deßhalb nur auf das unter a. 11 i. Gesagte verweisen.

15. In dieser Hinsicht kann ich mich nur dahin äußern, daß die Lebensansprüche in den letzten Jahren zugenommen haben und der Aufwand sich demgemäß vermehrt hat. Die Lebensmittelpreise sind kaum theurer wie vor 10 Jahren, wohl aber die Miethzinse.

16. Außer dem Gewerbeverein, dem aber nur wenige Zimmerleute angehören, besteht hier keine Vereinigung.

17. Außer der schon erwähnten Wettbewerbung und der damit zusammenhängenden Herabdrückung der Preise, ferner dem Umstande, daß die Fabrikanten ihre Zimmerarbeiten

vielfach durch eigene Arbeiter besorgen lassen, weiß ich nichts anzuführen.

18. Von Benützung der Staatsanstalten ist mir Nichts bekannt.

c. Vorschläge zur Verbesserung des Kleingewerbes.

1., 2. und 3. Von zwangsweisen Innungen bin ich kein Freund, auch wüßte ich nicht, in welcher Weise durch staatliche Anordnungen und Einrichtungen unserem Gewerbe genützt werden könte. Das Hauptgewicht lege ich auf die eigene gemeinsame Thätigkeit der Gewerbsgenossen, und zwar glaube ich, es sollten dieselben jeweils für größere Bezirke zu Vereinigungen zusammentreten, vor Allem um einen niedersten Arbeitslohn festzusetzen, aber auch die Regelung des Lehrlings= und Gesellenwesens in die Hand zu nehmen. Ueber die näheren Bedingungen will ich hier keine weitere Auseinandersetzung geben, die Hauptsache wäre, daß eine Vereinigung überhaupt zu Stande kommt, und würde sich das Uebrige von selbst finden.

Zimmermann P. St. in Mannheim.   **Anlage.**
Vorbemerkung.

Betriebskapital	.	.	4000 „ — „
Anlagekapital	.	.	2000 M. — Pf.

Familienzahl: 6 Personen.
Anzahl der Lehrlinge und Gesellen: 4.
Geschäftsergebnisse im Jahre 1884.
I. Ausgaben.
A. Gewerbe.

1 b. Miethzins für den Zimmerplatz	200 M. — Pf.
2 a. Unterhaltung und Ergänzung von Handwerkszeug .	300 „ — „
b. Abschreibung am Werthe von Handwerkszeug	100 „ — „
4. Persönlicher Arbeitsaufwand:	
b. für Hilfsarbeiter:	
aa. Löhne an Lehrlinge und Gesellen .	2560 „ — „
5. Aufwand für Beschaffung der Arbeitsstoffe .	17850 „ — „
7. Verlust an Ausständen	230 „ — „
8. Zinsen des Anlage= und Betriebskapitals .	252 „ — „
Summa .	21492 M. — Pf.

C. Sonstige Ausgaben.

1. Ausgaben für den Haushalt der Familie (6 Familienglieder und kein Dienstbote) und zwar:	
a. Kost . .	1825 M. — Pf.
b. Bekleidung	205 „ — „
c. Unterricht	18 „ — „
d. Heizung und Beleuchtung für Küche und Zimmer (auch Arbeits= zimmer)	128 „ — „
e. Arzt und Apotheke	54 „ — „
2. Miethzins für die Wohnung nach Abzug des schon unter A. 1 verrechneten Betrags . . .	400 „ — „
Uebertrag .	24122 M. — Pf.

30*

Uebertrag . 24122 M. — Pf.

4. Feuerversicherung für:

Gebäude . .	— „ 54 „
Fahrniſſe . . .	25 „ 40 „
5. Lebensversicherung	40 „ — „
6. Staatsſteuer . .	18 „ 20 „
7. Gemeinde=Umlagen .	. . . . 20 „ 72 „

Summa . 24226 M. 86 Pf.

II. Einnahmen.
A. Gewerbe.

Bruttoeinnahme:

aus dem Gewerbebetriebe . . . . 22016 M. — Pf.

C. Sonſtige Einnahmen.

4. ſonſt .	. . 1880 „ — „
Ausgaben .	. 24227 „ — „
Einnahmen	. . . . . 23896 „ — „

Somit Mehrausgabe . 331 M. — Pf.

B. Geſellen.
1.
F. H. von Strümpfelbronn.

1. Ich bin 34 Jahre alt, verheirathet, Vater eines Kindes von 3/4 Jahren und Mitglied des katholiſchen Geſellenvereins.

2. Zimmermann.

3. Die Lehrzeit habe ich von 1867 bis 1870 bei Zimmermeiſter B. in Eber=bach gemacht. Eine Lehrlingsprüfung wurde mir nicht auferlegt. Als Geſelle habe ich in den Jahren 1871, 72 und 1873 die hieſige Gewerbeſchule beſucht.

4. Nach Beendigung der Lehrzeit war ich zuerſt in Heilbronn und zwar 1/2 Jahr lang bei einem Meiſter; dann kam ich nach vorübergehendem Aufenthalt in der Heimath hierher und arbeitete etwa 1 Jahr lang bei Zimmermeiſter H., dann 1/2 Jahr bei Zimmermeiſter W., nachdem dieſer das Geſchäft aufgegeben, 2 Jahre lang bei Zimmer=meiſter B. Wittwe und ſeitdem bei Zimmermeiſter B.

5. In einer Fabrik habe ich noch nicht gearbeitet, es iſt mir auch nicht bekannt, ob der Uebergang vom Zimmermannshandwerk zur Fabrikarbeit häufig vorkommt.

6. Seit 11 Jahren arbeite ich bei B.

7. Mein Meiſter hat zur Zeit 11 Geſellen; im Durchſchnitt Sommers 10, Winters 4. Ich ſelbſt bin Sommer und Winter hindurch ſtändig bei ihm.

8. Ich bin Vorarbeiter.

9. Mein Meiſter betreibt das Zimmergewerbe in ſeinem vollen Umfange. In einer Spezialität bin ich nicht beſchäftigt.

10. Koſt und Wohnung ſtelle ich ſelbſt.

11. Ich werde in der Werkſtätte und am Bau beſchäftigt.

12. Werkzeug habe ich nicht zu ſtellen.

13. Das Werkzeug iſt noch ſo ziemlich das altherkömmliche; neuere Konſtruktionen

sind mir nicht bekannt.

14. Maschinen sind nicht in Verwendung.

15. fällt aus.

16. Die Arbeit dauert im Sommer von Morgens 6 bis Abends 7 Uhr mit einer Stunde Pause über Mittag und je halbstündigen Pausen Vor= und Nachmittags. Sonntags wird nicht gearbeitet.

17. Ich erhalte einen Taglohn von 3 Mark 20 Pfg. Die Zahlung geschieht, wie dies in unserm Gewerbe üblich, jeweils am Ende der Woche ohne Rückbehaltung. Für Unfallversicherung wird mir wöchentlich ein Betrag von 15 Pfg. abgezogen, den Beitrag für die Ortskrankenkasse zahlt der Meister aus eigenen Mitteln, d. h. nur für mich, denn meine Mitarbeiter sind bei eingeschriebenen Hilfskassen.

18. Der Meister arbeitet nicht selbst mit, ist aber immer um den Weg und führt strenge Aufsicht, gibt auch den Gesellen die nöthige Anleitung. Lehrlinge haben wir nicht.

19. An Ermahnungen zu Fleiß und sittlichem Verhalten, sowie an Unterweisung in der praktischen Ausübung des Handwerks läßt es der Meister nicht fehlen, es ist dabei allerdings schon vorgekommen, daß Gesellen fortgelaufen sind, weil sie sich seine Ermah= nungen nicht gefallen lassen wollten.

20. Zwistigkeiten zwischen Meistern und Gesellen sind nicht gerade selten, werden aber nicht weiter zum Austrag gebracht, sondern endigen in der Regel mit der Entlassung bezw. dem Austritt der Gesellen.

21. Unser Gewerbe hat durch die Fortschritte der Neuzeit auf maschinellem Ge= biete bedeutend Einbuße erlitten und kann sich nach Lage der Sache unmöglich wieder zu seiner früheren Bedeutung aufschwingen. Soweit dasselbe heutzutage noch vortheilhaft betrieben werden kann, geschieht dies meiner Ansicht nach am hiesigen Platze.

22. Es besteht hier ein Fachverein für Zimmerleute, der meines Wissens gegen 156 Mitglieder zählt. Es wäre aber besser, wenn dieser gar nicht bestünde, denn sein Zweck und sein Erfolg ist lediglich der, die Gesellen gegen ihre Arbeitgeber aufzuhetzen und sie für die sozialistische Partei zu gewinnen. Es wird dort viel getrunken und raisonnirt, aber für das Wohl der Gewerbsgenossen nicht das Mindeste geleistet.

23. Ich weiß aus eigener Erfahrung, daß tüchtige Gesellen in unserem Gewerbe gegenwärtig eine große Seltenheit sind; es rührt dieser Mangel daher, daß die jungen Leute keine rechte Lehrzeit mehr durchmachen, und er kann meines Erachtens nur dadurch beseitigt werden, daß von jedem, der sich als Geselle verdingen will, ein Nachweis über zurückgelegte 3jährige Lehrzeit und bestandene Lehrlingsprüfung verlangt wird.

Zur Abnahme dieser Prüfung eignet sich am besten eine Innungsbehörde und wäre ich schon aus diesem Grunde für Wiedereinführung zwangsweiser Innungen. Ich will aber kein Zunftwesen, wie es früher war, sondern würde der Innung nur dann ein Ausschlußrecht gegen einen zur Aufnahme sich meldenden Gewerbsgenossen zugestehen, wenn dieser die von der Innungsbehörde unter staatlicher Aufsicht abzunehmende Meisterprüfung nicht bestehen kann, nicht auch schon dann, wenn die Zahl der bereits vorhandenen Meister dem örtlichen Bedürfnisse genügt und die Abweisung lediglich den Ausschluß weiterer Mitbewerbung zum Grund und Zweck hätte.

2.

P. H. von Korb, Amt Adelsheim.

1. Ich bin 28 Jahre alt, verheirathet, Vater von zwei Kindern im Alter von ³/₄ und 2¹/₄ Jahren und Mitglied des Lokalverbandes deutscher Zimmerleute (sog. Fach= vereins), sowie der centralisirten Krankenkasse für Bauhandwerker mit dem Sitz in Hamburg.

2. Ich bin Zimmermann.

3. Die Lehrzeit habe ich von 1872 bis 1875 bei Zimmermeister A. dahier zurückgelegt. Eine Lehrlingsprüfung wurde nicht von mir verlangt. Die ersten zwei Jahre der Lehrlingszeit habe ich die hiesige Gewerbeschule besucht.

4. Nach Beendigung der Lehrzeit war ich zuerst 1¹/₄ Jahr in Mühlhausen, dann 9 Wochen in Zürich, 1¹/₂ Jahr in Seen bei Winterthur, dann wieder 1¹/₄ Jahr in Mühlhausen, jeweils nur bei einem Meister. Im Jahre 1878 bin ich wieder hieher zurück und habe ein Jahr lang bei Zimmermeister R. gearbeitet, dann bin ich aber= mals in die Fremde und zwar nach Falkenburg in's Lothringische, wo ich ungefähr ⁵/₄ Jahre lang beim gleichen Meister arbeitete. Nach meiner Rückkehr von da bin ich bei Bauunternehmer Ludwig hier in Arbeit getreten, nach ³/₄ Jahren zu Zimmermeister Stephan gekommen und nach 3¹/₂ jähriger Arbeit bei diesem zu meinem jetzigen Meister.

5. In einer Fabrik habe ich noch nie gearbeitet, es ist mir auch nicht bekannt, daß viele meiner Gewerbsgenossen zur Fabrikarbeit übergehen.

6. und 7. Seit 14 Tagen arbeite ich bei Zimmermeister L. B. hier, welcher sieben Gesellen hat.

8. Ich bin Vorarbeiter.

9. Mein Meister treibt das Gewerbe in seinem vollen Umfange und habe ich jede vorkommende Arbeit zu verrichten.

10. Kost und Wohnung stelle ich selbst.

11. Ich arbeite auf dem Zimmerplatz und am Bau.

12. Werkzeug habe ich nicht zu stellen.

13. Das Werkzeug ist das altherkömmliche, von neuerer Konstruktion ist mir nichts bekannt.

14. Maschinen verwendet mein Meister nicht.

15. fällt aus.

16. Die Arbeit dauert von Morgens 6 bis Abends 7 Uhr, an Samstagen nur bis 6 Uhr. Pausen werden gemacht: Morgens von ¹/₂9—9 Uhr, Mittags von 12—1 und Abends von 4—¹/₂5 Uhr. Sonntags wird nur ausnahmsweise bei dringenden Be= stellungen geschafft.

17. Mein Lohn beträgt 4 Mark im Tag. Die Auszahlung geschieht, wie in den meisten Geschäften üblich, jeweils am Ende der Woche ohne Rückbehaltung. In manchen Geschäften behält übrigens der Meister immer 3—5 Mark vom Gesellen= lohn in der Hand als Haftgeld für das von ihm gestellte Werkzeug. Lohnabzüge kommen, abgesehen von den gesetzlichen Beiträgen zur Ortskrankenkasse, nicht vor.

18. Der Meister arbeitet, soweit er nicht anderwärts in Anspruch genommen ist, mit.

19. In dieser Beziehung kann ich nichts Besonderes angeben. Ich bemerke übrigens

dabei, daß mein derzeitiger Meister erst seit Neujahr das Geschäft selbständig betreibt.

20. Zwistigkeiten zwischen Gesellen und Meistern sind nicht selten und haben ihren Grund meines Erachtens darin, daß die Meister zu große Anforderungen an die Gesellen stellen. Sie übernehmen zu billige Akkorde und wollen dann durch die Schnelligkeit der Arbeit den Verlust am Preise wieder herausschlagen. Klagen der Gesellen vor dem Bürgermeisteramte kommen daher häufig vor.

21. Die Lage des Gewerbes läßt viel zu wünschen übrig, und sind daran die Meister meines Erachtens zum großen Theile selbst schuld. Sie sollten vor Allem bei den Akkordübernahmen besser rechnen und zum Schutze gegen das unsinnige Herunterbieten Mindestpreise festsetzen. Letzteres setzt allerdings eine Einigung voraus, die bisher noch nicht zu erzielen war, obwohl Versuche schon gemacht wurden. Wenn die Meister nicht mehr so ungünstige Arbeitsverträge eingehen, so können sie auch mehr auf die Gründlichkeit der Arbeit sehen, während jetzt die Schnelligkeit die Hauptsache ist, und einem Gesellen gar nicht mehr die Zeit gelassen wird, eine Arbeit pünktlich auszuführen.

22. Seitens der Meister ist gar keine Einrichtung zur Förderung der Ausbildung und des Wohles der Gesellen getroffen worden, die Meister bekümmern sich um die Gesellen so wenig wie um die Lehrlinge und nützen nur die Arbeitskraft ihrer Leute aus. In unserm Ortsverbande, dem jetzt ungefähr 50 Mitglieder angehören, haben wir eine sonntägliche Zeichenstunde eingerichtet, auch halten wir die Zeitschrift „Zimmerkunst"; politisirt wird nicht.

23. Der Durchschnittslohn beträgt gegenwärtig 2 M. 90 Pf. und ist entschieden zu nieder; er sollte auf mindestens 3 M. 40 bis 3 M. 50 Pfg. erhöht werden. Die Arbeitszeit sollte um eine Stunde verkürzt und schon um 6 Uhr Feierabend gemacht werden, damit den Gesellen besser Gelegenheit geboten wäre, in den freien Abendstunden ihre Ausbildung durch Besuch eines Unterrichts oder in sonstiger Weise zu fördern. Die Lehrlinge sollten nicht als Handlanger, sondern als wirkliche Lehrlinge betrachtet und behandelt werden. Die Lehrzeit sollte auf 2½ Jahre festgesetzt werden, und wären die Verpflichtungen des Meisters gegenüber den Lehrlingen durch schriftlichen Vertrag festzustellen. Was den niedersten Lohn und die höchste Arbeitszeit betrifft, so bin ich der Ansicht, daß die Meister, wenn sie von dem unvernünftigen Abbieten bei Arbeitsvergebungen abgehen und wieder nur um wirklich lohnende Preise arbeiten, diese Forderungen leicht erfüllen können und wohl auch werden. Trifft diese Erwartung nicht zu, dann bleibt allerdings nur gesetzlicher Zwang übrig.

XIX. Schreiner.
Einvernommen wurden:

a. Meister:	b. Gesellen.
1. J. S. von Langenbrücken.	1. Ch. K. von Geißelhardt, O. A. Oehningen.
2. L. W. von Mannheim.	2. F. K. von Hohengehren, O. A. Schorndorf.
3. A. W. von Mannheim.	
4. E. F. von Mannheim.	
5. M. B. von Mannheim.	

A. Meister.
1.

Schreiner F. S. von Langenbrücken.

a. Eigene Verhältnisse des Befragten.

1. Ich bin 37 Jahre alt, verheirathet, Vater von zwei Kindern im Alter von 2 und 8 Jahren.

2. Das Gewerbe wurde in Sinsheim erlernt, und zwar in dreijähriger Lehrzeit von 1863 bis 1866. Ich arbeitete fünf Jahre als Geselle (drei Jahre Militärzeit sind hiebei abgerechnet) in Köln, Duisburg, Hamburg, Kassel und zuletzt in Mannheim. Außer der Volksschule in Langenbrücken wurde noch während der Lehrzeit die Sinsheimer Gewerbeschule besucht.

3. Siehe Anlage.

4. und 5. Ich betreibe eine Schreinerei ohne Nebengewerbe, welche ich 1874 hier gegründet habe, eine Verlegung fand nicht statt.

6. Ich besitze ein eigenes Haus. Der Miethwerth für Werkstätte und Holzplatz beträgt 250 Mark.

7. und 8. Es findet nur Handbetrieb statt.

9. a. Ich halte einen Lehrling, mit welchem in schriftlichem Lehrvertrag 3jährige Lehrzeit, kein Lehrgeld, aber auch keine Kost und Wohnung im Hause bedungen ist. Die Ausbildung in der Werkstätte geschieht unter meiner Leitung.

b. Ich beschäftige drei Gesellen in der Werkstätte bezw. am Bau, davon erhält aber Keiner Kost und Wohnung. Die Leute sind auf Taglohn eingestellt, und zwar stellt sich der Lohn auf 2 Mark 80 Pf. bis 3 Mark. Bei Uebernahme größerer Lieferungen gleichartiger Gegenstände, z. B. Thüren, Böden ꝛc. werden die gleichen Leute auf Stück beschäftigt, weil sie dann erfahrungsgemäß fleißiger arbeiten; sie können dann bis zu 3 Mark 50 und 4 Mark im Tag verdienen. Die Auszahlung erfolgt jeweils am Ende der Woche, und wird am ersten Zahltag der Betrag von 3 Mark als Werkzeuggeld zurück behalten.

10. Die Arbeit dauert von Morgens 6 bis Abends 7 Uhr; Pausen werden gemacht von Morgens ½9 bis 9 Uhr, Mittags von 12 bis 1 und Abends von 4 bis ½5 Uhr. Ich selbst arbeite mit.

11. Gewerbebetrieb.

a. Ich arbeite Alles, was im Gewerbe vorkommt, verlege mich aber besonders auf die Bauschreinerei. Eine Arbeitstheilung ist nicht eingeführt.

b. Es kommt Beides vor.

c. und d. Das Holz zu den Arbeiten wird jeweils von mir geliefert. Dasselbe wird ausnahmslos als Schnittwaare (Bretter) von den Sägmühlen bezogen und zwar in Abtheilungen von 100 bis 200 Stück. Vorgfrist auf 3 Monate ist Regel.

e. und f. Es wird nur auf Bestellung gearbeitet und nur für den Ort.

g. und h. fallen aus.

i. Bei Uebernahme von Akkorden für Neubauten wird in der Regel bedungen, daß während der Ausführung der Arbeiten Abschlagszahlungen bis zum Betrag von 80 % der Akkordsumme geschehen sollen, während der Rest 3 Monate nach Fertigstellung des Neubaues zur Auszahlung gelangen soll. Im Uebrigen werden besondere Zahlungsbedingungen nicht gestellt, sondern wird eben einfach, wo nicht baar bezahlt wird, halbjährlich Rechnung geschickt.

k. Im Baugeschäft werden die Zahlungsbedingungen meistens eingehalten; dagegen ist sonst der Eingang der Ausstände durchaus nicht immer pünktlich zu nennen. Gerichtliche Betreibung war auch schon nöthig, und kommen jedes Jahr Verluste in der Höhe von mindestens 200 Mark vor.

l. Während der Bauzeit fehlt es mir nie an Aufträgen, dagegen ist dies im Winter manchmal der Fall.

m. Die Bauschreinerei geht während der Wintermonate selbstverständlich bedeutend flauer und muß mitunter auch ganz eingestellt werden. Da ich hauptsächlich Bauschreinerei habe, so beschränke ich im Winter mein Hülfspersonal auf 2 Köpfe. Früher habe ich während des Winters Möbel auf Vorrath gemacht und dieselben dann in der Industriehalle ausgestellt, wo sie gewöhnlich Absatz fanden. Seitdem aber diese Industriehalle eingegangen ist, lohnt dies Arbeiten auf Vorrath nicht mehr, weil ich keinen Laden habe, und die Leute, welche Möbel kaufen oder bestellen wollen, naturgemäß in die Ladengeschäfte gehen. Ich suche mich jetzt eben während des Winters zu beschäftigen, so gut als es geht, und es gibt es manchmal, so z. B. im letztvergangenen Jahre, fortdauernde Arbeit im Baugeschäft.

12. Kredit wird von mir nicht in Anspruch genommen.

13. Es wird ein Tagebuch und ein Hauptbuch, d. h. Kundenverzeichniß geführt. Die Ausgaben für Geschäft und Haushaltung werden nicht gebucht, auch ist kein Kassenbuch vorhanden.

14. fällt aus.

15. Siehe Anlage.

16. und 17. Der Geschäftsabschluß war sehr unbefriedigend und liegt der Grund hauptsächlich darin, daß ich in Folge der Ganterklärung eines Schuldners einen Verlust von 3000 Mark zu leiden hatte. In den früheren Jahren war das Ergebniß ein besseres, obwohl einigermaßen nennenswerthe Ueberschüsse nie erzielt wurden. Es hängt dies mit den allgemeinen Verhältnissen zusammen, die später zur Sprache kommen werden.

b. Allgemeine Geschäftslage.

1. In unserm Gewerbe haben sich zwei Spezialitäten ausgebildet, nämlich die Bauschreinerei und die Möbelschreinerei; auch gibt es Gewerbsmeister, die sich nur auf die sog. Kundschaftsarbeit, d. h. Ausbesserungen verlegen. Die Mehrzahl der hiesigen Schreiner betreibt die Bauschreinerei als Spezialität, während die Möbelschreinerei als solche wenig vertreten ist. Letztere ist für den Kleinmeister nicht zu empfehlen, weil die Herstellung feinerer Möbel, die allein lohnend ist, kostspielige Einrichtungen voraussetzt, welche der Kleinmeister nicht hat und nicht haben kann.

2. Der Schreiner stellt seine Arbeitserzeugnisse aus Brettern her, die er als solche von den Sägmühlen bezieht.

3. So viel mir bekannt, arbeiten die hiesigen Meister in der Regel nicht nach auswärts.

4. Von den vielen Schreinern, die hier sind, haben meines Wissens nur Drei ein Ladengeschäft, in welchem nur eigene Erzeugnisse feil geboten werden.

5. Im Allgemeinen haben die hiesigen Meister das Geschäft ordnungsmäßig erlernt, doch gibt es zwei Möbelgeschäfte, die in der Hand von Kaufleuten sind. Außerdem kommt es vielfach vor, daß Architekten, Maurermeister und sonstige Bauunternehmer

die Bauschreinerei gewissermaßen als Nebengewerbe betreiben, indem sie bei Neubauten auch die Schreinerarbeiten in Akkord nehmen und diese dann in ihrem eigenen Geschäfte durch hiezu eingestellte Schreinergesellen fertig stellen lassen.

6. Kommt hier nicht vor.

7. In größeren Geschäften sind einzelne Hülfsmaschinen im Gebrauch, nämlich: Bandsäge, Zirkularsäge, Hobelmaschine und Stemmmaschine. Dieselben sind aber ziemlich theuer und verlangen große Räumlichkeiten, die der Kleinmeister selten zur Verfügung hat. Mitunter werden die Maschinen mittelst Dampf= oder Gaskraft bewegt. In den Werkzeugen ist eine Veränderung nicht eingetreten.

8. Lehrlingswesen.

a. Der Meister besorgt die Ausbildung des Lehrlings in der Regel selbst und hält denselben zum Besuch der Gewerbeschule an. Daß der Lehrling Kost und Wohnung beim Meister hat, ist hier nur ausnahmsweise der Fall.

b. Eine Schulwerkstätte halte ich für kein Bedürfniß.

c. Eine besondere Fachschule für Schreiner wäre dem jetzigen Gewerbeunterricht vorzuziehen, weil insbesondere der Zeichenunterricht den Anforderungen unseres Gewerbes nicht genügt.

d. Schriftlicher Lehrvertrag bildet die Regel, aber ohne gleichmäßige Bestimmungen.

e. Ueber das Fortlaufen der Lehrlinge habe ich schon klagen hören, doch ist mir nicht bekannt, daß hierwegen schon polizeiliche Hülfe in Anspruch genommen wurde, oder sonstige Schritte geschehen wären.

f. und g. In dieser Hinsicht ist mir Nichts bekannt.

9. Gesellenwesen.

a. Tüchtige Gesellen sind sehr selten; die Leute haben im Allgemeinen nur geringe Handfertigkeit, und vor Allem merkt man ihnen den Mangel an genügender Ausbildung im Fachzeichnen an. Die hiesigen Maschinenfabriken, welche zur Fertigung der Holztheile an den Maschinen ihre eigenen Schreiner haben, ziehen übrigens viel gute Kräfte ab, weil sie im Allgemeinen mehr Lohn geben.

b. Auch das sittliche Verhalten der Schreinergesellen ist im Allgemeinen ein wenig lobenswerthes; Fortlaufen ohne Kündigung ist nichts Seltenes, ohne daß Seitens der Meister bisher etwas dagegen geschehen wäre.

c. Die Löhne sind seit 5 Jahren so ziemlich die gleichen.

d. Wöchentliche, der Arbeit nachfolgende Lohnzahlung ist üblich; Rückbehaltung kommt nur in einigen Geschäften und da nur bezüglich des sogenannten Werkzeug= geldes vor.

e. Zur Hebung des Gesellenwesens ist Nichts geschehen.

f. Kommt nicht vor.

g. Streitigkeiten zwischen Gesellen und Meistern, die ich nicht als häufig vorkommend bezeichnen kann, werden vor dem Bürgermeister ausgetragen; die Einrichtung eines Gewerbegerichtes scheint mir zweckmäßig zu sein.

10. Die hier bestehenden Kreditanstalten sind genügend.

11. Die Bretter werden meist von den hiesigen Holzhändlern hundertweise bezogen. Kredit wird nicht allen Meistern gewährt. Wo solcher eintritt, läuft er gewöhnlich auf 3 Monate. Die Preise sind seit Jahren im Wesentlichen gleich; nach Behaup=

tung der Holzhändler wird der Holzzoll eine Steigerung zur Folge haben.

12. Die Arbeitsgelegenheit ist zur Zeit geringer als vor 5 bis 8 Jahren und hat mancher Meister, der gar keine Gesellen beschäftigt, nicht genug für sich allein zu thun. Dieser Zustand hat sich allmählich herausgebildet und wird voraussichtlich ein dauernder sein, denn er hat im Wesentlichen seine Ursache darin, daß die Bauunternehmer, welche bekanntlich das Baugeschäft hauptsächlich in der Hand haben, mit Umgehung der Schreinermeister die Schreinerarbeiten auf eigene Rechnung ausführen, wie ich das unter b. 5. bereits dargelegt habe. Die Möbelschreinerei will hier überhaupt nicht viel bedeuten. Das örtliche Bedürfniß an Möbeln wird so ziemlich durch den Handel gedeckt, welcher seine Waare von der auswärtigen Großindustrie bezieht.

13. Wie bei allen Baugewerben, so sind auch in der Bauschreinerei die Preise in der Regel nicht lohnend. Es hängt dies mit dem bei Bauten üblichen Submissionsverfahren zusammen, wo Jeder die Arbeit an sich zu bringen sucht, und die Angebote deßhalb oft ganz unverständig niedrig sind. In sofern unterliegen die Preise auch größeren Schwankungen, da sie ja in jedem einzelnen Falle durch die gemachten Angebote bedingt sind. Versuche zur Beseitigung dieser schädlichen Gepflogenheit sind noch nicht gemacht worden.

14. Ich kann in dieser Hinsicht nur auf das unter a. 11. i. Gesagte verweisen, da ich glaube, daß es damit in den meisten Geschäften ebenso gehalten wird.

15. Seit ich eine eigene Haushaltung habe, d. h. seit 1876, ist mir eine Veränderung hinsichtlich des Aufwandes für den Lebensunterhalt nicht fühlbar geworden.

16. Außer dem Gewerbeverein besteht hier keine gewerbliche Vereinigung der Meister unseres Gewerbes, und auch in diesem sind nur wenige meiner Gewerbsgenossen.

17. Die Zimmerleute machen in neuerer Zeit manche Arbeit, die eigentlich dem Schreiner überlassen werden sollte, z. B. Böden, Thüren, Gesimse und dergl., auch die Strafanstalten machen uns unliebsame Wettbewerbung.

18. Von Benützung dieser Anstalten durch meine Fachgenossen ist mir nichts bekannt geworden. Gründe der Unterlassung weiß ich nicht anzugeben.

c. Vorschläge zur Verbesserung des Kleingewerbes.

1. Es sollte dem Schreinerhandwerk das ihm von Alters her zugewiesene Arbeitsfeld vorbehalten und deßhalb den Bauunternehmern, Zimmerleuten, kurz Allen, die nicht gelernte Schreinermeister sind, die Ausführung von Schreinerarbeiten für Dritte gegen Entgelt untersagt werden. Wer als gelernter Schreinermeister zu betrachten ist, beziehungsweise betrachtet werden soll, kann ich nicht weiter auseinandersetzen; meiner Ansicht nach kann nur Derjenige auf diese Bezeichnung Anspruch machen, welcher in einem Schreinergeschäft mindestens 3 Jahre gelernt und dann noch 7 bis 8 Jahre als Geselle geschafft hat.

2. Um die schädliche Mitbewerbung des Handels mit auswärts hergestellten Möbeln einigermaßen zu beschränken, sollte auf die Einfuhr von Schreinerwaaren ein entsprechender Eingangszoll oder, wie man das nennen will, gelegt werden.

3. Die Bildung einer Innung wäre recht wünschenswerth; allein bisher hat sich unter den Gewerbegenossen noch kein Interesse hiefür kund gegeben.

Schreiner F. S. in Mannheim.   **Anlage.**
Vorbemerkung.

Erwerbsteuerkapital	.	2800 M.	— Pf.
Betriebskapital	.	1000 „	— „
Anlagekapital		200 „	— „

Familienzahl: 4.

Anzahl der Lehrlinge und Gesellen: 3.

Geschäftsergebnisse des Jahres 1884.

I. Ausgaben.

A. Gewerbe.

1 a. Miethwerthanschlag für die Geschäftsräumlichkeiten im eigenen
Hause . . . . 450 M. — Pf.

2 a. Unterhaltung und Ergänzung von Handwerkszeug 50 „ — „

  b. Abschreibung am Werthe von Handwerkszeug . 20 „ — „

3. Heizung und Beleuchtung der Geschäftsräume .. 50 „ — „

4. Persönlicher Arbeitsaufwand:

  b. Für Hilfsarbeiter:

    aa. Löhne an Lehrlinge und Gesellen 350 „ — „

5. Aufwand für Beschaffung der Arbeitsstoffe 5000 „ — „

7. Verlust an Ausständen . . . . . . 3000 „ — „

8. Zinsen des Anlage= und Betriebskapitals . 48 „ — „

                  Summa 8968 M. — Pf.

C. Sonstige Ausgaben.

1. Ausgaben für den Haushalt der Familie (4 Familienglieder und
keine Dienstboten), und zwar:

  a. Kost . . . . . . 1095 M. — Pf.

  b. Bekleidung 200 „ — „

  c. Unterricht . . . . 10 „ — „

  d. Heizung und Beleuchtung für Küche und Zimmer rc. . 50 „ — „

  e. Arzt und Apotheke . . . . 120 „ — „

2 a. Miethwerthanschlag der Wohnung im eigenen Hause 450 „ — „

3 a. Verzinsung des Hauswerths und zwar zu 4 %, wobei jedoch
die unter A. 1. a. C. 2 a. schon verrechneten Beträge in Ab=
rechnung zu bringen sind . . . . . 870 „ — „

  b. Unterhaltungsaufwand für das Gebäude . 150 „ — „

  c. Abschreibung am Hauswerth . 50 „ — „

4. Feuerversicherung für:

  Gebäude . . 18 „ — „

  Fahrnisse 30 „ — „

6. Staatssteuer . . 50 „ — „

7. Gemeindeumlagen . . . . 76 „ — „

                  Summa 12137 M. — Pf.

II. Einnahmen.

A. Gewerbe.

Bruttoeinnahme:

  a. aus dem Gewerbebetriebe . 10300 M. — Pf.

C. Sonstige Einnahmen.

1. aus Miethe	800 M. —	Pf.
Ausgaben	12137 „ —	„
Einnahmen	11100 „ —	„
Somit Mehrausgabe	1037 M. —	Pf.

2.

Schreiner L. W. von Mannheim.

a. Eigene Verhältnisse des Befragten.

1. Ich bin 38 Jahre alt, verheirathet, Vater eines Sohnes von 7 Jahren und dreier Töchter im Alter von 3 bis zu 10 Jahren.

2. Das Gewerbe wurde von 1861 bis 1864, also in dreijähriger Lehrzeit, hier erlernt. Acht Jahre arbeitete ich als Geselle, nämlich 1¼ Jahr in Karlsruhe, 9 Monate in Mainz, 1½ Jahr in Paris, die übrige Zeit hier. Außer der Volksschule besuchte ich noch die hiesige Gewerbeschule und zwar während 2 Jahren.

3. Siehe Anlage.

4. und 5. Mein Geschäft, Schreinerei ohne Nebengewerbe, habe ich 1873 gegründet; eine Verlegung fand nicht statt.

6. Ich besitze ein eigenes Haus. Der Miethwerth für Werkstätte und Holzplatz beträgt 400 Mark.

7. und 8. Es findet ausschließlich Handbetrieb statt.

9 a. Lehrlinge habe ich nicht.

b. Ich beschäftige zwölf Gesellen, alle ohne Kost und Wohnung im Haus. Der Lohn, welcher nach der Zeit berechnet wird, schwankt zwischen 2 Mark 60 Pf. und 3 Mark 50 Pf. im Tag; die Auszahlung erfolgt jeweils Ende der Woche, ohne Rückbehaltung.

10. Die Arbeit dauert von 6 Uhr Morgens bis 7 Uhr Abends. Regelmäßige Pausen werden gemacht: Morgens von ½ 9 bis 9, Mittags von ¾ 12 bis 1 und Abends von 4 bis ½ 5 Uhr. Ich selbst bin den ganzen Tag im Geschäft.

11. Gewerbebetrieb.

a. Es wird vorzugsweise Bauschreinerei betrieben, nebenbei aber auch Möbelschreinerei. Arbeitstheilung ist nicht eingeführt.

b. Es werden auch Ausbesserungsarbeiten besorgt. Dieselben machen jedoch kaum mehr als 10 % des ganzen Geschäftes aus.

c. und d. Das Holz liefere ich selbst; ich beziehe es als Schnittwaare (Bretter) theils am Platze von Holzhändlern, theils auch unmittelbar von den Sägmühlen. Die Preise sind in beiden Fällen nicht erheblich verschieden und auch die Bedingungen die gleichen, nämlich 3 Monate Kredit.

e. In der Regel arbeite ich nur auf Bestellung. Im Winter wird ab und zu einmal im Vorrath gearbeitet, z. B. Bodenbretter gehobelt u. dergl.

f. Die Kundschaft ist auf den Ort beschränkt.

g. Ein Ladengeschäft wird nicht geführt.

h. Fällt aus.

i. Im Baugeschäft wird in der Regel bedungen, daß je nach dem Fortschreiten der Arbeit Abschlagszahlungen bis zur Höhe von 60 bis 80 %, der Akkordsumme gemacht und der Rest 3 Monate nach Fertigstellung des Baues beglichen wird. Im Möbel-geschäft wird gewöhnlich baar bezahlt. Bei Ausbesserungen wird je nach der Größe des Betrags gleich nach Fertigstellung der Arbeit oder erst nach einem Vierteljahr Rech-nung geschickt.

k. Ueber unpünktliche Zahlung Seitens meiner Kundschaft kann ich nicht klagen, zur gerichtlichen Betreibung war ich erst ein Mal genöthigt. Verluste an Ausständen habe ich in den letzten 5 Jahren nicht erlitten.

l. Zur Zeit habe ich genügend Aufträge; es ist dies aber nicht immer der Fall. Insbesondere im letzten Jahre ging das Geschäft weniger gut, ohne daß ich dafür be-stimmte Gründe vorzubringen wüßte. Ich bin allerdings auch vorsichtiger wie mancher meiner Gewerbsgenossen, indem ich nur solche Arbeit übernehme, bei der ich noch etwas verdienen kann.

m. Da ich hauptsächlich das Baugeschäft betreibe, so sind die Bestellungen im Winter ziemlich selten, und ermäßige ich deßhalb mein Hilfspersonal in der Regel auf die Hälfte; etwas gibt es immer zu thun, da ich auf Bestellung auch Möbel mache.

12. Bei Erbauung des Hauses habe ich als erste Unterpfandsschuld 22000 Mark, verzinslich zu 4½ %, aufgenommen, außerdem noch 3000 Mark auf Bürgschaft zu 5½ %; sodann habe ich als umlaufendes Betriebskapital eine Nachhypothek von 7000 Mark aufgenommen, d. h. es wurde mir bei der Volksbank ein Conto-current in diesem Be-trage eröffnet, nachdem ich die nöthige Sicherheit geleistet hatte. Besondere Schwierigkeiten haben diese Kreditgeschäfte nicht gemacht.

13. Ich führe ein Hauptbuch mit „Soll" und „Haben", außerdem ein Kassenbuch, ein Lohnbüchlein für meine Gesellen und ein Abschriftenbuch; die Ausgaben für die Haus-haltung werden allwöchentlich im Kassenbuch eingetragen.

14. fällt aus.

15. Siehe Anlage.

16. und 17. Mit dem letztjährigen Geschäftsergebnisse war ich nicht zufrieden; es war entschieden geringer wie das der Vorjahre. Die Schuld hieran messe ich haupt-sächlich dem Umstande zu, daß im Baugeschäfte der Unfug des gegenseitigen Herunter-bietens sich sehr bemerkbar machte, und ich deßhalb mit Rücksicht auf meine oben schon erwähnte Geschäftsregel häufig genöthigt war, auf die Uebernahme von Akkorden zu verzichten. Wäre ich diesem Grundsatze nicht treu geblieben, so wäre ich noch schlechter weg-gekommen, denn dann hätte ich wohl Arbeit gehabt, aber, statt dabei etwas zu verdienen, noch zusetzen können.

b. Allgemeine Geschäftslage.

Ueber die allgemeine Geschäftslage des Schreinergewerbes macht Herr W. die gleichen Angaben wie Herr S. mit folgenden Abweichungen:

Zu 1. Ich glaube, daß die Mehrzahl der hiesigen Schreiner Bau- und Möbel-schreinerei zugleich, erstere allerdings vorzugsweise, betreibt. Die Möbelschreinerei als Spezialität halte ich für lohnend, wenn sie sich auf die einfacheren (bürgerlichen) Möbel verlegt; doch ist dabei die Verfügung über ein gewisses Kapital Vorbedingung, da der Möbelschreiner einen kostspieligen Holzvorrath und vor Allem einen Ladenraum in guter Geschäftslage nöthig hat.

Zu 7. Von neueren Werkzeugen, besonders für das Möbelgeschäft, sind die Geh= rungschneidgeräthe zu nennen, die meines Wissens in vielen hiesigen Geschäften eingeführt sind.

Zu 8. Lehrlingswesen.

b. Auch ich halte eine Schulwerkstätte für unnöthig; wer lernen will, kann auch beim Meister etwas lernen.

c. Den hiesiegen Gewerbeschul=Unterricht halte ich für ausreichend, doch sollte dessen Besuch vorgeschrieben werden.

f. Die Preisverleihungen halte ich für ein gutes Mittel zur Aneiferung des Lehrlings.

g. Der Uebergang vom Handwerk zur Großindustrie ist meines Wissens nicht selten, weil letztere bessere Löhne bezahlt.

9. Gesellenwesen.

a. Der unlengbar vorhandene Mangel an tüchtigen Gesellen ist wohl auch darauf zurückzuführen, daß die Leute auch zwischen hinein in Fabriken arbeiten und dadurch in Spezialitäten sich ausbilden, aber in der allgemeinen Fertigkeit verlieren.

Zu 12. Ich glaube, daß die Schreiner im Allgemeinen keinen Grund haben, sich über Mangel an Arbeit zu beklagen; richtig ist freilich, daß die Bauunternehmer dem Schreiner manches Geschäft wegschnappen. Dieser Uebelstand hat sich aber meines Er= achtens schon vor 10 Jahren bemerkbar gemacht und ist seither nicht schlimmer geworden. Im Möbelgeschäft ist schon seit vielleicht 15 Jahren nicht mehr viel zu machen, weil zu viel auswärtige Waare eingeführt wird.

13. Daß auch in unserm Gewerbe die Preise oft unsinnig heruntergedrückt werden, ist leider nur zu wahr. Ich habe mir zum Grundsatz gemacht, einen Akkord, bei dem ich nach meiner Berechnung nichts verdienen kann, lieber gar nicht zu übernehmen, selbst wenn ich dann eine Zeit lang müßig bleiben muß; es scheint aber, daß nur sehr wenige meiner Gewerbsgenossen meinem Grundsatz huldigen. Wie es im Möbelgeschäft mit den Preisen steht, weiß ich nicht.

15. Auch ich habe eine wesentliche Erhöhung des Aufwandes für den Lebens= unterhalt, seit ich das Geschäft habe, wahrgenommen.

c. Vorschläge zur Verbesserung des Kleingewerbes.

1. Eine Abänderung der Gewerbeordnung möchte ich nicht beantragen, glaube vielmehr, daß man die Beseitigung der vorhandenen Mißstände zunächst auf andere und zwar folgende Weise versuchen sollte:

2. In den größeren Städten des Landes sollten Gewerbekammern errichtet werden, welchen die Landorte in einem näher zu bestimmenden Umkreise beitreten könnten. Diese Gewerbe= kammern denke ich mir als gesetzlich vorgeschriebene Vereinigung sämmtlicher Gewerbetreibenden der betreffenden Stadt. Die Leitung der Geschäfte hätte ein Ausschuß zu übernehmen, welcher von den Mitgliedern zu wählen wäre. Die Aufgabe dieser Kammern ginge im Allgemeinen dahin, die Interessen des gesammten Kleingewerbes zu vertreten, die einzelnen Gewerbetreibenden durch zeitweise Zusammenkünfte in persönliche Berührung zu bringen und durch geeignete Vorträge, Belehrung und dergl. auf die Gewerbsthätigkeit fördernd einzuwirken; im Besonderen wäre sie berufen, eine einheitliche Regelung des Lehrlings= und Gesellenwesens zu bewirken, eine Vereinbarung der Meister wegen Festsetzung von niedersten Preisen, wo solche nöthig erscheinen, zu Stande zu bringen und dergl. mehr.

Wenn die richtigen Männer an der Spitze sind, so wird sich auf diesem Wege eine Besserung unserer gewerblichen Verhältnisse erzielen lassen, ohne daß man besondere gesetzliche Maßregeln ergreifen oder gar wieder zum Zunftzwang zurückkehren muß.

Schreiner L. W. in Mannheim.   Anlage.
Vorbemerkung.

Erwerbsteuerkapital .	8700 M.	— Pf.
Betriebskapital .	5200 „	— „
Anlagekapital	400 „	— „

Familienzahl: 6 Personen.
Anzahl der Gesellen: 9
Geschäftsergebnisse im Jahr 1884.
I. Ausgaben.
A. Gewerbe.

1 a. Miethwerthanschlag für Werkstätte und Holzplatz im eigenen Hause	500 M.	— Pf.
2 a. Unterhaltung und Ergänzung von Handwerkszeug . .	84 „	— „
b. Abschreibung am Werthe von Handwerkszeug .	70 „	— „
3. Heizung und Beleuchtung der Geschäftsräume	65 „	— „
4. Persönlicher Arbeitsaufwand:		
b. für Hilfsarbeiter:		
aa. Löhne an Gesellen	8500 „	— „
5. Aufwand für Beschaffung der Arbeitsstoffe	7500 „	— „
8. Zinsen des Anlage- und Betriebskapitals	420 „	— „
Summa	17 139 M.	— Pf.

C. Sonstige Ausgaben.

1. Ausgaben für den Haushalt der Familie (6 Familienglieder und keine Dienstboten) und zwar:		
a. Kost . . .	1 620 „	— „
b. Bekleidung	420 „	— „
c. Unterricht	21 „	— „
d. Heizung und Beleuchtung für Küche und Zimmer 2c. .	90 „	— „
e. Arzt und Apotheke	45 „	— „
2 a. Miethwerthanschlag der Wohnung im eigenen Hause, das zum Theil vermiethet ist	500 „	— „
3 a. Verzinsung des Hauswerths und zwar zu 4 %, wobei jedoch die unter A. 1 a. und C. 2 a. und b. schon verrechneten Beträge in Abrechnung zu bringen sind . . .	920 „	— „
b. Unterhaltungsaufwand für das Gebäude	200 „	— „
4. Feuerversicherung für:		
Gebäude . .	95 „	— „
Fahrnisse . . .	46 „	20 „
5. Lebensversicherung .	133 „	12 „
6. Staatssteuer . .	49 „	92 „
Uebertrag	21 279 M.	24 Pf.

		Uebertrag	21 279 M.	— Pf.
7. Gemeindeumlagen	.	.	56 „	83 „
		Summa	21 336 M.	07 Pf.

II. Einnahmen.
A. Gewerbe.

Bruttoeinnahme:

a. aus dem Gewerbebetriebe		. 20 416 M.	07 Pf.
	Summa	. 20 416 M.	07 Pf.
Ausgaben		21 336 „	— „
Einnahmen	.	. 20 416 „	— „
	Somit Mehrausgabe	920 M.	— Pf.

3.
A. W. von Mannheim.

1. Ich bin 38 Jahre alt, verheirathet, kinderlos.

2. Ich habe das Gewerbe von 1861 bis 1863 in 2½jähriger Lehrzeit hier erlernt, bin dann noch 1½ Jahr als Geselle im gleichen Geschäfte geblieben und hierauf
in die Fremde gegangen, nämlich nach Marseille, Lyon, Bordeaux und Paris; nach 2½=
jähriger Abwesenheit und einjährigem Militärdienst habe ich wieder 2 Jahre bei meinem
früheren Lehrmeister gearbeitet und mich dann selbständig niedergelassen. Außer der Volksschule besuchte ich noch während der Lehrzeit die hiesige Gewerbeschule.

3. Siehe Anlage.

4. und 5. Die Möbelschreinerei wurde 1870 von mir übernommen und befindet
sich seit den 50er Jahren ununterbrochen hier.

6. Ich besitze ein eigenes Haus in mittlerer Geschäftslage (S. 2). Der Miethwerth
für Werkstätte, Laden, Holzlagerplatz beträgt 1200 M. bis 1500 M. In einem Nachbar-
hause habe ich noch einen Raum zur Aufbewahrung fertiger Möbel gemiethet und bezahle dafür jährlich 250 M.

7. und 8. Es findet nur Handbetrieb statt.

9a. Lehrlinge halte ich nicht.

b. Ich beschäftige elf Gesellen in der Werkstätte, von denen keiner Kost und Wohnung im Hause erhält. Dieselben werden Alle nach dem Stück gelohnt, und schwankt der
wöchentliche Verdienst, je nach dem Fleiß und der Tüchtigkeit des betr. Arbeiters, zwischen
12 und 28 Mark. Die Zahlung geschieht wöchentlich und wird, so lange die Stückarbeit
noch nicht vollendet ist, zur Sicherheit gegen das Fortlaufen der Arbeiter jeweils der Betrag von 3—5 Mark zurückbehalten.

10. Die Arbeit dauert von Morgens ½7 Uhr bis Abends 7 Uhr. Regelmäßige Pausen werden gemacht: Morgens und Abends je ¼, Mittags 1 ganze Stunde.
Ich selbst arbeite in der Werkstätte mit.

11 a. Gewerbebetrieb. Ich habe ausschließlich Möbelschreinerei. Arbeitstheilung ist
nicht eingeführt.

b. Ausbesserungsarbeiten kommen nur wenig vor.

c. und d. Das Holz zu den Möbeln liefere ich immer selbst, und zwar beziehe ich das-

32

selbe in vorgearbeitetem Zustande, nämlich als Schnittwaare (Bretter) von den Sägmühlen. Der Bezug erfolgt in der Regel in großen Mengen, bei Weichholz von 10—11 cbm, bei Hartholz von 6—8 cbm. Bei Bezug von kleinen Sägmüllern wird gewöhnlich baar bezahlt, während größere Geschäfte den üblichen Kredit auf 3 Monate gewähren.

e. Es wird auf Bestellung und auf Vorrath gearbeitet.

f. Der Absatz erfolgt in der Regel nur für den Ort selbst und den nächsten Umkreis.

g. Es wird ein eigenes Ladengeschäft geführt, in welchem ausschließlich eigene Erzeugnisse feil gehalten werden.

h. fällt aus.

i. Besondere Bedingungen werden nicht gestellt. Einige Wochen nach Lieferung der Waare wird Rechnung geschickt und dies, wenn keine Zahlung erfolgt, nach etwa 6 Monaten wiederholt.

k. Im Ganzen genommen kann ich über unpünktliches Zahlen seitens meiner Kundschaft nicht klagen. Es gibt natürlich auch Leute darunter, welche die Zahlung ungebührlich verzögern, und habe ich deßhalb schon ein paar Mal gerichtliche Hilfe in Anspruch nehmen müssen. Der Verlust von Ausständen fällt nicht ins Gewicht.

l. Ich habe immer genügend Arbeitsgelegenheit. Sind keine Bestellungen zu erledigen, so arbeite ich eben für den Laden, wo der Absatz ein ziemlich gleichmäßiger ist.

m. Regelmäßige Schwankungen oder Unterbrechungen gibt es in meinem Geschäfte nicht. Ich habe erst ein Mal, nämlich im Jahre 1878, wo der Geschäftsgang ein auffallend flauer war, mein Arbeitspersonal für die Dauer einiger Wochen auf die Hälfte zu ermäßigen gehabt.

12. Bei Uebernahme des Geschäftes von meinem Vorgänger hatte ich nicht genug Mittel, die Möbel und Holzvorräthe nebst der übrigen Geschäftseinrichtung baar zu bezahlen und mußte deßhalb etwa 10,000 Mark aufnehmen. Ich bekam das Geld ohne Schwierigkeiten von nahen Verwandten zu 5 % Zins.

13. Ich führe ein Kassenbuch, ferner ein Kontobuch für die Kundschaft, ein Vorrathsverzeichniß über das Möbellager, sodann ein besonderes Ausgabebuch und ein Abrechnungsbuch für meine Gehilfen. Was in die Haushaltung gegeben wird, kommt als Ausgabe in's Kassenbuch.

14. fällt aus.

15. Siehe Anlage.

16. Der letztjährige Geschäftsabschluß war ein befriedigender. Ueberhaupt geht mein Geschäft seit 4—5 Jahren so, daß ich es als gut bezeichnen kann. Die Gründe dieser erfreulichen Erscheinung sind verschiedener Natur. Zunächst ist hier zu bemerken, daß ich zur Zeit in hiesiger Stadt der einzige gelernte Schreiner bin, der ausschließlich im Möbelgeschäfte arbeitet; die beiden andern hiesigen Möbelgeschäfte sind in der Hand von Kaufleuten. Die übrigen Schreiner fertigen zwar auch zum Theil Möbel, aber nur nebenbei und ohne gleichzeitig ein Ladengeschäft zu führen, so daß mir die Mitbewerbung hier nicht gefährlich ist. Früher waren eine Anzahl von Möbelgeschäften, welche durch Schreiner betrieben wurden, hier; sie sind aber der Reihe nach eingegangen. Weiter kommt mir bei meinem Geschäft zu Gute, daß die Anforderungen und Bedürfnisse des Publikums hinsichtlich der Einrichtungen der Wohnungen in den letzten Jahren ent-

schieden gestiegen sind; es hängt dies auch mit der kunstgewerblichen Richtung unserer Zeit zusammen, denn auch meine mehr dem bürgerlichen Mittelstande angehörende Kundschaft verlangt stylvolle Möbel, die nach Zeichnungen kunstverständiger Architekten gearbeitet sind.

b. Allgemeine Geschäftslage.

Ueber die allgemeine Geschäftslage des Schreinergewerbes macht Herr W. die gleichen Angaben wie Herr S. mit folgenden Abweichungen:

Zu 1. Die Möbelschreinerei kann ihrerseits auch wieder in verschiedenen Spezialitäten betrieben werden. Früher war hier z. B. ein Meister, der sich vorzugsweise auf das Fertigen von Stühlen verlegte; zur Zeit gibt es aber solche Möbelspezialisten hier nicht mehr. Was die Ertragsfähigkeit der Möbelschreinerei anbelangt, so habe ich darin in meinem Geschäfte günstige Erfahrungen gemacht, womit allerdings noch nicht gesagt ist, daß ein Anderer, der nicht unter den gleich günstigen Verhältnissen arbeiten würde, sich dabei eben so gut stellen würde.

Zu 3. Die Tapezierer pflegen die Holzgestelle für die Polstermöbel als Halbfabrikate von den Schreinern zu beziehen. Von den hiesigen Möbelschreinern hat jedoch, soviel mir bekannt, nur Einer ständige Kundschaft unter den Tapezierern.

Zu 7. Soweit mir bekannt, sind nur in einem einzigen hiesigen Möbelgeschäfte Hilfsmaschinen in Gebrauch. Ich selbst habe von Anschaffung solcher abgesehen, weil sie nur dann einen Zweck haben, wenn sie für den Betrieb durch Motoren mit 6—8 Pferdekräften eingerichtet sind, und weil mir der Aufwand für derartige Maschinen zu groß ist.

Zu 8. Lehrlingswesen.

a. Eigentliche Lehrlinge sind in den letzten Jahren sehr selten geworden. Früher haben Kinder besserer Leute das Handwerk gelernt und entsprechendes Lehrgeld bezahlt, jetzt kommen die Eltern und bedingen vor Allem, daß der Sohn vom Meister Geld erhält, weil es ihnen weniger um die Ausbildung des Knaben, als um das Geldverdienen zu thun ist. Daß der Meister mit solchen Lehrlingen sich keine besondere Mühe gibt, ist leicht begreiflich, er sucht dann eben auch das dem Jungen bezahlte Geld durch nutzbringende Verwendung oder vielmehr Ausnützung des Lehrlings wieder herauszuschlagen.

c. Der Unterricht an der hiesigen Gewerbeschule ist genügend, es sollte aber dessen Besuch gesetzlich vorgeschrieben werden.

g. So viel mir bekannt, verlassen viele gelernte Schreiner das Handwerk und gehen zur Großindustrie oder zu einer anderen Beschäftigung über, sie können eben meistens nicht viel im Handwerk und finden deßhalb keine gute Bezahlung.

9. Gesellenwesen.

a. Die Großindustrie verdirbt auch manchen guten Arbeiter, weil er darin so einseitig in einer Spezialität beschäftigt wird.

b. So weit meine Erfahrung reicht, kann man über das sittliche Verhalten unserer Gewerbsgesellen nicht besonders klagen. Die Kündigung Seitens der Gesellen ist so gut wie abgeschafft, während die Gesellen von den Meistern in der Regel die Einhaltung der 14tägigen Kündigungsfrist verlangen.

c. Im Möbelgeschäft sind die Löhne in den letzten Jahren gestiegen; für einen guten Arbeiter bezahlt man jetzt 4 M. 40 Pf., während vor 5 Jahren der höchste Lohn 4 M. betrug.

d. Bei Stücklohn ist Rückbehaltung üblich.

10. Kreditanstalten sind genug hier vorhanden, aber der Geschäftsmann, der nicht genügende Sicherheit bieten kann, bekommt dort keinen Kredit.

11. Die Holzpreise sind im Allgemeinen in den letzten Jahren gefallen, nur für einzelne feinere Holzsorten, z. B. Nußbaum haben sie etwas angezogen.

12. Ich glaube, daß auch in der Bauschreinerei an eigentlicher Arbeitsgelegenheit kein Mangel ist, der Hauptfehler bei dieser vielmehr darin liegt, daß die Leute zu billig arbeiten. Das Möbelgeschäft geht, wie ich schon unter a. 16 erwähnt habe, im Allge-meinen recht flott, was hauptsächlich der Hebung des Kunstgewerbes zu danken ist.

13. Im Möbelgeschäft sind die Preise weit lohnender als im Baugeschäfte, das Verhältniß hat sich gegen früher, d. h. gegen die Zeit von 1870 gerade umgekehrt. Das gegenseitige Herunterbieten im Submissionsverfahren trägt hieran die Schuld. So wie die Sache jetzt liegt, sind die Bauschreiner meines Erachtens gezwungen, um niedrige Preise zu arbeiten, denn wenn sie auch gemeinschaftlich einen niedersten Preis festsetzen würden, so könnte ihnen das nichts nützen, denn die Architekten oder Bauunternehmer würden dann die Arbeiten auf ihre Rechnung machen.

14. Im Möbelgeschäft wird's wohl allgemein so wie bei mir gehalten. Im Baugeschäft sind Abschlagszahlungen während des Arbeitens üblich.

15. Seit ich verheirathet bin (1876), brauche ich alljährlich gleich viel für meinen Lebensunterhalt.

17. Meines Erachtens ist das Kleingewerbe im Verhältniß zur Großindustrie zu hoch zur Steuer veranlagt.

c. Vorschläge zur Verbesserung des Kleingewerbes.

1. Für Innungen bin ich gar nicht, weil sie nur dem Kleingewerbe Verpflichtungen auferlegen können, während die Großindustrie macht, was sie will, z. B. die event. stren-gern Vorschriften über das Lehrlingswesen einfach dadurch umgehen würde, daß sie den Lehrling als jugendlichen Arbeiter bezeichnet. Auch zu

2. und 3. weiß ich keine Vorschläge zu machen.

Schreiner A. W. in Mannheim.   Anlage.
Vorbemerkung.

Erwerbsteuerkapital	24 550 M.	— Pf.
Betriebskapital	21 000 „	— „
Anlagekapital	500 „	— „

Familienzahl: 2 Personen.
Anzahl der Lehrlinge und Gesellen: 11.

Geschäftsergebnisse des Jahres 1884.
I. Ausgaben.
A. Gewerbe.

1 a. Miethwerthanschlag für Werkstätte, Laden und Holzlagerplatz .	1 500 M.	— Pf.
1 b. Miethzins für Möbellagerräumlichkeit	250 „	— „
2 a. Unterhaltung und Ergänzung von Handwerkszeug und Maschinen	100 „	— „
b. Abschreibung am Werthe von Handwerkszeug und Maschinen .	80 „	— „
Uebertrag .	1 930 M.	— Pf.

| | Uebertrag | 1 930 | M. | — | Pf. |

3. Heizung und Beleuchtung der Geschäftsräume . . . . 190 „ — „

4. Persönlicher Arbeitsaufwand:
   a. Werthanschlag der Arbeit des Meisters (8 Mark für 300 Tage) 2 400 „ — „
   b. für Hilfsarbeiter:
   aa. Löhne an Lehrlinge und Gesellen . 10 400 „ — „

5. Aufwand für Beschaffung der Arbeitsstoffe 14 000 „ — „

6. Verlust an Ausständen . . . . . . 200 „ — „

7. Zinsen des Anlage- und Betriebskapitals . . . . . 860 „ — „

Summe . 29 980 M. — Pf.

C. Sonstige Ausgaben.

1. Ausgaben für den Haushalt der Familie (2 Familienglieder und ein Dienstbote) und zwar:
   a. Kost . . . . 1 500 M. — Pf.
   b. Bekleidung . . . 300 „ — „
   d. Heizung und Beleuchtung für Küche und Zimmer rc. . 120 „ — „
   e. Arzt und Apotheke . . . . 50 „ — „

2. Miethzins für die Wohnung nach Abzug des schon unter A. 1 verrechneten Betrags . . . . 600 „ — „
   b. Unterhaltungsaufwand für das Gebäude . . . 150 „ — „

3. Feuerversicherung für:
   Gebäude . . 41 „ 23 „
   Fahrnisse . . 205 „ 40 „

6. Staatssteuer . . 91 „ — „

7. Gemeinde-Umlagen . . . . 103 „ 60 „

Summa . 33 141 M. 23 Pf.

II. Einnahmen.

A. Hauptgewerbe.

Bruttoeinnahme:
   a. aus dem Gewerbebetriebe . . . . . . 36 000 M. — Pf.

C. Sonstige Einnahmen.

1. aus Miethe . . . . . . 750 M. — Pf.

Summa . 36 750 M. — Pf.

Einnahmen . . . . 36 750 „ — „

Ausgaben . . . . 33 141 M. — Pf.

Somit Mehreinnahme 3 609 M. — Pf.

4.

E. J. von Mannheim.

a. Eigene Verhältnisse des Befragten.

1. Ich bin 49 Jahre alt, Wittwer, Vater von 5 Söhnen im Alter von 3, 4, 12, 18 und 24 Jahren und von 5 Töchtern im Alter von 5, 11, 14, 16 und 22 Jahren. Der älteste Sohn ist beim Militär, die zweitälteste Tochter ist im Dienst; die übrigen Kinder sind zu Hause. In meinem Geschäfte hilft mir keines.

2. Ich habe bei meinem Vater vom Jahre 1850 bis 1855 gelernt, d. h. ich bin im Jahre 1850 in's Geschäft eingetreten und 1855 von der damaligen Zunft losgesprochen worden. Als Geselle blieb ich beim Vater, bis ich mich selbstständig niederließ. Ich habe die hiesige Volksschule und während der Lehrzeit auch die hiesige Gewerbeschule besucht.

3. Siehe Anlage.

4. und 5. Mein Schreinereigeschäft habe ich im Jahre 1860 hier gegründet; eine Verlegung fand nicht statt. Das väterliche Geschäft wird seit dem Tode des Vaters (1879) auf Rechnung der Mutter betrieben.

6. Ich wohne in Miethe und zahle im Ganzen 330 Mark Miethzins. Dafür habe ich eine Werkstätte und ein großes Zimmer. Die Werkstätte dient zugleich als Schlafzimmer für 3 Töchter. In dem Zimmer schlafe ich mit den andern 5 Kindern.

7. und 8. Es findet nur Handbetrieb statt.

9. Ich habe weder Lehrlinge noch Gesellen.

10. Ich arbeite in der Regel von Morgens 6 bis Abends 6 Uhr mit einer Stunde Pause über Mittag. Zur Zeit bin ich krank und erhalte von der Armenkommission Unterstützung. Ueberhaupt beziehe ich eine ständige Unterstützung seit dem Tode meiner Frau (8. April 1883), und zwar für Hauszins monatlich 5 Mark, 4 Mark Wochengeld, Suppe und Brod.

11. Gewerbebetrieb.

a. Ich betreibe, seit ich das Geschäft habe, eine Spezialität, indem ich ausschließlich Kanapeegestelle mache.

b. Ausbesserungsarbeiten werden nicht angenommen.

c. und d. Das Holz liefere ich selbst und beziehe es als Schnittwaare von einem hiesigen Holzhändler gegen baar. Da ich mittellos bin, so kann ich nur kleine Mengen im Werth von 8 bis 10 Mark auf einmal beziehen und muß darauf sehen, billige Waare („Ausschuß") zu bekommen.

e. Ich arbeite auf Bestellung, mitunter auch ohne solche.

f. und g. Meine Kundschaft besteht ausschließlich aus drei Möbelhändlern am hiesigen Orte, die mir auch die auf Vorrath gefertigten Arbeiten abnehmen, jedoch immer um geringere Preise als die bestellten Arbeiten.

h. fällt aus.

i. und k. Meine Kundschaft zahlt mir baar.

l. Ich habe immer Gelegenheit, mich zu beschäftigen; wenn mir die Bestellung ausgeht, arbeite ich auf Vorrath, den ich — da er nie groß ist — bei meiner ständigen Kundschaft absetzen kann.

m. Im Winter geht es regelmäßig schlechter mit dem Geschäft; bestellt wird da so gut wie gar Nichts; die fertig gestellten Arbeiten werden mir zwar abgenommen, aber der Preis sehr heruntergehandelt.

12. Schulden habe ich nicht.

13. Buchführung gibt's bei mir nicht.

14. fällt aus.

15. Siehe Anlage.

16. Ich führe nicht Buch und konnte deßhalb die Anlage nur auf Grund allge

meiner Berechnungen ausfüllen. Wenn sich dabei ein Ueberschuß ergibt, muß irgend wo ein Fehler liegen, denn ich habe noch nie etwas übrig gehabt, sondern finde trotz der Unterstützung Seitens der Armenkommission kaum mein nothdürftiges Auskommen. Ich erinnere mich kaum, daß dies je anders gewesen ist. Ich habe eben eine sehr zahlreiche Familie und bin selbst oft krank gewesen; auch sind mir schon 2 Frauen und 8 Kinder gestorben.

b. Allgemeine Geschäftslage.

Von der Einvernahme des Erschienenen über die Lage des Gewerbes im Allge=
meinen hat man Umgang genommen, weil er nach seiner ganzen Persönlichkeit und bei der unbedeutenden Stellung, welche er von je her im gewerblichen Leben eingenommen, zur Ertheilung einer zuverlässigen Auskunft durchaus unfähig erscheint. Dagegen hat man denselben noch besonders über die in seinem Geschäfte obwaltenden Preisverhältnisse befragt, worauf derselbe erklärt: Für je 2 Kanapeegestelle bekomme ich im Durchschnitt 17 Mark. Das Arbeitsmaterial für 2 solcher Gestelle kostet mich Alles in Allem im Durchschnitt 7 Mark. Wenn Alles gut geht, so bringe ich im Monat 10 Gestelle fertig, so daß sich mein Reinverdienst auf 50 Mark im Monat beläuft. Früher waren die Preise höher. In den 60er Jahren bekam ich 19 fl. und noch im Jahre 1877 28 Mark für's Paar. Die zunehmende Wettbewerbung muß diesen Preisrückgang bewirkt haben.

c. Vorschläge zur Verbesserung des Kleingewerbes.

Vorschläge zur Besserung der Lage seines Gewerbes weiß der Erschienene nicht zu machen.

Schreiner E. J. in Mannheim.   **Anlage.**
Vorbemerkung.

Erwerbsteuerkapital	900 M.	Pf.

Familienzahl: 9 Personen.

Geschäftsergebnisse im Jahr 1884.
I. Ausgaben.
A. Gewerbe.

1 b. Miethzins für Unterbringung der Werkstätte nach Abzug des für die Wohnung anzusetzenden Miethzinsantheils . . .	150 M.	— Pf.
2 a. Unterhaltung und Ergänzung von Handwerkszeug .	3 „	— „
b. Abschreibung am Werthe von Handwerkszeug .	2 „	— „
3. Heizung und Beleuchtung der Geschäftsräume .	10 „	— „
4. Persönlicher Arbeitsaufwand:		
a. Werthanschlag der Arbeit des Meisters (3 Mark für 300 Tage)	900 „	„
5. Aufwand für Beschaffung der Arbeitsstoffe	360 „	- „
Summa .	1425 M.	— Pf.

C. Sonstige Ausgaben.

1. Ausgaben für den Haushalt der Familie (9 Familienglieder und keine Dienstboten) und zwar:		
a. Kost . . .	700 „	„
b. Bekleidung .	10 „	— „
Uebertrag .	2135 M.	— Pf.

	Uebertrag	2135 M.	— Pf.
c. Miethzins für die Wohnung		180 „	— „
d. Heizung und Beleuchtung für Küche und Zimmer ꝛc. . . .		5 „	— „
6. Staatssteuer		5 „	— „
7. Gemeinde-Umlagen		6 „	— „
	Summa .	2331 M.	— Pf.

II. Einnahmen.
A. Gewerbe.

Bruttoeinnahme aus dem Gewerbebetriebe	1100 M.	— Pf.
Von der Armenkommission Wochengeld . .	208 „	— „
Miethzins	60 „	— „
Verdienst der Kinder	200 „	— „
Summa .	1568 M.	— Pf.
Ausgaben	2331 „	— „
Einnahmen	1568 „	— „
Somit Mehrausgabe .	763 M.	— Pf.

5.
Schreiner M. B. von Mannheim

Statt des Geladenen erscheint dessen Ehefrau und erklärt: Ihr Mann sei zwar gelernter Schreiner, sei aber nie selbständiger Meister gewesen und arbeite überhaupt schon seit etwa 12 Jahren nicht mehr im Handwerk, sondern habe sich theils als Spezereihändler, theils als Wirth ernährt und wolle sich jetzt um die Stelle eines Verwalters im evangel. Bürgerhospital bewerben. Da hienach von dem Genannten eine für die Zwecke der Erhebung verwerthbare Auskunft nicht zu erwarten ist, hat man von dessen Einvernahme Umgang genommen.

B. Gesellen.
1.
Ch. K. von Geißelhardt, O.A. Oehringen.

1. Ich bin 27 Jahre alt, ledig und Mitglied des Schreinerfachvereins und der eingeschriebenen Hülfskasse für Tischler.

3. Ich habe das Gewerbe bei Schreinermeister K. in Holzmaden, O.A. Kirchheim u. T., erlernt; eine Lehrlingsprüfung habe ich nicht abgelegt. Die Lehrzeit dauerte vom 1. Mai 1872 bis dahin 1875. Während der Lehrzeit besuchte ich die gewerbliche Fortbildungsschule in Kirchheim.

4. Als Geselle habe ich gearbeitet in Ebersbach, O.A. Göppingen, ½ Jahr beim gleichen Meister, Rottweil a. N. ¾ Jahr deßgl., St. Ludwig im Elsaß ½ Jahr deßgl., Uhnach, Kant. St. Gallen, ½ Jahr deßgl. Nach 3jähriger Militärzeit (1878 bis 1881) schaffte ich wieder in Holzmaden ½ Jahr beim früheren Lehrmeister, seitdem bin ich hier und zwar in vier verschiedenen Stellen je ½, ¼ und 1½ Jahr.

5. Im Jahre 1882 habe ich ein halbes Jahr lang in einer hiesigen Zigarrenfabrik gearbeitet, jedoch nicht als Zigarrenmacher, sondern als Bauschreiner. Es kommt bei uns Schreinern der Uebergang zur Fabrikarbeit häufig vor, weil die Fabriken ihre Schreiner gut bezahlen und die Arbeitszeit dort eine kürzere ist, als im Kleingewerbe.

6., 7. und 8. Seit Januar 1884 arbeite ich als Geselle bei Schreinermeister K., welcher außer mir noch einen Gesellen hat.

9. Mein Meister treibt die Schreinerei in ihrem ganzen Umfange. Im Sommer ist das Baugeschäft, im Winter das Möbelgeschäft die Hauptsache. Ich arbeite, was vorkommt.

10. Kost und Wohnung stelle ich selbst und bezahle dafür monatlich 28 Mark.

11. und 12. Ich schaffe in der Werkstätte des Meisters mit von diesem gestellten Werkzeuge.

13. Letzteres ist im Wesentlichen das altherkömmliche. Es gibt in neuerer Zeit Werkzeug von besserer Konstruktion, das ich anderorts in den Werkstätten zur Verfügung hatte, z. B. Kehlhöbel. Für ein kleines Geschäft, wie das meines jetzigen Meisters, sind diese neueren Werkzeuge aber zu theuer.

14. Arbeitsmaschinen sind nicht da.

15. fällt aus.

16. Wir arbeiten von Morgens 6 bis Abends 7 Uhr. Regelmäßige Pausen werden gemacht: Vormittags ½9 bis 9, Mittags von 12 bis 1, Nachmittags 4 bis ½5 Uhr. Sonntags wird nur im Sommer und auch da nur ausnahmsweise bei dringenden Bauarbeiten geschafft.

17. Ich arbeite auf Zeitlohn, und zwar erhalte ich wöchentlich 18 Mark. Die Zahlung erfolgt am Ende der Woche. Mein Meister behält Nichts zurück, in andern Geschäften kommt es aber vor, daß ein oder mehrere Taglöhne als „Werkzenggeld" einbehalten werden. Lohnabzüge werden mir nicht gemacht.

18. Der Meister ist von früh bis spät bei der Arbeit.

19. Der Meister sieht in seinem eigenen Interesse darauf, daß wir bei der Arbeit fleißig sind. Im Uebrigen kümmert er sich nichts um uns.

20. Zwistigkeiten kommen häufig vor, aus den verschiedensten Ursachen. Meistens führen dieselben zur Auflösung des Arbeitsverhältnisses, selten zur Verhandlung vor dem Bürgermeister.

21. Unser Gewerbe gehört zu denen, bei welchen die Gesellen am wenigsten Lohn erhalten; es ist das aber nicht nur hier, sondern überall so. Wie es besser betrieben werden könnte, insbesondere bei meinem derzeitigen Meister, weiß ich nicht zu sagen.

22. Außer dem Fachverein besteht keine besondere Einrichtung für unser Gewerbe. Dieser zählt jetzt gegen 100 Mitglieder, lauter Gesellen. Im Arbeiter-Fortbildungsverein war ich früher gewesen, bin aber wieder ausgetreten, weil man dort doch nichts lernt.

23. Die Einführung der Gewerbefreiheit war der Untergang für unser Gewerbe, weil damit das Kapital die Herrschaft bekommen hat. Wer genug Geld hat, fängt ein Geschäft an, stellt sich ein Paar tüchtige Gesellen ein und macht dann dem Kleinmeister Mitbewerbung, was ihm besonders in dem Möbelgeschäfte leicht ist, weil er dabei noch die Erzeugnisse der Großindustrie in's Feld führen kann. Wenn das Kleingewerbe wieder auf einen grünen Zweig kommen soll, so muß die Gewerbefreiheit eingeschränkt werden und zwar in der Weise, daß nur Der ein selbständiges Schreinergeschäft treiben darf, der das Handwerk ordnungsmäßig erlernt hat. Dazu gehört eine mindestens 3jährige Lehrzeit; der bezügliche Nachweis wäre durch einen von dem Meister ausgestellten Lehrbrief zu erbringen. Es ist freilich richtig, daß unter den Meistern heutzutage viele sind,

die selbst das Handwerk nicht recht verstehen, aber man braucht deßhalb die Befugniß zur Ausbildung von Lehrlingen nicht zu beschränken, weil dann doch wenigstens Gesellen im Geschäfte sind, bei denen der Lehrling lernen kann. Die großen Geschäfte, welche mit Maschinen arbeiten, sind ein Hauptschaden für das Kleingewerbe. Da man sie nicht verbieten kann, so sollte man sie wenigstens möglich hoch zur Steuer heranziehen.

2.

F. K. von Hohengehren, Oberamts Schorndorf.

1. Ich bin 34 Jahre alt, ledig und Vorsitzender des Schreinerfachvereins.

2. und 3. Ich habe das Schreinergewerbe in 3jähriger Lehrzeit bei Schreiner= meister Schirn in Hohengehren erlernt. Eine Lehrlingsprüfung habe ich nicht abgelegt und keine gewerbliche Schule besucht.

4. Nach Entlassung aus der Lehre (1868) arbeitete ich ein Jahr in Hochdorf beim gleichen Meister, drei Jahre in Stuttgart bei zwei Meistern, dann diente ich 2 Jahre beim Militär, hierauf war ich wieder drei Jahre in Stuttgart bei zwei Meistern, seitdem schaffe ich hier und zwar zuerst sieben Jahre lang bei Schreinermeister P. und sodann bei Bauunternehmer L.

5. In einer Fabrik habe ich noch nicht gearbeitet. Unter meinen hiesigen Gewerbs= genossen sind viele, die als Schreiner in Fabriken, besonders in der L.'schen Maschinenfabrik, arbeiten; sie verdienen dort auf Stücklohn mehr als beim Kleinmeister.

6., 7. und 8. Seit Anfang Mai d. J. arbeite ich bei Bauunternehmer L. als Geselle; bei demselben sind außer vielen Maurern, Steinhauern, Zimmerleuten, Glasern z. Zt. 12 weitere Schreiner beschäftigt.

9. Mein Arbeitgeber hat ein Baugeschäft, und habe ich deßhalb nur in der Bau= schreinerei zu arbeiten.

10. Kost und Wohnung stelle ich selbst.

11. Ich bin in der Werkstätte des Arbeitgebers und am Bau beschäftigt.

12. und 13. Das Werkzeug stellt der Arbeitgeber; dasselbe ist im Wesentlichen das althergebrachte, aber im besten Stand erhalten; neuere Konstruktionen sind mir nicht bekannt.

13. In der Schreinerwerkstätte sind keine Maschinen.

15. fällt aus.

16. Wir arbeiten von Morgens 6 bis Abends 7 Uhr. Regelmäßige Pausen werden gemacht: Vormittags ½9—9, Mittags von 12—1 und Nachmittags von 4—½5 Uhr. Sonntags wird nur bei dringenden Arbeiten geschafft.

17. In der Regel arbeite ich auf Stück und verdiene dabei im Durchschnitt 20 M. die Woche. Ist keine Stückarbeit da, so erhalte ich einen Taglohn von 3 M. 30 Pfg. Die Zahlung erfolgt alle 14 Tage, jedoch wird auf Verlangen Vorschuß gewährt. Zwei Taglöhne werden als Werkzeuggeld einbehalten. Lohnabzüge kommen nicht vor.

18. Der Arbeitgeber selbst, welcher Architekt ist, betheiligt sich natürlich nicht an der Arbeit. Lehrlinge haben wir nicht.

19. Der Arbeitgeber kümmert sich nicht weiter um die Gesellen. Wir haben nur mit dem Geschäftsführer der Schreinerei, ebenfalls einem Schreinergesellen zu thun, der uns die Arbeit zuweist und den Lohn zahlt.

20. Zwistigkeiten zwischen Meistern und Gesellen sind im Gewerbe überhaupt — nicht in unserem Geschäfte allein — häufig. Die Ursache liegt meist darin, daß die Meister die Gesellen ohne gesetzlichen Grund Knall und Fall fortschicken. Der Bürgermeister wird in Folge dessen vielfach in Anspruch genommen.

21. Die Bauschreinerei leidet hier und anderwärts sehr darunter, daß bei dem üblichen Submissionsverfahren die Arbeitspreise über Gebühr herabgedrückt werden. Der Voranschlag wird manchmal bis zu 40 und mehr Prozent heruntergeboten. Wenn die Meister ihr Geschäft wirthschaftlich richtig betreiben wollen, so müssen sie sich über einen Minimaltarif vereinbaren.

22. Dem Fachverein für Schreiner, dessen Vorstand ich bin, gehörten zur Zeit etwa 80 Mitglieder an. Nach den Satzungen soll der Verein die reisenden Schreiner unterstützen, ein Arbeitsnachweisbüreau unterhalten und durch Veranstaltung von Zeichenunterricht für die fachmäßige Weiterbildung seiner Mitglieder sorgen. Letzterer Zweck ist zur Zeit nicht durchführbar, weil wir keinen geeigneten Lehrer ausfindig machen konnten.

23. Das Submissionsverfahren ist, wie ich schon unter Ziffer 21 auseinandergesetzt habe, für die Bauschreinerei schädlich und sollte abgeschafft werden. Wer Schreinerarbeiten für einen Bau zu vergeben hat, soll zu den Schreinermeistern hingehen und mit diesen unterhandeln, nicht aber durch öffentliches Ausschreiben die allgemeine Wettbewerbung und damit das Herabdrücken der Preise hervorrufen. Die höchste Dauer der täglichen Arbeitszeit sollte auf 10 Stunden herabgesetzt werden, es wäre dann für viele Gesellen, die jetzt auf der Landstraße herumziehen müssen, möglich, Arbeit zu bekommen. Die Einsetzung eines Gewerbegerichts wäre sehr erwünscht, weil den Bürgermeistern vielfach der nöthige Einblick in gewerbliche Verhältnisse abgeht, und bei Beschwerdeführung an das Amtsgericht die Sache sich so sehr hinauszögert.

XX. Glaser.
Einvernommen wurden:

a. Meister:	b. Gesellen.
1. G. L. von Stadt-Schwarzach in Bayern.	1. J. T. von Sulzbach, O. A. Weinsberg.
2. F. B. von Mannheim.	2. H. R. von Höhnstädt, Provinz Sachsen.

A. Meister.
1.
Glaser G. L. in Mannheim.
a. Eigene Verhältnisse des Befragten.

1. Ich bin 39 Jahre alt, verheirathet, kinderlos.

2. Das Gewerbe wurde im elterlichen Geschäfte zu Stadt-Schwarzach erlernt in dreijähriger Lehrzeit, nach deren Beendigung vor der damals bestehenden Zunft das Gesellenstück abgelegt wurde. Außer der Volksschule wurde noch während eines halben Jahres ein Privatunterricht im Fachzeichnen besucht. Meine Gesellenzeit dauerte 9 Jahre, davon verbrachte ich 5 Jahre in der Fremde (Würzburg, Kitzingen, Küttenhausen).

4. und 5. Mein Glasergeschäft habe ich 1874 hier gegründet. Eine Verlegung desselben fand nicht statt.

6. Ich wohne in Miethe. Der Miethwerth für Werkstätte und Holzplatz beträgt 270 Mark.

33*

7. und 8. Ich verwende keine Maschinen.

9. a. Lehrlinge habe ich nicht.

b. Ich beschäftige zwei Gesellen in der Werkstätte, ohne Kost und Wohnung im Haus. Dieselben arbeiten meist auf Wochenlohn und zwar beträgt derselbe 15 und bezw. 18 Mark. Bei Uebernahme größerer Arbeiten für Neubauten arbeiten die gleichen Gesellen auf Stück, in welchem Falle sie bis zu einer oder zwei Mark mehr die Woche verdienen. Zahltag ist jeweils Samstags für die abgelaufene Woche; zurückbehalten wird nichts.

10. Die Arbeit dauert von Morgens 6 bis Abends 7 Uhr. Regelmäßige Pausen machen wir: Vormittags von $^1/_2$9 bis 9, Mittags von 12 bis 1 und Nachmittags von 4 bis $^1/_2$5 Uhr. Ich selbst arbeite mit.

11. Gewerbebetrieb.

a. In meinem Geschäft werden alle vorkommenden Glaserarbeiten ausgeführt.

b. Ausbesserungsarbeiten, d. h. Einsetzen von Scheiben und Instandsetzung von Fensterrahmen sind sehr häufig und bilden eigentlich das Hauptgeschäft.

c. Die Arbeitsstoffe werden von mir gestellt. Das Holz wird in Dielen von der Sägmühle, das Glas in Tafeln von den Glashütten, mitunter auch von Zwischenhändlern bezogen, in der Regel gegen dreimonatlichen Kredit. Die Mengen, in welchen es bezogen wird, sind jeweils sehr verschieden und richten sich ganz nach den Bedürfnissen des Geschäfts. Als Halbfabrikat sind ferner noch die Fensterbeschläge zu nennen, welche je nach Bedarf von den hiesigen Eisenhandlungen bezogen werden.

d. Oel und Kreide für den Kitt wird bei hiesigen Handlungen gekauft; in neuerer Zeit wird der Kitt aber auch fertig bezogen und zwar von den sich damit befassenden Fabriken, gewöhnlich auch auf drei Monate Ziel. Der bezogene Kitt kommt billiger zu stehen, als der selbstgemachte, und geschieht die eigene Herstellung nur noch, wenn man sonst Nichts zu thun hat und die Leute beschäftigen will; besser freilich ist der selbstgemachte, denn unter den fabrizirten wird vielfach Schwerspat gemischt.

e. und f. Ich arbeite nur auf Bestellung und nur für die Stadt.

g. und h. fallen aus.

i. Die Kunden erhalten von mir halbjährlich Rechnung zugeschickt.

k. Der Eingang der Ausstände ist nicht pünktlich zu nennen; zu gerichtlicher Betreibung konnte ich mich aber nicht entschließen, weil ich es mit den Kunden nicht verderben will. Verluste sind, wenigstens in den letzten Jahren, selten.

l. Daß es mir zeitweise an Aufträgen fehle, kann ich eigentlich nicht sagen, obwohl das Geschäft nicht eben sehr flott geht. Im Allgemeinen war das aber in früheren Jahren eher schlechter als besser.

m. Im Spätjahr, wenn die Vorfenster angebracht werden, geht das Geschäft jeweils lebhafter, im Winter, wenn man nicht gerade Arbeit für einen Neubau hat, flauer. Mitunter entlasse ich dann einen meiner Arbeiter.

12. Kredit wurde nicht in Anspruch genommen.

13. Ich führe nur ein Kundenbuch, außerdem noch ein Einschreibbüchlein, in welchem ich mir auch die Ausgaben vermerke. Eine geordnete Zusammenstellung der letzteren findet nicht statt; was in die Haushaltung geht, schreibe ich nicht weiter auf, wohl aber führt meine Frau hierüber Rechnung.

14. und 15. fallen aus.

16. und 17. Der Geschäftsabschluß ist an sich befriedigend, weil das Geschäft gerade im letzten Jahr ganz gut gegangen ist. Der Grund, warum ich trotzdem keine Ueberschüsse erzielt habe, liegt darin, daß ich noch von einer verunglückten Hausspekulation her im Jahr 1882 eine Schuldenlast von 5000 Mark auf mich nehmen mußte, welche allmäh= lich abgetragen werden soll, und wofür ich seitdem Jahr für Jahr meine ganzen Ueber= schüsse opfern muß. Wenn meine Schwiegermutter nicht manches für uns thun würde und wenn meine Frau nicht so arbeitsam und sparsam wäre, so könnte ich übrigens gar keine Ueberschüsse erzielen.

b. Allgemeine Geschäftslage.

1. Die Glaser treiben hier in der Regel das Gewerbe in seinem ganzen Umfange, d. h. die Blankglaserei (Einsetzen von Scheiben und Einrahmen von Bildern) und die Herstellung von Fensterrahmen. Nur ein einziger Meister ist hier, der sich ausschließlich auf Blankglaserei verlegt.

2. Die Arbeitserzeugnisse werden unter Verwendung von Kitt und Nägeln aus Holz und Glas hergestellt. Ersteres wird in Dielen, letzteres in Tafeln bezogen.

3. In der Regel wird nur für den Ort selbst gearbeitet.

4. Von den hiesigen Glasermeistern hat keiner ein Ladengeschäft.

5. Die Bauunternehmer, Zimmerleute und Schreiner (letztere übrigens in neuerer Zeit weniger) pfuschen uns vielfach in's Handwerk, indem sie Glasergesellen einstellen und dann alle am Bau vorkommenden Glaserarbeiten, selbst Ausbesserungen besorgen.

6. Kommt hier nicht vor.

7. In den hiesigen Glaserwerkstätten sind Maschinen nicht eingeführt, es hat sich auch ein Bedürfniß nach solchen nicht gezeigt. Die Werkzeuge sind schon seit langen Jahren im Wesentlichen die gleichen.

8. Lehrlingswesen.

a. Jeder ordentliche Meister weiß, daß er die Verpflichtung hat, den Lehrling selbst zu unterweisen. Ich glaube auch, daß die jungen Leute in der Regel zum Besuch der Gewerbeschule angehalten werden.

b. Bei einem tüchtigen Meister kann der Lehrling genug lernen.

c. Der Gewerbeunterricht, wie er hier gegeben wird, ist, soweit mir bekannt, allen billigen Anforderungen entsprechend, sollte aber gesetzlich vorgeschrieben werden.

d. Schriftlicher Vertrag ist die Regel, und wird dabei wohl ausnahmslos 3jährige Lehrzeit bedungen.

e. Das Fortlaufen der Lehrlinge ist nicht selten; geschehen ist dagegen noch nichts.

f. Ist mir nicht bekannt.

g. Es kommt häufig vor, daß Glaserlehrlinge und auch Gesellen ihr Handwerk auf geben und in Fabriken übertreten, wo sie in verschiedenen Betriebszweigen sich beschäftigen lassen. Die Ursache wird wohl darin liegen, daß sie auf diese Art schneller zu einer guten Bezahlung kommen.

9. Gesellenwesen.

a. Tüchtige Gesellen sind sehr selten, sie haben keine genügende Handfertigkeit mehr, arbeiten sehr langsam und dabei erst noch unpünktlich. Das Arbeiten in den großen Baugeschäften, wo kein sachverständiger Meister ist, verdirbt die Leute.

b. Ueber das ſittliche Verhalten der Geſellen kann man keine beſondere Klage
führen, doch kommt Austritt ohne Kündigung nicht ſelten vor. Man läßt die Leute
dann lieber gehen, als daß man Prozeß vor dem Bürgermeiſter mit ihnen führt.

c. Die Löhne ſind ſich in den letzten 5 Jahren gleich geblieben. Der Durchſchnitts=
taglohn (ohne Koſt und Wohnung) ſtellt ſich auf 2 Mark 70 Pf.

d. Der Zahltag iſt in der Regel am Ende der Woche, Rückbehaltung von Lohn
kommt nicht vor.

e. Iſt Nichts geſchehen.

f. Kommt nicht vor.

g. Von Streitigkeiten iſt nicht viel bekannt; die vorkommenden werden vor dem
Bürgermeiſter zum Austrag gebracht. Ein Gewerbegericht ſcheint mir übrigens wünſchens=
werth zu ſein.

10. Iſt mir nicht bekannt.

11. Die meiſten hieſigen Glaſer beziehen wohl Holz, Glas und Kitt von hieſigen
Zwiſchenhändlern, je nach Bedarf. Bei mir iſt es eigentlich ein Zufall, daß ich unmittelbare
Verbindung mit einer Sägmühle erhalten habe. Der Zwiſchenhandel vertheuert die Holz=
waare um 30 %. Beim Glas iſt der Unterſchied nicht ſo bedeutend, nur etwa 5 bis 10%.
Verſuche zum gemeinſamen Bezug von Material wurden noch nicht gemacht; die Gewerbe=
genoſſen ſtehen ſich zu fremd gegenüber. Das Glas iſt ſeit etwa 4 Jahren in Folge
des Zolles auf's belgiſche Glas und einer Vereinigung der deutſchen Glashütten um
etwa 10% theurer geworden, ohne daß wir mit den Arbeitspreiſen aufgeſchlagen hätten.
Die Holzpreiſe ſind ſeit Jahren im Weſentlichen gleich.

12. Ich glaube, daß ſeit einigen Jahren die Arbeitsgelegenheit für unſer Gewerbe
immer mehr zurückgeht. Die Bauunternehmer, welche auf eigene Rechnung Glaſerarbeiten
machen, wie auch die Zimmerleute, und die Mitbewerbung auswärtiger, z. B. Ludwigshafener,
Heidelberger, Hockenheimer ꝛc. Geſchäfte tragen hieran Schuld.

13. Die Preiſe ſtehen im Allgemeinen ſehr nieder, beſonders bei Arbeiten für
Neubauten, wo ſich die Nachtheile des Submiſſionsweſens durch Herunterdrücken der Preiſe
fühlbar machen. Vereinigungen hierwegen hätten keinen Zweck, weil man dadurch nur
der Wettbewerbung der Baugeſchäfte und der Answärtigen das Feld frei machen würde.

14. Wie's die andern Geſchäfte darin halten, weiß ich nicht.

15. Seit ich einen ſelbſtändigen Haushalt habe (1874), brauche ich immer ziem=
lich das Gleiche für den Lebensunterhalt.

16. Außer dem Gewerbeverein, dem ich übrigens nicht angehöre, beſteht hier
keine gewerbliche Vereinigung für Meiſter; auch wurden noch keine Verſuche zur Bildung
ſolcher gemacht.

17. Hier wäre noch zu erwähnen, daß das Geſchäft des Bildereinrahmens, ſowie
des Handels mit Glaswaaren (welch' letzterer bei den hieſigen Glaſern eigentlich nie im
Schwung war), ſowie das Einſetzen von Spiegelſcheiben ſeit etwa 6 Jahren uns Glaſern
durch kaufmänniſche Geſchäfte ſo ziemlich abgenommen iſt.

18. Staatliche Einrichtungen werden nicht benützt.

c. Vorſchläge zur Verbeſſerung des Kleingewerbes.

1. Es wäre ſehr wünſchenswerth, wenn man den Leuten, die nicht ſelbſt Glaſer
ſind, die Herſtellung von Glaſerarbeiten verbieten würde; ob und wie dies geſchehen kann,

weiß ich freilich nicht anzugeben.

2. Die auswärtigen Mitbewerber, welche für hier arbeiten, sollten ordentlich be=
steuert werden, damit sie nicht so billig liefern können.

—————

2.
Glaser F. B. von Mannheim.
a. Eigene Verhältnisse des Befragten.

1. Ich bin 37 Jahre alt, verheirathet, Vater eines Kindes von 8 Jahren.

2. Das Gewerbe habe ich von 1863 bis 1866, also in 3jähriger Lehrzeit hier
beim Vater gelernt. Meine Gesellenzeit (nach Abzug der Militärzeit) betrug 7 Jahre,
welche sämmtlich im väterlichen Geschäfte durchgemacht wurden. Außer der Volksschule
wurde noch während der Lehrzeit die Gewerbeschule besucht.

4. und 5. Ich habe mein Glasergeschäft 1876 gegründet und befindet sich dasselbe
seitdem hier.

6. Ich besitze ein eigenes Haus in mittlerer Lage (Q. 5). Der Miethwerth der
Werkstätte beträgt 300 Mark, außerdem habe ich für 30 Mark jährlich einen Holzplatz
gemiethet.

7. und 8. Es findet nur Handbetrieb statt.

9 a. Ich halte einen Lehrling, mit welchem in schriftlichem Vertrag 3 Jahre
Lehrzeit und 120 Mark Lehrgeld bedungen sind, wofür ich Kost, Wohnung und Wäsche
stelle. Die Ausbildung besorge ich selbst.

b. Ich beschäftige vier Gesellen in der Werkstätte, alle ohne Kost und Wohnung;
sie erhalten Zeitlohn und zwar je 3 Mark im Tag. Die Zahlung erfolgt jeweils am
Ende der Woche ohne Rückbehaltung.

10. Die Arbeit dauert von Morgens 6 bis Abends 7 Uhr. Regelmäßige Pausen
werden gemacht: Vormittags von 1/2 9 bis 9, Mittags von 12 bis 1 und Nachmittags
von 4 bis 1/2 5 Uhr. Ich selbst arbeite mit.

11. Gewerbebetrieb.

a. Ich mache nur Fensterrahmen mit Verglasung für Neubauten.

b. Ausbesserungsarbeiten sind ganz nebensächlich.

c. Die Arbeitsstoffe liefere ich selbst. Die Beschläge für die Fenster beziehe ich
fertig vom Eisenhändler.

d. Das Holz (Dielen) beziehe ich aus der Sägmühle, das Glas von hiesigen
Handlungen. Letzteres kommt bei unmittelbarem Bezug von den Glashütten nahezu ebenso
hoch zu stehen. Das Holz kostet beim Zwischenhändler 20 % mehr. Die Mengen, in
welchen ich beziehe, sind je nach Bedarf sehr verschieden. Die Zahlung erfolgt 3 Monate
nach Lieferung.

e. und f. Ich arbeite nur auf Bestellung und nur für die Stadt.

g. und h. fallen aus.

i. Zahlungsbedingungen werden nicht festgesetzt, nicht einmal bei Akkorden an
Neubauten. Es ist aber üblich, daß bei Fertigung der Arbeit 2/3 und der Rest dann
nach der gesammten Abrechnung bezahlt wird. Letztere zieht sich manchmal lange hinaus.

k. Ueber meine Kundschaft kann ich nicht klagen, sie zahlt im Allgemeinen zu
üblichen, freilich nicht kurz bemessenen Fristen. Verloren habe ich erst an einem einzigen

Kunden, der nach Amerika ausgewandert ist.

l. Ueber eigentlichen Mangel an Aufträgen kann ich nicht klagen, doch ist in dieser Beziehung seit Oktober v. J. ein sehr merklicher Nachlaß eingetreten, indem ein großes Baugeschäft, das zu meiner ständigen Kundschaft zählte, die Glaserarbeiten jetzt auf eigene Rechnung durch hiezu eingestellte Gesellen herstellen läßt.

m. In der Winterszeit geht das Geschäft regelmäßig flauer, so daß ich in dieser Zeit mein Hilfspersonal bis auf einen oder zwei Gesellen zu mindern pflege.

12. Kredit habe ich nicht in Anspruch genommen.

13. Ich führe ein Hauptbuch mit „Soll" und „Haben", ein Kassenbuch, eine Strazze und ein Lohnbüchlein für die Arbeiter; ferner führt meine Frau ein genaues Verzeichniß über die Haushaltungsausgaben.

14. Fällt aus.

16. und 17. Daß der Geschäftsabschluß befriedigend gewesen wäre, kann ich eigentlich nicht sagen. Die Einnahmen haben mir gerade gereicht, mich und meine Familie anständig durchzubringen. Ueberschüsse wurden nicht erzielt. Es ist das seit 1879 das gleiche unerfreuliche Ergebniß und im Wesentlichen darauf zurückzuführen, daß meine Frau leidend ist und ich für Arzt, Apotheke und Badereisen allein jedes Jahr mindestens 400 Mark auslegen muß.

b. Allgemeine Geschäftslage.

Ueber die allgemeine Lage des Gewerbes macht Herr B. die gleichen Angaben wie Herr L. mit folgenden Abweichungen:

Zu 2. Als Halbfabrikat sind die eisernen Beschläge für Fenster zu nennen.

Zu 5. Es gibt hier auch Glaser, die auf die Bezeichnung „Meister" keinen Anspruch machen können, weil sie nichts weniger als ordnungsmäßig gelernt haben, die aber trotzdem das Geschäft wenigstens als Nebengewerbe selbstständig betreiben; es sind dies insbesondere Fabrikarbeiter, die in ihrer freien Zeit kleine Glaserarbeiten besorgen.

Zu 7. Die Glasergeschäfte hier haben nicht so viel Arbeit, daß sich die Anstellung von Maschinen lohnen würde.

Zu 9. Gesellenwesen.

a. Die Gesellen aus dem Sächsischen, welche alle ihren Lehrbrief und ihre Zeugnisse haben, sind weitaus die besten. Im Uebrigen ist allerdings Mangel an tüchtigen Gesellen. Die Ursache dieser Erscheinung weiß ich nicht anzugeben.

b. Das Fortlaufen der Gesellen ohne Kündigung ist förmlich zur Mode geworden; wenn aber der Meister den Gesellen ohne Kündigung entlassen will, so wird er gleich beim Bürgermeister verklagt.

c. Die Löhne sind gestiegen. Vor 5 Jahren zahlte ich 2 Mark 60 Pf., jetzt 3 Mark.

Zu 10. Kreditanstalten sind genug hier. Näheres ist mir nicht bekannt.

Zu 11. Die kleineren Geschäfte beziehen jedenfalls ihr Holz von hier, weil sich die Sägmühlen nur auf größere Bestellungen einlassen. Der Preisunterschied beträgt, wie ich oben schon erwähnt habe, mindestens 20 %. Baarzahlung wird nur selten bedungen, meistens läuft Kredit auf 3 Monate. Die Holzpreise waren vor 12 bis 15 Jahren niedriger wie jetzt und zwar um 20 %. Die Glaspreise waren vor 10 Jahren um 10 % niederer wie jetzt, ohne daß die Arbeitspreise erhöht worden wären.

Zu 13. Wenn man heutzutage Arbeit haben will, muß man sie recht billig machen, sonst bekommt man sie nicht.

Zu 15. Darüber kann ich keine nähere Auskunft geben.

Zu 16. Hier habe ich weiter nichts anzuführen.

c. Vorschläge zur Verbesserung des Kleingewerbes.

1. Man sollte dafür sorgen, daß die Lehrlinge ihre Lehrzeit auch richtig aus=
halten, und daß die Gesellen, bevor sie sich als Meister ausgeben, auch den Nachweis
führen, daß sie das Handwerk meistermäßig verstehen; ich halte deßhalb die Wiederein=
führung des Zunftzwanges für wünschenswerth.

2. Die auswärtigen, hierher arbeitenden Gewerbegenossen sollten zur städtischen
Umlage herangezogen werden, damit sie uns weniger Wettbewerbung machen können.
Das Ausschreiben der Arbeitspreise im Ueberschlage beim Submissionsverfahren und das
Abbieten in Prozenten sollte verboten werden.

B. Gesellen.

1.

J. T. aus Sulzbach, Oberamts Weinsberg.

1. Ich bin 33 Jahre alt, verheirathet, Vater von 4 Kindern im Alter von $1/4$
bis zu 6 Jahren und Mitglied des Glaserfachvereins, des Krankenvereins der Schuhmacher
und des Vereins zur Beschaffung ärztlicher Hilfe und Arzneien.

2. und 3. Ich bin Glaser und lernte von 1866/69 bei Glasermeister S. in Wald=
bach, O.=A. Weinsberg. Eine Lehrlingsprüfung habe ich nicht abgelegt, auch keine gewerb=
liche Schule besucht.

4. Als Geselle arbeitete ich ein Jahr in Waldbach, $1\frac{1}{2}$ Jahr in Heidelberg,
6 Wochen in Mainz, $1\frac{1}{2}$ Jahr in Wiesbaden, $1/2$ Jahr in Rockstheim, diente sodann
3 Jahre beim Militär, hierauf schaffte ich $1/2$ Jahr in Germersheim und bin seitdem
in Mannheim. In Wiesbaden war ich bei drei und hier bis jetzt bei sieben Meistern.

5. In einer Fabrik habe ich noch nicht gearbeitet, es ist mir auch nicht bekannt,
daß bei meinen Gewerbsgenossen der Uebergang zur Fabrikarbeit häufig vorkäme.

6. Seit letzter Fastnacht arbeite ich in dem Baugeschäft des Herrn L. dahier.

7. Die Glaserei bildet eine Unterabtheilung des Geschäftes und sind zur Zeit 5
Gesellen, wovon Einer als „Geschäftsführer" bestellt ist, darin beschäftigt.

8. Ich arbeite als Geselle.

9. Unsere Arbeit besteht hauptsächlich in der Herstellung und Verglasung neuer
Fensterrahmen.

10. Kost und Wohnung stelle ich selbst.

11. Uns Glasern ist eine besondere Werkstätte zugewiesen.

11. Das Werkzeug wird vom Arbeitgeber gestellt; nur den „Diamant" habe ich,
wie viele Glasergesellen, eigen.

13. Neuere Konstruktionen sind mir nicht bekannt.

14. Arbeitsmaschinen sind nicht eingeführt.

15. Fällt aus.

16. Die Arbeitszeit dauert von Morgens 6 bis Abends 7 Uhr; regelmäßige
Pausen werden gemacht: Vormittags von $1/2$9—9, Mittags von 12—1 und Nachmittags

34

von 4—¹/₂5 Uhr. Sonntags wird nur in ganz dringenden Fällen gearbeitet; seitdem ich im Geschäft bin, war dies nicht der Fall.

17. Das Herstellen der hölzernen Fensterrahmen geschieht in der Regel auf Stück= lohn, und schwankt dann der tägliche Verdienst zwischen 3 M. 50 Pf. und 4 M. 50 Pf. Im Uebrigen erhalte ich Zeitlohn und zwar 3 M. 20 Pf. im Tag. Bis jetzt habe ich mehr auf Taglohn wie auf Stück gearbeitet. Zahltag ist jeweils am Ende der Woche. Zwei Taglöhne behält der Arbeitgeber zurück. Ich muß meine letzte Angabe übrigens dahin berichtigen, daß eigentlicher Zahltag nur alle 14 Tage ist, daß man aber jeweils am Samstag so viel erheben kann, als der Taglohn für die vergangene Woche ausmacht. Abgezogen wird nichts.

18. Das Glasergeschäft wird durch den oben schon erwähnten Geschäftsführer ge= leitet. Der Arbeitgeber selbst, der kein gelernter Glaser ist, kommt nur ab und zu in die Werkstätte.

19. Um Fleiß, sittliches Verhalten, weitere Ausbildung und gutes Fortkommen der Gesellen kümmert sich der Arbeitgeber weiter nichts.

20. Derartige Zwistigkeiten sind nicht häufig, sie haben ihre Ursache meist in Meinungsverschiedenheiten wegen der Höhe des Lohnes, oder wegen der Auflösung des Arbeitsverhältnisses und werden vor dem Bürgermeister ausgetragen.

21. Die Glaserei befindet sich hier in schlechter Lage. Die großen Baugeschäfte entziehen dem Kleinmeister den Hauptverdienst, und die Architekten sehen beim Submissions= verfahren nur auf möglichst niedrige Preise. Wenn ein Glasermeister 20 und mehr Jahre lang ständig für einen Kunden gearbeitet hat und dieser Kunde baut sich ein Haus, so werden die Arbeiten eben durch den Architekten in Submission gegeben, der Bauherr selbst kümmert sich nicht darum, wer die Arbeit erhält, und so fällt dann der Meister trotz seiner langjährigen Kundschaft neben hinunter, wenn er nicht um Schleuderpreise arbeiten will. Auch die vielen auswärtigen Glaser, besonders von Ludwigshafen und Hockenheim, welche hierher arbeiten, verderben den hiesigen Meistern die Preise und das Geschäft.

22. Der bestehende Fachverein sorgt hauptsächlich für die Unterstützung durch= reisender Gesellen und für Arbeitsnachweis. Für die Ausbildung im Gewerbe geschieht nichts und kann auch nichts geschehen, weil die Mittel des Vereins hiezu nicht reichen. Im Arbeiter=Fortbildungsverein sind meines Wissens keine Glaser, überhaupt fast keine Holzarbeiter. Es kostet dort viel Geld und der eingeborene Mannheimer spielt die Hauptrolle.

23. Die Wettbewerbung von Auswärts sollte thunlichst beschränkt werden, und zwar könnte das in der Weise geschehen, daß auf die eingeführte Glaserarbeit ein Oktroi, oder wie man das sonst nennen will, gelegt würde. Auf dem Lande ist der Lohn und die Verköstigung, kurz der ganze Lebensunterhalt, weit billiger und können die Meister dann natürlich um weit billigeren Preis liefern, als die, welche in der Stadt wohnen. Dieser Vortheil könnte auf die vorgeschlagene Weise einigermaßen ausgeglichen werden.

2.

H. R. von Höhnstädt, Provinz Sachsen.

1. Ich bin 29 Jahre alt, ledig und Mitglied des Glaser=Fachvereins.

2. und 3. Ich lernte als Glaser von 1871/75, also in 4jähriger Lehrzeit, bei

Glasermeister N. in Halle a. S. Eine Lehrlingsprüfung habe ich nicht abgelegt, auch keine gewerbliche Schule besucht.

4. Nach zurückgelegter Lehrzeit war ich an vielen Orten als Geselle in Arbeit. Als solche nenne ich z. B. Leipzig, Chemnitz, Heidelberg, Basel, Mannheim, Kehl. Längere Zeit war ich nur in Kehl (10 Monate beim gleichen Meister) und hier.

5. Ich selbst habe noch nie in einer Fabrik gearbeitet; doch ist mir bekannt, daß viele meiner Kollegen schon zum Großbetrieb, insbesondere zu den großen Baugeschäften übergingen, weil sie dort bessere Bezahlung und dauerndere Beschäftigung haben als beim Kleinmeister.

6. Mit kurzen Unterbrechungen stehe ich jetzt bei Glasermeister B. seit 2 Jahren in Arbeit.

7. und 8. Außer mir, der ich als Geselle arbeite, sind keine Hilfsarbeiter im Geschäfte.

9. Der Meister hat ein Glasergeschäft ohne Spezialität.

10. Kost und Wohnung stelle ich selbst.

11. bis 13. Ich arbeite in der Werkstätte mit dem mir vom Meister gestellten altherkömmlichen Werkzeug; Werkzeug neuerer Konstruktion ist mir nicht bekannt.

14. Arbeitsmaschinen sind nicht im Gebrauch.

15. Fällt aus.

16. Wir arbeiten von Morgens 6 bis Abends 7 Uhr mit einstündiger Mittagspause und je halbstündiger Pause Vor- und Nachmittags. Sonntags wird nicht gearbeitet.

17. Das Fertigen neuer Fensterrahmen geschieht auf Stücklohn, und stelle ich mich dabei im Tag durchschnittlich auf 2 M. 80 Pf. Die andere Arbeit geschieht im Taglohn, der 2 M. 50 Pf. beträgt. Auf das Jahr berechnet wird etwa $^3/_4$ der Arbeitszeit auf Stück- und $^1/_4$ auf Zeitlohn geschafft. Die Kleinmeister zahlen alle Woche, die größeren Geschäfte alle 14 Tage; die Letztern behalten zwei Taglöhne zurück, die Ersteren Nichts. Von Abzügen ist mir Nichts bekannt.

18. Mein Meister schafft den ganzen Tag in der Werkstätte mit.

19. Der Meister kümmert sich um den Gesellen nur, so lange dieser in der Werkstätte ist. Daß der Geselle beim Meister Kost und Wohnung erhält, ist hier eine seltene Ausnahme.

20. Derartige Streitigkeiten sind nicht häufig; wenn sie vorkommen, haben sie ihre Ursache gewöhnlich in Zwistigkeiten wegen der Lohnansprüche, oder wegen der Kündigung.

21. Im Allgemeinen geht's unserem Gewerbe heutzutage nicht gut; zur Zeit sind zwar, besonders am hiesigen Orte, die Verhältnisse besser, weil die Bauthätigkeit eine lebhafte ist, aber das kann sich schon nach einigen Monaten wieder ändern. Daß es schlecht steht mit dem Gewerbe, schließe ich daraus, daß sogar jetzt, in der besten Bauzeit, eine große Zahl von arbeitslosen Glasergesellen auf der Wanderung hier durch kommen. Wie man das Gewerbe besser betreiben könnte, wüßte ich nicht zu sagen; die Ursache des Darniederliegens ist meines Erachtens darin zu suchen, daß während der 70er Jahre übermäßig viel gebaut wurde und sich jetzt naturgemäß eine allgemeine Stockung in der Bauthätigkeit geltend gemacht hat.

22. Der Fachverein für Glaser, dessen Vorstand ich bin, zählt etwas über 20 Mitglieder. Besondere Einrichtungen zur Weiterbildung unserer Mitglieder, z. B. durch

34*

Zeichenunterricht, haben wir bis jetzt nicht getroffen.

23. Das Submissionsunwesen ist ein Hauptmißstand für unser Gewerbe, es wird fast ausnahmslos auf das niederste Angebot gesehen und werden dadurch viele Meister, die nicht ordentlich rechnen können, verleitet, mit ihren Angeboten so weit herunter zu gehen, daß von einer lohnenden Arbeit keine Rede mehr sein kann. Ich weiß nun freilich nicht, ob und wie man diesem Umstande gründlich abhelfen kann, jedenfalls aber sollten Staat und Gemeinden in dieser Hinsicht mit gutem Beispiel vorangehen, indem sie nur solche Angebote berücksichtigen, bei denen sich eine tüchtige, meistermäßige Ausführung auch erwarten läßt. Ferner ist die Wettbewerbung der auswärtigen, insbesondere der Ludwigshafener Glaser, von großem Nachtheil für die hiesigen Meister. So viel ich weiß, muß jeder hiesige Meister, der nach der Pfalz arbeiten will, einen Erlaubnißschein lösen, während die Geschäftsleute von drüben ohne Weiteres für hier schaffen können. Es wäre gewiß nur billig, wenn diesen auswärtigen Mitbewerbern eine entsprechende Abgabe für die Stadtkasse auferlegt würde.

XXI. Schlosser.

Einvernommen wurden:

A. Meister.	B. Geselle.
1. R. H. von Mannheim.	G. O. von Mannheim.
2. Ph. O. von Mannheim.	
3. A. M. von Mannheim.	

A. Meister.

1.

Schlosser R. H. von Mannheim.

a. Eigene Verhältnisse des Befragten.

1. Ich bin 55 Jahre alt, verheirathet, Vater von 2 Söhnen im Alter von 27 und 25 Jahren, wovon nur der jüngere zu Hause ist und im Geschäfte hilft.

2. Das Gewerbe habe ich in den Jahren 1843 bis 1846 hier erlernt und nach Umlauf der Lehrzeit vor der damals bestehenden Zunft das Gesellenstück abgelegt. Als Geselle war ich 1 Jahr in Frankfurt, die übrigen 5 Jahre hier. Außer der Volksschule besuchte ich 4 Klassen der höheren Bürgerschule, jedoch keine Gewerbeschule.

3. Siehe Anlage.

4. und 5. Ich betreibe ein Schlossereigeschäft, welches ich 1854 hier gegründet habe; eine Verlegung fand nicht statt.

6. Ich besitze ein eigenes Haus. Der Miethwerth der Werkstätte beträgt 350 Mark. Die Geschäftslage kann als gut bezeichnet werden.

7. und 8. Wir haben vorzugsweise Handbetrieb; von Hilfsmaschinen sind nur 2, aber durch keinen Motor betriebene, Bohrmaschinen im Gebrauch, welche sich hinsichtlich der Konstruktion von den in der Großindustrie verwendeten nicht unterscheiden.

9 a. Ich halte zwei Lehrlinge, welche nach mündlicher Verabredung eine 3jährige Lehrzeit durchmachen müssen, kein Lehrgeld bezahlen, aber auch keine Kost und Wohnung im Haus erhalten. Die gewerbliche Ausbildung der Lehrlinge geschieht durch meinen Sohn unter meiner Aufsicht.

b. Ich beschäftige zwei Gesellen (der Sohn ist nicht inbegriffen) in der Werkstätte, aber ohne Kost und Wohnung im Hause. Dieselben werden nach Zeit gelohnt und zwar erhalten sie im Tag 3 Mark bezw. 2 Mark 70 Pf. Die Auszahlung erfolgt jeweils am Ende der Woche ohne Rückbehaltung.

10. Die Arbeitszeit dauert von 6 Uhr (Winter 7 Uhr) Morgens bis 7 Uhr Abends. Pausen werden gemacht: von 8 bis $\frac{1}{2}$9, 12 bis 1 und 4 bis $\frac{1}{2}$5 Uhr. Ich selbst gehe, seitdem ich meinem Sohn die Leitung des Geschäfts übergeben habe, in der Werkstätte nur noch ab und zu.

11. Gewerbebetrieb.

a. Auf eine Spezialität verlege ich mich nicht. Arbeitstheilung ist nicht eingeführt.

b. Es werden vorzugsweise neue Gegenstände hergestellt.

c. Die Arbeitsstoffe liefere ich. Dieselben werden unbearbeitet bezogen.

d. Eisen und Stahl kaufe ich in kleineren Abtheilungen je nach Bedarf in einer hiesigen Eisenhandlung; ebenso Messing und Kupfer, welche Stoffe übrigens nur in geringer Menge gebraucht werden. Die Preise stellen sich beim Zwischenhändler keineswegs höher als beim unmittelbaren Bezug. Die Abrechnung mit der Handlung erfolgt jeweils am Schlusse des Jahres. Ob ich während des Jahres Abschlagszahlungen machen will, steht ganz in meinem Belieben.

e. und f. Ich arbeite nur auf Bestellung und nur für den Ort.

g. und h. fallen aus.

i. Besondere Bedingungen werden den Kunden nicht gemacht; wer nicht früher zahlt, erhält am Jahresschluß Rechnung. Bei Akkorden für Neubauten wird jeweils besondere Verabredung getroffen.

k. Meine Kundschaft zahlt pünktlich; Leute, die als schlechte Zahler bekannt sind, nehme ich gar nicht als Kunden an. Mit dem Gericht habe ich noch nie zu thun gehabt. Der Verlust von Ausständen fällt nicht ins Gewicht.

l. Es fehlt mir keineswegs an Aufträgen. Früher habe ich das Geschäft in kleinerm Maßstab betrieben; erst seit 3 Jahren habe ich im Interesse meines Sohnes, der das Geschäft später übernehmen soll, mich auch auf größere Akkorde eingelassen und habe in Folge dessen jetzt noch mehr zu thun wie früher.

m. Im Winter ist regelmäßig weniger zu thun als im Sommer, jedoch habe ich mein Arbeitspersonal noch nicht vermindern müssen.

12. Kredit wird nicht in Anspruch genommen.

13. Ich führe ein Journal oder Schmierbuch, in welches sämmtliche Bestellungen eingetragen sind, ferner ein Hauptbuch mit „Soll" und „Haben", in welchem die Kunden bezw. Schuldner alphabetisch verzeichnet sind. Die Ausgaben für Geschäft und Haushaltung werden nicht besonders gebucht.

14. Fällt aus.

15. Siehe Anlage.

16. Ich bin mit dem Ergebniß des Geschäftsabschlusses zufrieden. Früher war dasselbe weniger gut, obwohl ich nie mit Verlust gearbeitet habe. Seitdem ich mich auch an größere Arbeiten gemacht habe, also seit 3 Jahren, geht das Geschäft entschieden besser.

b. Allgemeine Geschäftslage.

1. In der Schlosserei kann man heutzutage 4 Zweige unterscheiden, nämlich:

Bauschlosserei, Kunstschlosserei, Kassenschrankfabrikation und Herdfabrikation. Die Kassen-schrankfabrikation kann nur als Spezialität betrieben werden, die übrigen Zweige werden bald als Spezialität, bald miteinander betrieben. Die große Mehrzahl der hiesigen Schlosser-meister verlegt sich nicht auf eine Spezialität.

2. Die Arbeitserzeugnisse werden aus unbearbeiteten Metallen hergestellt. Doch werden in neuerer Zeit die einzelnen Theile für die Schlösser einschl. der Schlüssel in Weichguß halbfertig bezogen, so daß der Schlosser nur das Ausfeilen und Zusammensetzen zu besorgen hat.

3. Die Kundschaft der hiesigen Schlosser ist auf den Ort und die nächste Um-gebung beschränkt. Regelmäßige Absetzung an Wiederverkäufer kommt nicht vor.

4. Von den hiesigen Schlossern hat keiner ein Ladengeschäft.

5. Ich kenne die hiesigen Schlossermeister nur zum kleinsten Theile persönlich und weiß deßhalb nicht, ob sie der Mehrzahl nach ordnungsmäßig gelernt haben. Die Bau-geschäfte treiben vielfach Schlosserei als Nebengewerbe, indem sie besondere Werkstätten einrichten und durch Gesellen darin Schlosserarbeiten herstellen lassen. Auch die Glaser befassen sich in neuerer Zeit mit Schlosserarbeiten, indem sie die Fenster selbst anschlagen.

6. Kommt hier nicht vor.

7. In den hiesigen Schlosserwerkstätten ist meistens nur Handbetrieb. Da und dort sind Bohrmaschinen im Gebrauch, aber nirgends ein Motor. Nur ein einziger Gewerbs-genosse, der für Schiffe arbeitet, hat meines Wissens Dampfkraft. Es ist eben in unserm Gewerbe kein Bedürfniß nach maschinenmäßigen Einrichtungen, da die Betriebe im Großen und Ganzen nur von geringem Umfange sind. Das eigentliche Werkzeug ist heutzutage nicht anders und nicht besser als in früheren Jahren.

8. Lehrlingswesen.

a. Der Lehrling wird in der Regel vom Meister selbst praktisch unterwiesen. In der Familie des Meisters werden die Lehrlinge nicht mehr aufgenommen.

b. Der Werkstättebetrieb reicht zur Ausbildung des Lehrlings vollständig hin.

c. Die Gewerbeschule hier entspricht unserm Geschäft vollkommen, doch sollte der Unterricht gesetzlich vorgeschrieben werden.

d. Schriftlicher Vertrag kann nicht als Uebung bezeichnet werden.

e. Fortlaufen der Lehrlinge aus der Lehre kommt vor; vor etwa 6 Jahren wurde von der Mehrzahl der hiesigen Schlossermeister eine Uebereinkunft getroffen, wonach sie sich gegenseitig verpflichteten, solche fortgelaufene Lehrlinge nicht anzunehmen. Diese Ver-einigung löste sich aber bald wieder auf, weil das Interesse daran verloren ging.

f. und g. Hierüber ist mir nichts bekannt.

9. Gesellenwesen.

a. Aus meiner Erfahrung kann ich sagen, daß es recht tüchtige Gesellen gibt, und habe ich für meinen Theil einen Mangel an solchen nicht wahrgenommen.

b. Das sittliche Verhalten der Gesellen gibt auch keinen Anlaß zu Klagen, dagegen kommt unbefugter Austritt allerdings nicht selten vor, ohne daß bisher dagegen etwas geschehen wäre.

c. Seit 5 Jahren sind die Löhne etwa um 10 % gestiegen.

d. Zahltag ist jeweils am Ende der Woche, ohne Rückbehaltung.

e. Für Hebung des Gesellenwesens ist nichts geschehen.

f. Kommt nicht vor.

g. Von Streitigkeiten, die vor dem Bürgermeister zum Austrag gebracht werden müssen, ist wenig bekannt. Die Errichtung eines Gewerbegerichtes scheint mir zweckmäßig zu sein.

10. Kreditanstalten sind hier gerade genug.

11. Das Arbeitsmaterial wird in kleineren Mengen je nach Bedarf von den hiesigen Eisenhandlungen bezogen. Kredit wird nur den besser gestellten Geschäften gewährt, die andern müssen baar zahlen. Die Preise der Materialien sind in den letzten Jahren gefallen.

12. Die hiesigen Schlosser haben im Allgemeinen jetzt entschieden weniger zu thun, als wie vor etwa 20 Jahren. Die Hauptursache liegt darin, daß sich seit Einführung der Gewerbefreiheit die Zahl der Gewerbsmeister stetig vermehrt hat. Als die Zunft aufgehoben wurde, betrug die Zahl der Meister 34, jetzt beträgt sie wohl das Doppelte. Auch die Entwickelung der Großindustrie war hier von großem Einflusse. Schlösser und Beschläge werden jetzt massenweise in der Fabrik hergestellt und im Handel verbreitet. Die Wettbewerbung der Baugeschäfte, der auswärtigen Gewerbsgenossen und die Eingriffe der Glaser in unser Gewerbe sind oben schon erwähnt.

13. In der Bauschlosserei sind die Preise sehr niedrig, in Folge des gegenseitigen Herabbietens, welches oft bis zu 30 % des Anschlages herunter geht. Im übrigen Geschäfte können die Preise als entsprechend bezeichnet werden.

14. Die meisten hiesigen Schlosser schicken meines Wissens halbjährlich Rechnung an die Kunden.

15. Seit den 50er Jahren sind die Preise der Lebensmittel stetig gestiegen und damit auch der Aufwand für den Lebensunterhalt. Allerdings will man heutzutage auch besser leben wie früher.

16. Vor einigen Jahren war eine größere Zahl hiesiger Schlossermeister zu einer Art Innung zusammengetreten, um das Lehrlingswesen gemeinsam zu regeln. Diese Vereinigung hat sich aber bald wieder aufgelöst, weil das nöthige Interesse hiefür fehlte.

17. Ich kann hier nur auf das zu 12. Gesagte verweisen.

18. Die Landesgewerbehalle und das Zeichenbüreau der Kunstgewerbeschule wurden in einzelnen Fällen schon benützt.

c. Vorschläge zur Verbesserung des Kleingewerbes.

1. Dem Kleingewerbe könnte nur dann wieder aufgeholfen werden, wenn dafür gesorgt würde, daß nicht jeder Pfuscher dem ordnungsmäßig gelernten Meister Wettbewerbung machen kann. Dies könnte nun freilich kaum anders geschehen, als dadurch, daß von dem Lehrling, der Geselle werden will, ein Gesellenstück und von dem Gesellen, der Meister werden will, ein Meisterstück verlangt würde, und damit wäre man so ziemlich wieder bei der alten Zunft angelangt.

Zu 2. und 3. weiß ich keine Vorschläge zu machen.

Schlosser R. H. in Mannheim. Anlage.
Vorbemerkung.

Erwerbsteuerkapital . .	5700 M.	— Pf.
Betriebskapital .	2700 „	— „

Anlagekapital . . . .   100 M. — Pf.

Familienzahl: 3 Personen.

Anzahl der Lehrlinge und Gesellen: 4.

Geschäftsergebnisse im Jahr 1884.

I. Ausgaben.
A. Gewerbe.

1 a. Werthanschlag für Benützung der Betriebsstätte (einschließlich des
Unterhaltungsaufwands) im eigenen Hause . . . . . .   350 M. — Pf.

2 a. Unterhaltung und Ergänzung von Handwerkszeug und Maschinen   200 „ — „

  b. Abschreibung am Werthe von Handwerkszeug und Maschinen .   50 „ — „

3. Heizung und Beleuchtung der Geschäftsräume . . .   50 „ — „

4. Arbeitsaufwand:

  a. Werthanschlag der Arbeit des Meisters .   2190 „ — „

  b. für Hilfsarbeiter:

    aa. Löhne an Lehrlinge und Gesellen .   4674 „ — „

5. Aufwand für Beschaffung der Arbeitsstoffe   6934 „ — „

7. Verlust an Ausständen . . . . . .   100 „ — „

8. Zinsen des Anlage= und Betriebskapitals .   . 150 „ — „

Summa . 14698 M. — Pf.

C. Sonstige Ausgaben.

1. Ausgaben für den Haushalt der Familie (3 Familienglieder und
kein Dienstbote) und zwar:

  a. Kost . . . . . .   2000 M. — Pf.

  b. Bekleidung . . . .   400 „ — „

  d. Heizung und Beleuchtung für Küche und Zimmer 2c. . . .   100 „ — „

2. Miethwerthanschlag für die Wohnung (nach Abzug des schon
unter A. 1 verrechneten Betrages) im eigenen Hause .   800 „ — „

3 b. Unterhaltungsaufwand für das Gebäude . . .   200 „ — „

4. Feuerversicherung für Gebäude   . . 3 „ — „

für Fahrnisse . . . .   2 „ — „

Summa . 18203 M. — Pf.

II. Einnahmen.
A. Gewerbe.

Bruttoeinnahme:

  a. aus dem Gewerbebetriebe . . . .   14814 M. — Pf.

C. Sonstige Einnahmen.

1. aus Miethe . . . . . .   1500 „ — „

2. aus ausstehenden Kapitalien, verzinslichen Staatspapieren .   200 „ — „

Summa . 16514 M. — Pf.

Ausgaben . . 18203 „ — „

Einnahmen . 16514 „ — „

Somit Mehrausgaben . . 1689 M. — Pf.

2.
Schlosser Ph. O. von Mannheim.
a. Eigene Verhältnisse des Befragten.

1. Ich bin 52 Jahre, verheirathet, kinderlos.

2. Das Gewerbe wurde von 1847 bis 1850 in 3½jähriger Lehrzeit hier erlernt. Nach abgelegtem Gesellenstück wurde ich von der Zunft losgesprochen. Die folgende Zeit bis zur selbständigen Niederlassung habe ich an verschiedenen Orten und in verschiedenen Stellen zugebracht: zuerst in Karlsruhe als Geselle 4 Jahre, dann in Rastatt 2 Jahre, in Mannheim ½ Jahr, in Karlsruhe beim Militär 2 Jahre, auf Wanderschaft im Preußischen 1½ Jahre, in der Betriebswerkstätte zu Ludwigshafen und Neustadt, zuletzt als Reserveheizer 2 Jahre, die übrige Zeit hier. Außer der Volksschule habe ich noch während der Lehrzeit die hiesige Gewerbeschule besucht.

4. und 5. Mein Geschäft, Schlosserei, habe ich im Jahre 1868 gegründet, nach 3 Jahren aber wieder aufgegeben und bin ich alsdann nach Amerika ausgewandert. Im September 1876 kam ich von dort wieder zurück und fing das Geschäft wieder an. Seitdem befindet sich dasselbe wieder hier.

6. Ich wohne in Miethe. Der Miethzins für die Werkstätte beträgt 150 bis 200 Mark. Die Geschäftslage ist dabei ohne Einfluß.

7. und 8. Ich habe vorzugsweise Handbetrieb; es ist nur eine Bohrmaschine im Gebrauch.

9. a. Ich halte zwei Lehrlinge, bezüglich welcher in schriftlichem Vertrag 3jährige Lehrzeit ausgemacht ist; dieselben zahlen kein Lehrgeld, erhalten aber auch keine Kost und Wohnung. Die Ausbildung der Beiden besorge ich selbst; auch schicke ich dieselben in die Gewerbeschule.

b. Ich beschäftige einen Gesellen in der Werkstätte, ohne Kost und Wohnung im Haus. Derselbe erhält einen Taglohn von 3 Mark, und zwar ist jeweils am Samstag Zahltag für die vergangene Woche ohne Rückbehaltung.

10. Die Arbeit dauert von Morgens 6 bis Abends 7 Uhr. Pausen werden gemacht von ½9 bis 9, 12 bis 1 und 4 bis ¼5 Uhr. Samstags wird um 6 Uhr mit der Arbeit aufgehört. Ich selbst bin immer in der Werkstätte.

11. Gewerbebetrieb.

a. Es wird keine Spezialität betrieben.

b. Es werden auch Ausbesserungsarbeiten vorgenommen.

c. Die Arbeitsstoffe liefere ich selbst. Halbfertig beziehe ich Schlüssel, Schloßtheile und Schellenwinkel.

d. Ich beziehe das Metall von einer hiesigen Eisenhandlung in kleinen Mengen je nach Bedarf und zahle in der Regel monatlich.

e. und f. Ich arbeite nur auf Bestellung und nur für die Stadt.

g. und h. fallen aus.

i. Bedingungen stelle ich den Kunden nicht, sondern schicke ihnen, je nach dem sie es wünschen, vierteljährlich, halbjährlich oder erst nach Schluß des Jahres Rechnung.

k. Innerhalb der hienach üblichen Fristen geht das Geld pünktlich ein; ich habe überhaupt nur zahlungsfähige Kundschaft. Früher war ich darin weniger vorsichtig und habe manchen Verlust erlitten.

l. Ich habe nicht gerade immer Bestellungen, aber ich kann deßhalb doch nicht über schlechten Geschäftsgang klagen; an andern Tagen geht's dafür besser. Ich habe übrigens auch früher das Geschäft in keinem größern Umfange betrieben. Da ich kinderlos bin, so habe ich es nicht für nöthig befunden, meinem Geschäft eine größere Ausdehnung zu geben.

m. Im Winter geht das Geschäft regelmäßig flauer, als im Sommer, weil eben in der Bauschlosserei wenig zu thun ist. Ich beschäftige mich in dieser stillen Zeit hauptsächlich mit der Unterweisung der Lehrlinge.

12. Kredit wurde nicht in Anspruch genommen.

13. Ich führe noch in der alten Weise Buch: In der Werkstatt hängt eine Tafel, auf welcher die einzelnen Arbeiten verzeichnet werden; ist diese voll, so wird mit Bleistift Abschrift in die Strazze und von dieser jeden Sonntag Uebertrag in das Hauptbuch gemacht. Die Ausgaben werden nicht gebucht.

14. Fällt aus.

15. Siehe Anlage.

16. und 17. Der Geschäftsabschluß ist schon seit Jahren der gleiche; es bleibt nichts übrig. Da ich nur für mich und meine Frau zu sorgen habe, ist dies Ergebniß nicht als befriedigend zu bezeichnen, obwohl ich anderseits auch wieder zugeben muß, daß ich mir, eben weil ich keine Kinder habe, auch manches gönne, was sich ein Familienvater versagen muß und versagen kann. Uebrigens hat mir das letzte Jahr einen besonderen Gewinn, der freilich nicht mit dem Geschäfte zusammenhängt, gebracht, indem ich in der Maimarktlotterie den 6. Preis mit 2000 Mark gezogen habe.

b. Allgemeine Geschäftslage.

Ueber die allgemeine Lage des Gewerbes macht Herr O. die gleichen Angaben, wie Herr H. mit folgenden Abweichungen:

Zu 1. Als Spezialität läßt sich auch noch die Herstellung von Wasserleitungen bezeichnen, die aber hier nicht vertreten ist.

Zu 2. Als Halbfabrikate sind auch noch die Schellenwinkel und Bügeleisengriffe zu nennen.

Zu 5. Auch ich kenne die hiesigen Schlosser nicht alle, bin aber überzeugt, daß Mancher davon das Handwerk nicht versteht, wenn er auch nie ein anderes betrieben hat.

Zu 7. Kleine Handmaschinen, wie Bohr- und Lochmaschinen, sind wohl in vielen Werkstätten zu finden, es ist aber eigentlich schwer, zu sagen, ob es Maschinen oder nur Werkzeuge sind.

Zu 8. Lehrlingswesen.

a. Daß der Lehrling in die Familie des Meisters aufgenommen wird, kommt nur noch bei ortsfremden Lehrlingen vor.

c. Ich glaube, daß in der hiesigen Gewerbeschule zu wenig Gewicht auf das Fachzeichnen für Schlosser gelegt wird. Der Unterricht sollte unter allen Umständen gesetzlich vorgeschrieben werden.

d. Bei ordentlichen Meistern ist jedenfalls schriftlicher Vertrag die Regel.

g. Soviel mir bekannt, gehen sehr viel gelernte Schlosser in die Fabriken über, weil dort weniger Kenntnisse und Uebung im Handwerk vorausgesetzt wird, und in Folge dessen die Arbeit leichter zu leisten ist.

Zu. 9. Gesellenwesen.

a. An tüchtigen Gesellen ist meiner Meinung nach großer Mangel; die Leute haben keine ordentliche Lehrzeit hinter sich, und es fehlt ihnen auch in der Regel der nöthige geschäftliche Ehrgeiz.

Zu 11. Meines Wissens sind die Preise für die Metalle in den letzten Jahren nicht gefallen, sondern gestiegen, wenigstens diejenigen für Feineisen.

Zu 14. Die hiesigen Meister sind zum großen Theil in dürftigen Verhältnissen und glaube ich deßhalb, daß sie meist so bald als möglich ihre Forderungen einzutreiben suchen; Bestimmtes weiß ich jedoch hierüber nicht.

Zu 15. Der Lebensunterhalt ist schon lange theurer, entsprechend den Preisen der Lebensmittel. Der Handwerker hat früher, so lange er noch mehr verdient hat, größere Ansprüche gemacht, wie heutzutage.

c. Vorschläge zur Verbesserung des Kleingewerbes.

1. Wer als Meister das Gewerbe treiben will, sollte vor einer vom Staat oder von der Gemeinde eingesetzten Kommission eine Prüfung ablegen müssen.

2. Wer von Auswärts für die hiesige Stadt arbeiten will, sollte mit einem entsprechenden Betrage zur städtischen Umlage herangezogen werden, damit er nicht mehr so billig mit den hiesigen Gewerbsleuten in Wettbewerbung treten kann. Bei den Submissionsausschreibungen sollten keine Preisansätze stattfinden, damit die Bewerber zu dem schädlichen Herabbieten in Prozenten nicht verleitet werden. Wenn der Staat oder die Gemeinden Submissionen vergeben, so sollten sie den Privatleuten mit gutem Beispiel vorangehen und sich zur Regel machen, unter bestimmten Einheitspreisen keine Gebote mehr anzunehmen, weil dann eine meistermäßige, zuverlässige Arbeit doch nicht mehr zu erwarten ist.

Schlosser Ph. O. in Mannheim. **Anlage.**
Vorbemerkung.

Erwerbsteuerkapital	1800 M. — Pf.	
Betriebskapital	700 „ — „	

Familienzahl: 2 Personen.
Anzahl der Lehrlinge und Gesellen: 2.

Geschäftsergebnisse im Jahr 1884.
I. Ausgaben.
A. Gewerbe.

1 b. Miethzins für Unterbringung der Werkstätte nach Abzug des für die Wohnung anzusetzenden Miethantheils	200 „ — „	
2 a. Unterhaltung und Ergänzung von Handwerkszeug und der Bohrmaschine	50 „ — „	
b. Abschreibung am Werthe von Handwerkszeug und der Bohrmaschine	25 „ — „	
3. Heizung und Beleuchtung der Geschäftsräume . . .	20 „ — „	
4. Arbeitsaufwand für Hilfsarbeiter:		
aa. Löhne an Lehrlinge und Gesellen	200 „ — „	
Uebertrag .	495 M. — Pf.	

	Uebertrag	495 M.	— Pf.

5. Aufwand für Beschaffung der Arbeitsstoffe . . . 450 „ — „
7. Verlust an Ausständen . . . . . 50 „ — „

	Summa .	995 M.	— Pf.

C. Sonstige Ausgaben.

1. Ausgaben für den Haushalt der Familie (2 Familienglieder und kein Dienstbote) und zwar:
   a. Kost . . . . . 1040 „ — „
   b. Bekleidung . . . . 100 „ — „
   d. Heizung und Beleuchtung für Küche und Zimmer ꝛc. 40 „ — „
   e. Arzt und Apotheke . . . . . 25 „ — „
2 c. Miethzins für die Wohnung nach Abzug des schon unter A. 1 verrechneten Betrags . . . . . . 200 „ — „
4. Feuerversicherung für:
   Fahrnisse . . 5 „ — „
6. Staatssteuer . . 13 „ 40 „
7. Gemeindeumlagen 14 „ 80 „

	Summa .	2433 M.	20 Pf.

II. Einnahmen.
A. Gewerbe.

Bruttoeinnahme:
a. aus dem Gewerbebetriebe . . . . 2600 M. — Pf.

C. Sonstige Einnahmen.

2. aus ausstehenden Kapitalien, verzinslichen Staatspapieren . . . 110 „ — „

	Summa .	2710 M.	— Pf.

Einnahmen . . . 2710 „ — „
Ausgaben . . . . 2433 „ — „

	Somit Mehreinnahme .	277 M.	— Pf.

3.
Schlosser A. M. von Mannheim.
a. Eigene Verhältnisse des Befragten.

1. Ich bin 42 Jahre alt, verheirathet, Vater von zwei Töchtern im Alter von 16 und 13 Jahren.

2. Ich habe das Gewerbe von 1856 bis 1859 hier erlernt und wurde nach genau dreijähriger Lehrzeit von der damals bestehenden Zunft losgesprochen. Von der 9jährigen Gesellenzeit wurden nur 3 Jahre in der Fremde (Oesterreich, Sachsen, Schweiz), der Rest hier zugebracht. Außer der Volksschule habe ich noch während der Lehrzeit die hiesige Gewerbeschule besucht.

3. Siehe Anlage.

4. und 5. Ich betreibe die Schlosserei selbständig seit 1868, in welchem Jahre ich das Geschäft gegründet habe. Eine Verlegung fand nicht statt.

6. Ich besitze ein eigenes Haus. Der Miethwerth der Werkstätte beträgt 300 Mark.

7. und 8. An Hilfsmaschinen habe ich in Gebrauch: eine Bohrmaschine und

eine Lochmaschine. In der Großindustrie sind noch manche andere Maschinen eingeführt, z. B. große Stanzen, Stauchmaschinen, Schraubenschneidmaschinen. Einen Motor benütze ich nicht.

9 a. Ich habe einen Lehrling, bezüglich dessen in schriftlichem Vertrag 2jährige Lehrzeit verabredet ist. Lehrgeld zahlt er nicht, erhält aber auch nicht Kost und Wohnung im Haus. Die Unterweisung des Lehrlings geschieht durch mich.

b. Ich beschäftige einen Gesellen in der Werkstätte, der weder Kost noch Wohnung bei mir hat. Derselbe erhält einen Taglohn von 3 Mark 10 Pf., der ihm jeweils am Ende der Woche ohne Rückbehaltung ausbezahlt wird.

10. Die Arbeit dauert von Morgens 6 bis Abends 7 Uhr. Regelmäßige Pausen machen wir von $1/_2$9 bis 9, 12 bis 1 und 4 bis $1/_2$5 Uhr. Ich selbst arbeite ständig mit.

11. Gewerbebetrieb.

a. Ich habe vorzugsweise Bauschlosserei, mache aber auf Bestellung auch Herde. Eine Arbeitstheilung ist nicht eingeführt.

b. Ausbesserungsarbeiten kommen viel vor, mehr wie Neuherstellungen.

c. Die Arbeitsstoffe liefere ich selbst. Dieselben werden theils in vorgearbeitetem Zustande bezogen, z. B. die Drücker für die Thürschlösser und auch andere Schloßtheile, die Fischbänder für die Thüren, ferner Schrauben, Nägel u. dergl.

d. Das Metall beziehe ich von hiesigen Eisenhändlern in kleineren Mengen, je nach Bedarf, auf halbjährigen Kredit.

e. und f. Ich arbeite nur auf Bestellung und nur für den Ort.

g. und h. fallen aus.

i. Ich schicke meinen Kunden halbjährlich Rechnung.

k. Der Eingang der Ausstände ist nicht durchweg pünktlich zu nennen; es gibt sogar einzelne Kunden, welche die Rechnung Jahre lang hängen lassen. Ich muß auch jedes Jahr gerichtlich betreiben und habe schon ziemlich viel verloren. In neuerer Zeit ist letzteres weniger der Fall, weil ich vorsichtiger geworden bin und Kunden, die mir nicht als zuverlässig bekannt sind, lieber zurückweise.

l. Es fehlt mir mitunter an Aufträgen und Arbeit, obwohl ich jetzt nur noch einen Gesellen habe. Noch vor 5 Jahren habe ich 3 und 4 Gesellen beschäftigt, ich war damals aber auch auf 10 Quadrate der einzige Schlosser, während jetzt allein in der Straße zwischen H 3 und H 4, wo ich wohne, fünf Schlossergeschäfte sind, und in den 10 Quadraten zusammen nicht weniger als sechzehn Schlossermeister sich niedergelassen haben.

m. Im Winter geht das Geschäft jeweils flauer wie im Sommer. Wer mehrere Gesellen hat, vermindert deßhalb während des Winters in der Regel sein Hilfspersonal.

12. Kredit wurde nicht in Anspruch genommen.

13. Ich führe eine Strazze (Schmierbuch) und ein Kundenbuch; außerdem noch ein Verzeichniß für die Ausgaben in der Haushaltung.

14. Fällt aus.

15. Siehe Anlage.

16. und 17. Ich bin mit dem Geschäftsabschluß nicht zufrieden. Seit 5 Jahren hat das Geschäft abgenommen und seit 2 Jahren muß ich sogar zusetzen. Die Gründe dieser unerfreulichen Erscheinung liegen in der wachsenden Mitbewerbung, insbesondere

Seitens der Fabriken, und sind als allgemeiner Natur weiter unten zu besprechen.

b. Allgemeine Geschäftslage.

1. Das Schlossergewerbe, wie es heutzutage betrieben wird, theilt sich in 4 Zweige, nämlich: Bauschlosserei, Herdschlosserei, Kassenschrankfabrikation und Maschinenschlosserei, welch' letztere jedoch von dem Gewerbe des Feinmechanikers wohl zu unterscheiden ist. In größern Orten, wie hier, verlegt sich der einzelne Gewerbsmeister in der Regel nur auf einen dieser Zweige, wenn er sich auch nicht grundsätzlich von den andern Gebieten fern hält. Die Kassenschrankfabrikation wird fast ausschließlich als Spezialität betrieben, und haben derartige Geschäfte immer einen größern Umfang.

2. Die Halbfabrikate, welche in unserm Gewerbe bezogen werden, habe ich schon unter a. 11 c. genannt.

3. Nach auswärts wird wohl nur ganz ausnahmsweise gearbeitet, ebenso für Wiederverkäufer.

4. Ladengeschäfte haben nur die Kassenschrankfabrikanten.

5. Die hiesigen Schlossermeister haben meines Wissens alle ihre Lehrzeit als Schlosser durchgemacht. Ob sie dabei auch so viel gelernt haben, als für einen tüchtigen Meister nöthig ist, ist freilich eine Frage, die ich nicht durchgängig mit ja beantworten möchte.

6. Fällt aus.

7. In den Schlosserwerkstätten wird das Meiste von der Hand gearbeitet. Von neueren Werkzeugen ist mir nichts bekannt. Von den eingeführten Hilfsmaschinen werden wohl Bohr- und Lochmaschine in jeder Werkstätte zu finden sein. Die Schraubenschneid= maschine, Stanzen und dergl. sind wohl nur in ganz großen Geschäften im Gebrauch, da sie sehr theuer und für die in kleinern Geschäften vorkommenden Arbeiten wenig zu benützen sind. Motoren sind meines Wissens in keiner hiesigen Schlosserei in Benützung; sie sind auch nicht nöthig, weil sich die vorerwähnten Hilfsmaschinen leicht mit der Hand betreiben lassen.

8. Lehrlingswesen.

a. Es kommt hier in größern Geschäften vielfach vor, daß der Lehrling weniger in der Werkstätte beschäftigt, wie als Ausläufer verwendet wird. Daß der Lehrling beim Meister Kost und Wohnung hat, ist heutzutage eine Ausnahme.

b. Der Lehrling kann in der Werkstätte des Lehrmeisters in 3jähriger Lehrzeit genug lernen.

c. Der Unterricht an der hiesigen Gewerbeschule ist gut; der Schulbesuch sollte aber gesetzlich vorgeschrieben werden.

d. Die ältern Meister schließen alle schriftliche Verträge. Früher hatte die Schlossergenossenschaft Vertragsmuster aufgestellt; seitdem aber die Genossenschaft einge= gangen ist, werden dieselben wohl kaum mehr eingehalten.

e. Das Fortlaufen der Lehrlinge ist häufig. Von der Befugniß der polizeilichen Zurückführung wurde meines Wissens noch nicht Gebrauch gemacht. Im Jahre 1878 haben wir eine Genossenschaft gegründet, deren Mitglieder sich u. A. verpflichteten, fort= gelaufene Lehrlinge nicht anzunehmen; schon im Jahre 1881 aber löste sich diese Ge= nossenschaft wieder auf, weil sich Niemand darum bekümmerte.

f. Aus eigener Wahrnehmung kann ich bestätigen, daß die Lehrlingsarbeiten,

welche zu der alljährlich stattfindenden Preisvertheilung beim hiesigen Gewerbeverein ein=
gereicht werden, alles Lob verdienen, vorausgesetzt, daß sie vollständig selbständige Arbeiten
der Lehrlinge sind. Um Letzteres außer Zweifel zu stellen, wäre die Bestimmung zu treffen,
daß der Lehrling die Preisarbeit in der Werkstätte eines andern Meisters zu fertigen hat.

g. Die jungen Leute gehen hier sofort nach beendigter Lehre in die Maschinen=
fabriken über, wo sie gut bezahlt werden.

9. Gesellenwesen.

a. An tüchtigen Gesellen ist Mangel. Die Leute werden in den Fabriken in
einer Spezialität geschult und wenn sie dann — was häufig vorkommt — wieder zum
Handwerk zurückkehren, so müssen sie vieles erst wieder lernen.

b. In dieser Hinsicht ist mir keine Klage bekannt.

c. Die Löhne sind seit den letzten 5 Jahren um etwa 15 % gestiegen.

d. Wöchentliche Lohnzahlung ist üblich, ohne Rückbehaltung und ohne Voraus=
bezahlung.

e. Zur Hebung des Gesellenwesens ist nichts geschehen.

f. Fällt aus.

g. Von Streitigkeiten ist mir nicht viel bekannt. Ein Gewerbegericht scheint mir
zweckmäßig zu sein.

10. Die hiesigen Kreditanstalten sind ausreichend.

11. Das Arbeitsmaterial wird von Zwischenhändlern am Platze bezogen. Un=
mittelbar von den Eisenwerken ist nichts zu haben. Die Zahlungsbedingungen sind ver=
schieden, je nach der Persönlichkeit des betreffenden Gewerbemeisters. Als zuverlässig
bekannte Geschäfte bekommen Kredit auf ein halbes oder ganzes Jahr. Die Preise
sind nicht gestiegen.

12. Die Arbeitsgelegenheit für den Schlossermeister ist hier im Allgemeinen zu=
rückgegangen und zwar seit etwa 5 Jahren. Die Hauptschuld hieran trägt die große Ver=
mehrung der Mitbewerbung am hiesigen Platze. Es haben sich, seitdem ich hier bin, nicht
weniger als 25 Schlossermeister hier niedergelassen. Im Herdgeschäft ist es die Groß=
industrie, welche auf unsere Geschäfte sehr nachtheilig einwirkt. Es gibt jetzt Herdfabriken
in Darmstadt und Rastatt, welche eiserne Herde fix und fertig für 22 Mark das Stück
liefern, während der Kleingewerbsmeister einen solchen nicht unter 40 Mark herstellen
könnte. Auch die Schreiner und Glaser nehmen uns einen Theil unseres früheren Verdien=
stes weg, indem sie Thüren und Fenster fix und fertig mit Schlössern und Beschlägen
an den Bau liefern.

13. Die Preise für die Arbeit sind, seit sich die Mitbewerbung so vermehrt hat,
sehr zurückgegangen und zwar um mehr als die Hälfte. Ich will dies an einem Beispiel
erläutern: Die Vergebung der Schlosserarbeiten für Neubauten findet in der Weise statt,
daß der Preis nach dem Gewicht (auch in Kilo berechnet) der auf die Arbeit verwendeten
Eisenmenge festgesetzt wird. Im Jahre 1875 wurde das Kilo zu 63 Pf. vergeben,
jetzt zu 24 Pf. Da das Kilo Eisen 14 Pf. kostet und dazu an baaren Auslagen noch
der Ankaufspreis für Kohlen, der Arbeitslohn und sonstige Ausgaben kommen, so ist der
zu erzielende Verdienst kaum noch nennenswerth. Der Versuch einer Vereinigung gegen
das Herabdrücken der Preise wurde vor einigen Jahren gemacht, ist aber gescheitert.

14. In der Regel wird wohl halbjährlich Rechnung geschickt.

15. Der Lebensunterhalt ist theurer geworden, ohne daß ich eigentlich sagen könnte, seit wann; ebenso sicher ist auch, daß man heutzutage besser lebt wie früher.

16. Eine Innung besteht nicht, wurde auch noch nicht in Anregung gebracht.

17. Das Herunterbieten bei den Bauarbeiten ist besonders nachtheilig. Dazu trägt auch der Umstand bei, daß die Architekten und Bauunternehmer, welche einen Neubau im Gesammtakkord übernehmen, dabei die Schlosserarbeiten schon zum Voraus so niedrig veranschlagen, daß dann, bis noch der Gewinn für den Hauptakkordanten in Abzug gebracht ist, für den Schlossermeister selbst so gut wie nichts mehr übrig bleibt.

18. Von Benützung dieser Staatsanstalten ist mir Nichts bekannt.

c. Vorschläge zur Verbesserung des Kleingewerbes.

1. Die Einführung von Zwangsinnungen mit der Befugniß, Gesellenstücke und Meisterstücke abzunehmen und bei ungenügendem Ausfall solcher die Bewerber vom Gewerbebetrieb zurückzuweisen, könnte nichts schaden. Die Innung könnte dann auch das Lehrlingswesen regeln, welches jetzt sehr im Argen liegt.

2. Es sollte Bestimmung dahin getroffen werden, daß bei Submissionsausschreiben der Preis für die zu leistende Arbeit, dessen Höhe gewöhnlich auf einer mehr oder minder willkürlichen Aufstellung des betreffenden Architekten oder Unternehmers beruht, nicht eingesetzt werden darf. Es wäre dann der Gewerbsmeister, der seine Angebote machen will, zu einer vernünftigen Berechnung genöthigt und könnte nicht in's Blaue hinein in Prozenten abbieten. Ueberhaupt sollte bei den Vergebungen nicht in erster Reihe das niederste Angebot, sondern die gewerbliche Tüchtigkeit und Zuverlässigkeit des Anbietenden berücksichtigt werden. Wenn eine Innung besteht, so könnte diese auch einen Einheitspreis festsetzen, unter welchen kein Innungsmeister mit seinem Angebot heruntergehen darf.

Schlosser A. M. in Mannheim. **Anlage.**
Vorbemerkung.

Erwerbsteuerkapital	3500 M.	— Pf.
Betriebskapital	1000 „	— „
Anlagekapital	300 „	— „

Familienzahl: 4 Personen.
Anzahl der Lehrlinge und Gesellen: 2.

Geschäftsergebnisse im Jahr 1884.

I. Ausgaben.

A. Gewerbe.

1 a. Miethwerth der Werkstätte einschließlich des Unterhaltungsaufwandes im eigenen Hause	300 M.	— Pf.
2 a. Unterhaltung und Ergänzung von Handwerkszeug und Maschinen	50 „	— „
b. Abschreibung am Werthe von Handwerkszeug und Maschinen .	50 „	— „
3. Heizung und Beleuchtung der Geschäftsräume	50 „	— „
4. Persönlicher Arbeitsaufwand;		
b. für Hilfsarbeiter:		
aa. Löhne an Lehrlinge und Gesellen .	1250 „	— „
5. Aufwand für Beschaffung der Arbeitsstoffe	1100 „	— „
Uebertrag .	2800 M.	— Pf.

| | Uebertrag | 2800 M. — Pf. |

7. Verlust an Ausständen . . . . 150 „ — „
8. Zinsen des Anlage- und Betriebskapitals . . . . 52 „ — „

Summa . 3002 M. — Pf.

C. Sonstige Ausgaben.

1. Ausgaben für den Haushalt der Familie (4 Familienglieder und kein Dienstbote) und zwar:

   a. Kost . . . . . — . . . 1000 M. — Pf.

   b. Bekleidung . . 300 „ — „

   c. Unterricht . . . . 150 „ — „

   d. Heizung und Beleuchtung für Küche und Zimmer ꝛc. 70 „ — „

   e. Arzt und Apotheke . . . . 30 „ — „

2. Miethwerth der Wohnung (nach Abzug des schon unter A. 1 verrechneten Betrages) im eigenen Hause . . . . 400 „ — „

3 a. Verzinsung des Hauswerths und zwar zu 4 %, wobei jedoch die unter A. 1 a. und C. 2 schon berechneten Beträge in Abrechnung zu bringen sind . . . . 900 „ — „

   b. Unterhaltungsaufwand für das Gebäude . 300 „ — „

4. Feuerversicherung für Gebäude 22 „ — „

5. Lebensversicherung . 70 „ — „

6. Staatssteuer . . . 64 „ — „

7. Gemeinde-Umlagen . . . . . 86 „ — „

Summa . 6394 M. — Pf.

II. Einnahmen.
Gewerbe.

Bruttoeinnahme:

   a. aus dem Gewerbebetriebe . . . . 4800 M. — Pf.

B. Sonstige Einnahmen.

1. aus Miethe . . . . 1500 „ — „

2. aus ausstehenden Kapitalien, verzinslichen Staatspapieren . . 450 „ — „

Summa . 6750 M. — Pf.

Einnahmen . . 6750 „ — „

Ausgaben . . . . . . 6394 „ — „

Somit Mehreinnahme . 356 M. — Pf.

B. Gesellen.
G. O. von Mannheim.

1. Ich bin 22 Jahre alt, ledig, Mitglied des Arbeiter-Fortbildungsvereins.

2. und 3. Ich bin Schlosser und lernte von 1878/81 bei Schlossermeister W. hier. Eine Lehrlingsprüfung habe ich nicht abgelegt, wohl aber die hiesige Gewerbeschule zwei Jahre lang besucht.

4. bis 6. Seit meiner Entlassung aus der Lehre arbeite ich bei meinem früheren Lehrmeister als Geselle.

7. Mein Meister hat zur Zeit mit mir 6 Gesellen und 2 Lehrlinge.

36

8. und 9. Ich arbeite als Geselle bei meinem Meister, welcher eine Bau= und Kunstschlosserei betreibt, eine Spezialität ist mir nicht zugewiesen.

10. Kost und Wohnung erhalte ich bei den Eltern.

11. Ich arbeite in der Werkstätte.

12. und 13. Das Werkzeug habe ich nicht zu stellen; dasselbe ist von neuerer Konstruktion.

14. und 15. Es ist eine Bohrmaschine und eine Lochmaschine im Gebrauch, welche beide nur mit Hand betrieben werden.

16. Die Arbeit dauert von Morgens 6 bis Abends 7 Uhr mit Pausen von $^1/_2$8—8 und Mittags von 12—1 Uhr. Sonntags wird nicht gearbeitet.

17. Ich arbeite, wie alle meine Nebengesellen, auf Zeitlohn und zwar erhalte ich wöchentlich 14 M. Die Zahlung geschieht jeweils am Ende der Woche, ohne Rückbe= haltung und Abzug.

18. Der Meister ist immer in der Werkstätte, legt aber in der Regel nicht selbst mit Hand an, sondern leitet und überwacht die Arbeit. Den Lehrlingen weist er selbst unter geeigneter Belehrung ihre Arbeiten zu und beauftragt auch uns Gesellen, den jungen Leuten mit Rath und That an die Hand zu gehen.

19. Der Meister gibt sich viele Mühe, uns im Geschäft weiter auszubilden, indem er bald da, bald dort uns Belehrung ertheilt; auch werden Werkstätte und Einrichtungen stets im besten Stande erhalten. Was wir in unserer freien Zeit thun, darum bekümmert er sich nichts.

20. Von Zwistigkeiten zwischen Meistern und Gesellen ist mir so viel wie nichts bekannt.

21. Soweit ich es beurtheilen kann, geht das Geschäft meines Meisters immer gut. Andere Geschäfte kenne ich nicht; auch weiß ich nicht, wie es anderwärts mit unserem Gewerbe steht.

22. Es besteht hier ein Zweigverein des Verbandes deutscher Metallarbeiter. Ich war einige Mal als Gast in den Versammlungen, bin aber weggeblieben, weil ich sah, daß dieselben polizeilich überwacht wurden, und deßhalb dachte, es geht da nichts Rechtes vor. Dagegen bin ich seit 5 Jahren Mitglied des Arbeiter=Fortbildungsvereins, in welchem aber nur einige meiner Geschäftsgenossen verkehren.

23. Ich bin der Ansicht, daß man nur dem erlauben sollte, ein Gewerbe selbst= ständig zu betreiben, der dasselbe ordnungsmäßig erlernt hat. Es könnte dann nicht vor= kommen, wie dies heutzutage vielfach der Fall ist, daß Kaufleute oder sonstige Persön= lichkeiten, die noch nie in einer Werkstätte waren, mit Hülfe des Kapitals große Geschäfte anfangen und den gelernten Gewerbemeister zu Grunde richten.

XXII. Schmiede.

Einvernommen wurden:

a. Meister:

1. F. S. von Neustadt a. H.
2. H. B. von Neckarburken.

b. Gesellen:

1. F. L. K. von Eberstadt bei Darmstadt.

A. Meister.

1.

Schmied F. S. von Neustadt a/H.

a. Eigene Verhältnisse des Befragten.

1. Ich bin 58 Jahre alt, verheirathet, Vater von 2 Söhnen im Alter von 28 und 24 Jahren, wovon der ältere auswärts wohnt, der jüngere zu Hause und als Gehülfe im Geschäft thätig ist.

2. Ich habe das Gewerbe von 1842 bis 1845, also in 3jähriger Lehrzeit zu Neustadt erlernt. Meine Gesellenzeit dauerte 17 Jahre. Als Arbeitsorte nenne ich: Baden, Solothurn, Neustadt, seit 13 Jahren arbeite ich hier. Außer der Volksschule habe ich ein Jahr lang (1845 bis 1846) die Gewerbeschule in Baden besucht.

3. Siehe Anlage.

4. und 5. Mein Schmiedegeschäft habe ich 1861 von meinem Geschäftsvorgänger käuflich erworben. Die Kaufsumme betrug 13,500 fl. einschl. des Hauses. Eine Verlegung fand nicht statt.

6. Ich besitze ein eigenes Haus. Der Miethwerth für Werkstätte und Hofraum beträgt 400 Mark. Die Lage ist ohne Einfluß.

7. und 8. Es sind drei kleine Arbeitsmaschinen im Gebrauch, nämlich: eine Bohrmaschine, eine Biegmaschine (für die Reife) und eine Stauchmaschine. Einen Motor habe ich nicht.

9. a. Ich halte keinen Lehrling.

b. Ich beschäftige drei Gesellen (Sohn nicht inbegriffen), Alle ohne Kost und Wohnung, sie erhalten Zeitlohn und zwar je 2 Mark 50 Pf., 2 Mark 60 Pf. und 3 Mark 50 Pf. im Tag. Zahltag ist jeweils am Ende der Woche, ohne Voranszahlung und Rückbehaltung.

10. Die Arbeit dauert von Morgens 6 bis Abends 7 Uhr. Regelmäßige Pausen werden gemacht: Vormittags 8 bis ½9, Mittags 12 bis 1 und Nachmittags 4 bis 4 Uhr 20 Minuten. Ich selbst arbeite in der Werkstätte mit.

11. Gewerbebetrieb.

a. Ich bin Hufschmied und Wagenschmied, betreibe also das Geschäft in seinem vollen Umfange.

b. Ausbesserungen, besonders an Wagen, kommen viel vor, mehr wie Neuherstellungen.

c. Die Arbeitsstoffe liefere ich selbst. Bei der Neuherstellung von Chaisen und Wagen beziehe ich das Holzgestell selbstverständlich vom Wagner, und kann man dies, da der Kauf nur zwischen mir und dem Kunden abgeschlossen wird, als Bezug von Halbfabrikat bezeichnen. Aber auch für die eigentliche Schmiedearbeit werden fertige Theile bezogen, z. B. Achsen und Federn. Bei Ausbesserungen, wenn beispielsweise ein neues Rad gemacht werden soll, muß natürlich auch der Wagner die Holzarbeit machen, so daß die beiden Gewerbe eng mit einander verbunden sind, und deßhalb früher auch oft zu einer und derselben Zunft vereinigt waren.

d. Die Rohstoffe (Eisen und Stahl) beziehe ich in Mengen von 2 bis 300 Kilo aus hiesigen Handlungen, gewöhnlich auf 3 Monate Kredit. Unmittelbarer Bezug von den Eisenwerken ist nicht möglich, weil diese nur ganz große Sendungen abgeben.

e. und f. Ich arbeite nur auf Bestellung und nur für die Stadt und einige benachbarte Landgemeinden.

g. und h. fallen aus.

i. Besondere Zahlungsbedingungen stelle ich meiner Kundschaft nicht, sondern schicke eben alle viertel oder halb Jahr Rechnung.

k. Ich kann im Allgemeinen sagen, daß meine Kundschaft pünktlich zahlt. Verluste sind selten und gerichtliche Betreibung war bisher nur in ganz wenigen Fällen erforderlich.

l. Seit ich mein Geschäft betreibe, hat es mir noch nie an Aufträgen gefehlt.

m. Das Geschäft geht das ganze Jahr über so ziemlich gleich.

12. Kredit wurde nicht in Anspruch genommen.

13. Ich führe ein sog. „Schmierbuch" über alle Arbeiten und trage daraus allwöchentlich die betreffenden Schuldigkeiten der Kunden in das Hauptbuch, oder besser gesagt Ausstandsverzeichniß. Ueber die Zahlungen und Lieferungen an und von den Eisenhändlern habe ich besondere Abrechnungsbüchlein. Im Uebrigen werden die Ausgaben, auch die für die Haushaltung, nicht besonders aufgeschrieben.

14. Fällt aus.

15. Siehe Anlage.

16. Ich war mit dem letzten Geschäftsabschluß zufrieden und kann sagen, daß das Ergebniß, seitdem ich überhaupt das Geschäft habe, immer ein gleich günstiges war. Ich lasse mir's allerdings von jeher auch angelegen sein, meine Kundschaft gut zu bedienen und bin selbst von Morgens bis Abends im Geschäfte thätig.

b. Allgemeine Geschäftslage.

1. Im Allgemeinen wird das Gewerbe von den einzelnen Gewerbegenossen in seinem vollen Umfange betrieben; hier wenigstens ist mir Keiner bekannt, der sich nur auf einen der beiden Zweige (Hufbeschlag und Wagenbauerei) verlegt.

2. An Halbfabrikaten werden in der Regel bezogen: alle Holztheile für die Wagen, Achsen, Federn, Schrauben, Hufnägel. Der Bezug von Hufeisen in vorgearbeitetem Zustande war früher mehr üblich wie jetzt.

3. Ich arbeite nur für die Stadt und die nächste Umgebung.

4. Ein Ladengeschäft ist nirgends mit dem Gewerbebetrieb verbunden.

5. Die hiesigen Schmiedmeister haben Alle ordnungsmäßig das Gewerbe erlernt. Das Geschäft des Hufbeschlagens wird auch nur von Schmieden betrieben, dagegen gibt es heutzutage da und dort Chaisenfabriken, deren Besitzer keine Handwerksmeister sind. Im Uebrigen werden die Chaisen bald beim Wagner, bald beim Schmied oder beim Sattler bestellt, und ist es dann Sache des mit der Lieferung betrauten Meisters, wegen der in die andern Gewerbe einschlagenden Arbeiten sich mit den betreffenden Gewerbsmeistern zu vereinbaren.

6. Kommt hier nicht vor.

7. In weitaus den meisten Werkstätten sind wohl die unter a. 7 genannten Maschinen im Gebrauche. Einen Motor und zwar einen Gasmotor, hat aber nur ein einziger hiesiger Meister, der viel Arbeit für Schiffe (Anker und dergl.) liefert. In der Großindustrie sind jedenfalls noch andere Maschinen eingeführt, die ich aber nicht näher bezeichnen kann. In den Werkzeugen ist eine wesentliche Aenderung nicht eingetreten.

8. Lehrlingswesen.

a. Die Ausbildung geschieht durch den Meister mit Unterstützung der Gesellen. In die Familie des Meisters wird der Lehrling heutzutage nicht mehr aufgenommen.

b. Eine Schulwerkstätte halte ich für überflüssig.

c. Es sollte der Besuch der Gewerbeschule für die Schmiedelehrlinge gesetzlich vorgeschrieben werden.

d. Ich weiß nicht, ob die Meister, welche Lehrlinge nehmen, schriftlichen Vertrag abzuschließen pflegen; zu empfehlen wäre dies jedenfalls.

e. Das Fortlaufen der Lehrlinge kommt vielfach vor; geschehen ist dagegen noch nichts.

f. Ich sehe mir fast jedes Jahr die Lehrlingsarbeiten in der Landesgewerbehalle zu Karlsruhe an, glaube aber von den wenigsten, daß die Lehrlinge sie selbst gemacht haben.

g. Ich glaube, daß die ausgelernten Lehrlinge in der Regel im Handwerk bleiben.

9. Gesellenwesen.

a. Ich habe nicht die Erfahrung gemacht, daß tüchtige Gesellen selten sind. Ich bin mit meinen Leuten durchschnittlich recht zufrieden.

b. Auch das sittliche Verhalten der Gesellen gibt keinen Anlaß zu besonderem Tadel. Das Verlassen der Stellen ohne Kündigung kommt allerdings vor, die Meister haben sich aber daran gewöhnt und machen sich um so weniger etwas daraus, als man immer gleich wieder Ersatz haben kann.

c. Die Löhne sind seit 5 Jahren im Wesentlichen gleich geblieben.

d. Auf Stück wird nicht gearbeitet. Die Auslöhnung erfolgt dort, wo der Ge-selle Kost und Wohnung beim Meister hat, alle 14 Tage, sonst immer am Ende der Woche. Rückbehaltung ist nicht mehr üblich.

e. Zur Hebung des Gesellenwesens ist nichts geschehen.

f. Fällt aus.

g. Von Streitigkeiten zwischen Meistern und Gesellen hört man nicht viel. Die Einrichtung eines Gewerbegerichtes halte ich für zweckmäßig.

10. Ein Mißstand in dieser Hinsicht ist mir nicht bekannt. Uebrigens bedarf der Schmied zu seinem Gewerbebetrieb keines großen Kredites.

11. Das Material wird wohl ausnahmslos in kleineren Abtheilungen je nach Be-darf und auf 3monatlichen Kredit von den hiesigen Eisenhandlungen bezogen. Die Preise sind in den letzten Jahren eher gefallen als gestiegen. Eine Vereinigung zu gemein-samem Bezug hätte keinen Zweck, da man doch nicht billiger dabei wegkäme, als dies jetzt der Fall ist.

12. Ich glaube nicht, daß bei unserem Handwerk die Arbeitsgelegenheit zurückge-gangen ist. Wenn einzelne Gewerbsmeister nicht genügend beschäftigt sind, so ist das sehr einfach daraus zu erklären, daß seit 20 Jahren die Zahl der hiesigen Gewerbsge-nossen sich um's Dreifache vermehrt hat. Auch ist nicht außer Acht zu lassen, daß mancher Meister durch schlechte Arbeit sich selbst die Kundschaft vertreibt. Der Bezug fabrik-mäßig hergestellter Halbfabrikate, z. B. Achsen, Schrauben und Hufnägel ist von großem Vortheil, weil dadurch Zeit für lohnendere Arbeit gewonnen wird. Das Kunstgewerbe hat auf unsere Lage kaum einen Einfluß; die kunstgewerblichen Schmiedearbeiten machen die Schlosser.

13. Die Preise für unsere Handwerkserzeugnisse können als vollständig angemessen bezeichnet werden; sie sind schon lange auf dem gleichen Stande.

14. Meines Wissens halten es die andern Gewerbsgenossen gerade so wie ich und

kann ich deßhalb auf das unter a. 11 i. Gesagte verweisen.

15. Seit 5 bis 6 Jahren ist kein Unterschied in der Höhe der Lebensmittelpreise und damit auch des Aufwands für den Lebensunterhalt eingetreten. Uebrigens ist soviel sicher, daß der Handwerker noch vor 15 Jahren anspruchsloser und sparsamer gelebt hat wie heutzutage.

16. Ich habe schon wiederholt, letztmals im Jahre 1882, den Versuch gemacht, eine Innung zu gründen; der Versuch scheiterte jedoch an der Interesselosigkeit der Gewerbegenossen.

17. Ich weiß hier Nichts anzuführen.

18. Die Staatsanstalten werden von uns nicht benützt und sind auch nicht von besonderer Bedeutung für unser Gewerbe.

        c. **Vorschläge zur Verbesserung des Kleingewerbes.**

1, 2 und 3. Unser Handwerk ist ein so gleichmäßiges und befindet sich auch jetzt noch in einer so guten Lage, daß wir gar keinen Grund haben, irgend welche Verbesserungs-vorschläge zu machen.

<table>
<tr><td colspan="2" align="center">Schmied F. S. in Mannheim.
Vorbemerkung:</td><td align="right">**Anlage.**</td></tr>
<tr><td>Erwerbsteuerkapital</td><td align="right">.   .</td><td>7000 M. — Pf.</td></tr>
<tr><td>Betriebskapital .</td><td></td><td>3000 M. — Pf.</td></tr>
<tr><td>Anlagekapital . . . .</td><td></td><td>300 „ — „</td></tr>
</table>

Familienzahl: 4 Personen.
Anzahl der Lehrlinge und Gesellen: 3 Personen.

Geschäftsergebnisse im Jahr 1884.
I. Ausgaben.
A. Gewerbe.

1. Miethwerth der Werkstätte im eigenen Hause	450 M. — Pf.
2 a. Unterhaltung und Ergänzung von Handwerkszeug und Maschinen	80 „ — „
b. Abschreibung am Werthe von Handwerkszeug und Maschinen .	100 „ — „
3. Heizung und Beleuchtung der Geschäftsräume .	300 „ — „
4. Persönlicher Arbeitsaufwand:	
b. für Hilfsarbeiter:	
aa. Löhne an Lehrlinge und Gesellen .	3000 „ — „
5. Aufwand für Beschaffung der Arbeitsstoffe	3300 „ — „
8. Zinsen des Anlage- und Betriebskapitals	132 „ — „
Summa .	7362 M. — Pf.

C. Sonstige Ausgaben.

1. Ausgaben für den Haushalt der Familie (3 Familienglieder und keine Dienstboten) und zwar:	
a. Kost . .	2500 M. — Pf.
b. Bekleidung	300 „ — „
d. Heizung und Beleuchtung für Küche und Zimmer re. .	50 „ — „
2 b. Miethwerthanschlag der Wohnung im eigenen Hause . . .	450 „ — „
Uebertrag	3300 M. — Pf.

	Uebertrag .	3300 M. — Pf.
3 a. Verzinsung des Hauswerths, und zwar zu 4%, wobei jedoch die unter A. 1 und C. 2 b. schon verrechneten Beträge in Abrechnung zu bringen sind		1900 „ — „
b. Unterhaltungsaufwand für das Gebäude		350 „ — „
4. Feuerversicherung für:		
Gebäude		36 „ — „
6. Staatssteuer . .		52 „ — „
7. Gemeindeumlagen .	. . .	59 „ — „
	Summa .	13 059 M. — Pf.

II. Einnahmen.
A. Hauptgewerbe.

Bruttoeinnahme:		
a. aus dem Gewerbebetriebe	10 400 M. — Pf.

C. Sonstige Einnahmen.

1. aus Miethe .	. .	. . . .	2800 „ — „
	Summa	13200 M. — Pf.
Einnahmen .	13 200 M. — Pf.
Ausgaben	. . . .	13 059 „ — „
	Somit Mehreinnahme	141 M. — Pf.

2.
H. B. von Neckarburken.

1. Ich bin 41 Jahre alt, verheirathet, Vater eines Knaben von 12 und eines Mädchens von 10 Jahren.

2. Das Gewerbe wurde in 3jähriger Lehrzeit in Neckarburken erlernt. Nach beendigter Lehrzeit arbeitete ich ¾ Jahre in Frankfurt, dann 2 Jahre als Obergeselle beim Bahnbau in Mosbach, war dann 8 Jahre lang beim hiesigen Dragoner-Regiment als Fahnenschmied und habe mich hierauf selbständig niedergelassen. Außer der Volksschule in der Heimath habe ich noch die Hufbeschlagschule in Gottesau während eines halben Jahres besucht.

3. Siehe Anlage.

4. und 5. Ich betreibe seit Juli 1870 ein Schmiedegeschäft; eine Verlegung fand nicht statt.

6. Ich besitze ein eigenes Haus. Der Miethwerth für Werkstätte und Hofraum beträgt 600 Mark. Die Geschäftslage (H. 2) kann als ziemlich gut bezeichnet werden.

7. Es findet vorzugsweise Handbetrieb statt; doch benütze ich auch eine Bohrmaschine, eine Stauchmaschine und eine Biegmaschine. Im Großbetrieb kommen noch Eisenhobelmaschinen vor.

9 a. Ich halte einen Lehrling, mit welchem in schriftlichem Vertrag 3jährige Lehrzeit und 70 Mark Lehrgeld, sowie Wohnung und Kost im Hause bedungen sind. Die Ausbildung besorge ich durch persönliche Unterweisung des Lehrlings.

b. Ich beschäftige drei Gesellen, alle mit Kost und Wohnung im Haus. Sie erhalten Zeitlohn, wöchentlich 6, 7 und 8 Mark. Zahltag ist jeweils am Ende der Woche, ohne Rückbehaltung.

10. Die Arbeit dauert von Morgens 6 bis Abend 7 Uhr. Regelmäßige Pausen werden gemacht: Morgens und Abends je $^1/_2$, über Mittag eine ganze Stunde. Der Meister arbeitet mit.

11. Gewerbebetrieb.

a. Ich verlege mich nicht auf eine Spezialität, sondern lasse mich auf alle im Gewerbe vorkommenden Arbeiten ein, jedoch bildet das Hufbeschlaggeschäft meinen Haupt-Erwerbszweig. Im Winter habe ich auch den staatlich angeordneten Hufbeschlag-Unterricht zu geben und erhalte hiefür von jedem Schüler 60 Mark. Im letzten Winter hatte ich im Ganzen 12 Schüler.

b. Ausbesserungen kommen auch vor.

c. Die Arbeitsstoffe liefere ich selbst. Als Halbfabrikate kann ich die Holztheile für Wagen, ferner Achsen, Schrauben und Hufnägel bezeichnen.

d. Den Rohstoff beziehe ich in kleinen Abtheilungen nach Bedarf und zwar auf 3 Monate Kredit bei hiesigen Handlungen.

e. und f. Ich arbeite nur auf Bestellungen und nur für die Stadt.

g. und h. fallen aus.

i. Besondere Bedingungen stelle ich nicht; wer nicht baar zahlt, erhält viertel- oder halbjährliche Rechnung.

k. Im Allgemeinen kann ich über unpünktliche Zahlung Seitens meiner Kund-schaft nicht klagen; es sind natürlich auch einige darunter, die mich lange warten lassen, aber es ist dies doch nur eine Ausnahme. Ich habe auch schon hie und da einen ver-klagt. Die Verluste sind in den letzten Jahren nicht bedeutend gewesen.

l. An Aufträgen fehlt es mir nicht.

m. Mein Geschäft geht ziemlich gleichmäßig das ganze Jahr über, weil ich haupt-sächlich den Hufbeschlag betreibe.

12. Kredit wurde nicht in Anspruch genommen.

13. Ich führe ein sog. „Schmierbuch" und ein Kundenbuch, sowie Abrechnungsbüchlein für meine Lieferanten. Sonst schreibe ich nichts auf.

14. Fällt aus.

15. Siehe Anlage.

16. Ich bin mit dem Geschäftsabschluß zufrieden, wenn schon der Ueberschuß nicht eben bedeutend ist. Seitdem ich mir eine ständige Kundschaft erworben habe, war das Ergebniß stets ein gleich zufriedenstellendes, und kann ich deßhalb durchaus nicht sagen, daß es mir auf meinem Handwerk schlecht ginge. Besondere Umstände, welche gerade meinem Geschäfte zu gut kommen, weiß ich nicht.

b. Allgemeine Geschäftslage.

Ueber die allgemeine Geschäftslage macht Herr B. die gleichen Angaben wie Hr. St. mit folgenden Abweichungen:

Zu 2. Ich beziehe keine halbfertigen Hufeisen mehr; früher habe ich es auch ge-than. Die selbstgemachten sind besser.

Zu 7. Motoren sind für den gewöhnlichen Schmiedebetrieb nicht nothwendig; die da eingeführten Maschinen sind leicht mit der Hand zu treiben.

Zu 8. Lehrlingswesen.

c. Ich habe mir für den Fall, daß der Lehrling fortläuft, eine Vertragsstrafe von 200 Mark vom Vater ausbedungen.

f. In dieser Hinsicht stehen mir keine Erfahrungen zu Gebote.

g. In die Fabriken gehen die jungen Leute gerne, weil sie dort gleich besser be= zahlt werden.

Zu 9. Gesellenwesen.

a. Nach meiner Erfahrung sind tüchtige Gesellen eine Seltenheit; es fehlt den Leuten oft an der nöthigen Handfertigkeit. Sie lassen sich auch nicht gerne was sagen, sondern thun gleich beleidigt und laufen fort.

c. Der Durchschnittslohn bei freier Kost und Wohnung beträgt 7 Mark; vor 5 Jahren war derselbe ungefähr ebenso hoch.

Zu 11. Die Eisenwerke geben nicht unter 200 Centner ab und das mir ungern, weil sie ihren ständigen Abnehmern, nämlich den Eisenhändlern gegenüber, nicht als Mit= bewerber auftreten wollen.

Zu 12. Die Arbeitsgelegenheit ist für die Schmiede zurückgegangen. Erklärungs= gründe dafür sind genug vorhanden. Als ich im Jahr 1870 anfing, war ich der 7. Meister, jetzt sind es deren 20. Die Stadtgemeinde und die großen Fabriken haben ihre eigenen Schmiede und die Großindustrie hat auch durch ihre Mitbewerbung viel geschadet.

Zu 13. Diese vielseitige Mitbewerbung hat auch die Preise heruntergedrückt. Es gibt hier Schmiede, welche für 2 Mark ein Pferd ganz beschlagen, während 2 Mark 80 Pfg. der niederste Preis ist, auf den ein vernünftig rechnender Meister noch herunter= gehen kann. Natürlich sieht ein großer Theil der Kundschaft, z. B. Droschkenkutscher, sehr darauf, daß die Arbeit möglichst billig ist und prüft nicht lang, ob der Unternehmer auch Gewähr für die Ausführung gibt.

Zu 14. Ich glaube, daß besondere Bedingungen nirgends gestellt, daß aber den Kunden viertel= oder halbjährlich Rechnungen geschickt werden.

Zu 15. Ich habe ein Steigen des Aufwandes für den Lebensunterhalt nicht wahr= genommen; das aber scheint mir ziemlich zweifellos, daß jetzt mehr Ansprüche gemacht werden als früher.

Zu 17. Die Schmiede beim hiesigen Dragonerregiment geben sich, wie ich be= stimmt weiß, mit dem Beschlagen von Privatpferden ab und machen uns dadurch Mit= bewerbung. Auch im hiesigen Landesgefängniß werden viele Schmiedearbeiten gemacht und hier abgesetzt.

Zu 18. Auch ich habe die fraglichen Staatsanstalten noch nicht benützt.

c. Vorschläge zur Verbesserung des Kleingewerbs.

1., 2., 3. Der Hauptschaden für unser Gewerbe liegt in der starken Zunahme der Mitbewerbung; was den Hufbeschlag angeht, so ist durch die neuerlichen Gesetzesvor= schriften Vorsorge getroffen, daß diese Mitbewerbung für die Zukunft gemindert wird, und ist dadurch eigentlich der Hauptwunsch, den ich für mein Geschäft gehegt habe, be= reits erfüllt. Die gleichen Vorschriften auch auf das übrige Schmiedegewerbe auszudehnen, wird doch nicht gerechtfertigt erscheinen, da die Erwägungen, welche für das fragl. Gesetz maßgebend waren, dort nicht zutreffen. Schaden könnte es übrigens auch nichts, wenn diese Ausdehnung beschlossen würde.

Schmied H. B. in Mannheim.

Anlage.
37

Vorbemerkung.

Erwerbsteuerkapital .	3600 M.	— Pf.
Betriebskapital .	5000 „	— „
Anlagekapital	2000 „	— „

Familienzahl: 4 Personen.
Anzahl der Lehrlinge und Gesellen: 4.

Geschäftsergebnisse im Jahr 1884.
I. Ausgaben.
A. Gewerbe.

1. Miethwerth der Werkstätte, sowie der Wohnung im eigenen Hause	300 M.	— Pf.
2 a. Unterhaltung und Ergänzung von Handwerkszeug und Maschinen	1000 „	— „
3. Heizung und Beleuchtung der Geschäftsräume	100 „	— „
4. Persönlicher Arbeitsaufwand:		
a. Werthanschlag der Arbeit des Meisters (6 Mark für 300 Tage)	1800 „	— „
b. für Hilfsarbeiter:		
aa. Löhne an Lehrlinge und Gesellen	1200 „	— „
bb. Aufwand für Verköstigung derselben durch den Meister .	1500 „	— „
5. Aufwand für Beschaffung der Arbeitsstoffe . . . ;	6000 „	— „
7. Verlust an Ausständen	150 „	— „
8. Zinsen des Anlage= und Betriebskapitals . .	350 „	— „
Summa .	12400 M.	— Pf.

C. Sonstige Ausgaben.

1. Ausgaben für den Haushalt der Familie (2 Familienglieder und keine Dienstboten) und zwar:		
a. Kost	1500 „	— „
b. Bekleidung . . .	500 „	— „
c. Unterricht . .	100 „	— „
d. Heizung und Beleuchtung für Küche und Zimmer ꝛc	100 „	— „
e. Arzt und Apotheke	25 „	— „
3 a. Verzinsung des Hauswerths und zwar zu 4 %, wobei jedoch der unter A. 1 schon verrechnete Betrag in Abrechnung zu bringen ist	2800 „	— „
b. Unterhaltungsaufwand für das Gebäude . .	700 „	— „
3. Feuerversicherung für:		
Gebäude . . .	60 „	— „
Fahrnisse . . .	40 „	— „
4. Lebensversicherung	160 „	— „
5. Staatssteuer . .	123 „	53 „
6. Gemeindeumlagen .	168 „	54 „
Summa .	18 677 M.	07 Pf.

II. Einnahmen.
A. Gewerbe.

Bruttoeinnahme:

a. aus dem Gewerbebetriebe . . . . 16 000 M. — Pf.

C. Sonstige Einnahmen.

1. aus Miethe . . . . 3500 „ — „

Summa . 19 500 M. — Pf.

Einnahmen . 19 500 „ — „

Ausgaben . . . . 18 677 „ 07 „

Somit Mehreinnahme . 822 M. 93 Pf.

B. Gesellen.

J. L. K. von Eberstadt bei Darmstadt.

1. Ich bin 27 Jahre alt, ledig, Mitglied des Arbeiter-Fortbildungsvereins.

2. und 3. Ich lernte als Schmied bei meinem Vater in Eberstadt, wo ich 5 Jahre, nämlich von 1872—77, im Geschäft war. Eine Lehrlingsprüfung habe ich nicht abgelegt, überhaupt war von einer bestimmten Lehrzeit nie die Rede. Ein ½ Jahr lang habe ich die Darmstädter Gewerbeschule, d. h. den sonntäglichen Zeichenunterricht daselbst besucht.

4. Ich arbeitete in Basel 1½ Jahre bei 2 Meistern, Zürich 3 Monate bei einem Meister, Eberstadt ½ Jahr beim Vater, Frankfurt 1 Jahr bei einem Meister, Ludwigs= hafen 1¼ Jahr bei einem Meister, seitdem schaffe ich hier, und zwar bei 2 Meistern.

5. In einer Fabrik habe ich noch nicht gearbeitet.

6., 7. und 8. Seit 2¼ Jahren arbeite ich bei Schmiedmeister K. M., welcher im Ganzen 3 Arbeiter hat, als erster Geselle.

9. Mein Meister hat hauptsächlich Hufbeschlag und Wagenbau. Ich habe zu arbeiten, was vorkommt.

10. Kost und Wohnung stelle ich selbst.

11., 12. und 13. Ich arbeite in der Werkstätte des Meisters, welcher alles Werk= zeug stellt. Dasselbe ist das altherkömmliche und wird in gutem Stande gehalten. Neuere Konstruktionen sind mir nicht bekannt.

14. Es ist eine Biegmaschine und eine Bohrmaschine im Gebrauch.

16. Die Arbeit dauert von Morgens 6 bis Abends 7 Uhr. Pausen werden gemacht von 12—1, 9—½10 und 4 bis ½5 Uhr. Sonntags wird nur ausnahmsweise gearbeitet.

17. Ich erhalte einen Wochenlohn von 18 Mark. Die Auszahlung geschieht je= weils nach 8 oder 14 Tagen, ohne Rückbehaltung und ohne Abzüge.

18. Der Meister schafft Alles mit. Lehrlinge haben wir nicht.

19. Der Meister ist gegen uns Gesellen freundlich und gibt sich Mühe, uns im Handwerk auszubilden. Was wir außerhalb der Werkstätte machen, darum kümmert er sich nicht.

20. Von Zwistigkeiten zwischen Meistern und Gehilfen ist mir Nichts bekannt.

21. So viel mir bekannt, sind hier manche Schmiedemeister, die schlechte Geschäfte machen; ob das Handwerk besser betrieben werden kann, als hier der Fall, wüßte ich nicht zu sagen.

22. Es gibt hier eine Krankenkasse für Schmiede und Wagner als Zweigkasse der Hamburger Centralkasse, ich bin aber nicht Mitglied derselben. Im Arbeiter=Fort=

bildungsverein sind 6 Schmiedegesellen, während es deren im Ganzen 40—50 hier geben mag.

23. Ich weiß keine Vorschläge zu machen.

XXIII. Blechner.

Einvernommen wurden: A. B. und J. A. S. von Mannheim.

1.

a. Eigene Verhältnisse des Befragten.

1. Ich bin 34 Jahre alt, verheirathet, Vater eines Kindes von 5 Jahren.

2. Das Gewerbe wurde von 1865 bis 1868 im väterlichen Geschäft dahier erlernt. Die ganze Gesellenzeit (16 Jahre) wurde bei Blechnermeister W. hier zugebracht. Ich besuchte die Volksschule und 1 Jahr lang die Gewerbeschule.

3. Siehe Anlage.

4. und 5. Mein Geschäft, Blechnerei, wurde im August v. Js. dahier gegründet.

6. Ich wohne in Miethe. Der Miethzins für die Werkstätte beträgt 200 Mark. Die Geschäftslage ist als mittelgut (K. 2) zu bezeichnen.

7. Es findet vorzugsweise Handbetrieb statt; jedoch sind auch 2 Hilfsmaschinen im Gebrauch, nämlich eine Rohr- oder Rundmaschine (zum Rollen der Rohre) und eine Wulstmaschine. Im Großbetrieb sind noch Abkantmaschine, Zirkelscheere, Ziehbänke und noch eine Menge anderer Maschinen im Gebrauch.

9. a. und b. Ich habe weder Lehrlinge noch Gesellen.

10. Die Arbeit dauert von Morgens 6 bis Abends 7 Uhr. Vor- und Nach= mittags wird je ½ Stunde, über Mittag eine ganze Stunde Pause gemacht.

11. Gewerbebetrieb.

a. Ich betreibe das Gewerbe in seinem ganzen Umfange, d. h. ich arbeite sowohl für den Bau, als auch für die Haushaltung. Gewisse Gegenstände, wie z. B. Lampen und Formen mache ich übrigens nicht, weil diese jetzt in den Fabriken hergestellt werden, und das Publikum sie nicht mehr beim Blechner bestellt, sondern in den Läden kauft.

b. Ich befasse mich vorzugsweise mit Ausbesserungsarbeiten.

c. Den Arbeitsstoff beziehe ich stets selbst; Halbfabrikate werden nicht bezogen.

d. Das Blech beziehe ich je nach Bedarf (und zwar das Weißblech in Kisten, das Schwarzblech zentnerweise, das Zinkblech ebenso), von hiesigen Eisenhandlungen. Die Ab= rechnung und Zahlung erfolgt vierteljährlich.

e. und f. Ich arbeite nur auf Bestellung; meine Kundschaft ist auf den Ort beschränkt.

g. und h. fallen aus

i. Besondere Bedingungen werden nicht gestellt. So weit nicht Baarzahlung er= folgt, wird vierteljährlich Rechnung geschickt.

k. Die Zahlung der Ausstände erfolgt keineswegs pünktlich, allein vom letzten Jahre habe ich noch etwa 400 Mark Rückstände. Gerichtliche Betreibung fand noch nicht statt. Von wirklichen Verlusten kann ich bei der kurzen Zeit des Bestehens meines Ge= schäftes noch nicht reden.

l. An Aufträgen fehlt es mir nicht, wenigstens muß ich bei dem Umstande, daß ich das Geschäft noch kaum ein Jahr betreibe, in dieser Hinsicht zufrieden sein. Ab und zu kommt wohl auch ein Tag, an dem ich nicht voll beschäftigt bin.

m. Nach Weihnachten bis gegen Ostern ist für den Blechner jeweils eine flaue Zeit; ich weiß das von meiner Gesellenzeit her und habe das auch in meinem Geschäfte gemerkt.

12. Kredit wurde nicht in Anspruch genommen.

13. Ich führe in der Werkstätte ein „Schmierbuch", in welchem alle nicht sofort baar bezahlten Arbeiten vermerkt werden; alle 8 Tage wird daraus Uebertrag in das Hauptbuch gemacht. Ueber die Zahlungen bei den Lieferanten führe ich ein besonderes Buch. Die Baareinnahmen und die Ausgaben für die Haushaltung werden nicht gebucht.

14. Fällt aus.

15. Siehe Anlage.

16. Der letzte und zugleich erste Geschäftsabschluß ergab keinen Ueberschuß, aber auch keinen Verlust, womit ein so junger Geschäftsmann zufrieden sein muß. Die Beschränkung auf die eigene Arbeitskraft ist dabei von größtem Vortheil gewesen.

b. Allgemeine Geschäftslage.

1. Das Gewerbe wird von allen hiesigen Gewerbegenossen seinem ganzen Umfange nach betrieben. Von Spezialitäten ist nichts bekannt.

2. Halbfabrikate werden in der Regel nicht bezogen, doch werden sog. gepreßte Artikel (z. B. Kannendeckel, Ofenrohrrosetten und dergl.) in neuerer Zeit fertig von den Fabriken bezogen, wo sie billig zu haben sind, während die eigene Herstellung viel Mühe und Zeit kostet.

3. Die Besteller sind meist am Orte selbst. An Wiederverkäufer wird nicht abgesetzt. Die Hausirer und Ladengeschäfte beziehen von den Fabriken.

4. Die Ladengeschäfte werden immer seltener, weil solche wegen der Mitbewerbung der von den Fabriken beziehenden Kaufleute und auch der Hausirer nicht mehr lohnen. Zur Zeit wird kaum noch ein Viertheil der hiesigen Blechner ein Ladengeschäft haben, worin dann in der Regel auch fremde Erzeugnisse, insbesondere Lampen, die im Kleinbetrieb kaum mehr hergestellt werden, feil gehalten werden.

5. Die hiesigen Blechnermeister haben wohl ausnahmslos das Gewerbe ordnungsmäßig erlernt.

6. Kommt nicht vor.

7. An Hilfsmaschinen sind gewöhnlich im Gebrauch: die Rohrmaschine, die Wulstmaschine, mitunter auch noch die Abbiegmaschine und die Sickenmaschine (zum Einstanzen von Verzierungen). Im Großbetrieb sind noch viel vollkommenere Maschinen in Anwendung, so daß dort der Handbetrieb sich fast nur auf das Zusammensetzen der einzelnen Theile beschränkt. Für den Kleinbetrieb wären diese Maschinen durchaus nicht lohnend, weil dieselben sehr theuer sind, große Räumlichkeiten erfordern und, wenn man sich nicht ausschließlich auf die betreffende Spezialität wirft, selten in Anwendung kommen können. Betriebskräfte sind nicht eingeführt und auch nicht nöthig, weil die vorerwähnten Hilfsmaschinen sich leicht mit der Hand betreiben lassen.

8. Lehrlingswesen.

a. Die gewerbliche Ausbildung des Lehrlings wird durch den Meister mit Beihilfe der Gesellen besorgt. Auch halten die hiesigen Meister darauf, daß die Lehrlinge in die Gewerbeschule gehen. Daß der Lehrling in der Familie des Meisters aufgenommen wird, ist eine seltene Ausnahme.

b. Wer Geschick und Eifer hat, kann bei den Meistern genug lernen.

c. Der Unterricht in der Gewerbeschule an sich genügt, jedoch wäre dessen Besuch gesetzlich vorzuschreiben.

d. Eine Uebung läßt sich nicht festftellen, es wird verschieden gehalten.

e. Fortlaufen der Lehrlinge kommt öfters vor. In einzelnen Fällen wurde schon die polizeiliche Zurückführung verlangt, aber ohne große Erfolge, weil die Zurückgeführten kein Interesse mehr für's Geschäft hatten und deßhalb später doch entlassen wurden.

f. Die Preisverleihungen sind an sich ganz schön, aber die eingereichten Arbeiten sind wohl selten eigenes Erzeugniß der Lehrlinge.

g. Der Uebergang in Fabriken kommt vor, aber doch wohl nur bei den weniger guten Arbeitern.

9. Gesellenwesen.

a. Tüchtige Gesellen sind selten, die meisten sind nur in Bauarbeiten ausgebildet.

b. Ueber ihr sittliches Verhalten läßt sich nicht klagen; unbefugter Austritt ist häufig oder vielmehr, es ist geradezu zur Uebung geworden, daß die Gesellen ohne Kündigung einfach am Zahltag fortgehen. Geschehen ist dagegen noch nichts, es wäre auch kein großer Vortheil für das Geschäft, wenn man widerwillige Leute darin halten wollte.

c. Die Löhne sind in den letzten 5 Jahren gleich geblieben.

d. Es ist Taglohn üblich mit wöchentlicher Zahlung, nachträglich und ohne Rückbehaltung.

e. Zur Hebung des Gesellenwesens ist nichts geschehen.

g. Solche Streitigkeiten sind nicht häufig. Die Einführung eines Gewerbegerichts wäre wünschenswerth.

10. Kreditanstalten sind hier genügend vorhanden.

11. Das Blech wird in der Regel in kleinern Mengen nach Bedarf, und zwar bei hiesigen Händlern auf Kredit unter verschiedenen Bedingungen bezogen. Die Fabriken lassen sich auf unmittelbare Bestellungen nicht ein, weil sie nur in ganz großen Abtheilungen absetzen wollen. In gleicher Weise geschieht der Bezug des Zinns (in Blöcken oder Stangen). Die Waare ist nicht immer gut, so daß man vorsichtig sein muß. Die Preise schwanken.

12. Früher, als man noch ein Ladengeschäft dabei führen konnte, war mehr Arbeitsgelegenheit vorhanden wie jetzt. Seit die Großindustrie sich in unserem Gewerbe, wie kaum in einem andern, breit gemacht und der Handel das Seinige dazu beigetragen hat, den Fabrikaten der Großindustrie den ausgedehntesten Absatz zu verschaffen, sind die Kleinbetriebe zurückgegangen und mag es da und dort vorkommen, daß der Blechner unter Tags genöthigt ist, die Hände in den Schooß zu legen. Einige hiesige Geschäfte liefern Blechkapseln für die hiesige Großindustrie, sie erzielen damit aber sicherlich keine besondern Erfolge, weil die Preise zu nieder sind.

13. Die Preise sind in den letzten 4 bis 5 Jahren sicherlich um 50 % im Durchschnitt zurückgegangen, in Folge der ungeheuren Mitbewerbung der Großindustrie. Dabei ist freilich zu bemerken, daß auch der Kleingewerbsmeister heutzutage nicht mehr so sorgfältig arbeitet wie früher, weil er eben genöthigt ist, möglichst billige Preise zu machen. Im Baugeschäft insbesondere werden die Preise dadurch herabgedrückt, daß der Bauunter-

nehmer (d. h. der berufsmäßige), wenn ihm die Angebote der Meister nicht billig genug sind, einfach ein Paar Gesellen einstellt und diesen den Arbeitsstoff liefert. Dadurch sind die Meister genöthigt, wenn sie überhaupt etwas zu schaffen haben wollen, um un= verhältnißmäßig niedern Preis zu arbeiten. Ein Hauptmißstand im Baugeschäft liegt auch darin, daß die Bauherren die Fertigstellung des Baues an einen Hauptakkordanten, meist Architekten, vergeben und diesem dann die Besorgung alles Weiteren auf seine Ge= fahr und Rechnung überlassen. Ein großer Theil des Gewinns bleibt dann selbstver= ständlich beim Hauptakkordanten hängen, und der einzelne Handwerksmeister kann schließlich froh sein, wenn er ohne Verlust noch durchkommt. Warum die Meister so ungünstige Verträge eingehen, ist freilich kaum zu erklären. In vielen Fällen mag es nichts als reiner Geschäftsneid gegenüber den andern sein.

14. Besondere Bedingungen werden nirgends gestellt. Wer nicht baar bezahlt, kommt in's Kundenbuch und erhält nach 3 Monaten Rechnung.

15. Der Lebensunterhalt ist jetzt theurer, als er früher war. Es mag dies darin seinen Grund haben, daß die Lebensmittel seit Anfang der 70er Jahre im Preis gestiegen sind; es mag aber auch zum Theil darauf zurückzuführen sein, daß man mehr Ansprüche an's Leben macht.

16. Eine Innung oder ein sonstiger Fachverband besteht hier nicht. Dem Ge= werbeverein gehören wohl die wenigsten Blechner an.

17. Im hiesigen Landesgefängniß wird viel Blechnerarbeit gemacht und dadurch den hier ansäßigen Meistern um so mehr Schaden zugefügt, als die Preise dort recht billig gehalten sind.

18. Die bestehenden Staatsanstalten wurden noch nicht benützt und sind auch für unser Gewerbe nicht von Werth.

c. Vorschläge zur Verbesserung des Kleingewerbes.

1. Gegen die bestehende Gewerbeordnung habe ich nichts einzuwenden. Von In= nungen bin ich kein Freund.

2. Dagegen halte ich für wünschenswerth, daß den Architekten und Bauunter= nehmern verboten würde, Blechnergehilfen einzustellen, diesen den Arbeitsstoff zu liefern und so den Blechnermeistern gewissermaßen in's Handwerk zu pfuschen.

3. Hierzu wüßte ich keinen Vorschlag zu machen.

Blechner A. B. in Mannheim.   **Anlage.**
Vorbemerkung.

Erwerbsteuerkapital	1200 M. — Pf.
Betriebskapital	700 „ — „

Familienzahl: 3 Personen.
Anzahl der Lehrlinge und Gesellen: Keine
Geschäftsergebnisse im Jahr 1884.
I. Ausgaben.
A. Gewerbe.

1. b. Miethzins für Unterbringung der Werkstätte nach Abzug des für die Wohnung anzusetzenden Miethzinsantheils	200 M. — Pf.
Uebertrag .	200 M. — Pf.

	Uebertrag	.	200 M.	— Pf.
2 a. Unterhaltung und Ergänzung von Handwerkszeug und Maschinen			35 „	— „
3. b. Heizung und Beleuchtung der Geschäftsräume .		. .	100 „	— „
4. Persönlicher Arbeitsaufwand:				
a. Werthanschlag der Arbeit des Meisters .			3100 „	— „
5. Aufwand für Beschaffung der Arbeitsstoffe			1500 „	— „
7. Verlust an Ausständen		.	170 „	— „
8. Zinsen des Anlage= und Betriebskapitals .		. . .	35 „	— „
		Summa .	5140 M.	— Pf.

C. Sonstige Ausgaben.

1. Ausgaben für den Haushalt der Familie (3 Familienmitglieder und kein Dienstbote) und zwar:

a. Kost		.	600 M.	— Pf.
b. Bekleidung		.	180 „	— „
c. Unterricht			36 „	— „
d. Heizung und Beleuchtung für Küche und Zimmer 2c.		.	65 „	— „
e. Arzt und Apotheke			36 „	— „

2. Miethzins für die Wohnung nach Abzug des schon unter A. 1 verrechneten Betrages . . . . 220 „ — „

4. Feuerversicherung für:

Fahrnisse . . . . . . 5 „ — „

	Summa .	6282 M.	— Pf.

II. Einnahmen.
A. Gewerbe.

Bruttoeinnahme:

a. aus dem Gewerbebetriebe .		2600 M.	— Pf.
Ausgaben . . .		6282 „	— „
Einnahmen . .		2600 „	— „
	Somit Mehrausgabe .	3682 M.	Pf.

2.
Blechner J. A. St. von Mannheim.
a. Eigene Verhältnisse des Befragten.

1. Ich bin 61 Jahre alt, Wittwer, Vater eines Sohnes von 32 und zweier Töchter im Alter von 22 und 35 Jahren. Der Sohn ist Theilhaber am Geschäft und zwar seit 1 Jahr.

2. Das Gewerbe wurde von 1838 bis 1842, also in 4jähriger Lehrzeit in Mainz erlernt. Meine Gesellenzeit dauerte 12 Jahre; als Arbeitsorte nenne ich: Mainz (4 Jahre) und Mannheim (8 Jahre). Es wurde nur die hiesige Volksschule besucht.

3. Siehe Anlage.

4. Fällt aus.

5. Das Geschäft wurde im Jahre 1854 nach Ablegung eines Meisterstücks vor der damals dahier bestehenden Zunft gegründet und befindet sich seitdem ununterbrochen hier.

6. Ich besitze ein eigenes Haus in guter Mittellage (G. 4). Der Miethwerth für

Werkstätte und Laden beträgt mindestens 400 Mark.

7. Es findet vorzugsweise Handbetrieb statt, doch sind auch folgende Hilfsmaschinen in Gebrauch: Rundmaschine, Wulstmaschine, Umbiegmaschine und Sickenmaschine. Im Großbetrieb sind meines Wissens Maschinen ähnlicher Konstruktion in Anwendung, außerdem noch eine große Zahl anderer, die ich dem Namen nach nicht anzugeben vermag.

9 a. Ich habe einen Lehrling, mit dem vorerst noch kein Vertrag abgeschlossen ist, weil er sich noch in der Probezeit befindet; in Aussicht genommen ist 3jährige Lehrzeit, kein Lehrgeld, aber auch keine Kost und Wohnung im Hause, jedoch wird der junge Mann von mir ein Wochengeld von 50 Pf., das nach und nach bis zu 3 Mark steigen soll, erhalten. Die Unterweisung des Lehrlings geschieht durch mich und meinen Sohn. Der Lehrling wird zum Besuch der Gewerbeschule angehalten werden.

b. Ich beschäftige einen Gesellen in der Werkstätte, ohne Kost und Wohnung im Haus. Der Lohn ist auf 3 Mark im Tag bestimmt und wird jeweils am Ende der Woche ohne Zurückbehaltung und Vorausbezahlung ausgefolgt.

10. Die Arbeitszeit dauert von 6 Uhr Morgens bis 7 Uhr Abends. Regelmäßige Pause wird gemacht: Mittags von 12 bis 1 Uhr. Vor- und Nachmittags wird nur so lange mit der Arbeit ausgesetzt, als zum Einnehmen des Frühstücks und der Vesper nöthig ist. Sowohl ich als mein Sohn sind regelmäßig in der Werkstätte, soweit nicht auswärtige Geschäfte zu erledigen sind.

11. Gewerbebetrieb.

a. Das Gewerbe wird in seinem vollen Umfange betrieben. Arbeitstheilung ist nicht eingeführt.

b. Ausbesserungsarbeiten kommen viele vor, ohne daß ich gerade sagen könnte, daß darin das Hauptgeschäft besteht.

c. Die Arbeitsstoffe (Blech und Zinn) werden von mir selbst gestellt. Halbfabrikate werden in der Regel nicht bezogen.

d. Das Blech wird gewöhnlich in Kisten von je 250 Tafeln, Zinkblech in kleineren Mengen und Zinn in Blöcken von 50 bis 70 Pfund in den hiesigen Eisenhandlungen bezogen. Die Zahlung geschieht halbjährlich.

e. Es wird meist auf Bestellung, aber auch auf Vorrath gearbeitet.

f. Der Kundenkreis beschränkt sich auf den Ort.

g. Es wird ein eigenes Ladengeschäft geführt, in welchem etwa zur Hälfte fremde Erzeugnisse des Blechnergewerbes feilgehalten werden. Einen Hauptartikel dieser fremden Waaren bilden die Lampen; es werden außer den ganzen Lampen auch einzelne Zylinder, sowie Dochte abgegeben. Seit mehreren Jahren hat das Ladengeschäft abgenommen, weil die darin feilgehaltenen Waaren jetzt auch in sehr vielen Kaufläden feil gehalten werden.

h. Dreimonatliche Zahlungsfrist ist üblich, bei früherer Zahlung wird 2 bis 3 % Rabatt gewährt. Auf Wechsel lasse ich mich nicht ein.

i. Besondere Bedingungen werden den Kunden nicht gestellt. Soweit nicht baar bezahlt wird, wird halbjährlich, bei Baukunden in der Regel auf Neujahr Rechnung geschickt.

k. Seit ich mich von der säumigen Kundschaft losgesagt habe, kann ich über unpünktlichen Eingang der Ausstände nicht klagen. Gerichtliche Betreibung fand schon öfters statt, hat aber meistens nichts genützt, weil die Leute nichts hatten. In den letzten

Jahren ist auch der Verlust an Ausständen geringer und berechnet sich durchschnittlich auf 100 Mark für's Jahr.

1. Obwohl das Geschäft nicht mehr so lebhaft geht, wie früher, so kann ich doch im Allgemeinen über Mangel an Aufträgen nicht klagen. Wenn ich einmal gar keine Bestellung zu erledigen habe, arbeite ich eben auf Vorrath. Die Messen und die Hausirer (Slowaken) üben einen entschieden nachtheiligen Einfluß auf unser Gewerbe aus, da erstere seit der außerordentlichen Entwickelung der Großindustrie auf dem Gebiet der Blechnerei stark mit Blechnerwaaren befahren werden, und letztere — abgesehen von ihrer Verkaufs= thätigkeit — auch am Orte selbst förmliche Werkstätten einrichten und darin Ausbesserungen vornehmen. Eine solche Werkstätte befindet sich in der Gastwirthschaft zum eisernen Kreuz hier.

m. In der Zeit von Weihnachten bis Faftnacht, sowie während der Dauer der Messen geht das Geschäft sehr merklich flauer; während der Messen könnte man den Laden sogar ganz schließen.

12. Kredit wurde nicht in Anspruch genommen.

13. Es wird ein Kassenbuch über sämmtliche Einnahmen und Ausgaben geführt und außerdem ein Kundenbuch, in welchem sämmtliche Rückstände verzeichnet sind; auch die Ausgaben für die Haushaltung, natürlich nur in Bausch und Bogen, werden in das Hauptbuch eingetragen.

14. Fällt aus.

15. Siehe Anlage.

16. Mit dem Geschäftsabschluß war ich zufrieden, insofern ich trotz besonderer Ausgaben für die Familie doch nichts zusetzen mußte. Ich lebe allerdings auch sparsam und erziele deßhalb in der Regel ein gleich befriedigendes Ergebniß.

b. Allgemeine Geschäftslage.

Ueber die allgemeine Geschäftslage des Blechnergewerbes macht Herr St. die gleichen Angaben wie Herr B. mit folgenden Abweichungen:

Zu 5. Die eigentlichen Blechnermeister haben mit ganz verschwindenden Ausnahmen das Gewerbe ordnungsmäßig erlernt. Es kommt aber — wie ich schon oben unter 111. erwähnt habe — in neuerer Zeit vor, daß sog. „Slowaken", die mit Blechwaaren hausiren, zugleich hier am Orte eine Werkstätte einrichten, in welcher dann die einen arbeiten, während die andern auf den Handel gehen. Auch geben sich die Gas= und Wasserin= stallateure, die nicht immer Blechner sind, zuweilen mit Blechnerarbeiten, insbesondere aber mit dem Verkauf von Blechwaaren, ab. Endlich ist noch zu erwähnen, daß auch die Schieferdecker uns in's Handwerk pfuschen, indem sie die Blecharbeiten an den Gräden und Kehlen des Daches übernehmen, sowie mit blechenen Dachfensterrahmen handeln.

Zu 8. Lehrlingswesen.

a. Da die Lehrlinge heutzutage vielfach gegen Lohn angenommen werden, so bleibt es nicht aus, daß die Meister sie mehr als Handlanger und Ausläufer, wie als hilfsbe= dürftige Lehrlinge behandeln.

d. Soviel ich weiß, wird in der Mehrzahl der Fälle schriftlicher Vertrag ab= geschlossen.

Zu 9. Gesellenwesen.

b. Meines Wissens läßt auch das sittliche Verhalten der Gesellen viel zu wünschen übrig, sie führen sich mitunter recht brutal auf.

g. Ich für meine Person halte ein Gewerbegericht nicht für nothwendig.

Zu 13. Die Preise sind allerdings sehr zurückgegangen. Für eine Pfundbüchse wurde in der Zunftzeit 70 Pf., heutzutage werden nur noch 15 Pf. bezahlt. Das Pfund Ofenrohr kam früher auf 70, jetzt auf 30 Pf. zu stehen. Die Blechpreise sind freilich auch zurückgegangen, aber lange nicht in diesem Maaße. Es kann somit der Preisrückgang auf mindestens 50 % angegeben werden. Es ist auch ganz richtig, daß gerade im Bau= geschäft oft um lächerlich niedere Preise gearbeitet wird. Die Leute rechnen scheint's oft darauf, daß es noch Nacharbeiten gebe, die im Akkord nicht aufgenommen sind.

17. Ueber die Mitbewerbung des hiesigen Landesgefängnisses habe ich noch nicht klagen hören.

c. Vorschläge zur Verbesserung des Kleingewerbes.

1. Vorschläge wegen Abänderung der Gewerbeordnung habe ich nicht zu machen, insbesondere bin ich kein Freund von Zwangsinnungen.

2. Den Hausirern sollte die Ausübung ihres Gewerbes, und zwar sowohl der Verkauf als auch der Arbeitsbetrieb, in hiesiger Stadt untersagt werden, weil hier genug ansäßige Geschäftsleute sind, welchen die Mitbewerbung dieser Leute sehr schädlich ist. Ebenso bin ich für gänzliche Abschaffung der Messen, oder wenigstens für die Beschrän= kung der Weihnachtsmesse auf hiesige Geschäftsleute, wie dies früher der Fall war.

3. Für das Gewerbe wäre es nur von Vortheil, wenn sich die hiesigen Blechner zu einer Innung vereinigen würden.

<table>
<tr><td>Blechner J. A. St. in Mannheim.
Vorbemerkung.</td><td align="right">Anlage.</td></tr>
</table>

Erwerbsteuerkapital	3200 M.	— Pf.
Betriebskapital	1400 „	— „

Familienzahl: 2 Personen.

Anzahl der Lehrlinge und Gesellen: 1.

Geschäftsergebnisse im Jahr 1884.
I. Ausgaben.

1. Miethwerth der Werkstätte und des Ladens im eigenen Hause .	300 M.	— Pf.
2 a. Unterhaltung und Ergänzung von Handwerkszeug und Maschinen	50 „	— „
b. Abschreibung am Werthe von Handwerkszeug und Maschinen	20 „	— „
3. Heizung und Beleuchtung der Geschäftsräume	180 „	— „
4. Persönlicher Arbeitsaufwand		
b. für Hilfsarbeiter:		
aa. Löhne an Gesellen	500 „	— „
5. Aufwand für Beschaffung der Arbeitsstoffe. .	1000 „	— „
6. Aufwand für zum Handel angekaufte Waaren .	350 „	— „
7. Verlust an Ausständen	100 „	— „
8. Zinsen des Anlage= und Betriebskapitals	56 „	— „
Summa .	2556 M.	— Pf.

C. Sonstige Ausgaben.

1. Ausgaben für den Haushalt der Familie, 2 Familienmitglieder

	Uebertrag	2556 M.	— Pf.
und keine Dienstboten und zwar:			
a. Kost		1100 „	— „
b. Bekleidung		200 „	— „
d. Heizung und Beleuchtung für Küche und Zimmer ꝛc.		45 „	— „
2. Miethwerth der Wohnung im eigenen Hause		350 „	— „
3 a. Verzinsung des Hauswerthes nach Abzug der schon unter A. 1 und C. 2 verrechneten Beträge . . .		22 „	— „
b. Unterhaltungsaufwand für das Gebäude		70 „	— „
c. Abschreibung am Hauswerth (in Folge von Abnützung) . .		20 „	— „
4. Feuerversicherung für Gebäude		30 „	— „
5. Lebensversicherung .		112 „	— „
6. Staatssteuer . .		47 „	— „
7. Gemeindeumlagen	. . . .	54 „	— „
	Summa .	4606 M.	— Pf.

II. Einnahmen.
A. Gewerbe.

Bruttoeinnahme aus dem Gewerbebetriebe	4500 M.	— Pf.

C. Sonstige Einnahmen.

4. aus Miethe	460 „	— „
Summe	4960 M.	— Pf.
Davon ab Ausgaben mit	4606 „	— „
Somit Mehreinnahme .	354 M.	— Pf.

XXIV. Schneider.

Einvernommen wurden:

a. Meister:

1. L. P. von Großschwansfeld, Reg.=Bez. Königsberg.
2. L. L. von Klausthal im Harz.
3. F. W. von Groß=Bittisch in Mähren.
4. J. H. von Mannheim.

b. Gesellen:

1. J. W. von Auenstein, O.=A. Marbach.
2. J. St. von Weiher in Nassau.

A. Meister.
1.

Schneider L. P. von Großschwansfeld, Reg.=Bez. Königsberg.

a. Eigene Verhältnisse des Befragten.

1. Ich bin 42 Jahre alt, Wittwer, Vater von 2 Söhnen im Alter von 2 und 5 Jahren.

2. Ich habe das Gewerbe von 1859/63 in meiner Heimath gelernt und wurde nach 3¼jähriger Lehrzeit und nach abgelegtem Gesellenstück von der damals bestehenden Zunft losgesprochen. Meine Gesellenzeit dauerte 14 Jahre, wovon aber 9 Jahre in der Stellung als Zuschneider d. i. Geschäftsführer zugebracht wurden. Als Arbeitsorte bezeichne ich: Elbing, Marienburg, Bromberg, Berlin, Dresden, Köln, London und Mannheim. Der Schulbesuch beschränkte sich auf die Volksschule.

4. und 5. Ich betreibe ein Kleidermachergeschäft, aber nicht auf alleinige Rechnung, sondern mit einem Geschäftstheilhaber (L. G.). Dies Geschäft wurde 1878 hier gegründet und befindet sich seitdem am hiesigen Orte.

6. Ich wohne in Miethe. Der Miethwerth des Ladens und der Werkstätte beträgt 1800 M. Die Geschäftslage (N. 2) ist als gut zu bezeichnen.

7. und 8. Ich benütze keine Maschinen.

9 a. Lehrlinge habe ich nicht.

b. Ich beschäftige zwölf Gesellen, wovon vier in der Werkstätte und acht außer dem Hause arbeiten. Kost und Wohnung müssen sich Alle selbst stellen. Nur zwei Gesellen, und zwar von denen, welche in der Werkstätte beschäftigt sind, werden nach der Zeit, Alle übrigen nach dem Stück gelohnt. Der Zeitlohn beträgt 15 Mark wöchentlich, während sich die Stückarbeiter je nach ihren Leistungen auf 12—20 M. stellen. Zahltag ist jeweils am Ende der Woche, ohne Rückbehaltung.

10. Wir arbeiten von Morgens 7 bis Abends 7 Uhr mit einer Pause von 12—1 Uhr. Es gilt dies übrigens nur für die auf Zeitlohn beschäftigten Gesellen, die Stückarbeiter können es halten, wie sie wollen. Die Geschäftsinhaber gehen in der Werkstätte wohl ab und zu, betheiligen sich aber nicht selbst an der Arbeit in der Werkstätte, sondern besorgen das Anmessen und Zuschneiden.

11. Gewerbebetrieb.

a. Es werden nur Herrenkleider hergestellt. Eine Arbeitstheilung ist eingeführt, indem der eine Arbeiter nur Hosen, der andere nur Röcke, der dritte nur Westen macht. Auch wird, wie oben schon bemerkt, das Anmessen, Zuschneiden und Anprobiren nur durch uns Geschäftsinhaber besorgt.

b. Es werden vorzugsweise neue Kleider gefertigt, jedoch auch Ausbesserungen besorgt.

c. Das Tuch wird von uns gestellt.

d. Wir beziehen dasselbe in größeren Mengen auf Vorrath von Tuchfabriken oder Großhändlern, auf Kredit von 3—6 Monat.

e. und f. Wir arbeiten nur auf Bestellung und meist nur für den hiesigen Platz.

g. In dem Laden werden nur Tuchwaaren feilgehalten und zwar nur für Kunden, welche im Geschäfte arbeiten lassen.

h. Fällt aus.

i. Besondere Bedingungen werden nicht gestellt, sondern, wenn nicht früher bezahlt wird, jeweils am 1. Januar und 1. Juli Rechnung geschickt.

k. Die meisten Kunden zahlen im Laufe eines halben Jahres, doch gibt es immer auch solche, welche die Zahlung ungebührlich verzögern, so daß wir schon mehrmals gerichtlich betreiben mußten. Den durchschnittlichen Verlust an Ausständen schätze ich auf 1 % des Umsatzes.

l. An Aufträgen fehlt es uns nicht, und kann ich einen Rückgang des Geschäfts in dieser Hinsicht nicht behaupten.

m. Das Geschäft geht in den eigentlichen Wintermonaten (Ende Dezember bis Ende Februar) und in der eigentlichen Sommerzeit (Juli und August) jeweils merklich flauer, weil sich die Kunden kurz zuvor mit ihrem Bedarf für die Jahreszeit versehen haben. Eine Verminderung der Arbeiterzahl tritt übrigens in der Regel nicht ein.

12. Kredit wurde nicht in Anspruch genommen.

13. Es wird vollständig kaufmännisch Buch geführt durch einen jungen Kauf=
mann, der hiefür monatlich 40 Mark erhält.

14. Fällt aus.

16. Ich bin mit meinem Geschäfte sehr zufrieden und kann sagen, daß das Er=
gebniß regelmäßig ein gleich günstiges war. In der ersten Zeit ist es uns natürlich nicht
gleich so gut gegangen und mußten wir uns eben Mühe geben, bis wir genügende Kund=
schaft hatten. Auch jetzt noch heißt es tüchtig arbeiten, um den Anforderungen des Ge=
schäftes zu genügen. Besondere Umstände, die besonders auf unser Geschäft günstig ein=
gewirkt hätten, wüßte ich nicht namhaft zu machen.

b. Allgemeine Geschäftslage.

1. Im Schneidergewerbe haben sich allmählich zwei vollkommen getrennte Spezia=
litäten ausgebildet, nämlich das Herrenkleidergeschäft und das Damenschneidergeschäft,
welch' letzteres gewöhnlich von Frauen betrieben wird. Sonstige Spezialitäten sind hier
nicht bekannt.

2. Halbfabrikate werden nicht bezogen.

3. Die Mehrzahl der hiesigen Schneider arbeitet nur für hiesige Kundschaft; doch
gibt es hier etwa ein halbes Dutzend Geschäfte, die auch ständige auswärtige Kundschaft
haben. Von den ungefähr 100 Schneidermeistern, welche im hiesigen Adreßbuch einge=
tragen sind, arbeiten nahezu drei Viertheile nicht für eigene Kundschaft, sondern für andere
Geschäfte, d. h. sie sind eigentlich nur auf der Bude arbeitende Gesellen.

4. Von den hiesigen Schneidern haben 18 ein Ladengeschäft, worin Tuch für die
Kunden feilgehalten wird. Einige wenige (etwa 6—8) führen im Laden auch fertige
Kleider, die große Mehrzahl der hiesigen Verkaufsstellen für fertige Kleider befindet sich
in den Händen von Kaufleuten, die ihre Waaren von den sog. Kleiderfabriken, deren hier
übrigens nur eine besteht, beziehen.

5. Eben diese Kaufleute nehmen nicht selten Zuschneider in Dienst und fertigen
dann auch Kleider auf Bestellung. Im Uebrigen sind wohl fast Alle, die sich als
Schneidermeister bezeichnen, von Anbeginn an im Schneiderhandwerk thätig gewesen.

6. Kommt hier nicht vor.

7. Die Nähmaschinen sind allgemein eingeführt, insbesondere auch bei den Klein=
meistern bezw. Gehülfen, die auf eigener Bude arbeiten. Im Uebrigen ist das Werkzeug
das gleiche, wie von jeher.

8. Lehrlingswesen.

a. Diese Frage vermag ich nicht zu beantworten, weil ich selbst nie einen Lehr=
ling hatte und mir die diesbezüglichen Verhältnisse nicht bekannt sind.

b. Eine Schulwerkstätte halte ich für durchaus überflüssig.

c. Ein pflichtmäßiger Gewerbeunterricht für die Schneiderlehrlinge wäre sehr
wünschenswerth.

d., e., f. Siehe a.

g. Die Lehrlinge verbleiben jedenfalls im Handwerk.

9. Gesellenwesen.

a. Tüchtige Gesellen sind gegenwärtig eine Seltenheit. Die Leute besitzen keine
genügenden Kenntnisse in ihrem Handwerk, weil sie keine ordentliche Lehrzeit hinter sich haben.

b. Ueber das sittliche Verhalten der Gesellen ist nicht zu klagen, wer sich nicht in die Ordnung fügt, wird aus der Arbeit entlassen.

c. Die Löhne sind in den letzten 5 Jahren um etwa 10 %, gestiegen.

d. Zahltag ist jeweils am Ende der Woche, Zurückbehaltung kommt nicht vor.

e. Zur Hebung des Gesellenwesens ist nichts geschehen.

f. Die auf eigener Bude arbeitenden Gesellen bringen in der Regel mehr vor sich, als die in der Werkstatt beschäftigten. Es sind meist verheirathete Leute, welche von früh Morgens bis spät Abends schaffen und dabei nur die nothwendigsten Pausen eintreten lassen.

g. Von Streitigkeiten ist mir nicht viel bekannt, doch halte ich ein Gewerbegericht immerhin für zweckmäßig.

10. Meines Erachtens sind hier genug Kreditanstalten vorhanden, und wüßte ich in dieser Hinsicht keine Mißstände anzugeben.

11. Die größeren Geschäfte beziehen das Tuch von den Fabrikanten oder von den Großhändlern auf Vorrath gegen den handelsüblichen Kredit von 3—6 Monaten. Die kleineren Geschäfte beziehen je nach Bedarf von den Tuchläden am Orte unter verschiedenen Zahlungsbedingungen, oder sie erhalten das Tuch von den Kunden geliefert. Schädigende Täuschungen kommen kaum vor. Die Tuchpreise sind in den letzten Jahren gestiegen, ebenso wird auch den Kunden für die Kleider mehr gerechnet.

12. Die Arbeitsgelegenheit für das Schneiderhandwerk hat in den letzten Jahren eher zu- als abgenommen. Die Ansprüche des Publikums sind auch in dieser Beziehung gegenüber früheren Zeiten gestiegen. Die Großindustrie liefert, wie dies in der Natur der Sache liegt, nur geringe Waaren und kann deßhalb den bessern Geschäften keine Mitbewerbung machen; wohl aber ist ihr Einfluß für den kleinen Meister sehr unangenehm fühlbar, um so mehr, als gerade auch in hiesiger Stadt in den vielen Kleiderläden die Fabrikate der Großindustrie in Menge zu haben sind.

13. Feste Preise gibt es in unserem Gewerbe eigentlich nicht; es macht jeder Meister seine Preise nach eigenem Gutdünken, und kommt es dabei natürlich mehr oder weniger auf die geschmackvolle Ausführung der Arbeit an. Ich kann deßhalb auch nicht über ein Steigen oder Fallen der Preise Auskunft geben. Soweit ich die Verhältnisse kenne, halten wenigstens die bessern Geschäfte ihre Preise so, daß sie zur Leistung im Verhältniß stehen und deßhalb als lohnend bezeichnet werden können.

14. Die meisten Geschäfte halten es wohl wie wir (siehe a. 11 i.).

15. Das Leben wird immer theurer. Näheres kann ich zur Begründung dieser Wahrnehmung nicht angeben.

16. Es besteht hier keine Vereinigung von Gewerbegenossen und ist auch kein dahin zielender Versuch gemacht worden.

17. Außer der bereits erwähnten Mitbewerbung der Kleiderhändler und Großindustrie ist hier nichts anzugeben.

18. Hat für unser Gewerbe keinen Bezug.

c. Vorschläge zur Verbesserung des Kleingewerbes.

1. Ich bin mit der bestehenden Gewerbeordnung zufrieden und habe keine Aenderung zu beantragen.

2. Ich habe vorhin zu b. 17 vergessen, die Mitbewerbung der Strafanstalten an-

zuführen; dieselbe schädigt die Kleingewerbsmeister sehr und sollten sich deßhalb die Straf=
anstalten auf die Befriedigung ihres eigenen Bedarfes beschränken.

2.
Schneider L. L. von Klausthal im Harz.

1. Ich bin 34 Jahre alt, verheirathet, Vater von 6 Kindern im Alter von 3
Monaten bis zu 11 Jahren.

2. Ich habe das Gewerbe in 4jähriger Lehrzeit von 1864 bis 1868 in Klaus=
thal erlernt. Meine Gesellenzeit, welche in Braunschweig, Hannover und hier zuge=
bracht wurde, betrug 6 Jahre. Außer der Volksschule habe ich noch während der Lehr=
jahre die Gewerbeschule in Klausthal besucht.

4. und 5. Ich betreibe ein Kleidermachergeschäft seit 1874 am hiesigen Orte.

6. Ich wohne in Miethe. Der Miethwerth der Werkstätte beträgt 180 Mark.

7. und 8. Ich benütze eine Nähmaschine.

9. a. Lehrlinge habe ich nicht.

b. Ich beschäftige drei Gesellen, wovon einer in der Werkstätte und mit Kost
und Wohnung im Hause, die beiden Andern außer dem Hause beschäftigt werden.
Ersterer erhält Zeitlohn und zwar wöchentlich 5 Mark, letztere Stücklohn, wobei sie sich
im Durchschnitt auf 18 bis 20 Mark stellen. Zahlag ist jeweils am Ende der Woche,
Rückbehaltung findet nicht statt.

10. Für den in der Werkstätte beschäftigten Gesellen beginnt die Arbeit Morgens
5 Uhr (im Winter 7 Uhr) und endigt 8 Uhr Abends. Pausen werden nur gemacht,
soweit dies zum Einnehmen von Frühstück, Mittagessen und Vesper nöthig ist. Ich selbst
arbeite stets mit.

11. Gewerbebetrieb.

a. Ich habe nur ein Herrenkleidergeschäft. Die außer dem Haus beschäftigten Ge=
sellen haben Arbeitstheilung, indem der Eine nur Röcke (Großstück), der Andere nur
Hosen und Westen (Kleinstück) zu machen hat. Ich selbst und der in der Werkstätte be=
schäftigte Arbeiter arbeiten Alles, was vorkommt, doch habe ich mir das Anmessen, Zu=
schneiden und Anprobiren der Kleider besonders vorbehalten.

b. Die Ausbesserungsarbeiten sind nicht von großer Bedeutung.

c. Bei den meisten Bestellungen wird das Tuch von mir dazu geliefert, doch kommt
es auch vor, daß die Kunden dasselbe stellen.

d. Ich kaufe das Tuch je nach Bedarf von einem Frankfurter Großhändler gegen
Wechsel auf 3 Monate. Der Tuchvorrath, den ich auf Lager habe, ist ganz unbe=
deutend; von den meisten Stoffen besitze ich nur Muster.

e. und f. Ich arbeite nur auf Bestellung und nur für den Ort. In Zeiten, wo
das Geschäft besonders flau geht, mache ich übrigens auch Reisen in die nähere Um=
gebung, um Bestellungen aufzusuchen und habe auf diese Art schon manchen Auftrag
erhalten.

g. und h. fallen aus.

i. Zahlungsbedingungen werden in der Regel nicht gemacht; nur bei ganz frem=
den Leuten wird wenigstens eine Abschlagszahlung in baar verlangt; im Uebrigen schicke
ich Rechnung, theils viertel=, theils halbjährlich.

k. Der Eingang der Ausstände ist leider sehr unpünktlich, so daß ich schon mehr=
fach gerichtlich betreiben mußte. Es gingen auch schon Ausstände verloren, und zwar
schätze ich den Verlust, den ich während der 11 Jahre meiner Geschäftsführung erlitten
habe, im Ganzen auf etwa 2500 Mark.

l. Es fehlt mir zeitweilig an Aufträgen. Früher, besonders in den Jahren 1876
bis 1878 ging es bedeutend besser. Die vermehrte Mitbewerbung am Orte selbst, ins=
besondere der Konfektionäre (d. i. Händler mit fertigen Kleidern), vor Allem aber der
Wanderlager, welche um Schleuderpreise ihre Waare absetzen, tragen meines Erachtens
an dem Rückgang des Geschäftes Schuld.

m. In den Monaten Januar und Februar, sowie Juli und August geht das Ge=
schäft regelmäßig sehr flau, so daß ich in dieser Zeit oft für meine auf eigener Bude ar=
beitenden Gehilfen keine Beschäftigung habe.

12. Kredit wurde nicht in Anspruch genommen.

13. Ich führe ein Tagbuch, ein Hauptbuch und ein Kassenbuch; in letzteres wer=
den auch die für die Haushaltung abgegebenen Beträge aufgezeichnet.

14. Fällt aus.

16. und 17. Der Geschäftsabschluß ist der gleiche, wie in den Vorjahren. Die
Einnahmen reichen eben hin, um die Ausgaben zu decken. Ich habe freilich eine starke
Familie, lebe aber sparsam und halte trotz meiner 6 Kinder keinen Dienstboten. Wenn
man in Rücksicht zieht, daß ich selbst von früh Morgens bis spät Abends an der Arbeit
bin, und daß meine Frau ebenfalls den ganzen Tag über in der Haushaltung alle Hände
voll zu thun hat, so könnte man billigerweise doch verlangen, daß man nicht nur den
nothwendigen Lebensunterhalt verdient, sondern auch noch etwas erübrigt, und kann ich
deßhalb das Ergebniß nicht als befriedigend bezeichnen. Besondere Gründe, aus welchen
sich die ungünstige Lage gerade meines Geschäftes erklären ließe, weiß ich nicht anzugeben.

b. Allgemeine Geschäftslage.

1. Das Anfertigen von Herrenkleidern und dasjenige von Damenkleidern sind in
neuerer Zeit ganz getrennte Zweige unseres Gewerbes; höchstens macht der eine oder
der andere Herrenschneider noch Damenmäntel oder Damenjacken. Bei älteren Gewerbsge=
nossen, die über gar keine Mittel zu verfügen haben, kommt es auch vor, daß sie nur
Ausbesserungen machen (Flickschneider).

2. Halbfabrikate werden nicht bezogen.

3. Die hiesigen Schneider arbeiten meist für den Ort und die nächste Umgebung.
Viele Kleinmeister arbeiten für Händler mit fertigen Kleidern oder als auf eigener Bude
beschäftigte Gesellen für die größeren Schneidergeschäfte.

4. Ladengeschäfte werden von den hiesigen Schneidermeistern nur vereinzelt ge=
führt, in welchen fertige Kleider und Tuch für die Kunden feilgehalten werden.

5. Die Konfektionäre (Kaufleute, welche mit fertigen Kleidern handeln) nehmen
meist Zuschneider und Gesellen in Dienst und lassen dann auch nach Maaß arbeiten.
Ueber die Erfolge solcher Geschäfte kann ich Nichts angeben.

6. Fällt aus.

7. Die Nähmaschine ist wohl in allen Schneiderwerkstätten eingeführt, ebenso bei
den auf eigener Bude arbeitenden Gesellen.

8. Lehrlingswesen.

a. Was in dieser Hinsicht geschieht, hängt ganz von dem betreffenden Meister ab. Ich selbst habe nie Lehrlinge gehabt.

b. Ich halte den gegenwärtigen Werkstättebetrieb für hinreichend zur Ausbildung des Lehrlings.

c. Der Gewerbeschulunterricht, besonders das Zeichnen, sollte für die Schneider= lehrlinge gesetzlich vorgeschrieben werden.

d. Soviel ich weiß, wird der Vertrag schriftlich gemacht.

e. und f. Hierüber ist mir Nichts bekannt.

g. Ich glaube, daß viele Schneider zu andern Berufszweigen übergehen, weil ihnen das Handwerk zu beschwerlich, oft auch ihrer Gesundheit nicht zuträglich ist.

9. Gesellenwesen.

a. Das Gewerbe leidet Mangel an tüchtigen Gesellen. Sie haben in der bessern Arbeit zu wenig Fertigkeit und Kenntnisse, weil sie vielfach durch die fabrikmäßige Herstellung geringwerthiger Konfektionsarbeit verdorben sind.

b. Ueber das Verhalten der Gesellen in sittlicher Hinsicht sind mir keine Klagen bekannt.

c. Ich glaube, daß die Löhne in den letzten 5 Jahren eher gefallen als gestiegen sind. Bestimmteres weiß ich nicht anzugeben.

d. Die Auszahlung erfolgt allerwärts je am Ende der Woche. Von Rückbehal= tung ist mir Nichts bekannt.

e. Zur Hebung des Gesellenwesens ist Nichts geschehen.

f. Von bestimmten Erfahrungen kann ich nicht sprechen. Im Allgemeinen habe ich einen tüchtigen Arbeiter lieber in der Werkstätte.

g. Von Streitigkeiten ist mir nichts bekannt. Ein Gewerbegericht halte ich für wünschenswerth.

10. Es sind hier wohl viele Kreditanstalten, aber der Kleinmeister, der keinen guten Bürgen stellen kann, kann doch nur schwer Geld bekommen. Es wäre sehr wünschenswerth, daß eine Bank errichtet würde, welche dem Gewerbetreibenden lediglich Personal=Kre= dit gibt.

11. Der Bezug des Tuches ist je nach dem Umfang der betreffenden Geschäfte sehr verschieden, und lassen sich allgemeine Regeln hier nicht aufstellen.

12. Ich glaube, daß so ziemlich jeder hiesige Schneidermeister die gleiche Erfah= rung gemacht hat, wie ich, und kann ich deßhalb hier auf das unter a. 11 l. Gesagte verweisen.

13. Die Preise sind in unserem Gewerbe lohnend; wer genug zu arbeiten hat, verdient auch entsprechend.

14. Auch in dieser Hinsicht kann ich nur auf das unter a. 11 i. Gesagte ver= weisen; ich glaube, daß die andern Schneider es ebenso halten.

15. Diese Frage weiß ich nicht zu beantworten. Es wird das gerade noch so sein, wie früher auch; der Eine braucht viel, der Andere braucht wenig, je nach den Ansprüchen, die er macht.

16. Vereinigungen für unser Gewerbe bestehen hier nicht und wurden auch noch nicht in Anregung gebracht.

17. Ich weiß nichts weiter anzuführen.

18. Hat hier keinen Bezug.

c. Vorschläge zur Verbesserung des Kleingewerbes.

1. Ich bin für Wiedereinführung der Zwangsinnungen und zwar in dem Sinne, daß jeder Schneider, der als solcher eintreten will, ein Meisterstück ablegen muß, und daß ein außerhalb der Innung stehender Schneider das Gewerbe nicht selbständig betreiben darf. Unter keinen Umständen aber möchte ich die alte Zunfteinrichtung, wonach der Neuanziehende lediglich deßhalb, weil schon genug Meister am Orte waren, abgewiesen werden konnte, wieder eingeführt wissen.

2. Die Wanderlager sollten gar nicht zugelassen werden; sie sind durchaus überflüssig und schaden ansässigen Gewerbetreibenden sehr viel.

3.

Schneider F. W. von Groß-Bittisch in Mähren.

1. Ich bin 41 Jahre alt, verheirathet, Vater von 6 Kindern im Alter von 2—9 Jahren.

2. Das Gewerbe wurde von 1859/61 in der Heimath erlernt und wurde ich von der damals bestehenden Zunft losgesprochen. Meine Gesellenzeit dauerte 19 Jahre. Als Arbeitsorte nenne ich: Wien, Berlin, Frankfurt und zuletzt Mannheim. Der Schulbesuch beschränkte sich auf die Volksschule.

3. Siehe Anlage.

4. und 5. Ich betreibe ein Damenschneidergeschäft, welches 1880 von mir gegründet wurde; eine Verlegung fand nicht statt.

6. Ich besitze ein eigenes Haus. Der Miethwerth der Werkstätte mit 2 Nebenzimmern beträgt 600 Mark.

7. und 8. Ich verwende nur zwei Nähmaschinen.

9 a. Ich habe zwei Lehrlinge, d. h. Lehrmädchen, welche vorerst noch auf Probe, ohne bestimmte Abmachung, ohne Kost und Wohnung eingestellt sind. Die Ausbildung derselben geschieht theils durch mich, theils durch den ersten Arbeiter.

b. Weiter beschäftige ich noch zwei Gesellen, beide in der Werkstätte, aber ohne Kost und Wohnung im Hause, sowie 3 Arbeiterinnen unter den gleichen Bedingungen. Von den Arbeitern schafft einer auf Stück- und einer auf Zeitlohn, von den Arbeiterinnen eine auf Stück- und zwei auf Zeitlohn. Der Wochenlohn beträgt bei dem Arbeiter 20 Mark, bei den Arbeiterinnen 6 und 12 Mark. Der auf Stücklohn beschäftigte Arbeiter verdient im Durchschnitt 20—25 M., die Arbeiterin, die auf Stück schafft, ungefähr das Gleiche. Die Auszahlung geschieht alle 14 Tage ohne Rückbehaltung.

10. Die Arbeit dauert von Morgens 7 bis Abends 7 Uhr. Mittags von 12 bis ½2 Uhr wird eine Pause gemacht. Ich selbst arbeite beständig mit.

11. Gewerbebetrieb.

a. Ich verlege mich ausschließlich auf die Herstellung von Damenkleidern. Einer der Stückarbeiter macht nur Mäntel, sonst ist keine Arbeitstheilung eingeführt.

b. Ausbesserungen, d. h. Umarbeiten älterer Kleidungsstücke in neueren Schnitt kommt vielfach vor; das Hauptgeschäft besteht aber doch in der Herstellung neuer Gegenstände.

c. Die Stoffe werden stets durch die Kundschaft geliefert.

d. Fällt aus.

e. und f. Ich arbeite nur auf Bestellung und nur für den Ort und die nächste Umgebung.

g. und h. fallen aus.

i. Bedingungen werden nicht gestellt; soweit nicht früher bezahlt wird, erhalten die Kunden halbjährlich Rechnung.

k. Im Allgemeinen wird pünktlich bezahlt; gerichtliche Betreibung fand noch nicht statt. Die Verluste an Ausständen sind unbedeutend.

l. An Aufträgen fehlt es mir nicht.

m. Im Januar und Februar, sowie im August und September ist für unser Gewerbe jeweils eine stille Zeit. Ich vermindere in dieser Zeit manchmal mein Hilfspersonal, stelle auch im Sommer mein Geschäft ganz ein, um mir einige Wochen Erholung zu gönnen.

12. Kredit wurde nicht in Anspruch genommen.

13. Ich führe ein sog. „Schmierbuch" und mache daraus alle 8—14 Tage Uebertrag in das Kundenbuch. Die Ausgaben werden nicht verzeichnet.

14. Fällt aus.

15. Siehe Anlage.

16. Der Geschäftsabschluß war ein befriedigender, indem noch Ueberschüsse erzielt wurden, ein Ergebniß, das nicht vereinzelt dasteht, sondern die Regel bildet. Allerdings muß ich gehörig schaffen, um den Anforderungen des Geschäfts gerecht zu werden. Unter den hiesigen Schneidermeistern bin ich der einzige Damenkleidermacher, doch habe ich eine große Zahl weiblicher Mitbewerberinnen.

b. Allgemeine Geschäftslage.

1 Herrenschneiderei und Damenschneiderei sind heutzutage zwei ganz getrennte Geschäftszweige. Letztere wird, wenigstens hierorts fast ausschließlich von Frauen betrieben; ich bin der einzige Schneidermeister, der Damenkleider macht.

2. Halbfabrikate werden nicht bezogen.

3. Die hiesigen Schneider arbeiten meist nur für die Kundschaft in der Stadt und nächsten Umgebung. Für Kleiderhandlungen arbeitet meines Wissens kein hiesiger Meister, wohl aber für größere Schneidergeschäfte am Platze, in welchen Fällen der Stoff aber schon fertig zugeschnitten übergeben wird, so daß der Meister bezw. Budenarbeiter nur das Nähen und Bügeln zu besorgen hat.

4. Ladengeschäfte haben nur einige wenige hiesige Schneider.

5. Es gibt hier etwa $\frac{1}{2}$ Dutzend Damenkonfektionsgeschäfte, deren Inhaber Kaufleute sind und welche sich neben dem Handel mit fertig bezogenen Kleidern auch auf die Herstellung solcher nach Maaß verlegen, indem sie zu diesem Zwecke Zuschneider und Gehilfen anstellen.

6. Fällt aus.

7 Nähmaschinen sind jetzt in jeder Schneiderwerkstätte eingeführt. Sonst gibt es noch Plissemaschinen zur Herstellung feiner Falten, die aber wenig benützt werden.

8. Lehrlingswesen.

a. So viel ich weiß, bekommt hier selten noch ein Lehrling Kost und Wohnung beim Meister und kümmert sich letzterer außerhalb der Arbeitsstunden nichts um denselben.

b. Der Werkstättebetrieb reicht hin zur Ausbildung des Lehrlings; nur sollte die Lehrzeit nicht unter 3 Jahre bemessen werden.

c Die Gewerbeschule ist mir eine unbekannte Anstalt.

d. Ich glaube nicht, daß man schriftlichen Lehrvertrag als Regel bezeichnen kann.

e. Klagen über Fortlaufen der Lehrlinge sind mir schon vielfach zu Ohren gekommen; daß hiergegen etwas Besonderes geschehen wäre, ist mir nicht bekannt.

f. Diesbezügliche Erfahrungen stehen mir nicht zu Gebote.

g. Hievon ist mir Nichts bekannt.

9. Gesellenwesen.

a. und b. Tüchtige Gesellen sind heutzutage selten; die Leute haben keine Lust und Liebe zum Geschäft und arbeiten in der Regel oberflächlich. Sie sind auch in der Regel ziemlich gemein in ihrem Benehmen; auch ist unbefugter Austritt keine Seltenheit. Mit einigen meiner Berufsgenossen oder vielmehr Genossinnen habe ich deßhalb auch ausgemacht, daß wir gegenseitig keinen Gesellen mehr nehmen, der bei einem von uns fortgelaufen ist.

c. Die Löhne sind im Durchschnitt heute nicht höher wie vor 5 Jahren.

d. In den meisten Schneidergeschäften wird wohl alle 14 Tage ausbezahlt; von Rückbehaltung ist mir nichts bekannt.

e. Zur Hebung des Gesellenwesens ist Nichts geschehen.

f. Die auf eigener Bude arbeitenden Leute sind meist verheirathet und fleißiger und zuverlässiger wie die Andern.

g. Von Streitigkeiten ist mir nichts bekannt. Ein Gewerbegericht halte ich für zweckmäßig.

10. Die hiesigen Kreditverhältnisse sind mir nicht näher bekannt.

11. Da ich selbst kein Tuch für meine Rechnung beziehe, so bin ich auch mit diesen Verhältnissen nicht näher bekannt.

12. Das Damenkleidergeschäft — und nur über dieses kann ich zuverlässige Auskunft geben — hat in den letzten Jahren keineswegs abgenommen, sondern befindet sich auch jetzt noch in ganz guter Lage.

13. Die Preise können in unserm Gewerbe als lohnend bezeichnet werden. Seit ich hier bin, haben dieselben eine wesentliche Aenderung nicht erfahren.

14. Die größern Geschäfte schicken wie ich halbjährlich Rechnung. Wie es die Andern machen, weiß ich nicht.

15. Ich kann diese Frage nicht beantworten.

16. Vereinigungen von Schneidern bestehen hier nicht.

17. Ich weiß hier nichts anzuführen.

18. Ist ohne Bezug auf unser Gewerbe.

c. Vorschläge zur Verbesserung des Kleingewerbes.

1. Es ist ein Krebsschaden unseres Gewerbes, daß so viele Leute hereinpfuschen, die nichts von der Schneiderei verstehen. Diesem Mißstande kann nur abgeholfen werden, wenn die Zünfte wieder eingeführt werden. Der Lehrling sollte 3—4 Jahre Lehrzeit durchmachen und ein Gesellenstück ablegen müssen, und der Geselle, der sich selbständig niederlassen will, sollte gehalten sein, seine Befähigung zur selbständigen Ausübung des Gewerbes durch Ablegung einer Meisterprüfung zu erweisen. Wer dies Meisterstück nicht

ablegen kann, sollte nicht in die Zunft aufgenommen werden und sich nicht als Meister niederlassen dürfen. Dagegen möchte ich der Zunft nicht das Recht einräumen, Leute, die sich melden und die nöthige Befähigung besitzen, deßhalb zurückzuweisen, weil schon genug Meister am Orte sind.

Zu 2. und 3. wüßte ich nichts vorzuschlagen.

Schneider F. W. in Mannheim.   **Anlage.**
Vorbemerkung.

Erwerbsteuerkapital	3000 M. — Pf.

Familienzahl: 8 Personen.
Anzahl der Lehrlinge und Gesellen: 7.

Geschäftsergebnisse im Jahre 1884.
I. Ausgaben.

1 b. Miethwerth der Geschäftsräume im eigenen Hause	600 M. — Pf.
2 a. Unterhaltung und Ergänzung von Handwerkszeug .	60 „ — „
b. Abschreibung am Werthe von Handwerkszeug	50 „ — „
3. Heizung und Beleuchtung der Geschäftsräume	200 „ — „
4. Persönlicher Arbeitsaufwand:	
b. für Hilfsarbeiter:	
aa. Löhne an Lehrlinge und Gesellen	4200 „ — „
7. Verlust an Ausständen .	50 „ — „
Summa .	5160 M. — Pf.

C. Sonstige Ausgaben.

1. Ausgaben für den Haushalt der Familie (8 Familienglieder und ein Dienstbote)	3000 M. — Pf.
2 b. Miethwerthanschlag für die Wohnung im eigenen Hause . .	400 „ — „
3 a. Verzinsung des Hauswerths und zwar zu 4 %, wobei jedoch die unter A. 1 b. und C. 2 schon verrechneten Beträge in Abrechnung zu bringen sind	1000 „ — „
b. Unterhaltungsaufwand für das Gebäude .	250 „ — „
4. Feuerversicherung für:	
Gebäude . .	30 „ — „
6. Staatssteuer . .	73 „ — „
7. Gemeinde-Umlagen	96 „ — „
Summa .	10009 M. — Pf.

II. Einnahmen.
A. Gewerbe.

Bruttoeinnahme aus dem Gewerbebetriebe	9540 M. — Pf.
C. Sonstige Einnahmen.	
1. aus Miethe . . .	1600 „ — „
Summa .	11140 M. — Pf.
Einnahmen .	11140 „ — „
Ausgaben . .	10009 „ — „
Somit Mehreinnahme .	1131 M. — Pf.

4.

Damenschneiderin I. H. in Mannheim.

a. Eigene Verhältnisse der Befragten.

1. Ich bin 40 Jahre alt, verheirathet, Mutter von 3 Söhnen im Alter von 9 bis 17 Jahren, wovon keiner im Geschäfte mithilft.

2., 4. und 5. Ich habe hier 2 Jahre lang bei Frau U. die Damenschneiderei erlernt, dann war ich ein Jahr lang bei Fräulein H. als Arbeiterin, habe hierauf 5 Jahre lang in Kundenhäusern gearbeitet und im Jahre 1866 ein eigenes Damenkleider=geschäft gegründet; eine Verlegung des Geschäftes fand nicht statt.

6. Ich wohne in Miethe. Von der aus 7 Räumen bestehenden Wohnung benütze ich die 4 größten Zimmer für das Geschäft und kann deßhalb von dem insgesammt 1900 Mark betragenden Miethzins mindestens 1200 Mark auf die Geschäftsräumlichkeiten rechnen. Die Lage kommt dabei nicht viel in Betracht.

7. und 8. Es findet nur Handbetrieb statt, es ist nur eine Nähmaschine im Gebrauch.

9 a. Ich habe z. B. 3 Lehrmädchen, welche 1½ Jahr lernen müssen. Lohn be=kommen sie nicht, auch nicht Kost und Wohnung; sie brauchen aber auch kein Lehrgeld zu zahlen.

b. Ich habe drei Gesellen, wovon einer Zuschneider, und 24 Arbeiterinnen, sämmt=lich bei mir im Hause beschäftigt, aber auswärts in Kost und Wohnung. Die Gesellen haben Stücklohn und verdienen durchschnittlich 20, im Höchstbetrag aber bis zu 30 Mark. Der Zuschneider erhält einen Monatsgehalt von 180 Mark. Die Arbeiterinnen sind alle auf Taglohn eingestellt, der je nach den Leistungen und dem Alter der Betreffenden sehr ver=schieden ist und zwischen 50 Pf. und 3 Mark schwankt. Die erste Arbeiterin erhält monatlich 160 Mark. Die Auszahlung geschieht jeweils nach 3 Wochen, ohne Rück=behaltung.

10. Die Arbeit dauert im Sommer von Morgens 7 bis Abends 7 Uhr, im Winter von Morgens 8 bis Abends 8 Uhr. Regelmäßige Pausen sind Mittags von 12 bis 1 Uhr und Nachmittags von 4 bis halb 5 Uhr. Ich selbst bin den ganzen Tag im Geschäft und habe bis zum März d. J., zu welcher Zeit ich den Zuschneider anstellte, Alles zugeschnitten, zugerichtet und anprobirt.

11. Gewerbebetrieb.

a. Es werden Damenkleider jeder Art hergestellt. Arbeitstheilung ist eingeführt: ein Theil der Arbeiterinnen macht nur Taillen, ein anderer die Aermel, ein dritter den Besatz und Ausputz dazu, ein vierter nur Röcke, ein fünfter nur Knopflöcher u. s. w.

b. Es werden auch Ausbesserungsarbeiten gemacht, aber im Verhältniß sehr wenige.

c. Die Stoffe werden meist von mir geliefert; Knöpfe, Verzierungen und der=gleichen immer.

d. Ich führe in meinem Geschäfte Muster und kaufe die Stoffe im Bedarfsfalle und in der Regel wenigstens nur in solchen Mengen, wie sie mir gerade nöthig sind, von hiesigen Kaufleuten, jeweils auf Kredit von 6 Monaten. Zuweilen kaufe ich auch Stoffe auf Vorrath, besonders wenn ich meine jährliche Geschäftsreise nach Paris mache und dort etwas Preiswürdiges finde.

e. Ich arbeite nur auf Bestellung.

f. Der Kreis meiner Kunden beschränkt sich nicht auf die Stadt; ich liefere viel in die Pfalz und habe seit 1870 auch ständige Kunden in Amerika, nämlich 6 Familien, die Verwandte in der Pfalz haben, durch welche ich ihnen empfohlen wurde.

g. und h. fallen aus.

i. Ich schicke halbjährlich Rechnung.

k. Der Eingang der Ausstände ist durchaus zufriedenstellend.

l. Ich habe immer reichlich Aufträge.

m. Im August geht das Geschäft jeweils flau und benütze ich diese Zeit regel= mäßig zur Erholung, indem ich das ganze Geschäft schließe und mit meiner Familie auf's Land gehe. Anfangs September wird das Geschäft wieder geöffnet. Die Arbeiter und Arbeiterinnen, welche inzwischen keinen Lohn erhalten und wohl auch die freie Zeit zur Erholung benützen, treten dann alle wieder ein.

12. Kredit habe ich nicht in Anspruch genommen.

13. Die Buchführung ist eine geordnete und wird von meinem Mann, der gelernter Kaufmann ist, besorgt.

14. Fällt aus.

16. Ich bin mit dem Geschäftsabschluß zufrieden und kann sagen, daß ein gleiches Ergebniß regelmäßig erzielt wird. Besondere Umstände zur Erklärung dieser günstigen Geschäftslage wüßte ich nicht anzuführen.

b. Allgemeine Geschäftslage.

1. Unter den zahlreichen Schneiderinnen hier sind solche, die nur Kinderkleider machen; die Uebrigen betreiben das Damenkleidergeschäft in seinem vollen Umfange.

2. Halbfabrikate werden nicht bezogen.

3. Soviel mir bekannt, arbeiten alle hiesigen Schneiderinnen auch nach auswärts, insbesondere nach der Pfalz. Ob welche auch für Konfektionsgeschäfte oder sonstige Wieder= verkäufer liefern, ist mir nicht bekannt.

4. In der Regel ist (hier wenigstens) ein Ladengeschäft nicht mit dem Gewerbe verbunden.

5. Wer das Gewerbe einer Damenschneiderin betreiben will, muß es gelernt haben.

6. Fällt aus.

7. Die Nähmaschine ist überall eingeführt.

8. Lehrlingswesen.

a. Die Lehrmädchen werden von der Geschäftsinhaberin selbst unterwiesen. Die Sorge für die geistige und sittliche Fortbildung wird den Eltern überlassen.

b. Eine Schulwerkstätte ist unnöthig.

c. Es gibt hier eine Lehrerin, welche die jungen Mädchen theoretisch im Zu= schneiden unterrichtet; ich halte aber nicht viel darauf, sondern glaube, daß die Praxis die einzig richtige Schule ist.

d. und e. können nicht angegeben werden.

f. Preisverleihungen finden hier nicht statt.

g. Fällt weg. .

9. Gesellenwesen.

a. Tüchtige Arbeiterinnen sind sehr selten. Der Mangel rührt daher, daß die Mädchen, wenn sie einmal etwas gelernt haben, lieber Kundenarbeit in den Häusern nehmen, als sich in ein Geschäft verdingen.

b. Kann nicht angegeben werden.

c. Die Löhne sind jetzt höher wie vor 5 Jahren, und zwar um nahezu 30 %.

d. Die Uebung hinsichtlich der Lohnzahlung ist sehr verschieden. Von Rückbe=
haltung ist mir nichts bekannt.

e. Zur Hebung des Gehilfinnenwesens ist nichts geschehen.

f. Daß Arbeiterinnen auf eigener Bude beschäftigt werden, kommt hier selten vor.
Die Arbeit an Damenkleidern ist so heikel, daß man sie ständig unter seiner Aufsicht
haben muß.

10. Kann nicht beantwortet werden.

11. Die meisten Schneiderinnen bekommen die Stoffe von den Bestellern geliefert.

12. Arbeitsgelegenheit gibt's für unser Gewerbe hier gerade genug. Der Auf=
wand für Damenkleider nimmt immer mehr zu.

13. Die Preise sind lohnend; dieselben sind in den letzten Jahren, entsprechend der
Steigerung der Löhne für die Hilfsarbeiter, in die Höhe gegangen.

14. Kann nicht beantwortet werden.

15. Vor dem 70er Krieg war Alles billiger wie jetzt. Wir leben z. B. jetzt so
einfach wie damals, brauchen aber doch nahezu das Doppelte, wobei allerdings in Betracht
zu ziehen ist, daß die Kinder immer mehr in die Kosten kommen.

16. Vereinigungen bestehen nicht.

17. Soweit ich aus meinen Erfahrungen schließen kann, ist das Gewerbe, dem ich
angehöre, gegen früher keineswegs zurückgegangen.

18. Hat hier keinen Bezug.

c. Vorschläge zur Verbesserung des Kleingewerbes.

1., 2. und 3. Ich bin mit meinem Geschäfte sehr zufrieden und weiß keine Ver=
besserungsvorschläge zu machen.

B. Gesellen.
1.
J. W. von Auenstein, O./A. Marbach.

1. Ich bin 44 Jahre alt, verheirathet, Vater von drei Kindern im Alter von 14,
15 und 17 Jahren und Mitglied des Mannheimer Schneidervereins.

2. und 3. Ich bin Schneider und lernte von 1856/59 bei Schneider G. in Heil=
bronn. Nach zurückgelegter dreijähriger Lehrzeit habe ich vor der Zunft eine Lehrlings=
prüfung abgelegt. Eine gewerbliche Schule habe ich nicht besucht.

4. Zuerst schaffte ich 3 Jahre in Stuttgart bei einem Meister, war dann 2 Jahre
beim Militär, hierauf arbeitete ich bis zum Jahre 1870 in Heilbronn bei 2 Meistern,
nach dem Feldzug wieder 1½ Jahre in Heilbronn und seitdem hier bei 3 Meistern.

5. In einer Fabrik habe ich noch nicht geschafft, weiß auch nichts davon, daß der
Uebergang aus unserem Gewerbe zur Fabrikarbeit häufig wäre.

6. Seit 1½ Jahren bin ich bei Schneidermeister A.

7. In der Werkstätte beschäftigt mein Meister nur einen Gesellen. Die Zahl
seiner übrigen Gehilfen ist wechselnd und beträgt meines Wissens z. Zt. 4 oder 5.

8. Ich arbeite als Geselle.

40

9. Mein Meister ist Herrenkleidermacher; ich selbst habe keine Spezialität, sondern arbeite Röcke, Hosen und Westen.

10. Kost und Wohnung stelle ich selbst.

11. Ich arbeite in eigener Wohnung.

12. Das Werkzeug, bestehend in einer Nähmaschine, Nadeln, Scheeren und Bügel= eisen, ist mein Eigenthum.

13. Fällt aus.

14. Der Meister hat auch eine Nähmaschine, die aber selten benützt wird.

16. Meine Arbeitszeit ist sehr verschieden, je nachdem ich zu thun habe. Sonn= tags arbeite ich selten.

17. Ich arbeite auf Stück und verdiene im Durchschnitt 12 bis 15 Mark in der Woche; doch gibt es auch Zeiten, wo ich fast gar nichts zu thun habe. Die Auszah= lung erfolgt jeweils am Sonntag für die vergangene Woche ohne Rückbehaltung und ohne Abzüge.

18. Der Meister schneidet mir die Kleidungsstücke zu.

19. Kann nicht beantwortet werden.

20. Zwistigkeiten sind selten.

21. Ich weiß auf diese Frage Nichts zu antworten.

22. Wir haben hier einen Krankenunterstützungsverein für Schneidergesellen, welcher über 100 Mitglieder zählt, außerdem noch einen Ortsverband des Deutschen Schneider= Bundes.

23. Ich weiß keine Vorschläge zu machen.

2.

F. St. von Weiher in Nassau.

1. Ich bin 49 Jahre alt, verheirathet, kinderlos und Mitglied des Kranken= unterstützungsbundes der Schneider (eingeschriebene Hilfskasse mit dem Sitz in Braun= schweig) sowie des Mannheimer Schneider=Kranken=Vereins.

2. und 3. Ich bin Schneider. Gelernt habe ich von 1851/53 in meinem Heimath= ort bei Schneider W. Nach 2jähriger Lehrzeit wurde ich von der damals bestehenden Zunft losgesprochen. Eine Gewerbeschule habe ich nicht besucht.

4. Als Geselle war ich an vielen Orten Deutschlands, u. A. in Solingen bei 4 oder 5 Meistern, in Heidelberg ein Jahr bei 2 Meistern, in Oggersheim ³/₄ Jahre bei einem Meister. Seit 1859 bin ich ständig hier und zwar bei verschiedenen Meistern, darunter bei Th. 4 Jahre und bei W. mindestens eben so lang.

5. In einer Fabrik habe ich noch nicht gearbeitet, es ist mir auch nicht bekannt, daß in unserem Gewerbe die Gesellen häufig zur Fabrikarbeit übergehen.

6. Seit Oktober 1883 stehe ich in Arbeit bei P. und W.

7. Meine Arbeitgeber sind nicht gelernte Schneider, sondern Kaufleute, welche mit Stoffen handeln und dabei auch nach Maaß Kleider fertigen, zu welchem Zwecke sie einen Zuschneider und 8 bis 12 Gehilfen, welche aber Alle auf eigener Bude arbeiten, halten.

8. Ich arbeite als Geselle.

9. In dem Geschäft meiner Arbeitgeber werden nur Herrenkleider gemacht. Ich selbst mache Röcke, die ich in bereits zugeschnittenem Zustande vom Geschäft erhalte.

10. Kost und Wohnung stelle ich selbst.

11. Ich arbeite auf eigener Bude.

12. Das Werkzeug, worunter auch eine Nähmaschine, ist mein Eigenthum.

13. Fällt aus.

14. Meine Arbeitgeber haben keine Werkstätte im Hause.

15. Fällt aus.

16. Ich arbeite, wie es gerade das vorliegende Geschäft erfordert. Der Sonntag wird dabei meist zu Hilfe genommen.

17. Ich arbeite auf Stück und stelle mich im Durchschnitt auf 12 bis 18 Mark in der Woche. Es gibt übrigens Wochen, wo ich aus Mangel an Arbeit so gut wie Nichts verdienen kann, während dann allerdings in besonders günstigen Wochen der Verdienst bis auf 25 Mark steigen kann. Die Auszahlung erfolgt am Ende der Woche, ohne Rückbehaltung und Abzüge.

18. und 19. Siehe zu 7.

20. Zwistigkeiten sind nicht gerade selten und trägt bald der, bald jener Theil die Schuld. Eine andere Spruchbehörde als der Bürgermeister besteht z. Zt. nicht.

21. Meiner Ansicht nach befinden sich die kleinen Schneidereigeschäfte in mißlicher Lage, seit sich der Handel mit fertigen Kleidern so breit gemacht hat. Die Angehörigen der geringeren Stände, welche früher den Kleinmeister in Nahrung gesetzt hatten, holen jetzt ihren Bedarf vielfach in den Kleiderläden, die ihrerseits wieder ihre Waare meist von auswärts beziehen. Für die großen Geschäfte ist diese Mitbewerbung von geringer Bedeutung, weil die bemittelteren Leute auf gutsitzende Kleider sehen, und diese Bedingung nur bei Anfertigung nach Maaß erfüllt werden kann. Vorschläge darüber, wie Seitens der Arbeitgeber der Geschäftsbetrieb verbessert werden könnte, weiß ich nicht zu machen.

22. Außer den beiden Krankenvereinen, bei denen ich Mitglied bin (siehe Ziffer 1), bestehen hier keine solche Einrichtungen.

23. Die Lage der Schneidergesellen bedarf dringender Abhilfe. Die Meister sollten gesunde, geräumige Werkstätten einrichten und darin die Arbeiter auf Zeitlohn während einer gesetzlich zu bestimmenden Stundenzahl beschäftigen. Es würde dadurch das jetzt so verbreitete Arbeiten auf Stück in eigener Bude in Wegfall kommen, und die Lage der Arbeiter sich dadurch entschieden bessern. Zunächst nämlich könnten sie billigere Wohnung nehmen und an Licht und an Holz erheblich sparen; sodann wäre ihnen damit ein gleichmäßiges Einkommen gesichert, und wäre der einzelne Arbeiter nicht gezwungen, zu gewissen Zeiten, wenn das Geschäft gut geht, bis tief in die Nacht zu arbeiten, um den Ausfall anderer Tage, wo er nicht genügend beschäftigt ist, wieder einigermaßen einzubringen. Auch ist zu bedenken, daß so ziemlich jeder Arbeiter in seinen Wohnräumen sehr beschränkt ist, und deßhalb, besonders wenn viele Kinder da sind, das Arbeiten in der Wohnung der Gesundheit wenig förderlich sein kann. Für die gesetzliche Festsetzung des niedersten Lohnes bin ich nicht; es wäre dies in unserem Geschäfte nicht durchzuführen, weil die Leistungen zu verschieden sind und deßhalb auch verschieden bezahlt werden müssen.

XXV. Schuhmacher.

Einvernommen wurden:

40*

a. Meister:

1. J. G. M. von Mannheim.
2. G. J. von Unterharmersbach, Amts Offenburg.
3. J. R. von Mensfelden in Naſſau.
4. J. L. von Mingolsheim, Amts Bruchſal.
5. G. F. Sch. von Köndringen, Amts Emmendingen.
6. W. H. von Altkrautheim, Württemberg.

b. Geſelle:

J. Sch. von Neudenau.

A. Meiſter.

1.

Schuhmacher J. G. M. von Mannheim.

a. Eigene Verhältniſſe des Befragten.

1. Ich bin 60 Jahre alt, verheirathet, Vater von 2 Söhnen im Alter von 25 und 31 Jahren, wovon der ältere im Geſchäft mithilft, und einer Tochter von 29 Jahren, welche answärts verheirathet iſt.

2. Ich habe das Gewerbe von 1840 bis 1843 dahier gelernt und wurde nach Vollendung der 3jährigen Lehrzeit von der damals beſtehenden Zunft losgeſprochen. Meine Geſellenzeit betrug 10 Jahre, welche ſämmtlich beim gleichen Meiſter zugebracht wurden. Der Schulbeſuch beſchränkte ſich auf die Volksſchule.

3. Siehe Anlage.

4. und 5. Ich betreibe ein Schuhmachergeſchäft, welches ich im Jahre 1857 gegründet habe. Schon 1853 war ich nach abgelegtem Meiſterſtück Meiſter geworden, aber noch 4 Jahre lang in dem Geſchäfte meines bisherigen Meiſters geblieben. Eine Verlegung fand nicht ſtatt.

6. Ich beſitze ein eigenes Haus. Der Miethwerth für Werkſtätte und einen kleinen Laden beträgt 500 Mark. Die Geſchäftslage (M. 2) iſt gut.

7. und 8. Wir haben vorzugsweiſe Handbetrieb. Ich verwende nur eine Nähmaſchine zum Nähen der Schäfte, benütze dieſelbe aber in letzter Zeit wenig mehr, weil ich die glatte Arbeit meiſt hinaus gebe. Im Großbetrieb ſind ganz andere Maſchinen im Gebrauch und zwar von ſo vollkommener Konſtruktion, daß ſie in wenigen Stunden fix und fertige Stiefeln liefern.

9 a. Lehrlinge beſchäftige ich nicht.

b. Ich habe drei Geſellen, welche ſämmtlich auf eigener Bude arbeiten und ſich natürlich auch Koſt und Wohnung ſelbſt ſtellen. Dieſelben arbeiten alle auf Stück. Der wöchentliche Verdienſt ſchwankt zwiſchen 12 und 18 Mark. Die Auszahlung geſchieht wöchentlich, ohne Rückbehaltung, auf beſonderes Verlangen wird auch gleich bei Ablieferung der fertigen Arbeit bezahlt.

10. Mein Sohn beginnt mit der Arbeit zwiſchen 7 und 8 Uhr Morgens und hört zwiſchen 7 und 8 Uhr Abends damit auf. Pauſen gibt's nur während der Eſſenszeiten. Ich ſelbſt bin meiſt auch in der Werkſtätte.

11. Gewerbebetrieb.

a. Es wird in meinem Geſchäfte jede Art von Schuhwaaren hergeſtellt. Die Arbeiter machen die ihnen zugewieſene Arbeit von Anfang bis zu Ende fertig, und kann

bei ihnen von einer Arbeitstheilung nur in sofern die Rede sein, als der eine vorzugs=
weise Damenstiefel, der andere Herrenstiefel macht. Wenn jedoch in dem einen Geschäfts=
zweig nichts zu thun ist, so arbeiten alle in dem andern. Das Zuschneiden — insofern
muß ich das oben Gesagte berichtigen — besorge ich und mein Sohn, so daß die Arbeiter
Schaft und Boden schon abgenäht bekommen und ihrerseits in der Regel nur noch die
übrige Arbeit und bei Rohrstiefeln auch noch die Rohre zu fertigen haben.

b. Ausbesserungsarbeiten sind häufig und ist in der Regel ein Geselle ausschließ=
lich damit beschäftigt.

c. Das Leder wird stets von mir geliefert. Halbfabrikate beziehe ich nicht.

d. Die Rohstoffe (Sohl= und Oberleder) beziehe ich in größern Mengen (1 bis
2 Bürten zu je 6 Häuten) entweder von den Gerbern oder von den Lederhändlern, theils
von hier, zum größern Theil aber von auswärts. Die Lieferung erfolgt auf Kredit von
3 bis zu 6 Monaten.

e. und f. Ich arbeite nur auf Bestellung und von vereinzelten Ausnahmen ab=
gesehen, nur für die Stadt.

g. Früher habe ich auch auf Vorrath gearbeitet. Seit Anfang der 70er Jahre
ist aber in fertiger Waare kein Absatz mehr, weil eine Unmasse Fabrikerzeugnisse auf den
Markt kommt. Ich habe jetzt noch eine kleine Anzahl fertiger Schuhwaaren, die ich zur
Auslage benütze, lediglich um dadurch das Publikum aufmerksam zu machen, daß hier
ein Schuhmacher wohnt.

h. Fällt aus.

i. Ich schicke den Kunden halbjährlich Rechnung.

k. Der Eingang der Ausstände ist nicht pünktlich zu nennen. Manche Kunden
zahlen Jahre lang nicht, so daß ich schon wiederholt gerichtlich betreiben mußte. Den
Verlust an Ausständen schätze ich auf durchschnittlich 100 Mark im Jahr.

l. Seit 1872 geht das Geschäft schlechter; bis zu diesem Jahr habe ich mit 5
und 6 Gesellen gearbeitet, jetzt habe ich nur noch 3 und doch nicht immer Aufträge genug,
sie zu beschäftigen. Ich schreibe diesen Rückgang dem Umstande zu, daß die Großindustrie
sich unseres Handwerks bemächtigt hat und bei den stets vollkommener werdenden maschinen=
mäßigen Einrichtungen natürlich billiger liefern kann, als der Kleingewerbsmann.

m. Im Frühjahr ist jeweils die beste Zeit für unser Geschäft. In früherer Zeit
waren wir auch in der Weihnachtszeit stark in Anspruch genommen; warum das jetzt
nicht mehr der Fall ist, ob hieran der allgemeine Geldmangel oder sonst ein Umstand
Schuld trägt, weiß ich nicht. Still steht unser Geschäft nie. Von Neujahr bis Fast=
nacht und sodann wieder im Hochsommer geht es in der Regel flauer: eine Entlassung
von Arbeitern findet aber nicht statt, die Leute suchen dann eben noch andere Arbeit auf.

12. Einen eigentlichen Kredit habe ich nicht in Anspruch genommen, wohl aber
habe ich mit der Volksbank ein Kontokorrentverhältniß, wonach ich bis zu 1000 Mark
im Jahr zu 5 % entleihen kann, von welcher Befugniß ich in der Regel Gebrauch mache.

13. Ich führe ein Verzeichniß über sämmtliche Arbeiten und ein Kundenbuch. Die
Ausgaben, auch jene für die Haushaltung werden nicht gebucht.

14. Fällt aus.

15. Siehe Anlage.

16. und 17. Der Geschäftsabschluß ist, wie seit 12 Jahren, so auch im vorigen

Jahre unbefriedigend, da keinerlei Ueberschüsse erzielt wurden. Ich muß dabei allerdings erwähnen, daß ich in der Familie große Ausgaben hatte, weil ich eine Tochter aussteuern mußte und 2 Söhne beim Militär hatte. Im Uebrigen sind die Gründe allgemeiner Natur.

b. Allgemeine Geschäftslage.

1. Die strenge Sonderung zwischen Damen- und Herrenschuhmacher kommt nur in großen Städten vor, hier arbeiten sämmtliche Schuhmacher in beiden Geschäftszweigen. Dagegen gibt es hier eine Reihe von Gewerbsgenossen, die sich nur mit Flickarbeit beschäftigen, und glaube ich, daß von den nahezu 300 Schuhmachern etwa ein Drittel dieser Gattung angehören. Groß kann der Verdienst dieser Flickschuster nicht sein; es sind meistens arme Leute.

2. Als Halbfabrikate sind Stiefelschäfte zu nennen, welche vielfach fertig bezogen werden, so daß der Schuhmacher nur den Boden einzusetzen hat.

3. Es wird meist nur für den Ort, und nicht für Wiederverkäufer gearbeitet. Wenigstens kommt letzteres nur bei einzelnen Kleinmeistern, welche für hiesige Schuhläden arbeiten, vor.

4. Von den hiesigen Schuhmachermeistern haben höchstens 8 bis 10 ein Ladengeschäft, in welchem aber wohl nur eigene Waare feil gehalten wird.

5. Es bestehen hier z. B. 17 Schuhwaarenhandlungen in Händen von Kaufleuten, die sich aber nicht ausschließlich mit dem An- und Verkauf fertiger Schuhe und Stiefel befassen, sondern auch Bestellungen auf Maaß annehmen und solche entweder durch besonders angestellte Gehilfen oder auch durch Kleinmeister besorgen lassen. Auch Ausbesserungen werden vielfach von denselben übernommen. Im Allgemeinen machen diese Leute gute Geschäfte, weil sie ihre Waare von den Fabriken sehr billig geliefert bekommen und in Folge dessen großen Absatz haben.

6. Fällt aus.

7. Die Werkzeuge sind noch immer die altherkömmlichen. Von Hilfsmaschinen ist nur die Nähmaschine eingeführt. Die im Großbetrieb verwendeten Maschinen sind viel zu theuer, erfordern große Räumlichkeiten und müssen mit Motoren betrieben werden. Die Nähmaschinen werden in den Werkstätten nur mit Hand betrieben, ein Motor wäre hiefür ganz überflüssig.

8. Lehrlingswesen.

a. Der Lehrling arbeitet unter Aufsicht des Meisters nach dessen oder eines Gesellen Anleitung. In die Gewerbeschule gehen die Schusterlehrlinge nicht. In der Regel hat der Lehrling Kost und Wohnung im Haus und wird deßhalb wie ein Sohn vom Haus gehalten.

b. Eine Schulwerkstätte halte ich nicht für nöthig.

c. Der Besuch der Gewerbeschule kann dem Schusterlehrling nichts schaden, obwohl er nicht unbedingt nothwendig ist.

d. Schriftlicher Vertrag ist die Regel, ebenso 3jährige Lehrzeit; von gleichmäßigen Bestimmungen ist mir nichts bekannt.

e. Das Fortlaufen der Lehrlinge ist nicht selten; besondere Schritte dagegen sind noch nicht geschehen. Fälle polizeilicher Zurückführung sind mir nicht bekannt.

f. Diesbezügliche Erfahrungen stehen mir nicht zu Gebote.

g. Es geht mancher Lehrling zur Großindustrie über, weil er dort mehr verdient.

9. Gesellenwesen.

a. Ueber Mangel an tüchtigen Gesellen kann man nicht klagen.

b. Das Austreten ohne Kündigung ist bei uns Mode geworden. Besondere Schritte dagegen sind noch nicht geschehen.

c. In unserem Gewerbe wird von jeher auf Stück gearbeitet. Der Lohn ist seit 5 Jahren gleich geblieben, vor etwa 15 Jahren noch war er kaum die Hälfte so hoch.

d. In der Regel wird am Ende der Woche ausbezahlt, ohne Rückbehaltung.

e. Zur Hebung des Gesellenwesens ist nichts geschehen.

f. Die auf eigener Bude arbeitenden Gesellen bringen im Allgemeinen mehr vor sich, es sind meist verheirathete Leute, die bis spät in die Nacht arbeiten, während in der Werkstätte heutzutage höchstens bis 8 Uhr gearbeitet wird.

g. Von Streitigkeiten ist mir nichts bekannt. Ein Gewerbegericht halte ich für nothwendig.

10. Die hiesigen Kreditanstalten sind ausreichend.

11. Die meisten hiesigen Schuhmacher kaufen ihr Leder wohl bei hiesigen Leder= händlern. Die Mengen sind sehr verschieden und lassen sich manche Meister, die über keine Mittel verfügen, den Lederbedarf für das einzelne Paar Stiefel herausschneiden. In diesen letzteren Fällen wird kein Kredit gewährt. Bei größern Einkäufen ist der handelsübliche Kredit auf 3 Monate Regel. Die Lederpreise sind seit letzter Zeit im Steigen begriffen, ohne daß bis jetzt eine Steigerung der Preise der Arbeitserzeugnisse eingetreten wäre. Vor Jahren sollte hier ein sog. „Rohstoffverein" im Interesse der kleinen Meister gegründet werden; die Verhandlungen zerschlugen sich aber, weil keine Einigung erzielt werden konnte.

12. Die Arbeitsgelegenheit für das Schuhmachergewerbe ist seit Beginn der 70er Jahre sehr zurückgegangen, ganz in dem Verhältniß, wie die Großindustrie gewachsen ist. Ich habe vorhin schon erwähnt, daß in den Schuhfabriken die Schuhwaaren von Anbeginn bis zu Ende auf maschinenmäßigem Wege hergestellt werden. Diese Fabrik= erzeugnisse werden in großen Massen überall verbreitet und durch Schuhwaarenhandlungen, deren ich auch bereits Erwähnung gethan habe, auch in hiesiger Stadt viel abgesetzt. Daß bei dieser Wettbewerbung des Kleingewerbes mit der Großindustrie letztere die billigern Preise für sich hat, ist selbstverständlich.

13. Die Arbeitspreise können als lohnend bezeichnet werden; wer genug Arbeit hat, kann auch entsprechend verdienen. Vor etwa 20 Jahren habe ich für ein Paar Stiefel 10 Gulden erhalten, wofür ich jetzt 24 Mark rechne. Das Arbeitsmaterial kostete mich damals ungefähr 7 1/2 fl., jetzt 19 Mark, der eigentliche Arbeitslohn betrug somit früher 2 Gulden 30 Kreuzer, jetzt 5 Mark, aus welchem Beispiel zu ersehen ist, daß die Arbeitspreise seit Jahren ziemlich die gleichen sind.

14. Ich glaube, daß die meisten hiesigen Schuhmacher vierteljährlich Rechnung schicken.

15. Der Aufwand für den Lebensunterhalt ist seit etwa 15 Jahren gestiegen; es trägt sowohl die Steigerung der Lebensmittelpreise, als auch diejenige der Lebensansprüche dazu bei.

16. Es besteht hier keine Innung oder sonstige gewerbliche Vereinigung für uns Schuhmacher; es ist auch noch kein diesbezüglicher Versuch gemacht worden.

17. Hier wäre zu erwähnen, daß die Zahl der hiesigen Schuhmachermeister in den letzten 10 Jahren sich um das Doppelte vermehrt hat.

18. Eine Benützung der betreffenden Staatsanstalten Seitens hiesiger Schuhmacher= meister ist mir nicht bekannt.

c. Vorschläge zur Verbesserung des Kleingewerbes.

1. Die Gewerbefreiheit ist einmal da und man kann sie meines Erachtens nicht wieder abschaffen.

2. Ich glaube, daß die Einrichtung von Gewerbekammern, d. h. von ständigen Vertretungen der Gewerbetreibenden, wesentlich zur Hebung des Kleingewerbes beitragen würde. Die Aufgabe dieser Kammern müßte es sodann auch sein, darüber Berathung zu pflegen, in welcher Weise dem Mißstande, daß Jeder ohne Unterschied ein Schuhwaaren= lager halten, oder die Schuhmacherei betreiben kann, abgeholfen werden könne. Nöthigen= falls müßte dies im Wege der Gesetzgebung geschehen, selbst wenn damit der Grundsatz der unbeschränkten Gewerbefreiheit zu Fall käme.

Schuhmacher G. M. in Mannheim.   **Anlage.**
Vorbemerkung.

Erwerbsteuerkapital . .	7500 M.	— Pf.
Betriebskapital	3500 „	— „
Anlagekapital	175 „	— „

Familienzahl: 4 Personen.
Anzahl der Lehrlinge und Gesellen: 3.

Geschäftsergebnisse des Jahres 1884.

I. Ausgaben.

A. Gewerbe.

1 a. Miethwerthanschlag für Werkstätte und Laden	500 M.	— Pf.
2 a. Unterhaltung und Ergänzung von Handwerkszeug und Maschinen	100 „	— „
b. Abschreibung am Werthe von Handwerkszeug und Maschinen .	40 „	— „
3. Heizung und Beleuchtung der Geschäftsräume .	60 „	— „
4. Persönlicher Arbeitsaufwand:		
a. Werthanschlag der Arbeit des Meisters (20 Mark für die Woche)	1040 „	— „
b. für Hilfsarbeiter:		
aa. Löhne an Lehrlinge und Gesellen .	2000 „	— „
5. Aufwand für Beschaffung der Arbeitsstoffe	2500 „	— „
6. Verlust an Ausständen	100 „	— „
7. Zinsen des Anlage- und Betriebskapitals	144 „	— „
Summe .	6484 M.	— Pf.

C. Sonstige Ausgaben.

1. Ausgaben für den Haushalt der Familie (4 Familienglieder und kein Dienstbote) und zwar:		
a. Kost	1820 M.	— Pf.
b. Bekleidung	150 „	— „
d. Heizung und Beleuchtung für Küche und Zimmer ꝛc.	100 „	— „
Uebertrag .	8554 M.	— Pf.

	Uebertrag	8554 M. — Pf.
2. Miethwerthanschlag für die Wohnung nach Abzug des schon unter **A. 1** verrechneten Betrags		550 „ — „
3 a. Verzinsung des Hauswerths und zwar zu 4 %, wobei jedoch die unter **A. 1 a. C. 2** schon verrechneten Beträge in Abrechnung zu bringen sind		2150 „ — „
b. Unterhaltungsaufwand für das Gebäude		150 „ — „
c. Abschreibung am Hauswerth		100 „ — „
4. Feuerversicherung für:		
Gebäude		29 „ — „
Fahrnisse		60 „ — „
5. Lebensversicherung		30 „ — „
6. Staatssteuer		120 „ — „
7. Gemeinde-Umlagen		155 „ — „
	Summa	11898 M. — Pf.

II. Einnahmen.

A. Hauptgewerbe.

Bruttoeinnahme:

a. aus dem Gewerbebetriebe	9000 M. — Pf.

C. Sonstige Einnahmen.

1. aus Miethe	2118 M. — Pf.
Summa	11118 M. — Pf.
Ausgaben	11898 M. — Pf.
Einnahmen	11118 „ — „
Somit Mehrausgabe	780 M. — Pf.

2.

Schuhmacher G. J. von Unterharmersbach, Amts Offenburg.

a. Eigene Verhältnisse des Befragten.

1. Ich bin 52 Jahre alt, verheirathet, Vater von 2 Söhnen im Alter von 16 und 26 Jahren, wovon keiner im Geschäft, der jüngste aber zu Hause ist.

2. Ich habe in 2½ jähriger Lehrzeit das Gewerbe in meiner Heimath erlernt und wurde im Jahre 1851 zünftig losgesprochen. Meine Gesellenzeit von 13 Jahren habe ich vollständig dahier in 3 verschiedenen Geschäften zugebracht. Der Schulbesuch beschränkte sich auf die Volksschule.

3. Siehe Anlage.

4. und 5. Ich betreibe ein Schuhmachereigeschäft, welches ich im Jahre 1864 hier gegründet habe; eine Verlegung fand nicht statt.

6. Ich wohne in Miethe. Der Miethwerth der Werkstätte beträgt 120 Mark.

7. und 8. Wir haben vorzugsweise Handbetrieb; es ist nur eine Nähmaschine im Gebrauch. Die im Großbetrieb verwendeten Maschinen sind wesentlich anderer Art.

9a. Lehrlinge habe ich nicht.

b. Ich beschäftige zwei Gesellen in der Werkstätte und mit Wohnung im Haus, während sie für die Kost selbst zu sorgen haben. Dieselben werden nach dem Stück bezahlt und stellen sich wöchentlich auf 8—12 Mark, je nachdem Arbeit vorhanden ist. Zahltag ist jeweils am Ende der Woche, ohne Rückbehaltung.

10. Der Beginn der Arbeit ist verschieden, je nach dem Stand der Geschäfte; in der Regel fangen die Leute um 6 Uhr Morgens an. Aufgehört wird um 7, manchmal auch um 8 Uhr. Unterbrechungen werden nur gemacht, um die Mahlzeiten einzunehmen; das Essen wird nämlich den Gesellen in die Werkstätte gebracht. Ich selbst arbeite den ganzen Tag in der Werkstatt mit.

11. Gewerbebetrieb.

a. Ich arbeite Alles, was in unserem Gewerbe vorkommt. Das Zuschneiden besorge ich allein, der eine Geselle ist mit den Neuherstellungen beschäftigt, der Andere macht Flickarbeit. Uebrigens ist diese Eintheilung nicht streng durchführbar. Je nachdem Bestellungen vorliegen, wird auch unter Umständen von Allen das Gleiche gearbeitet.

b. Flickereien kommen viel vor, bilden aber nicht das Hauptgeschäft.

c. Das Leder liefere ich. Halbfabrikate werden nicht bezogen.

d. Ich kaufe das Leder bei hiesigen und auswärtigen Lederhändlern und Gerbern in größeren Mengen, nämlich in Bürten zu 6 Häuten. Gewöhnlich wird Kredit auf 3 oder auch 6 Monate gewährt, nach deren Umfluß entweder Baarzahlung oder Ausstellung eines Wechsels auf kurze Frist erfolgen muß. Die Preise sind beim Gerber und Lederhändler so ziemlich die gleichen.

e. und f. Ich arbeite nur auf Bestellung und von einigen Ausnahmen abgesehen, nur für den Ort.

g. Ich habe kein Ladengeschäft.

h. Fällt aus.

i. Bedingungen werden nicht gestellt, die Rechnungen vierteljährlich geschickt.

k. Meine Kundschaft zahlt zum großen Theil baar, doch habe ich auch Kunden dabei, die sehr lässige Zahler sind. Gerichtlich habe ich noch Niemand betrieben, doch bin ich schon bei Einem und dem Andern um mein Geld gekommen. Die Verluste schätze ich im Durchschnitt auf 40—50 Mark im Jahr.

l. Seit 5—6 Jahren sind die Aufträge nicht mehr so zahlreich wie früher, und habe ich manchmal so wenig zu thun, daß ich allein fertig werden könnte. Daß ich trotzdem ständig 2 Gesellen halte, hat seinen Grund darin, daß die Leute heutzutage bei den Bestellungen sehr drängen und es zu langsam gehen würde, wenn ich und allenfalls noch ein Geselle die Bestellungen der Reihe nach erledigen wollten. Der Rückgang des Geschäftes erklärt sich meines Erachtens aus dem Umstande, daß jetzt eine große Zahl von Kaufläden vorhanden sind, wo fabrikmäßig hergestellte Schuhwaaren um fabelhaft niedere Preise zu haben sind.

m. Mein Geschäft geht das ganze Jahr über ziemlich gleichmäßig.

12. Kredit ist nicht in Anspruch genommen worden.

13. Ich führe ein Arbeitsbuch, d. h. ein genaues Verzeichniß sämmtlicher fertiggestellter Arbeiten, auf Grund dessen mit den Gesellen abgerechnet wird, und aus welchem auch die Rechnungen ausgezogen werden. Die Ausgaben für Geschäft und Haushaltung schreibe ich nicht auf.

14. Fällt aus.

15. Siehe Anlage.

16. Es ist mir, wie seit 4—5 Jahren, so auch im letzten Jahre Nichts übrig geblieben, und muß ich bei dem flauen Geschäftsgang froh sein, wenn ich durchkomme. Früher gings besser, als mehr Arbeit war und die Preise für Wohnungen und Lebens= mittel noch nicht so hoch standen.

b. Allgemeine Geschäftslage.

1. Das Gewerbe wird hier von allen Gewerbegenossen seinem ganzen Umfange nach betrieben, d. h. von den bessern Meistern, eine große Zahl von Kleinmeistern gibt sich nur mit Flickarbeiten ab, und wäre wohl auch außer Stande, eine brauchbare neue Arbeit zu liefern.

2. Für die Rohrstiefel werden größtentheils gewalkte Schäfte von den Gerbern oder Lederhändlern bezogen, so daß der Schuhmacher noch das Zuschneiden und Nähen, sowie das Einsetzen des Bodens zu besorgen hat. Auch für Zugstiefel werden die Schäfte vielfach fertig gekauft.

3. Ich arbeite nur für den Ort und nächsten Bezirk. Unter den Schuhmacher= meistern hier sind nicht wenige, die gar nicht unmittelbar für die Kundschaft, sondern nur für die Verkaufsgeschäfte arbeiten.

4. Ladengeschäfte haben meines Wissens nur 5—8 hiesige Schuhmacher.

5. Die Verkaufsgeschäfte nehmen auch Bestellungen auf Maaß an und lassen die= selben durch Kleinmeister ausführen. Ob einzelne solche Kaufleute neben ihrem Ladenbetrieb noch förmliche Werkstätten besitzen, ist mir nicht bekannt.

6. Fällt aus.

7. Die Nähmaschine wird wohl in den meisten Geschäften eingeführt sein, sie ist insbesondere für Ausbesserungen dienlich. Die Werkzeuge sind noch die altherkömmlichen. Die im Großbetrieb verwendeten Maschinen sind für das Kleingewerbe zu groß und zu theuer.

8. Lehrlingswesen.

a. Die gewerbliche Unterweisung geschieht durch den Meister. In die Gewerbeschule wird der Lehrling nicht geschickt.

b. Eine Schulwerkstätte halte ich für unnöthig.

c. Für unser Gewerbe hat der Besuch der Gewerbeschule keinen besonderen Zweck.

d. Schriftlicher Vertrag kann als Regel bezeichnet werden. Die Lehrzeit wird gewöhnlich auf 2½ bis 3 Jahre festgesetzt, Lehrgeld wird selten bezahlt, auch wenn der Lehrling Kost und Wohnung vom Meister erhält. Doch wird in diesem letzteren Fall in der Regel eine längere Lehrzeit festgesetzt.

e. Ueber Fortlaufen der Lehrlinge habe ich schon viel klagen hören; ob etwas dagegen geschehen ist, ist mir nicht bekannt.

f. und g. Kann nicht beantwortet werden.

9. Gesellenwesen.

a. Tüchtige Gesellen sind selten. Die Leute arbeiten nicht genau und lassen deutlich erkennen, daß sie im Handwerk nicht durchgebildet sind. Es fehlt ihnen eben an der nöthigen Lust und Liebe für's Handwerk, das sie nur treiben, um möglichst Geld zu ver= dienen, statt daß sie in den Gesellenjahren vor Allem auf ihre Ausbildung bedacht wären.

b. Ueber das sittliche Verhalten der Gesellen im Allgemeinen kann ich keine Auskunft geben, mit demjenigen der meinigen bin ich zufrieden.

41 *

c. Die Löhne sind seit 5 Jahren gleich geblieben.

d. In unserem Gewerbe ist allgemein Stücklohn eingeführt. Der Zahltag ist am Ende der Woche; von Rückbehaltung ist mir nichts bekannt.

e. Zur Hebung des Gesellenwesens ist nichts geschehen.

f. Ich habe die Gesellen lieber in der Werkstätte, damit ich die Arbeit überwachen kann. Ein guter Arbeiter bringt in der Regel auf eigener Bude mehr fertig.

g Von Streitigkeiten ist mir nichts bekannt. Ein Gewerbegericht halte ich für unnöthig.

10. Ueber die hiesigen Kreditanstalten bin ich nicht unterrichtet.

11. Die kleinen Meister — und diese bilden hier weitaus die Mehrzahl — kaufen ihr Leder in kleineren Mengen je nach Bedarf von hiesigen Lederhändlern. Ob Kredit gewährt wird, hängt von der Persönlichkeit des Käufers ab. Die größern Geschäfte beziehen auch von auswärts oder unmittelbar von Gerbereien und zwar in sog. Bürten (je 6 Häute) auf handelsüblichen Kredit. Die Lederpreise sind sich seit vielen Jahren im Wesentlichen gleich geblieben.

12. Die hiesigen Schuhmacher haben im Allgemeinen wenig zu thun. Es gibt deren freilich auch viele, aber das Hauptübel sind doch die vielen Schuhwaarenlager, die ihre Waare von den Fabriken beziehen.

13. Die Preise sind lohnend.

14. Ist mir nicht bekannt.

15. Seit Mitte der 70er Jahre haben die Wohnungs= und Lebensmittelpreise aufgeschlagen, und ist das Leben dadurch theurer geworden.

16. Eine Vereinigung der hiesigen Schuhmacher besteht nicht.

17. Ich weiß hier nichts weiter anzuführen.

18. Hat hier keinen Bezug.

c. Vorschläge zur Verbesserung des Kleingewerbes.

1. Es sollte nur Demjenigen gestattet werden, das Handwerk selbständig zu betreiben, der den Nachweis liefern kann, daß er mindestens 2 Jahre lang in einer Schusterwerkstätte als Lehrling beschäftigt war und daß er seitdem ununterbrochen als Geselle im Handwerk thätig war. Dadurch würde den Schuhwaarenhändlern die Möglichkeit genommen, uns in's Handwerk zu pfuschen.

Schuhmacher G. J. in Mannheim.   **Anlage.**

Vorbemerkung.

Erwerbsteuerkapital .	.	2200 M. — Pf.
Anlagekapital		580 „ — „

Familienzahl: 3 Personen.

Anzahl der Lehrlinge und Gesellen: 2.

Geschäftsergebnisse im Jahr 1884.

I. Ausgaben.

A. Gewerbe.

1 b. Miethzins für Unterbringung der Werkstätte nach Abzug des für die Wohnung anzusetzenden Miethzinsantheils	120 M — Pf.
Uebertrag .	120 M. — Pf.

	Uebertrag	120 M. — Pf.
2 a. Unterhaltung und Ergänzung von Handwerkszeug . . .		30 „ — „
b. Abschreibung am Werthe von Handwerkszeug		30 „ — „
3. Heizung und Beleuchtung der Geschäftsräume .		40 „ — „
4. Persönlicher Arbeitsaufwand:		
b. für Hilfsarbeiter:		
aa. Löhne an Lehrlinge und Gesellen .		1040 „ — „
5. Aufwand für Beschaffung der Arbeitsstoffe .		2500 „ — „
7. Verlust an Ausständen .		50 „ — „
8. Zinsen des Anlage= und Betriebskapitals .	. . .	23 „ — „
	Summa .	3833 M. — Pf.

C. Sonstige Ausgaben.

1. Ausgaben für den Haushalt der Familie (3 Familienglieder und keine Dienstboten) und zwar:		
a. Kost	.	832 M. — Pf.
b. Bekleidung		180 „ — „
d. Heizung und Beleuchtung für Küche und Zimmer ꝛc. . . .		32 „ — „
2. Miethzins für die Wohnung nach Abzug des schon unter A. 1 verrechneten Betrags		245 „ — „
4. Feuerversicherung für Fahrnisse .		3 „ — „
6. Staatssteuer		18 „ — „
7. Gemeinde=Umlagen		21 „ — „
8. Beitrag zur Krankenkasse für 2 Gesellen . .	. . .	19 „ — „
	Summa .	5183 M — Pf.

II. Einnahmen.

A. Gewerbe.

Bruttoeinnahme aus dem Gewerbebetriebe . .		4885 M. Pf.
Ausgaben		5183 „ — „
Einnahmen	. . . . . .	4885 „ — „
	Somit Mehrausgabe	298 M. — Pf.

3.

Schuhmacher F. N. von Mensfelden in Nassau.

a. Eigene Verhältnisse des Befragten.

1. Ich bin 46 Jahre alt, verheirathet, Vater von 5 Söhnen im Alter von 8 Monaten bis 11 Jahren und einer Tochter von 13 Jahren.

2. Ich habe das Gewerbe bei meinem Vater in Mensfelden erlernt und wurde nach 2jähriger Lehrzeit im Jahre 1855 von der Zunft losgesprochen. Meine Gesellenzeit betrug 15 Jahre. Als Arbeitsorte nenne ich: Frankfurt, Wiesbaden und Mannheim (8 Jahre). Ich habe nur die Volksschule besucht.

3. Siehe Anlage.

4. und 5. Mein eigentliches Gewerbe ist Schäftemacherei. Im Jahre 1870 habe ich hier ein Schuhmachergeschäft gegründet; schon im Jahre darauf habe ich mich aus= schließlich auf die Anfertigung von Schäften verlegt.

6. Ich wohne in Miethe. Der Miethwerth der Werkstätte beträgt 200 Mark.

7. und 8. Ich habe zwei Nähmaschinen in Gebrauch, die ich abwechselnd benütze. Besonders zur Anfertigung von Schäften sind mir keine anderen Maschinen bekannt.

9. a. Lehrlinge halte ich nicht.

b. Ich beschäftige einen Gesellen und 4 Arbeiterinnen, sämmtliche in der Werk= stätte. Der Geselle erhält bei mir Kost und Wohnung und wöchentlich 9 Mark Lohn, der ihm jeweils Sonntags, ohne Rückbehaltung, ausbezahlt wird. Die Arbeiterinnen stellen sich Kost und Wohnung selbst und bekommen 6 bis 9 Mark Wochenlohn.

10. Die Arbeit dauert von Morgens 7 bis Abends 7 Uhr. Regelmäßige Pause wird nur von 12 bis 1 Uhr gemacht. Ich selbst arbeite stets mit.

11. Gewerbebetrieb.

a. Ich beschränke mich mit meinem Gewerbebetrieb auf die Herstellung von Schäften, d. h. von den Obertheilen der Schuhe und Stiefel. Der Betrieb ist jedoch nicht fabrik= mäßig nach Schnittmuster, sondern ich erhalte von den Schuhmachern, aus denen sich meine Kundschaft ausschließlich zusammensetzt, in jedem einzelnen Falle das Maaß. Eine Arbeitstheilung ist bei uns nicht eingeführt.

b. Ausbesserungsarbeiten kommen fast gar nicht vor.

c. Das Leder wird meist von mir geliefert, mitunter aber auch, und zwar etwa bei einem Viertel der Bestellungen von den Kunden. Bei den Stiefeln, welche aus einem Stück gemacht werden, muß man das Leder, damit es die nöthige Wölbung erhält, walken, was jeder Schuhmacher selbst besorgen kann, was aber in neuerer Zeit vielfach von den Gerbern schon besorgt wird. Auch ich beziehe alljährlich eine Menge solcher gewalkter Schäfte, bei denen ich dann nur noch das Formen und Zusammennähen vornehme. Diese gewalkte Waare wird übrigens nur wenig verlangt und kommen im Durchschnitt darauf nicht mehr als 5% meines jährlichen Absatzes.

d. Den nöthigen Leder = Vorrath beziehe ich in größeren Mengen (Dutzende von Fellen) zur Hälfte von hier, zur Hälfte von auswärts. Die Preise sind im einen wie im andern Falle so ziemlich gleich; die Zahlungsbedingungen sind die handelsüblichen, d. i. Zahlungsfrist auf 3 Monate.

e. und f. Ich arbeite nur auf Bestellung und vorzugsweise für den Ort, d. i. an hiesige Schuhmachermeister.

g. und h. fallen aus.

i. Ich schicke meinen Kunden in der Regel vierteljährlich Rechnung.

k. Im Großen und Ganzen kann ich über unpünktlichen Eingang der Ausstände nicht klagen, besonders seitdem ich hier genauer bekannt bin und bei Annahme neuer Kun= den mit der nöthigen Vorsicht verfahre. Die Verluste an Ausständen kann ich im Durch= schnitt auf 100 Mark im Jahr beziffern.

l. An Aufträgen fehlt es mir nicht.

m. Im Hochsommer ist jeweils eine stillere Zeit, ebenso von Neujahr bis Fast= nacht. Ich arbeite aber auch in dieser Zeit mit dem Personal, wie ich es jetzt habe.

12. Kredit habe ich nicht in Anspruch genommen.

13. Ich führe ein Schmierbuch, ein Kassenbuch und ein Kundenbuch, ferner ein besonderes Büchlein für die Haushaltungsausgaben.

14. Fällt weg.

15. Siehe Anlage.

16. Der Geschäftsabschluß war befriedigend. Wenn ich auch nicht viel erübrigt habe, so habe ich doch die Kosten der Haushaltung aufgebracht, was bei einer Familie von 8 Köpfen schon etwas heißen will. Ob ich es als günstig bezeichnen kann, daß ich mich auf das Schäftemachen verlegt habe, weiß ich nicht. Wenn ich ein wirkliches Schuhmachergeschäft treiben würde, könnte ich vielleicht eben so gute, vielleicht noch bessere, Geschäfte machen.

b. Allgemeine Geschäftslage.

1. Unter den ungefähr 300 Schuhmachern, die hier sind, gibt es 4 oder 5, welche das Schäftemachen als eigentliches Geschäft betreiben.

2. Viele Schuhmacher beziehen die Schäfte als Halbfabrikat von uns oder auch von auswärts. Die kleinen Meister, welche keine Nähmaschinen haben, müssen dies thun, weil sie selbst keine Schäfte fertigen können.

3. Es wird meist nur für den Ort gearbeitet.

4. und 5. Von den hiesigen Schuhmachern haben nur wenige ein Ladengeschäft, dagegen gibt es hier eine erhebliche Anzahl (18) Schuhwaarenlager in den Händen von Kaufleuten, die dann auch Bestellungen auf Maaß annehmen und solche entweder durch eigene Gesellen, oder auch durch Kleinmeister ausführen lassen.

6. Fällt aus.

7. Von Maschinen sind im Kleinbetriebe nur Nähmaschinen eingeführt. Im Groß= betrieb sind noch andere Maschinen im Gebrauch, die aber in der kleingewerblichen Werk= stätte, wo es sich nicht um schablonenmäßige Herstellung, sondern um Fertigung von Maaßarbeit handelt, nicht benützt werden können. Das Werkzeug ist das altherkömmliche. Betriebskräfte werden nicht verwendet, und sind auch nicht nöthig.

8. Lehrlingswesen.

Ueber das Lehrlingswesen kann ich keine Auskunft geben. Wir Schäftemacher haben bis jetzt keine Lehrlinge gehabt, und die bezüglichen Verhältnisse im eigentlichen Handwerk sind mir zu wenig bekannt.

9. Gesellenwesen.

a. und b. Ich kann hierüber kein Urtheil abgeben, weil es mir an hinreichendem Ueberblick über die Leistungen der Gesellen im eigentlichen Handwerk fehlt. Klagen höre ich allerdings viel darüber, daß die Gesellen heutzutage nichts mehr verstehen.

c. Die Löhne sind seit 5 Jahren im Wesentlichen gleich geblieben.

d. Stücklohn ist die Regel. Von Vorauszahlung und Rückbehaltung ist mir nichts bekannt.

e. Zur Hebung des Gesellenwesens ist nichts geschehen.

f. Kann nicht angegeben werden.

g. Ob viel Streitigkeiten vorkommen, ist mir nicht bekannt. Ein Gewerbegericht halte ich für eine zweckmäßige Einrichtung.

10. Von Mängeln hinsichtlich der Kreditanstalten ist mir nichts bekannt.

11. Es ist hier eine große Zahl von Meistern, die das Leder in ganz kleinen Mengen nur für den augenblicklichen Bedarf einkaufen. In den hiesigen Lederhandlungen wird der Rohstoff sogar für die einzelnen Sohlen und Flecke abgegeben. Die größern Geschäfte beziehen das Sohlenleder in Bürten, das Oberleder in Mengen von je einem

Dutzend Häuten. Ueber die Zahlungsbedingungen wüßte ich eine allgemeine Regel nicht aufzustellen. Eine Steigerung der Lederpreise war während der letzten Jahre bemerkbar, ohne daß man mit den Preisen der Arbeitserzeugnisse aufgeschlagen hat.

12. Vor 8 bis 10 Jahren hatten die hiesigen Schuhmacher entschieden mehr Arbeit. Die vielen Schuhfabriken und die mit denselben zusammenhängenden Schuhwaarenlager tragen die Schuld an dem Rückgange.

13. Ueber den Stand der Preise kann man im Allgemeinen nicht klagen. Seit den 70er Jahren sind größere Schwankungen nicht eingetreten.

14. Ich glaube, daß die meisten Schuhmacher hier halbjährlich Rechnung schicken.

15. Seit Anfang der 70er Jahre ist das Leben theurer geworden, insbesondere sind auch die Preise der Wohnungsmiethe in die Höhe gegangen. Im Allgemeinen wird man auch sagen können, daß die Ansprüche, besonders hinsichtlich der Kleidung, höher geworden sind.

16. Eine Vereinigung der Schuhmacher besteht hier nicht.

17. Außer der oben schon erwähnten Mitbewerbung der Großindustrie weiß ich nichts anzuführen.

18. Hat für unser Gewerbe keinen Bezug.

c. Vorschläge zur Verbesserung des Kleingewerbes.

1. Es könnte meines Erachtens unserem Gewerbe nur dadurch geholfen werden, daß die Großindustrie eingeschränkt würde. Wie dies aber geschehen sollte und könnte, weiß ich nicht anzugeben; vielleicht ließe sich eine gesetzliche Bestimmung dahin treffen, daß der Verkauf von Schuhwaaren nur den Handwerksmeistern erlaubt wird.

Zu 2 und 3 weiß ich Nichts anzuführen.

Schuhmacher J. N. in Mannheim.   **Anlage.**
Vorbemerkung.

Erwerbsteuerkapital   .   .   .   .   2600 M. — Pf.
       Familienzahl: 8.
Anzahl der Lehrlinge und Gesellen: 5.

Geschäftsergebnisse des Jahres 1884.
I. Ausgaben.
A. Gewerbe.

1 b. Miethzins für Unterbringung der Werkstätte . .	200 M.	— Pf.
2 a. Unterhaltung und Ergänzung von Handwerkszeug	50 „	— „
b. Abschreibung am Werthe von Handwerkszeug . .	30 „	— „
3. Heizung und Beleuchtung der Geschäftsräume	60 „	— „
4. Persönlicher Arbeitsaufwand:		
b. Für Hilfsarbeiter:		
aa. Löhne an Lehrlinge und Gesellen	2100 „	— „
5. Aufwand für Beschaffung der Arbeitsstoffe	8800 „	— „
7. Verlust an Ausständen	150 „	— „
Summa .	11390 M.	— Pf.

C. Sonstige Ausgaben.

1. Ausgaben für den Haushalt der Familie (8 Familienglieder und

ein Dienstbote), und zwar:

a. Kost . .	1500 M.	— Pf.
b. Bekleidung	350 „	— „
c. Unterricht	30 „	— „
d. Heizung und Beleuchtung für Küche und Zimmer ꝛc. . . .	70 „	— „
e. Arzt und Apotheke	50 „	— „
2. Miethzins für die Wohnung nach Abzug des schon unter A. 1		
verrechneten Betrags	500 „	— „
4. Feuerversicherung für Fahrnisse .	10 „	— „
5. Lebensversicherung . .	60 „	— „
6. Staatssteuer . .	27 „	— „
7. Gemeindeumlagen . .	29 „	— „

Summa 14016 M. — Pf.

II. Einnahmen.
A. Gewerbe.

Bruttoeinnahme:

a. aus dem Gewerbebetriebe	16800 M.	— Pf.

C. Sonstige Einnahmen.

Einnahmen . .	16800 „	— „
Ausgaben	14016 „	— „

Somit Mehreinnahme . 2784 M. — Pf.

4.

Schuhmacher J. L. von Mingolsheim, Amts Bruchsal.

a. Eigene Verhältnisse des Befragten.

1. Ich bin 49 Jahre alt, verheirathet, Vater von 3 Söhnen im Alter von 7, 17 und 21 Jahren, von denen keiner im Geschäfte, zwei davon aber zu Hause sind, und einer Tochter von 22 Jahren, welche ebenfalls nicht zu Hause ist.

2. Ich habe das Gewerbe von 1850/53, also in 3jähriger Lehrzeit erlernt und wurde ohne Ablegung eines Gesellenstückes losgesprochen. Meine Gesellenzeit betrug 8 Jahre, die sämmtlich hier zugebracht wurden. Der Schulbesuch beschränkte sich auf die Volksschule.

3. Siehe Anlage.

4. und 5. Ich habe mein Geschäft, Schuhmacherei, im Jahre 1861 selbständig übernommen, nachdem ich es 2 Jahre lang für die Wittwe des früheren Besitzers geführt hatte (vgl. Z. 111.).

6. Ich wohne in Miethe. Der Miethwerth der Werkstätte beträgt 100 Mark.

7. und 8. Es ist eine Nähmaschine im Gebrauch. In der Großindustrie sind viel verwickeltere Maschinen in Anwendung, die ich nicht näher beschreiben kann.

9. a. Lehrlinge habe ich nicht.

b. Ich halte einen Gesellen, der in der Werkstätte beschäftigt ist und freie Wohnung im Haus hat. Auch die Kost erhält er von mir, d. h. Frühstück und Mittagessen; ich ziehe ihm aber hiefür von seinem Lohnguthaben 50 Pf. jeden Tag ab. Er arbeitet auf Stück und stellt sich im Durchschnitt in der Woche auf 10 Mark, wobei zu bemerken

42

ift, daß er noch ein junger, wenig leiftungsfähiger Arbeiter ift.   Die Auszahlung erfolgt alle Sonntag, ohne Rückbehaltung und Vorauszahlung.

10. Da der Arbeiter auf Stück beschäftigt ist, so braucht er regelmäßige Arbeits- stunden nicht einzuhalten.   Doch ist er gewöhnlich von Morgens 6 (im Winter von 8) bis Abends 7 Uhr (Winter 9 Uhr) in der Werkstätte.   Ich selbst arbeite stets den ganzen Tag über.

11. Gewerbebetrieb.

a. Ich arbeite Alles, was in unserem Gewerbe vorkommt.   Das Anmessen und Zuschneiden besorge ich allein.

b. Ausbesserungsarbeiten kommen beinahe so viel vor, wie Neuherstellungen.

c. Die Arbeitsstoffe liefere ich selbst.   Die Schäfte mache ich theils selbst, theils beziehe ich sie genäht bezw. gewalkt von den hiesigen Schäftemachern.

d. Das Sohlleder beziehe ich in Mengen von je 3 Häuten (½ Bürte) und das Oberleder in Mengen von 3 oder 6 Fellen, Alles von hiesigen Lederhändlern, auf Zah- lungsfrist von ungefähr 3 Monaten.

e. und f. Ich arbeite nur auf Bestellung und nur für den Ort, nicht für Wieder- verkäufer.

g. und h. fallen aus.

i. Bedingungen stelle ich nicht, sondern schicke, wo nicht früher bezahlt wird, vierteljährlich Rechnung.

k. Im Allgemeinen bin ich mit dem Eingang der Ausstände zufrieden; hie und da kommt freilich auch eine unliebsame Verzögerung vor, so daß ich auch mitunter ge- richtlich betreiben muß.   Den Verlust an Ausständen schätze ich auf 40 bis 50 Mark im Jahr.

l. Die Aufträge sind gegenwärtig nicht mehr so zahlreich, wie früher; noch vor etwa 5 Jahren habe ich ständig 2 Gesellen beschäftigen können.   Ich muß hiebei zu Ziffer 5 nachtragen, daß ich im Jahre 1867 wegen Familienverhältnissen mein Geschäft nach Mingolsheim verlegte, von wo ich dann im Jahre 1873 wieder hieher zurückkam. Der Hauptgrund des Rückgangs der Arbeitsgelegenheit liegt darin, daß die Kunden viel- fach die neue Waare in den Schuhläden beziehen und mir nur die Ausbesserungen übertragen.   Diese Schuhläden, welche ihre Waaren aus Fabriken beziehen, sind ein Haupt- übel für unser Gewerbe, weil sie der billigen und dabei doch schönen, wenn auch nicht der dauerhaften Arbeit halber, großen Zulauf haben.   Außerdem hat sich seit etwa 10 Jahren die Zahl der Meister um 80 bis 90 vermehrt, weil jeder Geselle sobald wie möglich selbständig werden will.

m. Große Schwankungen treten während des Jahres nicht ein.

12. Kredit ist nicht in Anspruch genommen worden.

13. Ich führe ein Schmierbuch über alle vorkommenden Arbeiten, aus welchem ich wöchentlich Uebertrag der Rückstände in's Kundenbuch mache.   Außerdem schreibe ich auf, was ich in die Haushaltung gebe; für die übrigen Ausgaben dienen die Bescheini- gungen als Belege.

14. Fällt aus.

15. Siehe Anlage.

16. und 17. Befriedigend war der Abschluß nicht.   Ich habe nichts erübrigt, sondern mußte noch die 200 Mark, welche mir mein Grundbesitz einträgt, zusetzen, um

leben zu können. Es ist dies das gleiche Ergebniß, wie es seit 10 Jahren regelmäßig
sich ergibt. Besondere Umstände, die meinem Geschäfte besonders hinderlich wären, wüßte
ich nicht anzugeben.

b. Allgemeine Geschäftslage.

1. Von den ungefähr 300 hiesigen Schuhmachern verlegen sich 4 oder 5 auf das
Schäftemachen. Sonstige Sonderzweige gibt's hier nicht, dagegen gibt es viele Meister,
die nur Flickarbeit machen, und schätze ich deren Zahl auf mindestens 50. Es sind dies
meistens ärmere und weniger geschickte Leute.

2. Die Schäfte werden vielfach geschnitten und genäht von den Schäftemachern
bezogen, welchen man das betreffende Maß vorher mittheilt.

3. Nach auswärts wird wenig gearbeitet. Von einigen Meistern weiß ich, daß
sie für Schuhwaarenlager schaffen.

4. Es sind hier, so schätze ich, etwa 10 Schuhmacher, die Ladengeschäfte haben.

5. Die hiesigen Schuhwaarenhändler nehmen auch Bestellungen auf Maß und
selbst Ausbesserungen an, die sie dann durch eigene Gesellen, oder durch Kleinmeister
besorgen lassen.

6. Fällt aus.

7. Es ist nur die Nähmaschine eingeführt. Die andern, in der Großindustrie
verwendeten Maschinen sind theuer und bei Maßarbeit nicht zu verwenden.

8. Lehrlingswesen.

a. Die Sorge für die gewerbliche Ausbildung des Lehrlings ist Sache des Meisters,
der auch darauf halten muß, daß der Lehrling sich eines anständigen Betragens befleißigt.
In die Gewerbeschule werden die jungen Leute nicht geschickt.

b. Eine Schulwerkstätte halte ich nicht für nöthig, dagegen möchte ich

c. der Errichtung einer Fachschule für Schuhmacher, in welcher dem Lehrling die
nöthigen theoretischen Kenntnisse beigebracht werden, das Wort reden.

d. Ich glaube, daß gewöhnlich schriftlicher Vertrag geschlossen wird, mit Geding
3jähriger Lehrzeit und ohne Lehrgeld, wenn der Lehrling Kost und Wohnung aus=
wärts hat.

e. Das Fortlaufen der Lehrlinge ist meines Wissens nicht selten, und glaube ich
mich zu erinnern, daß in einzelnen Fällen schon polizeiliche Zurückführung stattfand.

f. Hiervon ist mir Nichts bekannt.

g. Ich glaube, daß mancher ausgelernte Schuster zur Großindustrie übergeht,
weil er dort besser bezahlt wird.

9. Gesellenwesen.

a. Die Gesellen verstehen heutzutage zum großen Theil ihr Gewerbe nicht. Es
kommt dies davon her, daß die jungen Leute oft keine genügende Lehrzeit durchmachen
und daß sie zwischen hinein in Fabriken arbeiten und dadurch ihr Handwerk zum Theil
verlernen.

b. Es gibt unter den Gesellen heutzutage mehr freche Leute wie früher, und ist
das Fortlaufen ohne Kündigung ganz an der Tagesordnung; geschehen ist dagegen noch Nichts.

c. Die Löhne sind seit 5 Jahren gleich geblieben.

d. Die Schuhmacher lassen hier fast Alle auf Stück arbeiten und zahlen jeweils
am Sonntag aus, ohne Rückbehaltung und Vorauszahlung.

e. Zur Hebung des Gesellenwesens ist Nichts geschehen.

f. Der Budenarbeiter muß geschickt sein, wenn er brauchbar sein soll; in der Werkstätte, wo der Meister selber die Aufsicht führt, kann auch ein weniger geschulter Geselle verwendet werden. Daß die Ersteren fleißiger sind, wie die Letzteren, könnte ich nicht behaupten.

g. Von Streitigkeiten ist mir wenig bekannt. Ein Gewerbegericht halte ich nicht für nothwendig.

10. Besondere Mängel bezüglich der hiesigen Kreditanstalten wüßte ich nicht hervorzuheben. Für einen Geschäftsmann, der keinen Bürgen auftreiben kann, ist es freilich schwer, Geld zu erhalten.

11. Es sind hier viele Meister, die weder Mittel noch Kredit haben, und deßhalb genöthigt sind, die Arbeitsstoffe in ganz kleinen Mengen, je nach dem augenblicklichen Bedarf gegen baar zu kaufen. Im Uebrigen bezieht man ganze Häute und Felle, die größern Geschäfte in Bürden und dutzendweise, wobei die handelsübliche Zahlungsfrist gewährt wird. Die Preise für Kalbleder sind seit etwa ¹/₂ Jahr gestiegen, ohne daß eine Steigerung der Preise für die Arbeitserzeugnisse bis jetzt eingetreten wäre.

12. Ich bin überzeugt, daß es den meisten hiesigen Schuhmachern geht wie mir, und zwar aus den Gründen, welche ich unter a. 11 l. hervorgehoben habe.

13. Die Preise sind immer noch lohnend zu nennen, obwohl sie gegen früher zurückgegangen sind. Vor 5 Jahren z. B. habe ich für Sohlen und Flecken eines Paars Stiefel 4 Mark bekommen, jetzt kaum noch 3 Mark 50 Pf. Es fängt jetzt auch bei uns der Unfug an, daß die Meister durch gegenseitiges Herunterbieten sich die Kundschaft abwendig zu machen suchen.

14. Ich glaube, daß die meisten der hiesigen Gewerbegenossen der Kundschaft vierteljährlich Rechnung schicken.

15. Der Aufwand für den Lebensunterhalt ist seit Beginn der 70er Jahre höher geworden. Die Preise der Lebensmittel und der Wohnungen sind gestiegen; man lebt aber auch nicht mehr so einfach, wie früher.

16. Vereinigungen für unser Gewerbe bestehen hier nicht.

17. Ich weiß hier Nichts weiter anzuführen.

18. Hat hier keinen Bezug.

c. Vorschläge zur Verbesserung des Kleingewerbes.

1. Ich bin für die Wiedereinführung von Zwangsinnungen, und zwar in dem Sinne, daß jeder Meister einer Innung angehören muß und andererseits nur der aufgenommen werden darf, der durch Ablegung eines Meisterstücks seine Fähigkeit zur selbständigen Ausübung des Gewerbes nachgewiesen hat. Wer wegen Mangels dieses Nachweises von der Innung zurückgewiesen würde, wäre selbstverständlich auch nicht berechtigt, das Gewerbe als Meister auszuüben.

Zu 2. und 3. wüßte ich keine Vorschläge mehr zu machen.

Schuhmacher J. L. in Mannheim.   Anlage.
                    Vorbemerkung.

Erwerbsteuerkapital . . . .   1500 M. — Pf.

Familienzahl: 4 Personen.

Anzahl der Gesellen: 1

Geschäftsergebnisse im Jahr 1884.

I. Ausgaben.

A. Gewerbe.

1 b. Miethzins für Unterbringung der Werkstätte . . .	100 M.	— Pf.
2 a. Unterhaltung und Ergänzung von Handwerkszeug	30 „	— „
b. Abschreibung am Werthe von Handwerkszeug	30 „	— „
3. Heizung und Beleuchtung der Geschäftsräume	40 „	— „
4. Persönlicher Arbeitsaufwand:		
a. Werthanschlag der Arbeit des Meisters (5 Mark für 300 Tage)	1500 „	— „
b. für Hilfsarbeiter:		
aa. Löhne an Gesellen	520 „	— „
5. Aufwand für Beschaffung der Arbeitsstoffe	724 „	— „
7. Verlust an Ausständen . . .	40 „	— „
Summa .	2984 M.	— Pf.

C. Sonstige Ausgaben.

1. Ausgaben für den Haushalt der Familie (4 Familienglieder und ein Geselle) und zwar:		
a. Kost . . .	2100 „	— „
b. Bekleidung	150 „	— „
c. Unterricht	4 „	— „
d. Heizung und Beleuchtung für Küche und Zimmer ꝛc. .	60 „	— „
e. Arzt und Apotheke	25 „	— „
2. Miethzins für die Wohnung nach Abzug des schon unter A. 1 verrechneten Betrags . . .	200 „	— „
4. Feuerversicherung für Fahrnisse .	4 „	— „
6. Staatssteuer	10 „	— „
7. Gemeindeumlagen	12 „	— „
Summa .	5545 M.	— Pf.

II. Einnahmen.

A. Gewerbe.

Bruttoeinnahme:		
a. aus dem Gewerbebetriebe	3000 M.	— Pf.

C. Sonstige Einnahmen.

4. Pachterlös aus Liegenschaften auf Gemarkung Mingolsheim und Malschenberg nach Abzug der Steuern .	200 „	— „
5. Vergütung des Gesellen für die Kost . . .	200 „	— „
Summa	3400 M.	— Pf.
Ausgaben	5545 „	— „
Einnahmen	3400 „	— „
Somit Mehrausgabe .	2145 M.	— Pf.

5.

Schuhmacher G. F. Sch. von Köndringen, Amts Emmendingen.

a. Eigene Verhältnisse des Befragten.

1. Ich bin 36 Jahre alt, verheirathet, Vater von 2 Knaben im Alter von 10 und 4 Jahren und eines Mädchens von 2 Jahren, welche sämmtlich zu Hause sind.

2. Das Gewerbe wurde in Köndringen vom Jahre 1864 bis 1867 in 2½jähriger Lehrzeit erlernt. Meine Gesellenzeit dauerte 7 Jahre (einschließlich 2 Jahre Militärzeit), wovon 1 Jahr in Freiburg und die übrige Zeit hier zugebracht wurde. Der Schulbesuch beschränkt sich auf die Volksschule.

4. und 5. Mein Geschäft, Schuhmacherei, habe ich 1874 von der früheren Be= sitzerin, bei welcher ich Zuschneider war, käuflich übernommen; eine Verlegung fand nicht statt.

6. Ich besitze ein eigenes Haus. Der Miethwerth der Werkstätte beträgt 200 Mark.

7. und 8. Es ist eine Nähmaschine im Gebrauch. Von den Maschinen, die in der Großindustrie verwendet werden, habe ich keinerlei Kenntniß.

9 a. Ich habe einen Lehrling. In schriftlichem Vertrag ist 3 Jahre Lehrzeit, Kost und Wohnung im Haus, aber kein Lehrgeld bedungen. Die Ausbildung desselben erfolgt durch praktische Unterweisung durch den Meister.

b. Ich beschäftige fünf Gesellen, wovon einer auf eigener Bude, die anderen in der Werkstätte arbeiten. Zwei wohnen im Hause, die andern 3 außer dem Hause. Für Kost haben alle selbst zu sorgen. Die Gesellen werden nach dem Stück gelohnt und stellen sich die in der Werkstätte Beschäftigten auf 10 bis 12 Mark, der Budenarbeiter auf 15 bis 18 Mark wöchentlich. Zahltag ist jeweils am Ende der Woche; Rückbehal= tung findet nicht statt.

10. Da ich lauter Stückarbeiter beschäftige, so ist eine bestimmte Arbeitszeit nicht eingeführt. Es wird aber gewöhnlich von 7 bis 12 und von 1 bis 7 Uhr in der Werkstätte gearbeitet, und bin auch ich während dieser Zeit dort beschäftigt.

11. Gewerbebetrieb.

a. Eine Spezialität habe ich nicht; dagegen Arbeitstheilung in sofern, als ich das Zuschneiden allein besorge.

b. Flickarbeiten kommen vor, fast so viel als Neubestellungen.

c. Das Leder liefere ich und zwar beziehe ich dasselbe ausschließlich in rohem Zustande, d. h. als Fell und Haut.

d. Der Bezug erfolgt in größeren Mengen (Sohlleder in Bürten und Oberleder in Dutzenden von Fellen) theils von hiesigen, theils von auswärtigen Händlern, wobei der handelsübliche Kredit auf 3 Monate gewährt wird.

e. und f. Ich arbeite nur auf Bestellung und nur für den Ort.

g. und h. fallen aus.

i. Ich schicke den Kunden vierteljährlich Rechnung.

k. Die Ausstände gehen pünktlich ein. Doch kommen auch Verluste von Aus= ständen vor und kann ich dieselben im Durchschnitt auf wenigstens 100 Mark für das Jahr schätzen.

l. An Aufträgen fehlt es mir nicht. Es ist in dieser Hinsicht gegen früher eher eine Besserung, als eine Verschlechterung eingetreten.

m. Im Hochsommer geht das Geschäft regelmäßig flauer, so daß ich mein Hilfs= personal um 1 oder 2 Köpfe vermindere.

12. Kredit wurde nicht in Anspruch genommen.

13. Ich führe ein Verzeichniß sämmtlicher gelieferten Arbeiten, ein Kundenbuch, ein Geschäftsausgabenbuch und ein Verzeichniß der Ausgaben für die Haushaltung.

14. fällt aus.

16. Das Geschäftsergebniß war befriedigend, wie dies auch in den vorhergehenden Jahren regelmäßig der Fall war. Besondere Umstände, die meinem Geschäfte besonders zu Gute kämen, wüßte ich eigentlich nicht anzuführen. Ich sehe eben darauf, daß ich gute Stoffe bekomme und gute Arbeit liefere, und habe mir dadurch eine gute Kundschaft gesichert. Selbstverständlich arbeite ich auch tüchtig mit und werde darin von meiner Frau, welche allerlei kleine Handarbeiten allmählig gelernt hat, z. B. Einfassen von Damen= stiefeln, Ansetzen von Knöpfen, Fertigen von Knopflöchern, kräftig unterstützt.

b. Allgemeine Geschäftslage.

1. In großen Städten ist die Damenschuhmacherei und Herrenschuhmacherei ab und zu getrennt; doch wird diese Trennung immer seltener. Hier besteht sie gar nicht, dagegen gibt es viele Meister, die nur Flickarbeit machen, und zwar oft nur deßhalb, weil sie eine brauchbare neue Waare gar nicht fertigen können. Einige wenige hiesige Schuhmacher verlegen sich ausschließlich auf das Schäftemachen, aber nicht fabrikmäßig nach Schablonen, sondern nach Maaß.

2. Die so fertig gestellten Schäfte werden vielfach von den Schuhmachern hier als Halbfabrikate gekauft, während die schablonenmäßig hergestellten und von den Lederhändlern beziehbaren Schäfte nur von den kleinen Meistern bezogen werden.

3. Es wird meist nur für den Ort, nicht für weitere Entfernung gearbeitet. Einige wenige arbeiten für hiesige Schuhwaarenläden.

4. Weitaus die Mehrzahl der hiesigen Schuhmacher hat kein Ladengeschäft.

5. Die hiesigen Schuhwaarenhändler nehmen meist auch Bestellungen auf Maaß an.

6. fällt aus.

7. Das Werkzeug ist das alt herkömmliche. Von Maschinen kommt für den Kleinbetrieb nur die Nähmaschine in Anwendung, welche schon ziemlich allgemein Eingang gefunden hat; damit ist übrigens nur die Schäftenähmaschine gemeint, die Sohlennäh= maschine ist sehr theuer und groß und findet deßhalb nur in den Schuhfabriken Ver= wendung.

8. Lehrlingswesen.

a. Der Lehrling hat in der Regel Kost und Wohnung beim Meister und ist in dessen Familie aufgenommen; die Gewerbeschule besucht er nicht.

b. Der Werkstättebetrieb reicht vollkommen hin, dem Lehrling die nöthige gewerb= liche Vorbildung für seinen Beruf zu geben.

c. Ein gewerblicher Unterricht scheint mir für unser Gewerbe nicht nöthig.

d. Schriftlicher Lehrvertrag ist die Regel. Die Lehrzeit wird meist auf 3 Jahre festgesetzt, Lehrgeld wird selten gefordert.

e. Ueber Fortlaufen der Lehrlinge ist mir nichts bekannt.

f. Erfahrungen stehen mir in dieser Hinsicht nicht zu Gebote.

g. Die meisten Schuster verbleiben im Handwerk, wenigstens in den ersten Jahren.

9. Gesellenwesen.

a. Die Gesellen lassen häufig die nöthige Handfertigkeit vermissen. Die älteren geschulten Arbeiter gehen viel in die Fabriken über, wo sie mehr verdienen können.

b. Unbefugter Austritt kommt oft vor; die Meister können dagegen nichts machen.

c. Die Löhne sind um etwa 5 % gestiegen.

d. Stücklohn ist allgemein eingeführt. Die Auszahlung geschieht am Ende der Woche, ohne Rückbehaltung.

e. Zur Hebung des Gesellenwesens ist nichts geschehen.

f. Ich halte für zweckmäßiger, den Arbeiter in der Werkstätte zu beschäftigen. Man hat ihn unter den Augen und kann ihm die nöthige Anweisung für die Arbeit geben.

g. Von Streitigkeiten ist mir nicht viel bekannt. Gewerbegerichte halte ich für wünschenswerth.

10. Bezüglich der hiesigen Kreditinstitute wüßte ich keine Mängel geltend zu machen.

11. Die bessern Geschäfte beziehen die Arbeitsstoffe im Großen von hier und auswärts, auf handelsüblichen Kredit. Die Kleinmeister holen das Material stückweise je nach Bedarf in den hiesigen Lederhandlungen. Bei auswärtigem Bezug bekommt man mitunter billigere, in der Regel auch bessere Waare wie hier. Die Lederpreise unterliegen manchen Schwankungen, sind aber im Allgemeinen etwas gestiegen, ohne daß bisher eine entsprechende Steigerung der Preise für die Arbeitserzeugnisse eingetreten wäre.

12. Im Allgemeinen haben die hiesigen Schuhmacher jetzt weniger zu thun wie früher. Dieser Rückgang ist allmählig eingetreten und erklärt sich einmal durch die Zu=
nahme der Zahl der hier ansäßigen Meister, vor allem aber durch die Mitbewerbung der Großindustrie, welche auch die vielen Schuhwaarenläden, welche gegenwärtig hier bestehen, hervorgebracht hat und mit ihren Erzeugnissen versorgt.

13. Die Preise sind lohnend zu nennen, wenigstens diejenigen, welche in den soliden Geschäften festgehalten werden. Es gibt natürlich auch in unserem Gewerbe Pfuscher, welche um Schleuderpreise arbeiten. Seit etwa 10 Jahren ist eine wesentliche Aenderung in den Preisverhältnissen nicht eingetreten, vorher waren die Preise niedriger.

14. Soweit mir bekannt ist, schicken die hiesigen Schuhmacher meist vierteljährlich Rechnung.

15. Seit Mitte der 70er Jahre sind die Preise für Wohnungen und Lebens=
mittel in die Höhe gegangen, und ist dadurch der Aufwand bedeutend gestiegen; richtig ist allerdings auch, daß man jetzt durchgängig mehr Ansprüche an's Leben macht, wie früher.

16. Vereinigungen für unser Gewerbe bestehen hier nicht und wurden meines Wissens noch nie in Anregung gebracht.

17. Außer den schon unter Ziffer 12 erwähnten Umständen wüßte ich hier Nichts anzuführen. Doch glaube ich, daß auch die Mitbewerbung der Landschuhmacher für die hiesigen Geschäfte von großem Schaden ist, weil diese Leute sehr billig arbeiten und deß=
halb viel Kundschaft in der Stadt haben.

18. Hat für unser Gewerbe keinen Bezug.

c. Vorschläge zur Verbesserung des Kleingewerbes.

1. Die unbedingte Gewerbefreiheit halte ich für schädlich. Es sollte von Jedem, der das Gewerbe selbstständig betreiben will, sei es im großen oder kleinen Umfange, als Fabrikant oder als Kleinmeister, der Nachweis verlangt werden, daß er das Gewerbe

erlernt hat, und zwar müßte er diesen Nachweis durch die Ablegung eines Meisterstücks vor einer staatlich einzusetzenden Kommission liefern. Zünfte oder Innungen könnte man bei dieser Einrichtung entbehren.

2. Die Einrichtung von Gewerbekammern, d. h. von ständigen Vertretungen des Gewerbestandes, wäre sehr wünschenswerth. Jeder Gewerbetreibende bezw. Gewerbemeister müßte Mitglied dieser Kammer sein und wäre der Ausschuß von den Mitgliedern zu wählen. Die Aufgabe der Gewerbekammern kann ich nicht näher bestimmen, sie sollten eben die Interessen des Handwerks nach jeder Richtung hin wahren und einem weitern Verfall desselben mit allen Kräften entgegen wirken. Die Stadtgemeinde sollte von den aus= wärtigen Schuhmachern, die hierher arbeiten, eine entsprechende Abgabe erheben, sei es in der Form eines Oktrois oder einer Steuer, damit diese Wettbewerbung möglichst ein= geschränkt wird.

3. Von einer eigenen gemeinsamen Thätigkeit der hiesigen Schuhmachermeister kann bei deren großer Anzahl und der Verschiedenheit der Elemente nichts erwartet werden.

<hr>

6.
W. H. von Altkrautheim, Württemberg.
a. Eigene Verhältnisse des Befragten.

1. Ich bin 34 Jahre alt, verheirathet, Vater von 3 Knaben im Alter von $\frac{1}{2}$ bis 13 Jahren und 3 Mädchen im Alter von 2—12 Jahren, welche sämmtlich zu Hause sind.

2. Ich habe das Gewerbe im väterlichen Geschäfte von 1865/68, also in 3jähriger Lehrzeit erlernt. Meine Gesellenzeit dauerte 5 Jahre. Als Arbeitsorte nenne ich: Künzelsau, Bartenstein, Mergentheim, Tauberbischofsheim, Darmstadt, Frankfurt und Mannheim. Der Schulbesuch beschränkte sich auf die Volksschule.

3. Siehe Anlage.

4. und 5. Ich betreibe die Schuhmacherei seit 1872 und zwar dahier.

6. Ich wohne in Miethe. Eine besondere Werkstätte habe ich nicht, sondern arbeite in der Wohnstube.

7. und 8. Ich habe eine Nähmaschine, die mich 160 Mark kostete, die ich aber selten benütze, weil man nur ganz grobe Arbeit darauf machen kann. Die Maschinen der Großindustrie sind mir nicht bekannt.

9. Ich habe weder Lehrlinge, noch Gesellen.

10. Die Arbeitszeit richtet sich nach den vorhandenen Bestellungen, manchmal arbeite ich von früh Morgens bis spät in die Nacht, dann wieder nur einen halben Tag.

11. Gewerbebetrieb.

a. und b. Ich habe keine Spezialität; Flickarbeiten bilden das Hauptgeschäft.

c. Die Arbeitsstoffe liefere ich selbst. Wenn ich neue Schuhe zu machen habe, was übrigens selten vorkommt, so hole ich die Schäfte beim Lederhändler.

d. Im Uebrigen beziehe ich den Rohstoff (meist Sohlenleder) in ganz kleinen Mengen, je nach dem augenblicklichen Bedarf, in hiesigen Lederhandlungen gegen baar. Das Pfund Sohlenleder kostet mich auf diese Weise 3 M., während es bei Bezug in Bürten auf höchstens 2 Mark zu stehen kommt.

e. und f. Ich arbeite nur auf Bestellung und nur für hiesige Kundschaft.

g. und h. Fallen aus.

i. Zahlungsbedingungen stelle ich nicht.

k. Meine Kundschaft zahlt meist baar, oder doch binnen kurzer Frist. Der Verlust an Ausständen ist ohne Bedeutung.

l. Es fehlt mir häufig an Aufträgen; früher, d. h. bis vor etwa 5 Jahren, ging
das Geschäft viel besser, und habe ich damals ständig 1 oder 2 Gesellen gehabt. Der
Grund des Rückgangs ist in der vermehrten Mitbewerbung zu suchen; es haben sich hier
in neuerer Zeit eine Menge Schuster, die kaum mit der Lehrzeit fertig waren, als selbstständige Meister niedergelassen, und auch die Schuhmacher auf den benachbarten Landorten nehmen uns viel Kundschaft weg. Früher hatte ich auch mehr Bestellungen auf
neue Waare, während jetzt ein großer Theil des Publikums die billige Fabrikwaare,
welche in vielen Läden hier zu haben ist, vorzieht.

m. Regelmäßige Schwankungen in dem Geschäftsgang habe ich übrigens nicht
wahrgenommen.

12. Kredit habe ich nicht in Anspruch genommen.

13. Ich schreibe gar nichts auf.

14. Fällt aus.

15. Siehe Anlage.

16. und 17. Seit 5 Jahren sind die Geschäftsabschlüsse nicht befriedigend. Es
bleibt nichts übrig, im Gegentheil: wenn meine Frau nicht als Gesindevermietherin
etwas verdiente, und ich nicht von Verwandten unterstützt würde, so könnte ich mein Auskommen nicht finden. Sehr mißlich für mein Geschäft ist der Umstand, daß ich aus
Mangel an Mitteln nicht in eine bessere Geschäftslage ziehen kann, und daß ich — wie
dies bei so kinderreichen Familien geht — oft die Wohnung wechseln muß, wodurch ich
immer einen großen Theil meiner Kundschaft verliere.

b. Allgemeine Geschäftslage.

Ueber die allgemeine Lage meines Gewerbes kann ich eigentlich nur wenig Auskunft geben, weil ich mich meist zu Haus halte und mit Fachgenossen so gut wie gar nicht
verkehre. Was insbesondere das Lehrlings- und Gesellenwesen betrifft, so habe ich Lehrlinge
noch nie und Gesellen seit 5 Jahren nicht mehr gehabt. Ueber die Einrichtung der
hiesigen Kreditanstalten ist mir auch nichts bekannt. Das kann ich aber mit Bestimmtheit
sagen, daß in der Gegend, wo ich wohne, viele Schuhmacher sind, denen es nicht besser
geht wie mir. Die Gründe, welche ich unter a. 11 l. bezüglich meines Geschäftes geltend
gemacht habe, treffen auch auf diese Geschäfte zu. Was die Preise für die Arbeit und
Arbeitserzeugnisse anbelangt, so sind dieselben, bei mir wenigstens, noch die gleichen, wie
in den früheren Jahren. An den Preisen liegt der Fehler überhaupt nicht. Wenn ich
nur genug Arbeit hätte, so könnte ich mich schon gut durchbringen. Der Lebensunterhalt ist jetzt theurer wie früher; ich habe jetzt aber auch 6 Kinder, die immer mehr in
die Kosten kommen. Ob der Aufwand im Allgemeinen gestiegen ist, darüber kann ich
keine Auskunft geben.

c. Vorschläge zur Verbesserung des Kleingewerbes.

1. Es sollte nicht gestattet sein, daß Jeder ein Geschäft anfangen kann, ohne daß
er eine ordentliche Gesellenzeit hinter sich hat. Die frühere Einrichtung, wonach nur der

sich als Meister niederlassen durfte, der ein Meisterstück vor hiezu berufenen Sachverständigen abgelegt hatte, sollte wieder eingeführt werden, und würde dann eine große Zahl
von Mitbewerbern, die im Großen und Ganzen zwar Pfuscher sind, aber doch dem häus-
lichen Handwerksmeister die Kundschaft wegnehmen, für die Zukunft unschädlich gemacht
werden. Heutzutage gibt es 19 und 20jährige Schuhmacher, die sich als Meister aufthun, in die Häuser laufen und die Kunden anderer Meister durch unsinnig billige Angebote für sich zu gewinnen suchen, was ihnen auch oft genug gelingt.

2. Den Schuhmachern auf dem Lande, die dort viel billiger leben und deßhalb
auch leicht billigere Preise machen können, sollte das Arbeiten für die städtische Kundschaft untersagt werden.

Schuhmacher W. H. in Mannheim.   **Anlage.**
Vorbemerkung.

Erwerbsteuerkapital . . . .   900 M. — Pf.

Familienzahl: 8 Personen.
Geschäftsergebnisse im Jahr 1884.
I. Ausgaben.
A. Gewerbe.

2a. Unterhaltung und Ergänzung von Handwerkszeug	5 M.	— Pf.
b. Abschreibung am Werthe von Handwerkszeug	10 „	— „
3. Heizung und Beleuchtung der Geschäftsräume	14 „	— „
5. Aufwand für Beschaffung der Arbeitsstoffe . . .	250 „	— „
Summa .	279 M.	— Pf.

C. Sonstige Ausgaben.

1. Ausgaben für den Haushalt der Familie (8 Familienglieder und keine Dienstboten) und zwar:		
a. Kost	600 M.	— Pf.
b. Bekleidung	100 „	— „
d. Heizung und Beleuchtung für Küche und Zimmer (auch Arbeits- zimmer)	20 „	— „
2. Miethzins für die Wohnung	264 „	— „
3. Feuerversicherung für Fahrnisse	4 „	— „
5. Lebensversicherung	30 „	— „
6. Staatssteuer . . .	5 „	— „
7. Gemeindeumlagen	6 „	— „
Summa .	1308 M.	— Pf.

II. Einnahmen.
A. Gewerbe.

Bruttoeinnahme aus dem Gewerbebetriebe	520 „	— „

C. Sonstige Einnahmen.

4. Verdienst der Ehefrau aus ihrem Gewerbebetrieb als Magdver- dingerin	300 „	— „
5. Beisteuer in Naturalien von Verwandten der Frau	300 „	— „
Summa .	1120 M.	— Pf.

Ausgaben			.				1308 M.	—	Pf.
Einnahmen			.	.	.	. . . . . .	1120 „	—	„
			Somit Mehrausgabe		.		188 M.	—	Pf.

B. Gesellen.
H. Sch. von Neudenau.

1. Ich bin 34 Jahre alt, verheirathet, kinderlos und Vorstand der hiesigen Zweigstelle des Unterstützungsvereins deutscher Schuhmacher mit dem Sitz in Nürnberg, sowie Mitglied des Gesangvereins „Germania" hier.

2. und 3. Ich bin Schuhmacher und habe 3 Jahre lang von 1863/66 bei Schuh=machermeister Hartmann in Neudenau gelernt. Eine gewerbliche Schule habe ich nicht durchgemacht.

4. Als Geselle habe ich gearbeitet in: Stein am Kocher ½ Jahr bei einem Meister, Heidelberg ¾ Jahr bei einem Meister, Mannheim ¼ Jahr bei einem Meister, Heidelberg, Karlsruhe, Baden=Baden und Mannheim je ½ Jahr, Heilbronn 1 Jahr bei einem Meister, Hornberg 1 Jahr bei einem Meister, Straßburg 4 Jahre bei einem Meister, seitdem hier.

5. In einer Fabrik habe ich noch nicht geschafft. Dagegen ist mir bekannt, daß unter meinen Fachgenossen der Uebergang zur Fabrikarbeit häufig vorkommt, weil im Hand=werk heutzutage wenig Beschäftigung und deßhalb für Stückarbeiter — und solche sind die Schustergesellen fast ohne Ausnahme — wenig Verdienst ist.

6., 7., 8. und 11. Ich arbeite seit 1878 für den Schuhmachermeister R. in Lud=wigshafen, wohne aber ständig hier und schaffe auf eigener Bude. Mein Arbeitgeber be=schäftigt noch 6 Arbeiter in der Werkstätte.

9. Mein Meister treibt die Schuhmacherei in ihrem vollen Umfange. Ich selbst mache nur Herrenarbeit und zwar bekomme ich dieselbe zugeschnitten und genäht geliefert, so daß ich nur die Böden einzusetzen habe.

10. Kost und Wohnung stelle ich selbst. .

12. Das Werkzeug stelle ich ebenfalls selbst.

13. Fällt aus.

14. und 15. Es ist nur eine Nähmaschine im Gebrauch.

16. In der Regel arbeite ich von Morgens 6 bis Abends gegen 8 Uhr mit einstündiger Pause über Mittag. Auch den Sonntagvormittag benütze ich meistens zur Arbeit.

17. Ich arbeite auf Stück. Im Durchschnitt verdiene ich 16—17 M. in der Woche, wovon aber für Zubehör (Faden, Wachs, Pech u. s. w.) 60—70 Pfg. abgehen. Die Auszahlung erfolgt jeweils Samstags für die während der Woche gelieferte Arbeit, ohne Rückbehaltung und Abzug.

18. Fällt aus.

19. Kann nicht angegeben werden.

20. Zwistigkeiten zwischen Gesellen und Meistern sind häufig und haben ihren Grund hauptsächlich darin, daß die Gesellen — wenigstens in den geringern Geschäften — schlecht bezahlt werden.

21. Soweit ich die hiesigen Verhältnisse kenne, sind die Schuhmachermeister, ins=

besondere die jüngeren, im Allgemeinen übel daran. Es fehlt an Arbeit und die kleinen Meister sind genöthigt, um billigen Preis zu arbeiten, weil ihre Kundschaft sonst lieber Fabrikarbeit bezieht. Es muß deßhalb auch als ein Fehler bezeichnet werden, daß sich die Leute zu früh selbständig machen.

22. In unserm Unterstützungsverein — früher Fachverein — wird in wöchentlichen Versammlungen durch ältere Fachgenossen praktischer und theoretischer Unterricht ertheilt. Wir haben übrigens nur ungefähr 20 Mitglieder, welche ein Zehntheil der hiesigen Schustergesellen darstellen.

23. Unserm Handwerk könnte nur geholfen werden, wenn dem fabrikmäßigen Herstellen von Schuhwaaren und dem dadurch hervorgerufenen ausgedehnten Schuhwaarenhandel durch Kaufleute Einhalt gethan würde. Ob und wie sich das aber unter den heutigen Zeitverhältnissen überhaupt ermöglichen läßt, ist eine Frage, die sich meiner Beurtheilung entzieht. Immerhin würde die staatliche Einrichtung von Fachschulen sehr zur Hebung des Gewerbes beitragen, und glaube ich, daß solche von meinen Gewerbegenossen gerne besucht würden.

XXVI. Weißwaarenverfertiger.

Einvernommen wurde:

E. P. von Paris.

a. Eigene Verhältnisse des Befragten.

1. Ich bin 31 Jahre alt, verheirathet, Vater von 2 Kindern im Alter von 4 und 5 Jahren.

2. Ich bin nach meiner Schulentlassung in ein großes Hemdengeschäft in Paris eingetreten, wo ich 4 Jahre als Lehrling und dann noch 3 Jahre als Zuschneider in Stellung war. Von da kam ich ebenfalls als Zuschneider in ein Weißwaarengeschäft zu Elberfeld, wo ich 4 Jahre blieb, und sodann hierher zunächst für 2 Jahre in das Hemdengeschäft von L., worauf ich mich selbständig niederließ. Ich war bis zu meinem 14. Lebensjahre in einer Privatschule bei Paris, und besuchte dann noch 1 1/2 Jahre lang eine höhere Schule in Paris selbst.

3. Fällt aus.

4. und 5. Ich betreibe ein Weißwaarengeschäft seit dem Jahre 1880; eine Verlegung fand nicht statt.

6. Ich wohne in Miethe. Der Miethzins für Laden und Arbeitsraum beträgt 1000 Mark, wobei zu bemerken, daß die Geschäftslage (O. 3. 1) nicht besonders gut ist.

7. und 8. Ich habe 2 Nähmaschinen im Gebrauch. Im Großbetrieb sind meines Wissens auch keine anderen Maschinen verwendet.

9 a. Ich habe ein Lehrmädchen, das Kost und Wohnung im Haus erhält und kein Lehrgeld zu zahlen braucht. Ein schriftlicher Vertrag ist nicht abgeschlossen. Das Mädchen wird von mir unterwiesen und zwar hauptsächlich in Ausbesserungsarbeiten, weil ich die Neuherstellungen meist außer Haus machen lasse. Die Dauer der Lehrzeit beträgt nur 6 Monate.

b. Ich habe mit 2 Weißnäherinnen in Ludwigshafen ein ständiges Uebereinkommen abgeschlossen, wonach dieselben Tag für Tag die vorhandene Arbeit bei mir holen bezw. die fertig gestellte Waare mir bringen. Dieselben erhalten die Hemden, Jacken, Hosen und was sonst in meinem Geschäfte gemacht wird, fix und fertig zugeschnitten, so daß sie nur das Nähen zu besorgen haben.　Ob und wie viel Hilfskräfte sie ihrerseits wieder be= schäftigen, kümmert mich nichts.　Die Näherinnen zahle ich nach dem Stück und zwar jeweils Samstags.　Was die Beiden zusammen verdienen, kann im Durchschnitt auf 50—60 Mark die Woche geschätzt werden.

10. Ich arbeite von Morgens bis Abends im Geschäfte und besorge das Zuschneiden und die Buchhaltung, sowie das Ladengeschäft.

11. Ich fertige hauptsächlich Herrenartikel (Hemden, Hosen und Jacken), ohne jedoch Damenwäsche von meinem Geschäftsbetriebe grundsätzlich auszuschließen.

b. Das Hauptgeschäft besteht in Neuherstellungen, doch kommen auch Ausbesse= rungen vor.

c. Die Stoffe liefere ich fast ausnahmslos selbst.　Die Hemdenbrüste werden als Halbfabrikate bezogen und zwar von Bielefeld.

d. Die Rohstoffe beziehe ich ballenweise, unmittelbar von den Mühlhausener Fa= briken auf Zahlungsfrist von 3 Monaten.　Bei Baarzahlung wird 2 % Nachlaß gewährt.

e. Ich arbeite nur auf Bestellung.

f. Die Mehrzahl meiner Kunden ist hier am Orte, doch habe ich von meinem früheren Aufenthalt in Westphalen her auch dort noch einige ständige Kundschaft, die ich alljährlich 2 Mal besuche.

g. Ich habe ein Ladengeschäft, in welchem aber eigene Waare nur als Muster ausgelegt ist.　Ich führe darin hauptsächlich Rohstoffe, die ich aber nur abgebe, wenn gleichzeitig die Verarbeitung derselben mir übertragen wird.　Außerdem halte ich noch von auswärts bezogene Manschetten, Kragen, Cravatten, Taschentücher, Socken, Knopf= garnituren darin feil.　Die Kragen, Manschetten und Taschentücher kommen bei fertigem Bezug viel billiger, als wenn man sie selbst herstellen würde.

h. Die handelsübliche Zahlungsfrist ist die von 3 Monaten.

i. Wenn nicht früher bezahlt wird, schicke ich in der Regel halbjährlich Rechnung, ausnahmsweise, wenn mir nämlich der Kunde unsicher erscheint, auch in kürzerer Frist.

k. Ich kann im Allgemeinen über unpünktlichen Eingang der Ausstände nicht klagen.　Gerichtlich habe ich noch nicht betrieben.　Verluste kommen übrigens jedes Jahr mehr oder minder vor, und zwar habe ich in den 5 Jahren, die ich das Geschäft jetzt betreibe, etwa 500 M. verloren.

l. An Aufträgen fehlt es mir nicht, und kann ich im Gegentheil sagen, daß ich jedes Jahr mehr zu thun habe.

m. In den Monaten Januar und Februar, und sodann wieder im August und September geht das Geschäft jeweils merklich flauer.

12. Ich habe, um das nöthige Betriebskapital für das Geschäft zu erhalten, bei meinen Schwiegereltern 9000 Mark zu 5 % aufgenommen.　Dies Geld steckt in den Geschäfts= einrichtungen und den Waarenvorräthen, deren Werth sich auf mindestens 12000 Mark beziffert.

13. Ich habe eine vollständig kaufmännische Buchhaltung.　Was in die Haus= haltung geht, wird ebenfalls aufgeschrieben.

14. Fällt weg.

15. Konnte nicht beigebracht werden.

16. Obwohl das Geschäft gut ging, so habe ich doch keine irgendwie nennens=
werthen Ueberschüsse erzielt. Der Grund hiefür liegt in dem Umstande, daß durch die
große Zahl der hier bestehenden Mitbewerbungsgeschäfte die Preise immer mehr herunter=
gedrückt werden. Noch vor 4 oder 5 Jahren war es damit besser bestellt, und habe ich
damals, obwohl ich weit weniger Arbeit hatte, ebenso viel verdient wie jetzt. Im Jahre
1880 rechnete ich für 1 Hemd 8 Mark, jetzt muß ich es für 7 Mark liefern.

b. Allgemeine Geschäftslage.

1. Von Spezialitäten in unserem Gewerbe ist mir, wenigstens am hiesigen Platze,
nichts bekannt.

2. Die Hemdenbrüste werden in der Regel fertig bezogen.

3. Ich liefere meist nur für den Ort.

4. Einzelne Gewerbegenossen arbeiten wohl auch für Wiederverkäufer, doch ist mir
hierüber nichts Näheres bekannt.

5. Die Weißwaarenverfertiger hier haben alle Ladengeschäfte, in welchen Stoffe
und außerdem fertigbezogene Kragen, Manschetten, Taschentücher und dergleichen feilge=
halten werden. Letztere Waaren werden jetzt fabrikmäßig hergestellt (hauptsächlich in Berlin),
und wäre die eigene Anfertigung derselben durchaus nicht mehr einträglich.

5. Die Inhaber der hiesigen Weißwaarengeschäfte sind großentheils Kaufleute, die
uns ins Handwerk pfuschen, indem sie Bestellungen entgegennehmen und diese durch Näh=
rinnen ausführen lassen. Auch kommt es vielfach vor, daß einfache Näherinnen, die in
keiner Weise eine eigentliche Lehre durchgemacht haben, sich mit der Herstellung von
Hemden und sonstigen Wäscheartikeln befassen.

6. Fällt aus.

7. Nähmaschinen sind jetzt allgemein eingeführt.

8. Lehrlinge gibt es in unserm Gewerbe nicht, es sind hier nur Lehrmädchen
in den Geschäften thätig, und kann ich über deren Stellung und Verhältniß im Allge=
meinen keine nähere Auskunft geben.

9. Ebensowenig gibt es in unserm Gewerbe Gesellen. Die Arbeit wird nach aus=
wärts gegeben an Näherinnen, die nach Stück bezahlt werden. Vor 5 Jahren standen
die Löhne höher wie jetzt. Für das Stück Hemd bekam die Näherin damals 1 Mark
70 Pfg., jetzt 1 Mark 50 Pfg.

10. Die bezüglichen Verhältnisse sind mir nicht bekannt.

11. Ich bin gar nicht unterrichtet über den Geschäftsbrauch der Andern.

12. Ich kann auch in dieser Hinsicht keine Angaben machen, weil mir die Ver=
hältnisse der andern Geschäfte zu wenig bekannt sind. Für das Hemdengeschäft — und das
bildet die Hauptquelle unseres Einkommens — ist übrigens die Mitbewerbung der Groß=
industrie kaum in Betracht zu ziehen, denn die Fabrikwaare wird nur von Leuten aus dem
Arbeiterstande gekauft.

13. Die Preise sind nicht lohnend zu nennen, wie ich unter a. 16 schon ausge=
führt habe.

14. Wie es die Andern damit halten, weiß ich nicht.

15. Ich habe erst seit 6 Jahren einen eigenen Haushalt und habe während dieser
Zeit eine Steigerung des Aufwandes für den Lebensunterhalt nicht bemerkt.

16. Vereinigungen irgendwelcher Art bestehen hier nicht.

17. Das durch den bekannten Professor Jäger eingeführte Wollenregime hat einen sehr merklichen Rückschlag auf den Absatz der Weißwaaren ausgeübt. Den Hauptschaden für das Gewerbe bringen die Geschäftsreisenden, die theilweise von weit her kommen und die Kunden in den Häusern aufsuchen, wobei sie gleich das Maaß nehmen.

18. Hat hier keinen Bezug.

c. Vorschläge zur Verbesserung des Kleingewerbes.

Es wäre meines Erachtens sehr wünschenswerth, daß der Gewerbebetrieb der Geschäftsreisenden, d. h. das Aufsuchen von Privatkundschaft in den Häusern, untersagt würde. Ich würde mich dann gerne verpflichten, auch meine Geschäftsreisen nach auswärts zu unterlassen. Wenn diese schädigende Mitbewerbung in Wegfall käme, so würden sich die Preise auch wieder heben.

Mannheim.

Statistische Erhebungen über die Lage des Kleingewerbes.

I. Zahl der Gemeinden des Amtsbezirks Mannheim = 9, nämlich:

	Seelenzahl.		Seelenzahl.
Stadt Mannheim	53 465.	Neckarhausen .	1 217.
Ladenburg	3 115.	Sandhofen. .	2 068.
Feudenheim	3 345.	Schriesheim .	2 838.
Ilvesheim	1 475.	Wallstadt .	1 156.
Käferthal	4 398.		

Dazu das zum Amtsbezirk Schwetzingen gehörige
Neckarau . . . . 4 570.

II. Die beruflichen und gewerblichen Verhältnisse in Mannheim Stadt, Mannheim Land und Gemeinde Neckarau.

a. Nach der Berufszählung.

	Einwohnerzahl.	B. Industrie (Gewerbe) treiben		C. Handel u. Verkehr treiben		Landwirthschaft treiben			
		Selbständige	Gehilfen	Selbständige	Gehilfen	Selbständige bei B	Gehilfen	Selbständige bei C	Gehilfen
		als Hauptberuf				als Nebenberuf			
Mannheim, Stadt . .	53 465	2901	8493	1917	4396	11	44	48	115
" Land . .	19 901	904	2535	233	144	524	802	145	59
Neckarau	4 570	110	537	47	242	73	186	41	130
		als Nebenberuf				als Hauptberuf			
Mannheim, Stadt . .		128	32	210	75	2	—	7	—
" Land . .		79	23	135	49	40	5	67	5
Neckarau		14	3	36	9	6	2	14	1

b. Nach der Gewerbezählung.

	Gewerbebetriebe			
	der Industrie B.		des Handels u. Verkehrs C.	
	ohne und weniger als sechs Gehilfen	mit sechs und mehr Gehilfen	ohne und weniger als sechs Gehilfen	mit sechs und mehr Gehilfen
	Hauptbetriebe		Hauptbetriebe	
Mannheim, Stadt . .	2633	236	1809	187
" Land	847	24	237	2
Neckarau .	106	6	53	1
	Nebenbetriebe		Nebenbetriebe	
Mannheim, Stadt . .	102	—	179	—
" Land . .	68	—	109	—
Neckarau	12	—	29	—

Unter Hauptberuf ist der Beruf verstanden, welcher die alleinige oder hauptsächliche Berufs- oder Erwerbsthätigkeit oder Einkommensquelle bildet. — Unter Nebenberuf ist der Beruf verstanden, welcher neben einem Hauptberuf oder von Personen ohne eigentlichen Beruf nebensächlich ausgeübt wird. — Als Hauptbetriebe sind alle Geschäfte und alle nebensächlich betriebenen Geschäftszweige gezählt, für welche eine Zahl beschäftigter Personen angegeben werden konnte. — Als Nebenbetriebe solche nebensächliche Geschäftszweige oder Beschäftigungen, für welche eine Zahl beschäftigter Personen nicht angegeben werden kann.

44

III. Wirthschaften und Kleinhandel mit Branntwein und Spiritus.

Gemeinde.	Zahl der			Zu=sammen.	Nach dem Stand der letzten Volks=zählung kommen in den einzelnen Orten auf je 1 Wirthschaft Einwohner.
	Gast= Wirthschaften.	Schank=	zum Klein=handel mit Branntwein u. Spiritus befugten Geschäfte.		
Mannheim .	33	219	40	292	184
Ladenburg .	11	4	7	22	141
Feudenheim . .	14	4	4	22	152
Jlvesheim .	8	1	3	12	123
Käferthal . . .	9	9	4	22	199
Neckarhausen . . .	5	1	—	6	203
Sandhofen .	10	4	3	17	122
Schriesheim . .	13	1	6	20	142
Wallstadt . .	4	1	2	7	135
Zusammen .	107	244	69	420	—
Neckarau . .	15	5	8	28	164

IV. Steuerkapitalien.

Gemeinde.	Grund= und Gefäll= steuer.	Häuser= steuer.	Erwerb= steuer.	Kapital= renten= steuer.	Im Ganzen steuerbare Kapitalien.	Konstatirte steuerfreie Kapitalien.
Mannheim . .	4 437 750	67 803 040	*) 7 933 500 199 216 900	106 973 020	386 364 210	1 438 980
Ladenburg . . .	4 829 233	1 604 320	*) 66 000 2 242 700	1 170 060	9 912 313	18 535
Feudenheim . .	2 067 690	1 217 030	*) 3 000 1 426 600	204 140	4 918 460	—
Jlvesheim . . .	1 333 535	626 400	*) 22 500 663 100	202 080	2 847 615	187 330
Käferthal . . .	2 022 757	2 746 340	*) 12 500 9 084 300	559 900	14 425 797	45 187
Neckarhausen . .	696 981	575 410	*) 1 000 343 400	292 600	1 909 391	44 253
Sandhofen . .	5 072 180	1 041 330	943 400	333 840	7 390 750	511 456
Schriesheim . .	3 458 051	1 324 270	*) 3 000 1 285 200	411 600	6 482 121	16 275
Wallstadt . . .	1 680 255	401 240	389 700	48 840	2 520 035	55 716
Zusammen .	25 598 432	77 339 380	223 636 800	110 196 080	436 770 692	2 317 732
Neckarau . . .	5 058 950	2 253 040	3 534 100	1 249 360	12 095 450	184 950

*) Steuerkapitalien der Beamten ꝛc.

V. Gemeinde-Verhältnisse.

	Bürgergenuß.			Oktroi.
	Bezeichnung des Genußtheils.	Werthanschlag des Genußtheils.	Höhe der Auflage.	
Mannheim . .	—	—	—	Ja.
Ladenburg .	Güternutzung. I. Klasse mit 113 Berechtigten je 10 Ar 80 □M. Acker	19 M. 5 ₰	3 M 81 ₰	Nein.
	II. Klasse mit 219 Berechtigten je 39 Ar 60 □M. Acker	60 M. 17 ₰	2 M. 74 ₰ 10 M. 94 ₰ Die Auflage wird nur erhoben, wenn die Umlage 50 ₰ auf 100 M. Steuerkapital übersteigt, was z. Z. nicht der Fall ist.	
Neckarau .	Güternutzung. I. Klasse mit 387 Berechtigten je 7 Ar 20 □M. Acker.	6 M 21 ₰		Nein.
	II. Klasse mit 255 Berechtigten je 46 Ar 7 □M. Acker und Wiesen.	69 M 17 ₰	7 M. 57 ₰	

Höhe der Umlagen für 1884: { Mannheim: 35 ₰ Ladenburg: 46 ₰ Neckarau: 28 ₰ } von 100 M. St.-Kap.

VI. Durchschnittspreise der nachverzeichneten Lebensbedürfnisse im Jahre 1884.

Gemeinde.	Kartoffeln (Ztr.)		Weizenmehl	Roggenmehl	Brod gangbarster Sorte	Milch	Ochsenfleisch	Rindsfleisch	Schweinefleisch	Hammelfleisch	Kalbfleisch	Butter	Eier	Repsöl	Erdöl	Ruhr-Kohlen	Saar-Kohlen	Buchen	Fichten und Tannen
	M.	₰	₰	₰	₰	₰	₰	₰	₰	₰	₰	₰	₰	₰	₰	₰	₰	M.	M.
Mannheim .	3	11	20	17	14	20	75	66	61	75	65	109	64	90	24	63	80	45	36
Ladenburg . . .	2	—	20	15	14	18	—	60	60	60	60	110	60	75	24	70	75	40	28
Neckarau	2	—	18	14	13	20	65	60	60	—	60	120	50	36	22	60	75	28	24

44*

VII. Wohnungswerthe und Miethpreise für das Jahr.

Gemeinde.	Wohnung von 3–4 Zimmern mit Zubehör (Küche, Keller 2c.)						Wohnung in gleichem Umfang mit Werkstätte.						Gleiche Wohnung mit Laden (ohne Werkstätte).						Gleiche Wohnung mit Laden und Werkstätte.					
	Lage und Ausstattung						Lage und Ausstattung						Lage und Ausstattung						Lage und Ausstattung					
	beste		mittlere		geringe		beste		mittlere		geringe		beste		mittlere		geringe		beste		mittlere		geringe	
	im eigenen Hause.	in Miethe.	im eigenen Hause.	in Miethe.	im eigenen Hause.	in Miethe.	im eigenen Hause.	in Miethe.	im eigenen Hause.	in Miethe.	im eigenen Hause.	in Miethe.	im eigenen Hause.	in Miethe.	im eigenen Hause.	in Miethe.	im eigenen Hause.	in Miethe.	im eigenen Hause.	in Miethe.	im eigenen Hause.	in Miethe.	im eigenen Hause.	in Miethe.
	ℳ	ℳ	ℳ	ℳ	ℳ	ℳ	ℳ	ℳ	ℳ	ℳ	ℳ	ℳ	ℳ	ℳ	ℳ	ℳ	ℳ	ℳ	ℳ	ℳ	ℳ	ℳ	ℳ	ℳ
Mannheim .	800 bis 1100	800 bis 1100	500 bis 750	500 bis 750	400 bis 600	400 bis 600	1000 bis 1200	1000 bis 1200	600 bis 900	600 bis 900	500 bis 700	500 bis 700	2000 bis 3500	2000 bis 3500	1000 bis 2000	1000 bis 2000	600 bis 1000	600 bis 1000	2200 bis 4000	2200 bis 4000	1200 bis 2000	1200 bis 2000	650 bis 1200	650 bis 1200
Ladenburg	300 350	250 250	300 300	200 200	200 200	130	1000	1000	600	200	500	200	2000	1000	1000	500	600	300	2200	?	1200	300	650	300
Neckarau .	350	350	300	300	250	250	?	400	200	350	180	300	800	700	2000	350	160	300	?	450	300	400	250	350

VIII. Jahr- und Wochenmärkte.

Gemeinde.	Jahrmärkte und Messen.		Wochenmärkte.		Sind noch andere als die in §. 66 Ziff. 1—3 bezeichneten Gegenstände genannt und welche sich der Zulassung zum Verkaufe?	Besteht zu Gunsten der Bewohner des Marktortes eine Beschränkung hinsichtlich des Zulassung zum Verkaufe?	Bemerkungen.
	Zahl derselben im Jahr.	Dauer derselben.	Zahl derselben in der Woche.	Dauer derselben in der Woche.			
Mannheim .	3	je 14 Tage	3	—	Jedes Geschirr	Nein	In den übrigen Orten des Amtsbezirks Mannheim bestehen weder Jahrmärkte bezw. Messen, noch auch Wochenmärkte.
Ladenburg .	3	je 1 Tag	2	—	Nein	Nein	
Schriesheim .	4	je 1 Tag	2	—	Nein	Nein	
Neckarau .	—	—	—	—	—	—	

IX. Nach Mittheilung des Großh. Steuerkommissärs beträgt die Zahl der Wanderlager bezw. Wandergewerbsteigerungen am Amtsort

b. i. in der Stadt Mannheim seit 21. November 1878 : — 39.

Frühere Acten hierüber sind nicht vorhanden.

G.

Für den Gewerbebetrieb ausgestellte Erlaubnißkarten.

Amtsbezirk	Zahl der an Handlungsreisende ausgestellten Gewerbe-Legitimationskarten		Zahl der ertheilten Wandergewerbscheine sowie der hierbei zugelassenen Gewerbetreibenden und Begleiter nach Formular A.									
	für inländische Handlungsreisende nach Formular K a (§. 69 bis 71 R.-G.).	für ausländische Handlungsreisende Formular K b (§. 72 R.-G.).	Für Musikaufführungen und dergleichen nach Formular A.						Für sonstige durch Inländer betriebene Arten des Wandergewerbes nach Formular B.		Für sonstige durch Ausländer betriebene Arten des Wandergewerbes nach Formular C.	
			Inländer.			Ausländer.						
			Zahl der ertheilten Scheine.	Zahl der zugelassenen Wandergewerbetreibenden.	Zahl der zugelassenen Begleiter.	Zahl der ertheilten Scheine.	Zahl der zugelassenen Wandergewerbetreibenden.	Zahl der zugelassenen Begleiter.	Zahl der ertheilten Scheine.	Zahl der zugelassenen Begleiter.	Zahl der ertheilten Scheine.	Zahl der zugelassenen Begleiter.
Mannheim	727	—	26	30	19	—	—	—	262	10	25	—
Schwetzingen	46	—	20	2	10	1	1	4	210	30	11	2
Gemeinde Neckarau	3	—	4	—	1	—	—	—	26	—	—	—

Amtsbezirk	Zahl der ausgedehnten Wandergewerbscheine und der durch die Ausdehnung zugelassenen Gewerbetreibenden und der Begleiter						für Ausländer zum Betriebe sonstiger Arten des Wandergewerbes nach Formular C.		Zahl der zum Betriebe des fliegenden Buchhandels ertheilten Legitimationsscheine nach Formular J.	
	für Musikaufführungen und dergleichen nach Formular A.								Von dem Bezirksamt als Ortspolizeibehörde	Von den Bürgermeisterämtern als Ortspolizeibehörde befördert.
	Inländer.			Ausländer.						
	Zahl der ausgedehnten Scheine.	Zahl der durch die Ausdehnung zugelassenen Wandergewerbetreibenden.	Zahl der durch die Ausdehnung zugelassenen Begleiter.	Zahl der ausgedehnten Scheine.	Zahl der durch die Ausdehnung zugelassenen Wandergewerbetreibenden.	Zahl der durch die Ausdehnung zugelassenen Begleiter.	Zahl der ausgedehnten Scheine.	Zahl der dabei zugelassenen Begleiter.		
Mannheim	115	115	171	170	170	11	18	18	18	1
Schwetzingen	59	25	34	23	27	—	12	—	—	—

X. Uebersicht der Bauarbeiten.

Jahr.	Neubauten						Hauptausbesserungen					
	Zahl			Bausumme			Zahl			Bausumme		
	in Mannheim.	in den andern Orten des Bezirks.	in Neckarau.	in Mannheim.	in den andern Orten des Bezirks.	in Neckarau.	in Mannheim.	in den andern Orten des Bezirks.	in Neckarau.	in Mannheim.	in den andern Orten des Bezirks.	in Neckarau.
1875	89	134	33	3 700 000	570 000	80 000	49	25	11	?	?	?
1876	88	128	36	4 400 000	1 800 000	80 000	72	32	—	?	?	?
1877	192	86	10	2 650 000	570 000	25 000	38	31	2	?	?	?
1878	86	85	23	2 300 000	1 120 000	90 000	71	16	6	?	?	?
1879	107	57	14	2 700 000	320 000	150 000	82	27	5	?	?	?
1880	110	63	16	2 400 000	220 000	55 000	93	22	2	?	?	?
1881	136	100	19	2 400 000	340 000	60 000	95	16	4	?	?	?
1882	180	124	21	3 750 000	330 000	50 000	118	7	—	?	?	?
1883	224	92	17	3 800 000	490 000	80 000	131	46	8	?	?	?
1884	208	150	9	4 350 000	790 000	54 000	170	33	7	?	?	?

XI. Anstalten zur Förderung der Sparsamkeit (Sparkassen ꝛc.)

Geschäftsbetrieb in den Jahren 1883 und 1884 mit thunlicher Berücksichtigung der Verhältnisse der Gewerbetreibenden.

Sitz der Anstalt.	Bezeichnung der Anstalt.	Neue Einlagen M.				Rückzahlungen M.			
		1883 von		1884 von		1883 von		1884 von	
		Gewerbetreibenden.	sonstigen Personen.	Gewerbetreibenden.	sonstigen Personen.	Gewerbetreibenden.	sonstigen Personen.	Gewerbetreibenden.	sonstigen Personen.
Mannheim	städt. Sparkasse	158 672	531 838	190 032	621 086	29 425	91 020	48 856	149 451
Neckarau	Kreditverein	3 000	22 793	400	19 493	1 083	6 171	1 748	10 593

Sitz der Anstalt.	Bezeichnung der Anstalt.	Guthaben der Einleger zu Ende des Rechnungsjahres M.				Einleger (Sparbücher)				
		1883 von		1884 von		zu Ende des Jahres 1882	Zugang 1883 von		Abgang 1883 von	
		Gewerbetreibenden.	sonstigen Personen.	Gewerbetreibenden.	sonstigen Personen.		Gewerbetreibenden.	sonstigen Personen.	Gewerbetreibenden.	sonstigen Personen.
Mannheim	städt. Sparkasse	129 247	440 818	141 176	471 635	9 301	430	1826	61	195
Neckarau	Kreditverein	3 600	26 126	2 002	35 897	22	4	38	4	2

Sitz der Anstalt.	Bezeichnung der Anstalt.	Einleger (Sparbücher)					Durchschnittl. Guthaben eines Einlegers M.			
		zu Ende des Jahres 1883	Zugang 1884 von		Abgang 1884 von		1883 von		1884 von	
			Gewerbetreibenden.	sonstigen Personen.	Gewerbetreibenden.	sonstigen Personen.	Gewerbetreibenden.	sonstigen Personen.	Gewerbetreibenden.	sonstigen Personen.
Mannheim	städt. Sparkasse	10 031	462	1 993	66	342	350	270	356	285
Neckarau	Kreditverein	58	1	27	2	11	1 200	475	1 001	505

In den übrigen Gemeinden des Amtsbezirks Mannheim bestehen keine Anstalten fraglicher Art.

XII.

a. Gewerbliche Bildungsanstalten:

In der Stadt Mannheim besteht eine Gewerbeschule, 3 Kurse und 1 Vorbereitungskurs umfassend. Dieselbe wird gegenwärtig von 414 Schülern besucht, unter denen sich 33 Gewerbsgehilfen befinden. Während des Winters ist ein sogen. Winterkurs eingerichtet, in welchem die Schüler den ganzen Tag über im Zeichnen unterwiesen werden; derselbe wurde im letzten Winter von 43 Schülern besucht. Schulzwang besteht nicht. Der Erfolg der Schule kann als ein guter bezeichnet werden.

Auch in Ladenburg besteht eine Gewerbeschule, deren Besuch vorgeschrieben ist; die Zahl der Schüler beträgt 40, die Erfolge sind zufriedenstellend.

Die übrigen Amtsgemeinden, ebenso auch Neckarau, besitzen keine Anstalten fraglicher Art.

b. Gewerbliche Genossenschaften und Vereine:

Hier ist nur der in hiesiger Stadt bestehende „Gewerbe= und Industrie= Verein" mit 120 Mitgliedern, sowie der Handwerkerverein mit 140 Mitgliedern zu nennen.

c. Anstalten zur Hebung des Lehrlings= und Gesellenwesens:

Der hiesige Gewerbe= und Industrieverein besitzt eine Bibliothek, verbunden mit einem Lesezimmer in seinem Vereinslokale. Das Lesezimmer ist jeden Sonntag Vormittag von 10—12 Uhr geöffnet und zwar sowohl für die Meister, als auch für die Gesellen und Lehrlinge.

Auch veranstaltet der genannte Verein alljährlich an Ostern eine Ausstellung von Lehrlingsarbeiten, verbunden mit Prämiirung. Im laufenden Jahre wurden von 39 Ausstellern 23 mit Preisen bedacht.

Aus den übrigen Gemeinden einschließlich Neckarau ist hier Nichts zu erwähnen.

d. Vergünstigungen von Seiten der Gemeinde bezüglich der Benützung von Gas und Wasser für gewerbliche Zwecke:

Auch hier kommt nur die Stadt Mannheim in Betracht, welche bei Bezug von Gas (ein Wasserwerk ist nicht vorhanden) für gewerbliche Zwecke statt des Grundpreises von 20 Pf. nur 16 Pf. für den Kubikmeter berechnet. Ueberdies bestehen folgende Rabattabstufungen:

a. für Leuchtgas bei einem Grundpreis von 20 Pf. für den Kubikmeter:

5 % bei einem jährlichen Verbrauch von	1 500— 2 500 kbm
10 % „ „ „ „ „	2 501— 5 000 „
15 % „ „ „ „ „	5 001—10 000 „
20 % „ „ „ „ „	10 001—25 000 „
25 % „ „ „ „ „	25 001—50 000 „
30 % „ „ „ „ „	50 001 und mehr.

b. für Gas zu gewerblichen Zwecken, bei einem Grundpreise von 16 Pf. für den Kubikmeter:

5 % bei einem jährlichen Verbrauch von	5 000—10 000 kbm
10 % „ „ „ „ „	10 001—15 000 „
15 % „ „ „ „ „	15 001—20 000 „
20 % „ „ „ „ „	über 20 000 „

XIII. Vereine zur Versicherung für Krankheit und Sterbefälle und Betheiligung der Gewerbetreibenden hieran:

a. Mannheim.

1. Kranken-Unterstützungs-Verein
in der goldenen Gerste . . 450 Mitglieder, davon 125 Gewerbetreibende.

2. Kranken-Unterstützungs-Verein
„Fürsorge" im Habereck . . 988 „ „ 350 „

3. Kranken-Unterstützungs-Verein
„Eintracht" . . . . . . 1500 „ „ 300 „

4. Kranken-Unterstützungs-Verein
zum goldenen Falken . . . 610 „ „ 290 „

5. Allgemeiner Kranken-Unterstützungs-Verein . . . . . 1281 „ „ 1000 „

6. Kranken-Unterstützungs-Verein
„Freundschaft" . . . . . 757 „ „ 225 „

7. Israelitischer Kranken-Unterstützungs-Verein . . . 1040 „ „ 300 „

8. Kranken-Unterstützungs-Verein
und Sterbekasse im katholischen
Bürgerspital . . . . . 230 „ „ 110 „

9. Kranken-Unterstützungs-Verein
und Sterbekasse im König von
Portugal . . . . . . 220 „ „ 220 „

10. Kranken-Unterstützungs-Verein
im goldenen Schaf . . . 800 „ „ 360 „

11. Kranken-Unterstützungs-Verein
im Prinz Max . . . . . 1200 „ „ 500 „

12. Kranken-Versicherungs-Verein
im Eichbaum . . . . . 800 „ „ 360 „

Zusammen 12 Vereine mit . 9876 Mitgliedern, davon 4140 Gewerbetreibende.

NB. Die Arbeiter-Krankenkassen sind unter XIV. aufgeführt.

b. Ladenburg.

1. Christlicher Kranken-Unterstützungs-Verein mit 166 Mitgliedern, wovon 100 Gewerbetreibende;

2. Israelitischer Kranken-Unterstützungs-Verein mit 12 Mitgliedern, wovon 6 Gewerbetreibende.

c. Feudenheim.

1. Kranken- und Sterbekassen-
Verein zum goldenen Stern 500 Mitglieder, davon 34 Gewerbetreibende.

2. Kranken- und Sterbekassen-
Verein zur Pfalz . . . . 115 „ „ 27 „

3. Central-Kranken- und Sterbe-
Kassen-Verein der Tischler (in
Hamburg) im Prinz Max . 70 „ „ 6 „

Uebertrag . 685 Mitglieder, davon 67 Gewerbetreibende.

Uebertrag . 685 Mitglieder, davon 67 Gewerbetreibende.

4. dto. der Schuster im Löwen . 142 „ „ 9 „

Zusammen . . . 827 Mitglieder, davon 76 Gewerbetreibende.

d. Ilvesheim.

1. Freie Hilfskasse mit 340 Mitgliedern, davon 51 Gewerbetreibende.

e. Käferthal.

1. Kranken=Unterstützungs=Verein
Nr. 1 mit . . . . . . 230 Mitgliedern, davon 96 Gewerbetreibende.
2. Kranken=Unterstützungs=Verein
Nr. 2 mit . . . . . . 242 „ „ 151 „
3. Handwerker = Kranken = Unter=
stützungs=Verein . . . 400 „ „ 400 „
4. Krankenverein Waldhof . . 260 „ „ 260 „

Zusammen . . 1132 Mitglieder, davon 907 Gewerbetreibende.

f. Neckarhausen.

1. Männer = Kranken = Unter=
stützungs=Verein mit . . . 180 Mitgliedern, davon 53 Gewerbetreibende.
2. Bürger=Verein mit . . . 75 „ „ 20 „

Zusammen . . . 255 Mitglieder, davon 73 Gewerbetreibende.

g. Sandhofen.

1. Kranken=Unterstützungs=Verein
mit . . . . 138 Mitgliedern, davon 8 Gewerbetreibende.
2. Arbeiter=Kranken=Unterstützungs=
Verein mit . . . . . 92 „ „ 3 „

Zusammen . . . 230 Mitglieder, davon 11 Gewerbetreibende.

h. Schriesheim.

1. Kranken-Verein mit . . . . 242 Mitgliedern, davon 67 Gewerbetreibende.

i. Wallstadt.

1. Kranken = Unterstützungs=Kasse
Einigkeit mit . . . . . 237 Mitgliedern, davon 66 Gewerbetreibende.
2. Central = Kranken= und Sterbe=
kasse der Tischler in Hamburg mit 62 „ „ 7 „

Zusammen . . . 299 Mitglieder, davon 73 Gewerbetreibende.

Zusammen im Amtsbezirk Mannheim:
30 Vereine mit 13379 Mitgliedern, davon 5504 Gewerbetreibende.

Neckarau.

1. Kranken=Unterstützungs=Verein
mit . . . . 243 Mitgliedern, davon 24 Gewerbetreibende.
2. Central = Kranken= und Sterbe=
kasse der Tischler in Hamburg mit 70 „ „ — „

Zusammen . . . 313 Mitglieder, davon 24 Gewerbetreibende.

XIV. Verzeichniß der im Amtsbezirk Mannheim bestehenden Vereine.

Ordnungs-Zahl.	Gemeinde.	Zahl der Vereine.	Zahl der Mitglieder.	Zahl der in dem Vereine befindlichen Gewerbe-treibenden.
1	Feudenheim . . .	10	1386	190
2	Ilvesheim . . .	6	559	98
3	Käferthal . . .	13	1924	1027
4	Ladenburg . . .	9	665	321
5	Mannheim . .	148	36960	19539
6	Neckarhausen	4	358	152
7	Sandhofen	5	433	25
8	Schriesheim .	5	466	183
9	Wallstadt .	7	538	134
10	Neckarau .	14	1541	99
		221	44830	21768

XV. Vereine in der Stadt Mannheim.
a. Zum geselligen Vergnügen.

Namen des Vereins.	Zweck, soweit nicht aus dem Namen erkennbar.	Mitgliederzahl auf Ende 1884		Jahres-Beitrag. M. ₰	Sonstige Verpflichtungen (Theilnahme an Uebungen ꝛc.).	Zahl der jährlichen festlichen Veranstaltungen des Vereins.	Betheiligung des Vereins bei auswärtigen Festen und Zusammenkünften.
		im Ganzen	davon Gewerbetreibende.				
Athletenclub .	Stärkung der Körperkraft und gesell. Vergnüg.	140	140	6 —	Jeden Abend Uebung.	4	—
Casino .	Gesell. Unterhltg.	200	150	12—24	—	8	—
Delicia .	Gesangespflege u. gesell. Unterhltg.	30	30	12	—	4	—
Elysium .	"	32	5	12	—	4	—
Extra-Narren	"	72	72	24 —	—	1	—
Fidelio .	"	50	3	12	—	8	—
Fechtclub . .	Erlernung des Fechtens.	28	—	18	Wöchentl. 2 Ueb.	1 Ausflug.	—
Gemüthlichkeit (Böhmen)	Gesangespflege u. gesell. Unterhltg.	10	10	10	—		—
Harmonie .	"	455	—	19—43	—	4 Unterhltg. 2 Bälle 2 Konzerte.	—
Helvetia (Schweizerverein)	"	24	24	10 40	—	1	—
Hilaria .	"	15	15	12	—	3	—
Humor .	"	45	45	9 —	—	3	—
Hummel .	"			aufgelöst.			

45*

Namen des Vereins.	Zweck, soweit nicht aus dem Namen erkennbar.	Mitgliederzahl auf Ende 1884 im Ganzen	davon Gewerbetreibende.	Jahresbeitrag. M	₰	Sonstige Verpflichtungen (Theilnahme an Uebungen ꝛc.)	Zahl der jährlichen festlichen Veranstaltungen des Vereins.	Betheiligung des Vereins bei auswärtigen Festen und Zusammenkünften.
Kaufmännischer Verein	Unterhaltung und Belehrung.	1300	1300	6—12		Wöchentlich Unterrichtsstunde.	4	—
Kaufmännischer Verein Columbus	"	85	85	9	60	Verpflichtung, den Unterricht zu besuchen.	3	—
Krieger- und Militärverein	Unterhaltung und Unterstützung.	225	170	4	40	—	5	Auswärtige Fahnenweihen.
Mercuria	Gesell. Unterhltg.	16	13	—		—	—	—
Montags-Kegelgesellschaft	"	29	—	36		—	2	—
Räuberhöhle	"	200	—	28		—	—	—
Ressource	"	213	160	35		—	1	—
Reunion	"	46	—	68	56	—	1	—
Regattaverein	Rudersport.	3 verschiedene Vereine.		20		—	1 Regatta.	—
Ruderverein Amicitia	"	180	20	12—24		—	1 Regatta hier.	2 Regatta.
Ruderclub	"	190	40	12—24		—	"	"
Rudergesellschaft	"	120	28	12—24		—	"	"
Schachclub	Schachspiel.	60	40	8		—	—	—
Schlaraffia	Gesell. Unterhltg.	26	16	18		—	4	—
Schützengesellschaft	Schießsport.	200	150	14		—	6	—
Schwabenclub	Gesell. Unterhltg.	50	50	12		—	4	—
Steamclub	"	15	15	5	20	—	—	—
Thalia	"	60	10	12		—	4	—
Turnverein	Leibesübung und Unterhaltung.	380	300	8		2—3 Turnübungen wöchentlich.	4	1—2 Turnfahrten.
Vandalia	Gesell. Unterhltg.	15	15	12		—	2	—
Velocipedclub und Verein	Velociped-Sport.	57	40	12		—	2	—
Vergnüg.-Gesellschaft	Gesell. Unterhltg.	65	65	6	50	—	2—3	—
Wüste	"	54	—	24		—	2—3	—
Zweierclub	"	203	78	12		—	3—4	—
Fezclub	"	15	15	4	80	—	—	—
Origin. Jockeinarren	"	15	12	10		—	2 3	—
Turnerbund Germania	Leibesübung und Unterhaltung.	50	50	10		2—3 Wochenübg.	4—5	—
Altdeutscher Club	Gesell. Unterhltg.	12	12	5		—	—	—

b. Für politische und religiöse Zwecke.

Namen des Vereins.	Zweck, soweit nicht aus dem Namen erkennbar.	Mitgliederzahl auf Ende 1884 im Ganzen.	davon Gewerbetreibende.	Jahres-Beitrag. ℳ	₰	Sonstige Verpflichtungen (Theilnahme an Uebungen ꝛc.)	Zahl der jährlichen festlichen Veranstaltungen des Vereins.	Betheiligung des Vereins bei auswärtigen Festen und Zusammenkünften.
Demokratischer Verein	Politik.	200	150	2		—	—	—
Evangelischer Verein	Religion.	100	70	nach Gutdünken.		—	1	Stiftungsfest.
Evangelischer Bezirksmissionsverein . .	Mission.	20	—	„		—	1	
Gustav-Adolfverein .	Wohlthätigkeit.	300	250	„		—	1	„
Jünglingsverein . .	relig. Erbauung.	60	60	4	80	—	1	
Nationallib. Verein .	Politik.	780	600	1—5		—	—	
Paramentenverein .	Kirche.	250	200	2	—	—		
Protestantenverein .	Duldung.	270	200	2	—	—		

c. Für industrielle, volkswirthschaftliche und wohlthätige Zwecke.

Arbeiter-Fortbildungsverein . .	Gewerbliche Ausbildung.	540	540	8	40	Freiwilliger Unterricht von 8—10 Uhr Abends.	1 Stiftgsfest. 1 Weihnachtsbescheerung. 3 Ausflüge.	—
Bad. Rennverein .	Hebung der Pferdezucht.	310	—	20			1 Wettrennen.	—
Bayerischer Hilfsverein . . .	Unterstützung.	105	45	4	20	Besonderer Beitrag von 30 Pf. für jeden Sterbfall.	1 Stiftsfest.	
Barbierverein . .	Hebung u. Ausbildung des Gewerbes.	18	18	4	—			
Baugesellschaft, gemeinnützige . .	Herstellung von Wohnungen.	96	80	—	—			
Bezirks-Gewerkverein der Fabrik- und Handarbeiter . .	Krankenunterstützung.	220	220	10	40	—		
Creditreformverein .	Kreditschutz.	250	250	12		—		
Colonialwaarenverein, Sect. Mannheim .	Förderung des Handels.	157	108	3				
Dreißiger Verein .	Ankauf von Staatspapieren.	12	2					
Frauenverein, bad. .	Unterstützung u. Krankenpflege.	989	—	nach Belieben.				
Frauenverein der freireligiösen Gemeinde	Unterstützung hilfsbedürftiger Armen.	879	—					
Gartenbauverein Flora	Hebung der Landwirthschaft u. des Gartenbaus.	220	200	5	—			
Gewerbe- und Industrieverein . . .	Hebung der Gewerbe und der Industrie.	120	60	6	—			
Geflügelzuchtverein .	Geflügelzucht.	254	200	6	—			
Handwerkerverein .	Hebung des Handwerks.	140	138	—	—			

Namen des Vereins.	Zweck, soweit nicht aus dem Namen erkennbar.	Mitgliederzahl auf Ende 1884		Jahres-Beitrag.		Sonstige Verpflichtungen (Theilnahme an Uebungen 2c.).	Zahl der jährlichen festlichen Veranstaltungen des Vereins.	Betheiligung des Vereins bei auswärtigen Festen und Zusammenkünften.
		im Ganzen.	davon Gewerbetreibende.	$\mathcal{M}$.	₰.			
Haus- und Straßen-bettelverein	Abschaffung des Bettels u. Arbeitsnachweisbureau.	2123	1500	3	—		—	—
Krankenunterstützungsverein in der goldenen Gerste	Krankenunterstützung.	450	125	15	60	—	—	—
Krankenunterstützungsverein „Fürsorge" im Habereck	„	988	350	13	—	—	—	—
Krankenunterstützungsverein „Eintracht"	„	1500	300	15 bis 26	60 —	—	—	—
Krankenunterstützungsverein im gold. Falken	„	610	290	13	—	—	—	—
Krankenunterstützungsverein „Allgemeiner"	„	1281	1000	15 bis 26	60 —	—	—	—
Krankenunterstützungsverein, allgemein weiblicher in der deutschen Eiche	„	972	—	13	—	—	—	—
Krankenunterstützungsverein, männl. „Freundschaft"	„	757	225	13	—	Besonderer Beitrag von 5 Pf. für jeden Sterbfall.	—	—
Krankenunterstützungsverein der Israeliten	„	1040	300	12	—	—	—	—
Landwirthschaftlicher Bezirksverein	Hebung u. Förderung der Landwirthschaft.	250	236	4		—	1 Gaufest.	—
Landwirthschaftlicher Club	„	28	27	4		—	—	—
Lehrer-, Pensions- u. Hilfsverein	Gegenseitige Unterstützung.	51	—	8		—	—	—
Mädchen-Ausstattungsverein	Ausstattung von Bräuten.	250	250	9	—	—	—	—
Nur-Deutsch	Unterstützung.	400	300	Nach Belieben.		—	—	—

Namen des Vereins.	Zweck, soweit nicht aus dem Namen erkennbar.	Mitgliederzahl auf Ende 1884		Jahres-Beitrag.		Sonstige Verpflichtungen (Theilnahme an Uebungen 2c.).	Zahl der jährlichen festlichen Veranstaltungen des Vereins.	Betheiligung des Vereins bei auswärtigen Festen und Zusammenkünften.
		im Ganzen.	davon Gewerbetreibende.	M.	₰			
Pferdeversicherungskasse	Versicherung gegen Unfälle.	102	102	Nach Bedarf.		—	—	—
Reichsfechtschule, deutsche.	Gründung von Waisenhäusern.	1400	—	—	30	—	—	—
Schutz der Detail-Geschäfte	Hebung und Verbesserung des Detailhandels.	250	250	5		—	—	—
Schutz entlassener Strafgefangener Mannheim	Fürsorge für entlassene Sträflinge.	400	—	1 und höher.		—	—	—
Schulverein, Lokalverband Mannheim	Erhaltung der deutschen Nationalität im Auslande.	380	—	2		—	—	1 Landesversammlung.
Sparverein „Glückauf"	Ankauf von Staatspapieren.	25	25	20		—	—	—
Sparverein zur guten Hoffnung	Ankauf von Staatspapieren.	25	25	13		—	—	—
Stenographenverein, Gabelsberger System	Uebung im Stenographiren.	40	—	6		Wöchentlich 2 Schreibübungen.	—	—
Stenographenverein nach Roller	„	30	1	6		Wöchentlich 1 Schreibübung.	—	—
Stenographenclub, kaufmännischer.	„	55	—	6		Wöchentlich 1 Schreibübung.	—	—
Typographenverein	Förderung und Fortbildung in der Buchdruckerkunst.	69	69	Krankenkasse. 23 40 f. Invaliden. 10 40 f. Arbeitslose. 20 70		—	—	—
Uhrenmacherverein	Förderung und Hebung des Berufs.	10	10	4		—	—	—
Veteranenverein	Unterstützung von Hinterbliebenen.	52	40	2	40	—	—	—
Verein für Verbesserung des Dienstbotenwesens	Verbesserung der Lage der Dienstboten.	126	—	1	50	—	—	—
Waisenverein, israel.	Unterstützung.	588	—	7		—	—	—
Wirtheverein	Förderung der Interessen der Wirthe.	70	70	4		—	—	—
Maler- und Tüncherverein	Förderung des Gewerbes und Unterstützung.	64	64	10	40	Wöchentlich 2 Singproben.	—	—

360

Namen des Vereins.	Zweck, soweit nicht aus dem Namen erkennbar.	Mitgliederzahl auf Ende 1884		Jahresbeitrag.		Sonstige Verpflichtungen (Theilnahme an Uebungen ꝛc.).	Zahl der jährlichen festlichen Veranstaltungen des Vereins.	Betheiligung des Vereins bei auswärtigen Festen und Zusammenkünften.
		im Ganzen.	davon Gewerbetreibende.	ℳ	₰			
Sparverein „Fidelitas" . . .	Ankauf von Rachenloosen.	12	12	60	—		—	—
Drechslerbruderschaft	Förderung der Interessen der Mitglieder.	20	20	4	80		—	—
Tabakverein . . .	Förderung der Interessen des gesammten Tabakgewerbes.	94	94	15	—		—	—
Mannheimer Perückenmacher= u. Friseurgehilfenschaft .	Förderung und Hebung des Berufs.	10	10	6	—		—	—
Katholischer Gesellenverein . . .	Fortbildung im Gewerbe.	ordentliche 90 Schutzmitglieder 130	85 120	4	80	2—3 Unterrichtsstunden wöchentlich.	3	1
Kampfgenossenverein, deutscher . . .	Unterstützung.	115	85	12	—		—	—
Kameradschaftlicher Hilfsverein . . .	„	90	5	4	80	1 Probe wöchentl.	—	—
Kellnerverein Mannheim . . .	Unterstützung u. Arbeitsnachweis.	70	70	16	20		—	—
Kinder=Pflegeverein .	Pflege armer Kinder.	412	15	9	—		—	—
Krankenunterstützungsverein u. Sterbekasseverein i. kath. Bürgerhospital .	Krankenunterstützung.	230	110	2	40		—	—
Krankenunterstützungsverein u. Sterbekassenverein im König v. Portugal	„	220	220	9	40		—	—
Krankenversicherungsverein i. Eichbaum	„	900	400	13	—		—	—
Krankenunterstützungsverein im gold. Schaf . . .	„	800	360	13	—		—	—
Krankenunterstützungsverein im Prinz Max .	„	1200	500	13	—		—	—

d. Für Gesang und Musik.

Namen des Vereins.	Zweck, soweit nicht aus dem Namen erkennbar.	Mitgliederzahl auf Ende 1884		Jahres-Beitrag		Sonstige Verpflichtungen (Theilnahme an Uebungen ꝛc.).	Zahl der jährlichen festlichen Veranstaltungen des Vereins.	Betheiligung des Vereins bei auswärtigen Festen und Zusammenkünften.
		im Ganzen.	davon Gewerbetreibende.	M.	₰			
Aurelia.	Männergesang.	34	14	8	40	1 Probe wöchentl.	1 Ball. 1 Stiftgsfest.	—
Concordia	"	100	10	6	—	2 Proben wöchentl.	2 Ausflüge.	
Engelhard'sche Fabrik-Arbeiter	"	65	65	6	50	1 Probe wöchentl.	2,3 Ausflüge.	
Erheiterung	"	56	56	8	40	2 Proben wöchentl.	"	
Erholung	"	100	100	7	20	"	1 Stiftgsfest.	
Flora	"	90	90	9	60	"	2,3 Ausflüge.	
Frohsinn	"	65	60	8	40	"	1 Ball. 1 Stiftgsfeit.	
Germania	"	36	36	6	—	1 Probe wöchentl.	"	
Klassische Kirchenmusik, Verein für	Pflege des Kirchengesangs.	70	15	—	—	"	1 Konzert. 6 gottesd. Aufführgen.	
Liederhalle	Männergesang.	180	100	12	—	2 Proben wöchentl.	7	
Liederkranz	"	670	600	16	—	"	1 Ball. 1 Ausflug.	
Liedertafel	"	619	200	18	—	Für die aktiven Mitglieder 2 Proben wöchentl.	6—8	
Männergesangverein.	"	80	30	12	—	2 Proben wöchentl.	3	
Musikverein	"	120	—	12	—	"	3	
Musikerverband	Musik- und Gesangspflege.	25	25	1	20	—	—	
Männergesangverein der Schwetzinger Gärten	Gesang.	30	30	8	40	2 Proben wöchentl.	1 Stiftgsfest.	
Philharmon. Verein	Musikpflege.	50	—	12	—	"	5	
Sängerbund	Männergesang.	60	7	14	—	"	10	
Sängereinheit	"	80	34	9	60	"	1 Stiftgsfest.	
Sängerhalle	"	108	28	9	60	"	6	
Sängerlust	"	20	6	6	60	1 Probe wöchentl.	—	
Singverein	"	250	120	12	—	2 Proben wöchentl.	7	
Zitherclub	Pflege des Zitherspiels.	40	10	9	60	"	3	
Zitherverein	"	20	20	9	60	1 Probe wöchentl.	2	
Polyhymnia	Pflege des Quartett- und Solo-Gesangs.	30	6	12	—	"	5	
Freundschaft, Gesangverein der Maurer und Steinhauer	Männergesang.	40	40	4	80	"	—	
Eugenia, Gesang- u. Unterhaltungsverein		34	34	6	60	"	—	

e. Arbeiter-Kranken-Kassen- und Fachvereine.

Namen des Vereins.	Zweck, soweit nicht aus dem Namen erkennbar.	Mitgliederzahl auf Ende 1884 im Ganzen	davon Gewerbetreibende.	Jahresbeitrag. M.	₰	Sonstige Verpflichtungen (Theilnahme an Uebungen ꝛc.).	Zahl der jährlichen festlichen Veranstaltungen des Vereins.	Betheiligung des Vereins bei auswärtigen Festen und Zusammenkünften.
Centralkranken- und Begräbnißkasse der Buchbinder . . .	Krankenunterstützung.	35	35	12	—	—	—	—
Glaser-Fachverein .	Ausbildung und Unterstützung.	20	20	4	80	—	1 Stiftgsfest.	—
Filialverein d. Centralkranken- u. Sterbe-Kasse der Maurer und Steinhauer .	Krankenunterstützung.	270	270	12 bis 18	—	—	—	—
Mitgliedschaft d. Vereinigung deutscher Metallarbeiter . .	Ausbildung und Unterstützung.	150	150	5 bis 20	—	—	1 Stiftgsfest.	—
Allgem. Kranken- und Sterbekasse der Metallarbeiter . . .	Krankenunterstützung.	840	840	18 bis 20	—	—	—	—
Deutscher Schuhmacher-Fachverein .	Unterstützung.	20	20	5	20	—	—	—
Centralkranken- und Sterbe-Kasse der Schuster und verwandten Berufsgenossen	Krankenunterstützung.	270	270	12 bis 15	—	—	—	—
Schreiner-Fachverein	Ausbildung und Unterstützung.	60	60	4	80	—	1 Stiftgsfest.	—
Krankenunterstützungsbund der Schneider . . .	Krankenunterstützung.	245	245	15	60	—	—	—
Deutsche Tabakarb. .	Reiseunterstützung.	400	400	21	20	—	—	—
Centralkranken- und Sterbekasse der Tischler	Unterstützung.	950	950	20	80	—	—	—
Filiale der Centralkranken- u. Sterbekasse der Wagenbauer . . .	Krankenunterstützung.	182	182	15	—	—	—	—
Lokalverband deutscher Zimmerleute . . .	Unterstützung.	50	50	5	20	—	—	—
Kranken- und Sterbekassenverein der Schneider . . .	Krankenunterstützung.	85	85	10	40	—	—	—

Vereine in Feudenheim.

Sitz des Vereins.	Namen des Vereins.	Zweck, soweit nicht aus dem Namen erkennbar.	Mitgliederzahl auf Ende 1884.		Jahres-Beitrag.		Sonstige Verpflichtungen (Theilnahme an Uebungen rc.).	Zahl der jährlichen festlichen Veranstaltungen des Vereins.	Betheiligung des Vereins bei auswärtigen Festen und Zusammenkünften.
			im Ganzen.	davon Gewerbetreibende.	M.	₰			
Feudenheim.	Krankenunterstützungsverein zum Stern und Bad. Hof		500	34	18	20	—	—	—
	Hamburger Central-sterbkassenverein u. Krankenunterstütz		142	9	14	36	—	—	—
	Centralkrankenunterstützungs- und Sterbkassenverein für Tischler und Schuhmacher . .	—	70	6	14	36	—	—	—
	Krankenunterstützungsverein z. Pfalz	—	115	27	13	-		—	—
	Teutonia	Pflege des Gesanges.	160	23	13	—	Wöchentlich 2 mal.	1	1
	Deutsche Einheit .	"	85	12	10	40	"	1	1
	Frohsinn . . .	"	80	24	10	40	"	1	1
	Germania . .	"	50	14	10	40	"	1	1
	Kriegerverein . .	Pflege der Vaterlandsliebe.	114	23	5	20	—	1	1
	Freiwill. Feuerwehr		70	18	1	20	Jährl. 12 mal.	1 mal in 2 Jahren.	1 mal in 2 Jahren.

Vereine in Ilvesheim.

Sitz des Vereins.	Namen des Vereins.	Zweck.	im Ganzen.	davon Gewerbetreibende.	Jahres-Beitrag.		Sonstige Verpflichtungen.	Zahl der jährlichen Veranstaltungen.	Betheiligung.
Ilvesheim.	Aurelia .	Pflege des Gesanges.	49	15	für die aktiven 5 — / für d. passiven Mitglieder 2	50	Gesangsübung für die aktiven Mitglieder.	1 Vereinsball.	2 bis 3 mal jährlich.
	Sängerbund .	"	36	5	für die aktiven 5 — / für d. passiven Mitglieder 2	50		1 Vereinsball je in 2 Jahren.	
	Germania . .	"	26	3	für die aktiven 5 — / für d. passiven Mitglieder 2	50	"	1 Vereinsball. "	"
	Kriegerverein . .	—	48	12	5	—		1 Vereinsball.	"
	Freiwill. Feuerwehr		60	12	5	—	Uebungen und Proben.	1 Vereinsball.	Verbandstag.

Vereine in Käferthal.

Sitz des Vereins.	Namen des Vereins.	Zweck, soweit nicht aus dem Namen erkennbar.	Mitgliederzahl auf Ende 1884.		Jahresbeitrag.		Sonstige Verpflichtungen (Theilnahme an Uebungen ꝛc.).	Zahl der jährlichen festlichen Veranstaltungen des Vereins.	Betheiligung des Vereins bei auswärtigen Festen und Zusammenkünften.
			im Ganzen.	davon Gewerbetreibende.	M.	₰			
Käferthal.	Eintracht.	Männergesang.	50	12	4	32	Wöchentlich 2 Uebungen.	2	Jährlich 1 mal
	Sängerbund.	„	56	28	4	20	„	2	3 mal.
	Kriegerverein	—	60	39	2	40	Leichenbegleitung für Mitglieder.	1	—
	Militärverein	—	102	57	1	20	„	1	3 mal.
	Freiwill. Feuerwehr	—	50	40	1	20	10 Uebungen.	—	„
	Krankenunterstützungsverein Nr. I.	—	230	96	6	24	—	—	—
	Krankenunterstützungsverein Nr. II.	—	242	151	6	24	—	—	—
	Handwerkerkrankenunterstützungsverein	—	400	400	15	60	—	—	—
	Narrenverein: „die Käfernarren".	—	120	100	2	40	Theilnahme an wöchentlich 2 Sitzungen während der Karnevalzeit.	4	2 mal.
	Darleihkasse.	—	140	30	Beitrag nicht unter 6 M. jährlich.		—	—	

Vereine in Waldhof.

Sitz des Vereins.	Namen des Vereins.	Zweck	im Ganzen.	davon Gew.	M.	₰	Sonstige Verpflichtungen	Zahl festl. Veranst.	Betheiligung
Waldhof.	Militärverein	—	113	113	6	—	Leichenbegleitung für Mitglieder.	1	3 mal.
	Turnverein	—	101	101	6	—	Wöchentlich 3 Uebungen.	1	6 mal.
	Krankenverein, freiwilliger	—	260	260	9	60	—	—	—

Vereine in Ladenburg.

Sitz des Vereins.	Namen des Vereins.	Zweck	im Ganzen.	davon Gew.	M.	₰	Sonstige Verpflichtungen	Zahl festl. Veranst.	Betheiligung
Ladenburg.	Christlicher Krankenunterstützungsverein	Krankenunterstützung und Leistung eines Beitrags zur Bestreitung der Leichenkosten für Mitglieder.	166	100	6	—	—	—	—
	Israel. Krankenunterstützungsverein	Krankenunterstützung und Bezahlung der Leichenkosten.	12	6	6	—	—	—	—
	Freiwill. Feuerwehr	—	100	—			Theilnahme an Uebungen.	1 Vereinsball und 1 Ausflug.	Bei Fahnenweihen.
	Kriegerverein	Pflege des militärischen Geistes u. Unterstützung bedürftiger Kameraden.	115	67	2	60		1 Vereinsball u. 2 bis 3 Abendunterhaltungen.	„

Sitz des Vereins.	Namen des Vereins.	Zweck, soweit nicht aus dem Namen erkennbar.	Mitgliederzahl auf Ende 1884.		Jahres-Beitrag.		Sonstige Verpflichtungen (Theilnahme an Uebungen ꝛc.).	Zahl der jährlichen festlichen Veranstaltungen des Vereins.	Betheiligung des Vereins bei auswärtigen Festen und Zusammenkünften.
			im Ganzen.	davon Gewerbetreibende.	ℳ	₰			
Ladenburg.	Gesangverein	Gesell.Unterhaltung u. Pflege des Männergesanges.	36	23	2	40	--	1 Ball, 3 Abendunterhaltungen u. 1 Ausflug.	—
	Sängereinheit	Gesellschaftliche Unterhaltung mit Gesang.	46	46	3	24	...	"	Bei Fahnenweihen.
	Turnverein	Stärkung des Körpers und des Geistes, Förderung der Sittlichkeit.	90	38	3	--	Theilnahme an Uebungen.	1 Ball und 1 Kränzchen.	Bei Turnfesten.
	Kasino	Gesellige Unterhaltung und Lesezirkel.	50	25	9	—	—	2 Abendunterhaltungen u. 1 Ausflug.	—
	Gemüthlichkeit	"	50	10	6	--	—	1 Ball.	—

Vereine in Neckarhausen.

Sitz des Vereins.	Namen des Vereins.	Zweck.	im Ganzen.	davon Gewerbetreibende.	ℳ	₰	Sonstige Verpflichtungen.	Zahl der Veranstaltungen.	Betheiligung.
Neckarhausen.	Kriegerverein	Hebung des militärischen Geistes und Verabreichung von Unterstützung an kranke Mitglieder.	61	61	5	20		Jährliches Stiftungsfest.	Theilnahme an Fahnenweihen.
	Gesangverein	—	42	18	3	60	...	Abendunterhaltung mit theatralischer Aufführung.	Theilnahme bei Fahnenweihen u. Sängerfesten.
	I. Männer-Kranken- u. Unterstützungsverein	Verabreichung wöchentl. Unterstützungen an kranke Mitglieder, sowie eines Sterbegeldes an die Hinterbliebenen verstorbener Mitglieder.	180	53	5	20	—	—	—
	II. Bürgerverein	"	75	20	5	20	—	—	—

Vereine in Sandhofen.

Sitz des Vereins.	Namen des Vereins.	Zweck.	im Ganzen.	davon Gewerbetreibende.	ℳ	₰	Sonstige Verpflichtungen.	Zahl der Veranstaltungen.	Betheiligung.
Sandhofen.	Krankenunterstützungsverein	Unterstützung seiner Mitglieder.	138	8	7	80	—	—	--
	Arbeiterkrankenunterstützungsverein	"	92	3	7	80	—	—	--
	Militärverein	"	134	7	5	20	—	2	—
	Freiwill. Feuerwehr	—	45	7	5	20	Theilnahme an Uebungen.	1	--
	Gesangverein		24	—	10	40		2	--

Vereine in Schrießheim.

Sitz des Vereins.	Namen des Vereins.	Zweck, soweit nicht aus dem Namen erkennbar.	Mitgliederzahl auf Ende 1884. im Ganzen	davon Gewerbetreibende.	Jahresbeitrag. ℳ	₰	Sonstige Verpflichtungen (Theilnahme an Uebungen ꝛc.).	Zahl der jährlichen festlichen Veranstaltungen des Vereins.	Betheiligung des Vereins bei auswärtigen Festen und Zusammenkünften.
Schries=heim	Gesangverein Lie=derkranz	—	45	29	3	—	Theilnahme im Sommer an 1, im Winter an 2 wöchentl. Uebungsstunden.	1 Ball jährlich und in 2 Jahren 1 Ausflug.	1 mal jährlich.
„	Kriegerverein	Gesellige bezw. kameradschaftliche Unterhaltung und Unterstützung erkrankter aktiver Mitglieder.	70	43	für aktive monatlich —	30	—	1 Ball jährlich.	2 bis 3 mal jährlich Vertretung d. Vereins durch einzelne Mit=glieder bei auswärti=gen Festen. Einmal jährlich Vertretung d. Vereins beim Gau=turnfest durch Ab=gesandte.
„	Turnverein	—	44	29	3	—	Wöchentlich 2 Uebungen.	—	
„	Freiwillige Feu=erwehr	—	65	15	1	20	Betheiligung nach Dienstord=nung an den Uebungen.	—	1 mal jährlich.

Vereine in Wallstadt.

Sitz des Vereins.	Namen des Vereins.	Zweck, soweit nicht aus dem Namen erkennbar.	Mitgliederzahl auf Ende 1884. im Ganzen	davon Gewerbetreibende.	Jahresbeitrag. ℳ	₰	Sonstige Verpflichtungen (Theilnahme an Uebungen ꝛc.).	Zahl der jährlichen festlichen Veranstaltungen des Vereins.	Betheiligung des Vereins bei auswärtigen Festen und Zusammenkünften.
Wallstadt	Krankenunterstütz=ungskasse Einig=keit	Unterstützung in Krankheits= u. Sterbefällen.	237	66	15	60	—	—	—
Hamburg	Tischlerverein (Krankenverein)	„	62	7	{26 / 20 / 15 / 13	— / 80 / 60 / — }	—	—	—
Offenbach	Frauen= u. Mäd=chenverein (Krankenverein)	„	60	—	13		—	—	—
Wallstadt	Kriegerverein	Hebung des militärischen Geistes und gesellige Zu=sammenkunft.	56	20	2	40	—	1	2 mal jährlich.
„	Militärverein		33	3	2	40	—	1	„
„	Gesangverein Germania	Uebung und Unterhaltung durch Gesang.	48	15	3	60	Für die aktiven Mitglieder 2 Gesangstun=den wöchentl.	1	„
„	Gesangverein Liederkranz	„	52	23	3	60	„	1	„

Bemerkung. Der Hamburger Tischlerverein hat 4 Klassen mit Jahresbeiträgen von 26 ℳ, 20 ℳ 80 ₰, 15 ℳ 60 ₰ und 13 ℳ.

Vereine in Neckarau.

Sitz des Vereins.	Namen des Vereins.	Zweck, soweit nicht aus dem Namen erkennbar.	im Ganzen.	davon Gewerbetreibende.	M.	₰	Sonstige Verpflichtungen (Theilnahme an Uebungen ꝛc.).	Zahl der jährlichen festlichen Veranstaltungen des Vereins.	Betheiligung des Vereins bei auswärtigen Festen und Zusammenkünften.
			Mitgliederzahl auf Ende 1884.		Jahresbeitrag.				
Neckarau	Casino . . .	Wissenschaftliche Vorträge u. Anlauf von Loosen von Staatslotterien zum Besten der Mitglieder.	25	7	14	40	—	2	—
"	Lese-Club . . .	—	17	1	2	40		—	—
"	Veteranenverein .	—	83	13	2	40		3	1
"	Militärverein .	—	78	12	2	40		2	1
"	Turnverein . .	—	65	3	4	80	Betheiligung a. d. Turnübg.	—	
"	Sängerbund . .	—	107	7	4	80		4	2 Sängerfeste jährlich.
"	Männergesangverein . . .	—	75	15	4	80	—	1	Je nach Einladung.
"	Gesangverein Germania . .	—	54	5	4	80		3	Betheiligg. b. Gesangs- u. patriotischen Festlichkeiten.
"	Gesangverein Harmonie . .	—	62	7	4	80		Unbestimmt.	"
Hamburg (Filiale Neckarau)	Allgem. Kranken- u. Sterbekasse d. Metallarbeiter .	—	210	3	19	20	—	—	—
"	Central-Kranken- und Sterbekasse der Tischler und anderer gewerblicher Arbeiter .	—	70	—	I. Klasse. 13 / II. Klasse. 15 / III. Klasse. 20 / IV. Klasse. 26	— / 90 / 80 / —			
"	Central-Kranken- und Sterbekasse d. Tabakarbeiter Deutschlands, E. H. in Hamburg . . .	—	192	1	I. Klasse. 28 / II. Klasse. 18 / III. Klasse. 15 / IV. Klasse. 10	60 / 20 / 60 / 40			
Burg bei Magdeburg (Filiale Neckarau)	Kranken- und Begräbnißkasse des Gewerkvereins der deutschen Fabrik- und Handarbeiter .	—	260	1	19	24	—	2	—
Neckarau	Krankenunterstützungsverein E. H. Nr. 1 . . .	—	243	24	I. Klasse. 18 / II. Klasse. 13	20 / —			—